# C T B S
Colección Teología
**BÍBLICA Y SISTEMÁTICA**

# TRINIDAD

Doctrina de Dios,
uno y trino

Samuel Pérez Millos

**EDITORIAL CLIE**
C/ Ferrocarril, 8
08232 VILADECAVALLS
(Barcelona) ESPAÑA
E-mail: clie@clie.es
http://www.clie.es

© 2024 por Samuel Pérez Millos

«Cualquier forma de reproducción, distribución, comunicación pública o transformación de esta obra solo puede ser realizada con la autorización de sus titulares, salvo excepción prevista por la ley.
Diríjase a CEDRO (Centro Español de Derechos Reprográficos) si necesita fotocopiar o escanear algún fragmento de esta obra (www.cedro.org; 91 702 19 70 / 93 272 04 45)».

© 2024 por Editorial CLIE. Todos los derechos reservados.

**TRINIDAD**
**Doctrina de Dios, uno y trino**
ISBN: 978-84-19055-89-7
Depósito legal: B 4062-2024
Teología cristiana
General
REL067000

Impreso en Estados Unidos de América / *Printed in the United States of America*

## Acerca del autor

**Samuel Pérez Millos** natural de Vigo, España. Es Máster en Teología (Th. M.) por el IBE (Instituto Bíblico Evangélico) desde 1975. Es, también, Master en Cristología y Master en Espiritualidad Trinitaria. Miembro de la Junta Rectora del IBSTE (Instituto Bíblico y Seminario Teológico de España) y profesor de las áreas de Prolegómena, Bibliología y Antropología de esta institución.

Decano de Escrituras online, donde imparte las materias de Teología sistemática y algunas de Exégesis Bíblica de los escritos de Pablo. Une a esto la experiencia como pastor de la Iglesia Evangélica Unida de Vigo, durante 38 años.

Fue guiado, en el estudio de la Palabra, de la mano del ilustre teólogo español Dr. Francisco Lacueva.

Autor de más de cincuenta obras de teología y exégesis bíblica. Conferenciante de ámbito internacional y consultor adjunto de la Editorial CLIE en el área de lenguas bíblicas.

D. Samuel viaja siempre acompañado de su esposa Susana, quien colabora en las muchas tareas del Ministerio.

Dedico este trabajo a quienes creen, aman y sienten una profunda reverencia ante el Santísimo Dios, trino y uno, revelado en la Palabra. A los que en un mundo humanista e incrédulo viven glorificándolo y adorándolo con su testimonio, de vinculación inmanente con Él.

# ÍNDICE

**Prólogo** ............................................... 17

**Capítulo I**
**Teología propia** ....................................... 21
    Introducción ........................................ 21
    Concepto ........................................... 24
    Alcance ............................................ 25
    Propósito .......................................... 34
    Metodología ........................................ 37
        Datos .......................................... 38
        Reflexión ...................................... 39
        Conclusión ..................................... 40

**Capítulo II**
**Cognoscibilidad de Dios** .............................. 43
    Introducción ........................................ 43
    Posibilidad de conocer a Dios ....................... 44
    Conocimiento innato ................................. 47
    Dificultades en el conocimiento de Dios ............. 58
    Proposiciones sobre el conocimiento de Dios ......... 62
    La imposibilidad del conocimiento por la razón ...... 66
    Intuición racional .................................. 71
    Conocimiento y trascendencia absoluta ............... 73
    Conocimiento por la revelación ...................... 75
        Revelación general ............................. 75
            Creación ................................... 75
            Historia ................................... 78
            Antropología ............................... 79
        Revelación especial ............................ 79
    La posibilidad del conocimiento pleno de Dios ....... 82
    Dios, objeto de fe .................................. 88

**Capítulo III**
**Teísmo** ............................................... 95
    Introducción ........................................ 95
    Teísmo ............................................. 96
        Definición ..................................... 96
        Posiciones ..................................... 96

Dos propuestas acerca de Dios . . . . . . . . . . . . . . . . . . . . . 97
    Deísmo. . . . . . . . . . . . . . . . . . . . . . . . . . . . . . . . . . . . . 97
    Teísmo . . . . . . . . . . . . . . . . . . . . . . . . . . . . . . . . . . . . 98
Argumentación teísta . . . . . . . . . . . . . . . . . . . . . . . . . . . . 101
    Argumento ontológico . . . . . . . . . . . . . . . . . . . . . . . . . 103
    Argumento cosmológico. . . . . . . . . . . . . . . . . . . . . . . . 106
        Definición . . . . . . . . . . . . . . . . . . . . . . . . . . . . . . . 106
        Causalidad . . . . . . . . . . . . . . . . . . . . . . . . . . . . . . 106
        Intuición causa-efecto . . . . . . . . . . . . . . . . . . . . . 106
        Principio de la razón suficiente . . . . . . . . . . . . . . 107
    Argumento teleológico . . . . . . . . . . . . . . . . . . . . . . . . 108
        Definición . . . . . . . . . . . . . . . . . . . . . . . . . . . . . . . 108
        Propósito . . . . . . . . . . . . . . . . . . . . . . . . . . . . . . . 108
        Evidencias del designio . . . . . . . . . . . . . . . . . . . . 109
    Argumento antropológico. . . . . . . . . . . . . . . . . . . . . . 112
        Definición . . . . . . . . . . . . . . . . . . . . . . . . . . . . . . . 112
        El razonamiento. . . . . . . . . . . . . . . . . . . . . . . . . . 113
        La razón. . . . . . . . . . . . . . . . . . . . . . . . . . . . . . . . 113
        Los valores morales. . . . . . . . . . . . . . . . . . . . . . . 116
    Argumento histórico . . . . . . . . . . . . . . . . . . . . . . . . . . 121
        Definición . . . . . . . . . . . . . . . . . . . . . . . . . . . . . . . 121
        Detalle . . . . . . . . . . . . . . . . . . . . . . . . . . . . . . . . . 122
        Objeciones. . . . . . . . . . . . . . . . . . . . . . . . . . . . . . 122
        Conclusiones . . . . . . . . . . . . . . . . . . . . . . . . . . . . 122

**Capítulo IV**
**Teorías antiteístas . . . . . . . . . . . . . . . . . . . . . . . . . . . . . . . . 125**
    Introducción. . . . . . . . . . . . . . . . . . . . . . . . . . . . . . . . . 125
    Conceptos . . . . . . . . . . . . . . . . . . . . . . . . . . . . . . . . . . 126
    Politeísmo . . . . . . . . . . . . . . . . . . . . . . . . . . . . . . . . . . 128
    Ateísmo . . . . . . . . . . . . . . . . . . . . . . . . . . . . . . . . . . . . 131
        Conceptos . . . . . . . . . . . . . . . . . . . . . . . . . . . . . . 131
        Formas del ateísmo. . . . . . . . . . . . . . . . . . . . . . . 132
            Ateísmo implícito y explícito . . . . . . . . . . . . . . 132
            Ateísmo positivo y negativo . . . . . . . . . . . . . . 133
            Ateísmo amistoso, discrepante e indiferente . . . . . . . . . 133
            Ateísmo práctico y teórico. . . . . . . . . . . . . . . . 134
        Argumentación ateísta moderna . . . . . . . . . . . . . . 135
    Agnosticismo. . . . . . . . . . . . . . . . . . . . . . . . . . . . . . . . 138
        Definición. . . . . . . . . . . . . . . . . . . . . . . . . . . . . . . 138
        Tipos . . . . . . . . . . . . . . . . . . . . . . . . . . . . . . . . . . 139

# ÍNDICE

Hilozoísmo .................................... 141
    Definición .................................. 141
    Ámbito ..................................... 141
Materialismo ................................. 142
    Definición .................................. 142
    Historia .................................... 142
        Mundo antiguo ........................... 142
        Edad Media .............................. 142
        Renacimiento ............................ 143
        Actualidad .............................. 143
Positivismo .................................. 144
    Definición .................................. 144
    Aspectos ................................... 144
Idealismo .................................... 144
    Definición .................................. 144
    Aspectos ................................... 145
Relativismo .................................. 145
    Definición .................................. 145
    Aspectos ................................... 145
Deísmo ...................................... 146
    Definición .................................. 146
    Aspectos ................................... 146
    Datos históricos ............................ 147
    Problemas .................................. 149
Monismo ..................................... 150
    Definición .................................. 150
    Aspectos ................................... 151
Dualismo .................................... 151
    Definición .................................. 151
    Aspectos ................................... 151
Pluralismo ................................... 152
    Definición .................................. 152
    Aspectos ................................... 152
Panteísmo ................................... 153
    Definición .................................. 153
    Aspectos ................................... 154
    Tipos de panteísmo ......................... 155
Nihilismo .................................... 156
    Definición .................................. 156
    Aspectos ................................... 156
    Formas .................................... 157

**Capítulo V**
**Naturaleza de Dios** .................................. **161**
   Introducción. ........................................ 161
   El ser de Dios. ...................................... 162
      Generalidades. ................................... 162
      Características esenciales. ........................ 167
         Términos antropomórficos y antropopáticos. ........ 167
         Dios es Espíritu. ............................... 168
         Dios es absolutamente simple .................... 169
   Atributos de Dios. ................................... 172
      Noción de atributo ............................... 172
      Método determinativo de los atributos. ................ 174
      Clasificación de los atributos ...................... 175
      Atributos incomunicables. ......................... 177
         Aseidad ....................................... 177
         Simplicidad ................................... 177
         Unicidad ..................................... 178
         Infinitud. ..................................... 180
         Eternidad. .................................... 182
         Inmutabilidad. ................................. 185
         Omnipresencia. ................................ 187
         Omnisciencia. ................................. 189
         Omnipotencia ................................. 193
            Voluntad .................................. 193
            Libertad ................................... 195
            Limitaciones del poder de Dios ................ 198
      Atributos comunicables ........................... 199
         Concepto ..................................... 199
         Verdad ....................................... 200
         Fiabilidad. .................................... 204
         Amor ........................................ 208
            La bondad divina .......................... 214
            La misericordia divina ...................... 215
            La gracia divina ........................... 217
         Santidad. ..................................... 225
            Concepto. ................................. 227
            Aspectos generales ......................... 227
         Justicia ....................................... 229
            Definición. ................................. 229
            Principios generales ........................ 230

## ÍNDICE    11

    Soberanía .................................... 232
        Definición ................................ 232
        Conceptos generales ....................... 233

**Capítulo VI**
**Nombres de Dios** .................................. **235**
    Introducción ................................... 235
    Nombres primarios del Antiguo Testamento ............. 237
        Nombres simples ............................. 237
            *El*, *Elah* o *Elohim* .......................... 237
                Hipótesis de uso ......................... 238
            *Adonai* ..................................... 239
            *Yahvé*, *Yahwe* o *Jehová* ........................ 240
                Definición ............................... 240
                Sentido general .......................... 241
    Nombres simples en el Nuevo Testamento ............... 243
        Θεός (Dios) .................................. 243
        Κύριο (Señor) ................................ 243
        Δέσποτης (Dueño) ............................ 244
        Πατήρ (Padre) ............................... 245
    Nombres compuestos ............................. 245
        Con *Elohim* ................................. 245
            *Elohim Kedem* ........................... 245
            *Elohim Tz'vaot* .......................... 246
            *Elohim Mishpat* ......................... 246
            *Elohim Selichot* ......................... 246
            *Elohim Marom* .......................... 246
            *Elohim Mikarov* ......................... 246
            *Elohim Chasdi* .......................... 247
            *Elohim Mauzi* ........................... 247
            *Elohim Tehilati* ......................... 247
            *Elohim Yishi* ............................ 247
            *Elohim-elohim* .......................... 247
            *Elohim Tzur* ............................ 248
            *Elohim Kol Basar* ....................... 248
            *Elohim HaRuchot LeKol Basar* ............ 248
            *Elohim Kdoshim* ........................ 248
            *Elohim Chaiyim* ......................... 249
        Con *El* ..................................... 249
            *El Hane'eman* (o también, en algún texto, *Ha-'Elohim*) 249
            *El HaGadol* ............................. 249

    *El HaKadosh* .................................... 249
    *El Yisrael* ...................................... 249
    *El-HaShamayim*. ................................. 250
    *El Sali* ......................................... 250
    *El Simchat Gili* ................................. 250
    *El Roí*. ......................................... 250
    *El HaKavod*. .................................... 250
    *El De´ot* ........................................ 250
    *El Olam* ........................................ 251
    *El Emet* ........................................ 251
    *El Emunah*. ..................................... 251
    *El Yeshuati*. .................................... 251
    *El Chaiyai* ..................................... 251
    *El Echad* ....................................... 252
    *El Rachum*. .................................... 252
    *El Chanun* ..................................... 252
    *El Kana* ........................................ 252
    *El Tzadik* ...................................... 252
    *El Shaddai*. .................................... 253
    *El Elyon*. ....................................... 253
    *El Yeshurun* .................................... 253
    *El Gibor*. ....................................... 253
    *Immanu 'El* .................................... 254
    *Elah Yerush'lem*. ............................... 254
    *Elah Israel*. .................................... 254
    *Elah Sh'maya*. .................................. 254
    *Elah Sh'maya V'Arah* ........................... 254
  Compuestos con *YHVH* ........................... 255
    *YHVH-'Elohim* .................................. 255
    *YHVH-Yiré*. ..................................... 255
    *YHVH-Nissí*. .................................... 255
    *YHVH-Shalom* .................................. 256
    *YHVH-Sebaot* ................................... 256
    *YHVH-Maccaddeshcem* (también *YHVH-M'kadesh*) .. 257
    *YHVH-Raah*. .................................... 257
    *YHVH-Tsidkenu* ................................. 257
    *YHVH-Shammah* ................................ 258
    *YHVH-Rofehcha* ................................ 258
    *YHVH-O'Sainu* .................................. 259
  Conclusión. ......................................... 259

# ÍNDICE

**Capítulo VII**
**Decreto divino** .................................... 263
    Introducción ........................................ 263
    Conceptos .......................................... 265
    Características principales del decreto divino ............. 273
        Eterno ......................................... 273
        Libre .......................................... 274
        Sabio .......................................... 275
        Eficaz ......................................... 275
        Incondicional .................................. 276
        Inmutable ...................................... 279
    Moral y voluntad en el decreto divino .................. 279
        Presciencia .................................... 282
        Voluntad ....................................... 284
        El pecado en el sistema moral ................... 287
            Naturaleza del pecado ....................... 289
        Distinciones en el decreto divino ............... 289
        El problema volitivo ............................ 291
        Predestinación ................................. 297
            Terminología ................................ 304
        Elección ....................................... 306
            Lapsarismo .................................. 311
            Supralapsarismo ............................. 312
            Infralapsarismo ............................. 313
        Retribución .................................... 315
    Otras manifestaciones del decreto divino ............... 318
        Creación ....................................... 318
        Programa de la historia o de las edades .......... 325
        Preservación ................................... 326
        Providencia .................................... 327

**Capítulo VIII**
**El ser divino** ...................................... 329
    Introducción ........................................ 329
    Concepto del ser divino ............................. 332
        El misterio revelado ............................ 332
        Aspectos de la revelación del misterio ........... 332
            Datos del Antiguo Testamento ................ 333
            Datos en el Nuevo Testamento ............... 339
                Subsistencia trinitaria ................... 339

La unidad personal del único Dios verdadero . . . . . . . . . . . . . 342
Dios el Padre . . . . . . . . . . . . . . . . . . . . . . . . . . . . . . . . . . . . . 346
Dios el Hijo . . . . . . . . . . . . . . . . . . . . . . . . . . . . . . . . . . . . . . 348
Dios el Espíritu Santo . . . . . . . . . . . . . . . . . . . . . . . . . . . . . 369
Tres personas y un solo Dios verdadero . . . . . . . . . . . . . . . . 386
Un Dios en tres personas . . . . . . . . . . . . . . . . . . . . . . . . . . . 387
Concepto de persona . . . . . . . . . . . . . . . . . . . . . . . . . . . . . . 388
   Términos propuestos. . . . . . . . . . . . . . . . . . . . . . . . . . . . 388
      *Prósopon* . . . . . . . . . . . . . . . . . . . . . . . . . . . . . . . . . . . 388
      *Hypóstasis* . . . . . . . . . . . . . . . . . . . . . . . . . . . . . . . . . . 390
   Evolución del concepto de persona . . . . . . . . . . . . . . . . . 392
Sentido de persona aplicado a Dios. . . . . . . . . . . . . . . . . . . 398
Evolución del término en la historia de la Iglesia . . . . . . . . . . 400
Conclusiones teológicas del concepto de persona. . . . . . . . . 404
La pluralidad en el ser divino . . . . . . . . . . . . . . . . . . . . . . . 405
Esencia - substancia. . . . . . . . . . . . . . . . . . . . . . . . . . . . . . . 408
   Adopción del término substantia . . . . . . . . . . . . . . . . . . 411
Progresión de la doctrina. . . . . . . . . . . . . . . . . . . . . . . . . . . 412
   Los evangelios . . . . . . . . . . . . . . . . . . . . . . . . . . . . . . . . 412
   Escritos paulinos. . . . . . . . . . . . . . . . . . . . . . . . . . . . . . . 413
   Didaché y Patrística . . . . . . . . . . . . . . . . . . . . . . . . . . . . 413
   Iglesia antigua. . . . . . . . . . . . . . . . . . . . . . . . . . . . . . . . . 423
   La doctrina desde el s. VII hasta el s. X . . . . . . . . . . . . . . 424
   La doctrina desde el s. XI hasta la Reforma. . . . . . . . . . . 426
   La Reforma. . . . . . . . . . . . . . . . . . . . . . . . . . . . . . . . . . . 428
Conclusión. . . . . . . . . . . . . . . . . . . . . . . . . . . . . . . . . . . . . . 432

**Capítulo IX**
**Unidad y Trinidad de personas . . . . . . . . . . . . . . . . . . . . . . . 433**
   Introducción. . . . . . . . . . . . . . . . . . . . . . . . . . . . . . . . . . . . 433
   Un punto de partida . . . . . . . . . . . . . . . . . . . . . . . . . . . . . . 434
   Unidad en Dios . . . . . . . . . . . . . . . . . . . . . . . . . . . . . . . . . 435
      Pericóresis. . . . . . . . . . . . . . . . . . . . . . . . . . . . . . . . . . . 436
      Procesión y relación . . . . . . . . . . . . . . . . . . . . . . . . . . . 443
      Distinción entre personas divinas. . . . . . . . . . . . . . . . . . 445
   La persona del Padre . . . . . . . . . . . . . . . . . . . . . . . . . . . . . 446
   La persona del Hijo . . . . . . . . . . . . . . . . . . . . . . . . . . . . . . 457
      El Verbo . . . . . . . . . . . . . . . . . . . . . . . . . . . . . . . . . . . . 458
         Objeciones. . . . . . . . . . . . . . . . . . . . . . . . . . . . . . . . . 464
      El Hijo. . . . . . . . . . . . . . . . . . . . . . . . . . . . . . . . . . . . . . 465

ÍNDICE

    Imagen del Dios invisible. . . . . . . . . . . . . . . . . . . . . . . . . . 469
    Resplandor de la gloria del Padre. . . . . . . . . . . . . . . . . . . 473
    Imagen de su sustancia. . . . . . . . . . . . . . . . . . . . . . . . . . . . 475
La persona del Espíritu Santo . . . . . . . . . . . . . . . . . . . . . . . . . 476
    Deidad. . . . . . . . . . . . . . . . . . . . . . . . . . . . . . . . . . . . . . . . . . 477
    Persona. . . . . . . . . . . . . . . . . . . . . . . . . . . . . . . . . . . . . . . . . 478
    Filioque. . . . . . . . . . . . . . . . . . . . . . . . . . . . . . . . . . . . . . . . . 480
    Nombres y títulos del Espíritu Santo . . . . . . . . . . . . . . . . . 482
        Espíritu Santo . . . . . . . . . . . . . . . . . . . . . . . . . . . . . . . . 482
        Espíritu de vuestro Padre. . . . . . . . . . . . . . . . . . . . . . . 484
        Espíritu de Dios. . . . . . . . . . . . . . . . . . . . . . . . . . . . . . . 484
        Espíritu del Señor . . . . . . . . . . . . . . . . . . . . . . . . . . . . . 485
        Espíritu de verdad . . . . . . . . . . . . . . . . . . . . . . . . . . . . . 485
        Espíritu de vida . . . . . . . . . . . . . . . . . . . . . . . . . . . . . . . 485
        Espíritu de adopción . . . . . . . . . . . . . . . . . . . . . . . . . . 486
        Señor . . . . . . . . . . . . . . . . . . . . . . . . . . . . . . . . . . . . . . . 486
        Espíritu de su Hijo. . . . . . . . . . . . . . . . . . . . . . . . . . . . . 487
        Espíritu de Jesucristo. . . . . . . . . . . . . . . . . . . . . . . . . . . 487
        Espíritu que nos fue dado . . . . . . . . . . . . . . . . . . . . . . 488
        Don de Dios. . . . . . . . . . . . . . . . . . . . . . . . . . . . . . . . . . 489
        Espíritu eterno . . . . . . . . . . . . . . . . . . . . . . . . . . . . . . . . 489
        Espíritu Santo de la promesa. . . . . . . . . . . . . . . . . . . . 490
        El Espíritu . . . . . . . . . . . . . . . . . . . . . . . . . . . . . . . . . . . 491
        El Consolador, Paráclito . . . . . . . . . . . . . . . . . . . . . . . 491

**Capítulo X**
**Inmanencia trinitaria** . . . . . . . . . . . . . . . . . . . . . . . . . . . . . . . . **495**
    Introducción. . . . . . . . . . . . . . . . . . . . . . . . . . . . . . . . . . . . . . 495
    La presencia trina en el santuario . . . . . . . . . . . . . . . . . . . . 496
        La presencia de Dios en el santuario . . . . . . . . . . . . . . 497
    La inmanencia trinitaria en el creyente . . . . . . . . . . . . . . . . 501
    La vida eterna. . . . . . . . . . . . . . . . . . . . . . . . . . . . . . . . . . . . 518

**Capítulo XI**
**Presencia trinitaria** . . . . . . . . . . . . . . . . . . . . . . . . . . . . . . . . . **525**
    Introducción. . . . . . . . . . . . . . . . . . . . . . . . . . . . . . . . . . . . . . 525
    Presencia trinitaria en el creyente . . . . . . . . . . . . . . . . . . . . 527
    Introducción a la acción trinitaria . . . . . . . . . . . . . . . . . . . . 537
    Participación del creyente en el misterio trinitario . . . . . . . . . 541

Función trinitaria del Padre en el creyente ............... 547
Función trinitaria del Hijo en el creyente ............... 555
Función trinitaria del Espíritu Santo en el creyente......... 572

**Bibliografía** ........................................ **609**

# PRÓLOGO

Dios es el objeto principal y regulador de la teología cristiana. Es el primer artículo del Credo Apostólico que determina y abarca todo lo que el cristiano profesa: Dios como *creador* y, por tanto, el mundo como creación; Dios como *Padre,* en relación al Hijo y al Espíritu Santo, que ya dice, desde el mismo comienzo, la naturaleza paradójica y esencial de Dios, uno y trino, objeto de grandes y complejos tratados teológicos a lo largo de los siglos. En este marco divino se entiende la Encarnación del Hijo en la persona de Jesucristo, nacido de María la virgen; y dentro del mismo se concibe la vida y la muerte, la salvación y la comunión de los santos, la resurrección de la carne y la vida eterna como un proceso de historia salvífica.

En nuestros días, y menos en nuestros medios, no abundan (y ni siquiera existen) tratados sobre Dios, su naturaleza y su implicación para la vida presente y futura. Por una parte, es un tema que asusta y desalienta a muchos creyentes, acostumbrados a pensamientos simples; por otra, es una cuestión que cada vez más muchos cristianos consideran imposible de tratar. Sostienen que de Dios no podemos afirmar muchas cosas de manera propia, pues su naturaleza y esencia sobrepasan invenciblemente nuestras capacidades intelectuales de conocerlo y comprenderlo. Existe, pues, un difuso escepticismo gnoseológico en muchos cristianos al respecto del estudio de Dios o sobre Dios, defendido en muchas ocasiones por una aureola de falsa modestia.

Esta es una dificultad que el autor de esta obra reconoce desde el principio: "El conocimiento intelectual de Dios resulta sumamente complejo e incluso inalcanzable. Cada una de las perfecciones del ser divino excede a la comprensión de la mente del hombre. No hay nada equiparable que lo haga, cuando menos, perceptible a la cognoscibilidad humana, siempre limitada por amplia que sea".

La fe cristiana admite este punto y admite que a Dios no se le puede conocer propiamente desde las solas fuerzas de la razón humana, la experiencia o la observación de los cielos. A Dios solo se le puede conocer *desde* Dios. El cristianismo asienta su creencia en Dios sobre la base de un presupuesto previo: Dios se revela, Dios se da a conocer a sí mismo en aquello que es apropiado, y necesario, a la naturaleza humana. Los teólogos afirman que la revelación es el acontecimiento en el que la eternidad y el tiempo se encuentran; la revelación es la autoexpresión temporal de Dios al mundo, con un matiz cristológico muy importante: "Dios, habiendo hablado muchas veces y de muchas maneras en otro tiempo a los padres por los profetas, en estos postreros días nos ha hablado por el Hijo" (Heb 1:1-2). Es decir, ese personaje histórico conocido como Jesús de Nazaret es el revelador especial y único de Dios. Es el acontecimiento revelador de Dios por excelencia. La revelación al pueblo judío fue un momento importantísimo, pero la revelación al pueblo cristiano la trasciende absolutamente en Cristo: "La ley por medio de Moisés fue dada, pero la gracia y la verdad vinieron por medio de Jesucristo. A Dios nadie le vio jamás; el unigénito Hijo, que está en el seno del Padre, él le ha dado a conocer" (Jn 1:17-18). Luego, el cristiano puede atreverse a hablar de Dios a partir de su fe y conocimiento en Cristo, quien nos ha dado a conocer a Dios. El argumento básico del apóstol Juan es que Jesucristo viene de arriba, del cielo (nacido en virtud del Espíritu), y de ello testifica: "El que Dios envió, las palabras de Dios habla" (Jn 3:34). En la concepción cristiana, pues, no nos encontramos ante un profeta o un mesías al modo humano. Aunque suene a locura o sacrilegio, la fe cristiana afirma que ver a Cristo es igual a ver al Padre (cf. Jn 14:9). Admitida, es una afirmación atrevida, pero testificada por Cristo y sus discípulos; no es de extrañar, pues, que Cristo fuera acusado de blasfemo por el estamento sacerdotal de su época, porque siendo hombre se hacía Dios (cf. Jn 10:33). A la luz de estos textos, se puede decir que Jesucristo es la visibilidad y la tangibilidad de Dios, lo cual no quita las dificultades lógicas que plantea la doctrina de la Trinidad, tantas que, para su esclarecimiento, los teólogos de la antigüedad tuvieron que echar mano de conceptos de la filosofía griega, aunque con un nuevo sentido. Me refiero a la palabra, tan importante en el pensamiento cristiano, "persona" —en griego, *prósōpon*—, y también *hipóstasis* y *sustancia* —en griego, *ousía*, en el sentido de "esencia" o "naturaleza"—. Así llegamos a la definición ortodoxa de la Trinidad: "Tres personas diferentes y un solo Dios verdadero". De estos y otros términos da cumplida cuenta Samuel Pérez Millos en la obra presente, de modo que el lector pueda despejar dudas y tener una visión más completa y correcta del Dios cristiano, dejando a un lado malentendidos y errores.

Como ya hemos asentado, el cristiano habla de Dios a partir de Dios en su revelación y, sobre todo, de su revelación en Cristo; de ahí lo distintivo del monoteísmo cristiano frente al judío o musulmán, que afirma que Dios es uno y es trino, hasta tal punto que se puede decir que la fe cristiana es básicamente una fe trinitaria, aunque muchos se escandalicen de la misma. Con fino sentido del humor, el teólogo

José Ignacio González Faus afirma: "Con permiso del señor Kant, que lo consideraba una irracionalidad, sostengo que, aunque no fuera verdad lo de la Trinidad, la intuición de una unidad ternaria como clave última del ser, es de lo más genial que ha aparecido en la historia humana". Frente al monoteísmo absoluto, el cristianismo confiesa una monoteísmo dinámico; "quiere decir que el fundamento y razón última de todo no es una especie de soledad absoluta, sino un misterio de comunicación infinita y amor infinito".

Como herederos de la fe de Jesús, los cristianos siguen proclamando: "Creo en un solo Dios". Y es efectivamente el Creador, el Dios de Abraham y de Moisés, el Dios que salva y entra en alianza con el hombre. Pero a partir de Cristo, le proclaman *Padre* en un sentido nuevo y mucho más fuerte, ya que incluso antes de ser el creador de todos los hombres y el padre y rey de Israel, siempre ha sido el Padre de este Hijo que se ha hecho uno de nosotros, Jesús. Tal es la originalidad cristiana. El misterio trinitario no es otro que el de la vida íntima de Dios, Padre-Hijo-Espíritu Santo; es algo dinámico, poderoso y dador de vida.

En línea con la teología reformada, el autor de esta obra distingue entre la *revelación especial* y la *revelación general* como dos niveles de acercamiento a Dios:

> La revelación es de dos niveles, la *revelación general*, por la que Dios se hace realidad a todos los hombres, en todos los tiempos y en todos los lugares, y la *revelación especial*, por la que Dios comunica aspectos puntuales de sí mismo a personas seleccionadas por Él, en tiempos específicamente concretos, que están disponibles en los escritos sagrados.

En la revelación general Dios se hace manifiesto por medio de la naturaleza, la historia y el hombre. Aquí entran en consideración, pues, las ciencias naturales y las ciencias espirituales, tal como el ser humano las ha ido desarrollando a lo largo de los siglos. Por este motivo, Pérez Millos dedica extensos apartados a la exposición y análisis de los argumentos cosmológicos, antropológicos, históricos y teológicos. Desde los días de Tomás de Aquino ha sido común hablar de las "pruebas" de la existencia de Dios, que hoy, con más exigencia semántica, no se pueden llamar "pruebas" en un sentido científicamente demostrable. Dios no puede ser probado, demostrado, como un elemento más de la creación, ya que la trasciende infinitamente. Con acierto, Tomás las consideró "vías", probabilidades lógicas, racionales, que hacen viable la creencia al intelecto humano. Tales vías son signos o señales que dan acceso a una realidad exigida por los enunciados de la mente cuando considera el fundamento último de lo existente. Decía el filósofo español Xavier Zubiri que el ser humano se encuentra religado al poder de lo real, entendiendo este poder como la fundamentalidad última, posibilitante e impelente del ser.

El tema Dios da para mucho, como demuestra Pérez Millos en esta obra, que trata todas las cuestiones que estamos considerando y muchas más, como los nombres de Dios, sus decretos y voluntad eterna, su naturaleza y esencia, su inmanencia y trascendencia, en relación con el mundo, pero sobre todo en relación consigo mismo en cuanto Padre, Hijo y Espíritu Santo. Un estudio denso del ser de Dios para ser analizado en todas sus vertientes e implicaciones doctrinales y espirituales, pese a lo cual no es una obra pesada, de difícil comprensión, sino todo lo contrario. En espíritu y método pedagógico, el autor hace posible que cualquier lector interesado, medianamente culto, pueda seguir el desarrollo de los argumentos y comprender el alcance y significado del artículo primero y más importante del Credo cristiano: «Creo en Dios Padre, creador del cielo y de la tierra». Una obra que viene a cubrir un gran vacío, ofreciendo una poderosa herramienta teológica para el estudio personal o en grupo del Dios en quien creemos y nos movemos y por quien somos llamados a gloria de su conocimiento, conocimiento que es comunión y delectación. "Todas las cosas que pertenecen a la vida y a la piedad nos han sido dadas por su divino poder, mediante el conocimiento de aquel que nos llamó por su gloria y excelencia" (2 P. 1:3).

**Alfonso Ropero**
**Tomelloso, 2023**

# CAPÍTULO I
# TEOLOGÍA PROPIA

**Introducción**

La teología sistemática es el conjunto ordenado de doctrinas bíblicas, relativo a cada una de las llamadas doctrinas fundamentales, que son, como su nombre indica, el fundamento de la fe cristiana.

En relación con la doctrina de Dios, recibe el nombre de teología propia, porque trata de la verdad esencial del ser divino. El estudio esencial de Dios debe denominarse de este modo, puesto que considera los aspectos personales y esenciales de la deidad. Es cierto que Dios no puede ser estudiado al margen de sus operaciones; de ahí que la teología sistemática estudia desde la realidad de Dios en sí mismo hasta todo aquello que, vinculado con Él y procedente de Él, determina y revela lo que es.

Desde la revelación bíblica y la demostración histórica, la verdad sobre Dios es siempre cuestionada por la reflexión intelectual del hombre natural. El estudio de la verdad relativa a Dios está generalmente sujeta a la estructura mental del hombre que busca su verdad sobre Dios, como si el ser divino pudiese ser investigado y descubierto desde el raciocinio humano. Quiere decir esto que el hombre natural no tiene interés en someterse a la revelación que Dios hace de sí mismo; de ahí las elocuentes palabras del apóstol Pablo: "Como está escrito: No hay justo, ni aun uno; no hay quien entienda, no hay quien busque a Dios" (Ro. 3:10-11). La inteligencia humana, limitada y subjetiva, es incapaz por ella misma de comprender a Dios infinito y eterno. De ahí que surjan ideas acomodadas, pero siempre imperfectas, cuando no incorrectas, acerca de Dios. Por esa razón, el texto de Pablo afirma que el hombre no busca a Dios, porque quiere un dios acomodado a su raciocinio. Esta situación alcanza su apogeo expresado de este modo: "Dice el necio en su corazón: No hay Dios" (Sal. 53:1). No es que el hombre niegue absolutamente su existencia, sino que desea adecuarla a sus limitaciones y sujetarlo, en definición, a su propio conceptualismo. De otro modo, el hombre quiere un dios a su medida, donde la grandeza sea medible por la razón.

El teólogo, conocedor de sus limitaciones en el campo cognoscitivo acerca de Dios, debe recurrir para la investigación a la revelación que Él hace de sí mismo en la Palabra escrita, como se ha considerado ya en el apartado de *Bibliología*.

El conocimiento intelectual de Dios resulta sumamente complejo e incluso inalcanzable. Cada una de las perfecciones del ser divino excede a la comprensión de la mente del hombre. No hay nada equiparable que lo haga, cuando menos, perceptible a la cognoscibilidad humana, siempre limitada por amplia que sea. Los atributos de la deidad solo pueden razonarse desde la abstracción mental. ¿Cómo puede conocerse la eternidad si es absolutamente contraria a la temporalidad siempre medible? ¿Cómo puede comprenderse aquello que no tiene principio ni fin cuando esta condición no está presente en el mundo de los hombres? Dimensionar es establecer con precisión o evaluar la dimensión de algo, pero, en relación con Dios, cualquier dimensión se convierte en infinita, es decir, mayor que cualquier medida evaluable o, dicho de otro modo, una cantidad sin límite que se contrapone al concepto de finitud.

Metafísicamente, lo infinito no puede admitir ninguna restricción; esto supone hablar de aquello que tiene necesariamente el sentido de incondicionado e indeterminado. Supone esto que, en relación con Dios, entre otras cosas, no pueda ser definido, ya que toda definición limita, dejando lo que no se define como una limitación que está fuera de ella. Si Dios es infinito, cualquier limitación que se establezca relativa a Él significa poner un límite y, por tanto, convertirla en una negación. De este modo, la negación de todo límite se convierte en una afirmación total y absoluta.

La infinitud es la cualidad de lo que es infinito, lo que no tiene límites, lo que contiene todo; fuera de ella, no hay nada que la supere. Esto comprende toda afirmación particular, cualquier definición que se establezca, ya que el infinito comprende todas las afirmaciones particulares, sin importar cuáles puedan ser, de modo que puede conducir a una indeterminación absoluta, conforme al pensamiento racional del ser humano.

Estudiar a Dios y llegar a conclusiones acerca de Él, en el uso del método científico de investigación en el único documento que permite esta aproximación, sitúa al teólogo bíblico en plena dependencia de su fe en Dios, por lo que antes de establecer determinados parámetros acerca de Él, le reconoce y adora. Esta es la primera posición en el estudio de la teología propia. En la revelación bíblica se concreta el rumor divino que el ser humano percibe, en el alma de cada individuo, en el que Dios mismo ha escrito la obra de su ley. No puede negarse que todos los hombres en todos los lugares y en todos los tiempos han tenido una idea de la existencia de Dios, que surge de la revelación, aunque sea mínima, que el Creador hace de sí mismo a la criatura.

Esta luz que conduce a la aceptación de la existencia de Dios no nace en el exterior, como pudiera parecer, sino que surge en la intimidad de cada individuo, a quien Dios hace notar la realidad de su existencia y de su eterno poder y deidad (Ro. 1:19). No se trata tanto de que nosotros busquemos a Dios, sino que es Él quien se revela a nosotros. Antes de hablar sobre Dios, tenemos necesariamente que escucharlo a Él. Para ello, hemos de hacer callar nuestra boca mientras abrimos nuestros oídos para escuchar su voz, que puede ser un torrente violento o un silbo suave y apacible. En modo general, la Biblia, base de la fe, presenta a Dios, que se encuentra con el hombre para que este le conozca, y despierta en él el deseo de buscarlo, como revela el profeta: "Fui buscado por los que no preguntaban por mí; fui hallado por los que no me buscaban. Dije a gente que no invocaba mi nombre: Heme aquí, heme aquí" (Is. 65:1). No cabe duda de que, para buscar a Dios, es preciso que Él nos busque a nosotros. La búsqueda de Dios y el descubrimiento suyo se realizan en la persona de Jesucristo, en la que se manifiestan no solo visible, sino humanamente para que en el mismo contexto de la criatura pueda ser hallado el Creador.

La revelación de Dios en Cristo es necesaria puesto que solo Dios conoce a Dios; de ahí que podamos conocerle por medio de la encarnación del Verbo que expresa eterna y temporalmente a Dios, haciendo visible al invisible (Jn. 1:18).

En el empeño de considerar este conocimiento divino, la teología propia, como ciencia que pronuncia la interpretación del discurso sobre Dios, desde la revelación divina, desarrolla los distintos temas y aspectos que se consideran en este y los capítulos siguientes de este estudio.

No puede dejar de hacerse una sencilla observación antes de seguir adelante: la teología sistemática es el resultado de una investigación y de unas conclusiones que se alcanzan a lo largo de la historia referentes a cada doctrina contenida en la revelación. Sin lugar a duda, todas ellas están en la forma actual después de un largo tiempo de reflexión y estudio, es decir, ninguna se ha completado de una sola vez. Es más, ninguna de ellas alcanzó ya la definitiva sistematización, de modo que no pueda decirse nada más sobre ellas, puesto que la base de donde se toman —que es la Biblia, única, exclusiva y excluyente fuente de la teología, por ser el discurso revelado por Dios con el objetivo de que el hombre le conozca— es una fuente inagotable de verdad que destila conceptos nuevos cada vez que se estudia, abarcando todo lo teológico en una profundidad insondable para que la mente humana lo extinga sin que quede algo más.

El problema del subjetivismo del mundo actual conduce a la confusión de las verdades bíblicas, envolviéndolas en el manto de la posverdad, relativizando las verdades dogmáticas para convertirlas en meras distorsiones de la realidad, manipulada para influir en la opinión pública mediante el manejo emotivo de las creencias. Este manejo de la verdad entra de lleno en la enseñanza general, que evita los valores absolutos de la doctrina para convertirlos en relativos, a fin de alcanzar con ello la complacencia del público, en pleno menoscabo de la verdad absoluta de la fe. Con ello se procura invertir la soberanía de Dios para introducir la entronización del hombre, en un humanismo contrario en todo a la realidad de Dios. Los posmodernos proponen una nueva lectura de la Biblia, que la desmitifica, lo que no es otra cosa que retirar de ella los absolutos, que corresponden a Dios, para introducir los relativos del hombre. En consecuencia, la teología se convierte en sentimientos subjetivos que pueden variar conforme a los efectos que produzca en cada persona.

De ahí que la lectura y el estudio de la teología sistemática esté en declive en muchos lugares, lo que lamentablemente comprende también instituciones académicas llamadas cristianas. El estudio y la reflexión sobre el dogma se deriva a consideraciones sobre lo que se conoce como devocionales de vida cristiana, que no es otra cosa que la relativización de las verdades fundamentales, derivadas hacia simples referencias a principios religiosos o a superficiales consideraciones de la ética cristiana. No existe forma de establecer los parámetros de la vida cristiana fuera de la consideración profunda de las doctrinas fundamentales, que es el contenido de la teología sistemática en sus distintas divisiones.

**Concepto**

Cuando se habla de teología propia, se expresa el *locus*[1] de la teología sistemática que trata del estudio de Dios, especialmente de Dios Padre, en lo que tiene que ver con la existencia, las características generales e individuales de las personas subsistentes en el ser divino. La teología propia es llamada también *teontología*.

El contenido de la materia a estudiar comprende la referencia a cada una de las tres personas divinas de quien es uno y trino. Sin embargo, la relación específica con el Hijo, segunda persona divina, y con el Espíritu Santo, tercera persona de la deidad, debe

---

[1] Área de estudio.

ser considerada separadamente por la extensión requerida para el estudio individual de cada una de ellas. El estudio sobre el Hijo se tratará dentro de la *cristología*, y aquel sobre el Espíritu dentro de la *neumatología*. Sus áreas clásicas de investigación son la existencia de Dios, los *atributos divinos*, la Santísima Trinidad, la doctrina del decreto divino, la creación, la providencia y la teodicea.

La teodicea (del griego θεός, *Dios*, y δίκη, *justicia*) es una rama de la filosofía que demuestra racionalmente la existencia de Dios. El sentido etimológico de la palabra es literalmente *justificación de Dios*, considerándose el término en muchas ocasiones como sinónimo de teología natural.

**Alcance**

El alcance de toda ciencia tiene relación directa con el conocimiento que pueda tenerse de aquello que se estudia. De este modo, estudiar a Dios y alcanzar las conclusiones que ese estudio pueda establecer requiere necesariamente conocerlo. Esto supone un problema. Dios es infinito y nuestra mente, limitada, por lo que la comprensión en cuanto a Él no es posible desde la sola condición humana, ya que comprender es ceñir, rodear o abrazar por todas partes algo, y ¿quién puede abrazar o rodear el infinito? En otro sentido, si comprender es contener o incluir en sí algo, ocurre la misma imposibilidad, ya que el limitado no puede contener al infinito. La palabra tiene también la acepción de entender, alcanzar o penetrar algo. Si además de infinito, Dios es Espíritu, no puede entenderse por no ser visible, ni alcanzarse por condición. Sin embargo, si Dios existe, tiene que haber alguna posibilidad para conocerlo, partiendo de la realidad de su existencia.

Tomás de Aquino planteó tres propuestas en relación con la verdad de la existencia de Dios: a) La existencia de Dios es una verdad de evidencia inmediata; b) Esa verdad debe ser demostrable; c) Cómo puede demostrarse.

Ya que Dios existe y es una verdad evidente en sí misma, en los términos de Dios y de existir, no requeriría investigación alguna para demostrar la existencia del ser divino, y no habría necesidad tampoco de la fe que acepta la verdad. Ahora bien, puesto que la revelación de Dios ha de hacerse por Él mismo, la vía de la racionalidad como revelación natural queda en la limitación que le es propia para desarrollarse plenamente en cuanto a cognoscible la verdad revelada se establece en la Escritura, por la que Dios se comunica para ser conocido. La vía de la fe se abre ante el teólogo para determinar el alcance de la teología propia. Aunque la existencia de Dios, salvo por la revelación, no es por sí misma evidente, puede ser racionalmente demostrada *a posteriori* sobre la base de la revelación escrita, único camino para que la criatura pueda llegar a conocer al Creador.

En la base del alcance de la teología propia está la realidad de que todos los hombres tienen algún conocimiento de Dios, sin importar cuál sea la medida de ese conocimiento, ni cuál la deformación del concepto. Lo más elemental es que en cada persona existe la convicción de que hay un ser del cual depende. Algunos se hacen una imagen de Él deteriorada y hecha a su medida, pero en cualquier caso entienden y reconocen la existencia de Dios. ¿Se puede considerar esto como el resultado de un proceso de generalización? ¿Es una idea transmitida de padres a hijos y de generación a generación? ¿Es por tanto innata en el hombre, algo nacido con la persona misma? ¿La idea de Dios es una deducción razonable, es decir, una hipótesis nacida de una conjetura razonable? Ninguna de estas propuestas puede satisfacer el conocimiento de Dios, que necesariamente debe ser atribuido a una revelación sobrenatural que Él mismo comunicó a personas para que la escribiesen, siendo preservada por la tradición.

El estudio de esta revelación divina ocupa el primer tratado de esta teología sistemática, por lo que en el ámbito de este segundo se harán referencias breves, conduciendo al lector a los apartados correspondientes de *Bibliología*.

El conocimiento de Dios es innato en el hombre, entendiendo como tal aquello que tiene que ver con la constitución personal, que lleva consigo la racionalidad y la ética del individuo. Este conocimiento no es el obtenido a lo largo de la vida humana por experiencia cotidiana, por referencias a otros, por instrucción *ab extra* o por investigación y conclusiones racionales.

La intuición es un elemento propio del conocimiento personal innato. Intuir es percibir íntima e instantáneamente una idea o verdad, tal como si se la tuviera a la vista. En ese sentido, no se necesita probar la creencia. Es verdad que muchas conclusiones por intuición no son ciertas o, por lo menos, no lo son plenamente. Tampoco el conocimiento intuitivo está desarrollado en la persona al nacer, sino que adquiere dimensión en el desarrollo de la vida. De ahí que algunos nieguen el conocimiento de Dios por intuición, ya que el conocimiento es la consecuencia de una acción de consciencia, que es la capacidad del ser humano de reconocer la realidad circundante y de relacionarse con ella. En ese sentido, la intuición sobre la existencia de Dios ha de adquirirse por conocimiento y relación con lo que se intuye, o un conocimiento reflexivo de las cosas. Pero no debe ignorarse que el subconsciente del hombre es el estado de consciencia en el que, por la poca intensidad y duración de sus percepciones, el individuo apenas tiene conocimiento de ellas porque, en cierto modo, está dormido en su mente. Si esto puede ser transmitido por generación, lo que está subyacente, es decir, lo que está por debajo, puede convertirse en consciente por determinadas circunstancias. El conocimiento innato es simplemente la fuente del conocimiento humano porque es la propia naturaleza del hombre, presente desde el alumbramiento como tal. No se trata de que el ser humano nazca con un subconsciente en el que haya verdades entre las que se encuentran los principios que intuyen la existencia de Dios, sino que la razón humana está constituida de tal forma que percibe esa existencia como algo cierto, sin instrucción y sin necesidad probatoria.

En cierta medida, esto comprende el intelecto humano, que acepta sin necesidad de prueba verdades que percibe como ciertas. Intelectualmente nadie tiene necesidad de demostrar que una parte es siempre menor que un todo. De ese modo, cada causa tiene su efecto y, por tanto, los efectos proceden de una causa. Una lluvia torrencial es el efecto que causa una inundación. Nadie tiene necesidad de demostración, es algo innato en la mente humana. En cualquier caso, la generalización de esto es que todo efecto ha tenido una causa y, por consiguiente, ningún efecto puede proceder de nada.

En el plano de la ética, la mente humana hace valoraciones innatas en la distinción del bien y del mal. La Biblia afirma que, en la tentación, Satanás dijo a Eva: "Seréis como Dios, sabiendo el bien y el mal" (Gn. 3:5). No hace falta creer lo que la Escritura dice para entender por observación que los valores éticos están en la mente de cada persona en mayor o menor dimensión. Esto está presente en toda civilización por simple que sea, de manera que hay reglas establecidas que sancionan actos incorrectos en todos los pueblos y civilizaciones. Las formas más elementales de lo que es bueno y de lo que es malo son un conocimiento innato en el hombre. No hay duda de que la intuición es diferente entre personas y culturas, de manera que las valoraciones éticas son también distintas. Aun así, los principios elementales que intuyen la existencia de Dios están presentes en cada individuo. De este modo, lo que está en el conocimiento innato de todos debe ser asumido como cierto y, aunque pueda ser modificado y adecuado al pensamiento individual, debe ser aceptado por todos por cuanto surge de la naturaleza de cada persona sin necesidad de instrucción alguna que lo determine.

Si en el plano del conocimiento es imposible conocer a Dios por medios estrictamente humanos, es preciso alcanzar ese conocimiento por revelación divina. Este tema se ha tratado en *Bibliología*, por lo que se hace aquí una referencia limitada.

La revelación es de dos niveles: la revelación general —por la que Dios se hace realidad a todos los hombres en todos los tiempos y en todos los lugares— y la revelación especial —por la que Dios comunica aspectos puntuales de sí mismo a personas seleccionadas por Él en tiempos específicamente concretos, y que están disponibles en los escritos sagrados—.

En el sentido de revelación general, Dios se hace manifiesto por medio de la naturaleza, la historia y el hombre. Sin embargo, surge la pregunta: ¿Puede elaborarse una teología natural por medio de esa revelación? Es necesario recordar los tres elementos fundamentales de la revelación general. Por la naturaleza se alcanza el conocimiento de la existencia de Dios. El texto disponible es la creación. La Biblia enseña que "los cielos cuentan la gloria de Dios, y el firmamento anuncia la obra de sus manos" (Sal. 19:1). Pero ¿cuál es el alcance de esa revelación natural? El apóstol afirma que "lo que de Dios se conoce les es manifiesto, pues Dios se lo manifestó. Porque las cosas invisibles de él, su eterno poder y deidad, se hacen claramente visibles desde la creación del mundo, siendo entendidas por medio de las cosas hechas, de modo que no tienen excusa" (Ro. 1:19-20). La dimensión del universo visible y del microcosmos invisible a ojos de los hombres sin otra ayuda que su propia visión impacta en la criatura, que no puede dejar de reconocer al poder admirable del Creador. De ahí que el ateísmo en el sentido pleno del término no puede darse, porque la Biblia habla de una revelación natural mediante la cual Dios exhibe su eterno poder y deidad.

En la revelación general se trató de un segundo elemento que es la historia, apreciándose que Dios mueve la historia conforme a su propósito, anunciando a los profetas lo que ellos trasladaron en escritos anteriores al cumplimiento de lo profetizado, que se operó con una precisión matemática, evidenciando que la historia se produce conforme al programa eterno de Dios, conducente al ejercicio de su soberanía (cf. Job 12:23). Él reina sobre las naciones (Sal. 47:8). Todas las naciones de la tierra están bajo su atenta observación (Sal. 66:7). El decurso de los imperios de la tierra revelado a Daniel (Dn. 2 y 7) se anunció con anticipación a que ocurriera, teniendo en cuenta la datación del libro en que aparecen. El profeta dice: "Él muda los tiempos y las edades; quita reyes, y pone reyes" (Dn. 2:21). El investigador toma la historia y se sorprende, cuando se aproxima a ella sin prejuicios personales, al ver que Dios está en el control de ella. En la citada *Civitate Dei*, que es la más conocida teología de la historia, Agustín hace notar que la historia es obra de la providencia de Dios y un signo de la misma.

El tercer elemento de la teología natural está relacionado con el hombre mismo, que por naturaleza es un ser religioso. Desde el principio, las religiones están presentes en la historia de la humanidad. Miles de dioses, establecidos por la imaginación humana, son el resultado de la idea personal de la existencia de un ser que juzga, ayuda, castiga y tiene un poder siempre superior al de los mortales. No cabe duda de que estas ideas plasmadas en dioses que se sustentan en leyendas hacen a estos supuestos seres una mentira mental, resultado de la imaginación humana, pero no es menos cierto que esas leyendas sobre dioses y héroes son el resultado de un pensamiento íntimo en cada hombre que señala a la existencia de Dios. La moral y la ética humana, tan variables en cada momento histórico, son el resultado de la evaluación de lo que es bueno y lo que es malo. En esa evaluación, la aceptación de la existencia de Dios es evidente. Es cierto que la condición natural del hombre establece valores siempre relativos que varían en cada momento de la historia, pero no es menos evidente que la aceptación de la existencia de Dios motiva todos los movimientos de la ética en cada tiempo. Esto no significa que los códigos de la moral sean correctos, pero lo que manifiesta esta continuidad en la historia del hombre es que existe una conciencia moral que es el reflejo en el hombre de la imagen de Dios.

La teología natural puede ser cuestionada filosóficamente. El universo es la manifestación de la creación de Dios. Ahora bien, por muy grande que sea, el universo no es infinito, sino limitado. Admitiendo que es venido a la existencia por un acto creador, ¿se extingue en él toda la omnipotencia del Creador? Es decir, ¿ha hecho todo cuanto podía o podía hacer aún más? Esa pregunta queda lógicamente sin respuesta porque no puede demostrarse esa supuesta limitación. El hecho de que una palanca pueda mover un determinado peso no es suficiente para afirmar que puede levantar cualquier otro mayor. Este argumento supone un cuestionamiento a la teología natural como elemento sustentante para establecer la existencia de Dios y aceptar todas sus perfecciones incomunicables.

En la teología tomista, la natural ha sido estudiada en todo detalle. Tomás de Aquino enseña que la verdad está en dos elementos: el natural, que siempre es inferior, y el sobrenatural, también llamado de la gracia. El primero se acepta por la razón, el segundo se asume por autoridad. El primero está manifestado en la historia, el segundo tiene la autoridad suprema de la Palabra. Por esa razón, se puede llegar al conocimiento de la existencia de Dios y de la inmortalidad de la parte espiritual del hombre mediante el estudio desprejuiciado de la teología natural; por lo contrario, la Trinidad y las perfecciones de Dios no pueden ser conocidas meramente por la razón, sino que han de ser aceptadas por la revelación. Los dos campos se sustentan en forma diferente: el de la teología natural se asimila por la razón; el de la teología sobrenatural descansa plenamente en la fe, puesto que la revelación escrita proviene de Dios, que es en sí mismo, en todo cuanto comunica, verdad absoluta. Estos asuntos se considerarán con más detalle en el desarrollo del conocimiento de Dios.

La teología propia descansa sustancialmente en las verdades de la revelación que Dios mismo comunicó a los hombres a lo largo del tiempo (He. 1:1) y que, de forma plena y absoluta, la formula en su discurso llamado Hijo (He. 1:2). Pero en modo alguno se limita a un concepto religioso o, como algunos afirman, filosófico. El teólogo que investiga y trata las verdades acerca de Dios encuentra su complemento en la creación y, de forma más íntima y personal, en el mismo hombre que ha sido creado a imagen y semejanza de Dios (Gn. 1:26-27). Esta búsqueda de Dios no es solo intelectual, e incluso metafísica, sino que parte de la huella que el Creador ha dejado en la criatura, la primera evidencia o la causa primera que está registrada y manifestada en toda la creación. La razón natural del hombre le conduce inevitablemente a la realidad de la existencia de Dios. Sin embargo, Dios no es alcanzado nunca por la razón humana en todo lo que es en sí mismo y en la intimidad del ser divino, tan solo se alcanza la relación de la total dependencia que el universo tiene del Creador. No alcanza a conocer quién es Dios o cómo es, pero es suficiente para reconocer que existe. Es el conocimiento hecho sobre la base de la teología natural.

Siendo escaso este elemento para el conocimiento de Dios, debe hacerse un acercamiento a la revelación que Él hace de sí mismo, en orden a que pueda ser conocido, adorado y creído. Este conocimiento está más allá de cualquier razonamiento humano o cualquier conclusión reflexiva de la mente humana. Todo esto sigue siendo misterio, que se hace cognoscible al hombre por la revelación divina iluminada por la fe, que ha de ser depositada en dicha revelación, perfecta y verdadera como corresponde al que la comunica. Esta vía conduce a un conocimiento superior en todo al que puede alcanzarse por medio de la revelación natural. Por medio de esta revelación llegamos a entender que Dios no es una persona, sino el infinito ser, en el que subsisten tres personas, a las que conocemos por revelación como Padre, Hijo y Espíritu. El carácter y los designios de Dios tienen que ser conocidos por esta misma vía de revelación sobrenatural. Con todo, Dios está siempre más allá de cuanto conocimiento de Él podamos alcanzar. De este modo escribe el Dr. Mateo Seco:

> La revelación de sí mismo que Dios hace al hombre no desvela del todo el misterio; al mismo tiempo que revela, oculta. Puede decirse que Dios se revela ocultándose en palabras humanas y en mediaciones históricas. Esto es así porque durante el caminar terreno del hombre, Dios solo puede revelarse a él en palabras humanas y no existe palabra humana que pueda expresar adecuadamente lo que es Dios.[2]

La misma reflexión está en el escrito del Dr. Walter Kasper:

> La automanifestación de Dios significa que el misterio que se revela en el hombre no es una simple cifra de la dimensión profunda del hombre y del mundo. Ese misterio no es ningún predicado del mundo; es más bien un misterio sagrado, independiente del mundo; es un sujeto autónomo que puede hablar y obrar. El misterio divino no es un misterio silencioso que debe acogerse en silencio, es un misterio hablante que interpela al hombre y al que nosotros podemos dirigir la palabra. Pero esa revelación no es una ilustración en el sentido superficial del término. Dios no suprime su misterio en el acto de revelación; no lo descifra, como si después supiéramos a qué atenernos sobre Dios. La revelación consiste más bien en que Dios manifiesta su misterio oculto: el misterio de su libertad y de su persona. La revelación es, pues, revelación del Dios oculto como tal.[3]

En el pensamiento humano, la concepción de Dios es mayor de lo que puede razonarse, cuando en realidad Dios es mayor de todo lo que pudiera ser objeto de razonamiento.

La revelación es el contenido de verdades que no pueden proceder de la mente o la reflexión humana y que Dios comunica al hombre

---

[2] Mateo-Seco, 1998, p. 30.
[3] Kasper, 1994, p. 151.

por medio de mensajes dados a través de hombres. Procediendo de Dios, la comunicación tiene carácter de autoritativa, esto es, revestida de la autoridad suprema del que comunica el mensaje. Todo ello entra en conflicto con la razón humana, que no puede intuir el mensaje, e incluso con la libertad del hombre, puesto que la verdad le viene impuesta fuera de su operatividad. Por esa razón es muchas veces cuestionado y, como el apóstol Pablo dice, "es locura para los que se pierden" (1 Co. 1:18). Para él, la razón humana produce una multitud de reflexiones que llama "la sabiduría de los sabios... y el entendimiento de los entendidos" (1 Co. 1:19), mientras que Dios tiene un solo mensaje porque también tiene un solo pensamiento, que comunica a los hombres por medio de muchos.

En la revelación, Dios se manifiesta para ser conocido. El conocimiento está ligado a su deseo soteriológico. Se revela para que, en ese conocimiento, el hombre crea y reciba la vida eterna (Jn. 17:3). Es necesario entender que en la revelación, Dios no revela algo, sino que se revela a sí mismo, manifestando con ello su voluntad salvífica. Es necesario llegar a entender que la revelación no es algo que está presente en el mundo, no importa en qué elementos, y que el hombre descubriéndola y razonando sobre ella llega a la síntesis del conocimiento de Dios, descifrándolo por sus propias fuerzas. Es mucho más que esto: es la automanifestación de Dios mismo para que el hombre pueda conocerlo. Esta revelación por la Palabra se manifiesta y acredita en la experiencia de la historia. No se trata, pues, de la expresión de verdades, mandatos, hechos sobrenaturales, sino de la autorrevelación personal de Dios. De ahí que continuamente aparezca en el escrito bíblico una manifestación personal del revelador en una autopresentación de sí mismo: "Yo soy Jehová, tu Dios" (cf. Ex. 6:7; 7:17; 20:2; Lv. 11:44; 18:2; Dt. 5:9; Is. 48:17; 49:23; Ez. 20:19, 20; Os. 12:9; Jl. 3:17). La revelación tiene por objeto que podamos conocer quién es nuestro Dios. Las figuras del lenguaje son usadas también para ese mismo conocimiento; de modo antropológico, el infinito se manifiesta en sus perfecciones captables por el conocimiento humano al hablar de su rostro (cf. Ex. 33:20; Dt. 31:17; Nm. 6:26; 1 Cr. 16:11; 2 Cr. 30:9; Sal. 105:4; Mi. 3:4; Ap. 1:16); su nombre (cf. Ex. 6:3; 15:3; Ex. 20:7; Dt. 12:5; Sal. 23:3; 29:2; 66:2; 72:19); su corazón (cf. Sal. 33:11; Os. 11:8); sus entrañas (cf. Jer. 31:20). Esto pone de manifiesto que Dios no es un ente aislado y distante que se esconde en lo que ha creado, sino un *yo* divino que se dirige a un *tú* humano para que lo conozca.

La autorrevelación de Dios toma carta de naturaleza y expresión suprema en Cristo, en quien habla (He. 1:2). Él no es el punto final de la revelación establecido por decreto divino, sino la perfección plena de la revelación. La expresión suprema de la autodonación de Dios que se hace hombre para redimir al hombre. Así, quien ve a Cristo, ve a Dios (Jn. 14:9). Por esa razón, el conocimiento del Hijo satisface todo conocimiento de Dios, constituyéndose en base, contenido y alcance de la doctrina de Dios. De ahí que la fe sea mucho más que un asentimiento a verdades anunciadas; es, como decía Agustín, un proceso con un triple contenido: *Credere Deum* (creer en Dios), es decir, en la existencia de Dios; *Credere Deo* (creer a Dios), que demanda confianza plena en Él; y *Credere in Deum* (creer en Dios), entregándose plenamente a Él, abandonarse en Él y vincularse a Él. La fe no es un mero asentimiento, sino un estilo propio de vida en el que Dios está presente; es la realidad misma de la vida y la seguridad escatológica del creyente. De otro modo, es asentir lo que Él es y como consecuencia adorarle por lo que es, alabándole por todo lo que hace.

La revelación se hace imagen en la historia y se proyecta en el tiempo hasta alcanzar el conocimiento pleno de Dios cuando "le veremos cara a cara" (1 Co. 13:12), conociéndole entonces "como Él es" (1 Jn. 3:2) para experimentar la plenitud absoluta de la relación con Dios, donde "será todo en todos" (1 Co. 15:28).

Mientras tanto, Dios sigue oculto en un misterio parcialmente revelado. Lo hizo lo suficientemente extenso para que el hombre le conozca y pueda orientarse hacia Él, pero no se alcanza una revelación total de Dios, entre otras cosas, porque nadie puede limitar al infinito. La verdad de que se ha revelado en plenitud total en Cristo no deja de mantener el ocultamiento parcial de Dios. Jesús es, como Hijo de Dios y Verbo eterno, la imagen de Dios (2 Co. 4:4; Col. 1:15). Es también la impronta, el resplandor de su gloria (He. 1:3). Se hace visible en Él, quien es Dios, pero se revela en un rostro humano, de modo que siendo verdad que el que ha visto a Cristo, ha visto al Padre (Jn. 14:9), es también limitada porque se revela en Él a Dios que se acerca al hombre despojándose de su condición divina para adoptar la forma de siervo en el vehículo de su humanidad, mostrándose el supremo aspecto de la autodonación de Dios, que se hace "obediente hasta la muerte y muerte de cruz" (Fil. 2:6-8). En el Hijo encarnado continua la presencia oculta de Dios. ¿Acaso Él, que se revela a sí mismo, se oculta para mantenerse lejano a los hombres? No, sino que se revela desde el plano de la alienación al hacerse hombre y asumir todas las limitaciones de la creatura. El infinito Dios se hace perceptible a la finita criatura en el mismo plano en que la finitud puede comprender a la infinitud. Es una revelación en parámetros humanos, donde está la limitación del hombre, la vida temporal y la muerte. ¿Estamos tratando de demostrar desde el pensamiento humano la realidad de Dios que se revela, pero también se esconde? En absoluto, así lo expresa el profeta: "Verdaderamente tú eres Dios que te encubres, Dios de Israel que salvas" (Is. 45:15). Ese esconderse u ocultarse de Dios es la razón fundamental de la prohibición de hacer imágenes de Él que le representen, como se hacen de los ídolos. Es evidente que la Biblia, que revela a Dios, afirma que Él en sí es invisible porque sus cosas son invisibles (Ro. 1:20); el Hijo encarnado es la "imagen del Dios invisible" (Col. 1:15). Por esa realidad suya es inefable, es decir, no hay palabras que puedan describirlo, como afirma el salmista: "Tal conocimiento es demasiado maravilloso para mí; alto es, no lo puedo comprender" (Sal. 139:6). A la conclusión del desconocimiento de Dios llegó Job: "He aquí, Dios es grande, y nosotros no le conocemos, ni se puede seguir la huella de sus años" (Job 36:26). El apóstol Pablo define a Dios como inescrutable, quiere decir que no se puede saber ni averiguar: "¡Oh profundidad de las riquezas de la sabiduría y de la ciencia de Dios! ¡Cuán insondables son sus juicios, e inescrutables sus caminos!" (Ro. 11:33). Además de todo esto, la revelación enseña que Dios habita en luz inaccesible (1 Ti. 6:16) y es invisible (1 Ti. 1:17).

No supone la fe ninguna contradicción directa en relación con la razón, salvo cuando sobre esta se asienta el conocimiento o desconocimiento de Dios. Pero no es menos cierto que la teología natural necesita la preservación de la teología sobrenatural, asentada en la revelación. Dios no es un objeto que puede ser medido y definido por la mente humana, sino aquel que está más allá del pensamiento racional y más allá de toda forma de existencia y ser. El raciocinio del hombre está preparado para entender el darse de Dios al hombre en su revelación, puesto que fue hecho a imagen y semejanza del Creador.

**Propósito**

El estudio de la teología propia tiene el propósito de investigar en la revelación y en la confirmación histórica de suerte que permita establecer las bases que sustentan la verdad de la existencia de Dios y permita responder a dos preguntas esenciales: *quién es Dios* y *cómo es Dios*.

Generalmente se toma como punto de partida la demostración de la existencia de Dios y, por consiguiente, de su realidad, para aplicarla posteriormente al hombre individualmente estableciendo los parámetros de una relación entre la criatura y el Creador. Sin embargo, debiera transitarse por el camino de la relación con Él para determinar cómo es y cómo actúa. Esta relación determinará quién y cómo es Dios, sin duda asentada toda la verdad en la Escritura, que desde el comienzo se refiere a Dios (Gn. 1:1), pasando luego al hombre que ha sido hecho a su imagen y semejanza.

La teología propia debería responder esencialmente a las dos preguntas formuladas por Agustín de Hipona: *Quid mihi es? Quid tibi sum ipse?*[4] —"que eres tú para mí y qué soy yo para ti"—. Esta es la clave esencial de la conclusión aplicativa de la doctrina de Dios. No es, por tanto, que la investigación de la criatura alcance el conocimiento del Creador y lo comprenda en su mente finita, sino que la intención de Dios al revelarse es que el hombre entienda que es nada sin Él.

Así escribía Agustín:

> Yo te conoceré, oh íntimo conocedor mío, conoceré como tú me conoces (1 Co. 13:12). Fortaleza de mi alma, habita en ella y adhiérela a ti, para que la mantengas y la poseas sin mancha ni arruga (Ef. 5:27). Esta es mi esperanza, por eso hablo; y en esta esperanza me gozo cuando me gozo sensatamente. Las demás cosas de esta vida, tanto menos se han de llorar cuanto más se las llora, y tanto más debieran llorarse cuanto menos se las llora. Tú amaste la verdad (Sal. 51:6) porque quien practica la verdad llega a la luz (Jn. 3:21). Yo quiero vivirla en mi corazón, reconociéndola ante tu presencia y por este mi escrito.[5]

El Dios único y verdadero, que es infinito, está en el hombre y el hombre en Él como fuente y sustento de vida, ya que "en Él vivimos, y nos movemos, y somos" (Hch. 17:28). De modo que no está distante para buscarlo afanosamente, sino cercano y próximo para que podamos encontrarlo. Su presencia lo llena todo y no existe algo que no

---

[4] Citado en González de Cardedal, 2004, p. 17.
[5] Agustín de Hipona, *Confesiones*, X, 1. Texto latino: *Cognoscam te, cognitor meus, cognoscam sicut et cognitus sum (1 Co. 13:12). Virtus animae meae, intra in eam et coapta tibi, ut habeas et possideas sine macula et ruga (Ef. 5:27). Haec est mea spes, ideo loquor et in ea spe gaudeo, quando sanum gaudeo. Cetera vero vitae huius tanto minus flenda quanto magis fletur, et tanto magis flenda quanto minus fletur in eis. Ecce enim veritatem dilexisti (Sam. 5:8) quoniam qui facit eam venit ad lucem (Jn. 3:21). Volo eam facere in corde meo coram te in confessione, in stilo autem meo coram multis testibus.*

esté en esta relación. ¿Acaso no es una contradicción para la mente humana que el Dios infinito que lo llena todo pueda venir en plenitud a la criatura limitada? Pero no es que la criatura pueda contener a Dios, sino más bien, es Él quien las contiene a todas. La realidad es que estando en todas partes, no hay ninguna de ellas que lo abarque y comprenda totalmente. Este es el gran misterio revelado en la Biblia acerca de Dios.

La investigación de la teología propia se encuentra de antemano con imposibilidades, como ocurrió siempre; de este modo la expresa Zofar naamatita: "¿Descubrirás tú las profundidades de Dios? ¿Conocerás el propósito de 'El-Shadday? Es más alto que los cielos, ¿qué puedes tú hacer? Es más profundo que el Seol, ¿qué puedes tú saber?" (Job 11:7-8; BT). Es imposible encontrar una imagen que sirva de referencia al conocimiento de Dios, como dice el profeta: "¿A qué, pues, haréis semejante a Dios, o qué imagen le compondréis?" (Is. 40:18). Junto con esta imposibilidad de conocimiento está la seguridad de que Dios nos ha puesto en sí mismo para que podamos conocerlo, puesto que la vida eterna está íntimamente vinculada a ese conocimiento (Jn. 17:3). No es posible conocerlo en toda la profundidad de su esencia divina, pero es posible hacerlo desde su naturaleza, ya que "sabemos que el Hijo de Dios ha venido, y nos ha dado entendimiento para conocer al que es verdadero; y estamos en el verdadero, en su Hijo Jesucristo. Este es el verdadero Dios, y la vida eterna" (1 Jn. 5:20). Es el evento del pasado que tiene efecto en el presente y se extiende definitivamente a los tiempos venideros. El Verbo eterno, revelador de Dios, vino al mundo (Jn. 1:14). Esa verdad la pone también en el testimonio personal de Jesús: "Salí del Padre, y he venido al mundo" (Jn. 16:28). El eterno se hizo un hombre del tiempo y del espacio. El glorioso y admirable Dios entró en la dinámica de la criatura. El que no podía sufrir sufrió. El que es alabado por los ángeles fue despreciado por los hombres. El que satisface todas las necesidades del universo sintió hambre y sed como el mortal. El que es felicidad suprema agonizó en Getsemaní. El que es vida y tiene vida en sí mismo muere nuestra muerte para darnos vida eterna. Este admirable, infinito y glorioso Dios nos otorga un don con su venida: "Nos ha dado entendimiento para conocer al que es verdadero" (1 Jn. 5:20). El sujeto de esta oración no es otro que Dios mismo. El que siendo invisible no puede ser conocido por los hombres, porque nadie lo ha visto, envió a su Hijo para hacerlo posible, es decir, para que podamos conocer a Dios, no solo intelectualmente, sino también vivencialmente, ya que sin ese conocimiento no es posible la vida eterna.

La plena vinculación con Dios hace posible el conocimiento de Dios: "Estamos en el verdadero, en su Hijo Jesucristo" (1 Jn. 5:20). No se puede llegar a Dios, sino por medio de su Hijo, porque nadie puede ir al Padre, sino por Él (Jn. 14:6). La vida solo es posible en el Hijo y por medio de Él (Jn. 1:4; 5:24; 6:35-38; 10:10; 1 Jn. 5:11, 12). La gracia para salvación y la fidelidad salvadora vinieron por medio del Hijo, a quien el Padre envió al mundo (Jn. 1:14, 16). Jesucristo es el único mediador entre Dios y los hombres (1 Ti. 2:5). Juan expresa esta verdad en forma contundente, enseñando que nadie puede estar en el Padre sin estar en el Hijo, ni estar en el Hijo sin estar en el Padre (1 Jn. 2:22, 23). No solo en sentido soteriológico, sino en el cognoscible, ya que Dios se revela en el Hijo que lo hace realidad visible y palpable para el hombre (Jn. 1:18).

Dios puede ser conocido, pero es imposible que el hombre alcance el conocimiento pleno, absoluto y exhaustivo de Dios, ya que eso equivaldría a comprender a Dios, lo que queda fuera de toda posibilidad humana. *Finitum non possit capere infinitum* (lo finito no puede comprender lo infinito). Sin embargo, el hombre puede llegar a la comprensión de Dios en la medida en que le es necesario para conocerle y con ello llegar a la intimidad vivencial para salvación. El conocimiento que el hombre puede alcanzar de Dios sirve plenamente para una vida que cumpla el propósito divino en él.

La teología propia no se estudia para conocer a Dios, sino para vivir conforme a ese conocimiento. La majestad gloriosa del Creador, sus perfecciones, las operaciones de su omnipotencia, la dimensión de su amor, hacen notoria la pequeñez del hombre y orientan a la dependencia del ser humano del Creador. Este conocimiento orienta la vida al respeto reverente hacia Dios, a la vida piadosa que se ajusta a sus mandamientos y al culto que corresponde en espíritu y en verdad, como nuestro Señor indicó a la mujer samaritana (Jn. 4:24).

## Metodología

Considerando la teología como ciencia, es necesario aplicar un método para alcanzar el sustento a la tesis; en este caso, dentro de este apartado, al conocimiento de Dios.

Puede hacerse una aproximación desde la revelación general, sustentándola en la historia, la antropología y las proposiciones filosófico-religiosas, para apoyarlas luego en la revelación especial, que es la Escritura. Este método sería el *de ascenso*, esto es, va de menos a más, desde la limitación —por amplia que sea— a la máxima expresión en la revelación escrita. Necesariamente, por grande que sea el esfuerzo del teólogo, siempre habrá lagunas, puesto que el pensamiento condicionado del ser humano está rodeado de limitaciones por su propia naturaleza y comprensión.

Exige esto un cambio de metodología, que podríamos llamar *del descenso*, y que toma todos los datos para el estudio de la revelación escrita, para contrastarlos con los de la revelación general, en cuanto sea posible, dejando lo imposible para la aceptación de fe. Este método se sintetiza en los siguientes pasos: Datos, Reflexión, Conclusión.

## *Datos*

Se entiende el trabajo de seleccionar los elementos que deben ser considerados para la expresión de todas las verdades relativas a Dios para fundamentar la teología propia.

Para poder cumplir sus objetivos, los datos han de estar revestidos de absoluta fiabilidad. Lo contrario conduciría a presupuestos falsos que contaminarían el conjunto de la tesis, en mayor o menor dimensión.

La fuente que provee los datos no puede ser otra que la Escritura; dicho de otro modo, no hay más fuente de la teología propia que la Biblia. Esto entra de lleno en uno de los principios de la Reforma: *Sola Scriptura*. El método de selección de datos sobre este principio es para muchos regresivo, en el sentido que los renacentistas llamaban *ire ad fontes*, esto es, un regreso a las fuentes, que no pueden ser otras que los escritos del Antiguo y del Nuevo Testamento.

Los datos seleccionados no son tomados de simples relatos históricos o literarios, sino de escritos conducentes a ser interpretados. Para ello es necesario utilizar todo cuanto pueda aportar claridad en relación con el texto bíblico, considerando a este como plenamente inspirado por Dios. En esa línea deberá acudirse a la lingüística, la literatura comparada, la historia y la geografía, para alcanzar la comprensión del contenido del texto bíblico. Esto implica la *intellectus fidei*, que significa la comprensión de la fe. Esto no significa acercarse en forma dogmática, sin preguntarse el porqué del texto y de su contenido, sino aproximarse a ella con plena humildad y profundo respeto, realizando un esfuerzo de comprensión, pero siempre en dependencia del Espíritu Santo que conduce a toda verdad, como Jesús dijo: "Pero cuando venga el Espíritu de verdad, él os guiará a toda la verdad; porque no hablará por su propia cuenta, sino que hablará todo lo que oyere, y os hará saber las cosas que habrán de venir" (Jn. 16:13). El

Espíritu es la persona que guía al estudio y la comprensión de Dios y su obra.

Sin embargo, toda selección de datos para cualquier estudio teológico exige como condición *sine qua non* el esfuerzo reflexivo del intérprete sobre la Palabra de Dios, entendiendo como referido exclusivamente al escrito bíblico, puesto que concluido el canon no son posibles nuevas revelaciones doctrinales. La teología no tiene sustento alguno en visiones o sueños a los que algunos dan autoridad como nuevas revelaciones divinas.

Esto condiciona la selección de los datos bíblicos, en el sentido de la asepsia teológica que impida a la influencia de la posición del teólogo en esa selección. Esto exige una dependencia plena del Espíritu, de modo que se pueda deslindar lo que el teólogo piensa que debiera decir la Biblia y lo que realmente dice.

En la teología propia, se debe ser consciente de que nunca se tendrá la última palabra en un determinado aspecto. Toda conclusión en relación con Dios siempre será provisional o, si se prefiere mejor, aproximada. Puesto que Él es infinito, los datos que sirvan para elaborar la tesis, han de ser objeto continuo de estudio y reflexión, progresando en el camino de la investigación con el mismo impulso con que se inició la selección de los datos.

Siendo el deseo de Dios darse a conocer para que el hombre alcance la vida eterna y, por consiguiente, una vida nueva, los datos seleccionados han de ser válidos no solo para la propuesta meramente teológica, sino para la pastoral dirigida a la vida cristiana. Como afirma el Dr. Tellería, "carece de sentido la imagen del teólogo abstracto, teórico de las ciencias bíblicas o de la piedad cristiana, cuyas labores carezcan de utilidad real para el conjunto del cuerpo de Cristo"[6].

La primera parte del método que se usará para elaborar esta tesis descansa en la selección sistemática de los recursos bíblicos para la elaboración de la misma.

### *Reflexión*

Dispuestos los datos ordenadamente, deberán establecerse dos principios reflexivos: 1) Análisis del texto bíblico, siguiendo el método de interpretación gramático-histórico-literal. 2) Elaboración del pensamiento que conduzca al establecimiento de cada uno de los aspectos doctrinales.

---

[6] Tellería Larrañaga, 2011, p. 153.

Este segundo aspecto conduce a la formulación de una pregunta: ¿Teología o filosofía? La ausencia de la segunda impide una elaboración ordenada del pensamiento reflexivo, pero el exceso de la misma conduce a extremos tales como condicionar la exégesis a la filosofía, trayendo las consecuencias que se produjeron en la Edad Media y especialmente en la pre-Reforma. El pensamiento filosófico se situó por encima del teológico. Por esa razón, se llegó a decir *nemo theologus nisi philosophus*, en sentido de que no puede ser teólogo sin ser filósofo. La filosofía es amar la sabiduría, pero siempre desde la perspectiva humana. Es un elemento de capital importancia para la elaboración conceptual; en esto sirve de apoyo a la teología, pero debe afirmarse que, puesto que la teología toma su base y fundamento de la revelación, no es posible convertirla en un mero axioma filosófico. De este modo, la filosofía sirve como elemento de ayuda a la expresión teológica, de modo que permita una correcta forma conclusiva, pero en ningún caso la teología puede depender de la filosofía. No es posible hablar de teología propia si la Biblia no es la base de los datos que deben ser establecidos y analizados.

Seleccionados los datos correspondientes a cada apartado de la teología propia, ha de pasarse al análisis de los mismos, la interpretación de su contenido, la comparación con el resto de la Escritura y el contraste con lo conocido, no como soporte de la verdad, sino como evidencia de la misma. La Biblia no es un libro del intelecto humano, sino la revelación que Dios hace de sí mismo con el propósito de ser conocido.

Esto exige pasar por la interpretación de los textos seleccionados. El fundamento interpretativo de la Biblia es la Biblia misma: *Sacra Scriptura sui ipsius interpres*, esto es, *la Escritura se interpreta a sí misma*. Esto evita imponer dogmas que no concuerden plena y armónicamente con los conceptos bíblicos.

## Conclusión

El tercer paso que cierra el de la selección de datos y el de reflexión sobre los mismos es la conclusión.

En ella, al vincularla a la interpretación de los textos seleccionados, exige hacerlo relacionándolo con tres elementos finales:

- *Crítica textual.* La especialidad que busca establecer las lecturas más firmes y, por tanto, las más cercanas a los originales. Estas lecturas pueden variar, en ocasiones, de las versiones, que muchas veces están traducidas a partir de textos deficitarios. La crítica textual procura establecer el escrito en los textos de las lenguas originales de la forma más fiel al primer escrito. No entra esta especialidad en disquisiciones teológicas, sino en precisiones literarias, comparando los mss., contrastándolos con otros textos y estableciendo la mayor garantía al respecto del texto en el entorno gramático-histórico en que fue dado.

- *Crítica literaria.* Permite la estructuración del texto bíblico en su expresión literaria, agrupando las unidades temáticas, la datación del escrito, el entorno social de los destinatarios. Esto requiere un amplio conocimiento de las lenguas originales.
- *Crítica histórica.* Permite un conocimiento comprensivo de hechos y situaciones de lugares y tiempos determinados que permita entender el texto en el contexto histórico en que fue producido.

En la medida en que el teólogo reconozca que la razón de ser de la teología descansa absolutamente en la Biblia podrá elaborar una teología que sirva, en cualquier tiempo, para transmitir el valor del conocimiento de Dios para cada sociedad.

# CAPÍTULO II
# COGNOSCIBILIDAD DE DIOS

**Introducción**

Conocer a Dios representa no solo un desafío, sino incluso una imposibilidad, puesto que conocer algo requiere poder comprenderlo en toda la dimensión, analizarlo en plenitud y definirlo excluyendo cualquier otra cosa. Sin embargo, en cuanto a Dios, está presente la misma esencia de su ser, que es infinito, la distancia de la temporalidad a la que esta inevitablemente sujeta la criatura, y que se contrasta con la eternidad de Dios. Las limitaciones propias del ser creado no pueden comprender la omnipotencia divina porque no existe nada comparable que permita una referencia cognoscitiva.

Con todo, el hombre puede conocer a Dios y Dios desea ser conocido por el hombre. El Creador escribió su existencia en todo lo creado, de manera que la contemplación del universo, sea en su macrocosmos o en su microcosmos, apunta a la existencia del ser que con infinita inteligencia y poder hizo todas las cosas.

La sabiduría humana trató de abrir distintos caminos que justificasen el conocimiento de Dios. Estos caminos pretenden conducir al hombre para que pueda conocer a Dios, pero todos ellos son siempre limitados y, muchos de ellos, totalmente errados. La sabiduría humana siempre será incapaz de alcanzar conciliaciones que hacen a Dios, muchas veces, absurdo a la mentalidad del hombre. Es más, la mente divina excede no solo en dimensión, sino también en lógica al pensamiento humano, haciendo en ocasiones el conocimiento de Dios contrario a cualquier reflexión a la que pueda llegarse porque como Él mismo dice: "Como son más altos los cielos que la tierra, así son mis caminos más altos que vuestros caminos, y mis pensamientos más que vuestros pensamientos" (Is. 55:9). Es por tanto absurdo y contradictorio para el hombre natural.

Junto con las dificultades propias del conocimiento de Dios, está también la imposibilidad de alcanzar la totalidad del conocimiento de Dios para poder estudiarlo y definirlo, porque los límites propios de cada ser no existen para Él. De ahí que nunca se pueda alcanzar un conocimiento total de Dios. Él se reveló a sí mismo, pero necesariamente lo hizo en lo que la criatura puede alcanzar a conocer de Él. Esto impide llegar al conocimiento de Dios por la vía de la intelectualidad humana. La comprensión que se alcanza por comparación queda excluida para el conocimiento de Dios porque, como dice el Salmo, "¿quién en los cielos se igualará a Jehová? ¿Quién será semejante a Jehová entre los hijos de los potentados?" (Sal. 89:6). Sin elemento comparativo es imposible que la mente humana llegue a una plena comprensión de Dios.

Esto conduce a una pregunta: ¿Cómo es que todos los hombres tienen una orientación personal hacia la existencia de Dios? A esto se ha respondido también de diversas maneras, que fundamentalmente se reducen a dos: *tradición* —es decir, la idea de Dios está desde el principio de los tiempos y se traslada de generación a generación, de ahí que todos tienen una idea de la existencia del ser divino— y *conocimiento innato* —esto es, que cada persona tiene impreso en su conocimiento la idea de la existencia de Dios—. Ambas cosas conllevan dificultades que pueden llegar a conclusiones con incógnitas irresolubles para la mente humana. El innatismo viene determinado por la necesidad de encontrar la fuente de un conocimiento que no está vinculado necesariamente a la experiencia, esto es, a la información que se alcanza por los sentidos.

Frente a estas dificultades cognoscitivas, es preciso apelar a la revelación especial, consistente en el mensaje que a lo largo de los siglos Dios ha entregado a hombres para ser proclamado y escrito, con el único propósito de hacer conocible al que es infinito e invisible. En esto entra la dinámica de la fe, que no es un fideísmo absurdo y contrario a la lógica del razonamiento, sino el fundamento de este en una certeza absoluta de que esa revelación, que en muchos de sus elementos ha sido contrastada en el tiempo y en la historia, es la revelación completa acerca de Dios disponible para el hombre.

Finalmente, es necesario considerar en este capítulo que el Dios infinito y eterno se ha revelado plena, total y exhaustivamente en sí mismo, haciéndolo cognoscible a los hombres, al hacerse hombre para manifestar en la envoltura limitada de una humanidad, la riqueza infinita de la gloria y majestad divinas, en la persona divino-humana de Jesucristo, nuestro Señor. Es tal la dimensión manifestante del Verbo encarnado que "quien le ve a Él, ve también a Dios".

**Posibilidad de conocer a Dios**

Se ha considerado ya algo sobre esto en el capítulo anterior, llegando a la reflexión de la dificultad que conlleva conocer a Dios y la imposibilidad de hacerlo por mera investigación humana.

Con todo, el Señor Jesucristo expresa la verdad de que es posible al hombre conocer a Dios: "Y esta es la vida eterna: Que te conozcan a ti, el único Dios verdadero, y a Jesucristo, a quien has enviado" (Jn. 17:3). La vida eterna está presente en el contenido soteriológico del Evangelio. Jesús, que vino a predicar el Evangelio del reino (Mr. 1:14), prometía la vida eterna a quienes creyesen en Él (Jn. 3:16). Sin embargo, la vida eterna está vinculada al conocimiento de Dios y de Cristo. No es tanto un conocimiento intelectual, sino de intimidad y comunión. Esto exige necesariamente la posibilidad de conocer a Dios. En el llamamiento a salvación que proclama el Evangelio hace audible el llamamiento del Padre, sin cuyo llamamiento nadie puede ir a Cristo para salvación (Jn. 6:44). En la aplicación de la salvación, Dios toma la iniciativa en todo. El hombre natural ha constituido como enemigo suyo a Dios a causa de sus malas obras, por lo que ni quiere ni puede buscar a Dios. La Biblia enseña que el hombre pecador no busca a Dios (Ro. 3:11); así lo dice el Salmo: "Jehová miró desde los cielos sobre los hijos de los hombres, para ver si había algún entendido, que buscara a Dios" (Sal. 14:2). El pecador huye del Dios santo, que es incompatible con el pecado del hombre. Lo hizo desde el mismo momento en que el pecado afectó su vida; por eso el profeta dice: "Todos nosotros nos descarriamos como ovejas, cada cual se apartó por su camino" (Is. 53:6). Tal es el resultado al que conducen todos los caminos del hombre, ninguno de ellos lo lleva al conocimiento de Dios, sino todo lo contrario, ya que lo alejan de Él. Si Dios es vida eterna en el conocimiento suyo, no conocerlo por transitar un camino que no conduce a Él produce graves consecuencias: "Hay camino que al hombre le parece derecho; pero su fin es camino de muerte" (Pr. 14:12). Si para conocer a Dios hubiera de ser buscado, nunca sería hallado, puesto que el pecado conduce a repudiarlo (Jn. 3:19-20). Esclavos del pecado y bajo el poder de Satanás, siguen al maligno. A causa de esa situación, es Dios quien toma la iniciativa buscando al hombre para ser encontrado por él. No envía a algún ser creado para esa obra de encuentro con el hombre a fin de que lo conozca; no es un gran ángel rodeado de gloria quien busca al hombre; Dios mismo toma esa operación en su gracia, enviando a su Hijo para que busque y salve lo que estaba perdido (Lc. 19:10). A la operación de búsqueda se une el llamamiento del Padre. Jesús enseñó esa necesidad para salvación cuando dijo: "Ninguno puede venir a mí, si el Padre que me envió no le trajere" (Jn. 6:44).

Si la obra de Jesucristo tiene una absoluta proyección soteriológica y si para alcanzar la vida eterna es preciso el conocimiento de Dios, la operación salvadora se hace eficaz en el llamamiento que el mismo Dios hace al pecador conduciéndolo al Salvador, que se compromete a recibir a cuantos acudan a Él (Jn. 6:37). Ya que "la salvación es de Jehová" (Sal. 3:8; Jon. 2:9), el hombre tiene que conocerlo. Además, el único camino que conduce a Dios es Cristo mismo, quien afirma que solo Él es el camino (Jn. 14:6). Esa es la razón por la que la vida eterna, experiencia de vida en el salvo, resulta del conocimiento del Padre y del Hijo. La vida eterna es privativa y exclusiva de Dios, puesto que solo Él es eterno, por cuya razón tener vida eterna solo es posible en la vinculación de vida con Dios. De ahí que sea el Espíritu de Dios quien une vitalmente al pecador que cree con el Salvador, bautizándolo hacia la formación de un cuerpo con Él (1 Co. 12:13). Esa acción produce la unión vital con Dios, comprendida en lo que Jesús dijo en su oración: "Que te conozcan a ti". La vida eterna consiste en el conocimiento vivencial, experimental y personal de Dios. La operación soteriológica abre el camino al pleno conocimiento de Dios, ya que Jesús es el único camino a Dios; murió para hacerlo posible (He. 2:10).

La precisión de las palabras de Jesús tiene que tenerse en cuenta, ya que no se trata de conocer a un dios, sino al único Dios verdadero. Esto excluye definitivamente cualquier concepto y conocimiento de quien no sea este Dios verdadero. El conocimiento de Dios produce en quien lo conoce el disfrute de la vida eterna, en la que las perfecciones comunicables de la naturaleza de Dios se manifiestan a cada uno de ellos. Si Cristo dijo que es necesario que el hombre conozca a Dios, afirma que es posible conocerlo.

Es verdad que ese conocimiento no es absoluto, de modo que la criatura agote en él el conocimiento total o exhaustivo de Dios. Nadie puede agotar lo que está relacionado con el infinito. Ninguna medida menor puede contener a una mayor. La limitación de la criatura no puede alcanzar la dimensión del Creador, en el que todos nos movemos y somos (Hch. 17:28). Una cosa es encontrarle, otra distinta conocerle. El apóstol enseña que no es difícil encontrar a Dios porque en Él vivimos. Dios no está lejano, sino que vivimos inmersos en Él. Para eso, el apóstol Pablo utiliza a dos poetas griegos. El primero es Epiménides de Creta, del s. VI a. C., del que cita una frase de su poema *Minos*[7]. En el mismo texto acude también a un verso de Arato, del s. III a. C., del poema *Fenómenos*[8]. Prácticamente la misma idea está también en Cleantes, del s. III a. C., en su *Himno a Zeus*[9]. Tal

---

[7] Griego: Ἐν σοὶ γὰρ ζῶμεν καὶ κινεόμεθα καὶ εἶμεν.
[8] Griego: τοῦ γὰρ καὶ γένος ἐσμέν.
[9] Griego: ἐκ σοῦ γὰρ γένος ἐσμέν.

vez sea este el motivo por el que Pablo habla de *algunos de vuestros poetas*, en plural. Los dos poetas, tanto Arato como Cleantes, pertenecían a los estoicos. El concepto panteísta griego es usado por Pablo para referirse al único y verdadero Dios. No está utilizando frases de los poetas griegos como si estuviese de acuerdo con los textos paganos donde se encuentran, sino que las usa como sustento para la verdad cristiana que está en su mente. Lo que trata de afirmar con la primera cita es que dependemos absolutamente de Dios en todo, de manera que sin Él no podríamos vivir, movernos y existir. De otro modo, enseña que la vida, existencia y actividad del hombre proceden de Dios, como lo enseña también el Antiguo Testamento (Job 12:10; Dn. 5:23).

Con la segunda cita procura destacar la proximidad con Dios, especialmente en el sentido de nuestra semejanza (Gn. 1:26; 9:6), de cuyo principio bíblico surge una marcada condena a la idolatría. De manera que, siendo Dios el sustentador de todo, la obligación de la criatura es buscarlo. Siendo, pues, de su linaje, Dios es más que nuestra causa eficiente, ya que somos hechos según el prototipo existente en su Espíritu. Por tanto, Dios puede ser conocido.

Si Dios puede ser conocido, debemos llegar a la conclusión de que existe. Varias vías de reflexión se utilizaron para establecer la existencia del ser que puede ser conocido. La existencia de Dios se considerará más adelante.

**Conocimiento innato**

La realidad históricamente demostrada de que el hombre es un ser religioso en quien la idea de Dios está presente, aunque se desarrolle en distintas formas, conduce al estudio del conocimiento innato en el hombre, especialmente en lo que se refiere al conocimiento de Dios.

Innato es algo connatural, podría decirse que es nacido con la persona misma. El conocimiento innato está presente en el pensamiento de la filosofía. Uno de los más destacables fue René Descartes. Nació en La Haye Touraine, Francia, el 31 de marzo de 1596, y murió en Estocolmo el 11 de febrero de 1650. Además de filósofo, fue matemático y físico francés. Es considerado como el padre de la geometría analítica y la filosofía moderna. En este último campo filosófico, expone su método en la obra *Reglas para la dirección de la mente*, escrita en 1628, y de forma puntual y explícita en el tratado *Discurso del método*, de 1637. Este filósofo rompe con la escolástica que se enseñaba en las universidades de Europa, abriendo una nueva forma de reflexión caracterizada por la simplicidad, en contraste con los razonamientos escolásticos siempre complejos y extensos. En un intento por terminar con el silogismo aristotélico, que se usaba como método en la Edad Media, acudió al método matemático, proponiendo tan solo cuatro normas para la reflexión filosófica. No cabe duda de que, aunque cancela el silogismo aristotélico, mantiene muchos elementos del aristotelismo tardío y el neoestoicismo del s. XVI. El abandono de la filosofía medieval no impide que algunos elementos propios de ella estén presentes en la de Descartes. En sus dos obras, *Discurso del método* y *Principios de la filosofía*, aparece su declaración: "Pienso, luego existo"[10]. El pensamiento de Descartes fue un elemento esencial en el racionalismo occidental, contrario a la escuela empirista inglesa. El *cogito*, pensar, para afirmar la existencia, aparece formulado con anterioridad y se remonta a Agustín de Hipona, que escribía: "Y por lo tanto este conocimiento, pienso, luego existo, es el primero más confiable de todos, que ocurre en cada orden del filósofo"[11].

Descartes como creyente insiste en su teología en la libertad absoluta de Dios en la obra creadora. Deja a un lado la tradición del dualismo sustancial entre el alma —*res cogitans,* el pensamiento— y el cuerpo —*res extensa*, la extensión—. Por eso escribe:

> Puesto que de un lado tengo idea clara y distinta de mí mismo, en tanto que soy solamente una cosa pensante y no extensa, y de otro lado, tengo una idea distinta del cuerpo, en tanto que es solo una cosa extensa y no pensante, es cierto que yo, es decir, mi alma, por la que soy lo que soy, es entera y verdaderamente distinta de mi cuerpo y que puede ser o existir sin él.[12]

Esta posición fue duramente criticada durante el período de la Ilustración, especialmente por Diderot, Rousseau y Voltaire.

Es necesario tener en cuenta que Descartes entiende que el pensamiento se establece directamente sobre las ideas y no tanto sobre las cosas, pero para él las ideas son representaciones gráficas de las cosas contempladas por el pensamiento. Por tanto, la idea es en sí misma el objeto del pensamiento, teniendo la certeza de la existencia

---

[10] Latín: *Cogito, ergo sum.*
[11] Agustín de Hipona, *Principios de filosofía*. En latín: *Ac proinde haec cognitio, ego cogito, ergo sum, est omnium prima certissima, quae cuilibet ordine philosophanti occurrat.*
[12] Descartes, *El tratado del hombre.*

mental de la idea, pero no que su contenido pueda tener una realidad fuera de la mente. Esto conduce a la conclusión de que las ideas en cuanto a actos mentales son iguales, pero en cuanto a representaciones son diferentes.

Las ideas innatas son las que el pensamiento posee, pero que no provienen de experiencias externas ni surgen por la combinación de otras ideas. Entre las ideas innatas, están las de Dios, de manera que son expresiones del pensamiento sin que se pueda afirmar que corresponden a una realidad externa al mismo. Ahora bien, por su carácter innato, forman parte del fundamento que sustenta todo el conocimiento del hombre. Por esto, para Descartes las ideas innatas son evidentes, de manera que son garantía de certeza, por lo que no necesitan demostración. Por tanto, la idea de Dios, como todas las ideas innatas, es evidente.

¿Qué relación tiene la antropología según el pensamiento de Descartes y la teología propia? La correspondencia está en llegar a determinar si hay un conocimiento de Dios innato en el hombre, de ahí lo citado anteriormente.

El conocimiento innato, conocido también por innatismo, afirma que algunos conocimientos o incluso todo el conocimiento son connaturales, esto es, nacidos con la persona misma. De este modo, todo conocimiento innato, no adquirido por el aprendizaje o la experiencia, expresa que está presente desde que la persona viene a la existencia. Por causa de este conocimiento, el hombre está en disposición de reconocer la existencia de Dios. Esto representaría reconocer que el hombre tiene acceso a ciertas ideas innatas, que establecerán el acceso a los conocimientos que innatamente están presentes en él.

El innatismo se da especialmente en los sistemas racionalistas y viene determinado por la necesidad de encontrar la fuente de un conocimiento que no está vinculado necesariamente a la experiencia, esto es, a la información que se alcanza por los sentidos. Por tanto, si no hay una relación causa-efecto entre el conocimiento y lo sensorial, tiene que situarse en un campo innato a la persona.

Ahora bien, la idea de Dios puede estar innatamente presente en el hombre; sin embargo, esto no supone que por esa razón alcance un pleno conocimiento, en lo que la propia limitación humana permita, de las perfecciones de Dios, así como la idea de eternidad, infinitud, substancia, etc. puedan ser adquiridas empíricamente, puesto que estos aspectos exceden a los conceptos nacidos en la reflexión humana para superarlos.

Los filósofos que mantienen posiciones empiristas entran en conflicto con el pensamiento innatista; esto se vincula al adagio: "Nada hay en la mente que previamente no estuviera en los sentidos"[13].

Immanuel Kant trató de establecer un puente de unión entre las dos posiciones, empirista e innatista, afirmando que si bien todo conocimiento comienza con la experiencia, no todo conocimiento se justifica en ella.

La humanidad siempre ha creído en Dios, en el sentido de aceptar su existencia. No cabe duda de que el pensamiento deteriorado por el pecado —conforme a la revelación— hace dioses a la medida del razonamiento de la persona. Pero no es menos cierto que todas las civilizaciones con registro histórico han tenido la presencia de Dios en sus distintas culturas. Por esa razón, el ateísmo en sentido pleno de la negación radical de la existencia de Dios, no se da en la historia, salvo en contadas personas. Es en el s. XX que se extiende este pensamiento, que no se sustenta en la forma de pensamiento innato en el hombre. Unido a esto, los planteamientos evolucionistas, especialmente extendidos por Darwin y sus seguidores, han conducido a la afirmación de que Dios no es más que una sucesión en el tiempo de la imaginación del hombre, que se aferra con fuerza a la creencia de la existencia de Dios.

Los descubrimientos arqueológicos han venido a confirmar la idea de Dios en la mente humana, aceptando el deísmo como forma innata y no adquirida. A pesar de la persistencia en negar lo innato de la idea de Dios en el hombre, recientes descubrimientos científicos sustentan la posición de que el deísmo es innato en el hombre. Según apreciaciones científicas —aunque estas investigaciones están en un estado embrionario—, la creencia religiosa está integrada en el cerebro humano. Si esto es comprobable, en el estudio científico, se llegaría a la conclusión de que Dios creó al hombre con una capacidad intelectual innata para creer en la existencia de Dios.

Sin embargo, es necesario aceptar que, aunque el hombre nazca con un conocimiento innato de Dios, el concepto ha variado y varía entre las sociedades humanas, de modo que se podría pensar que las religiones son creación humana, dada la enorme diversidad entre ellas, tanto en prácticas religiosas como en el concepto de los dioses que son objeto de culto. Aunque la diversidad es evidente, la creencia en un ser supremo que está sobre los dioses pone de manifiesto que

---

[13] Latín: *Nihil est in intellectu quod non prius fuerit in sensu.*

aun el panteísmo más extremo no es otra cosa que la expresión del sistema degenerativo del conocimiento de Dios.

La antropología moderna propone como conclusión que la religión surge en un retroceso desde el politeísmo al monoteísmo. Inicialmente, el hombre adoró las fuerzas de la naturaleza; posteriormente, se concretó en el diteísmo del dios del bien y el dios del mal, conduciendo a lo largo de los siglos a la propuesta de un solo Dios, que es el monoteísmo. Por esta razón, el humanismo y el racionalismo moderno afirman que la religión no tiene origen divino, sino que es el resultado de la evolución de un proceso que se inicia con las primeras supersticiones del hombre, consecuentes con su falta de conocimiento científico. En la medida en que la ciencia logre explicar todos los fenómenos naturales, la religión y el concepto de Dios se extinguirán definitivamente.

La creencia innata del hombre en el ser supremo contradice el esfuerzo del razonamiento intelectual de la antropología, que presenta un politeísmo que pasa a un monoteísmo, revirtiendo la propuesta para presentar el politeísmo como una deformación del monoteísmo. En todos los descubrimientos históricos verificables se demuestra que los conjuntos de hombres en estado primitivo de conocimiento creen en un ser supremo que está sobre todos los dioses, en las formas varias que surgen de la mente de sus seguidores. De manera que el concepto innato de un ser supremo está presente en todas las formas religiosas que se conocen.

Lo que es innato existe en cada uno de los individuos de la humanidad a pesar de que la intensidad difiera en cada uno de ellos. Todo lo que tiene que ver con asuntos innatos se mantiene invariable en el tiempo, puesto que forma parte esencial de la persona. El conocimiento innato no requiere aprendizaje ni experiencia, puesto que son elementos propios del individuo. Con todo, es necesario educarlos para su desarrollo. Es decir, los conocimientos innatos son poseídos sin requerimiento alguno; esto genera los deseos y las inclinaciones innatas que demanda el ser esencial de cada individuo. Significa, por tanto, que en cada persona humana está presente el conocimiento de Dios, que no requiere de enseñanza alguna, a lo que se denomina *conocimiento innato de Dios*. Esto se traslada a la experiencia del individuo en el sentido de la expresión religiosa. El conocimiento innato no limita el esfuerzo que el hombre debe realizar para conocer a Dios en la dimensión que Él exige. Al estar presente en el individuo, el conocimiento innato de Dios no necesita un gran esfuerzo para aceptar su existencia y para desarrollar tal conocimiento intuitivo hasta alcanzar los grados del conocimiento consciente acerca de Dios. El hecho de que el conocimiento de Dios sea innato sitúa en la intimidad del ser elementos ingénitos que conducen al conocimiento consciente de Dios, que no liberan al hombre de un ejercicio de pensamiento y argumentación establecido en forma racional.

Podrían seguir añadiéndose aspectos puntuales que permitan precisar un poco más las cuestiones para comprender mejor el sentido del conocimiento innato, pero son suficientes en el campo de la teología propia de esta tesis. Puesto que no se trata aquí de consideraciones filosóficas sobre esta cuestión, ya que, como se ha dicho en su lugar, la base y el fundamento de la teología es la revelación y no la ciencia y la filosofía humanas, es necesario cerrar este punto con una pregunta que exige respuesta: ¿Qué dice la Biblia sobre esto?

Todos los hombres tienen algún conocimiento de Dios, partiendo de la convicción de la existencia de un ser supremo, autor y causa de su existencia y subsistencia. Dado este conocimiento individual, también nace la idea de la rendición de cuentas ante Él. Pero, ¿cuál es la fuente de esta convicción? O, dicho de otro modo, ¿de dónde procede la idea de Dios? La respuesta es generalmente triple: 1) Es innata en el hombre; 2) Es una deducción razonable consecuente con preguntas que no tienen respuesta desde el punto de vista experimental; 3) Procede de una revelación sobrenatural que ha sido preservada y transmitida por la tradición.

La existencia del conocimiento innato es plenamente asumible como opuesta al que se obtiene por la experiencia, por la instrucción o por la investigación y el razonamiento. Esto permite al ser humano percatarse y considerar como verdad asuntos que asume desde su propio interior. Estas son intuiciones o verdades primarias, como la creencia, que está dentro del ámbito de las ideas innatas, que es fuente de nuestro conocimiento y que está en nuestra propia naturaleza.

La Biblia ofrece referencias firmes sobre el conocimiento, si bien es cierto que la formación del mismo obedece a una acción divina, al haber creado al hombre a su imagen y conforme a su semejanza (Gn. 1:26). En esta condición, el pensamiento del hombre se orienta hacia su creador, que abre delante de él el libro de la creación para que el hombre lo conozca, aunque sea elementalmente. Como escribe el apóstol Pablo:

> Porque la ira de Dios se revela desde el cielo contra toda impiedad e injusticia de los hombres que detienen con injusticia la verdad, porque lo que de Dios se conoce les es manifiesto,

pues Dios se lo manifestó. Porque las cosas invisibles de él, su eterno poder y deidad, se hacen claramente visibles desde la creación del mundo, siendo entendidas por medio de las cosas hechas, de modo que no tienen excusa. Pues habiendo conocido a Dios, no le glorificaron como a Dios, ni le dieron gracias (Ro. 1:18-21).

Dos principios en el pasaje: Dios se ha manifestado no solo al hombre, sino en el hombre, para que este lo conozca; Dios ha evidenciado exteriormente ese conocimiento mediante las cosas hechas. Es decir, el conocimiento innato se verifica en la observación de la creación que confirma exteriormente la idea interior.

Otro aspecto que pone de manifiesto el conocimiento innato de Dios es el reconocimiento moral de las acciones, clasificándolas como buenas y malas, y buscando restituciones para estas últimas: "Quienes habiendo entendido el juicio de Dios, que los que practican tales cosas son dignos de muerte" (Ro. 1:32). No importa cuán deteriorada esté la condición humana en la tolerancia con el pecado, la imagen de Dios impresa en el hombre desde que fue creado genera en él un conocimiento innato de que las malas acciones, contrarias abiertamente a Dios, son dignas de juicio condenatorio. De ese modo, la condena legal de las acciones impropias es la consecuencia de un sentido moral innato en el hombre. Igualmente, cuando alaba una buena acción es también el reconocimiento de la razón moral con que Dios dotó al hombre.

La revelación sobrenatural presenta al hombre lo que Dios determina para sus actos. Sin embargo, aun aquellos que nunca estuvieron en contacto con ella tienen un comportamiento moral y social asentado en la obra de la ley escrita, que es el conocimiento del pecado (Ro. 3:20). De ahí que el apóstol Pablo diga: "Porque cuando los gentiles que no tienen ley, hacen por naturaleza lo que es de la ley, estos, aunque no tenga ley, son ley para sí mismos" (Ro. 2:14). El hombre que no tiene conocimiento de la ley escrita hace por naturaleza lo que establece la ley. Quiere decir que el cumplimiento de las normas morales reveladas en la ley están innatas en el hombre por ser un ser moral creado por Dios como tal, a su imagen, con capacidad interna para determinar lo que es bueno y lo que es malo. Pablo afirma que "estos, aunque no tengan ley", es decir, aunque desconozcan la ley escrita, se convierten para ellos mismos en ley reguladora de sus actos morales. Es preciso recalcar que los que no tienen ley no carecen, por ello, de referentes que condicionen sus acciones. Estos "por naturaleza", dice el apóstol Pablo, es decir, en su estado natural, cumplen la ley, sin pretensiones religiosas, sino de mutuo propio, por un conocimiento íntimo de la realidad de Dios (Ro. 2:14). Como escribe Barth:

> En su estado natural cumplen ellos la ley; en su condición natural y mundana, en su sobrio y nada pretencioso cumplimiento son conocidos por Dios, al que, a su vez, conocen; no carecen de visión de la corruptibilidad de todo lo humano; perciben la silueta argentina de la redención y del perdón que rodea a la tenebrosa nube de nuestra existencia; no carecen de respeto al No que separa a la criatura del Creador y al Sí que los convierte en criaturas del Creador. Sin duda, su vida no es más que una metáfora, pero tal vez sea una metáfora tan perfecta que tenga ya ahí su justificación. Sin duda, su mundo está descuidado, pero tal vez sea ya un mundo tan deshilachado, tan disoluto, tan socavado, que la compasión de Dios parece más próxima, más creíble que en algunos otros lugares en los que el reino de Dios está en plena floración. Tal vez se dé un escepticismo externo y malísimo, la total inaccesibilidad a todo lo más elevado, una completa incapacidad para permitir imposiciones de nadie; pero, quizás por esto mismo y ahí, se da la verdadera fractura, sentido para captar a Dios, a Dios mismo. Tal vez haya censurable agitación febril, protesta que todo lo critica e intranquilidad interior; pero precisamente por eso se da ahí la referencia a la paz de Dios, que es superior a toda mente.[14]

El reconocimiento de Dios, el ser ante el que somos responsables, está involucrado en la misma idea de la responsabilidad. Quiere decir que el conocimiento innato de Dios es una realidad, y como el sentimiento de obrar bien o mal y de responsabilidad personal es absolutamente universal, así debe serlo también el conocimiento de Dios que la Biblia afirma.

La idea de Dios está presente en todo hombre y en todo lenguaje humano, sin importar el tiempo y la condición. Comoquiera que sea que por medio del lenguaje se expresa la conciencia humana, todos ellos tienen algún término específico para referirse a Dios, por lo que la idea de Dios, en alguna forma y con distintas intensidades, es posesión de cada ser humano.

---

[14] Barth, 1998, p. 115.

El conocimiento innato tiene que ser también intuitivo. Por consiguiente, lo que es innato trae consigo, por su propia condición, la capacidad de entender aquello que es innato sin necesidad de comprensión por medio del razonamiento; de otro modo, es la percepción íntima e instantánea de una idea o una verdad que aparece como evidente a quien la tiene.

El conocimiento intuitivo de Dios es universal y necesario, puesto que todos los hombres en todos los tiempos tienen este conocimiento natural, propio de cada individuo. La naturaleza humana está establecida de esta forma y nadie puede dejar de reconocer esta realidad. Incluso aquellos que puedan estar en un nivel de desconocimiento en relación con otros manifiestan en cada uno el conocimiento innato de Dios. Sin embargo, es necesario reafirmar lo que se ha dicho antes: que el conocimiento intuitivo de Dios no permite alcanzar el conocimiento de sus perfecciones, como conocer la realidad de su condición de Espíritu infinito, su eternidad, su inmutabilidad, su omnisciencia, su santidad, su amor, su verdad, etc. Estos conceptos no pueden ser alcanzados por la mente del hombre, no solo intuitiva, sino reflexiva o discursivamente, salvo por el apoyo de la revelación sobrenatural, puesto que esas perfecciones de Dios no están en sentido específico en la mente del hombre.

Asentándose en la base del conocimiento intuitivo que el hombre tiene de Dios se alcanza la conclusión de que ese conocimiento es universal. La Biblia declara esta verdad. El texto que anteriormente se ha citado del apóstol Pablo sobre el conocimiento de Dios alcanza a todos los paganos sin excepción y sin limitación alguna. El conocimiento que el hombre tiene de Dios ha de alcanzar la dimensión suficiente para hacerlo inexcusable, porque "habiendo conocido a Dios, no le glorificaron como a Dios, ni le dieron gracias" (Ro. 1:21). Es tan real el conocimiento innato en el hombre que el apóstol escribe en ese pasaje de la epístola a los Romanos: "Quienes habiendo entendido el juicio de Dios, que los que practican tales cosas son dignos de muerte, no solo las hacen, sino que también se complacen con los que las practican" (Ro. 1:32). Esto implica necesariamente que todos los hombres saben que hay un Dios y que están sujetos a su reglamentación moral. Alguno podrá argumentar que la Biblia aparentemente se contradice, ya que también se lee: "… como los gentiles que no conocen a Dios" (1 Ts. 4:5). Pero esto tiene que ver con ignorarlo voluntariamente y vivir en contra de las normas morales que Él ha establecido. Estos no conocen a Dios en el sentido soteriológico que Jesús expresó en la oración a su Padre: "Y esta es la vida eterna: que te conozcan a ti, el único Dios verdadero, y a Jesucristo, a quien has enviado" (Jn. 17:3); el conocimiento aquí es íntimo y vivencial, por tanto, se afirma que no conocen a Dios en relación con el conocimiento para salvación. Pero aun los más degradados de los hombres son conscientes de su culpabilidad y de la sujeción al juicio divino por esa condición. La Biblia afirma el conocimiento universal de Dios, que innatamente está en su corazón.

El conocimiento innato de Dios está puesto en evidencia por la historia. El testimonio histórico, desde los primeros registros, pone de manifiesto que el elemento religioso está presente en todas las sociedades e individuos del mundo. El lenguaje humano expresa desde los documentos más primitivos la existencia de Dios, llamándolo de distintas maneras. Por consiguiente, la idea de Dios es intuitiva en cada ser humano.

El conocimiento de Dios no se debe al razonamiento humano. Los que niegan el conocimiento innato procuran inducir a la creencia de que es una deducción necesaria o, cuanto menos, algo propio y natural de la razón. Las deducciones lógicas a hechos científicos demuestran el ejercicio razonable de la mente humana, que de principios totales establece variables individuales que se asientan en la verdad principal. Pero, para estas deducciones, el hombre tiene que tener entrenada su mente por medio de la formación intelectual. Sin embargo, la idea de Dios está presente en la mente de todos los hombres, aun en los que tienen menos conocimientos científicos. La argumentación de quienes niegan el conocimiento innato es que los hechos que rodean al hombre, tanto exteriormente en los asuntos naturales como interiormente en los reflexivos, hace necesaria la existencia de Dios, por lo que la idea llega a ser adoptada por todos en distintas formas y medidas. De otro modo, el hombre tiene en su entorno personal e histórico hechos que demandan designio y efectos que exigen una causa. Existe el concepto de eternidad y de infinidad, que no dejan de ser una abstracción mental, ya que es necesario separar por medio de una operación intelectual un rasgo o una cualidad de algo para poder analizarlo aisladamente o considerarlo en su pura esencia o noción, lo que exige concentrarse en los propios pensamientos, apartando los sentidos o la mente de la realidad inmediata, por lo que se hace necesaria la existencia de Dios, el que satisface el sentido de eternidad e infinidad. En el análisis antropológico del individuo se descubre la existencia de una parte material, el cuerpo, y una parte espiritual; tal conocimiento conduce, según los anti-innatistas, a la necesaria idea de Dios como un ser que es espíritu. En la observación de los parámetros morales que regulan la conducta humana, conduce al pensamiento de un ser con perfecciones morales infinitas. Sin embargo, esto no satisface la convicción universal de la existencia de Dios. La aceptación del conocimiento innato de Dios en el hombre es también necesaria. El hombre puede negar aspectos que tienen que ver con su propia existencia, que son las leyes de nuestra naturaleza, pero que en el tiempo declinan hacia la verdad existencial. Así, a modo de ejemplo, no se puede negar racionalmente que el hombre no tiene voluntad. Podrá argumentarse sobre esto hasta conducir a una reflexión de la negación de esa esencia propia del humano, pero en cuanto se elimina la fuerza de la argumentación, vuelve a manifestarse la realidad. Esto suele enseñarse en la posición de un péndulo. Su posición de reposo es la vertical, pero puede, por medio de una fuerza, situarlo en otra posición y mantenerlo ahí mientras la fuerza que lo posiciona se mantenga, pero volverá a la posición de reposo que le es natural cuando cese la fuerza que lo posicionó en otra distinta.

Así escribe Hodge:

> Bajo el control de una teoría metafísica, un hombre puede negar la existencia del mundo exterior o la obligación de la ley moral; y esta ausencia de creencia puede ser sincera y persistente durante un tiempo; pero en el momento en que sus razones especulativas para la increencia estén ausentes de su mente, esta pasa necesariamente a sus convicciones originales y naturales. También es posible que la mano de un hombre quede tan encallecida o cauterizada que pierda el sentido del tacto. Pero esto no demuestra que la mano humana no sea normalmente el gran órgano del tacto.[15]

La filosofía puede llegar a desorganizar la mente humana, de modo que logre silenciar en ella la existencia de Dios, hasta el momento que situaciones externas, como aspectos inmorales, peligro, sufrimiento, calamidades y, sobre todo, la proximidad de la muerte, hacen regresar la mente a la aceptación de la existencia de Dios de forma instantánea. Esto no se produce por argumentación reflexiva, sino por la realidad del conocimiento innato de Dios que está presente en cada criatura.

La Biblia enseña que en la conciencia del hombre se produce una operación que está fuera de su aprendizaje y forma parte inseparable del conocimiento de Dios que hay en cada hombre. Esta operación se llama, en el texto bíblico, *obra de la ley*. El apóstol Pablo

---

[15] Hodge, 1991, Vol. I, p. 153.

enseña que por medio de ella se da el conocimiento del pecado (Ro. 3:20), es decir, el conocimiento innato de Dios comprende el conocimiento discerniente del bien y del mal. Por eso escribe también que el hombre "mostrando la obra de la ley escrita en sus corazones, dando testimonio su conciencia, y acusándoles o defendiéndoles sus razonamientos" (Ro. 2:15). El razonamiento no genera la obra de la ley, sino justamente lo inverso: es ella que conduce al razonamiento que distingue el bien y el mal. El conocimiento de Dios no solo es innato, sino también intuitivo, porque el hombre no necesita que se le enseñe que hay un Dios ni que el mal existe.

No se trata de ningún tipo de ley natural, como algunos suponen, que el hombre alcanza de algún modo, sino que es la acción de Dios que establece las bases éticas distintivas en la creación del ser humano y que se transmiten luego en la multiplicación de la humanidad. No se trata de escribir la ley como principio genérico de conducta, sino la obra de la ley, de manera que cuando obran de modo contrario a la voluntad de Dios tienen conciencia de que han hecho mal. No es posible afirmar el desconocimiento que impida distinguir entre lo que es bueno y lo que es malo. Todos saben cómo deben obrar en cada momento porque la conciencia juzga sus actos. Es decir, su conciencia determina y les hace sentir el obrar incorrecto cuando actúan de manera mala. En una progresión, el apóstol hace notar en el versículo que son tres elementos los que dan testimonio innato en el hombre: 1) La obra de la ley escrita en el corazón; 2) La conciencia; 3) Los razonamientos que acusan o defienden. Estos tres elementos sirven para demostrar que, por causa del conocimiento innato y de la intuición, los hombres no tienen excusa cuando obran mal, puesto que la conciencia incide sobre el razonamiento de los hombres para acusarlos o defenderlos, es decir, aprobar o reprobar la acción.

**Dificultades en el conocimiento de Dios**

Se ha considerado este tema en lo que antecede y en el primer capítulo, de manera que será suficiente aquí hacer una síntesis de lo que se ha considerado hasta ahora, relativa a las dificultades que existen en el conocimiento de Dios.

El conocimiento humano empieza por el reconocimiento de lo que es verdad, de modo que tengo que asumir que eso que conozco existe. Sin embargo, la aproximación a la verdad que genera el conocimiento se da de diferentes formas conforme al pensamiento o la ideología de la persona. Por esa razón, es necesario recordar algunas posiciones relativas al conocimiento.

Una de las formas tiene que ver con el dogmatismo. Esa postura afirma que los objetos de percepción que generan los pensamientos se dan directamente, por lo que el sujeto que los recibe es pasivo. Estos tienen confianza en la razón humana. De modo que el dogmatismo es la posición que cree y afirma sin cuestionar nada. La relación entre el objeto de conocimiento y el sujeto que conoce apenas existe, incluso no se considera el sujeto.

Una segunda posición es el escepticismo, que establece la imposibilidad del conocimiento de Dios porque el sujeto del conocimiento no se puede aprehender. Por esa razón, Descartes, de quien se ha hecho referencia anteriormente, decía que lo único que se puede afirmar con certeza es el "yo pienso". Esto genera la propuesta de la verdad emotiva, que es lo que funciona cuando el sujeto considera que cubre su necesidad de conocimiento, pasando con la evolución del pensamiento a la posverdad. Dicho de otra manera, el escepticismo sostiene que la verdad no existe, o que si existe, el ser humano es incapaz de conocerla. Esta forma de filosofía afirma que el sujeto desconoce al objeto, por lo que es imposible el conocimiento de Dios. Por otro lado, la verdad de Dios es válida solo para el sujeto que la acepta como tal y vale solo para él.

Otra forma de enfrentar el problema del conocimiento de Dios es el criticismo, llamado también realismo crítico. Es la forma de pensamiento de Immanuel Kant. En general, es la teoría metodológica que somete a crítica la posibilidad del conocimiento, sus límites y sus fuentes. Desde esta posición, no acepta nada relativo a Dios por la afirmación o por la reflexión, sino que trata de investigar las fuentes de las afirmaciones u objeciones, según corresponda, y determinar las razones que las fundamentan, confiando con esto en llegar a una certeza firme de aquello que se trate, en este caso concreto, de Dios.

No es posible eludir el problema del origen del conocimiento de Dios. Se han considerado anteriormente algunos aspectos, pero el racionalismo genera un problema que debe superarse, al afirmar que la verdadera fuente del conocimiento es la razón. De manera que el conocimiento es válido cuando la razón puede establecer que es de una sola y determinada forma, y que es siempre de esa manera en todo lugar y tiempo. El platonismo, que ha influenciado notoriamente en la teología, afirma la necesidad del verdadero conocimiento, ya que el cambiante curso de la historia produce también un cambio en la sensibilidad del individuo, que no puede darnos un conocimiento pleno y permanente, de modo que el conocimiento es un mero recuerdo o idea.

Aunque asumido en cierta medida, el platonismo es modificado por Agustín de Hipona (354-430). En el modernismo, Malebranche propone el ontologismo, basado en la intuición racional del absoluto, de modo que todo el conocimiento humano está relacionado con Dios. En cierto modo, está relacionado con el innatismo, que ya se ha considerado.

En la problemática de conocer a Dios, la antítesis del racionalismo es el empirismo, para el que la experiencia es la única fuente del conocimiento, de modo que *a priori* no hay ningún elemento en la razón para alcanzar el conocimiento. Afirman estos, especialmente Locke (1632-1704), considerado como el fundador del empirismo, que todos los conocimientos del hombre, aun los más abstractos, proceden de la experiencia. Sin embargo, la realidad del conocimiento es más que la constatación de hechos, puesto que el hombre conoce intelectualmente lo que los hechos son, por lo que si quiere conocer verdaderamente, tiene la necesidad de interpretar.

Necesariamente, hay una pregunta que debe formularse: ¿Cuál es la esencia del conocimiento? A esto se ha de responder que es la relación entre el sujeto que conoce y un objeto conocido. Pero, en esto hay también dos posiciones: realismo e idealismo.

El realismo trata de exponer las cosas sin idealizarlas. En el campo de la filosofía, se plantea cuestiones relativas a la existencia y cómo esta es percibida por el hombre. En tal sentido, los objetos percibidos poseen una existencia independiente del propio ser percibido; dicho de otro modo, los objetos son entes reales independientes del sujeto. Entre los defensores del realismo están Anselmo de Canterbury y Tomás de Aquino.

También relacionada con el conocimiento, en sentido opuesto al realismo, está el idealismo, teoría filosófica que afirma la primacía de las ideas o incluso su existencia independiente. De modo que todas las cosas son realidad en la medida en que su procedencia está en la mente. De manera que las cosas, no importa su entidad, no pueden existir sin que la mente esté consciente de ellas. Afirman que, para conocer, ha de tomarse en cuente la consciencia, el sujeto, las ideas y el pensamiento. El idealismo, frente al conocimiento de Dios, postula una existencia como objeto abstracto que es independiente del observador. En cierta medida, el idealismo es una forma de escepticismo, ya que postula la imposibilidad de saber algo independiente de nuestra mente. Un reloj es solo un conjunto de sensaciones visuales y táctiles que solo existe como reloj en nuestra conciencia. Por tanto, en lo que se conoce como idealismo lógico, se afirma que Dios puede no existir ni en la mente ni en la consciencia y solo existe como idea cuando lo pienso.

Para el realismo, pensar es conocer un objeto, mientras que para el idealismo, conocer es pensar. El realismo parte del ser; el idealismo, del pensamiento.

Al margen de la filosofía, variable en el tiempo, que plantea nuevas formas de reflexión, es necesario entender la dificultad del conocimiento de Dios, incluso en la tradición. Partiendo de la afirmación de la fe cristiana —recogida en varios lugares, pero de forma precisa en el Credo, donde testifica la fe cristiana "Creo en Dios" para referirse luego a las personas subsistentes en el ser divino—, se afirma la existencia de Dios. Antes de cuestionar o asentir a lo expresado, es necesario establecer lo que es Dios. Para ello, es preciso demostrar su existencia y, sobre todo, indagar en lo que se quiere decir cuando se usa la palabra *Dios*. Para Tomás de Aquino (1225-1274), "Dios es el fundamento último de toda realidad, que no necesita fundamento porque todo lo sustenta y mueve; es el bien supremo en el que participan todos los bienes finitos y que es su base; Dios es el último fin que dirige y ordena todas las cosas"[16]. En relación con el conocimiento de Dios, Anselmo de Canterbury (1033-1109) definió a Dios como *id quo maius cogitari nequit*[17] (lo que no puede ser pensado como mayor), es decir, Dios es superior a todo cuanto se puede pensar. Por esta razón, Dios no es una cuestión de reflexión que permite categorizarlo, sino una cuestión de transcendencia que está presente en todas las cuestiones, las supera, resuelve y transciende a todas ellas. Ante tal dimensión, que escapa a toda comprensión intelectual del hombre, aunque la perciba en la dimensión en que el humano puede percibirla, entra de lleno la experiencia de la fe, una fe que busca comprensión intelectual —en palabras de Anselmo de Canterbury, *fides quaerens intellectum*[18]—, porque la fe no es mera credulidad, sino firmeza razonable (He. 11:1). No cabe duda de que la fe no es algo innato en el hombre, sino un don de la gracia (Ef. 2:8-9), pero no es menos cierto que la fe conduce al hombre a oír, entender, asentir y preguntar. La cuestión de Dios se inicia necesariamente en la fe e intenta desarrollar

---

[16] Tomás de Aquino, *Summa Theologica*, I q. 2-3.
[17] Anselmo de Canterbury, *Proslogion*, 2.
[18] Ibíd., Prooem. 1.

el concepto para alcanzar la mayor dimensión posible en el intelecto de la criatura.

**Proposiciones sobre el conocimiento de Dios**

Se ha hecho un recorrido sobre las muchas formas mediante las que el hombre, a través de su pensamiento y razonamiento, ha formulado hipótesis sobre el conocimiento de Dios. Algunas de estas posiciones, de forma más individualizada, se considerarán en el capítulo III, dejando para ese lugar las distintas proposiciones sobre Dios. Será suficiente en este punto hacer una sencilla reflexión sobre la existencia de Dios.

Hablar de la existencia supone el conocimiento de aquello que se predica. Sin lugar a duda, la revelación sobrenatural se inicia de un modo afirmativo: "En el principio... Dios" (Gn. 1:1). Dios antecede, está presente en el inicio de todas las cosas. Es su voz de autoridad la que trae a la existencia aquello que no existía. ¿Es esto suficiente argumento para un mundo que por condición natural desconoce a Dios? El apóstol Pablo presenta una argumentación sustancial, por la que afirma la imposibilidad de no conocer a Dios, cuando escribe: "Porque las cosas invisibles de él, su eterno poder y deidad, se hacen claramente visibles desde la creación del mundo, siendo entendidas por medio de las cosas hechas" (Ro. 1:20). Dios es Espíritu, infinito y, por tanto, incomprensible, en el sentido de que no puede medirse o dimensionarse, porque nada infinito puede estar presente plenamente en lo que es finito (Jn. 4:24). El conocimiento de la existencia de Dios se hace realidad en dos aspectos que la creación formula sobre Él: "Su eterno poder", su omnipotencia, entendida por medio de las cosas hechas; de otro modo, la observación del entorno activa el conocimiento innato en el hombre sobre la existencia de Dios. En segundo lugar, formula la verdad de que Dios es el Creador, hablando de "su deidad".

El deseo de desterrar a Dios del pensamiento humano ha generado distintos grados de ateísmo, pero en realidad no existe ningún ateo consciente de lo que ello significa: negar la existencia de Dios. Se ha tratado, modernamente, buscar para los efectos de la existencia del cosmos una causa razonable, pasando por teorías evolutivas, la explosión cósmica, etc. Una de las más conocidas es la llamada teoría del Big Bang, en la que se explica cómo se formó el universo; según esa teoría, toda la materia existente se creó hace más de trece mil millones de años. La materia era un punto sumamente pequeño y de altísima densidad que, en un determinado momento, explosionó y se expandió en todas las direcciones, creando lo que conocemos como universo. Sin embargo, surge un problema en este, como en el resto de los planteamientos que tratan de eliminar a Dios, y es: ¿Cómo se formó la masa crítica? ¿Quién la colocó ahí y de dónde salió la materia de la que procede el universo? La respuesta no puede mantenerse hasta el infinito, y es preciso entender que hubo alguien que lo hizo posible, sin entrar en la discusión de cómo se produjo o, incluso, si se produjo.

En contraposición está la teología medieval que afirmaba en forma general la existencia de Dios como una verdad evidente de la que nadie seriamente podía dudar. Sin embargo, Tomás de Aquino hace notar en sus escritos que la existencia de Dios no era una verdad tan evidente. El conocimiento de Dios se puede alcanzar de dos maneras: a) Desde la razón común del hombre; b) Desde la razón propia por alguna perfección divina que se convierte en causa de los efectos apreciados. Por otro lado, una verdad puede ser evidente de muchos modos. La verdad evidente puede ser en sí misma (*quoad se*), o puede serlo para nosotros (*quoad nos*). En este segundo caso, puede ser total, es decir, al respecto de todos nosotros (*quoad nos omnes*), o parcial, para los que tienen conocimiento (*quoad sapientes tantum*).

Con todo, a pesar de las dificultades, la existencia de Dios es demostrable; aunque una verdad no sea evidente, esto no significa que sea totalmente incognoscible. El desafío es evidente, ya que debe determinarse si esa verdad puede ser demostrada o es cognoscible solo mediante la fe. Esto lleva a dos posiciones la negación de un nexo de causalidad entre Dios y el universo, por lo que no existe medio objetivo, o por carecer el hombre de capacidad para comprender el paso del efecto a la causa, con lo que se carece del medio subjetivo.

Por la primera razón aparece la negación de la existencia demostrable de Dios por los *agnosticistas*. Sobre la base de la segunda, la rechazan los *tradicionalistas*.

Lleva esto a la comprensión de que la existencia de Dios no puede ser demostrada *a priori*, porque el ser divino no tiene causa alguna, porque es incausado, y existe en sí mismo en razón a su esencia. Pero es demostrable su existencia *a posteriori* porque produce efectos que nos son conocidos que conducen al reconocimiento de su existencia. Dios tiene efectos porque todas las cosas han sido causadas por Él, y en Él subsisten; las conserva y sustenta. De manera que no hay otro camino, intelectualmente hablando, para demostrar la existencia de Dios que el de la causalidad, admitido el cual esa existencia se impone a la razón como verdad cierta y necesaria.

El primer paso en la demostración de la existencia de Dios es que los hechos adquieren la condición de efectos, es decir, son causados, y la causa de todos estos efectos es Dios mismo. Quiere decir que tiene que existir un punto de partida, una primera causa de la que dependan todas las obras, y que las ponga en actividad. El progreso de esta argumentación parte de la consignación de un hecho, por ejemplo, la existencia del universo; en segundo lugar, es preciso reconocer que la existencia de este hecho procede necesariamente de una causa. El número de causas puede variar pero todas ellas parten de una primera; finalmente la primera causa es Dios, por tanto existe.

Las limitaciones estarán siempre presentes en el conocimiento de Dios y, por tanto, en la demostración de su existencia. Aunque la creación manifiesta "su eterno poder y deidad" (Ro. 1:20), de manera que los hombres quedan sin excusa de ese conocimiento, no son suficientes para que el hombre conozca a Dios en otros órdenes, especialmente en cuanto al conocimiento necesario para salvación (Jn. 17:3). El conocimiento más extenso se produce por la voluntad propia de Dios, que a lo largo del tiempo se revela por medio de los escritos bíblicos (He. 1:1), instrumento que conserva inalterable en el tiempo lo que Dios ha revelado de sí mismo.

Conduce esto inevitablemente a la verdad de que las Escrituras son esenciales en el conocimiento de Dios y, por tanto, en su existencia, puesto que "lo que de Dios se conoce les es manifiesto, pues Dios se lo manifestó" (Ro. 1:19). Esta es la misma enseñanza del Salmo: "Los cielos cuentan la gloria de Dios, y el firmamento anuncia la obra de sus manos. Un día emite palabra a otro día, y una noche a otra noche declara sabiduría. No hay lenguaje, ni palabras, ni es oída su voz" (Sal. 19:1-3). El conocimiento de Dios está presente también en el individuo, ya que la obra de la ley conduce a la determinación moral de los actos del hombre: "Quienes habiendo entendido el juicio de Dios, que los que practican tales cosas son dignos de muerte, no solo las hacen, sino que también se complacen con los que las practican" (Ro. 1:32). La revelación personal de Dios se produce a lo largo del tiempo por medio de los profetas: "Dios, habiendo hablado muchas veces y de muchas maneras en otro tiempo a los padres por los profetas" (He. 1:1). El Dios invisible e infinito se revela al hombre y genera en él aliento y esperanza: "Porque las cosas que se escribieron antes, para nuestra enseñanza se escribieron, a fin de que por la paciencia y la consolación de las Escrituras, tengamos esperanza" (Ro. 15:4). La realidad de Dios está presente en la Escritura para orientarnos a la obediencia y adoración del único Dios, como está presente en las respuestas de nuestro Señor al tentador: "Escrito está: No solo de pan vivirá el hombre, sino de toda palabra que sale de la boca de Dios... Escrito está también: No tentarás al Señor tu Dios... Vete, Satanás, porque escrito está: Al Señor tu Dios adorarás, y a él solo servirás" (Mt. 4:4, 7, 10). La revelación que Dios hace de sí mismo tiene una intención soteriológica: "Y que desde la niñez has sabido las Sagradas Escrituras, las cuales te pueden hacer sabio para la salvación por la fe que es en Cristo Jesús" (2 Ti. 3:15). Esta manifestación de la realidad de Dios y de su obra se extiende a lo largo de ca. 1400 años; de ahí que pueden y deben seleccionarse referencias que lo afirman, no solo en el Nuevo, sino también en el Antiguo Testamento, como, a modo de ejemplo, en la determinación de un mensaje profético o falso: "¡A la ley y al testimonio! Si no dijeren conforme a esto, es porque no les ha amanecido" (Is. 8:20).

No cabe duda de que la naturaleza aporta un conocimiento elemental de Dios, pero lo hace a todos los hombres, de modo que ninguno pueda ignorar, en la dimensión que le sea posible, la realidad de la existencia de Dios. De otra manera, la experiencia del ser humano en relación con las realidades que le circunvalan imprime en él la idea de Dios en su mente. Aun aquellos que niegan el conocimiento innato, no pueden dejar de apreciar que las realidades del entorno apuntan a la existencia del ser supremo que las hizo posibles. Tomás de Aquino consideraba haber elaborado la demostración infalible de la existencia de Dios, y el apóstol Pablo en la epístola a los Romanos lo garantizaba (Ro. 1:20).

Cuando el salmista afirma que "los cielos cuentan la gloria de Dios" (Sal. 19:1), dice en ese mismo Salmo que lo hace sin palabras: "No hay lenguaje, ni palabras, ni es oída su voz" (Sal. 19:3); sin embargo, el discurso silencioso de Dios sobre sí mismo alcanza a todos porque "por toda la tierra salió su voz, y hasta el extremo del mundo sus palabras" (Sal. 19:4). Por tanto, debe inferirse que todo ser humano que no tenga capacidades para el conocimiento de ciencias humanas y que, por ello, no pueda seguir argumentos difíciles filosóficos o cosmológicos, es responsable si ignora a Dios. En cierto modo, conduce esto a posicionarse en que el conocimiento de Dios es innato en el hombre, que le permite ver la gloria de Dios en los cielos.

Aunque entraña indudablemente dificultades probar la existencia de Dios, es cierto, a pesar de que en el modernismo lo niegue, como hace Karl Barth, que exista cualquier conocimiento natural de Dios. El texto mencionado del apóstol Pablo sobre el conocimiento que el hombre tiene de Dios es interpretado por el teólogo citado como que el conocimiento de los hombres a los que el apóstol se refiere es alcanzado por la predicación del Evangelio.

En el acto de creación, Dios escribió en el hombre la idea de su existencia, puesto que, si lo hizo a su imagen y semejanza, ambas cosas conducen inevitablemente al efecto sustentador o generador de esa condición natural, que es Dios mismo. Cada hombre nace con este conocimiento que no se obtiene como resultado de la experiencia sensorial del individuo.

**La imposibilidad del conocimiento por la razón**

En el concepto de conocimiento innato, Dios ha establecido desde la creación del hombre la verdad de su existencia, imprimiéndola en nuestra mente para que se pueda llegar al conocimiento de Él.

Este tema ha sido estudiado por el criticismo, el empirismo, el fenomenologismo, etc.; entre los que se han ocupado de él está Immanuel Kant. A medida que el tiempo transcurrió, se extendió su campo, saliendo de la especulación filosófica al positivismo, teniendo ya un espacio en la psicología y la neurología. Dentro del ámbito de la psicología, se llama intuición al conocimiento que no se alcanza por un camino racional, tanto para su construcción como para la formulación, de modo que no puede explicarse ni incluso verbalizarse. El individuo no puede explicar por qué llega a una determinada conclusión que asiente como válida.

Descartes, desde el racionalismo, entiende que la intuición es válida en la representación como ideas en la conciencia, del mismo modo que lo es también en las deducciones establecidas a partir de ideas innatas.

Los empiristas no reconocen más intuición que la sensible de la experiencia, que se asienta como ideas en la conciencia, de manera que la evidencia es la representación en la conciencia. Kant acepta la intuición sensible, pero niega la intuición intelectual.

El asunto capital está en determinar si la razón humana puede alcanzar por sí sola un conocimiento cierto de Dios. Podrían seleccionarse varias respuestas, pero con las cuatro que siguen consideramos que es suficiente para este apartado.

El racionalismo afirma que la razón humana puede conocer con certeza todo cuanto existe, de manera que, como ya la filosofía de Parménides afirma, el ser es eterno, y se identifica el pensamiento con la verdad y el ser. En el tiempo, el racionalismo defiende la capacidad de la razón para alcanzar toda realidad, incluyendo a Dios, afirmando la autonomía de la razón frente a la fe y la revelación. En este sentido, en el racionalismo no existen misterios, es decir, verdades ocultas; esto conduce a la desaparición de la trascendencia divina.

El semirracionalismo enseña que, si bien la razón humana puede conocerlo todo, no puede alcanzar aquello que Dios se ha reservado como misterio. Sin embargo, desde el momento en que Él revela el misterio, la razón humana puede esclarecer la esencia misma de lo revelado.

La teología católica, a partir del Concilio Vaticano II[19], definió que la razón humana, por sus propias fuerzas, puede conocer con certeza a Dios por las obras de la creación, de modo que la revelación especial no es absolutamente necesaria, aunque sin ella no podría lograrse, en la presente condición humana, el que todos pudieran llegar a conocer el conjunto de verdades divinas no misteriosas, sin obstáculos, con firme certeza y sin mezcla de error[20].

No es posible estar de acuerdo con una teología que mezcla conceptos de filosofía (especialmente platónica y aristotélica) junto con conceptos existencialistas, que no es otra cosa que una amalgama de fe y razón, no de la razón procedente de la fe, sino de ambas cosas separadas. Sólo desde la Palabra, la fe que descansa en ella y la gracia divina se puede alcanzar a conocer y amar a Dios, porque ese conocimiento no es tanto para el intelecto, sino para la relación, es decir, "para alabanza de la gloria de su gracia" (Ef. 1:6). Sólo en la medida en que Dios se revela podemos alcanzar un conocimiento correcto sobre Él. Es solo sobre la Escritura que puede descansar una teología correcta. La acción del Espíritu anula el velo de oscuridad que cubre, por causa del pecado, el pensamiento humano, convirtiéndolo en vanos razonamientos (Ro. 1:21; 1 Co. 2:12; 2 Co. 3:14-18).

La Biblia enseña:

> Porque ¿quién de los hombres sabe las cosas del hombre, sino el espíritu del hombre que está en él? Así tampoco nadie conoció las cosas de Dios, sino el Espíritu de Dios… Pero el hombre natural no percibe las cosas que son del Espíritu de Dios, porque para él son locura, y no las puede entender, porque se han de discernir espiritualmente (1 Co. 2:11, 14).

---

[19] Año 1959, convocado por Juan XXIII.
[20] Lacueva, 1974, p. 13.

Nadie, salvo el mismo hombre, lo que aquí se llama *el espíritu del hombre*, puede conocer la realidad de la intimidad personal y mucho menos de los pensamientos no expresados. Se puede suponer lo que otro piensa, pero nunca se sabe realmente. A los pensamientos más íntimos, las intenciones y deseos del corazón nadie los conoce, sino el mismo que los genera. De otro modo, para conocer la intimidad de la persona es necesario estar dentro de ella. El apóstol toma esta analogía para referirse al conocimiento acerca de Dios; sin embargo, hay una notable diferencia. Dios conoce la mente humana, pero el hombre es incapaz de comprender en la dimensión que se manifiesta en el ser divino el pensamiento de Dios. Así lo hace notar el profeta: "Porque mis pensamientos no son vuestros pensamientos, ni vuestros caminos mis caminos, dijo Jehová. Como son más altos los cielos que la tierra, así son mis caminos más altos que vuestros caminos, y mis pensamientos más que vuestros pensamientos" (Is. 55:8-9). Es el Espíritu Santo el que, siendo Dios en unidad con el Padre y el Hijo, conoce la intimidad infinita de la mente divina. Por esa causa, nadie puede conocer la intimidad de Dios, a no ser que Dios mismo la revele por el Espíritu de Dios.

Por esa razón, el hombre natural, literalmente el psíquico —cuya orientación en cuanto al conocimiento es exclusivamente por medio de su parte espiritual, que se convierte en principio cognoscitivo y volitivo, de modo que es la parte rectora de su actitud—, en su condición natural no percibe ni entiende en su mentalidad las cosas de Dios. No quiere decir que no entienda en el sentido de escuchar y comprender lo que se dice acerca de Él, sino en el de aceptarlo como algo procedente de Dios y digno de ser creído.

Esto no entra en conflicto con lo que se ha dicho varias veces en lo que antecede: que Dios se hace cognoscible al hombre por medio de las obras de la naturaleza. Pero la realidad es que ese conocimiento es sumamente limitado y el razonamiento humano lo ha distorsionado a lo largo de la historia humana, "cambiaron la gloria del Dios incorruptible en semejanza de imagen de hombre corruptible, de aves, de cuadrúpedos y de reptiles" (Ro. 1:23). De otro modo, los hombres son inexcusables en cuanto al conocimiento de Dios y su existencia, pero la condición humana oscurece la razón con sus propias condiciones, traduciendo a vanidad el razonamiento que surge de la mente deteriorando la idea de Dios.

A esto debe añadirse también el concepto de analogía del ser, que afirma que cuanto existe o es, incluyendo a Dios, tiene semejanza con algo. Así escribe el Dr. Lacueva:

Para entender esto, diremos que una determinada cualidad o cierto atributo puede afirmarse de dos seres de uno de estos tres modos: a) "unívoco", cuando hay "igualdad" en la base de atribución, como cuando llamamos "hombre" tanto a Pedro como a Juan; b) "equívoco", cuando un mismo vocablo tiene sentidos totalmente "diversos"; por ejemplo, el vocablo *vela* puede significar una candela, una vela de navío o la acción de velar; c) "análogo", cuando se "asemejan" en algún aspecto, sin llegar a la igualdad, como cuando la Biblia llama Cordero al Señor, para expresar metafóricamente su mansedumbre, aunque Él no sea literalmente un cordero, sino el Dios-Hombre, que subió al Calvario para ofrecerse en sacrificio por nuestros pecados.

¿Dónde se halla la analogía entre Dios y el ser humano? En que Dios, aun siendo el Ser con mayúscula, el Ser absoluto, que existe por sí mismo (Ex. 3:14), es, al fin y al cabo, un "ser", aunque radicalmente distinto y distante —en su trascendencia— de todos los demás seres (creados, relativos, limitados), ya que lo que se opone al "ser" como a tal no es el ser absoluto, sino la nada. Ahora bien, ese ser de Dios no puede alinearse con ningún ser creado (univocidad), por la sencilla razón de que el ser, en su puro concepto, trasciende todos los géneros, especies y diferencias (de ahí, la "analogía del ser"), pero, por eso mismo, no escapa al concepto radical de ser; de lo contrario, todo lo que sabemos de Dios será equívoco y no tendría ningún sentido para nosotros todo lo que Él mismo nos ha revelado en su Palabra.[21]

Se debe concluir aquí este punto, ya que el hombre ha sido creado a imagen y semejanza de Dios (Gn. 1:26-27; 5:1; 9:6; 1 Co. 11:7; Col. 3:10; Stg. 3:9), de manera que no puede hablarse de ese modo si no existe analogía entre el hombre y Dios. Es a causa de esta imagen y semejanza de Dios en el hombre que se establece la base para que podamos llegar de alguna manera al conocimiento de Dios para tener comunión con Él.

El Dr. L. S. Chafer escribe:

> Habiendo hecho Dios al hombre a su imagen y semejanza y habiéndole dotado de la capacidad de tener comunión con Él, es razonable esperar que tal capacidad fuese debidamente ejercitada. Que, a su debido tiempo, Dios revele al hombre

---

[21] Lacueva, 1983, pp. 14-15.

verdades tocantes a sí mismo y a sus propósitos; es, por tanto, lógico, como también que le revele el verdadero lugar que para Él ocupa en el plan divino de la creación, es decir, su relación con Dios, con la eternidad, con el tiempo y, al propio tiempo, con la virtud, el pecado y la redención, así como con todos los otros seres del universo en el cual la vida del hombre se desenvuelve.[22]

No se puede, ni se debe despreciar la mente y con ello el razonamiento humano en la búsqueda del conocimiento de Dios, que es elemento propio para un correcto razonamiento sobre lo que Él mismo ha revelado, como escribe John Stott:

> La doctrina cristina de la revelación, lejos de hacer innecesaria la mente humana, la hace realmente indispensable y le asigna el lugar que le corresponde. Dios se ha revelado por medio de palabras a mentes. Su revelación racional a criaturas racionales. Nuestro deber es recibir su mensaje, someternos a Él, tratar de entenderlo y relacionarlo con el mundo en que vivimos.[23]

Un poco más adelante en su escrito añade lo siguiente:

> Es un gran error suponer que la fe y la razón son incompatibles. En la Escritura se oponen la fe y la vista (2 Co. 5:7), pero no la fe y la razón. Por el contrario, la verdadera fe es esencialmente razonable, porque confía en el carácter y las promesas de Dios. Un cristiano creyente es alguien cuya mente refleja y se basa en esas certidumbres.[24]

Lamentablemente, hay un concepto, que se ha extendido entre cristianos evangélicos, que se opone al conocimiento intelectual, teológico, filosófico, etc., considerando que es innecesario e incluso contraproducente para el creyente.

Acerca de esto escribe el Dr. Lacueva:

> Es lamentable el hecho, patente en muchos círculos evangélicos, de una especie de culto a la "docta ignorancia", por temor a que la razón o la filosofía enturbien las claras aguas de la

---

[22] Chafer, 1974, Vol. I, p. 175.
[23] Stott, 1974, p. 23.
[24] Ibíd., pp. 40-41.

Palabra de Dios. Se llega así bajo capa de una falsa piedad a lo que Julián Marías llama "el menoscabo actual de la inteligencia". Un creyente no necesita ser culturalmente ignorante para ser bíblico. Como paradoja, se da el caso de que muchos de tales creyentes se dejan influir por criterios antibíblicos en su vida de relación.[25]

Posiblemente la secularización de la sociedad actual coadyuva a esta situación. Se insiste en que todo lo que es de fe es contrario a la ciencia y al intelecto racional; sin embargo, la fe es fundamentalmente pensamiento, de modo que la ausencia de fe conduce a una limitación en el pensamiento. La fe no es misticismo, sino razonamiento lógico de algo revelado. Es más, la fe conduce a una continuidad de pensamiento cuando el entorno exigiría claudicar de él. Con todo, el conocimiento no es un fin en sí mismo, sino un medio que debe conducir a la adoración a Dios a medida que lo conoce.

### Intuición racional

Es necesario tratar algo acerca de la intuición, que, en la definición de L. S. Chafer, es "la confianza o creencia que se desprende directamente de la constitución de la mente"[26]. En cierto modo, está muy vinculada al conocimiento innato, pero en un ámbito más puntual. El término significa literalmente mirar hacia adentro, o también contemplar. Es un concepto de la teoría del conocimiento que se aplica a la epistemología y trata del conocimiento directo e inmediato que se produce sin intervención de la deducción o del razonamiento, considerándolo como evidente.

La intuición puede definirse como la habilidad para conocer, comprender o percibir algo de manera clara e inmediata, sin la intervención de la razón. Es evidente que en el hombre existe un pensamiento intuitivo que le permite entender el concepto de eternidad, la causa, los efectos, la realidad de la vida, la propia existencia, y también conocer la existencia de Dios. La creencia universal del ser supremo, aunque abre multitud de campos a las muchas propuestas del pensamiento humano, evidencia la realidad de la intuición en el hombre. Algunos detractores de la intuición aplicada al conocimiento de Dios afirman que es la consecuencia de ideas propias de una cultura

---

[25] Lacueva, 1983, p. 17.
[26] Chafer, 1974, Vol. 1, p. 134.

limitada, pero esto contradice abiertamente lo que es realidad absoluta: que el pensamiento de Dios está presente en personas de culturas muy avanzadas. A pesar de la firme intención de anular a Dios en nuestra cultura y civilización, la simple observación del universo, bien sea en su macrocosmos, en la enormidad de su espacio y de los millones de astros que en él existen, o del microcosmos, donde es necesario disponer de equipos que permitan verlo, la pregunta intuitiva está presente: ¿Quién y cómo se produjo todo esto? La única respuesta coherente es la de una inteligencia creadora, con infinito poder y conocimiento, que ordenó todo en una precisión matemática haciéndolo funcionar. La disposición llamada intelectual de negar la existencia de Dios es presentada en la Biblia como la anti-inteligencia, propia del necio, que "dice en su corazón: no hay Dios" (Sal. 14:1; 53:1). Sin embargo, la intuición sobre la existencia de Dios continúa en cada generación a pesar de los intentos de evitarlo.

Se ha considerado anteriormente que el conocimiento de Dios hace imposible que pueda ser definido en toda la dimensión y perfecciones que les son propias. El ser humano, limitado, solo puede reconocer su existencia. Es por la revelación que Dios hace de sí mismo que la intuición da paso a la certeza, conociendo los atributos de Dios, el decreto incondicional propio de su soberanía, pero aun así será un conocimiento limitado de la infinita dimensión del ser divino.

Sobre esto escribe L. S. Chafer:

> Si se entiende por una definición una declaración completa de todo lo concerniente a un asunto, entonces es imposible para el hombre definir a Dios. Lo más que el hombre puede hacer es reconocer la posición incomparable que Dios ocupa sobre todos los demás seres, reconocer sus atributos y fraguar una declaración general de lo que la mente concibe como verdad. La amplitud del alcance de esta declaración, necesariamente, dependerá del grado de entendimiento a que haya avanzado la mente del autor de dicha declaración. Un campo vasto de visión personal es perceptible hasta este punto, que se extiende desde la intuición más elemental del converso ignorante hasta la experiencia con Dios más completa que pertenezca al más espiritual y maduro de todos los santos... Puede decirse de las personas regeneradas que en su conocimiento de Dios han pasado más allá de la mera intuición y han alcanzado esa profunda percepción que es la revelación.[27]

---

[27] Ibíd., pp. 134 ss.

Desde el punto de vista evangélico, la intuición es una función humana necesaria. De este modo, la intuición genera un conocimiento intuitivo, por el que la mente natural procesa y obtiene conclusiones. Pero todas las verdades intuitivas responden como mínimo a tres principios esenciales: a) que sean o no universales; b) que sean necesarias, operando en la constitución de toda persona normal; c) que sean evidentes por sí solas, no teniendo necesidad de acudir a otra verdad para ser reconocidas.

Los hombres tienen un cierto sentimiento de Dios en sí mismos, de forma natural. Esto es evidente puesto que Pablo afirma que todos tenemos un cierto conocimiento de su deidad, que nos hace inexcusables (Ro. 1:20). Este conocimiento no surge solo de la contemplación de cuanto existe, sino del hecho concordante con la revelación de que Dios creó al hombre a su imagen y semejanza (Gn. 1:26; 5:1). Todos sin excepción entienden que hay Dios y que es su Creador. Por eso decía Cicerón que no hay pueblo tan bárbaro, no hay gente tan brutal y salvaje que no tenga arraigada en sí la convicción de que hay Dios[28]. Comoquiera que ningún pueblo de la tierra, a lo largo de los milenios de la humanidad, ha estado sin religión, se aprecia que toda la humanidad confiesa tácitamente que hay un sentimiento intuitivo en el corazón de cada persona. Es, por tanto, seguro y cierto que está grabado en el alma humana la convicción de la existencia de Dios a pesar de que el mundo se esfuerza todo lo que le es posible para apartar de sí la idea de Dios y corromper por todos los medios de que dispone el reconocimiento y la adoración al Creador.

### Conocimiento y trascendencia absoluta

Todos estos aspectos relacionados con el conocimiento de Dios exigen por su extensión una simple aproximación al concepto para que el lector investigue en mayor amplitud.

El término trascendencia procede del latín *transcendentia*, que equivale a trascender, superar, sobrepasar, indicando la idea de superar, esto es, lo que está más allá de lo perceptible y de las posibilidades de lo inteligente y es contrapuesto al concepto de inmanencia. Es, filosóficamente hablando, aquello que está más allá de los límites naturales. Lo trascendente es aquello que está por encima de lo puramente inmanente. La inmanencia es la propiedad por la que una realidad permanece en sí misma, agotando en ella todo su ser y su actuar,

---

[28] Cicerón, *De la naturaleza de los dioses,* lib. I, 16.

suponiendo la inmanencia como uno de sus momentos, añadiendo la superación del trascender.

La filosofía tradicional orienta la trascendencia a una demostración o prueba de la inmortalidad del alma y de la existencia de Dios, recurriendo para ello a la analogía del ser.

Como se dijo antes, la trascendencia es la expresión que designa lo que va más allá o supera un determinado límite. Es, pues, transponer una frontera, pasar de un lugar a otro, superar un límite. Por tanto, lo que trasciende es aquello que supera su ámbito particular. De ahí que, para la filosofía, la trascendencia es lo opuesto a la inmanencia. Es aquello que está más allá del consciente humano y por encima de sus límites naturales. Por esa razón, el término vinculaba a la naturaleza de lo divino y su relación con el mundo. Desde la metafísica es aquello que no forma parte de la realidad tangible y se considera superior a ella.

En el sentido religioso, la trascendencia hace referencia a la condición de no estar ligado al mundo material y finito, sino que es parte de lo inmaterial e infinito. Por consiguiente, la trascendencia tiene que atribuirse a Dios porque está por encima de lo material y su existencia es perfecta e infinita.

Lo subjetivo de la religión es la fe, lo objetivo es la trascendencia de Dios, el numen que es Dios dotado de omnipotencia misteriosa; por eso se lo considera como el absoluto o, si se prefiere, el radicalmente otro (por consiguiente, liberado de toda su inmanencia).

La trascendencia absoluta, llamada también radical, es esencial en el monoteísmo, mientras que se rebaja grandemente en el politeísmo, diluida plenamente en el panteísmo, en el que todo es parte de la divinidad como totalidad sustancial.

La fe cristiana se sustenta en la trascendencia de Dios en la revelación del Antiguo Testamento, proyectándolo a quien se encarna en el Hijo y se proyecta en el Espíritu. De manera que la trascendencia de Dios se encarna en la inmanencia del Hijo. Los contrastes se producen en lo que es Dios, infinito en su esencia, limitado en la naturaleza humana asumida, autor y dador de la vida que hace posible experimentar la muerte en su carne humana, que se muestra glorioso en la transfiguración y angustiado en Getsemaní.

Estos contrastes hacen conflictiva la analogía del ser, que negó abiertamente Karl Barth, al considerar que la única forma de conocer a Dios es por la revelación y, aun con ella, Dios es el gran desconocido, el que es completamente otro. Esta posición hace que el conocimiento de Dios se convierta en fideísmo y todo aquel que no tenga la Escritura como revelación especial de Dios no tiene posibilidad de conocerlo. Al negar la analogía del ser, no existe posibilidad de conocer a Dios como causa a través de los efectos, es decir, de Dios a través de sus obras, como el apóstol Pablo hace notar (Ro. 1:20; Hch. 17:24), de manera que el hombre ante las obras divinas ha de sentirse impulsado a buscar a Dios que está cercano a cada uno (Hch. 17:27, 28).

Es cierto que Dios es incomprensible, de manera que jamás nadie podrá agotar su cognoscibilidad, porque el infinito no puede ser comprendido en una mente finita, pero este ser, infinito, supremo, absoluto, aunque nunca exceda del todo, se hace cognoscible, llevando el pensamiento limitado de la criatura hacia lo que es el ser singular que es Dios. Este es incomprensible, pero conocible, aunque el hombre nunca alcance un conocimiento exhaustivo y perfecto de Dios en todo su sentido. Por esa razón, el hombre no puede definir a Dios o dar de Él una definición, ya que el término equivale a fijar con claridad, exactitud y precisión la naturaleza de una persona o cosa. Tan solo puede el ser humano, en el conocimiento de Dios, dar de Él una descripción parcial. Con todo, es necesario entender que puede obtener un conocimiento suficiente para llevar a cabo el propósito divino de adorarlo como Dios.

**Conocimiento por la revelación**

*Revelación general*

*Creación*

Se remite al lector al primer volumen de esta teología sistemática, en el que se desarrolla con mucha más amplitud el tema de la revelación, siendo suficiente aquí recordar algunos conceptos principales.

El primero de los elementos de la revelación general es la naturaleza, instrumento que Dios utiliza para revelarse. El apóstol Pablo afirma esta verdad cuando escribe: "Porque lo que de Dios se conoce les es manifiesto, pues Dios se lo manifestó. Porque las cosas invisibles de él, su eterno poder y deidad, se hacen claramente visibles desde la creación del mundo, siendo entendidas por medio de las cosas hechas, de modo que no tienen excusa"[29] (Ro. 1:19-20). La referencia

---

[29] Texto griego: Διότι τὸ γνωστὸν τοῦ Θεοῦ φανερόν ἐστιν ἐν αὐτοῖς· ὁ Θεὸς γὰρ αὐτοῖς ἐφανέρωσεν. τὰ γὰρ ἀόρατα αὐτοῦ ἀπὸ κτίσεως κόσμου τοῖς ποιήμασιν νοούμενα καθορᾶται, ἥ τε ἀΐδιος αὐτοῦ δύναμις καὶ θειότης, εἰς τὸ εἶναι αὐτοὺς ἀναπολογήτους.

no es al mero conocimiento o aceptación de la realidad de Dios, sino a una comprensión personal mayor que permite llegar a conocer aquello que es posible conocer de Él, literalmente "lo conocible de Dios". Hay un discernimiento de la deidad que no ha sido revelado, pero aquí se refiere a lo que por revelación suya es posible conocer acerca de Él. Con todo, el genitivo aquí no puede ser partitivo, sino expresivo al conocimiento racional del hombre. La causa del conocimiento es, pues, la revelación directa de Dios mismo. Es decir, el Creador no dejó a la criatura en la ignorancia acerca de su existencia, sino que se reveló a ella. Ningún ser investigando por sí mismo podría llegar a descubrir a Dios. Él es invisible y ninguna de sus criaturas podría, si no se revelara a sí mismo, llegar a encontrarle y mucho menos a conocer como Él es y cómo se comporta.

La necesidad de la revelación para conocer a Dios es innegable. Si es infinito, es incomprensible. Además, Dios es Espíritu, invisible para el hombre (Jn. 4:24). El apóstol afirma esa invisibilidad divina[30] (1 Ti. 6:16). La revelación elemental que Dios hace de sí mismo por medio de la naturaleza pone de manifiesto dos aspectos relacionados con Él: su omnipotencia, esto es, su eterno poder (Sal. 111:2; 118:17; 119:27; 139:14; 145:10) y su existencia, expresada como deidad.

Esta revelación general de Dios al hombre se produce "desde la creación", o sea, ocurre ya desde el principio de los tiempos; por tanto, ningún hombre estuvo jamás sin posibilidad de conocer a Dios. Él no solo se reveló, sino que capacitó al hombre para que entendiese esa revelación desde el mismo instante en que fue creado. De otro modo, el invisible Dios se abre al raciocinio humano que por medio de la mente capta en la creación la existencia de Dios. Por ser esta una revelación de Dios mismo, no puede quedar sin ser entendida por el hombre.

El conocimiento elemental de Dios es el resultado de una revelación primaria que Él mismo hizo para que fuese conocido como el único y verdadero Dios. La realidad de su existencia, divinidad, omnipotencia y eterno poder se hace visible a los ojos de los hombres con toda claridad. La creación es el texto que revela las perfecciones de Dios y habla de Él. La revelación divina no se detuvo ni un instante, ya que conforme a las palabras del apóstol Pablo, ocurre "desde la creación"; de otro modo, en ningún momento el hombre estuvo sin revelación acerca de Dios. Él se reveló y capacitó al hombre para entenderlo desde su creación. Por tanto, todos los hombres

---

[30] Referencia especial al Padre.

son inexcusables sobre el conocimiento de Dios, quedando sin ningún argumento que pueda justificar si voluntariamente ignoran esa realidad. No hay, pues, excusa si niegan a Dios, porque se trata de un negarse a ver y un despreciar el oír. Esa ignorancia es un acto de insumisión al Creador, una absurda arrogancia que niega la realidad de la voz divina que suena continuamente en la creación.

La idea de la revelación natural está presente también en el Antiguo Testamento. El Salmo la pone de manifiesto: "Los cielos cuentan la gloria de Dios, y el firmamento anuncia la obra de sus manos" (Sal. 19:1). Sin duda, el salmista afirma un conocimiento de Dios mediante el libro de la naturaleza. Toda la creación y especialmente los cielos conducen al conocimiento de Dios. El salmista afirma que los cielos cuentan la gloria de Dios (literalmente: *proclaman*); quiere decir que Dios les encargó llevar a los hombres el mensaje de su existencia y constituyen el elemento primario de la revelación. El testimonio de la creación no es un mero indicio acerca de la existencia de Dios, sino la evidencia de la inteligencia suprema en la que el Creador se revela como quien los ha diseñado, creado y los sustenta desde entonces. El firmamento "anuncia la obra de sus manos". Todo proclama la habilidad suprema de la mano creadora de Dios. En el firmamento, Dios hace ondear su bandera estrellada para que el hombre sepa quién es el que se revela para ser conocido.

El mensaje de Dios ha de ser aceptado por fe como se enseña en la epístola a los Hebreos, donde se lee: "Por la fe entendemos haber sido constituido el universo por la palabra de Dios, de modo que lo que se ve fue hecho de lo que no se veía"[31] (He. 11:3). Es la consecuencia de la proclamación que Dios hace de sí mismo por medio de la revelación natural. El mensaje divino sobre su existencia, comunicado a la criatura, permite que esta lo acepte como creíble y, por tanto, lo crea por fe. El escritor afirma que por la fe entendemos; como presente del indicativo en voz activa, expresa un acto continuado. Quiere decir que continuamente entendemos. La raíz del verbo está vinculada a intelecto, mente, y se refiere a una acción comprensiva plenamente por la mente. La fe permite hacer una expresión formal sobre el origen del universo. Aunque la fe es creer, la verdadera fe es también razonable, ya que Dios revela cómo se produjeron las cosas y la razón humana infiere la existencia del Creador.

---

[31] Texto griego: Πίστει νοοῦμεν κατηρτίσθαι τοὺς αἰῶνας ῥήματι Θεοῦ, εἰς τὸ μὴ ἐκ φαινομένων τὸ βλεπόμενον γεγονέναι.

La fe no es una mera credulidad, sino una aceptación lógica, que da contenido a lo que Dios afirma en su Palabra. El incrédulo busca vías que sustituyan al Creador.

*Historia*

El segundo elemento de la revelación general es la historia. Esta sirve también de elemento expresivo que comunica la existencia y la actuación de Dios. El Creador mueve también el decurso de la historia, conduciéndola a la ejecución de sus propósitos. La comprensión del control divino sobre la historia humana exige acudir a los escritos bíblicos que anuncian proféticamente las acciones divinas conducentes a un propósito: que Él gobierne el cosmos, cielos y tierra, por medio de su Hijo. No es fácil descubrir a Dios en la historia por los hechos históricos en sí mismos, pero sí es sencillo desde los escritos bíblicos, que lo ponen de manifiesto, fundamentalmente en las referencias proféticas a hechos, eventos que tuvieron sobre toda lógica humana un fiel cumplimiento debidamente atestiguado por documentos históricos.

En una gran medida, Dios ha usado los hechos que la historia describe para que pueda ser conocido, como dice a Israel: "Al Señor, que os hizo subir de la tierra de Egipto con gran poder y con brazo extendido, a Él temeréis y ante Él os inclinaréis, y a Él ofreceréis sacrificio" (2 R. 17:36; BT). La importancia de estos hechos históricos está establecida en su objetividad; fueron así, de ese modo sucedieron y se produjeron por una determinada acción que no fue del hombre. Los hechos poderosos ocurridos están en relatos bíblicos que son objetivos y no subjetivos, es decir, son reales y no imaginarios. Dios demuestra su existencia por medio de sus hechos poderosos (Dt. 3:24). Las acciones poderosas de Dios dejan huella en la historia.

Dios se ha revelado, históricamente hablando, poniendo de manifiesto su providencia en la ejecución de su programa para las edades, estableciendo por ello el decurso de la historia humana (Is. 46:8-13). Este programa se ha manifestado por Dios al hombre (cf. Dt. 30:1-10; Dn. 2:31-45; 7:1-28; 9:24-27; Os. 3:4, 5; Mt. 23:37-25:46; Hch. 15:13-18; Ro. 1:13-29; 2 Ts. 2:1-12; Ap. 2:1-22:21). Todos los pormenores del propósito divino son perfectos aun en los más mínimos detalles revelados, abarcando hasta la muerte de los pajarillos y el recuento de los cabellos de la cabeza (Lc. 12:6, 7). Con todo, la revelación providencial, tiene que estar respaldada por el conocimiento de la Palabra de Dios, en la que se revela.

## Antropología

Se suele buscar en lo que el hombre es en sí mismo para descubrir al Creador en la criatura, sin embargo, no es tanto la coordinación y potencialidad del hombre en la dimensión de cada persona con las dos partes que la integran, materia orgánica y psicológica espiritual, sino más bien en el hecho de que Dios —conforme a su Palabra— ha escrito en él lo que llama *obra de la ley*; en palabras del apóstol Pablo: "Porque cuando los gentiles que no tienen ley, hacen por naturaleza lo que es de la ley, estos, aunque no tengan ley, son ley para sí mismos, mostrando la obra de la ley escrita en sus corazones, dando testimonio su conciencia, y acusándoles o defendiéndoles sus razonamientos"[32] (Ro. 2:14-15). El hombre que no tiene la ley escrita como revelación especial, hace por naturaleza lo que establece la ley. No significa esto que todos los hombres conozcan la ley o que a todos les haya sido entregada. Es evidente que los pueblos gentiles desconocían, en su gran mayoría, la ley escrita; por tanto, no está refiriéndose el apóstol al cumplimiento de las demandas de la ley en toda su extensión, pero el hombre ha sido creado por Dios como un ser moral, a su imagen y semejanza (Gn. 1:26), con capacidad interna para determinar lo que es bueno y lo que es malo. Pablo afirma que "estos, aunque no tengan ley", es decir, aunque desconozcan la ley escrita, se convierten para ellos mismos en ley reguladora de sus actos morales.

## Revelación especial

Siendo Dios Espíritu infinito, siendo sus perfecciones incomunicables, incomprensibles en el sentido de comprensión medible para la mente humana, desconociendo su pensamiento, propósitos y demandas, siendo estas determinantes para el presente y futuro definitivo de los hombres, trascendiendo a la vida natural, es necesario que Dios se revele a sí mismo para hacer todo esto posible.

Es necesario entender que la revelación especial es también personal. En ella Dios se hace perceptible al hombre. Una de las evidencias es que se manifiesta unido o expresado en un nombre, como ocurre en la experiencia de Moisés, cuando preguntó a Dios con qué

---

[32] Texto griego: ὅταν γὰρ ἔθνη τὰ μὴ νόμον ἔχοντα φύσει τὰ τοῦ νόμου ποιῶσιν, οὗτοι νόμον μὴ ἔχοντες ἑαυτοῖς εἰσιν νόμος· οἵτινες ἐνδείκνυνται τὸ ἔργον τοῦ νόμου γραπτὸν ἐν ταῖς καρδίαις αὐτῶν, συμμαρτυρούσης αὐτῶν τῆς συνειδήσεως καὶ μεταξὺ ἀλλήλων τῶν λογισμῶν κατηγορούντων ἢ καὶ ἀπολογουμένων.

nombre lo designaría delante de los israelitas a quienes le enviaba: "Y respondió Dios a Moisés: YO SOY EL QUE SOY. Y dijo: así dirás a los hijos de Israel: YO SOY me envió a vosotros" (Ex. 3:14). Es, por tanto, el Dios personal que puede actuar y también bendecir, como se manifiesta en la bendición sacerdotal, que Él mismo estableció: "Jehová te bendiga, y te guarde; Jehová haga resplandecer su rostro sobre ti, y tenga de ti misericordia; Jehová alce sobre ti su rostro, y ponga en ti paz. Y pondrán mi nombre sobre los hijos de Israel, y yo los bendeciré" (Núm. 6:24-27).

La revelación especial tiene necesariamente que ser expresada analógicamente. Dios se revela al hombre, pero en esta revelación tiene que utilizar elementos analógicos que el hombre pueda discernir para que, por medio de ellos, aspectos de su eterno poder y deidad sean asimilados comprensivamente por la razón humana. Dios usa en este modo elementos unívocos, esto es que tienen una misma significación, salvando la distancia dimensional entre lo que revela de Él y el elemento con el que establece referencia analógica, como relación de semejanza entre cosas distintas. Así, a modo de ejemplo, cuando Dios revela la dimensión de sus perfecciones de gracia y de fidelidad, establece la analogía: "Jehová, hasta los cielos llega tu misericordia, y tu fidelidad alcanza hasta las nubes" (Sal. 36:5). Cuando revela la posición inefable de la posición suprema de Dios, usa de analogía: "Sobre las alturas de las nubes subiré, y seré semejante al Altísimo" (Is. 14:14). Dios usó en su revelación especial elementos unívocos tanto en su esfera como en la nuestra. Las perfecciones de Dios son infinitas, pero pueden comprenderse con las limitadas en el hombre, así Dios ama, también el hombre ama; por tanto, la analogía permite al hombre conocer a Dios desde el contraste de un amor en el plano humano limitado, con el amor infinito que está en Dios y que es Dios mismo (1 Jn. 4:8). Dada la infinita distancia entre realidad y analogía, Dios elige esta de modo que sea lo suficientemente similar para que pueda servir de semejanza comprensible para la mente del hombre, pero, en todo caso, la verdad revelada tiene que ser aceptada por fe.

La revelación especial es también antrópica, aquello que está en la experiencia del hombre, producido o modificado por él. Dios hace una revelación de sí mismo, que para ser comprensible tiene que proceder del interés divino en ser conocido. No se trata de una revelación antropológica, en la que Dios usa elementos conocidos, experimentados y vividos por el hombre para revelar lo que Él es en analogías propias de la experiencia humana, sino de una revelación antrópica en el sentido de ser orientada al humano y que se haga comprensiva por él. Esto exige usar no solo las analogías, sino el lenguaje propio de los hombres en un momento histórico determinado, y en un contexto social establecido. Así se usan medidas propias de una determinada época para referirse a parámetros dimensionales, descripciones naturales propias de un determinado lugar o evento, usando para ello palabras y formas propias de aquellos a quienes iba dirigido el mensaje escrito. En sentido antrópico, Dios utilizó sueños que son sucesos o imágenes que se representan en la fantasía del hombre mientras duerme, pero en el caso de la revelación, son generados e inducidos por Dios mismo como vehículo revelador.

El discurso de Dios transmitido por medio de la escritura es la realidad de la revelación especial conocida por diversas palabras que denotan esa condición. Así se le llama Escritura, Palabra de Dios, Biblia, etc. En todos los casos, Dios se reveló a personas en distintos tiempos, mandándoles que escribiesen aquello que Él les comunicaba.

Esta verdad está expresada de forma muy precisa: "Dios, habiendo hablando muchas veces y de muchas maneras en otro tiempo a los padres por los profetas..."[33] (He. 1:1). El texto afirma que Dios habló, literalmente "Dios habiendo hablado", es decir, no ha quedado aislado de los hombres, sino que se ha comunicado con ellos. El verdadero y eterno Dios entró en comunicación con los hombres, enviándoles su mensaje personal, revelador y salvífico. No está pensando el autor en una revelación genérica y elemental que el mismo Dios hace por medio de la naturaleza (Ro. 1:19-20), mediante la cual pone de manifiesto su existencia y poder; ni tampoco en el hablar personal por medio de la conciencia de los hombres (Ro. 2:15), por cuya voz el hombre entiende lo que es y lo que no es correcto; ni es el hablar histórico por medio de su providencia. Dios habló a los hombres, esto es, se comunicó con ellos.

Debe llegarse a la conclusión de que la Biblia es el discurso divino sobre sí mismo, su obra y su propósito. Una frase reiterativa pone de manifiesto esa condición: "Palabra de Jehová que vino a..." (cf. Jer. 18:1; Ez. 12:1, 8, 17, 21, 26; Os. 1:1; Jl. 1:1; Am. 3:1). Los escritores bíblicos tenían conciencia de que lo que escribían no era resultado de su conocimiento o determinación, sino que era el

---

[33] Texto griego: Πολυμερῶς καὶ πολυτρόπως πάλαι ὁ Θεὸς λαλήσας τοῖς πατράσιν ἐν τοῖς προφήταις.

mensaje que Dios les había entregado para que lo comunicasen. Con todo, el medio de comunicación del mensaje reviste distintas formas, que serán consideradas más adelante. Puede calificarse a los profetas como la boca de Dios (cf. Ex. 4:16; 7:1; Jer. 15:19).

### La posibilidad del conocimiento pleno de Dios

Que Dios es cognoscible es una verdad incuestionable, que queda demostrada por la revelación natural, así como por la revelación especial.

Sin embargo, aunque el conocimiento de Dios está presente en la experiencia del hombre, debe ser definida la extensión de ese conocimiento. De forma especial, lo que tiene que ver con la revelación especial o sobrenatural que Él ha hecho de sí mismo para que el hombre le conozca en la plenitud. Esta plenitud es siempre limitada, quiere decir que lo que es infinito, eterno, omnipotente, omnipresente, etc. es imposible que sea comprendido en toda la dimensión del contenido porque excede a la capacidad de entendimiento de la mente finita del hombre.

Ningún hombre necesita saber más de lo que la Escritura revela para conocer a Dios en todo lo que es suficiente para la criatura, pero esto no supone que pueda agotar el conocimiento de Él. Sin duda en la reflexión continuada, en la investigación pormenorizada y en la aceptación firme de lo que está revelado en la Palabra, el hombre va adquiriendo un mayor conocimiento de Dios, pero en ningún modo podrá extinguir o, tal vez mejor, llegar al límite del conocimiento de Dios, puesto que Él excede en todo a lo que es capaz la mente humana.

Dios desea ser conocido por el hombre y desea que este le conozca en toda la dimensión de lo que Él es. De ahí que, siendo completa la revelación bíblica, pero no lo suficiente para agotar el conocimiento pleno, en el sentido de absoluto o total, hizo una revelación definitiva por medio de sí mismo, tomando para ello la naturaleza humana en la persona divina del Hijo, quien, como Verbo eterno expresa toda la plenitud de la deidad. Ese Verbo se encarnó para hacer posible la revelación plena de Dios (Jn. 1:14), ya que en su venida, trajo como misión para el conocimiento de Dios, revelarlo en sí mismo y hacer en Él visible al invisible (Jn. 1:18). Un texto clave en la revelación especial, afirma esta verdad: "Dios, habiendo hablado muchas veces y de muchas maneras en otro tiempo a los padres por los profetas, en estos postreros días nos ha hablado por el Hijo, a quien constituyo heredero de todo, y por quien asimismo hizo el universo, el cual, siendo el resplandor de su gloria, y la misma imagen de su sustancia..."[34] (He. 1:1-3). 

La verdad fundamental del texto es que Dios habló, literalmente: "Dios habiendo hablado", es decir, no ha quedado aislado de los hombres, sino que se ha comunicado con ellos. El verdadero y eterno Dios entró en comunicación con los hombres, enviándoles su mensaje personal, revelador y salvífico. No está pensando el autor en una revelación genérica y elemental que el mismo Dios hace por medio de la naturaleza (Ro. 1:19-20), mediante la cual pone de manifiesto su existencia y poder; ni tampoco en el hablar personal por medio de la conciencia de los hombres (Ro. 2:15), por cuya voz el hombre entiende lo que es y lo que no es correcto; ni es el hablar histórico por medio de su providencia. Dios habló a los hombres.

Esta revelación es progresiva: la hizo a lo largo del tiempo. Es también fragmentaria: la hizo en muchas partes, o muchas veces. Estos muchos fragmentos de la revelación de Dios tienen el efecto progresivo de un mayor conocimiento de Él a lo largo del tiempo durante el cual habló. Pero la revelación progresiva no lo es en sentido de lo no verdadero a lo verdadero, sino de lo más sencillo a lo maduro. Es decir, el hombre recibe en la revelación progresiva un caudal cada vez mayor para conocer a Dios y en ese conocimiento alcanzar cotas mayores de madurez espiritual. La revelación fue dada en muchos fragmentos que incluye también muchas formas, distintos y diferentes modos para dar la revelación. La revelación tiene también un tiempo de existencia y confección: "En otro tiempo". El adverbio que utiliza el escritor hace referencia a un tiempo pasado, equivalente a *antiguamente, desde antiguo, en otros tiempos*. La Biblia es el producto del trabajo conjunto del Espíritu y los profetas a lo largo de mil quinientos años. Quiere decir que la Palabra se obtiene en un largo período de tiempo. Los instrumentos para la comunicación de la revelación fueron "los profetas". Con todo, esta revelación, aunque es perfecta y completa, no agota el conocimiento de Dios.

Después de los tiempos en que Dios habló por los profetas, llega el tiempo actual, definido aquí por medio de la expresión "en estos postreros días"[35], fórmula para referirse al tiempo actual desde el

---

[34] Texto griego: ¹Πολυμερῶς καὶ πολυτρόπως πάλαι ὁ Θεὸς λαλήσας τοῖς πατράσιν ἐν τοῖς προφήταις.2 ἐπ᾽ ἐσχάτου τῶν ἡμερῶν τούτων ἐλάλησεν ἡμῖν ἐν Υἱῷ, ὃν ἔθηκεν κληρονόμον πάντων, δι᾽ οὗ καὶ ἐποίησεν τοὺς αἰῶνας· 3ὃς ὢν ἀπαύγασμα τῆς δόξης καὶ χαρακτὴρ τῆς ὑποστάσεως αὐτο

[35] Griego: ἐπ᾽ ἐσχάτου τῶν ἡμερῶν τούτων.

tiempo del nacimiento de Cristo. Terminado el tiempo profético, Dios habla de otra manera.

Lo hace *en Hijo*[36]. El mensajero, que es también mensaje en sí mismo, recibe un nombre: Hijo. Los profetas hablaron anunciando al Hijo; cuando vino el cumplimiento del tiempo, la profecía se cumplió, dando paso a la realidad presencial del Hijo de Dios entre los hombres (Gá. 4:4). El mensaje progresivo de la revelación alcanza la cota suprema en el Hijo. Es necesario entender bien el texto, en el sentido de que Dios no solo habló por medio *del Hijo*, sino que habló definitivamente *en el Hijo* mismo. En el texto griego no va precedido de artículo, ni de pronombre personal o posesivo en primera persona. El mensaje absoluto de Dios se expresó por medio de un hombre que es Jesús. Pero no se pronuncia por medio de palabras solamente, sino que se manifiesta en la Palabra que vino a los hombres, mediante la encarnación del Hijo de Dios (Jn. 1:14), quien, al ser Verbo (Jn. 1:1), expresa absoluta, plena y totalmente a Dios. La misión del Hijo es hacer la exégesis de Dios a los hombres (Jn. 1:18). Esa revelación es tan completa que Jesús hace visible a los ojos de los hombres al Invisible que nadie puede ver jamás (1 Ti. 1:17). Los portavoces anteriores de Dios fueron los siervos de Dios, sus profetas, pero para la proclamación definitiva de su mensaje revelador envió a su Hijo Unigénito. La revelación plena de Dios es posible porque Jesucristo, el Verbo encarnado, es Dios único, como el Padre (Jn. 1:1). Si la revelación fue *en Hijo*, alcanza dos modos; por un lado, el instrumental: la revelación se hace por medio del Hijo; por el otro, el modo local, ya que en Cristo habita corporal y sustancialmente toda la plenitud de la deidad (Col. 2:9). Esa es la razón por la que Jesús pudo decir a Felipe: "El que me ha visto a mí, ha visto al Padre" (Jn. 14:9). El Padre es inalcanzable al conocimiento del hombre, pero la voluntad de Cristo es revelarlo en el lenguaje propio y comprensible de los hombres y en la experiencia de relación que solo puede ser llevada a cabo por quien, siendo Dios, es también hombre perfecto.

El Señor se manifiesta a los hombres en la intimidad con el Padre en la unidad divina. La sabiduría del Hijo de Dios, como Verbo eterno, es tal que solo Él conoce perfectamente al Padre. Sólo el Hijo que está en el seno del Padre (Jn. 1:18) puede alcanzar el conocimiento supremo de los secretos divinos, tanto los que en misterio se revelan a los hombres, como los que eternamente permanecen en el secreto de Dios. Jesucristo es el Verbo con el que Dios expresa lo que es, piensa, siente,

---

[36] Griego: Ἐν Ὑιῷ.

desea y se propone (Jn. 1:1-2, 18; 14:9; Col. 2:9; He. 1:2-3). Todo lo que Dios puede revelar de sí mismo está encerrado en el Logos, Verbo personal del Padre, ya que en este Verbo el Padre expresa su interior, es decir, todo cuanto es, tiene y hace. Jesucristo, como Verbo encarnado, es la expresión exhaustiva del Padre. Debe recordarse que expresar es un verbo frecuentativo de exprimir. Al expresarnos, exprimimos nuestra mente a fin de formar un logos que defina nuestro concepto. Cristo, el Logos personal de Dios, es por tanto divino, infinito y exhaustivo, único revelador adecuado para el Padre que lo pronuncia. Por ello, este Verbo, al hacerse hombre (Jn. 1:14), traduce a Dios al lenguaje de los hombres y es insustituible como revelador a causa de ser la única verdad personal del Padre (Jn. 14:6). Como expresión exhaustiva del Padre, la mente divina agota en Él su producto mental.

Cuando Jesús afirma que solo hay conocimiento completo del Padre en el Hijo y del Hijo en el Padre, está presentando la verdad de la autocomunicación definitiva e irrevocable de Dios en Cristo. La relación de Dios con Jesús en el tiempo histórico de los hombres es una relación de entrega, en la medida en que Dios puede entregarse y otorgarse a los hombres, que no parte de la historia humana, sino que la antecede en todo, es decir no se inicia en el tiempo ni está condicionada por la obra de salvación, sino que pertenece al ser mismo de Dios. El Verbo encarnado es la manifestación temporal de la proximidad de Dios al hombre. De ahí que Jesús entienda, y así lo exprese, su presencia entre los hombres como el enviado de Dios. Hasta tal punto es un hecho la eterna vinculación *ad intra* por lo que Jesús afirma que Él y el Padre son uno (Jn. 10:30). La preexistencia de Cristo se hace realidad entre los hombres y viene con la misión de revelar al Padre. A Dios nadie le vio jamás, pero es el Unigénito que está en el seno del Padre el que lo da a conocer (Jn. 1:18). En Jesucristo es Dios quien se da y se manifiesta, introduciéndose literalmente en el campo de su creación mediante la humanidad. El propósito de Jesucristo es revelar a Dios, de modo que las personas lo conozcan, no en la intelectualidad, sino en la comunión de vida para que puedan tener vida y vida eterna (Jn. 17:3). Todos cuantos quieran adquirir este admirable conocimiento deben acudir al único que puede revelarlo, que es el Hijo, en quien resplandece "la luz del conocimiento de Dios en la faz de Jesucristo" (2 Co. 4:6). Caben aquí como resumen las palabras de Juan de la Cruz, que escribe:

> En lo cual (He. 1:1) da a entender el apóstol que Dios ha quedado como mudo y no tiene más que hablar porque lo

> que hablaba antes en partes a los profetas ya lo ha hablado en Él todo, dándonos al Todo que es su Hijo. Por lo cual el que ahora quisiese preguntar a Dios, o querer alguna visión o revelación, no solo haría una necedad, sino hará agravio a Dios, no poniendo los ojos totalmente en Cristo, sin querer otra alguna cosa o novedad. Porque le podría responder Dios de esta manera, diciendo: "Si te tengo ya habladas todas las cosas en mi Palabra, que es mi Hijo, y no tengo otra, ¿qué te puedo y ahora responder o revelar que sea más que eso? Pon los ojos solo en Él, porque en Él te lo tengo dicho todo y revelado, y hallarás en Él aún más de lo que pides y deseas. Porque tú pides locuciones y revelaciones en parte, y si pones en Él los ojos, lo hallarás en todo; porque Él es toda mi locución y respuesta, y es toda mi visión y toda mi revelación.[37]

Es en el Hijo que Dios se revela en plenitud absoluta. Él fue enviado por el Padre al mundo para superar la situación de ignorancia de los hombres en relación con Dios por medio de la revelación por y en Él. Lo que Jesús hacía revelaba el ser y el hacer de Dios; es en Él y por Él que podemos llegar a conocer la naturaleza de Dios y sus intenciones para con los hombres.

La dimensión cognoscitiva acerca de Dios se alcanza en plenitud en Jesucristo, puesto que Él es "el resplandor de su gloria, y la imagen misma de su sustancia"[38]. La grandeza del Hijo se pone de manifiesto en que es "el resplandor de la gloria de Dios". La gloria divina es objetivamente la misma naturaleza de Dios. Esa es la gloria formal, que produce admiración en quien la contempla y le lleva a la adoración (cf. Jn. 1:14; 2:11). Esa gloria de Dios se manifiesta frecuentemente acompañada de luz (Ex. 24:17; Sal. 50:2; 104:2). La gloria esencial de Dios es invisible al hombre, pero se hace visible por medio del Hijo (1 Ti. 6:16). La gloria de Dios se ve en Jesús por medio de las obras divinas que Él mismo hizo (Jn. 1:14; 2:11). Pero también se hace visible en la *shekinah*, la impronta de la gloria en las manifestaciones gloriosas del Señor, como fueron la transfiguración y la revelación hecha a Juan en el Apocalipsis (Mt. 17:2; Mr. 9:3; Lc. 9:29; Ap. 1:12-16). La gloria de Dios, como se dice antes, está vinculada a la luz, de ahí que se relacione al Hijo encarnado con la luz: "Aquella luz verdadera, que alumbra a todo hombre, venía a este

---

[37] Juan de la Cruz, *Subida del monte Carmelo*, libro II, cap. XXII.
[38] Texto griego: ὃς ὢν ἀπαύγασμα τῆς δόξης καὶ χαρακτὴρ τῆς ὑποστάσεως αὐτοῦ.

mundo" (Jn. 1:9). Cristo es la luz verdadera que puede iluminar a todo hombre, especialmente en el orden salvífico, desde el interior del corazón entenebrecido a causa del pecado (2 Co. 4:6). La vida, procedente de Dios, está relacionada también con la luz, ya que solo Dios es verdadera luz, y solo Él puede dar vida: "En Él estaba la vida, y la vida era la luz de los hombres"[39] (Jn. 1:4). La vida estaba en Él, con sentido locativo y no causal, esto es, no la tuvo por alguna razón o en algún momento, sino que estaba en Él eternamente como fuente de vida. Dios es luz (1 Jn. 1:5) y quien participa en su ser, como persona divina, es luz. El Hijo es la luz verdadera que vino a este mundo. En ese sentido, el escritor afirma que Jesús es ἀπαύγασμα τῆς δόξης, "el resplandor de su gloria", referido a la expresión comunicativa al hombre de la gloria de Dios que, como se dice antes, se manifiesta en muchas ocasiones rodeada de luz. De ahí que al Hijo se le llame, en el Concilio de Nicea, "Luz de luz". Debe notarse que la palabra traducida como resplandor[40] tiene un sentido pasivo, como reflejo de la luz, es decir, cual imagen que se refleja en un espejo; pero, también tiene un sentido activo, como luz centelleante que pertenece y corresponde solo a Dios. Ese es el que debe aplicarse al texto. La gloria de Dios, manifestada en luz resplandeciente, no es reflejada por el Hijo, sino que está en el Hijo mismo. Si Jesús es resplandor de la gloria de Dios, el resplandor va unido siempre a la luz y procede de ella, por tanto, la luz de gloria produce siempre resplandor, que estando en el Hijo se manifiesta en Él. Si el Hijo procede del Padre y está unido eternamente con Él, el versículo expresa la eterna consustancialidad de las personas divinas, que se aprecia también con participio de presente *siendo*. El Hijo no llegó a ser la gloria de Dios, lo fue siempre. Sin Cristo, no hay luz, solo tinieblas.

Otra grandeza del Hijo consiste en ser "la imagen misma de su sustancia"[41], o como puede traducirse, "la impronta de la realidad sustancial de Él", en alusión y referencia a Dios. El escritor pasa de la gloria a la sustancia, como impresión del ser de Dios, lo que exige pasar por la imagen o la impronta. Dos términos deben tenerse en cuenta aquí, *imagen* y *sustancia*. El sustantivo utilizado por el escritor para *imagen*[42] aparece solo aquí en todo el Nuevo Testamento y es una palabra más precisa, expresiva y enfática a la utilizada en otros

---

[39] Texto griego: ἐν αὐτῷ ζωὴ ἦν, καὶ ἡ ζωὴ ἦν τὸ φῶς τῶν ἀνθρώπων.
[40] Griego: ἀπαύγασμα.
[41] Texto griego: Καὶ χαρακτὴρ τῆς ὑποστάσεως αὐτοῦ.
[42] Griego: χαρακτήρ.

lugares para referirse a Cristo como la imagen[43] de Dios (Col. 1:15). La palabra *imagen* es sinónimo de marca; por tanto, el Hijo es marca de la sustancia del Padre, designando, por medio del significado de la palabra, la reproducción fidelísima del Padre, al modo de la huella o impronta que deja un sello. De otro modo, el escritor usa esa palabra para decir que el Hijo es la fiel y absoluta reproducción de la sustancia del Padre. En segundo lugar, está la palabra *sustancia*, palabra procedente del latín *sub-stantia*, que expresa lo que hay debajo de las apariencias externas y accidentales, lo que equivale a la esencia misma de Dios. Indica aquí el ser y la naturaleza de Dios. El término griego es muy enfático e intenso[44], refiriéndose aquí a la realidad o ser. Por tanto, Jesús, como Hijo, es la fiel estampa del ser inmortal y trascendente de Dios. En ese sentido, es la impronta exacta del ser de Dios. Quiere decir que el mismo ser íntimo de Dios está grabado como en un sello en el Hijo a causa y en razón de ser también Dios y tener la existencia como una de las tres hipóstasis del ser divino. En el Hijo se manifiestan absoluta y claramente todos los atributos y perfecciones de la deidad. Debe entenderse que el término *sustancia* ha de ser considerado como triple en Dios, en razón de cada una de las tres personas divinas, mientras que el término *esencia* es una sola, por cuanto las tres personas participan en ella. Quiere decir esto que cualquier peculiaridad que pertenezca al Padre en relación con la esencia es manifestada en Cristo, a quien corresponde tenerla también, de modo que quien conoce a Cristo conoce al Padre (Jn. 14:9), que es la corporización exacta de Dios (Col. 2:9).

La revelación dada en Él y por Él es la más grande y completa que Dios puede dar de sí mismo, de ahí que al no tener más que decir, el cielo haya guardado silencio revelador, conduciendo la revelación escrita posterior al tiempo de la presencia de Jesús en el mundo de los hombres, como hombre, escrita en el Nuevo Testamento, a una focalidad absoluta, que es Jesús mismo.

**Dios, objeto de fe**

Aunque Dios es objeto del conocimiento humano, en la dimensión en que es posible hacerse cognoscible a la criatura, esta accede a la comprensión de Dios mediante el ejercicio de la fe, que no es un mero

---

[43] Griego: εἰκών.
[44] Griego: ὑποστάσεως.

asentimiento a propuestas religiosas, sino el descanso pleno en la certeza de que la revelación que Dios hace de sí mismo es plena verdad. La fe cristiana es consistente y se establece en una experiencia vivencial. Aunque la Biblia no define la fe, será bueno hacer notar aquí lo que el escrito inspirado asevera sobre ella: "Es, pues, la fe la certeza de lo que se espera, la convicción de lo que no se ve"[45] (He. 11:1). La Biblia es un libro de afirmaciones, como ocurre aquí, donde no se está definiendo la fe, sino afirmando lo que es. Esta afirmación vincula a la fe con una determinada manifestación de la vida cristiana al relacionarla con "las cosas que se esperan". Esto no comprende todo el aspecto de la fe, sino uno puntual, dejando otras muchas vinculaciones en materia de fe. Por esa razón, no se puede considerar la expresión del versículo como definitoria, sino como manifestante. La fe es una realidad de la que se van a proponer ejemplos que la evidencian. Este versículo debe ser bien analizado. Una traducción literal del texto griego podría ser: "Y es la fe la firme seguridad de las realidades que se esperan, la prueba convincente de lo que no se ve". La versión Cantera-Iglesias traduce así: "Y la fe es una forma de poseer lo que se espera, un medio de conocer las cosas que no se ven". De esta manera traduce la versión RVA: "La fe es la constancia de las cosas que se esperan y la comprobación de los hechos que no se ven". En una misma línea traduce el Dr. Juan Straubinger: "La fe es la sustancia de lo que se espera, la prueba de lo que no se ve".

La fe es, pues, una firme seguridad. El sustantivo que se utiliza en el texto griego[46] se deriva de una preposición[47] que equivale a *debajo* y de un verbo intransitivo[48] que expresa la idea de *colocar, poner*; por tanto, el sentido es colocar una base sobre la que asentar algo, es decir, lo que sirve de base a las cosas que se esperan. Sobre este significado escribe el profesor Miguel Nicolau:

> La fe se dice ser convicción (ὑπόστασις). Esta palabra griega, que etimológicamente quiere decir *sub-stantia*, lo que está debajo, lo que sirve de base y fundamento, significa lo que da base y realidad subsistente a las cosas que esperamos.
> Si en geología puede significar "sedimento", y en filosofía el sujeto de los accidentes, o sea la substancia, la

---

[45] Texto griego: Ἔστιν δὲ πίστις ἐλπιζομένων ὑπόστασις, πραγμάτων ἔλεγχος οὐ βλεπομένων.
[46] Griego: ὑπόστασις.
[47] Griego: ὑπό.
[48] Griego: ἵστημι.

naturaleza de los individuos (en este sentido cf. la misma palabra en He. 1:3), en esta carta a los Hebreos (3:14) ha adoptado el significado de lo que está en el fondo del alma, con el sentido de seguridad, confianza y garantía de las cosas que se esperan. Con idéntico sentido en 2 Co. 9:4; 11:17. En el griego clásico, y también frecuentemente en el griego de los LXX, significa asimismo lo que en latín quiere decir *"substantia"*, entendido este término por hacienda, posesión y por derecho de posesión. Por esto algunos entienden por ὑπόστασις la posesión anticipada o garantía objetiva de los bienes que se esperan; y así la fe sería esta posesión anticipada y garantía de lo que va a venir. No pocos traducen "expectación firme" o "confianza sólida" (Erasmo y muchos modernos). Otros (v. gr. Estío, Westcott, Médebielle, Bonsirven), siguiendo a los Padres griegos, entienden que la fe es lo que da subsistencia a los bienes celestes en nuestra alma, lo que nos da seguridad de su existencia, y como que ya nos los hace ver. Por esto alguno ha traducido "actualización" de los bienes celestes. Para Santo Tomás, como "substancia" es el primer principio de las cosas, la fe *"substantia rerum spedarum"* es su primer principio o *"prima inchoatio rerum speradarum"*, es decir, el primer principio de la vida eterna.[49]

El término se utiliza en la epístola a los Hebreos para referirse al ser real de Dios (1:3), usándose también para referirse a los creyentes que retienen firme hasta el fin la confianza (3:14). En general, el sentido que debe aplicarse a este sustantivo en este lugar es el equivalente directo a la palabra latina *sub-stantia*, lo que está debajo, la base de sustentación de algo, como se traduce literalmente en RV 1920. Se utiliza en el griego para referirse a la solidez de un contrato. En ese sentido, podría traducirse la expresión del texto griego como: "La fe es el título de propiedad de las cosas que se esperan"[50]. Sin embargo, tal sentido es difícil, ya que la fe en sí misma no es un derecho de posesión anticipada de los bienes que esperamos. Ciertamente la esperanza del creyente se sustancia en la fe, pero la esperanza no es la fe, sino la persona de Cristo, en quien descansa la fe (Col. 1:27).

En ese sentido, escribe el profesor Nicolau:

La interpretación que creemos más fundamentada es la de los Padres griegos, seguidos también por otros. Sin duda que la fe,

---

[49] Nicolau, 1961, p. 137 ss.
[50] Moulton y Milligan. Citado en Robertson, 1990, Vol. V, p. 450.

como dice Santo Tomás, es el "primer principio o incoación" de la vida de la gracia y de la vida eterna. Pero aquí se trata de ver cuál es el sentido de la palabra ὑπόστασις en el pasaje que estudiamos. No creemos tan afortunado el sentido de "posesión anticipada" o "derecho de posesión" de los bienes que se esperan. Porque, aunque la palabra ὑπόστασις adopte en el lenguaje clásico el significado de "posesión" y "derecho de posesión", aquí no parece daría, en primer lugar, un sentido exacto; porque la fe, la sola fe, no es un derecho de posesión ni una posesión anticipada de los bienes celestes. El derecho de posesión a ellos y su posesión anticipada lo da la gracia santificante o la caridad. La esperanza daría una posesión anticipada, pero no un derecho de posesión. Tampoco parece feliz traducir "expectación firme o confianza sólida", porque esto se refiere a la esperanza. Parece, por consiguiente, mejor entender ὑπό–'στασις como aquello que da base y fundamento a las cosas que se esperan y a las cosas que no se ven.[51]

La fe, por tanto, da solidez o firmeza en medio de la movilidad cambiante de todo lo que rodea a la experiencia humana. En la epístola a los Hebreos se refiere a todo lo que está en el corazón del creyente, dando seguridad y garantía de las cosas que se esperan. La fe, como se dice antes, no es en sí misma la esperanza, pero nos vincula a Cristo, que es esperanza plena, ya que todo cuanto ocurra en el futuro y las cosas que se produzcan están no solo bajo su control, sino que se desarrollan conforme a su soberanía. De ahí que las promesas que anhelamos sean ya una realidad potencial al aceptarlas por la fe, ya que todas ellas "son en Él sí, y en Él amén" (2 Co. 1:20). Jesucristo, el sumo sacerdote, es el "amén de Dios" (Ap. 3:14). Tal vez, mejor que *el amén* se entienda como *Dios en estado de amén*. La fe consolida y sostiene la esperanza al estar depositada en aquel que es fiel y que no puede volverse atrás de sus promesas. Esto da a la fe el sentido objetivo de realidad, en contraste con lo que tiene una mera apariencia de serlo. Tiene el significado de confianza o seguridad, de ahí la traducción *certeza* o mejor *firme seguridad*. El creyente sabe quién es el que hace las promesas y la fe da seguridad y confianza plena en la realidad de las mismas. En ese sentido, testifica el apóstol Pablo: "Por lo cual asimismo padezco esto; pero no me avergüenzo, porque yo sé a quién he creído, y estoy seguro que es poderoso para guardar mi depósito para aquel día" (2 Ti. 1:12). La fe es un principio activo en la vida del

---

[51] Nicolau, 1961, p. 138.

creyente y procede de Dios mismo como regalo de la gracia (Ef. 2:8-9). Esta fe que sirve de medio para la justificación es el mismo medio para la santificación, consolidando la esperanza en el corazón creyente. El Espíritu Santo es "las arras" (2 Co. 1:22; 5:5) de la herencia venidera que los creyentes esperan, y de Él procede la fe que sustancia esas promesas. El Espíritu potencia la fe en la esperanza (Ro. 8:23). El Espíritu se nos da como garantía interna de la herencia que alcanzaremos en disfrute eterno en el momento de la "redención de la posesión adquirida" (Ef. 1:14), es decir, en el tiempo del traslado de la Iglesia a la presencia del Señor. La fe es la base sólida de "lo que se espera"[52]. El verbo está en participio de presente continuativo. Por tanto, lo que se espera no son utopías, sino realidades fundadas en las promesas que Dios hace y que, como suyas, se cumplirán absolutamente.

Además, la fe es también "la convicción de lo que no se ve"[53]. Lo que no se ve son realidades. El sustantivo que usa el escritor en el texto griego[54] hace referencia a una realidad y no a una teoría. No son conjeturas que conducen a un creer ciego, sino realidades evidentes que se substancian por la fe. La fe es el instrumento que aporta las pruebas convincentes de lo que no se ve. De otro modo, esto que da base firme dentro del alma cristiana a las cosas que se esperan y que, por cuanto se esperan, aún no se ven, es la convicción que tenemos de su existencia. El término griego se relaciona con convencer o redargüir (cf. Jn. 3:20; 8:9, 46; 16:8; 2 Ti. 3:16). En otros lugares se traduce como *dejar convicto* o *quedar convicto* (cf. Stg. 2:9; Jud. 15). La idea principal de la palabra es la de aportar pruebas que no admiten duda alguna. Esto produce una notable paradoja: la fe presenta pruebas convincentes de lo que no se ve. Por tanto, la fe sustancia la esperanza. Las cosas que hasta ahora no tienen existencia se hacen reales y verdaderas en el ejercicio de la fe. De otro modo, la fe es la garantía de que existen esas cosas, conociéndolas por las promesas de Dios y aceptándolas por la fe. Debemos recordar que hay dos clases de certeza: por un lado, la certeza científica, de modo que cuando la realidad es patente al observador, se hace incompatible con la fe. Por otro lado, la certeza de fe cuando la realidad se impone, no por los sentidos, sino por la autoridad de quien lo afirma, que es Dios mismo, que siendo infalible, no puede engañarse, y siendo verdadero, no puede engañar. La fe es el órgano de visión espiritual que capacita al creyente para

---

[52] Griego: ἐλπιζομένων ὑπόστασις.
[53] Griego: πραγμάτων ἔλεγχος οὐ βλεπομένων.
[54] Griego: ἔλεγχος.

ver el orden invisible (He. 11:27). El apóstol Pedro afirma que la profecía, que son cosas que se esperan, no se establece en suposiciones, sino en realidades que han sido contempladas anticipativamente (2 P. 1:16-18). Un sustantivo importante en este primer versículo es el que se traduce por las cosas[55]; tiene un sentido muy vago y general en el griego. En este caso, adquiere el significado de todo cuanto se espera. El término es raíz para la palabra castellana *práctico*, como una realidad y no como una teoría. Es decir, lo que se espera son realidades que se hacen visibles por medio de la fe. No se trata de suposiciones o posibilidades, sino de aquello que Dios ha establecido y que para Él es ya presente, mientras que para nosotros, bajo las leyes del tiempo, aún es futuro.

El conocimiento de Dios descansa en la fe que acepta la revelación que Él hace de sí mismo, no como fideísmo, que es la tendencia teológica que insistía especialmente en la fe, disminuyendo la capacidad de la razón para reconocer las verdades religiosas, sino como la aceptación real de su contenido. La fe cristiana acepta la verdad revelada, pero la somete a investigación, reflexión analítica para llegar a conclusiones intelectuales propias de la razón.

---

[55] Griego: πρᾶγμα.

# CAPÍTULO III
# TEÍSMO

**Introducción**

La existencia de Dios ha sido aceptada por el hombre, aunque distorsionada en muchas maneras por causa de una mente entenebrecida por el pecado.

Lo que se conoce como *teísmo* en sus muchas formas constituye un sistema de fe basado en la filosofía; por tanto, es siempre una argumentación limitada y, como ocurre con el razonamiento humano, cambiante en el tiempo.

El Dr. L. S. Chafer traslada un párrafo de Guillermo Cooke:

> En verdad no existe ningún elemento de sublimidad ni en actualidad ni concebible en la naturaleza, sino aquello que es indefinidamente excedido por la idea de Dios. La proposición, por lo tanto, de que hay un Dios, no tiene igual, ni paralelo; está por sí sola en una grandeza inigualable y sin rival; y si su grandeza no prueba su verdad, al menos la hace digna de ser investigada, e impone una tarea pesada sobre los hombros del incrédulo; ya que si esta fuese falsa, no tan solamente es el más grande de todos los errores, sino que es un error más magnánimo que la verdad misma —y aún algo más ennoblecedor y digno a la mente que cualquier verdad que la naturaleza pueda presentar a nuestra vista. Si esto resultase ser una paradoja, su solución es una tarea consignada a aquellos que niegan la existencia de Dios.[56]

La demostración de la existencia de Dios sigue dos caminos. Por un lado, el que se encuentra en la revelación especial o revelación sobrenatural, que es la Biblia. Por otro, está el de la filosofía y el razonamiento humano. Esta búsqueda racional que pretende la demostración de la existencia de Dios entiende todos los razonamientos como la fórmula que conduce al encuentro de la deidad, si bien Dios no puede ser encontrado por el hombre a no ser que se muestre al hombre. El conocimiento de Dios es solo posible desde su encuentro con el hombre, es decir, no es que la criatura encuentre al Creador como resultado de una búsqueda intensa, es que la mente del hombre procura

---

[56] Chafer, 1974, Vol. I, p. 143.

encontrar a Dios y establecer su existencia como consecuencia de la comunicación que Él hace de sí mismo. Como el profeta dice: "Fui buscado por los que no preguntaban por mí; fui hallado por los que no me buscaban. Dije a gente que no invocaba mi nombre: Heme aquí, heme aquí" (Is. 65:1). La búsqueda de Dios se despierta en el corazón del hombre por influencia de la revelación que Él hace de su existencia.

La búsqueda de Dios y, por consiguiente, la demostración de su existencia forma parte de lo que generalmente se llama teísmo. En torno a ello se establecen proposiciones, argumentos, razonamientos y conclusiones que satisfacen el intelecto y son pruebas aceptables y racionales de la existencia de Dios.

Sería imposible dedicar espacio en este estudio para ofrecer las muchas propuestas filosófico-teológicas sobre la existencia de Dios. Por ello se toma el camino de la sencillez, aproximándonos a la argumentación teísta más conocida para exponerla con la brevedad que requiere este tema en este lugar.

## Teísmo

### *Definición*

*Teísmo* es una palabra que procede del griego θεός, *Dios*, y el sufijo que equivale a *ismo*, y que denota la creencia que afirma la existencia de un ser, creador del universo, que está comprometido con su mantenimiento y gobierno.

El concepto surge en la antigua Grecia a principios del año 1200 a. C. El pensamiento surge a causa de los dioses del Olimpo. Con el tiempo, fue usándose para referirse a la creencia de la existencia de Dios, uno de cuyos expositores fue el filósofo francés Voltaire, uno de los más famosos representantes de la Ilustración. Este afirmaba que Dios existe, que es el Creador del universo y que su poder es infinito.

### *Posiciones*

El teísmo propició distintas posiciones, como el monoteísmo, que afirma la existencia de un solo Dios; el politeísmo, opuesto al anterior, que entiende la existencia de muchos dioses; el ateísmo, que niega la existencia de Dios.

Varios sistemas demostrativos de la existencia de Dios surgieron del teísmo, como la argumentación de Agustín, el argumento llamado cosmogónico, el ontológico, etc., algunos de los cuales serán considerados más adelante.

Dentro del llamado *teísmo propio* se puede distinguir entre varias posiciones: *monoteísmo* —que entiende la existencia de un solo Dios; a modo de ejemplo, es la posición genérica del cristianismo, el judaísmo y el islam—, *henoteísmo* —que es la forma de las religiones en las que hay una divinidad suprema, a la vez que otras inferiores a ella, o también el reconocimiento de varios dioses, aunque se adora exclusivamente a uno de ellos—, *katenoteísmo* —que reconoce la existencia de varios dioses, pero se adora uno solo a la vez—, *politeísmo* —que reconoce la existencia de varios dioses—, *universalismo* —que es el asentimiento de todas las religiones—, etc.

Además, está el *no-teísmo* —que niega la existencia de los dioses, pero acepta entidades divinas y diversos conceptos espirituales— y el *panteísmo* —que asume que el universo y Dios son uno solo, afirmando que todo cuanto existe es Dios y Dios es todo lo que existe; es una expresión errónea, centrada en la inmanencia divina, de la que pueden establecerse algunas ramas, como el *panenteísmo*, teoría del filósofo alemán Karl Chistian Friedrich Krause (Eisemberg, 6 de mayo de 1781 - Múnich, 27 de septiembre de 1832), según la cual Dios contiene al mundo y este trasciende de Dios—.

## *Dos propuestas acerca de Dios*

### *Deísmo*

Acepta la existencia de Dios como Creador del universo, pero simplemente llevó a cabo el acto creacional, dejando luego todo lo creado a su evolución; por tanto, Dios no interviene en el mundo ni se ha revelado a nadie. En ese sentido, existe Dios, pero no sabemos nada de Él. Esta es la postura racionalista, que generalmente rechaza la revelación como fuente del conocimiento divino, sosteniendo que la razón empírica y la observación del mundo son suficientes y también lógicas para afirmar la existencia de un Dios Creador de todo.

Podría definirse de este modo: es la posición que afirma la existencia de un Dios personal, creador del universo y primera causa del mundo, pero niega la providencia divina y la religión revelada. Esta posición usa y asume la expresión latina *Deus otiosus*, literalmente *Dios inactivo*, manifestando la creencia en un Dios Creador, pero que se retira y deja de involucrarse en su creación.

El deísmo aparece en Europa en el s. XVII, al tiempo de la revolución científica. Sin embargo, su influencia se manifestó en el siglo siguiente como la postura predominante entre los filósofos de la Ilustración.

El deísmo inicia su andadura en el Renacimiento por su interés en autores clásicos; sigue luego como consecuencia de la Reforma y se extiende en el tiempo antes citado. En el período de la Ilustración, a partir del s. XVII, el deísmo llegó a su apogeo a partir de los escritos de autores ingleses y franceses como Thomas Hobbes, Jean Jacques Rousseau y Voltaire. Los deístas creen en la existencia de Dios, pero no aceptan los postulados de las religiones monoteístas y cuestionan constantemente sus principios de fe.

Como una síntesis de los principios deístas, se detalla: a) Afirman la existencia de Dios, pero no aceptan los credos de ninguna religión. b) Asumen que Dios creó el universo y con ello todas las leyes que lo rigen, pero niegan que se haya revelado en escritos sagrados. c) Reflexionan y razonan para definir a Dios, negándose a aceptar cualquier doctrina acerca de Él. d) Adecuan su ética a los principios de reflexión racional, no aceptando los dictados de los libros sagrados. e) Dejan la espiritualidad personal a la libertad del individuo, alejándose de cualquier principio religioso tradicional. f) Se consideran racionales, pero no religiosos. g) Las creencias religiosas que pudieran ser racionales han de ser despojadas de todo cuanto pudiera ser supersticioso; de ahí el interés derivado del pensamiento deísta para desmitificar la Biblia.

*Teísmo*

Propone la existencia de un solo Dios Creador; el universo es la expresión visible de su creación. Él interviene en la creación y se revela al hombre, llamándolo a una vida escatológica junto a Él.

El teísmo significa la creencia en el Dios viviente, que además de Creador es también el sustentador de todo (He. 1:3). La providencia sustentadora está señalada en la Biblia (Ex. 19:14; Dt. 32:27; Sal. 18:35; 91:12; Is. 41:10; 46:4). Este Dios, uno y único, interviene en el curso del mundo y en la vida de los hombres.

El concepto de teísmo se ha elaborado en la época moderna por la necesidad de repensar la idea de Dios, especialmente como consecuencia del incremento del deísmo desde la época de la Ilustración. Sin embargo, las síntesis teístas se fundamentan en el pensamiento medieval, cuya propuesta acerca de Dios es que es un ser infinitamente perfecto, autoconsciente y libre, que trasciende a todo lo creado, conserva la creación por sí mismo y determina su actividad. Quiere decir que el teísmo intenta pensar el ser de Dios en sí mismo, pero también lo relaciona con todo lo creado. Esto produce un marcado contraste, puesto que en ese sentido Dios es absolutamente trascendente y absoluta e infinitamente inmanente.

Ante el deísmo, el teísmo afirma la presencia de Dios, pero entiende que Dios no solo es Creador de todo, sino conservador de cuanto hizo. El Dios que crea se relaciona con las criaturas como causa principal. Además, puede e interviene de modo absolutamente sobrenatural en el acontecer de todo cuanto existe. En su gracia salvadora se revela al hombre libremente. Esta última es la diferencia fundamental frente a la religión natural o racional, que es expresión de las capacidades del hombre. El teísmo se inspira en la teología, en especial en la propia, que sintetiza y expresa la doctrina sobre Dios, quien, siendo trascendente, es al mismo tiempo misterio y donación gratuita. En ese sentido, es contrario al concepto deísta de un Dios lejano y distante, al presentarlo como presente en infinita relación e intimidad con la criatura.

El núcleo fundamental de toda la teología es Dios. Pero saber que existe y que actúa no es suficiente para conocerlo. Ese es el principio elemental que debe desarrollarse, no partiendo de observaciones deducibles por apreciaciones del pensamiento racional del hombre, sino por revelación divina, mediante la cual conocemos el carácter y las perfecciones del ser divino. La razón humana conduce a la expresión máxima de desconocimiento acerca de Dios, como se aprecia en el discurso del apóstol Pablo a los atenienses, al recordarles el altar al "Dios desconocido". A ese Dios, desconocido para los religiosos, anuncia el apóstol: "Al que vosotros adoráis, pues, sin conocerle, es a quien yo os anuncio" (Hch. 17:23). La construcción griega no dice *al que adoráis*, sino *lo que adoráis*[57]. La primera observación es la creencia en un Dios al que no conocían; sabían de su existencia, pero desconocían sus características. Los filósofos habían enseñado a levantar altares y lugares de adoración a los muchos dioses que tenían. Por la inscripción del altar que les menciona, los lleva a aceptar que estaban adorando a un dios que no conocían. Eso es absolutamente imposible en relación con el verdadero Dios, puesto que no puede ser adorado sin ser conocido. Los atenienses tienen que reconocer que el dios desconocido existe y que la adoración que le

---

[57] Texto griego: ὃ οὖν ἀγνοοῦντες εὐσεβεῖτε, τοῦτο ἐγὼ καταγγέλλω ὑμῖν.

tributan no puede ser completa porque desconocen cómo es aquel a quien adoran. El apóstol afirma delante de todos que él está allí para anunciar al verdadero Dios que ellos desconocen. ¿Es lícito comparar al dios desconocido con el Dios verdadero? Pablo no lo hace. Debe notarse que en la construcción griega no dice *a quien adoráis*, sino *lo que adoráis*; es decir: ellos adoraban en ignorancia, pero Pablo les anuncia al único y verdadero Dios. El apóstol se coloca aquí como el heraldo divino enviado para anunciarles el mensaje del único Dios, a quien ellos desconocían.

Es necesario avanzar en que Dios, que se revela elementalmente por la naturaleza para que el hombre sepa de su existencia, lo hace por medio de la revelación, para que pueda ser conocido por la criatura. Dios se ha revelado a los hombres no solo por medio del escrito bíblico, sino esencial y definitivamente por sí mismo, que asume la corporeidad de la criatura para dar al hombre un mensaje absolutamente comprensible para él en un lenguaje que puede ser entendido sin reservas: "A Dios nadie le vio jamás; el unigénito Hijo, que está en el seno del Padre, él le ha dado a conocer" (Jn. 1:18). El conocimiento de Dios, como se ha dicho anteriormente, produce una consecuencia definitiva: "Y esta es la vida eterna: que te conozcan a ti, el único Dios verdadero, y a Jesucristo, a quien has enviado" (Jn. 17:3).

El teísmo naturalista satisface el intelecto humano al establecer la consecuencia de causa-efecto, en el sentido de que el efecto, que es el universo, tiene que provenir de una causa, que es Dios. Pero el teísmo deja insatisfecho al creyente que descubre a Dios por medios naturales para adentrarlo en el conocimiento amplio de la revelación. Mientras que el conocimiento del teísmo natural satisface la mente, el conocimiento de la revelación conduce inexorablemente a una relación de adoración, al percibir las "cosas profundas de Dios" (1 Co. 2:10). La diferencia es evidente, como sintetiza el Dr. Chafer:

> Descubrir, exhibir y defender todo lo que la razón afirma y que la revelación descubre tocante a lo que puede conocerse acerca de Dios es una tarea que descansa sobre la teología sistemática. Es la función del teísmo naturalista presentar tales argumentos y llegar a tales conclusiones como los que están dentro del área de la razón; mientras que es la función del teísmo bíblico el reconocer, clasificar y exhibir la verdad proclamada por la revelación. Estas dos fuentes fundamentales del saber, aunque completamente diferentes en cuanto al método que ambas emplean y al material que utilizan, sin embargo

coinciden en cuanto a las partes esenciales de un gran tema, la teología propia.[58]

El teísmo ofrece argumentos para sustentar sus conclusiones, que son examinados a continuación.

**Argumentación teísta**

Los argumentos teístas se clasifican en inductivos y deductivos. Los primeros son generalmente argumentos *a posteriori*, y son los que mejor se adaptan a la razón. Se establece el camino del efecto a la causa. Es decir, observando lo ocurrido se argumenta sobre la razón que ha producido el efecto observado. Los segundos —deductivos— siguen el camino opuesto (partiendo de la causa, se establece el efecto); son, por tanto, argumentos *a priori*.

La idea de una teodicea pura es incompatible con la fe cristiana porque sería una teología natural elaborada y sistematizada al margen de la fe. Todo el entorno medieval ha elaborado vías para demostrar la existencia de Dios sin tener en cuenta que están elaboradas o propuestas por una mentalidad creyente. En ese sentido, la mente del hombre que cree está siendo, en alguna medida, orientada por la gracia de Dios, de manera que, al reflexionar filosóficamente sobre el ser divino y sus perfecciones, lo hace, aun sin pretenderlo, desde una perspectiva de fe o, lo que es lo mismo, desde un punto de vista cristiano. A Dios solo se le puede conocer y comprender en el sentido intelectual, desde la iluminación divina, operada por el Espíritu.

A este principio lo aceptaron minoritariamente algunos teólogos en el mundo católico-romano, pudiendo citar entre ellos al jesuita francés Pierre Rousselot (1878-1915). Fue profesor del Instituto Católico de París. Era un teólogo adelantado a su época, que aportó a la teología mucho más que los teólogos de su tiempo. Era un conocedor de la filosofía, influenciado por el intelectualismo de Blondel y Henri Bergson, al tiempo que había estudiado y conocía profundamente los escritos de Tomás de Aquino y también de Kant. Sus escritos han influido en el posterior estudio de los escritos de Tomas de Aquino. Debido a su posición de dependencia exclusiva de la revelación, fue muy cuestionado e incluso rechazado en los manuales de teología de su tiempo, porque afirmaba que solo cuando Dios ilumina

---

[58] Chafer, 1974, Vol. I, p. 145.

con su gracia "los ojos del corazón" (Ef. 1:18), la razón humana puede demostrar con evidencia la existencia de Dios. Debe tenerse presente en el catolicismo-romano el tradicionalismo, que requiere para el conocimiento de Dios una tradición revelada, posición expresada entre otros por Louis Eugene Marie Bautain, que reaccionó contra el racionalismo y contra la neo-escolástica, afirmándose defensor del tradicionalismo y del fideísmo. Su posición le acarreó conflictos con la jerarquía de Roma, debiendo suscribir en tres ocasiones una serie de tesis antifideístas. En 1834, el obispo de Estrasburgo le exige la firma de seis proposiciones antifideístas, a lo que se negó, costándole que le fuese retirada la licencia para predicar; apeló a Roma, pero el papa Gregorio XVI, en 1844[59], mantuvo la disciplina. Junto con él, Agustín Bonnetty (9 de mayo de 1798 – 26 de marzo de 1879). Fue fundador y dirigió *Annales de Philosophie Chrétienne* desde 1830 hasta su muerte. Su principal propósito fue demostrar la concordancia de la ciencia y la religión, señalando a diversas ciencias que contribuyeron a la demostración del cristianismo. La obra de Félicité de Lamennais, *Essai sur l'indifférence en matière de religion* (1817), le causó una profunda impresión, dedicándose hasta su muerte a justificar y desarrollar su principio de que el cristianismo es la única creencia universal cuyos principios básicos nunca faltaron en ninguna época o civilización. Tanto Gregorio XVI como luego Pío IX condenaron el tradicionalismo. Con todo, se ha producido un cambio de orientación en la teología más reciente, como se aprecia en el siguiente párrafo de Patrick Fannon:

> Estamos acostumbrados a pensar en las "cinco pruebas" de Sto. Tomás como demostrativas de la existencia de Dios; sin embargo, los esfuerzos primitivos por deificar los misterios de la naturaleza —muerte, nacimiento, fertilidad, amor, luz, etc.— eran intentos para enseñar que algo era presentido como presente detrás de estos fenómenos. Pero una humanidad extraviada por el pecado solo podía llegar a teologías grotescas y mutiladas. Aun las huellas de la ley de Dios en la conciencia del hombre quedaban confusas en el caos causado por el pecado. La iniquidad, nos recuerda Pablo en Romanos, suprimió la verdad.[60]

---

[59] *Denzinger*, 2751-2756 y 2765-2769.
[60] Fannon, 1970, p. 34.

La cuestión que deriva de todo esto es si los argumentos racionales tienen suficiente fuerza como para demostrar con toda certeza la existencia de Dios y sus perfecciones esenciales. Por esa razón, es necesario hacer una aproximación a los argumentos teístas.

## *Argumento ontológico*

Es un argumento metafísico que se presenta en dos modos. Primeramente, como argumento *a priori*, que tiene como propósito demostrar la existencia de Dios como involucrada en la misma idea de lo que es el ser divino. Es un argumento *a priori* porque descansa en el mero análisis del concepto de Dios.

Se llama *ontológico* porque su prueba se establece en la definición conceptual de *lo que es* (ὄντος), que equivale a *ser, ente*, y λόγος, *ciencia, tratado*; de ahí que sea *la ciencia de lo que es*, el estudio del *ser*, que está en la esencia del existir de Dios.

Muchos argumentos pueden situarse en la categoría de lo ontológico porque hacen referencia, en alguna medida, al estado de ser o de existir.

Suele comenzar con un principio *a priori* sobre la organización del universo, de modo que sus leyes, modos de existencia, estructura organizativa, conducen a la existencia de Dios. El primer argumento en la tradición cristiana occidental fue propuesto por Anselmo de Canterbury (Aosta, 1033 – Canterbury, 1109). Este monje benedictino fue arzobispo de Canterbury de 1093 a 1109. Fue un teólogo y filósofo escolástico. Inauguró en filosofía lo que se conoce como escolástica, durante la cual aparecen las *Summae* y en la que destacan personas como Buenaventura, Tomás de Aquino y Juan Duns Scoto. Su formación agustiniana conduce su filosofía a la búsqueda del entendimiento racional de aquello que ha sido revelado y es aceptado por la fe.

El argumento ontológico de Anselmo se sintetiza en sus propias palabras:

> Luego, Señor, tú que das el entendimiento a la fe, dame de entender, tanto como consideres bueno, que tú eres como creemos y lo que creemos. Y bien, creemos que tú eres algo mayor que lo cual no puede pensarse cosa alguna. Ahora, ¿acaso no existe esta naturaleza, porque "dijo el necio en su corazón: no hay Dios"?... Si existe solo en la mente, no se cree que exista en la realidad; Él más grande. Por lo tanto, si aquello de lo que no se puede concebir un mayor existe solo en el

entendimiento, eso mismo de lo que no se puede concebir un mayor es aquello que no se puede concebir nada mayor. Pero obviamente esto no es posible. Existe, por tanto, más allá de toda duda, algo que no se puede pensar más grande que existe tanto en el entendimiento como en la realidad.[61]

Esta profunda reflexión filosófica requeriría un estudio especial para comprenderla, algo que está fuera del propósito de esta tesis. Sin embargo, se aprecia que Anselmo definió a Dios como "aquel del que nada más grande que Él puede ser pensado" y existe en la mente del hombre, incluso del que se tiene por ateo. Al sugerir que el ser mayor puede existir en la mente humana, tiene necesariamente que existir en la realidad. Pero si solo existe en la mente, esto es conceptual, entonces un ser mayor es posible que exista tanto en la mente como en la realidad.

Sintetizando esto en palabras sencillas, Anselmo afirma que Dios es el ser más perfecto que se pueda concebir, por tanto tiene que existir, de lo contrario podríamos concebir algo mayor que Él, es decir, algo existente. Aquello que existe en sí mismo es mayor de lo que solo existe en la mente. Si tenemos la idea de un ser infinitamente perfecto, tiene que incluirse también la existencia real de ese ser. El argumento ontológico plantea la imposibilidad de la negación de la existencia de Dios porque Él es la más infinita y elevada verdad, de la que todas las otras verdades dependen; por tanto, la necesidad de la existencia está incluida. Todo hombre tiene en sí la idea de Dios, de manera que tiene que admitir su existencia real, ya que cuanto es necesario de por sí es también real.

Tomando la idea del argumento ontológico de Anselmo, Descartes —al que se ha hecho referencia anteriormente— decía que, si tenemos una idea de un ser infinitamente perfecto, siendo nosotros finitos, esta idea no pudo originarse en nosotros. La idea de infinito

---

[61] Anselmo de Canterbury, *Proslogio*, cap. II. En latín: *Ergo Domine, qui das fidei intellectum, da mihi, ut, quantum scis expedire, intelligam, quia es sicut credimus, et hoc es quod credimus. Et quidem credimus te esse aliquid quo nihil maius cogitari possit. An ergo non est aliqua talis natura, quia "dixit insipiens in corde suo: non est Deus"? [...] Si enim vel in solo intellectu est, potest cogitari esse et in re; quod maius est. Si ergo id quo maius cogitari non potest, est in solo intellectu: id ipsum quo maius cogitari non potest, est quo maius cogitari potest. Sed certe hoc esse non potest. Existit ergo procul dubio aliquid quo maius cogitari non valet, et in intellectu et in re.*

no puede ser tomada de nada que esté en nuestro entorno, puesto que todo es limitado, es decir, finito; por consiguiente, tiene que proceder de Dios. Como la idea de Dios está presente en todos los hombres, tiene que existir un ser que se corresponda con esa idea.

En la misma línea ontológica, Samuel Clarke (Norwich, 11 de octubre de 1675 - Londres, 17 de mayo de 1729) fue un filósofo y teólogo inglés que trató el mismo argumento, publicando en 1705 la obra *Demostración del ser y de los atributos de Dios*. El argumento es también *a priori*, y afirma que no hay nada que exista necesariamente cuya no existencia sea concebible. Como quiera que existen magnitudes de enormes dimensiones, como pueden ser el espacio y el tiempo, estos son necesarios e infinitos, pero ninguno de ellos es sustancia, de modo que tiene que haber una sustancia eterna y necesaria, que es Dios, de la que ellos son los efectos.

Cuestionando el principio ontológico de Anselmo, escribe el Dr. Lacueva:

> Prescindiendo del contexto en que Anselmo sitúa este razonamiento, la falacia es evidente al comprobar que Anselmo da un salto indebido del orden lógico de las ideas (lo que podemos concebir) al óntico de los seres (lo que existe). En una palabra, respondemos: si Dios existe (es lo que se pretende probar), ha de ser el más perfecto posible de los seres; pero el hecho de que lo concibamos así, no le confiere, sin más, el hecho de existir.[62]

La argumentación ontológica puede ser también *a posteriori*. El mundo que vemos y conocemos conduce a entender la existencia necesaria de Dios. Es una de las propuestas en las cinco vías que presenta Tomás de Aquino. Especialmente en la vía central de la contingencia enseña que todo cuanto vemos es contingente, en el sentido que nada tiene en sí mismo la razón de su existencia; de lo contrario, nunca podría dejar de existir. Por esta causa se hace necesario un ser que tenga en sí mismo la razón de su existencia y que pueda traer a la existencia a todos los demás, que no pueden existir por sí mismos. A este ser necesario llamamos Dios. Sin embargo, este argumento es insuficiente para demostrar la existencia de Dios como está revelado en la Escritura.

---

[62] Lacueva, 1974, p. 33.

### Argumento cosmológico

*Definición*

En filosofía y teología natural, es un argumento en el que se establece que la existencia de Dios como ser único y trascendente se infiere *a posteriori* a partir del movimiento, la causalidad, el cambio, la temporalidad, la contingencia, etc. al respecto del cosmos como conjunto o procesos dentro de él.

Es conocido como argumento de la primera causa. En cualquier caso, es más bien una categoría para distintos tipos de argumentos que infieren, sustentados en hechos particulares, la existencia de Dios.

*Causalidad*

Es la relación que se establece entre causa y efecto. Se conoce como causa aquello de lo que depende el efecto; de otro modo, la causa es aquello que hace que el efecto sea lo que es.

El tema de la causalidad está presente desde los principios de la filosofía. Sobre aspectos de esto, ya escribió Aristóteles. De estas reflexiones proviene la regla escolástica que afirma que "nada hay en el intelecto que no haya estado antes en los sentidos"[63], de modo que conocemos una cosa solo cuando conocemos su causa.

Para Kant, la causalidad es una de las categorías *a priori* del entendimiento, que tiene un carácter necesario y universal.

El principio de la causalidad afirma que todo evento tiene una causa y un efecto. Por esa razón, las cosas no ocurren aisladamente, sino que unas están ligadas a las otras en un proceso de interacción. En muchas ocasiones hay un orden reiterativo en el suceso de los efectos que pueden derivar de una misma causa.

*Intuición causa-efecto*

Muchas de las causas y de sus efectos son asumidas por intuición, asunto que se ha considerado con anterioridad. Algunos de ellos, como puede ser todo lo relativo al universo y sus seres, se deben a una causa que los trajo a la existencia y regula su modo temporal. Esto conduce a intuir la existencia de un ser supremo que ha hecho posible y trajo a la existencia todo cuanto antes no existía. Este ser se llama Dios.

---

[63] Latín: *Nihil est in intellectu, quod prius non fuerit in sensu.*

Las premisas básicas del argumento cosmológico están regidas por el concepto de la causalidad. La conclusión del argumento tiene por objeto demostrar la existencia de una primera causa, o primer principio, que subsecuentemente es Dios.

*Principio de la razón suficiente*

Este principio filosófico afirma que todo lo que ocurre tiene una razón suficiente para ser de esa manera y no de otra, es decir, tiene una explicación suficiente.

El filósofo y teólogo alemán Gottfried Wilhelm Leibniz (Leipzig, 1 de julio de 1646 - Hannover, 14 de noviembre de 1716) es el principal representante de esta forma de pensamiento filosófico. Está desarrollado en una de sus obras, *Monadología* (1714), donde dice: "Consideramos que ningún hecho puede ser verdadero sin que haya una razón suficiente para que sea así y no de otro modo". El escrito de Leibniz trató de resolver el problema de la realidad en general, estudiado por Descartes, presentando una solución alternativa a la incógnita de cómo se relaciona la mente, el reino de las causas finales, y la realidad, el reino de las causas deficientes.

El término *argumento cosmológico* fue dado por Immanuel Kant en su obra *Crítica de la razón pura*, en la que distinguió tres tipos de argumentos para demostrar la existencia de Dios: el *ontológico*, basado en el concepto *a priori* de Dios como el ser más real; el *cosmológico*, basado en la necesidad de ser causa de todo lo existente; y el *físico-teológico*, establecido sobre la evidencia del diseño inteligente en el orden del universo. Entre los defensores del argumento cosmológico está Tomás de Aquino.

Resumiendo esta posición dentro de la causalidad, trasladamos un párrafo del Dr. Hodge:

> El primer argumento para demostrar que el mundo como un todo no es existente por sí mismo y eterno, es que todas sus partes, todo lo que entra en su composición, es dependiente y cambiante. Un todo no puede ser esencialmente diferente de sus partes constitutivas. Un número infinito de efectos no puede ser existente por sí mismo. Si una cadena de tres eslabones no se puede sostener por sí misma, mucho menos una cadena de millones de eslabones. Nada multiplicado por una infinitud sigue siendo nada. Si no encontramos la causa de nuestra existencia en nosotros mismos, ni nuestros padres en sí mismos, ir atrás *ad infinitum* es solo añadir nada a nada. Lo

que la mente demanda es una causa suficiente, y no se logra ninguna solución yendo atrás indefinidamente de un efecto a otro. Por ello, nos vemos obligados, por las leyes de nuestra naturaleza racional, a aceptar la existencia de una causa existente en sí misma, esto es, un ser dotado de un poder adecuado para producir este mundo de fenómenos siempre cambiantes. En todas las eras, las personas reflexivas han sido forzadas a esta conclusión. Platón y Aristóteles arguyeron en base de la existencia del movimiento que debe existir un eterno poder dotado de movimiento propio, o *primum movens*, como lo llamaban los escolásticos. La validez de este argumento es reconocida por casi todas las clases de filósofos, menos en el sentido de admitir que estamos obligados a aceptar la existencia de un ser eterno y necesario. El argumento teísta es que, si todo el mundo es contingente, este ser eterno y necesario tiene que ser una primera causa extramundana.[64]

## Argumento teleológico

### Definición

El término *teleología* y sus derivados, como *teleológico*, procede de las voces griegas *telos* (τέλος), *fin, acabamiento, término*, y *logos* (λογος), *doctrina, palabra, estudio*; por consiguiente, el estudio de las causas finales, los fines o propósitos últimos de la existencia puede ser calificado como teleológico.

### Propósito

El argumento teleológico, conocido también como argumento del diseño inteligente, trata de probar la existencia de Dios como Creador inteligente basándose en la evidencia que puede ser percibida de un diseño deliberado en todo lo que existe. El término y la definición del argumento fueron dados por Immanuel Kant en su obra *Crítica de la razón pura*, ya citada.

El argumento del diseño inteligente, o argumento teleológico, ha sido un tema teológico durante siglos. Se puede resumir así: donde existe un diseño complejo, tiene que haber habido un diseñador; el universo es complejo; por tanto, tiene que existir un diseñador inteligente. Tomás de Aquino, en su quinta prueba, lo presenta como razón de la existencia de Dios.

---

[64] Hodge, 1991, Vol. I, p. 165 ss.

William Paley (Peterboroug, 14 de julio de 1743 - Lincoln, 25 de mayo de 1805) presentó, en su obra *Teología natural* de 1802, su versión de lo que llamaba *analogía del relojero*, argumentando que de la misma manera que un reloj evidentemente fue diseñado por un relojero, la complejidad y las leyes observadas en la naturaleza tienen que obedecer a la operación de un diseñador omnipotente y, puesto que la omnipotencia pertenece solo a Dios, la creación fue diseñada y realizada por Dios. La teología natural de Paley descansa en una posición deísta más que teísta. El diseño inteligente persigue la demostración de que en todo se han producido intervenciones sobrenaturales o milagrosas. La inteligencia infinita del Creador es lo único que satisface la explicación del diseño inteligente en elementos de extrema complejidad.

El problema del diseño inteligente como ciencia comparte argumentos con el creacionismo, pero evita hacer referencias bíblicas a asuntos como el diluvio, los relatos del Génesis y las dataciones bíblicas ante-diluvianas.

*Evidencias del designio*

Es necesario entender que en este tema las evidencias que puedan ponerse como prueba serán inmediatamente cuestionadas por posiciones anti-designio. De otro modo, la ciencia de los hombres buscará cualquier camino para procurar negar la existencia de Dios. De forma muy especial, la llamada evolución, en sus múltiples formas y manifestaciones, cuyo objetivo principal consiste en anular la verdad revelada en relación con la creación y el diseño inteligente.

La profesora de filosofía Barbara Carroll Forrest, de la Universidad del Sudeste de Luisiana en Hammond, es crítica del diseño inteligente. Afirma que esta posición nació en 1984 con el libro *The Mystery of Life's Origin: Reassessing Current Theories* (El misterio del origen de la vida: Revaluación de las teorías actuales). En otro libro, del que es coautora con el biólogo Paul R. Gross, hace un examen de los objetivos que, según ellos, busca el diseño inteligente en un intento de socavar la ciencia establecida. Estos buscan demostrar la ausencia de una hipótesis científica que fundamente el diseño inteligente, identificándolo simplemente como una hipótesis basada en fundamentos religiosos y ambiciones políticas, situando al creacionismo junto con el diseño inteligente.

El profesor Meyer, en marzo de 1986, usó la teoría de la información para sugerir que el ADN de una célula muestra complejidad suficiente para entender que se ha originado por un agente inteligente.

Generalmente, el diseño inteligente evita nombrar a Dios como el diseñador inteligente, aunque muchos opositores lo identifican como el Dios cristiano.

El diseño inteligente presenta dos argumentos contra las explicaciones propias de la evolución: a) La complejidad irreductible; y b) La complejidad especificada. Estos argumentos afirman que ciertas características, biológicas e informáticas respectivamente, son demasiado complejas para ser el resultado de procesos evolutivos naturales, como suele enseñarse.

Continuamente se argumenta sobre el diseño inteligente, considerándolo como una propuesta no científica. Para ello se insiste en que la mayoría de los científicos presentan el camino evolutivo en múltiples formas y, porque son mayoría, deben tener razón en lo que afirman. Sin embargo, la ciencia no se afirma por el voto de la mayoría, puesto que esa mayoría puede estar equivocada sobre asuntos científicos, como demuestra el historiador y filósofo de la ciencia Thomas Kuhn, que en su libro *Estructura de las revoluciones científicas* (1979) documenta transformaciones de la ciencia, donde afirmaciones científicas sostenidas por la comunidad de los científicos fueron desechadas y reemplazadas.

Un segundo elemento contra el diseño inteligente procura demostrar que no puede ser ciencia porque se establece en principios religiosos y filosóficos, pero solo porque una propuesta tenga implicaciones religiosas, filosóficas o incluso políticas, esto no la hace acientífica. Además, cuando se califica de no científica a una determinada propuesta y, sobre todo, cuando se la etiqueta como religión o mito, es en la cultura occidental una forma muy común para desacreditar una idea.

Extenderse más en este tema entra de lleno en una determinada especialización que no es, ni con mucho, objeto de este escrito. Para concluir esta reflexión sobre el diseño inteligente, es necesario formular una pregunta: ¿Es válida la teoría de la evolución de las especies de Darwin? Frente a graves incógnitas que son resueltas por suposiciones lógicas, o la presencia de ADN innecesario, y otras muchas proposiciones, la conclusión más natural es que el diseño inteligente proporciona la mejor explicación para establecer el origen de la primera célula viva.

En 1859, Charles Darwin publicó *El origen de las especies*, argumentando que toda la vida en la tierra era el resultado de procesos naturales sin dirección, de manera que solo el tiempo, el azar y la selección natural fueron la causa de las especies vivas en la tierra. Esta teoría propuesta, pero no demostrada, ha servido para que la ciencia explicase el origen de los seres vivos; sin embargo, esto está siendo cuestionado como no había ocurrido antes.

No obstante, la necesidad de una ciencia humana contraria a todo lo que esté relacionado con la fe y la revelación sobrenatural es cuanto se necesita para eliminar la idea de Dios, de ser el Creador, ignorando voluntariamente sus perfecciones.

Así escribe el Dr. Hodge:

> A través de este vasto universo impera el orden. En medio de una variedad sin fin hay unidad. Las mismas leyes de la gravedad, de la óptica y de la termodinámica prevalecen en todas partes. La confusión y el desorden son el resultado uniforme del azar o de fuerzas operando a ciegas. El orden es la segura indicación de una mente. ¡Y qué mente, qué sabiduría, qué poder y qué beneficencia son las que se exhiben en nuestro vasto universo!
>
> El resultado de toda nuestra experiencia, dijo sir Gilbert Eliot, escribiendo al mismo Hume, parece consistir en esto. Hay solo dos formas en las que hemos observado las diferentes cantidades de materia echadas juntamente: bien al azar, bien con designio y propósito. De la primera forma nunca hemos visto la producción de un efecto complicado regular correspondiéndose con un fin determinado; de la segunda forma lo hemos visto de manera constante. Así, si las obras de la naturaleza y las producciones de los hombres se parecen en esta gran característica general, ¿no nos justificará incluso la misma experiencia en adscribir a ambas una causa similar, aunque proporcional?[65]

La Biblia, base de fe cristiana y asiento de la teología propia, hace referencia directa a la intervención divina en la creación, lo que algunos están llamando diseño inteligente, siendo así que todo lo creado revela al Creador. El admirable Dios se ha revelado, como ya se ha considerado antes, por medio de las obras hechas (Ro. 1:20). La razón por la que hace esta revelación es para dejar testimonio de su existencia a todos. El apóstol Pablo lo afirma de este modo en su predicación a los atenienses:

---

[65] Ibíd., p. 172.

> El Dios que hizo el mundo y todas las cosas que hay en él, siendo Señor del cielo y de la tierra, no habita en templos hechos por manos humanas... Y de una misma sangre ha hecho toda nación de los hombres, para que habiten sobre toda la faz de la tierra; y les ha prefijado el orden de las estaciones, y las fronteras de sus lugares de residencia; para que busquen a Dios, si tal vez, palpando, pueden hallarle, aunque ciertamente no está lejos de cada uno de nosotros. Porque en él vivimos, y nos movemos y somos. (Hch. 17:24, 26-28; RVR)

Dios se presenta como el que es el Señor del cielo y de la tierra, gobernando, controlando y cuidando todo lo que ha creado. El que crea todas las cosas es también el Creador de la raza humana. No hay, pues, conforme a la revelación, diversos orígenes para el hombre, sino uno solo, resultado de la acción creadora de Dios (Gn. 1:27; 2:7). Todos los hombres, no importa su aspecto ni su identidad nacional, procedemos de un mismo antepasado. Dios, que crea al hombre y permite la formación de las naciones, es también el que determina el lugar donde reside su criatura, dándoles la tierra sin límites ni fronteras como su habitación. Dios ha introducido en los hombres una proyección personal de búsqueda, de modo que tengan interés en descubrirlo. La búsqueda que el hombre hace de Dios es impulsada por Él, produciendo lo que antes se ha considerado como deseo innato. Por tanto, si desea ser encontrado y conocido, no puede estar lejos de cada uno de los hombres. La responsabilidad de buscar a Dios hasta encontrarle es de cada individuo. En ese sentido, cada hombre puede tener una relación personal con Dios. El apóstol Pablo dice que no es difícil encontrar a Dios porque en Él vivimos. En el final de la cita se aprecia la proximidad con Dios, especialmente en el sentido de nuestra semejanza (Gn. 1:26; 9:6). Siendo Él sustentador de todo, la obligación de la criatura es buscarle, al ser de su linaje. Dios es más que nuestra causa eficiente, ya que somos hechos según el prototipo existente en su Espíritu. Si Dios es espíritu, nosotros, criaturas con capacidad espiritual, podemos llegar a ser participantes de la divina naturaleza (2 P. 1:4).

### *Argumento antropológico*

#### *Definición*

Es un razonamiento *a posteriori* que se basa en que la existencia de Dios y sus cualidades pueden ser deducidas por medio de la constitución del hombre.

Los aspectos de la división natural del hombre y su condición de ser moral pueden ser proyectados hasta encontrar que sus orígenes están en Dios. De ahí que también se lo llame *argumento moral*.

*El razonamiento*

La argumentación antropológica descansa en una gran medida en la mente humana y en el razonamiento que el hombre hace sobre condiciones morales, correctas o incorrectas. Dios, conforme a la revelación sobrenatural, creó al hombre a "su imagen y semejanza" (Gn. 1:26). Si la semejanza tiene que ver con la capacidad operativa para gobernar, la imagen está relacionada con la capacidad moral.

Esto genera necesariamente la convicción de la existencia de Dios, que todo hombre tiene en sí mismo y que como tal no puede ser borrada, aunque sí sea negada. Por tanto, cada hombre tiene en sí mismo, en su propia naturaleza, un testimonio que no puede ignorar. Esto conduce por inferencia a reconocer la existencia de Dios como causa que genera el efecto moral en el hombre.

El hombre es un ser dual, compuesto por una parte orgánica, el cuerpo, y otra espiritual, con diversas divisiones, tales como espíritu, alma, corazón, mente. Si la parte material tiene los elementos de espacio, tiempo, bioquímica, etc., la espiritual se manifiesta por medio del pensamiento, la razón, la sensibilidad y, especialmente para este punto de la reflexión, la determinación de lo que es bueno y de lo que es malo. En esta última manifestación, se aprecian la inteligencia, sensibilidad, voluntad, conciencia y creencia de la existencia de Dios. El hecho de que por medio de la inteligencia el hombre pueda crear en su mente situaciones que no existen indica que el Creador puso en su parte espiritual estas capacidades que, en ningún modo, proceden de la materia de que está formada su cuerpo. De igual modo, el hombre puede establecer una relación razonable en su mente, sujeta a la lógica o, si se prefiere, impulsada por ella.

*La razón*

El término se usa para designar la capacidad más elevada del hombre en su adquisición de conocimientos, y en el tema que se está considerando, la del conocimiento de Dios. Según la revelación, el primer hombre, conforme salió de la mano del Creador, era perfecto, bueno en gran manera (Gn. 1:31).

El pecado produjo un deterioro general, al que la Biblia llama *perdición*, es decir, el hombre está perdido, no solo por extraviarse del propósito de Dios, sino por entrar voluntariamente en un estado de perdición alejado de la comunión con el dador de la vida. Entre los problemas generados por esa condición está lo que se llama *libre albedrío*, que es la capacidad que permite al hombre tomar decisiones sin condicionante alguno. Este libre albedrío existió en esta forma antes del pecado, de manera que el primer hombre podía decidir cuanto fuese preciso sin que ninguna fuerza condicionara esa decisión; sin embargo, la libertad electiva o decisoria se vio luego reducida al deseo de cumplir las demandas de Dios, pero no al hecho por causa de su pecaminosidad (Ro. 7:21-24). El intelecto se oscureció por el error, de manera que sus razonamientos se hicieron, conforme a las palabras del apóstol, "necios" (Ro. 1:22). El amor de relación en bien de los demás se deterioró volviéndose egocéntrico. La mente, donde se alberga la razón, quedó entenebrecida, aunque conservó la capacidad suficiente para conocer a Dios, de modo que es inexcusable (Ro. 1:20). Esa es la razón por la que no se puede admitir una teodicea pura, esto es una teología natural convenientemente estructurada, al margen de la fe.

Todo intento de sustentar el conocimiento de Dios desde la investigación humana exclusivamente deja de tener en cuenta que las premisas que establece están siempre influenciadas, en alguna medida, por la intuición o por la fe. De ahí el problema que surge consistente en determinar si los argumentos para establecer el conocimiento de Dios desde la razón tienen suficiente fuerza en sí mismos para demostrar la existencia y atributos esenciales de Dios.

En este punto debe atenderse a un aspecto que se desarrollará en la antropología y que aquí se menciona por necesidad del argumento. El hombre no solo lleva la imagen de Dios, sino que es su verdadera imagen (1 Co. 11:7; 15:49). Las perfecciones morales de Dios se manifiestan en que Él es absolutamente bueno e infinitamente justo; por esa razón hizo al hombre bueno en gran manera (Gn. 1:31). No solo cumplía lo que Dios había determinado que sería el hombre, sino que lo llenaba de satisfacción. En relación con la imagen, Dios hizo al hombre justo (Ecl. 7:29). Dios es conocimiento supremo y su imagen y semejanza tienen que ver con esta perfección divina transmitida en modo finito al hombre. El hombre caído es renovado en Cristo, recuperando lo que era el concepto de imagen y semejanza deterioradas por el pecado. Es evidente en la regeneración del pecador en Cristo: "Y revestido del nuevo, el cual conforme a la imagen del que lo creó se va renovando hasta el conocimiento pleno" (Col. 3:10). Ese conocimiento no es solo la facultad del entendimiento, sino la capacidad de poder discernir y dar aprobación sincera a lo que tiene que ver con el sentido moral de la vida.

Dios es también un ser con afectos naturales y libertad moral. El hombre, creado a imagen de Dios, tiene una naturaleza racional y moral de la cual no puede desprenderse sin dejar de ser hombre. Aunque viciada por el pecado, aun así el hombre sigue siendo imagen de Dios (Gn. 9:6; 1 Co. 11:7; Stg. 3:9). El ser humano, creado por Dios, tiene una parte material, que es el cuerpo, y otra espiritual. El hombre como ser vivo es ánima viviente, esta está adaptada al cuerpo del hombre, pero puede existir sin este. Estando dotado de una parte espiritual, podemos hablar de él como de un ser espiritual, manifestando también en este sentido la imagen de Dios. Por tanto, el cuerpo entra también en el concepto de imagen. Si Dios es Espíritu, ¿cómo es posible que la parte material del hombre sea también su imagen? El cuerpo no es en sí la imagen, pero es el instrumento adecuado para expresarla. La parte material está destinada a convertirse en cuerpo espiritual, totalmente controlado por el espíritu como instrumento perfecto para expresar la imagen de Dios (1 Co. 15:44). Además, Dios es inmortal y solo Él lo es en sí mismo; por ello, un aspecto de la imagen de Dios en el hombre es la inmortalidad transferida, es decir: Dios es el que tiene inmortalidad como cualidad esencial, la tiene Él y la tiene por Él mismo. La inmortalidad del hombre es un don que recibe de Dios; por eso fue creado inmortal, no solo en el sentido de que tiene un alma dotada de una existencia perpetua, sino en el de que no llevaba en sí mismo la semilla de la muerte, esto es, que en su estado original no estaba sujeto a la ley de la muerte, que se pronunció como castigo por causa del pecado (Gn. 2:17). Los aspectos de la imagen de Dios en el hombre, podrían resumirse de este modo: a) En el alma del hombre, es decir, en las cualidades de simplicidad, espiritualidad, invisibilidad e inmortalidad. b) En las potencias o facultades físicas del hombre, como ser racional y moral, es decir, el intelecto y la voluntad con todas sus funciones. c) En la integridad intelectual y moral de la naturaleza del hombre, la que se revela en el verdadero conocimiento, justicia y santidad (Ef. 4:24; Col. 3:10). d) En el cuerpo, no como sustancia material, sino como el órgano de expresión adecuado del alma, como instrumento por medio del cual el hombre ejerce dominio sobre la baja creación y en el dominio del hombre sobre la tierra. La imagen de Dios no solo pertenece a la esencia humana, sino que constituye la esencia del hombre. e) Este principio es la base donde radican los sentimientos, las pasiones, la ciencia y la voluntad.

El término *alma* aparece 754 veces en una de las formas de donde se traduce, y significa *lo que tiene vida* (Gn. 2:7). La primera función del alma es la de dar vida al cuerpo; por eso, estar en vida es tener aliento (2 S. 1:9; Hch. 20:10). Cuando el hombre muere se separa del cuerpo y es exhalada (Gn. 35:18). Cuando un muerto resucita, se afirma que el alma vuelve a él (1 R. 17:21). El alma puede existir separadamente del cuerpo y es el principio que le da vida (Lc. 8:55, 23:46; Hch. 7:59; Stg. 2:26). Este principio es la base donde radican los sentimientos, las pasiones, la ciencia y la voluntad (cf. Gn. 28:8; 34:3; Éx. 23:9; 1 S. 1:15; Sal. 6:4; 57:2; 84:3; 139:14; 143:8; Cnt. 1:6; Pr. 19:2; Is. 15:4, etc.). f) En el Nuevo Testamento, es la parte invisible del hombre en contraste con la carne y la sangre (Col. 2:5; 1 Co. 5:5; 7:34; Jn. 6:64). g) El alma (ψυχή) es el principio de la voluntad y del querer (Mt. 26:41; Mr. 14:38). h) Es el centro de la personalidad íntima del hombre (1 Co. 2:1).

El alma es nuestro propio yo (Ro. 8:16; 1 Co. 16:18; Gá. 6:18; Fil. 4:23) y claramente se afirma su supervivencia (Lc. 23:46; 1 P. 3:19). Es el asiento de las actividades humanas y de las pasividades mentales; de ahí que se haga referencia al alma hambrienta (Sal. 107:9), cansada (Jer. 31:25), que tiene sed de Dios (Sal. 42:2), que se entristece (Job 30:25) y que también ama (Cnt. 1:7).

*Los valores morales*

La moralidad tan cambiante en el mundo actual produce una crisis continuada y es la consecuencia del enfoque de la ética sin referencia a Dios. Cuando la moral se orienta aparte de sus raíces teológicas, no es posible sustentar los conceptos de ética, que se relativizan e incluso mueren.

La conexión entre Dios y los valores morales objetivos es una evidencia. Esto conduce a una conclusión: si los valores morales objetivos existen, Dios existe. La crisis de la moral o de la ética descansa en reconocer la existencia de un Dios bueno, a cuya imagen fue hecho el hombre. Sólo así se alcanza el nivel de derechos y de dignidad humana.

El primer aspecto destacable en el argumento antropológico es que los valores morales objetivos no solo existen, sino que son básicos, porque el hombre en una vida normal o sensata los toma como base donde asentar su bienestar. No se trata de argumentar religiosamente, ni tan siquiera asentarlos en lo que está escrito en la Biblia, sino que es un conocimiento que está en todas las personas. El apóstol Pablo escribe: "Porque cuando los gentiles que no tienen ley, hacen por naturaleza lo que es de la ley, estos, aunque no tengan ley, son ley para sí mismos, los cuales muestran la obra de la ley escrita en sus corazones, dando testimonio de su conciencia, y acusándoles o defendiéndoles sus razonamientos" (Ro. 2:14-15). Los que desconocen toda revelación escrita y toda disposición normativa moral hacen por naturaleza lo que establece la ley. La razón no puede ser otra que la condición en que el hombre ha sido creado por Dios como un ser moral, con capacidad interna para determinar lo que es bueno y lo que es malo, de modo que ellos mismos se convierten en reguladores de sus actos morales. Estos por naturaleza, escribe el apóstol, es decir, en su estado natural, cumplen las demandas morales recogidas en la ley, sin pretensiones religiosas, sino de mutuo propio, por un conocimiento íntimo de la realidad de Dios. Debido a la acción divina en ellos, hay un condicionante moral que les permite distinguir entre el bien y el mal; por tanto, estos alegales son ley para ellos mismos. En el juicio final, no habrá excusa para alegar ignorancia de la ley escrita porque entonces Dios "pagará a cada uno conforme a su obra" (Sal. 62:12). Todos serán juzgados por el mismo principio: si han obrado bien o mal. Si los que no conocen la ley hacen por naturaleza lo que es de la ley, siendo para ellos la norma de conducta, quiere decir que hay en ellos un principio moral que tiene que proceder del ser moral absoluto, que es Dios. No se trata de ningún tipo de ley natural, como algunos suponen, que el hombre alcanza de algún modo, sino que es la acción de Dios que establece las bases éticas distintivas en la creación del hombre y que se transmiten luego en la multiplicación de la humanidad. No es posible suponer que los hombres, aun los más alejados de Dios, no sepan distinguir entre lo que es bueno y lo que es malo. Todos saben cómo deben obrar en cada momento porque la conciencia juzga sus actos. Es decir, su conciencia humana determina y les hace sentir el obrar incorrecto cuando actúan de manera mala. Se establece una progresión en la determinación de la ética humana: 1) Dios escribe la obra de la ley en los corazones; 2) La conciencia la percibe y juzga los actos; 3) Los razonamientos los acusan y los defienden.

Es determinante entender bien qué es la conciencia. Si confesar es decir la misma cosa, conciencia es tener el mismo conocimiento. Ese conocimiento conjunto es compartido por Dios y el hombre; Él lo ha comunicado y el hombre lo posee por esa comunicación divina. Tal conocimiento afecta y se relaciona esencialmente con el carácter moral del hombre. Conciencia es el término que denota varios factores esenciales en la experiencia moral. Así, el reconocimiento y la aceptación de un principio de conducta obligada se denomina conciencia. En teología y ética, el término hace referencia al sentido inherente de lo bueno y lo malo en las elecciones morales, al igual que a la satisfacción que sigue a la acción considerada como buena y a la insatisfacción y el remordimiento que resultan de una conducta que se considera mala. En la ética bíblica, la conciencia se consideraba como una facultad mental autónoma que tiene jurisdicción moral, bien absoluta o como reflejo de Dios en el alma humana. El conocimiento conjunto afecta esencialmente al conocimiento moral, ya que Dios es un ser moral. El Creador comunicó las normas morales y éticas al hombre, entre otros modos, por medio de su ley. De esa forma, escribió en el corazón del hombre —su conciencia— la obra de la ley. La conciencia está vinculada al conocimiento conjunto con Dios de una ética correcta. Esencialmente determina el conocimiento del bien y el mal (Gn. 3:5). Se puede definir la conciencia como el sentido moral que permite al hombre conocer la corrección o incorrección de su conducta. Para entender el origen y la razón de la conciencia, debe partirse del contenido de la parte inmaterial del hombre (Gn. 2:7) donde la imagen divina ha sido establecida (Gn. 1:26). El hombre es, por creación, un ser moral. Aunque deteriorada por la caída, en la imagen divina en el hombre se aprecian tres características que son recuperadas en la regeneración: 1) Justicia (Ef. 4:24); 2) Santidad (Ef. 4:24); 3) Conocimiento (Col. 3:10). El conocimiento correcto es el que puede ser compartido con Dios. La causa final de la creación del hombre fue la gloria de Dios. Por eso hay una manifestación original de perfección como reflejo de la imagen divina (Mt. 5:48; Lc. 6:36). La parte inmaterial se ha visto afectada por la caída, contaminada y desorientada. La conciencia es el elemento sensibilizador de la parte inmaterial del hombre; por tanto, no está sujeta a la voluntad, sino que actúa juzgándola. Sin embargo, no es independiente de los otros elementos del hombre, formando todos una experiencia que se llama vida. La acción conjunta de la parte inmaterial del hombre puede resumirse así: la mente origina los pensamientos; el espíritu discierne su valor; el alma responde a ellos; la conciencia juzga esos pensamientos según su valor moral. Como todo lo del hombre, la conciencia del no regenerado está contaminada y afectada por la caída, de ahí que se hable de una conciencia corrompida (Tit. 1:15) y se enseñe también que es mala (He. 10:22). Sin embargo, la conciencia sigue cumpliendo la misión acusadora ante el mal obrar del hombre y de sus perversas intenciones, habiendo perdido parte de su sensibilidad (1 Ti. 4:2).

Informada la mente de lo correcto o incorrecto de las acciones, se generan los pensamientos en un razonamiento del hombre para determinar lo que es bueno y lo que no lo es. Es decir, la conciencia incide sobre el razonamiento de los hombres para acusarlos o defenderlos, aprobar o reprobar la acción. Esto debiera llevarnos a considerar equilibradamente las acciones humanas. Sin embargo, no debe olvidarse que el pecado ha incapacitado a los hombres, uniéndolos a todos en razón de la condición humana en la que el hombre se encuentra cautivo, bajo el yugo del pecado, de manera que no puede desear el bien como razón de vida ni orientarse hacia él. Sin embargo, la obra de la ley y la revelación de Dios que alcanza a todos los hombres han conducido a algunos al camino de la virtud, haciendo obras de admirable desinterés y entrega hacia otros. La misma Biblia pone de manifiesto acciones generosas hechas por gentiles, como es el caso de Ciro (Esd. 1:1-4; 5:13-17), de Darío (Esd. 6:1-12) y de Artajerjes (Esd. 7:11-26). Naturalmente, alguien podrá objetar que esto todo estaba en el propósito de Dios y que Él manejaba la historia conforme a su determinación, ¿y qué cosa está fuera del control soberano de Dios? Con todo, Artajerjes actuó según lo que Dios había puesto en su corazón (Esd. 7:27). ¿En qué forma y en qué medida? No olvidemos que Dios ha escrito la obra de la ley en el corazón de los hombres. Sin embargo, son hombres que están llevando a cabo acciones correctas. ¿Acaso de Joab, el rey de Judá, no se dice que hizo una acción reprobable y que no se acordó de la misericordia de Jehová (2 Cr. 24:22)? Sin embargo, se dice antes que hizo lo recto delante del Señor (2 Cr. 24:2). De ese modo, pueden encontrarse muchos actos de bondad en el Antiguo y en el Nuevo Testamento, como el modo en que los hombres de Malta trataron a los náufragos, encendiendo fuego porque hacía frío (Hch. 28:2). No cabe duda de que el hombre es un ser depravado, incapaz de hacer nada para salvarse, siendo Dios quién lo salva, pero tampoco cabe duda de que no todos los que son depravados por condición natural son también degenerados hasta que no haya en ellos ni un atisbo de bondad. Jesús enseñó que los gentiles pueden amar, hacer el bien y ser generosos con otros (Lc. 6:32-34).

Los valores morales objetivos son una realidad y son básicos. Pueden considerarse objetivos o no, pero los hombres que tienen una vida normal los consideran como base de una correcta relación. Quiere decir esto que no necesitan leer la Biblia para determinar qué comportamiento es o no moral; ese conocimiento está presente y, por tanto, a disposición de todos. Como se ha considerado antes, el apóstol Pablo pone de manifiesto que quienes no tienen o no cuentan con la revelación especial son capaces de distinguir entre el bien y el mal, lo bueno y lo no bueno (Ro. 2:14-15). Todos poseemos la obra de la ley escrita en nuestras conciencias: "Mostrando la obra de la ley escrita en sus corazones, dando testimonio su conciencia, y acusándoles o defendiéndoles sus razonamientos" (Ro. 2:15). Esto pone de manifiesto que el hombre fue creado a imagen de Dios. La obra de la ley tiene como misión acusar al hombre de pecado, esto es, de lo que es correcto o no correcto delante de Dios (Ro. 3:20). Todos tienen los valores mínimos de la ética de relación, considerando lo que es moralmente bueno y lo que no lo es. Toda la ética social humana está siendo afectada por el relativismo, que enseña que las acciones son buenas o malas conforme al pensamiento individual y que no existen límites absolutos al comportamiento humano. Generalmente, las malas acciones se cubren con el manto de los llamados Derechos Humanos, que muchas veces no son derechos ni humanos, pero cuando estos hechos generan tensión y discusión, ponen de manifiesto que los valores objetivos de la moral superan siempre a los subjetivos y que el hombre tiene conocimiento de lo que es bueno y de lo que es malo, no por tradición, sino por conocimiento personal.

Toda persona tiene en sí misma la repulsión a cometer actos violentos, tales como quitar la vida, adueñarse de otros, ser depravado, inducir al mal, etc. La argumentación contraria a esto es que hay personas que disfrutan haciendo el mal, pero, sin duda alguna, estas han violentado para ello sus propias conciencias, endureciendo sus sentimientos y negando la voz de aviso a la conciencia antes de la comisión del primer delito. En todos los lugares y en todos los tiempos, el robo, el asesinato, las acciones contra el matrimonio y otros males por el estilo están recogidos en las legislaciones de todas las naciones en cualquier lugar del mundo. La ética puede ser distinta y diferir entre culturas, pero los principios morales básicos son comunes a todos. La ética social, regulada por las leyes, no tienen razón de ser a menos que los valores morales objetivos existan.

Un elemento que demuestra la existencia de los valores morales es que los ateos, por lo menos los que se manifiestan como tales, afirman que pueden vivir una ética correcta sin Dios. Cuando se pide a estos una argumentación sustentadora, dicen que cuando se retrae y consideran malo, por ejemplo, el abuso de niños, es porque violentan el derecho de las víctimas y son perjudiciales para la sociedad. Es verdad que un hombre que niega la existencia de Dios puede ser honesto en la sociedad, pero la realidad es que no pueden ser honestos sin Dios, porque Él escribió las leyes morales en la conciencia de cada hombre; de otro modo, es una demostración de que los hombres están hechos a la imagen de Dios y todos saben lo que es bueno, aunque no crean en Él. De manera que los valores morales están ligados a la personalidad humana y necesariamente vinculados, es decir, los valores morales están enraizados en la personalidad.

Las argumentaciones sobre las cuestiones morales no son descriptivas, sino prescriptivas o incluso deónticas; por tanto, establecen aquello que es moralmente obligatorio, prohibitivo u opcional. Dicho de otro modo, la conclusión del argumento moral puede afirmar que una acción está moralmente prohibida, que es moralmente obligatoria o que es moralmente permisible. Esto lleva a conclusiones prescriptivas, por las que un individuo no debe hacer, puede hacer o puede si quiere hacer algo.

El problema general consiste en que cada ser humano conoce los absolutos morales. Pudiera ser que no los practique o incluso que los quebrante, pero sin duda los entiende y reconoce. En ese sentido, en el argumento de los valores morales que se está considerando debe distinguirse lo que es descriptivo y lo que es prescriptivo. A modo de ejemplo, el valor moral de no matar es prescriptivo, pero cuando se relatan hechos que produjeron alguna muerte, lo que se relata sobre un argumento moral que sería no matar es un elemento descriptivo de un hecho moral. En esto se evidencia también que los hombres conocen el bien y el mal como conocimiento universal. El conocimiento que un niño pequeño tiene de un hecho delictivo contra él como algo que no es bueno se produce porque una ley universal ha sido puesta en el corazón humano por el Creador.

Para concluir esta reflexión sobre el argumento de los valores morales, que conduce a entender la existencia de Dios, se puede afirmar que: a) Toda ley prescriptiva exige la existencia de un legislador que la haya dictado. b) Existe una ley moral objetiva, que se manifiesta en mayor o menor grado en todos los hombres. c) Por tanto, hay un dador de la ley moral, que es Dios. Por esa razón, los sentimientos morales no se deben a la educación, sino a la acción divina en el individuo, que convierte a cada uno, por haber sido hecho a imagen de Dios, en un ser moral y responsable.

### *Argumento histórico*

#### *Definición*

El argumento histórico o argumento etnológico pone de manifiesto que entre todos los pueblos de la tierra a lo largo de la historia humana se encuentra un sentimiento de lo divino que se manifiesta en el culto externo.

Puesto que este fenómeno religioso es universal, tiene que pertenecer a la misma naturaleza del hombre, que al tender a la adoración, presupone para cada uno la existencia de un ser superior, que es Dios, que da al hombre una naturaleza religiosa.

*Detalle*

Este argumento está relacionado con algunos de los considerados antes, por lo que se presentarán en forma breve las principales líneas de pensamiento que nos permitan comprenderlo y notar las distinciones que hay entre ellos.

Todos los pueblos, desde los primitivos hasta los desarrollados, desde los prehistóricos hasta los modernos, creen en la existencia de un ser supremo, Hacedor del universo. Esto explica para algunos los fenómenos que se producen en el mundo y en el hombre. Es cierto que el pensamiento deteriorado por el pecado en el hombre trajo como consecuencia el politeísmo y el animismo, que han obnubilado la creencia en un Dios único, pero no la han suprimido.

Las investigaciones más moderas sobre la historia de las religiones demuestran que, con toda probabilidad, o por lo menos como algo razonablemente cierto, el monoteísmo es anterior al politeísmo. La evidencia es que el politeísmo se manifestó en los pueblos de la tierra muchas veces al convertir en dioses a lo que entendían que eran los genios del bien y del mal, pero la civilización creó el sistema politeísta con argumentaciones y leyendas elaboradas por el pensamiento de los hombres, manifestando un henoteísmo, estableciendo un dios principal para familias, ciudades, pueblos o naciones como protectores de ellos; sin embargo, el hombre ha regresado al monoteísmo mayoritariamente.

*Objeciones*

Se argumenta que este fenómeno universal se debe a un error de algunos de los primitivos progenitores de la raza humana, de manera que los cultos a las divinidades están presentes en las civilizaciones primitivas y también en las pasadas, pero que el concepto de Dios desaparece a medida que la civilización avanza.

*Conclusiones*

El creyente no necesita argumentos demostrativos de la existencia de Dios porque cree que la revelación especial es suficiente para afirmar su fe (He. 11:3). De modo que no es preciso argumentación filosófica alguna para entender que Dios existe y se ha revelado. El hecho de que haya algunos que están buscando evidencias y estableciendo argumentos para demostrar la existencia de Dios se debe a que niegan credibilidad a la inspiración e inerrancia de la Biblia.

Si se quiere utilizar los argumentos teístas naturales para convencer a los incrédulos, debe tenerse en cuenta que ninguno de ellos es apto para conducir a una incuestionable demostración de la existencia de Dios. Con todo, a pesar de los intentos históricos para desacreditar todos los argumentos considerados en este capítulo, y otros que no se han presentado —en especial de quien lidera esto, el filósofo Kant—, están siendo objeto de nuevas reflexiones y regresando a la atención general, lo que confirma que no están desprovistos de valor.

Frente a esto, escribe el Dr. Lacueva:

> Nuestra conclusión es, pues, la siguiente: Todos los argumentos de la razón humana, aun tomados en su conjunto, tienen solo una fuerza "confirmativa" de la existencia del Dios verdadero del Cristianismo, pero no son, por sí solos, una prueba decisiva, evidente y eficaz que se imponga al hombre de corazón entenebrecido. Sirven para el creyente, pero pueden dejar frío al inconverso.[66]

Debemos entender que la argumentación teísta presenta elementos válidos, en cierta medida, para demostrar que creer en la existencia de Dios es algo plenamente racional. De manera que son válidos para confrontar la negación sobre la existencia de Dios, aunque no sean prueba irrefutable de su existencia, de modo que obligue a aceptarla fuera de toda duda.

---

[66] Lacueva, 1974, p. 36.

# CAPÍTULO IV
# TEORÍAS ANTITEÍSTAS

**Introducción**

En el estudio de la teología propia debe transitarse por un recorrido, que necesariamente ha de ser corto, sobre posiciones que niegan la existencia de Dios, todas ellas producto de la reflexión de la mente humana.

Lo que se define como antiteísmo son distintas corrientes que tratan de demostrar que la existencia de Dios es cuando menos indemostrable, por lo que puede ser abiertamente negada o, en una línea de pensamiento igualmente contraria a Dios, adoptada la posición de desconocimiento voluntario, conocido como agnosticismo, en el que sin negarlo, como las corrientes ateas, se cuestiona su existencia como indemostrable.

No se trata en las consideraciones que siguen de agotar el tema de las corrientes antiteístas, ni siquiera de hacer una reflexión de las que se seleccionan con la extensión necesaria para entrar en un conocimiento profundo de las mismas. Por ello, se ha establecido el camino de señalar algunas de las muchas posiciones contrarias a la existencia de Dios e indicar al lector las características más destacables de ellas, señalando también a los pensadores que parecieran ser los más destacados en cada una de ellas.

Dios es el gran cuestionado en la historia humana. A pesar de que se ha revelado al hombre para que no pueda ser desconocido, este ha trazado caminos para ignorarlo, cuestionarlo, ponerlo en duda e incluso negarlo abiertamente. Estos posicionamientos van desde lo que se conoce como ateísmo práctico hasta lo que es el ateísmo teórico. La sutileza del ateísmo presenta muy diversas formas de entender a Dios, todas ellas contrarias al Dios de la Biblia; entre ellas están el *ateísmo escéptico* y el *ateísmo agnóstico*. Pero, con el tiempo, se llega al *ateísmo dogmático*, que no presenta argumento optativo teísta alguno, sino que afirma absolutamente que Dios no existe, estableciendo ese principio como científicamente indudable y por tanto incuestionable, es decir, dogmático.

El progreso del antiteísmo no se ha detenido. La posmodernidad y el nihilismo son modos que están presentes en la filosofía del s. XX y persisten en el actual. Muchas personas afirman la no creencia en la existencia de Dios. Sin duda la influencia filosófico-teológica del modernismo atrae a quienes no están asentados en la Biblia como revelación de Dios, inspirada e inerrante. Pero se aprecia en una gran medida la debilidad espiritual del cristianismo actual a causa de la debilitación de la enseñanza bíblica en la iglesia. Los aspectos esenciales de la fe cristiana son abiertamente cuestionados por quienes se consideran maestros de la Palabra y se dedican a la formación de líderes para las iglesias. De este modo escribe el Dr. Lacueva, refiriéndose al hombre actual, que "pudiendo dominar la materia (y escalar el firmamento) y controlar su vida, ya no parece necesitar de Dios; de un Dios que ya no hace milagros: un Dios silencioso que pasa a ser un Dios silenciado. Puede gritar con Nietzsche: Dios ha muerto; nosotros le hemos matado"[67]. El materialismo y la bonanza económica han traído la ruina del cristianismo en el mundo que ha sido cristiano por siglos.

Ya los teólogos de la Edad Media presentaron dos razones fundamentales que promueven las objeciones contra la existencia de Dios: 1) Dios no es necesario porque la historia, la vida, el universo, etc. pueden explicarse científicamente, sin necesidad de un ser infinito, omnipotente y eterno. 2) La existencia del mal en el mundo, la violencia en todos los sentidos, es incompatible con la existencia de Dios, bondadoso y omnipotente, quien, o no es justo frente a la injusticia, o no es omnipotente para remediarla.

En el presente capítulo, junto con los conceptos generales del antiteísmo, se seleccionan algunas de las corrientes propias de este sistema, concluyendo con una reflexión exegética de la posición bíblica sobre el ateísmo en el mundo.

**Conceptos**

Si el teísmo es la aceptación de la existencia de Dios, infinito, omnipotente y personal, que no solamente creó el universo, sino que lo rige por su soberanía y preserva su existencia, cualquier proposición que niegue la existencia de ese ser, es una teoría antiteísta, es decir una propuesta para negar a Dios.

El antiteísmo es, por tanto, la oposición activa al teísmo. En general, el concepto hace referencia a la oposición de la religión cristiana y a la creencia en cualquier deidad. Desde la posición teísta, se puede referir a la oposición a un dios o dioses específicos.

---

[67] Ibíd., p. 21.

# TEORÍAS ANTITEÍSTAS

El antiteísmo es una posición filosófica que se sitúa en un terreno más allá del ateísmo, que no solo niega la existencia de cualquier dios, sino que propone una oposición abiertamente contraria a cualquier idea religiosa. Se trata de una postura en la que, desde una visión absolutamente racionalista, se afirma que no solo Dios no existe, como expresa el ateísmo, sino que no puede existir, pudiendo demostrarse su no existencia. Los antiteístas no son los que niegan la existencia de Dios, sino que proponen que sean los teístas los que demuestren que Dios existe, afirmando también que la idea de Dios encierra una contradicción *in terminis*, lo que se llama ateísmo esencial.

En gran medida, el antiteísmo moderno se debe a las propuestas del anarquista de origen francés Pierre Joseph Proudhon, que sostenía que el poder político se sustenta en la creencia de Dios, del que procede el sentido de jerarquía, de la que Él ocupa la primera posición como dominador de todos, lo que justifica la razón del gobierno humano. Por consiguiente, la dependencia de los hombres sobre la base de la existencia de Dios le impide asumir su propia personalidad y, por consiguiente, en lugar de ser libre, es un esclavo.

Sobre la base de esta propuesta, todas las religiones niegan la realidad del hombre, al negar la naturaleza real y sustituirla por la metafísica irreal. Esta posición no plantea el ateísmo como obligatorio, sino que lo centra en una labor de educación que alcance una concienciación en las personas que se encuadre en el marco de una filosofía naturista y en un pensamiento racionalista, que no busque ni dé explicación alguna a los hechos aparentemente sobrenaturales distintos a una realidad lógica.

Cabe mencionar también entre los representantes del antiteísmo moderno a Friedrich Nietzsche (1844-1900), filósofo que sostuvo que el hombre europeo desciende de los hiperbóreos, que en una concepción mitológica, se identifican con un pueblo de cierta región donde se vive sin esfuerzo de los productos de la tierra; por eso, ha de asumir la inevitable consecuencia de la muerte de Dios en la sociedad occidental, considerándolo como el mismo Dios de judíos y cristianos, que en el tiempo antecedente a Cristo era vengativo y cruel. Como consecuencia de la muerte de Dios, los valores sociales europeos se han derrumbado, puesto que la vida carece de objetivos, propósitos y valores intrínsecos, en un nihilismo absoluto, en el que al final todo se reduce a nada y, por tanto, nada tiene sentido. Todo esto resultará en la aparición del superhombre, que generará una verdadera sociedad libre, distinta a la esclavizada actual. Este superhombre ocupará el lugar de Dios.

Las tesis antiteístas han sido influenciadas notoriamente por el agnosticismo, que respeta y es tolerante con el teísmo, aunque sin compartirlo ni afirmarlo, lo que ha ido debilitando, en cierta medida, al ateísmo, afirmando que si bien Dios no es demostrable por la razón, tampoco puede negarse por la misma vía. De este modo, Kant, en la *Crítica de la razón pura*, afirma que "el ser supremo se queda, pues, en mero ideal del uso meramente especulativo de la razón, aunque sea un ideal perfecto, concepto que concluye y corona el conocimiento humano entero y cuya realidad objetiva no puede ser demostrada por este camino, pero tampoco refutada".

Hecha esta breve introducción al antiteísmo, debemos pasar a considerar algunas de las formas que se manifiestan en esta posición de negar la existencia de Dios, como único Dios y creador; de otro modo, negar la fe cristiana sobre Él.

**Politeísmo**

Acudiendo a un texto bíblico, leemos: "Entonces dijo Dios: Hagamos al hombre a nuestra imagen, conforme a nuestra semejanza; y señoree en los peces del mar, en las aves de los cielos, en las bestias, en toda la tierra, y en todo animal que se arrastra sobre la tierra. Y creó Dios al hombre a su imagen, a imagen de Dios lo creó; varón y hembra los creó" (Gn. 1:26, 27). El pecado deterioró al hombre y desvirtuó el propósito divino para el que fue creado, de modo que el hombre, hecho a la imagen de Dios, era íntegra y personalmente recto: "He aquí, solamente esto he hallado: que Dios hizo al hombre recto, pero ellos buscaron muchas perversiones" (Ec. 7:29). Este proceso culmina en el cambio de la aceptación de un único Dios, generando el hombre, en sus perversiones, muchos dioses inexistentes y salidos de la mente humana, a pesar del conocimiento que el hombre tiene de Dios: "Pues habiendo conocido a Dios, no le glorificaron como a Dios, ni le dieron gracias, sino que se envanecieron en sus razonamientos, y su necio corazón fue entenebrecido. Profesando ser sabios, se hicieron necios, y cambiaron la gloria del Dios incorruptible en semejanza de imagen de hombre corruptible, de aves, de cuadrúpedos y de reptiles" (Ro. 1:21-23), lo que condujo al nacimiento del politeísmo.

El término *politeísmo*, procede del griego antiguo πόλις, mucho, y θεός, *dioses*; por consiguiente, significa *muchos dioses*. Posiblemente, fue el escritor judío Filón de Alejandría (20 a. C. - 40 d. C.) quien usó el término por primera vez en sus controversias con los griegos. El cristianismo y su influencia en Europa dejó el uso de la palabra, sustituyéndola por pagano o idólatra, en referencia general a los no cristianos. Debió pasar hasta el s. XVI para que Juan Bodin (1530-1596) recuperase el término.

En cierto modo, el politeísmo es una forma equivocada del teísmo, por su creencia en dioses, entre los que generalmente existía uno principal y otros varios secundarios. Según el lugar y entorno social, el culto a los dioses era practicado, aunque se adoraba con mayor dedicación al dios principal. El politeísmo organiza los dioses en una jerarquía o panteón, especialmente notorio en las mitologías griega y romana. Estos dioses tienen diversos nombres y características individuales plenamente identificables. La jerarquización politeísta sitúa a un dios sobre todos los otros, lo que indujo a los antropólogos a pensar que el monoteísmo es el resultado de la claudicación del politeísmo, cuando realmente es todo lo contrario: de la existencia revelada al hombre del único Dios, el corazón humano corrompió esta verdad generando muchos dioses y estableciendo en torno a ellos sus muchas religiones.

Las leyendas sobre los dioses, producto de la imaginación humana, fueron transmitidas en forma oral y escrita, trayendo como consecuencia un conocimiento acumulativo, que se incrementa por la especulación y generación de leyendas producidas especialmente por los adoradores de cada deidad.

La jerarquización de los dioses en el mundo politeísta corresponde con sociedades igualmente jerarquizadas y con una notable distinción entre clases sociales.

Una de las condiciones naturales del politeísmo es un antropomorfismo, que utiliza la mitología para expresar los distintos estados de ánimo, potencialidad, enojo, acciones, etc. de los dioses. Las habilidades de las divinidades se comparan con las humanas para dar la comprensión necesaria al que es instruido en una determinada religión politeísta. No cabe duda de que el politeísmo se traslada a la máxima expresión de jerarquía en el gobierno de un país como Egipto, a modo de ejemplo, en el que el monarca es una divinidad, o también en el Imperio romano, en el que algunos emperadores se declaraban divinos.

El politeísmo revistió distintas formas en un desarrollo de siglos, comenzando por la adoración y consiguiente divinización de las fuerzas naturales o de los astros; también convirtieron en dioses las actividades humanas de fecundidad, trascendiendo en culto a los muertos, puesto que la vida después de la muerte está presente en la intuición humana.

Así lo expresa el Dr. Lacueva:

> Los dioses greco-romanos tenían ya una especie de jerarquía: los héroes míticos o semidioses, a veces producto del cruzamiento de un dios con una mujer, a veces alcanzando la "apoteosis" o introducción en el Olimpo, a causa de sus extraordinarias hazañas. Saturno o Cronos era el dios del tiempo; Marte, de la guerra; Venus Afrodita, de lo sexual; Eolo, de los vientos; Neptuno, de las aguas; Vulcano, del fuego; etc.; y sobre todos ellos, Zeus o Júpiter (que significa "padre de los dioses"), verdadero dios del cielo y de la tempestad (Júpiter tonante). Otra forma del politeísmo, especialmente en pueblos primitivos, consiste en divinizar fuerzas invisibles, influjos benéfico o maléfico, o poseyendo ambos a la vez.[68]

Será bueno recordar que, por la influencia del pensamiento de Edward Burnett Tylor (1832-1917) y James George Frazer (1984-1941), en el entorno del modernismo y del evolucionismo cultural, se introdujo la idea de que el monoteísmo es el resultado de la evolución del politeísmo, es decir, que el monoteísmo deriva del politeísmo y no al revés. Para ello, proponen que el primer culto de los hombres es el resultado del animismo y el totemismo, que generó la idea de los dioses, cuya evolución simplificada termina en el monoteísmo. Sin embargo, el pensamiento actual ha variado, dejando de admitirse que la religión no es el resultado de reflexiones hechas por los hombres primitivos a partir de fantasías, sueños, alucinaciones, visiones, etc., lo que generó los dioses que fueron adorados por los hombres. Pero la realidad más notoria es que el politeísmo es la corrupción del monoteísmo, afincado en la mente del hombre como consecuencia de la obra de Dios en una creación a su imagen y semejanza. El pensamiento del historiador de las religiones Mircea Eliade (1907-1986) afirma que el politeísmo procede de una primitiva forma de monolatría, que asentía en la existencia de un único Creador del universo. El apóstol Pablo lo confirma:

> Pues habiendo conocido a Dios, no le glorificaron como a Dios, ni le dieron gracias, sino que se envanecieron en sus razonamientos, y su necio corazón fue entenebrecido. Profesando ser sabios, se hicieron necios, y cambiaron la gloria del Dios

---

[68] Ibíd., p. 25.

incorruptible en semejanza de imagen de hombre corruptible, de aves, de cuadrúpedos y de reptiles. (Ro. 1:21-23)

El hombre reconoce la existencia de Dios, pero se niega a glorificarle y agradecerle. La razón humana se manifiesta en oposición a Dios. El pensamiento del hombre es un pensamiento envanecido, esto es, fatuo, sin sentido. El razonamiento humano se pone al servicio de la vanidad para negar a Dios, pretendiendo sustituir la fe por el raciocinio, que es el resultado de un diálogo íntimo, consigo mismo, que al no tener en cuenta a Dios, resulta envanecido y es, en sí mismo, vanidad. En lugar de alabar a Dios, los hombres se envolvieron en vanas especulaciones y razonamientos, lo que los llevó a descender al plano meramente terrenal, abandonando la grandeza de la relación sobrenatural con Dios que los eleva por encima de las cosas pasajeras, no hallando ni superación del pasado, ni consistencia para el presente, ni esperanza para el futuro. El cambio de valores es evidente en ese razonamiento necio, cambiando la gloria de Dios por sus propios dioses. El necio desea apartar a Dios de su vida, pero no puede escapar a la realidad íntima de su existencia. La primera expresión de esta situación es tratar de equiparar a Dios consigo mismo. Cambian la gloria de Dios, que es la expresión de su inmanencia, por la artificiosa forma propia de seres inanimados, tratando de cambiar con ello la realidad de Dios manifestada en su gloria por una imagen de sus criaturas. Esta es también la mayor impiedad al representar a Dios por medio de formas animales, como aves, cuadrúpedos y reptiles, rindiendo culto a cosas que no tienen capacidad de actuación para satisfacer las necesidades de aquellos que les rinden culto.

**Ateísmo**

*Conceptos*

El término *ateo* proviene etimológicamente del griego ἄθεος, que literalmente es *dios*, con un α privativa, cuyo significado es *no dios*, o *sin dios*, y que hace referencia a los que rechazan la existencia de Dios. En su sentido extenso, es la ausencia de la creencia en la existencia de deidades. En el sentido más limitado y teológico, es la no creencia en la existencia del único Dios verdadero. Es, por tanto, la antítesis más directa al teísmo.

El librepensamiento sostiene que las posiciones relativas a la verdad deben formarse sobre la base de la lógica, la razón y el empirismo, en lugar de hacerlo sobre la tradición, la revelación o cualquier tipo de dogmática. Es una expresión en boga a partir de la Ilustración del s. XVIII, que trajo como consecuencia la crítica de la religión en un escepticismo científico. En este entorno se manifiesta la Revolución francesa, que manifestó un ateísmo sin precedentes, procurando sustituir cualquier aspecto religioso o metafísico por la supremacía de la razón humana.

Los argumentos del ateísmo se sustentan sobre filosofía y análisis histórico-social. Generalmente apuntan a cuestiones como la ausencia de la evidencia empírica, el problema del mal y el argumento de las revelaciones inconsistentes, a lo que se une también el rechazo de conceptos infalsables, que en filosofía se refiere a la capacidad de una propuesta o hipótesis de ser sometida a pruebas que la contradigan, y también el argumento de la no creencia.

Al estudiar el ateísmo se percibe que los que lo postulan no tienen una misma línea de pensamiento y, por tanto, no llegan a las mismas conclusiones. En general, se trata de una cosmovisión contraria a la del teísmo, que hace recaer la carga de prueba no en el ateo, sino en el creyente, que debe demostrar y justificar su teísmo.

## Formas del ateísmo

Dada la diversidad de formas que adopta el ateísmo, pueden establecerse las siguientes formas expresivas.

### Ateísmo implícito y explícito

La argumentación ateísta habla de un ateísmo implícito, ya que todo niño nace sin creencia alguna en la existencia de Dios; por tanto, los hombres nacen ateos. Un representante de esta idea fue Paul Henri Thiry, barón de Holvach (1723-1789), escritor y filósofo, uno de los más destacados pensadores de la Ilustración francesa, que afirmó taxativamente: "Todos los niños nacen ateos; no tienen ni idea de Dios"[69]. De igual manera, George Hamilton Smith (1949-2022) dijo que "el hombre que no conoce el teísmo es un ateo porque no cree en un dios. Esta categoría también incluiría al niño que tiene la capacidad conceptual para aprender los problemas implicados, pero que no es todavía consciente de ellos. El hecho de que el niño no crea en un dios, lo califica como ateo". Para otro gran número de filósofos, el verdadero

---

[69] D'Holvach, 1772.

ateísmo es el explícito, es decir, el que se confiesa conscientemente como ateo y sustenta los razonamientos propios del ateísmo. En este sentido, un filósofo moderno como Ernest Nagel (1901-1985), uno de los teóricos más destacados de la filosofía de la ciencia, afirmaba:

> Yo entiendo por ateísmo una crítica y una negación de las principales afirmaciones de todas las variedades del teísmo... el ateísmo no se identifica con la pura incredulidad... Por lo tanto, un niño que no ha recibido ninguna instrucción religiosa y nunca ha oído hablar de Dios, no es un ateo —porque no está negando ninguna afirmación teísta—. Del mismo modo, en el caso de un adulto que, si se ha retirado de la fe de su padre, sin reflexión o debido a la franca indiferencia hacia cualquier asunto teológico, tampoco es un ateo, porque un adulto así no está desafiando el teísmo ni profesando ninguna opinión sobre el tema.

*Ateísmo positivo y negativo*

Es otra de las divisiones que pueden establecerse en el ateísmo. El primero descansa en la afirmación definitiva de que Dios no existe. El ateísmo negativo incluye las restantes formas del ateísmo, que incluye también el agnosticismo. Con todo, hay muchos agnósticos que consideran su postura como distinta al ateísmo, ya que el ateísmo requiere de una argumentación que también la exige el teísmo, demandando ambos una convicción. De manera que, si se argumenta sobre el teísmo porque se cree en la existencia de Dios, de igual modo ocurre con la necesaria argumentación ateísta; por tanto, ambos exigen una posición de fe, si bien contraria la una de la otra. Si se entiende que el teísmo no merece credibilidad porque no tiene una demostración plena, así también ocurre con el ateísmo, ya que sus proposiciones tampoco tienen prueba, de manera que la improbabilidad de la existencia de Dios implica que la contraria, es decir, la no existencia, tiene la misma probabilidad de ser cierta.

Para algún filósofo ateo, como Fernando Sabater, el agnosticismo, incluido por muchos en el ateísmo negativo, es una forma cobarde e inconsecuente del ateísmo; de ahí que algunos hacen diferencia entre el ateísmo, el teísmo y el agnosticismo.

*Ateísmo amistoso, discrepante e indiferente*

Esta clasificación procede del pensamiento de William Leonard Rowe (1931-2015), filósofo y profesor en la Universidad de Purdue, especialista en filosofía de la religión, quien distinguió las actitudes de los ateos hacia los teístas denominándolas como ateo discrepante (*unfriendly atheist*), ateo indiferente (*indifferent atheist*) y ateo amistoso (*friendly atheist*).

El *ateo amistoso* afirma no creer en Dios, pero entiende que el teísta tiene argumentos para justificar su existencia, aunque no los comparta. El *ateo discrepante* sostiene que no existe justificación racional alguna para creer que Dios existe. El *ateo indiferente* manifiesta su convicción de la no existencia de Dios, pero entiende que no está racionalmente justificado creer que no existe.

*Ateísmo práctico y teórico*

En todos los tiempos hay personas que viven como si Dios no existiese, aunque no niegan su existencia, y muchos no dudan de ella. Estos son aquellos de quienes la Biblia afirma que son los que dicen en su intimidad personal "no hay Dios" (Sal. 14:1; 53:1) para justificar sus acciones, para las que no habrá respuesta divina. Por esta causa, el que vive quebrantando la ética general es en sentido práctico un ateo que no siente respeto por lo que Dios ha determinado.

El ateo teórico es el que explícitamente niega razonándolo la existencia de Dios. Todos estos y otros muchos, aunque no se confiesen ateos, lo son *de facto* porque niegan la existencia de Dios como Él mismo la ha revelado en su Palabra. Sin embargo, nadie puede negar lo que Aristóteles dijo acerca del hombre, al que llamó *animal religiosum*, animal religioso, por lo que incluso los ateos tienen en su experiencia de vida algún dios al que sirven pleitesía. Para estos, el verdadero Dios es desconocido, aunque tengan muchos dioses, como el apóstol Pablo dijo a los atenienses (Hch. 17:22, 23).

El ateísmo teorético puede situarse en tres campos: a) *El escéptico*, que procede de un razonamiento filosófico negativo, o del propio pesimismo personal por las circunstancias adversas de la vida, lo que conduce a un estado de perplejidad, sin rechazar, pero tampoco admitir la existencia de Dios. b) *El agnóstico*, resultante del punto de vista científico o filosófico, según el cual la existencia de Dios tiene la imposibilidad de ser tanto experimental como racionalmente verificable. Sorprendentemente, algunos agnósticos como Kant, en su *Crítica de la razón práctica*, a pesar de sostener que todo cuanto no sea experimentable por los sentidos es incognoscible, admitía que para una correcta ética general es necesario tener en cuenta conceptos tales como la libertad, la inmortalidad del alma y la existencia de Dios. De esta posición surgió lo que se llama sentimentalismo religioso, que fue apoyado por el filósofo Arthur Schopenhauer (1788-1860), uno de los primeros en manifestarse como ateo, y también por Frederic Schleiermacher (1768-1834), que presentó una alternativa teológica al racionalismo orientado por Kant. Según el pensamiento de estos filósofos y teólogos, junto con los seguidores de esta postura, la existencia de Dios no se conoce, pero se siente como anhelo inconsciente del corazón humano hacia el Gran Desconocido, que es Dios. c) *El dogmático*, que se designa así porque su dogma afirma tenazmente que la no existencia de Dios es un hecho científicamente indudable e incuestionable. Uno de los representantes de esta posición del ateísmo es Ludwig Feuerbach (1804-1872). Es considerado el padre intelectual del humanismo ateo contemporáneo, que se conoce también como ateísmo antropológico. Para él, la inmortalidad es una creación humana, donde se asienta la antropología de la religión.

### *Argumentación ateísta moderna*

Es preciso sintetizar los principales postulados del ateísmo para no extender aquí la aproximación limitada a esta cuestión. El ateísmo no solo defiende que Dios no existe, sino todavía más, que no puede existir. Asumen distintas posiciones con las que se encuentran en su argumentación; algunas se han mencionado anteriormente, entre las que está la negación parcial, que no afirman la no existencia de Dios, sino la imposibilidad de que el hombre pueda llegar a su conocimiento. Estos son los agnósticos, a quienes llaman ateos encubiertos. Otros afirman que no creen en Dios, pero se sienten incapaces de demostrar que no existe. Estos pueden ser considerados simplemente como antiteístas. El ateísmo militante no solo afirma que Dios no existe, sino también que no puede existir; esto conlleva necesariamente a demostrar esta proposición mediante el razonamiento.

El problema principal de la argumentación ateísta consiste en definir el concepto de Dios. A estos no les preocupa demostrar la inexistencia de los dioses de las religiones, sino que su intención es demostrar la no existencia del Dios cristiano.

En su afán de destruir la doctrina y sobre todo la Escritura, apelan a la mitología para hacer una comparación siempre tendenciosa de las verdades bíblicas. Así —a modo de ejemplo—, citan los dioses de la religiosidad secundaria y formulan una pregunta: ¿Quién cree hoy en Zeus? Aquel dios mitológico que se convierte en un toro blanco con el propósito de poseer a Europa, la hija de Agenor, rey de Tiro. Hacen una aplicación blasfema llamando mito a la encarnación del Verbo de Dios por una operación que ellos llaman artimaña mítico-metafísica, que es el Espíritu Santo.

Afirman estos que no puede existir el Dios del cristianismo porque sus atributos —según el ateísmo— son contradictorios. Los argumentos que presentan contra la existencia de Dios son varios, seleccionando aquí algunos de ellos:

a) *Dios no puede ser Creador porque crear de la nada es contrario a toda razón.* El creacionismo es un contrasentido ya que va contra los principios tanto de la física como de la lógica, establecidos desde Parménides en el s. VI a. C. La *creatio ex nihilo* es imposible para la lógica y la ciencia humana.

b) *La existencia de Dios tiene que producir solo bondad.* El teísmo afirma que Dios es infinitamente bueno, pero eso —según el ateísmo— no puede ser cierto puesto que el mal existe. No solo como lo opuesto al bien, sino personificado como el cristianismo afirma en los demonios y de forma perpetua en el infierno. Además, todos tenemos la evidencia de enfermedades, conflictos, catástrofes, etc., por lo que Dios no puede ser infinitamente bueno. A esto unen una de las perfecciones divinas, que es la omnisciencia para confirmar su teoría, puesto que Él conoce todas las cosas que ocurrirán y podrían acudir a resolver los problemas de la humanidad anticipadamente; de ahí que Dios no solo deja de ser infinitamente bueno, sino que está en el origen del mal. Esto conduce a lo que llaman imposibilidad divina, que se opone a la perfección de la omnipotencia, porque, o no quiere librar del mal a los hombres o, lo que es posible, no puede hacerlo. Si Dios puede suprimir el mal y abolirlo, pero no lo hace, es que no es infinitamente bueno. La conclusión es que el Dios cristiano no existe. Sin embargo, como decía Leibniz, "si Dios existe ¿de dónde procede el mal? Y si no existe ¿de dónde procede el bien?".

c) *Dios es deseable, por tanto, improbable.* Aunque no es un argumento demostrativo, intenta denunciar una postura cuasi infantil, propia —según ellos— del infantilismo del raciocinio cristiano. La proposición es lo contrario a la formulación de Pascal, que decía: "Si Dios no existe, nada se pierde por creer en Él; si existe, todo se pierde si no se cree en Él"; los ateístas la formulan de este modo: "Si no creo en Dios es porque preferiría que existiera". Es decir, la idea de un Dios perfecto, bueno, infinito, omnipotente, omnisciente, etc. es un deseo natural del pensamiento humano; por tanto, si el deseo persiste es porque no existe lo que se desea. De otro modo, Dios es tanto menos probable cuanto más deseable. Esto justifica también la idea ateísta de que Dios es un mero pensamiento humano, que idealiza lo que el hombre desearía, como decía Freud, "una creencia derivada de los deseos humanos".

d) *Dios no puede ser Espíritu puro.* Lo inmaterial en sentido puro es imposible. Nada puede estar desligado absolutamente de la materia. El Espíritu puro no puede tener ninguna determinación material; por tanto, lo inmaterial, en caso de existir, no puede tener contacto con la materia y determinarla.

e) *Un Dios perfecto no puede crear lo imperfecto.* De un ser perfecto no puede salir nada imperfecto porque dejaría de ser perfecto; por tanto, Dios no puede existir, porque no hay nada perfecto en la creación.

f) *Dios tiene que ser inmutable.* Todo cambio supone imperfección; por consiguiente, si Dios es Creador, tuvo que haber sufrido cambios, primero en la determinación creacional y luego cuando lo hizo realidad. Si determinó hacer algo perfecto y no es así, el Creador no es inmutable y por tanto no puede ser Dios.

g) *Correspondencia causa-efecto.* Si el universo es un efecto, la causa no puede ser otra que Dios. Aunque el argumento pudiera ser válido, los ateístas afirman que la conclusión no es verdadera. La conclusión es verdadera si las premisas lo son también. Pero, en este caso siguen siendo indemostrables. Entiende el ateísmo que, aunque no hay efecto sin causa, también hay elementos que son defectos, por lo que persiste la duda de que el universo sea un efecto de una causa originadora, que se llama Dios.

Frente a los argumentos antiteístas, la ciencia y la filosofía no pueden explicar el orden del universo y mucho menos como una casualidad, cualquiera sea la vía originadora.

Así lo expresa el Dr. Lacueva:

> La ciencia no puede explicar suficientemente el orden del Universo, la aparición de la vida ni la marcha de la Historia por una mera evolución dialéctica en progreso siempre ascendente en espiral, por el concurso fortuito de millones de casualidades, sin la intervención de una Inteligencia superior, trascendente e inmanente, que haya creado la materia, haya dotado de energía a esta materia, le haya dado un primer impulso sabiamente dirigido en la espiral de la evolución (si se admite esta), haya dotado a los seres de vida, instinto que no falla y espíritu que piensa, y mantenga en equilibrio constante la marcha de los astros, la mutua interacción de los seres (por ejemplo, la respiración de plantas y animales) y las apropiadas adaptaciones entre sujeto y el medio. En pocas palabras, a cualquier

parte que se mire, se obtiene una impresión de causalidad y de finalidad, que solo puede atribuirse a un ser supremo que hace converger todo armónicamente. La pura casualidad no explica el universo.

    La ciencia no puede dar, por sí sola, una respuesta satisfactoria a los grandes porqués del hombre: ¿Quién soy? ¿De dónde vengo? ¿A dónde voy? Si no existe un Dios Creador y remunerador, si no existe otra vida en que los insatisfechos anhelos del hombre obtengan satisfacción cumplida, si no existe una norma moral superior que sancione la conducta humana, entonces el hombre es un aborto de la naturaleza, que le niega lo que concede al mamífero y al infusorio; un ser autónomo, esclavizado por su propia ignorancia y por su egoísmo, abocado a ser un lobo para todo hombre. En una palabra, el hombre es un engendro monstruoso de una gigantesca pesadilla cósmica. En cambio, la existencia de un Dios infinitamente justo, bueno y poderoso, que todo lo tiene previsto y provisto, que nos da una respuesta cumplida a todos nuestros porqués y una meta satisfactoria a todos nuestros anhelos de luz, de vida y de inmortalidad, es una solución más científica y, sobre todo, más humana.[70]

## Agnosticismo

### *Definición*

Una posición antiteísta moderada es el agnosticismo. El término procede del griego antiguo formado por γνώσις que equivale a *conocimiento*, modificado por α negativa, que lo convierte en *desconocimiento*. El término fue acuñado por Thomas Henry Huxley, y desde entonces se usa habitualmente.

    Es la postura que entiende que afirmaciones referidas a la existencia o inexistencia de Dios, junto con otras afirmaciones religiosas y metafísicas, son desconocidas, lo que se considera agnosticismo moderado o, que son inherentemente incognoscibles, lo que sería la posición del agnosticismo radical.

    El filósofo William L. Rowe (1931-2015) entendía que el agnosticismo es la postura filosófica que afirma que la humanidad carece de los fundamentos racionales necesarios para justificar cualquier creencia, tanto la que afirma que Dios existe como la que afirma

---

[70] Lacueva, 1974, p. 23 ss.

lo contrario. Por consiguiente, un agnóstico es aquel que no es creyente ni incrédulo en relación con la existencia de Dios.

*Tipos*

Quien afirma que no tiene evidencia que le permita creer en la existencia de Dios o aceptar su no existencia entra de lleno en el campo del agnosticismo. Teniendo en cuenta que el uso del término es moderno, se han establecido en este sentido varias categorías, que se resumen de este modo:

*Ateísmo agnóstico.* Es el que no cree en la existencia de Dios, pero al mismo tiempo no afirma la imposibilidad de que exista.

*Teísmo agnóstico.* Están en este grupo aquellos que no afirman la existencia de Dios, pero creen en ella.

*Agnosticismo pragmático.* No hay pruebas de la existencia de Dios y, si existe, es indiferente al respecto del universo o la relación con sus habitantes; por tanto, la pregunta y la respuesta a la existencia de Dios es esencialmente académica. Por consiguiente, la posición sobre la existencia o la no existencia suya no tiene valor alguno en los asuntos humanos y debiera ser de igual interés en el teológico.

*Agnosticismo fuerte.* Se le llama también estricto, cerrado y permanente. Probar la existencia de algo, especialmente la de una deidad y su naturaleza, es algo incognoscible a causa de la incapacidad natural del hombre, ya que para probar esa existencia debe ser comparada con una experiencia subjetiva.

*Agnosticismo débil.* Se le llama también empírico, abierto o temporal. Aunque la existencia de Dios está fuera del conocimiento humano, no es necesariamente incognoscible, de manera que el asentimiento o la negación a la existencia de Dios se pospone a la definición de la prueba de su existencia.

*Agnosticismo evolucionista.* El evolucionismo afirma que todos los seres vivos actuales son el resultado de una serie de cambios graduales que se producen a partir de un primer antecesor vivo.

El evolucionismo alcanza tanto el sentido biológico como el social; este último explica todos los conceptos humanos, tanto filosóficos como religiosos a partir de un pensamiento original que ha ido modificándose en el tiempo, con lo que anula el concepto de conocimiento intuitivo en el hombre y rechaza el sentido de imagen y semejanza impreso en él por el Creador.

Esta teoría viene ya de los tiempos de Anaximandro de Mileto (610-548 a. C.), que afirmó que los seres vivos nacieron de la humedad y que los hombres vienen de los peces. Un siglo después Empédocles de Agrigento, muerto en el 434 a. C., afirmaba que los seres vivos nacieron de la tierra, con miembros y órganos unidos al azar, y que sobrevivieron solo los que tenían uniones armónicas. En el s. XVIII, Lamarck (1744-1829) fue el primero en formular la teoría de la evolución biológica como transformismo, esto es, las especies se transforman para poder adaptarse al medio; por tanto, la función hace al órgano.

Con todo, es Charles Darwin, nacido el 8 de febrero de 1809 y muerto el 9 de abril de 1882, quien lidera el evolucionismo. Fue criado en un ambiente religioso y cursó estudios para acceder al pastorado anglicano. A lo largo de los primeros años de formación, comenzó a dudar de algunas verdades de la fe, alejándose de la iglesia y dejando de asistir a los cultos. Él mismo dijo que era "absurdo dudar de que un hombre pueda ser un teísta apasionado y un evolucionista"[71]. Con el tiempo diría de sí mismo que nunca había sido ateo en el sentido de negar la existencia de Dios, pero se consideraba mayormente agnóstico, que sería la descripción más correcta de su forma de entender las cosas.

Agnóstico en cuanto a creación, propuso que las especies evolucionaron por mutación azarosa y selección natural, cuya evolución tuvo lugar partiendo de un origen común.

Aparentemente, el evolucionismo es un tema biológico y no tanto teológico, pero no cabe duda de que desde esa posición se genera un pensamiento que no concuerda con lo que Dios ha revelado de sí mismo y de su obra. El libro *El origen de las especies por medio de la selección natural, o la preservación de las razas favorecidas en la lucha por la vida* más adelante se simplificó por el que generalmente se conoce, *El origen de las especies*[72], publicado el 24 de noviembre de 1859, considerado como el trabajo precursor de la literatura científica y el fundamento de la biología evolutiva. Esto supuso un cambio científico, social e incluso religioso de primera magnitud, llegando a incidir en la sociología y la economía de los s. XIX y XX. Es un tratado que ha servido de base para la negación de la existencia de Dios y, en el mejor de los casos, para asentar un agnosticismo científico.

A pesar de los debates que se han producido a lo largo de los últimos tiempos, la teoría evolutiva está presente en muchos foros

---

[71] Carta de Darwin a John Fordyce del 7 de mayo de 1879.
[72] Título original en inglés: *On the Origin of Species by Means of Natural Selection, or the Preservation of Favoured Races in the Struggle for Life*; luego *On the Origin of Species*.

didácticos y, en menor medida, en foros científicos. Este posicionamiento produjo también dificultades en la teología, especialmente notoria en los escritos de Pierre Teilhard de Chardin (1881-1955). Jesuita, paleontólogo y filósofo, trató de armonizar el evolucionismo en auge con ciertos principios religiosos. Consideraba que la humanidad, que se inicia en un punto alfa, se conduce por evolución al punto omega. En cierto modo, los escritos de este paleontólogo cuestionan la creación de la nada para introducir el proceso evolutivo. Tales propuestas, como la de la humanidad colectiva, convergen inevitablemente en el Dios colectivo, del que se sabe que hay tres personas, pero que pudiera haber más.

Esta es la razón por la que se ha introducido en el apartado del agnosticismo al evolucionismo, solo con referencias limitadas, ya que no es lugar para una extensión mayor.

**Hilozoísmo**

*Definición*

Procede del griego ὕλη, equivalente a *materia*, y ζωή, *vida*; sirve para designar la doctrina filosófica según la cual la materia está dotada de la capacidad de actuación propia de los animales.

*Ámbito*

Históricamente, proviene de los primeros filósofos milesios, entre ellos Tales, de la primera parte del s. VI a. C. Planteaban la hipótesis de que la naturaleza es algo animado, por lo que se podía deducir que hay alguna forma de animación en la materia, llegando a considerar que existía en ella sensibilidad y espontaneidad.

Tales evidenciaba esto por medio de la piedra imán, de la que se observaba que atraía a los metales; por tanto, tenía que poseer un ánima que era su fuente de movimiento.

En una especie de panteísmo extremo entendía que la naturaleza era animada y no algo inanimado, de modo que toda materia es viviente, y que solo existe en el mundo un principio único, que es el alma universal en la que todo se funde o, tal vez mejor, se confunde, por lo que todo es todo y todo es Dios.

El cuestionamiento de Dios, como aparece en la revelación, es evidente, por lo que esta posición, que está presente en la Cábala judía, discute sobre la materia primordial de la que Dios ha tomado todo.

## Materialismo

### Definición

El materialismo es la doctrina filosófica que afirma que la materia es lo primario, generadora de todo cuanto existe, y que la conciencia y elementos de la parte espiritual del hombre llegaron a la existencia como consecuencia de un estado altamente organizado de la materia, produciendo un cambio cualitativo.

El materialismo niega que Dios haya creado todo lo que existe y que la materia generadora de todo no ha sido creada de la nada, sino que es eterna. El universo y todas sus leyes son cognoscibles por el hombre, ya que es posible demostrar la exactitud de concebir un proceso natural, dándole forma por el hombre, creándolo como resultado de sus mismas condiciones y poniéndolo al servicio de sus propios fines.

Esta posición filosófica, al afirmar que solo hay una clase de sustancia generadora de cuanto existe, que es la materia, entra de lleno en un tipo de monismo ontológico.

### Historia

#### Mundo antiguo

Los principios filosóficos del materialismo se remontan al final del tercer milenio a. C. y a principios del segundo, especialmente en las culturas egipcia y babilónica, con la formación de las primeras concepciones materialistas. Posteriormente pasaría a la filosofía de India y la China antigua.

Los egipcios hablaban de que el principio creador de todas las cosas era el agua fría, de donde se derivan las teorías de Tales de Mileto.

#### Edad Media

La religión está presente y, podría decirse que domina, todas las esferas de la vida social. La filosofía está al servicio de la teología, sirviendo para argumentar los dogmas de la religión, demostrando su veracidad y, por tanto, su inmutabilidad.

Los debates filosóficos se centraron en la pugna entre materialismo e idealismo, tratando de resolver la correlación entre lo singular y lo general, las ideas generales y las cosas particulares, generando lo que se conoce como nominalismo.

A esto se unieron argumentos filosóficos orientales, especialmente los vinculados al confucianismo, que continuaron presentes en los tiempos posteriores.

*Renacimiento*

El materialismo recupera dinamismo por medio del pensamiento de filósofos italianos que, en lugar de llamarlo de este modo, variaron el calificativo a humanismo. Se centró el pensamiento filosófico en la persona humana, dándole centralidad absoluta en todo cuanto tiene que ver con religión y sociología. El humanismo es la reacción que confronta el sistema escolástico, que alcanza su dimensión máxima en la Edad Media.

Merece mención destacada Giordano Bruno (1548-1600), que fue un religioso dominico, siendo teólogo, astrónomo, filósofo, matemático y poeta. Por sus ideas materialistas fue acusado de herejía y excomulgado, teniendo que huir de Italia a Suiza, Francia, Inglaterra y Alemania, aprovechando cualquier ocasión para difundir su concepción materialista del universo.

Enseñaba, entre otras cosas, que la naturaleza es infinita, que todo el universo es homogéneo, de la misma sustancia que la tierra. Decía también que la materia es madre de todas las cosas y capaz de producir infinitas nuevas formas de vida. El hombre es —para el filósofo— una unidad de identidad con la naturaleza y es el microcosmos que refleja y revela el macrocosmos.

*Actualidad*

Sería preciso recordar que al materialismo actual le ha precedido, luego del Renacimiento, el materialismo francés, a partir del año 1550, aproximadamente, y el materialismo dialéctico, creado a mediados del s. XIX.

El materialismo es una corriente filosófica que está en abierta oposición al idealismo y que pretende responder a la cuestión filosófica sobre qué es primero: el pensamiento o lo material. El materialismo da prioridad absoluta al mundo material, que siempre precederá al pensamiento. Se aboga por afirmar que cuanto existe es materia y energía, o ambas cosas a la vez, que sigue sus propias leyes, excluyendo cualquier otro ente no material, como persona, libre albedrío, mente, que tenga identidad propia. Dios es relegado a una mera representación mental de algo inexistente.

## Positivismo

### *Definición*

Es una teoría filosófica que sostiene que todo conocimiento genuino se limita a la interpretación de los hallazgos positivos, esto es, reales, perceptibles como sensoriales y verificables.

### *Aspectos*

Para el positivismo, todo conocimiento verdadero es positivo *a posteriori*, derivado exclusivamente de la experiencia de los fenómenos naturales, con todas sus características y propiedades, o verdadero por definición, esto es analítico y tautológico. De este modo, la información derivada de la experiencia sensorial, interpretada desde la razón y en consonancia con la lógica, es la única fuente de todo conocimiento cierto.

Como consecuencia, el positivismo no admite ni la teología ni la metafísica, porque busca lo que está más allá del conocimiento científico, único válido.

Fundamentalmente, el proceso del positivismo presenta el desarrollo de la historia humana en tres momentos: a) *Teológico*, que también llama mágico, correspondiente a los albores de la humanidad, donde los hombres dan explicaciones mágicas o religiosas a los fenómenos naturales, a los que consideran causados por seres sobrenaturales (en el caso del monoteísmo, por Dios). b) *Filosófico*, también metafísico, donde el hombre deja de creer en seres sobrenaturales y se desplaza hacia la creencia de las ideas, buscando la racionalidad y el porqué de las cosas, sustituyendo conceptos religiosos por términos metafísicos. c) *Positivo*, que es la fase científica y, por tanto, la definitiva, donde la mente renuncia a las ideas absolutas, pasando a estudiar las leyes de los fenómenos y entrando en el relativismo.

Este pensamiento es una manifestación más del antiteísmo, que relega cualquier aceptación de fe sustentada en la revelación de Dios para cuestionar y dejar a un lado todo lo que tiene que ver con la verdad de la existencia de Dios.

## Idealismo

### *Definición*

Es una teoría filosófica que afirma la primacía de las ideas e incluso su existencia independiente. Entiende que la realidad que puede ser conocida es un constructo de la mente; por tanto, no hay nada que pueda existir sin que la mente esté consciente de ello. Para conocer las cosas ha de tomarse en cuenta la consciencia, las ideas, el sujeto y el pensamiento.

*Aspectos*

El idealismo es una forma de escepticismo sobre la posibilidad de saber cualquier cosa independientemente de nuestra mente. Por esta razón, rechaza cualquier asunto que esté más allá del puro discurrir y razonar de la mente.

La llamada *ciencia cristiana* es una forma de idealismo que enseña que todo lo que realmente existe es Dios y son las ideas de Dios. En este sentido, el universo y especialmente el mundo del hombre según se aprecia no es otra cosa que una distorsión de la realidad espiritual subyacente, que puede corregirse mediante una reorientación del pensamiento.

Se puede apreciar que esta teoría filosófica es un elemento más para expresar el antiteísmo en contra de cuanto la revelación afirma acerca de Dios.

**Relativismo**

*Definición*

Es una posición filosófica que niega la existencia de verdades absolutas. Entiende que el conocimiento humano es siempre relativo y está continuamente condicionado por la interpretación de la historia y por ideas preconcebidas.

El relativismo tiene una marcada relación con todo lo que tiene que ver con el cuestionamiento de la teología y la metafísica.

*Aspectos*

Para el relativismo, la verdad no depende del que la origina, sino del que la experimenta; por tanto, no hay verdades objetivas porque estas no son igualmente compartidas por todos los seres humanos. Por tanto, todas las formas del conocimiento tienen la misma validez.

Es necesario entender que no es relativismo aceptar que existen diversas opiniones acerca de las mismas cosas, pero se manifiesta el relativismo cuando todas esas opiniones son verdaderas si a quienes las aceptan les parecen verdaderas.

En cuestiones humanas, se reconocen tres formas básicas de relativismo: a) Cognitivo; b) Moral; c) Cultural.

Es una oposición directa a lo absoluto que, sin duda, es Dios y las verdades reveladas por Él. Siendo todo relativo y generado por el pensamiento humano, el concepto de Dios es cambiante en el tiempo y no puede ser absolutamente afirmado. Por consiguiente, el relativismo es otra manifestación del antiteísmo.

## Deísmo

### *Definición*

El deísmo es la doctrina que reconoce un dios como autor de la naturaleza, pero sin admitir revelación ni culto externo.

Es, por tanto, una corriente filosófica que admite, mediante el raciocinio y la experiencia, la existencia de Dios como creador del mundo físico o natural. Sin embargo, no acepta ningún elemento característico de las religiones, ni relación alguna con Dios, negando la existencia de la revelación y la práctica religiosa que pudiera derivarse de ella. Es decir, afirman la existencia de Dios, pero no en la doctrina de Dios, ni en las prácticas religiosas. Para el deísmo, Dios se ha limitado a crear el universo, pero no cree en la acción sustentadora y directora de la historia.

### *Aspectos*

El deísmo afirma que Dios, después de haber creado, se alejó por completo de su creación, que incluye los seres vivos y, de forma individual, el hombre; con toda la creación, no tiene ningún tipo de relación personal. Por tanto, no influye en modo alguno en su proceso. Por consiguiente, la condición característica del deísmo es la ausencia de relaciones operativas entre Dios y la creación. Lo único que admite es la existencia de Dios como Creador de todo, pero aceptada la acción originadora de la existencia del universo, entiende que Dios no sigue influyendo en los destinos de la creación, y mucho menos en los humanos. Dicho de otro modo, el deísmo cree que el Creador está alejado completamente de su creación.

La diferencia con el teísmo es evidente. Este reconoce la existencia de Dios, entiende que es un ser personal que, siendo Creador del universo, es también conservador y sustentador del mismo, próximo a la creación y las creaturas, influyendo como causa primera del ser en las actividades de todo lo creado.

## Datos históricos

La comprensión del deísmo debe ser analizada a la luz del desarrollo histórico del mismo, especialmente en las derivaciones y modificaciones que se produjeron en los s. XIX y XX.

Los términos deísmo y deísta hacen su aparición, como antónimos de ateísmo y ateo, en Francia, a mediados del s. XVI. Los calificativos designaban tanto la creencia en la existencia de Dios como la convicción que esa creencia tiene que atenerse a las posibilidades cognoscibles y racionales de la naturaleza humana, sin que procedan de ninguna instancia superior que por revelación las comunique. Los términos deísmo y teísmo eran usados como sinónimos, diferenciándose a partir de 1670, aunque en el s. XVIII se usaban como equivalentes. La distinción entre los términos se produjo a partir de Denis Diderot (1713-1784), filósofo y escritor, y figura decisiva de la Ilustración; fue el primero en separar ambos términos, afirmando que el deísmo niega la revelación de Dios, mientras que el teísmo la admite.

Puede decirse que el deísmo tiene una firme vinculación con los ingleses. Algunos entienden que su periodo vital va desde finales del s. XVII hasta mediados del XVIII, y asignan su fundamento principal a Edward Herbert, primer barón de Herbert de Cherbury (1583-1648), que fue un filósofo, historiador y religioso británico. Su pensamiento en relación con la determinación de la verdad está comprendido en la obra *De Veritate*, publicada en París en 1624; afirma en ella que la naturaleza de la verdad debe partir de una investigación adecuada que la haga posible. La verdad para este filósofo consiste en una armonía entre las facultades intelectuales y el objeto de manera que uno no se acomode al otro, sino que ambos, objeto e intelecto, se relacionan de un modo armónico logrando un conocimiento adecuado; eso tiene como consecuencia que existan aspectos del intelecto y del objeto en la realización del conocimiento de la verdad.

Herbert entiende que hay cinco creencias fundamentales, innatas a la mente humana desde que el hombre fue creado y que subyacen a toda religión: a) La existencia de Dios; b) El deber de adorarlo; c) La vida virtuosa y piadosa como la forma más noble de adoración; d) El arrepentimiento del pecado; e) La recompensa y el castigo en una vida futura. Estos principios no corresponden a una determinada religión, o religiones, que pudieran legitimarlas, sino que se apoyan únicamente en la razón humana y son expresión de ella.

El deísmo es, en esencia, la religión natural, opuesta a cualquier religión revelada, pero que deduce su contenido de las exigencias de la razón humana. Esto produce una identidad en el deísmo, que lo diferencia de las distintas formas de las religiones, no importa cuáles sean. La confrontación y el cuestionamiento de las religiones positivas obedece a razones concretas. Primeramente, resuelve los conflictos entre las distintas religiones, que incluso llegaron a la guerra entre pueblos, lo que hace surgir el deseo de principios comunes que puedan unificar a los hombres y evitar los conflictos. El deísmo facilita esta identidad de principios que son capaces de dar satisfacción a la unidad de la razón, permitiendo también construir una convivencia basada en la tolerancia. Esta primera razón del deísmo genera una polémica contra la intolerancia que tiene raíz en las peculiaridades y particularismo de las religiones, resultado —según esta filosofía— de no atender a los postulados de la razón y asentarse en los intereses egoístas que las rigen. En algunas propuestas, los intereses egoístas de las religiones se aprecian en los conflictos entre el clero y los poderes políticos de las naciones. El sentido de intolerancia comprende un extenso campo que va desde el fanatismo y la violencia, en la expresión física de esta, y el dogmatismo, en el campo de la intelectualidad teórica. El conflicto va dirigido contra las convicciones personales y contra las instituciones, no importa cuáles sean, que ponen tropiezo al libre ejercicio del pensamiento. En este campo se usa —acaso por primera vez con significado positivo— lo que se llama *libre pensamiento*, y por consiguiente a quienes lo sustentan se los denomina libres pensadores.

En segundo lugar, el deísmo tiene una segunda razón de ser, que es el desarrollo científico que afecta notoriamente a la religión, ya que por una parte, la ciencia pone de manifiesto la existencia de una razón unitaria y universal, que —como se ha dicho antes— entra en conflicto con el sistema religioso incompatible por su individualismo, haciendo necesaria una religión que sea común y única. A esto debe añadirse el concepto de razón científica, que conduce al rechazo de cualquier religión que se caracterice por un libre intervencionismo de Dios en el proceso de la realidad, en la planificación y ejecución de acontecimientos, que incluye también toda posibilidad de acciones milagrosas o sobrenaturales.

En el tiempo más reciente, el deísmo se sustenta, especialmente en Europa, por la actualización del derecho natural estoico, abordado anteriormente por los filósofos holandeses, en forma destacada por el filólogo y humanista flamenco Joost Lips, castellanizado como Justo Lipsio (1547-1606). También debe tenerse en cuenta la doctrina del derecho natural. Uno de sus representantes más destacados fue Jean

Bodin (1529-1596), intelectual francés que, junto con el cardenal Richelieu, es considerado como fundador del absolutismo francés. Sus escritos están inmersos en el contexto de las guerras de religión entre protestantes hugonotes y católicos en la Francia del s. XVI. Para él, Dios es el fundamento de la razón y de la naturaleza humana, elemento unificador que satisface la propuesta del deísmo. Junto con este filósofo se encuentra también el jurista y escritor holandés Hugo Grocio (1583-1645), que entendía que el hombre es un ser social, de manera que las normas de convivencia son naturales e inherentes al ser humano y son objeto de derecho positivo. Estas normas, por ser naturales, no se pueden cambiar ni discutir, de ahí que sustente que debe dejarse todo asunto metafísico para orientar la totalidad al raciocinio común al hombre.

No menos importante e influyente en el deísmo fue la corriente arminiana, que se manifestó especialmente en Inglaterra en contraposición al dogmatismo del calvinismo extremo, que, en cierto modo, se oponía a la libertad de acción de los hombres a causa de la condición pecadora de toda la humanidad. Unido a esto, está la argumentación de Baruch Spinoza (1632-1677) a favor de una razón única y universal.

Estas formulaciones filosóficas generaron la necesidad de dar una expresión religiosa al universalismo racional, incompatible con el particularismo religioso sustentado en la revelación y no en la razón.

*Problemas*

Junto con las razones que sustentan el pensamiento deísta, no deben pasarse por alto los problemas que plantea esta filosofía. Uno de ellos es que, a pesar de su supuesto universalismo de la razón humana, no es una corriente de pensamiento sin fisuras.

Sin extenderse en estas consideraciones, que exceden la razón de esta reflexión, la propuesta de Herbert de la vida futura fue cuestionada por algunos deístas al entender que se privaba a la ética de la autonomía y transparencia que requiere.

Otro desacuerdo en el campo del deísmo está en la defensa que Locke (1632-1704) hizo de la racionalidad del cristianismo, propuesta en 1695, en la que se afirma que esa racionalidad se asienta en un código ético puro, que es plenamente compatible con la bienaventuranza de la vida futura; sin embargo, no admite la doctrina de las ideas innatas, defendida por otros deístas. Algunos trataron de presentar a Jesús como los taumaturgo y engañadores antiguos. John Toland (1670-1722), filósofo racionalista y librepensador, escribió en 1696 la obra *Christianity not misterious*, en la que elimina no solo lo que es contrario a la razón, sino también cuanto tiene que ver con lo sobrenatural, considerándolos como un elemento de presión de los sacerdotes sobre el pueblo.

Algunos representantes del deísmo lo caracterizan como libre pensamiento, entre los que está el filósofo ingles Anthony Collins (1676-1729), que sustenta que el cristianismo es la religión perfecta, pero cuestiona abiertamente muchos aspectos de la Biblia. Sostenía que todo lo que tiene que ver con religión debe someterse a la razón, negando cualquier autoridad sagrada que condicione el pensamiento racional, incluyendo la Biblia. Entendía que cualquier aspecto de fe era, por su misma naturaleza, supra-racional, por lo que para él equivalía a que fuese anti-racional. Por esa misma razón, todos los milagros que aparecen en la Biblia deben ser considerados como alegorías morales, ya que no se pueden contrastar por la historia.

Todo esto abre paso al liberalismo de los s. XVIII y XIX, que se manifestaría de forma radical a principios del s. XX, cuando se desarrolla la llamada desmitificación de la Biblia, excluyendo y rechazando gran parte de su contenido sobrenatural.

El deísmo es una forma solapada del antiteísmo. Para estos, no existen los milagros y tampoco el Dios trino del cristianismo. Toda manifestación de Dios se hace por y en consonancia con las leyes naturales, que pueden ser analizadas científicamente. Por sus principios asumen que la existencia de Dios no puede ser probada racionalmente y es una cuestión de fe que se sustenta en las doctrinas y preceptos tomados del libro sagrado, que es la Biblia. Por esta razón, buscan la espiritualidad por el subjetivismo personal y no en base a la revelación. El deísmo está presente en nuestros días en sectas pseudo-cristianas, como unitaristas, antitrinitarios, las varias formas de Nueva Era, etc.

## Monismo

### *Definición*

Con el nombre de monismo se hace referencia a posiciones filosóficas que sostienen que el universo está constituido por una única sustancia, o sustancia primaria, que es la causa que lo motivó.

Es, como casi todos los sistemas antiteístas, fundamentado en propuestas filosóficas. Estas sostienen en general que no existen múltiples cosas en el universo, sino que las muchas y diversas manifestaciones con fases o fenómenos proceden de un único principio sustancial que las originó. Es, en general, el sistema que niega distinciones y que reduce a uno todos los elementos que pudieran ser diferenciables, como materia y espíritu, cuerpo y alma, etc., fusionándolos en una unidad superior.

*Aspectos*

El monismo está inmerso en el entorno del panteísmo, ya que afirma que no hay distinción real entre Dios y el universo. Tal proposición conduce a una conclusión: Dios está dentro del universo como parte del mismo, o el universo no es una realidad en sí mismo, sino como una expresión manifestativa de Dios. Esto es una diferencia notoria con el teísmo, que entiende que Dios es una realidad distinta al universo, independiente de él, que lo sustenta y controla.

**Dualismo**

*Definición*

Se conoce por dualismo la posición filosófica que afirma la posible existencia de dos principios supremos, increados, coeternos, independientes, irreductibles y antagónicos.

Un ejemplo de dualismo es el bien y el mal, que sustenta el principio y la evolución del universo. Pero, en un sentido más amplio, esta doctrina alcanza a la concepción de dos órdenes de ser, como podrían ser Dios y la materia, esta y el espíritu, el orden físico y el moral, etc. Esto conduce a personificar la distinción dualista del bien y del mal. Esto puede entrar dentro de la metafísica dualista. Los dos principios propuestos en los distintos temas son opuestos e incluso antagónicos.

*Aspectos*

Como principio general, en el dualismo teológico los dos principios supremos se identifican con campos de expresión contrarios. Así, el mal se identifica con las tinieblas y la materia, mientras que el bien se vincula con la luz y el espíritu. Para los maniqueos, el mal se identifica con el demonio y el bien con Dios. En cualquier caso, son antagónicos y existen eternamente.

En cierto modo, el dualismo teológico tiene reminiscencias del platonismo. Para esta doctrina, la materia fue creada por el demonio o un demiurgo, que es el principio o causa originadora del mal, distinto y contrario a Dios. El principio del mal es irresistible y conduce inevitablemente a pecar; ese principio es el responsable del pecado y no la persona que peca.

A la luz de la Biblia, el dualismo debe ser rechazado por varias razones: a) Dios es uno y único, infinito y omnipotente, no generado, existente eternamente. Ningún otro principio es eterno y omnipotente. b) El principio del mal no puede ser Dios, en igualdad con el único, eterno e infinito Dios; por tanto, no puede limitar la acción del Dios verdadero. c) Todo cuando Dios hizo, lo hizo bueno en gran manera (Gn. 1:4, 10, 12, 18, 21, 25, 31). d) No solo el espíritu es bueno, sino que lo es también la materia. e) El Verbo eterno se encarnó, lo que sublimiza la materia y el cuerpo humano, frente al maniqueísmo y a las doctrinas dualistas.

**Pluralismo**

*Definición*

En el campo teológico, el pluralismo es la posición que defiende que todas las religiones del mundo son caminos útiles para llegar a Dios.

Es, en definitiva, la posición teológica que concuerda con la tolerancia en los sistemas democráticos, con el reconocimiento de la diversidad y la tolerancia hacia los demás, con su derecho a ser diferente, debiendo manifestarse una coexistencia pacífica entre todas las posiciones teológicas o religiosas. Esto significa el reconocimiento de todo, incluso, teológicamente hablando, de lo heterogéneo. El pluralismo es un concepto opuesto al monismo y al dualismo, que acaban de ser considerados.

*Aspectos*

Como se ha indicado, el pluralismo considera que todas las religiones del mundo son la vía para encontrar y acceder a Dios y a la salvación. Es una forma propia de movimientos religiosos procedentes mayoritariamente o relacionados con religiones orientales, lo cual es contrario al principio de la única doctrina verdadera que conduce a Dios, conforme a lo revelado.

La propuesta pluralista pretende el establecimiento de un sistema religioso en una relación pacífica y aceptable entre todas las religiones; en cierto modo, un sincretismo religioso. Esto no significa que todas las religiones converjan en una que elimine los distintivos individuales, sino en el reconocimiento de que la diversidad es válida y conlleva al respeto de pensar de forma distinta, la alteridad teológica. El pluralismo teológico admite la existencia de distintas visiones cosmológicas, todas válidas y, por tanto, aceptables. Esto entra en contraste con lo que el pluralismo llama exclusivismo religioso, que afirma la existencia de un solo Dios y un único camino de acceso a Él.

El concepto pluralista está presente en el mundo llamado cristiano en forma evidente a partir de la segunda mitad del s. XX. El ecumenismo, como sistema en el que las distintas religiones se unen en pro de la unidad, junto con el movimiento interreligioso, llevan a la aceptación del pluralismo. No se trata solo de aceptar principios que son comunes a todos, como el amor al prójimo, la defensa de los valores humanos, la libertad, etc., sino de aceptar las distintas posiciones que sustentan diferentes creencias acerca de Dios y de la salvación.

El pluralismo es contrario a las verdades bíblicas. La Escritura reconoce un solo y único Dios (Dt. 6:4); por tanto, el pluralismo religioso no solo contradice, sino que es incompatible con el cristianismo, al aceptar distintos puntos de vista acerca de Dios.

La Biblia enseña que el único modo de conocer a Dios es por la Palabra y por el único mediador, que es Jesucristo, ya que solo Él es el camino que conduce a Dios (Jn. 14:6). El apóstol Pedro en su ministerio de proclamar la verdad del Evangelio afirma que solo hay salvación en Cristo y excluye cualquier otro camino que no sea este para la salvación (Hch. 4:12).

Las manifestaciones religiosas y las enseñanzas de ellas son, para el pluralismo, absolutamente válidas, pero esto entra en conflicto directo con la enseñanza de la Biblia, que afirma la doctrina de un solo mediador entre Dios y los hombres, que es Jesucristo (1 Ti. 2:5).

## Panteísmo

### *Definición*

Según el Diccionario de la RAE, panteísmo es el sistema filosófico de quienes creen que la totalidad del universo es el único Dios[73].

El término procede del adjetivo neutro griego πᾶν, que significa *todo*, y el sustantivo θεός, que denota *Dios*; por tanto, es un vocablo que equivale a *Dios en todo*, o también *todo es Dios*.

---

[73] Diccionario de la Real Academia Española.

Por tanto, puede definirse el panteísmo como la corriente filosófica que sostiene que el concepto *Dios* es equivalente a *universo*, de manera que el término Dios no es otra cosa que nombrar lo que es la ley natural y la existencia misma de todas las cosas.

En ese sentido, Dios, como Creador, y la creatura son una misma cosa. En tal sentido, Dios y la naturaleza son lo mismo, de modo que todo lo existente forma una unidad que puede llamarse Dios. Entiende la realidad como algo inmanente, que es lo único que existe.

## *Aspectos*

Al ser Dios todo cuanto existe, es una entidad cognoscible, que puede alcanzarse por la vía de la intelectualidad humana. Tal cosa afirma la siguiente frase: "La realidad, en su totalidad, es manifestación divina, emanación de Dios, que debe ser comprendido como principio de lo que es, pero también como aquello que lo mantiene siendo"[74].

Entre los que sustentaron la idea del panteísmo cabe destacar a Juan Escoto Erígena (815-877), hombre del renacimiento carolingio, que intervino en las discusiones entre Hincmaro de Reims y Gottschalk, que sostenía la doble predestinación de los salvos para la gloria y de los malos para la eterna condenación, del que se destaca —en el panteísmo— su frase: "Dios es todas las cosas"[75]. Su posición panteísta está desarrollada en su libro *División de la naturaleza* (862-866)[76], en el que expone la realidad de la naturaleza, ajustándola a la dialéctica platónica, dividiendo la totalidad del ser en cuatro dimensiones: a) La naturaleza que crea y no es creada. b) La naturaleza creada y que crea. c) La naturaleza creada y que no crea. d) La naturaleza no creada y que no crea. La primera división corresponde a Dios. La segunda tiene que ver con las ideas formadas en la mente del Verbo, modelo y causa de todas las cosas. La tercera es todo lo creado según la idea del Verbo. La cuarta es la creación que reconoce al Creador.

En ese mismo campo, en relación con el panteísmo, está Giordano Bruno (1548-1600), astrónomo, matemático, filósofo y teólogo, que militaba en el panteísmo ateo, expresando la idea del universo como alma del mundo, teorías expuestas en su libro *De la causa, el principio y el uno* (1584). Sus proposiciones fueron causa

---

[74] Espínola, 2019.
[75] Latín: *Deus est omnia*.
[76] Título original: *De divisione Naturae*.

de ser juzgado por la Inquisición romana, que lo declaró culpable de herejía y lo condenó a ser quemado vivo en la hoguera.

En el s. XVII, dentro de la línea del racionalismo, está el filósofo judío Baruch Spinoza (1632-1677), era de origen sefardí, hispano-portugués. Expresó ideas contrarias a la autenticidad de la Biblia hebrea y cuestionó la naturaleza del único Dios. Puede considerárselo dentro de la línea panteísta, al sostener que existe una identificación entre la única realidad, en sentido de sustancia, y Dios o naturaleza, un concepto evidentemente panteísta. Sin embargo, afirmaba que "todo cuanto es, es en Dios, y sin Dios, nada puede ser ni concebirse"[77], donde lo reconoce como Creador, como generador de todo, pero no vinculado a la creación y no limitado a lo existente.

Citado anteriormente en otros apartados, dentro del panteísmo puede incluirse también a Pierre Teilhard de Chardin. Este religioso jesuita, filósofo y paleontólogo trató de reconciliar los principios evolucionistas con la religión, procurando armonizarlos. Uno de sus argumentos es el de persona colectiva, en la que profundiza para establecer un principio evolutivo en la creación del hombre, de modo que fueron hechos el varón y la hembra en una sola unidad que posteriormente se desdoblaron en dos. Tal cuestión afecta necesariamente a la enseñanza bíblica de un ser creado a la imagen y semejanza de Dios, por lo que también Él es una persona colectiva que por revelación se muestra como trino, aunque pudieran ser más personas en la subsistencia divina. Teilhard conduce sus reflexiones a la unidad del hombre en la evolución máxima, cuando alcance el *punto omega* que lo identificará en consonancia con todo lo creado y con Dios mismo.

### *Tipos de panteísmo*

Fundamentalmente, se establecen dos: El panteísmo religioso, que asume la existencia de una realidad divina única y verdadera a la cual se reduce el mundo, de modo que el mundo o universo es simplemente una emanación de Dios. En segundo lugar, está el panteísmo ateo, que entiende que la naturaleza es la única realidad, de modo que Dios queda reducido a ella, considerándolo como auto-principio de cuanto existe o conciencia del universo, de modo que el Dios monoteísta y único del cristianismo no existe, ya que no puede haber un ente aparte de lo que se conoce.

---

[77] Spinoza, *Ética*, XV.

**Nihilismo**

*Definición*

Según la RAE, el nihilismo es la negación de un fundamento objetivo en el conocimiento y en la moral.

Fundamentalmente, es la doctrina filosófica que considera que al final todo se reduce a nada y por lo tanto nada tiene sentido. De otro modo, es la negación de toda creencia o todo principio moral, religioso, político o social[78].

*Aspectos*

El nihilismo rechaza todos los principios, sean religiosos, éticos o gnoseológicos, sobre la base de que la vida no tiene sentido, que no existe Dios, ya que lo que pudiera ser Dios, que es el universo, es indiferente con los hombres, tanto física como moralmente; además, no hay esperanza como la que proclama el cristianismo y no existe un fin último teológico en presencia de Dios porque Dios ha muerto, y por consiguiente no existe la verdad absoluta. Por tanto, la vida carece de significado, propósito y valor intrínseco.

Esta corriente de pensamiento sostiene que la existencia carece de sentido y niega la existencia de una entidad superior o sobrenatural que pueda dar sentido y significado a la vida. Por tanto, abre la puerta a una crítica, incluso acérrima, a cualquier elemento que sustente la cultura humana en cualquier tiempo. La historia es simplemente un devenir de situaciones objetivas en el tiempo que no tiene ninguna finalidad superior a los hechos en sí mismos. Por consiguiente, la existencia no debe buscar sentido superior a los hechos, sino a las múltiples posibilidades de la existencia. Esta forma de pensamiento está muy próximo al escepticismo.

En el s. XIX, los intelectuales rusos opusieron el nihilismo al romanticismo y a las concepciones religiosas o metafísicas. Sin embargo, fue el filósofo alemán Friedrich Nietzsche (1844-1900) quien asentó las bases para el pensamiento filosófico del nihilismo. Sobre la base de los conceptos vertidos por este filósofo nace la posmodernidad, que se considera como nihilismo moderno. Nietzsche profundizó en el triunfo del secularismo de la Ilustración, expresado en su observación: "Dios ha muerto".

---

[78] Diccionario *Oxford Languages*.

## Formas

Suele hablarse de nihilismo activo y pasivo como dos actitudes opuestas relativas a la carencia de sentido de la existencia.

El nihilismo activo propone la destrucción de todos los valores tradicionales que dan sentido a la existencia, de forma especial a la creencia de la existencia de Dios. En su lugar, deben ser reemplazados por otros valores que permitan la aparición de una nueva moral, una nueva filosofía y, finalmente, un nuevo hombre. Este principio influyó notablemente en personas del nazismo alemán.

El nihilismo pasivo es el pensamiento que surge de la convicción de la muerte de Dios y por tanto de la crisis que esto genera en lo que antes era un valor que daba sentido a la vida. No puede producir esto más que la desesperanza, incluso la inacción, y siempre la renuncia al deseo de vivir, ya que destruida la idea de Dios que le daba sentido queda en un sinsentido que la hace insostenible y vacía, sin razón de ser.

Aunque existen otros tipos de antiteísmo, se considera suficiente para el propósito de esta obra lo que se ha considerado antes, en la brevedad que exige la razón de esas reflexiones, que cada lector podrá ampliar acudiendo a otros manuales especializados.

Sin duda, esto obedece a lo que la Biblia enseña sobre el hombre que niega la existencia del Creador, como se dijo al principio citando un párrafo del apóstol Pablo en su epístola a los Romanos, en el apartado sobre el politeísmo, donde se lee: "Pues habiendo conocido a Dios, no le glorificaron como a Dios, ni le dieron gracias, sino que se envanecieron en sus razonamientos, y su necio corazón fue entenebrecido. Profesando ser sabios, se hicieron necios"[79] (Ro. 1:21-22). La razón de la ira divina es clara: conocían a Dios experimentalmente, no podía pasar desapercibido, pero a pesar de su revelación, no respondieron en consonancia con el conocimiento que Dios comunica de sí mismo. La gloria que le corresponde como Creador le es negada por la criatura, de modo que no solo le niegan el reconocimiento, sino también la gratitud.

La razón humana se manifiesta en oposición a Dios. El pensamiento del hombre es un pensamiento envanecido, es decir, fatuo,

---

[79] Texto griego: ²¹Διότι γνόντες τὸν Θεὸν οὐχ ὡς Θεὸν ἐδόξασαν ἢ ηὐχαρίστησαν, ἀλλ' ἐματαιώθησαν ἐν τοῖς διαλογισμοῖς αὐτῶν καὶ ἐσκοτίσθη ἡ ἀσύνετος αὐτῶν καρδία.²² φάσκοντες εἶναι σοφοὶ ἐμωράνθησαν.

sin sentido. No hay peor sinsentido que el sentido del hombre delante de la evidencia del Creador. El pensamiento de la criatura se pone al servicio de la vanidad para negar a Dios. Pretende sustituir la fe por el raciocinio. Pablo utiliza aquí un sustantivo traducido por razonamiento, que expresa la idea del resultado de un diálogo íntimo, consigo mismo que, al no tener en cuenta a Dios, resulta envanecido y es en sí mismo vanidad.

Un pensamiento semejante pone en evidencia la necedad del hombre en una manifestación de lo que es sin discernimiento, significado literal del adjetivo que el apóstol utiliza aquí y que se traduce por *necio*[80]. El necio es aquel que coloca a Dios al margen de su vida, alejándose de Él y negándolo (Sal. 14:1). No quiere decir, en modo alguno, que el necio sea ateo, negando la existencia de Dios, cosa imposible para cualquier hombre, puesto que Dios se manifiesta a cada uno por medio de la creación, sino que es impío, alejándose de Él sin tenerlo en cuenta y negándole la gratitud y el respeto que merece por ser Dios. En otras palabras, Dios no existe para él. La Biblia presta mucha atención al necio para advertir a cada uno del peligro que conlleva serlo.

Por alejarse de la luz, el corazón fue entenebrecido[81], es decir, se volvió tinieblas, que es el sentido del verbo utilizado por el apóstol para referirse a esta condición. El corazón es el centro vital de los sentimientos (Ro. 9:2), la voluntad (1 Co. 4:5) y el intelecto (Ro. 10:6). De ahí que la conclusión no pueda ser otra: el hombre es un ser en tinieblas y él mismo es también tinieblas al haberse entenebrecido. Esta condición se aprecia en que, habiendo conocido a Dios, se niegan a glorificarle y a darle gracias. La misma vida del hombre tiene su sentido en glorificar con gratitud al Creador, la mayor necedad es alejarse de Dios en el camino de la rebeldía que hace vana a la criatura lejos del Creador. El hombre está en tinieblas al alejarse de la única luz, que es Dios. Quien lo margina, no encontrará otra vía a la luz, y él mismo no solo vivirá en las tinieblas, sino que al carecer de luz propia y rechazar la única luz, que es Dios, él mismo será también tenebroso. Jesús lo afirmó cuando dijo: "Yo soy la luz del mundo; el que me sigue, no andará en tinieblas, sino que tendrá la luz de la vida" (Jn. 8:12).

En lugar de alabar a Dios, los necios se envolvieron en sus vanas especulaciones y razonamientos. Esto los llevó a descender al

---

[80] Griego: ἀσύνετος.
[81] Griego: σκοτίζω.

plano meramente intelectual, abandonando la grandeza de la relación sobrenatural con Dios que los eleva por encima de las cosas pasajeras, no hallando ya superación del pasado ni consistencia para el presente ni esperanza para el futuro. Todo cuanto piensan, desean y hacen está negativamente afectado al no estar ni desear estar en consonancia con la voluntad de Dios. La inteligencia del necio, que se niega voluntaria y rebeldemente a comprender, hace de la vida un sinsentido.

La necedad está vinculada al hombre que no tiene en cuenta a Dios. Todos ellos son meros profesantes de sabiduría, haciéndolo mediante la afirmación de ser sabios. Es decir, se consideran y proclaman sabios a ellos mismos. La absurda dimensión de la máxima expresión de necedad es marginar, despreciar y alejarse de la sabiduría suprema, manifestada por el Creador en la creación, para asumir ellos el lugar de Dios, proclamándose sabios al margen de Él. Estos son necios porque se apartan del principio de la sabiduría, que es el temor de Dios, el respeto reverente al Creador (Job 28:28; Sal. 111:10; Pr. 1:7; 9:10; 15:33).

# CAPÍTULO V
# NATURALEZA DE DIOS

**Introducción**

Establecida la existencia de Dios, pudiendo conocerlo por la revelación sobrenatural, esto es por la Escritura, se generan dos preguntas que deben ser contestadas.
Una: "¿Cómo es Dios?". A esto, la Biblia responde con lo que se denomina atributos o, si se prefiere mejor, perfecciones. De modo que la pregunta es respondida en un amplio campo de conocimiento: Dios es omnipotente, omnisciente, omnipresente, justo, bueno, amor, justicia, soberanía, etc. Estas perfecciones se manifiestan en Dios en la dimensión que exige su ser, infinito y eterno; por tanto, ya que todas las perfecciones son esenciales a su ser y expresión suprema del mismo, son también infinitas y eternas.

Sin embargo, el conocimiento de un ser infinito y eterno resulta poco menos que imposible a la mentalidad del hombre, limitado y temporal. Pero la revelación describe esas perfecciones o atributos en el plano de la comparación que el hombre puede hacer de esas perfecciones, siempre en grado limitado, pero suficiente para elevarlo en la comprensión al grado infinito.

En el presente capítulo se hará una reflexión que conduzca a entender bíblicamente y, por tanto, teológicamente el ser de Dios. Esto resolverá, siempre dentro de las limitaciones de la criatura, alcanzar la comprensión de cuál es la naturaleza de Dios, lo que permitirá una definición de Dios, surgiendo la inevitable pregunta: ¿Puede ser definido Dios? La definición establece límites, parámetros, medidas que excluyen cuanto está comprendido en ellas, pero, ¿hay medida posible para Dios? ¿Puede alguien establecer límites al infinito, valores al excelso, cerco definido al Omnipotente? De ahí la dificultad de poder responder en plenitud a la pregunta de ¿cómo es Dios?

Con el reconocimiento de la imposibilidad de alcanzar un conocimiento absoluto de las perfecciones divinas hemos de entender que Dios quiere que lo conozcamos y lo hagamos no solo intelectual, sino vivencialmente. Así escribía el Dr. Lacueva:

> Próximo a marchar al Padre, y al comienzo de su grandiosa oración sacerdotal, Jesús recalcó: "Esta es la vida eterna: que te conozcan a ti, el único Dios verdadero, y a Jesucristo, a quien

has enviado" (Jn. 17:3). Con este estudio amoroso no llegaremos a captar en esta vida el brillo de la gloria de Dios, que será perennemente nuestro en el Cielo, pero habremos vislumbrado —tras alzar una punta del velo— la grandeza de las cosas que esperamos (He. 11:1), y esta vislumbre servirá para acicatear nuestro afán de conocer y amar cada día más a ese Señor al que "ahora vemos por espejo, oscuramente; mas entonces veremos cara a cara, al que ahora conocemos en parte; pero entonces conoceremos como fuimos conocidos" (1 Co. 13:12).[82]

**El ser de Dios**

*Generalidades*

Superado ya el tema sobre el conocimiento de Dios, es necesario responder a una pregunta: ¿Cuál es la naturaleza de Dios? Y dentro de esto, dar respuesta también a la siguiente: ¿Puede Dios ser definido?

A la luz de la revelación, Dios es un ser y no una persona, de otro modo, Dios es un ser personal. En la Biblia se descubre que las actuaciones de Dios son personales, pero no unipersonales, sino tri-personales, lo que conduce a entender que Dios es un ser en el que subsisten tres hipóstasis personales, que conocemos por la revelación como Padre, Hijo y Espíritu Santo.

Para Tomás de Aquino, Dios es "motor inmóvil, causa eficiente no causada, ser necesario que existe en su propia naturaleza, plenitud de ser, de verdad, de bondad y de nobleza, inteligencia suprema, que es su misma intelección"[83]. Por tal razón, ninguna criatura puede conocer todo lo que pertenece a Dios, de manera que es imposible hacer una declaración exhaustiva de lo que es.

Eso incluye necesariamente la definición, que es *limitar*, ya que el verbo *definir* es fijar con claridad, exactitud y precisión la naturaleza de una persona[84]. Esto conlleva establecer el sentido de definición, que es la proposición que expone con claridad y exactitud los caracteres genéricos y diferenciales de algo[85]. Aunque en ocasiones esto resulta difícil debido a la mayor o menor complejidad de lo definido, no tiene parangón cuando se pretende definir el ser divino por la imposibilidad comparativa del mismo. Sin embargo, se puede entrar

---

[82] Lacueva, 1974, p. 9.
[83] Ramírez, 1975, Tomo I, p. 123.
[84] RAE: *definir*.
[85] RAE: *definición*.

en el conocimiento de Dios, como ser, por la vía de la separación; esto es, distinguiendo aquello que no está presente en ninguna otra esfera o ser, por lo que se llega a un conocimiento mental de lo que se distingue. Para ello pueden seguirse varias vías, bien independiente o conjuntamente, enunciando las características de lo que se define, las diferencias específicas, expresando el arquetipo mental alcanzado e incluyendo las perfecciones, títulos y referencias por las que se denota lo que se pretende definir. Relativo a esto, escribe el Dr. Hodge:

> Cuando decimos que podemos definir a Dios, todo lo que significamos con ello es que podemos analizar la idea de Dios tal como se encuentra en nuestra mente; o, que podemos declarar la clase de seres a la que Él pertenece, y los atributos que le distinguen de todos los otros seres. Así, en la sencilla definición: Dios es *ens perfectissimus*, la palabra *ens* lo designa como un ser, no como una idea, sino como aquello que tiene una existencia real, objetiva; y la perfección absoluta lo distingue de todos los otros seres... Probablemente la mejor definición de Dios jamás escrita por el hombre sea la que aparece en el *Catecismo de Westminster*: "Dios es un Espíritu, infinito, eterno e inmutable, en su ser, sabiduría, poder, santidad, justicia, bondad y verdad". Esta definición es verdadera porque declara la clase de seres a la que Dios debe ser asignado. Él es un Espíritu. Y es distinguido de todos los otros espíritus en cuanto a que Él es infinito, eterno e inmutable en su ser y perfecciones. Es también una definición completa, hasta allí donde es una declaración exhaustiva del contenido de nuestra idea de Dios.[86]

Al afirmar que Dios es un ser, se da a entender que tiene existencia real sustantiva, equivalente al concepto de substancia o esencia, de forma que se distancia y diferencia de cualquier idea surgida de la mente humana.

Dios es un ser personal, en el sentido antes dicho de que en Él subsisten eternamente tres personas. El concepto de persona aplicado a Dios se considerará más adelante, limitando aquí a lo que tiene que ver con el concepto de ser personal. Esto involucra inevitablemente la manifestación de un único Yo personal, sujeto de atribución de la vivencia del ser. Dios es esencialmente una sustancia o esencia

---

[86] Hodge, 1991, Vol. I, p. 273 ss.

infinita, eterna e inmutable en la que el Yo es el sujeto común de todas las perfecciones divinas y agente común de todos sus actos.

El concepto de persona permite definir a quienes son personas únicas e individuales, en las que el ser personal es coincidente con la única persona que se manifiesta en él. Esto no ocurre en Dios, para quien la aplicación del término *persona* necesita una indicación con el fin de entender lo que se desea expresar; esto será considerado en su momento, más adelante. Aunque esto hace que Dios sea un ser personal y que cada una de las personas divinas tenga los elementos propios de una persona, lo que incluye la individualización y la diferenciación de las mismas, no permite que en Dios sean independientes en razón de la propia participación en la única vida, tanto esencial como natural, de cada una de ellas.

El ser divino es un ser consciente, con absoluto y perfecto libre albedrío, no confinado al mundo, sino exaltado sobre él. A la vez, es plenamente inmanente, en continua relación con todo lo creado y, de forma especial, con quien fue objeto de una creación especial, que es el hombre. Otras muchas religiones poseen otros dioses, pero solamente uno es el verdadero, el Dios de la Biblia, de la historia y del creyente, Señor soberano en cielos y tierra. Aunque plenamente desconocido a la criatura, se ha revelado a ella en momentos y tiempos concretos (He. 1:1). La revelación progresiva[87] se produjo a lo largo de siglos, literalmente "en otro tiempo". El Antiguo Testamento pone de manifiesto a Dios, pero nunca abarca todo lo que es el ser de Dios, constituyéndose en camino preparatorio para la revelación suprema, exhaustiva, que da no por revelación escrita, sino personalmente, viniendo al encuentro del hombre para expresarse ante él en y por medio del Verbo encarnado: "En estos postreros días nos ha hablado por el Hijo" (He. 1:2). La manifestación de Dios es en Cristo todo cuanto puede ser declarado de Él, hasta el punto de que Jesús dijo: "El que me ha visto a mí, ha visto al Padre" (Jn. 14:9).

Este Dios que se limita en su revelación, a tiempos y lugares y que a ojos —muchas veces incrédulos— es visto como un hombre, es al mismo tiempo exaltado sobre todo. Así lo afirma en su revelación: "Estad quietos, y conoced que yo soy Dios; seré exaltado entre las naciones; enaltecido seré en la tierra" (Sal. 46:10), como se confirma en esta otra cita: "Jehová en Sion es grande, Y exaltado sobre todos los pueblos" (Sal. 99:2). El revelador de Dios, que es Dios mismo hecho hombre, ha sido "exaltado por la diestra de Dios" (Hch. 2:33).

---

[87] Ver este tema en el Vol. I de esta colección: *Bibliología*.

El ser divino no tiene analogía posible a la que pueda ser comparado, "porque ¿quién en los cielos se igualará a Jehová? ¿Quién será semejante a Jehová entre los hijos de los potentados?" (Sal. 89:6). Dios habita la eternidad: "Porque así dijo el Alto y Sublime, el que habita la eternidad" (Is. 57:15). Todavía, el estudio del ser divino reviste otra dificultad: nadie le ha visto ni puede hacerlo (Jn. 1:18; 6:46; 1 Ti. 6:16). Dios es inmutable (Stg. 1:17); atemporal (Ap. 1:8; 22:13); no es posible un espacio que le pueda comprender porque es infinito. Sin embargo, nadie puede dejar de conocer su plenitud porque ha hecho que habite en Cristo corporalmente (Col. 2:9).

En ese sentido, en una parte de su comentario al Salmo 85 —que dice "Oh Adonai, no hay como tú entre los dioses, ni obras como las tuyas" (Sal. 86:8; BT)—, Agustín comenta: "No dijo lo desemejante que es Dios, porque no puede decirse. Atienda vuestra caridad: Dios es inefable. Más fácilmente decimos lo que no es que lo que es"[88].

En el entorno semita, una persona se definía por su nombre; de ahí que, en conocimiento del ser divino, debemos apelar a la nominación que Él hizo de sí mismo ante el requerimiento de Moisés: "Dijo Moisés a Ha-'Elohim: Cuando vaya a los hijos de Israel, y les diga: El Dios de vuestros padres me ha enviado a vosotros, y me digan: ¿Cuál es su nombre? ¿Qué les diré? Respondió 'Elohim a Moisés: YO SOY EL QUE SOY. Y añadió: Así dirás a los hijos de Israel: YO SOY me ha enviado a vosotros" (Ex. 3:13-14; BT). Moisés apela a quien conocía como "el Dios de vuestros padres" y pregunta por su nombre, no en el sentido de nominar a Dios de una determinada manera, sino de conocerlo por la grandeza de sus hechos y la gloria de su ser. En ese sentido, Moisés apela a Dios para poder mostrar los hechos poderosos suyos (comp. Ex. 9:16), de manera que Israel pudiera prestar atención al mensaje que Moisés les llevaba de su parte. La respuesta es sorprendente: "YO SOY EL QUE SOY". Estando el verbo en imperfecto, puede traducirse como futuro: "YO SERÉ EL QUE SERÉ". Debe tenerse en cuenta que el verbo hebreo no tiene presente, sino solo perfecto, imperfecto y participios, pero el perfecto y el imperfecto no concuerdan propiamente con nuestro pretérito y futuro, sino que el perfecto enuncia una acción concluida y el imperfecto inconclusa, de ahí que la autodesignación divina ofrece una acción ilimitada y, por tanto, eterna. Este viene a ser un nombre propio de Dios.

---

[88] Agustín de Hipona, 1966, (3).85.12.

Esta nominación se convierte en el conocido *tetragrammaton*[89], YHWH, nombre que señala lo que Él es en sí mismo. De esta descripción de Dios parte Agustín de Hipona en cuanto al concepto de ser. Debe tenerse en cuenta que el "YO SOY EL QUE SOY" no tiene un contenido metafísico; todo lo contrario: pone de forma ostensible la manifestación activa de la existencia divina en un eterno presente porque eternidad no es un tiempo infinito, sino todo lo contrario, la ausencia absoluta de tiempo, que permite a Dios vivir siempre en presente.

Dios es Espíritu infinito, eterno e inmutable, conceptos que son incomprensibles para la mente humana, salvo mediante una abstracción mental, esto es, separar por medio de una operación intelectual las cualidades de un objeto para considerarlo en su pura esencia o noción. De modo que —como decía Agustín— es mucho más claro para nosotros decir lo que no es que decir lo que es. Por esa razón, puesto que ningún intelecto puede concebir a Dios, ninguna definición puede describirlo correctamente.

Esa es la causa por la que debe distinguirse lo oculto de Dios, esto es el propio Dios en su dimensión infinita, y lo revelado en la Palabra, que siendo perfecta no es total y completa, puesto que el escrito siempre es menor que la idea. En tal sentido, hablar de conocer lo absoluto es una contradicción.

La manifestación del ser divino supone la presencia de tres aspectos que concurren en Dios:

a) Dios posee una inefable trascendencia, eso hace imposible encontrar en el lenguaje humano palabras que expresen lo que Dios es y lo que puede hacer.

b) Dios existe por sí mismo porque tiene en sí la fuente del ser, de la vida y de toda omnipotencia operativa, por esa razón ha sido siempre y siempre será, lo que equivale a afirmar que es eterno. Esto distingue a Dios de todos los seres. De ahí la frase de la teología medieval, que refiriéndose a Dios decía: *Esse per se subsistens*, literalmente "siendo subsistente en sí mismo", es decir, el ser que existe y subsiste en Él mismo.

c) Dios no cambia ni puede cambiar. Todas sus perfecciones esenciales y operativas son eternamente un hecho seguro, lo que, a diferencia de todos los seres creados es inmutable.

---

[89] Del griego τετρα, *cuatro*, y γραμμά, *letra*.

## Características esenciales

En cuanto a la esencia de Dios, se pueden seguir las formulaciones de Tomás de Aquino, que considera que en el ser divino se manifiestan las siguientes características: simplicidad, perfección, infinitud, inmutabilidad y unidad. Para entender la simplicidad de Dios, es necesario utilizar la vía de negación, excluyendo en Él las cosas que se aprecian en la criatura para asumir la evidencia de movimiento, potencia y acto. El ser divino no es compuesto; por tanto, Dios es simple, pero a diferencia de los seres vivos, en los que la simplicidad es sinónimo de imperfección y la complejidad de perfección, en Dios es todo lo contrario: infinita perfección. Sin embargo, en esa simplicidad, Él posee todas las perfecciones en grado infinito, no solo en lo que posee, sino en el actuar, puesto que sus acciones se extienden a todas las cosas en todos los lugares; es decir, no queda nada que pueda estar fuera del control de Dios. El poseer en grado infinito todas las perfecciones excluye que pueda adquirir nuevas perfecciones, pero implica que tampoco puede modificar o cesar en las que tiene, lo que hace a Dios inmutable.

## Términos antropomórficos y antropopáticos

A Dios se lo representa usando acciones propias del hombre, lo que se llama antropomorfismo, pero también se le asignan sentimientos que están presentes en el ser humano, lo que podría llamarse acciones antropopáticas.

Esas figuras permiten conocer lo que vincula a Dios con la criatura, de manera que se hace referencia a la mano de Dios, en actuaciones concretas, como las acciones divinas sobre Faraón en la liberación de su pueblo Israel (cf. Ex. 9:3, 15). Del mismo modo, para hablar de omnipotencia se menciona la mano poderosa (cf. Dt. 6:21; 7:8; 11:2). No solo se usan términos antropomórficos, sino referencias tomadas de la creación en general, de manera que para hablar de protección y cuidado se usan las plumas y las alas de Dios (Sal. 91:4). Su justa ira se expresa en términos como "los aplasté con mi ira, y los pisoteé con mi furor" (Is. 63:3).

De igual manera, las expresiones antropopáticas, cuando se refieren a sentimientos, a modo de ejemplo se habla del "día de la venganza que está en mi corazón" (Is. 63:4), o también "os daré pastores según mi corazón" (Jer. 3:15). Hablando de sentimientos profundos, se utiliza una forma como esta: "En toda angustia de ellos Él fue angustiado" (Is. 63:9).

*Dios es Espíritu*

Se ha dicho antes que Dios es Espíritu; esa es la definición que Jesús dio de Él (Jn. 4:24)[90]. Es interesante el artículo determinado que sigue al sustantivo espíritu y que determina a Dios como el único Espíritu de ese modo. Al observar la definición, se aprecia que Dios es un ser incorpóreo porque es Espíritu, en el que subsisten tres personas que, por ser el único Dios, son también Espíritu en su naturaleza divina. Siendo infinito, ningún lugar ni el universo entero lo puede limitar, pero su infinitud hace posible que se lo pueda hallar y adorar en cualquier lugar (cf. 1 R. 8:27 ss.; Sal. 139:7 ss.; Hch. 17:24 ss.). Como Espíritu, está ausente de toda materialidad y, por consiguiente, de corporeidad.

Sin embargo, la Biblia habla de dimensiones en referencia a Dios, señalando longitud, altura, profundidad y anchura: "Es más alto que los cielos, ¿qué puedes tú hacer? Es más profundo que el Seol, ¿qué puedes tú saber? Su medida es más extensa que la tierra, y más ancha que la mar" (Job 11:8-9; BT). Aparentemente, tiene cuerpo al referirse a medidas, no importa cuál sea la dimensión de ese cuerpo. Además, el Espíritu no tiene figura, pero la Biblia dice: "Entonces dijo' Elohim: Hagamos al hombre a nuestra imagen, conforme a nuestra semejanza" (Gn. 1:26; BT); luego, si hay imagen, hay figura y hay cuerpo. Ya se han citado unos ejemplos de antropomorfismo. La Biblia pone en boca de Dios el desafío para Job: "Si tienes un brazo como el de Dios y tu voz truena como la suya" (Job 40:9; BT). Igualmente se lee: "Y hallarás gracia y buena opinión ante los ojos de Dios y de los hombres" (Pr. 3:4), y "la diestra de Jehová hace proezas. La diestra de Jehová es sublime; la diestra de Jehová hace valentías" (Sal. 118:15b, 16). Todo cuerpo ocupa un lugar y permite presenciar una determinada posición, y ser portador de vestiduras, como leemos de Dios: "En el año que murió el rey Uzías vi yo al Señor sentado sobre un trono alto y sublime, y sus faldas llenaban el templo" (Is. 6:1). Es más, nada que no sea corpóreo puede ser ni principio ni término de movimiento, pero leemos en la Biblia en relación con Dios: "Acercaos a mí" (Is. 48:16), y "pondré mi temor en el corazón de ellos, para que no se aparten de mí" (Jer. 32:40). También escribe Santiago: "Acercaos a Dios, y él se acercará a vosotros" (Stg. 4:8). Por tanto, parece que se afirma que Dios tiene cuerpo, puesto que tiene elementos de relación y de movimiento.

---

[90] Texto griego: Πνεῦμα ὁ Θεός.

No obstante, la comprensión de lo incorpóreo necesita una figura que permita percibirlo, de ahí que se atribuyan a Dios cuatro dimensiones (Ef. 3:18). Orígenes explicaba tres de esas medidas: "Entiéndese por profundidad de Dios la imposibilidad de comprender su esencia; por longitud, el avance de su poder, que todo lo penetra; y por anchura, la amplitud con que se extiende a todo, en cuanto que todas las cosas están amparadas bajo su protección"[91].

Cuando la Biblia habla de imagen, relativa a Dios; está haciendo referencia a la creación del hombre, al que dota de soberanía limitada para ejercer autoridad plena sobre la creación terrena de los seres vivos: "Y señoree en los peces del mar, en las aves de los cielos, en las bestias, en toda la tierra, y en todo animal que se arrastra sobre la tierra" (Gn 1:26). Es dotado de imagen, lo que supone autoridad, moralidad y razón; esto lo convierte en un ser único en toda la creación.

Nadie puede entender las acciones omnipotentes de Dios sin recurrir a una figura antropológica que permite actuar al hombre, como son las manos, los brazos o los ojos. Todas estas figuras ponen de manifiesto la infinidad del obrar divino y de la percepción que le permite ver o conocer todo sin necesidades de elementos sensitivos.

De igual modo, la figura de estar sentado implica una referencia a la autoridad e inmutabilidad de Dios, y la de estar en pie, su poder para actuar en todo cuanto determine que significa una acción sobre cualquier poder del universo.

*Dios es absolutamente simple*

Todo cuanto procede de Dios y se manifiesta en los seres creados no es simple, por lo que, si procede de Él, razón y ser de todo, Dios no pudiera no ser simple.

Sin embargo, cuando hay composición, hay diferencias entre las partes que forman el todo compuesto. Eso no puede existir en Dios, que es Espíritu puro, infinito y glorioso; por tanto, nada puede añadirse a su condición absolutamente simple. Lo que es simple no difiere en virtud de otras diferencias porque no existen, ya que esto es propio de las formas compuestas.

En Dios hay una identidad plena de esencia y existencia, que es la raíz de todos los atributos divinos, que se considerarán más adelante en este mismo capítulo, en el punto siguiente.

---

[91] Citado por Tomás de Aquino, 1957, 1, 135.

Los seres creados participan en perfecciones que existen en Dios en grado infinito. La comparación con el ser divino de esto es evidente, a la vez que contrapuesta, ya que ningún ser puede tener algo que el ser divino no tenga, puesto que todo cuanto el ser tiene le ha sido dado por creación. Los seres pueden compararse con el ser supremo, pero esta comparación se hace desde lo ilimitado a lo limitado, desde lo infinitamente perfecto a lo imperfecto, desde lo simple a lo compuesto, desde lo subsistente en sí mismo al ser recibido, y así se pueden establecer comparaciones que son, por sí mismas contrapuestas, lo que hace imposible una referencia comparativa que permitiera conocer en la dimensión precisa para definirlo el ser divino. Debe afirmarse que, aunque las criaturas tienen, en alguna medida, semejanza de Dios, esto no significa que Dios sea semejante a la criatura.

Será difícil establecer una definición apropiada y completa que defina a Dios. De la Confesión de fe de Westminster, se toma la siguiente definición:

> II.1. Hay un solo Dios,[92] vivo y verdadero[93], quien es infinito en su ser y perfección[94], un Espíritu purísimo[95], invisible[96], sin cuerpo, parte[97] o pasiones[98]. Es inmutable[99], inmenso[100], eterno[101], incomprensible[102], todopoderoso[103], sapientísimo[104], santísimo[105], totalmente libre[106] y absolutísimo[107].
>
> Hace todas las cosas según el consejo de su propia inmutable y justísima voluntad[108] para su propia gloria[109].

---

[92] Dt. 6:4; 1 Co. 8:4-6.
[93] Jr. 10:10.
[94] Job 11:7-9.
[95] Jn. 4:24.
[96] 1 Ti. 1:17.
[97] Dt. 4:15-16.
[98] Hch. 14:1, 15.
[99] Mal. 3:6.
[100] 1 R. 8:27.
[101] Sal. 90:2.
[102] Sal. 145:3.
[103] Gn. 17:1.
[104] Ro. 16:27.
[105] Is. 6:3; Ap. 4:8.
[106] Sal. 115:3.
[107] Ex. 3:14.
[108] Ef. 1:11.
[109] Pr. 16:4; Ro. 11:36.

Es amorosísimo[110], benigno, misericordioso, paciente, abundante en bondad y verdad. Perdona la iniquidad, la transgresión y el pecad[111] y es galardonador de aquellos que le buscan diligentemente[112]. Además, es justísimo y terrible en sus juicios[113], que detesta todo pecado[114], y que de ninguna manera declarará como inocente al culpable[115].

II.2 Dios tiene, en sí mismo y por sí mismo, toda vida[116], gloria[117], bondad[118] y bienaventuranza[119]. Él es el único todo suficiente, en y por sí mismo, no teniendo necesidad de ninguna de sus criaturas hechas por Él, ni derivando gloria alguna de ellas, sino que manifiesta su propia gloria en ellas, por ellas, hacia ellas y sobre ellas. Él es la única fuente de toda existencia, de quien, por quien y para quien son todas las cosas[120]; teniendo el más soberano dominio sobre ellas para hacer por medio de ellas, para ellas o sobre ellas todo lo que a Él le plazca[121]. Todas las cosas están abiertas y manifiestas ante su vista[122]; su conocimiento es infinito, infalible, independiente de toda criatura[123] de tal manera que para Él nada es contingente o incierto[124]. Él es santísimo en todos sus consejos, en todas sus obras y en todos sus mandamientos[125]. A Él son debidos toda adoración, servicio y obediencia que a Él le place requerir de los ángeles, de los seres humanos y de toda criatura[126].

II.3 En la unidad de la divinidad hay tres personas, de una misma sustancia, poder y eternidad: Dios Padre, Dios Hijo y Dios Espíritu Santo[127]. El Padre no es engendrado ni procede

---

[110] 1 Jn. 4:8, 16.
[111] Ex. 34:6-7.
[112] He. 11:6.
[113] Neh. 9:32-33.
[114] Sal. 5:5-6.
[115] Nah. 1:2-3.
[116] Jn. 5:26.
[117] Hch. 7:2.
[118] Sal. 119:68.
[119] 1 Ti. 6:15; Ro. 9:5.
[120] Ro. 11:36.
[121] Dn. 4:25, 35; Ap. 4:11; 1 Ti. 6:15.
[122] He. 4:13.
[123] Ro. 11:33-34; Sal. 147:5.
[124] Ez. 11:5; Hch. 15:18.
[125] Sal. 145:17; Ro. 7:12.
[126] Ap. 5:12.
[127] Mt. 3:16-17; 28:19; 2 Co. 13:14.

de nadie. El Hijo es eternamente engendrado del Padre[128], y el Espíritu Santo procede eternamente del Padre y del Hijo[129].

Al concluir este apartado, es necesario recordar que el ser incorpóreo, porque es Espíritu infinito, se hace visible antropológicamente, es decir, realidad existencial en el Verbo encarnado (Jn. 1:14). Dios se da a conocer en el Hijo hecho hombre, que revela visiblemente a lo invisible (Jn. 1:18). Dios es un ser personal, lo que requiere el estudio de cada una de las personas divinas que subsisten en Él, lo que será considerado en esta parte de la teología propia.

**Atributos de Dios**

*Noción de atributo*

Siendo que es imposible, si Él no se revela a sí mismo, conocer y descubrir a Dios, se producen dos preguntas, que necesariamente deben ser respondidas: *¿Cómo es Dios?* y *¿Qué es Dios?* A la primera se responde con lo que se conoce como *atributos*; a la segunda, con los *nombres* de Dios. Aun así, las respuestas son siempre limitadas, debido a la infinitud del ser divino.

Sobre esto escribe el Dr. Chafer:

> Es cierto, como ya se ha observado, que Dios, necesariamente, es revelado aun en la Biblia, por medio de las expresiones que pertenecen a la vida y a la experiencia humana. Él es presentado en términos antropomórficos y antropopáticos. Como puede anticiparse, cuando las mentes finitas pasan a contemplar lo infinito, el conocimiento obtenido es, cuanto más, solamente parcial, y en relación a esto, hay dos líneas diferentes y casi paradójicas de verdad igualmente apoyadas por las Escrituras. (1) David, refiriéndose al entendimiento divino, dice: "Tal conocimiento es demasiado maravilloso para mí; alto es, no lo puedo comprender" (Sal. 139:6). Y el Apóstol, escribiendo acerca de la gloria de Dios, declara: "El único que tiene inmortalidad, que habita en la luz inaccesible; a quien ninguno de los hombres ha vista ni puede ver, al cual sea la honra y el imperio sempiterno. ¡Amén!" (1 Ti. 6:16). No obstante (2) Él se ha revelado en Cristo. Juan declara: "Y aquel Verbo fue hecho carne, y habitó entre nosotros (y vimos

---
[128] Jn. 1:14, 18.
[129] Jn. 15:26.

su gloria, gloria como del unigénito del Padre), lleno de gracia y de verdad" (Jn. 1:14) y "A Dios nadie le vio jamás; el Unigénito Hijo, que está en el seno del Padre, él le ha dado a conocer" (Jn. 1:18). Aun cuando Dios está elevado a un grado de excelencia tan incomparable, los hombres son amonestados a ser santos y perfectos como Dios es Santo y perfecto (Mt. 5:48; 1 P. 1:16).[130]

Los atributos de Dios no son elementos que entran en la composición del ser divino, puesto que Dios es simple, de modo que no está compuesto por varias partes. Puede definirse como atributo de Dios aquella perfección esencial de Dios, revelada en la Escritura, que es posible que sea manifestada a los hombres. Estas perfecciones son realidades de la propia esencia de Dios, que conjuntamente y sin división, constituyen la plenitud del ser divino.

Mientras que las propiedades de los seres fluyen de su misma esencia, no la constituyen en sí misma; en cambio, los atributos divinos son constitutivos de la esencia divina porque nada puede añadírsele y nada puede adquirir o perder.

Los atributos, son perfecciones divinas distintas entre sí, pero integradas de tal modo en el ser divino que cada una de ellas participa de la infinita plenitud de ese ser; por tanto, ninguna puede actuar en oposición a las restantes, ni tampoco actuar independientemente de ellas, puesto que esas perfecciones constituyen la esencia divina.

La vinculación de los atributos con la esencia divina es tal que la esencia divina está completa en cada atributo y cada atributo en la esencia. De manera que el conocimiento de los atributos conduce al conocimiento de la esencia divina, ya que esa no podría existir por sí misma antes de que existieran los atributos o perfecciones de Dios. Por ser cualidades esenciales, cada atributo pone de manifiesto un aspecto de la esencia divina, y todas ellas nos revelan a Dios.

El lenguaje humano queda siempre limitado para expresar lo que es Dios y sus perfecciones. El uso genérico en teología del término *atributo* tiene el riesgo de que se suponga que estos son independientes o incluso de algo que se añade al ser divino. A causa de eso se suele sustituir por *perfecciones* o *virtudes*. Esto es concordante también con la revelación bíblica, que utiliza el término virtudes en relación con Dios (1 P. 2:9). Las virtudes no pueden ser añadidas al ser, sino que proceden de él y comportan su modo de actuar. Sin

---

[130] Chafer, 1974, Vol. I, p. 195.

embargo, puesto que el término atributo es el más usado en el ámbito de la teología, seguiremos usándolo, pero como sinónimo de perfección o virtud.

### *Método determinativo de los atributos*

Se han propuesto distintas vías para determinar los atributos de Dios. Durante la Edad Media, los escolásticos trataron de construir una teología natural y establecieron tres vías para determinar los atributos de Dios. 1) *Vía Causalitatis*, vía de la causalidad, por la que todas las perfecciones puras, que son aquellas que implican perfección sin imperfección, y que se aprecian en los seres creados, deben atribuirse a Dios en grado infinito, puesto que lo que aparece en el efecto tiene que proceder de la causa. 2) *Via negationes*, vía de la negación, que retira la idea de que cuantas imperfecciones puedan encontrarse en las criaturas no pueden estar presentes en el Creador. Así, la vida limitada de la criatura en contraste con la eterna de Dios; la manifestación del raciocinio en la inteligencia humana, que está ausente en Dios, puesto que conoce todas las cosas, sin limitación alguna, tanto las visibles como las invisibles y aun las futuribles. 3) *Via eminentiae*, vía de la eminencia, que establece que todas las perfecciones puras que están en los seres creados de una manera sustantiva (no accidental) están en Dios en grado infinito. Cuantas virtudes puedan encontrarse en el hombre, efecto de una causa creadora, tienen que estar en la causa originadora, que es Dios, pero, puesto que se trata de un ser infinito y las perfecciones constituyen la esencia divina, tienen necesariamente que ser infinitas.

Los escolásticos trataron de demostrar los atributos divinos por derivación de un solo atributo que constituyese la esencia divina, y en el que todos ellos encontrasen su fuente y explicación, lo que llamaban esencia metafísica de Dios. Para la mayoría de ellos, el atributo primordial es la perseidad, que indica que Dios existe en sí mismo y tiene dentro de su ser la razón misma de su existencia.

Al observar este sistema, se aprecia que parte de la mente humana en reflexión personal y que desde esa metodología se pretende conocer y descubrir las perfecciones o atributos de Dios. No importa en qué tiempo y por qué método, viene a ser igual en todos los casos. Puede tratarse de las vías de los escolásticos o las propuestas del nominalismo, el conceptualismo o el realismo, todas adolecen del mismo problema: descansan en el razonamiento de la mente del hombre.

El único camino para conocer los atributos de Dios en el sentido más preciso es la Biblia, la revelación que Dios hace de sí mismo para que el hombre pueda conocerlo. La naturaleza pone de manifiesto la realidad de Dios (Sal. 19:1; Ro. 1:20), pero solo la Escritura descubre quién y cómo es Dios.

Siendo la teología propia un apartado de la teología sistemática, necesariamente para ser bíblica ha de sustentarse plenamente en la Palabra, de ahí que la genuina sistemática tiene que partir de la teología bíblica. Es a la luz de ella que podemos descubrir la naturaleza de los atributos divinos, el modo como están integrados en la naturaleza del ser divino y la interrelación que existe entre ellos.

### Clasificación de los atributos

La clasificación de los atributos de Dios se establece conforme al concepto general que tenga el teólogo acerca del ser divino. Estas clasificaciones que se han propuesto tienen en común que ninguna es definitiva y pueden establecerse otras diferentes.

Los atributos divinos actúan todos en cuanto sea vida, operatividad y condición moral de Dios. En ese sentido, todos pueden incluirse en cualquier clasificación que se establezca. Una clasificación de atributos dentro de un aspecto preciso es tan difícil como encontrar una definición del ser divino. Entre ellas, se pueden mencionar las siguientes:

*Absolutos y relativos.* Los primeros tienen que ver con la esencia misma de Dios, los segundos con la relación de Dios con su creación. En los primeros se deben incluir perfecciones como la aseidad, ya que Él existe por sí mismo; la inmensidad, porque no tiene dimensión; y la eternidad, porque Dios existe en presente sin fin.

Con todo, es necesario entender que los que se colocan entre los absolutos, no son posibles para la mente humana, por lo que se pudiera decir que todas estas perfecciones divinas son relativas, porque se entienden en base a la relación de Dios con el mundo.

*Naturales y morales.* Los primeros definen la propia existencia de Dios, la simplicidad, la infinidad, etc., todos ellos corresponden a la naturaleza constitucional de Dios. Los morales son los que revelan la condición moral del ser divino, entre los que pueden situarse la justicia, la verdad, la santidad, la misericordia, etc.

*Inmanentes o intransitivos, y relativos o transitivos.* Entre los primeros están aquellos que no se proyectan ni operan fuera de la esencia divina, tales como eternidad, inmensidad, simplicidad, etc.

Los segundos son los que se exteriorizan y producen efectos en la creación, como la omnipotencia, el amor, la justicia, etc. Sin embargo, los atributos inmanentes, que están en la esencia misma del ser divino, no podrían ser conocidos como tales si no se hacen, en algún modo y manera, relativos, porque su conocimiento estaría fuera del alcance del hombre.

El Dr. Lacueva propone la siguiente división de los atributos de Dios, según escribe:

> Clasificar los atributos divinos satisfactoriamente, dentro de una determinada cuadrícula, es casi tan difícil como encontrar una definición del ser divino.
>
> Hay clasificaciones para todos los gustos: absolutos y relativos; naturales y morales; inmanentes y transitivos; quiescentes y operativos; comunicables e incomunicables; hay quienes combinan algunas de ellas (absolutas o inmanentes y relativos o transitivos). Ninguna de estas clasificaciones nos parece satisfactoria y, tras mucha reflexión y en espera de otra mejor, proponemos la siguiente: ónticos, operativos y morales.
>
> En efecto, si Dios hizo al hombre a su imagen y semejanza, podremos rastrear la imagen de Dios a través del ser humano. Esta imagen, según el Génesis, consiste en tres elementos: superioridad (libertad dominadora), inteligencia y rectitud. De ahí que el hombre tenga su peculiar ontología, psicología y ética. Aplicándolo a Dios, podemos investigar en su Palabra tres clases de perfecciones que nos digan: A) Qué es Dios; B) Qué hace Dios en su intimidad; C) Cómo se comporta Dios. Así tendremos.
>
> A) Qué es Dios (ónticos): a) Uno; b) Espiritual; c) Infinito.
>
> B) Qué hace Dios (operativos): a) Piensa (Verdad); b) Ama (Amor); c) Puede (Poder).
>
> C) Cómo obra Dios (morales): a) Con bondad; b) Con santidad: c) Con justicia.[131]

Como quiera que cualquier división propuesta tiene sus razones, pero también sus inconvenientes, la división más sencilla es la de atributos incomunicables y atributos comunicables. Los primeros son los que no tienen analogía alguna con la criatura y son manifestación de la esencia divina, por tanto, exclusivos y excluyentes de Dios. Entre ellos la aseidad, la simplicidad y todos aquellos que se conocen como *perfecciones omni* (omnipotencia, omnipresencia, omnisciencia, etc.).

---

[131] Lacueva, 1974, p. 66 ss.

Estas perfecciones no pueden comunicarse a las criaturas, entre otras razones por la limitación de lo creado y la infinidad del Creador. Los atributos comunicables son las perfecciones que existen en Dios en grado infinito, pero que pueden ser comunicadas al hombre en grado limitado. Así, Dios es amor, lo es en grado infinito, pero el amor de Dios "se ha derramado en nuestros corazones por el Espíritu Santo que nos fue dado" (Ro. 5:5); "Dios es santo", en dimensión infinita, pero se demanda al creyente "sed santos porque yo soy santo" (1 P. 1:16); Dios es perfecto en grado infinito, pero se requiere al cristiano "sed, pues, vosotros perfectos, como vuestro Padre que está en los cielos es perfecto" (Mt. 5:48). Esta será la división que seguiremos en el estudio de los atributos de Dios.

*Atributos incomunicables*

*Aseidad*

Es la perfección divina por la cual Dios existe por sí mismo en una eterna unidad perfectísima. Él es independiente y autosuficiente en sí mismo, razón,< principio y causa de cualquier existencia y vida. Sólo Él tiene ser en sí mismo o derivado de sí mismo, que es la plenitud de su existencia, donde están presentes todos los demás atributos divinos.

Dios es Dios porque es suficiente para sí mismo. Todo cuanto existe está en absoluta dependencia de Él, pero Él no depende de nada. Por esa razón se afirma en la Biblia que es "el Alfa y la Omega, principio y fin... primero y último" (Ap. 1:8, 11; 21:6; 22:13). La eternidad le es esencial, de ahí que se diga: "¿Quién hizo y realizó esto? ¿Quién llama las generaciones desde el principio? Yo Jehová, el primero, y yo mismo con los postreros" (Is. 41:4). Porque es el primero y el postrero, no hay dios fuera de Él (Is. 44:6). Este es el testimonio personal suyo: "Óyeme, Jacob, y tú, Israel, a quien llamé: Yo mismo, yo el primero, yo también el postrero" (Is. 48:12). La misma verdad está presente en el Nuevo Testamento (Ap. 1:8).

Algunos teólogos llaman *independencia* a la aseidad para resaltar esa perfección que hace que Dios sea independiente en todo, en sus perfecciones, en sus obras y en su misma existencia.

*Simplicidad*

La simplicidad de Dios se ha considerado antes en el apartado. Dios es absolutamente simple, por lo que se menciona aquí como una de sus perfecciones.

La simplicidad divina ha sido cuestionada por la filosofía, que afirma que Dios tiene en sí algún tipo de composición. Pero si Dios no es absolutamente simple, será difícil mantener su unidad, su independencia y su inmutabilidad. Por otro lado, Dios se identifica con su esencia, en cuyo caso nada puede añadirse a lo que Él es. Es necesario entender que Dios tiene una vida infinita, propia, dentro de sí mismo. Algunos afirman que referirse a la simplicidad de Dios es una contradicción si se acepta la doctrina de la Trinidad. Pero, como se verá más adelante, hay que afirmar la existencia de un solo y único ser divino, en quien subsisten tres hipóstasis personales, pero que no son un compuesto de tres dioses, sino que cada una de ellas es el único Dios verdadero. De ahí que los que niegan la simplicidad de Dios entienden que es el antónimo de triple, en sentido de la Trinidad. Pero en relación con Dios, simple es antónimo de compuesto. El ser divino no está compuesto por tres personas, como si tuviese cada una de ellas un ser propio y atributos intrínsecos correspondientes a una individualidad personal que, juntas, establecerían el ser divino, sino que Dios existe en tres personas subsistentes en Él.

Todo lo compuesto es creado; ninguna criatura puede ser simple, por cuanto es finita y temporal. Sin embargo, Dios es infinito y todo cuanto hay en Él, lo es también. De tal modo que sus atributos o perfecciones son infinitos y son uno con su ser. Solo Dios, por su simplicidad, puede ser autosuficiente e infinitamente glorioso. Como decía Agustín de Hipona: "Dios es simple en su multiplicidad, y múltiple en su simplicidad"[132]. De igual manera decía Tomás de Aquino: "La esencia divina está auto-determinada y es distinta a todo lo demás, en el sentido de que a ella no se puede añadir nada"[133]. Esto conduce al reconocimiento de la simplicidad de Dios.

## Unicidad

Se define como la cualidad de único. Es la perfección divina que hace que Dios sea uno.

Filosóficamente se distinguen tres clases de unicidad:

a) *Predicamental o numérica*, que es la unidad de la individualidad de un ser entre otros muchos; esto es, la unidad es una de todas las cosas. Este aspecto de la unidad está absolutamente separado de Dios, puesto que Él no puede ser uno de una serie.

---

[132] Agustín de Hipona, *La Trinidad*.
[133] Tomas de Aquino, *Summa Theológica*, I, 8, 4.

b) *Trascendental o esencial*. Es aquella por la que un ser está integrado en sí mismo y es diferenciable de cualquier otro. Cuanto mayor es la perfección de un ser, mayor es su integración. El hombre está integrado y es poseedor de una propia personalidad, siendo la integración plena en el ámbito psicológico y moral antes de la caída. Dios es la perfección de la unidad de integración por la simple y pura perfección de su ser, en quien están en forma sustantiva e infinita todas sus perfecciones o atributos.

c) *Singular o unitaria*. Aquella por la que un ser es único en su especie, es decir, no es una unidad dentro de una especie, sino que es la unidad que determina excluyentemente cualquier otro del mismo rango. Dios es, por tanto, el único Dios verdadero.

La unicidad trascendental de un ser está vinculada a la pureza de ese ser, esto es, su simplicidad, como lo opuesto a composición, y de su perfección. Esta unicidad le corresponde a Dios porque es un ser ilimitado, es decir no es como los otros seres limitados, siendo relativos y contingentes, albergando en sí el no ser. Además, la unicidad le pertenece a Dios al ser simple y no compuesto, ya que no consta de diversas partes y de elementos distintos.

Se ha considerado antes que Dios tiene en sí mismo la razón de su existencia, que no le viene por causa alguna, como ocurre con los demás seres. El ser de Dios es puro, simple e infinito. Si Él tiene existencia por sí mismo tiene toda la perfección, que supera a la de cualquier ser, puesto que no tiene causa alguna que lo limite, por lo que en Él no puede estar el no ser.

Cualquier elemento compuesto es el resultado de la unión de elementos diversos, de manera que la distinción entre ellas es a causa de algo que una no tiene y que está en la otra, de modo que ambas tienen el ser limitado por el no ser. Dios tiene el ser infinito, o si se prefiere, en plenitud absoluta, de ahí que cuanto existe en Él tiene que ser puro y sencillo. De ahí que debemos afirmar que no solo Dios es vivo, sino que es vida; no solo es verdadero, sino que es verdad; no solo ama, sino que es amor. Se debe llegar a la conclusión de que todo cuanto es perfección infinita se encuentra en Dios identificado con su propio ser, sin límite alguno y sin composición. Esto se asienta también en el hecho de que la revelación identifica las perfecciones de Dios como sustantivos y no solo como adjetivos, es decir, Dios no solo obra con justicia, sino que es justo, no solo ama, sino que es amor, permite alcanzar la conclusión anterior.

Algunos niegan la unidad en la Trinidad, considerando que si cada una de las personas divinas es Dios, este no pueden ser único, ya que las tres han de sumarse en el ser divino, de modo que uno del Padre, más uno del Hijo, más uno del Espíritu Santo son tres. Sin embargo, las personas divinas son infinitas; por tanto, la suma del Padre que es infinito, más la del Hijo que también lo es, más la del Espíritu —infinito + infinito + infinito = infinito[134]—, esto es una unidad en tres personas.

*Infinitud*

Es la perfección divina, por la que Dios no tiene limitación alguna. En tal sentido, no puede ser limitado como ser y tampoco lo pueden ser sus perfecciones o atributos. Dios no está limitado por el tiempo ni el espacio.

Infinito es, según su etimología, aquello que no puede tener fin ni término, y también aquello que es enorme. Así lo presenta el Dr. Lacueva:

> Un ser puede quedar limitado de tres maneras: a) por la relatividad de su propia naturaleza, que lo define dentro de una parcela del ser (el no ser como límite de todo ser creado); b) por el espacio que ocupa; c) por el tiempo de su existencia. Ninguno de estos tres límites afecta a Dios: Él es el absoluto, que posee en grado infinito la perfección del ser, por ser EL YO SOY (Ex. 3:14). Él es inmenso, sin espacio que lo coarte; Él es eterno, sin tiempo que lo erosione.[135]

Deben distinguirse dos clases de infinito: a) El que se llama *real o metafísico*, que es aquel que carece de límites por la absoluta perfección de su ser, y este solo puede ser aplicado a Dios. b) El *potencial o matemático*, cuyo límite se proyecta indefinidamente sin alcanzarlo nunca. Hay una expresión matemática, que algo *tiende* al infinito, como una fracción periódica pura.

Dios es infinito en cuanto a espacio, ya que siendo Espíritu infinito, no tiene extensión, como lo afirma la Escritura: "Los cielos de los cielos no lo pueden contener" (2 Cr. 6:18). Pero también es infinito en cuanto a tiempo, ya que todas las cosas tienen un límite temporal y todo termina, como afirma el escritor a los Hebreos: "Ellos perecerán,

---

[134] Explicación matemática a la unidad trinitaria del profesor M. Severiano Pérez Millos.
[135] Lacueva, 1974, p. 79.

mas tú permaneces; y todos ellos se envejecerán como una vestidura" (He. 1:11).

Dios es el ser infinitamente perfecto, como lo enseña la Biblia (cf. Job 11:7-9; Sal. 145:3; Ro. 11:33). Por serlo, ninguna mente limitada puede comprenderlo; es decir, abarcar en un concepto limitado al ser sin límites. Así advierte Zofar naamatita a Job: "¿Descubrirás tú los secretos de Dios? ¿Llegarás tú a la perfección del Todopoderoso? Es más alta que los cielos; ¿qué harás? Es más profunda que el Seol; ¿cómo la conocerás? Su dimensión es más extensa que la tierra, y más ancha que el mar" (Job 11:7-9). Esto hace insondable la sabiduría de Dios, como dice el apóstol Pablo: "¡Oh profundidad de las riquezas de la sabiduría y de la ciencia de Dios! ¡Cuan insondables son sus juicios, e inescrutables sus caminos! Porque ¿quién entendió la mente del Señor? (Ro. 11:33-34).

En el concepto de infinitud, se entiende que, puesto que todos los atributos o perfecciones son infinitos como su ser, no pueden limitarse en modo alguno y, por tanto, no puede limitarse su esencia. De igual manera, aunque Dios es Espíritu infinito, esto no impide la existencia de otros espíritus que son siempre limitados, en ser y operatividad. La infinitud de Dios es cualitativa, no cuantitativa, y es intensiva, no extensiva. De manera que la existencia del ser absoluto no puede quedar limitada por la existencia de otros seres relativos.

Aunque algunos consideran la inmensidad como una perfección divina distinta a la infinitud, debe considerarse como una forma de la misma, o lo que es lo mismo, es la relación de Dios con el espacio. La Biblia enseña claramente la inmensidad de Dios, que como ser infinito, "todo lo llena en todo" (Ef. 1:23). Puesto que su inmensidad lo llena todo, es imposible ocultarse de su presencia:

> ¿A dónde me iré de tu Espíritu? ¿Y a dónde huiré de tu presencia? Si subiere a los cielos, allí estás tú; y si en el Seol hiciere mi estrado, he aquí allí tú estás. Si tomare las alas del alba y habitare en el extremo del mar, aun allí me guiará tu mano, y me asirá tu diestra. Si dijere: Ciertamente las tinieblas me encubrirán; aun la noche resplandecerá alrededor de mí. Aun las tinieblas no encubren de ti, y la noche resplandece como el día; lo mismo te son las tinieblas que la luz. (Sal. 139:7-12)

Así lo entendía el profeta: "¿Soy yo Dios de cerca solamente, dice Jehová, y no Dios desde muy lejos? ¿Se ocultará alguno, dice Jehová, en escondrijos que yo no lo vea? ¿No lleno yo, dice Jehová, el cielo y la tierra?" (Jer. 23:23-24).

Hay tres modos de presencia en el espacio: a) *Circunscrita*, esto es, limitada por Él; b) *Definida*, de modo que los espíritus están en el espacio, no en todas partes, sino en algunas; c) *Plena*, solo posible en Dios que, como se lee en referencias anteriores, lo llena todo. Esto no puede ser una forma de extensión, porque en ese caso podría estar una parte de Dios en un lugar del espacio y otra en otro; en ese caso, de algún modo estaría dividido. Dios está plenamente en todos los lugares y al mismo tiempo, de manera que, como actúa en todas partes, así también está presente en todas ellas.

Trasladamos una cita del Dr. Hodge:

> Allí donde en el universo haya evidencia de la mente en las causas materiales, allí, según la Escritura, está Dios, controlando y conduciendo aquellas causas para el cumplimiento de sus sabios designios. Él está en todas las cosas y sobre todas ellas; pero esencialmente diferente de todas, siendo sobre todas, independiente de e infinitamente exaltado sobre todas ellas. Así esta inmensidad y omnipresencia de Dios es la ubicuidad de la esencia divina, y consiguientemente del poder, sabiduría y bondad divinos. Como las aves en el aire y los peces en el mar, así también nosotros estamos siempre rodeados y sustentados por Dios. Es así que Él es infinito en su ser, sin absorber a todos los seres creados en su propia esencia, sino sustentándolos a todos en sus subsistencias individuales, y en el ejercicio de sus propios poderes.[136]

Dios es inmenso. Es el ser sin medida, que no tiene extensión ni está sujeto a las limitaciones que el espacio y el tiempo imponen. Como Espíritu infinito trasciende a todo espacio, por eso puede estar presente con toda la plenitud de su ser en todos y cada uno de los lugares existentes posibles.

## *Eternidad*

Es la perfección divina por la que Dios vive sin que el tiempo lo afecte absolutamente.

Como atributo de Dios, podemos definirlo como la perfección divina identificada con su ser infinito, que hace que Dios tenga la posesión perfecta y total, sin principio, sin fin y sin mutación, de la infinita vida divina.

---

[136] Hodge, 1991, p. 285.

El diccionario define *eternidad* como "la perpetuidad sin principio y sucesión sin fin"[137].

La infinitud en relación con el espacio es su inmensidad; la misma en cuanto al tiempo es eternidad. Dios no está determinado por el tiempo, como ocurre con el resto de los seres. Es cierto que Dios entró encarnado en el tiempo y que lo hizo suyo en su historia humana, pero en ningún lugar de la Biblia se habla de un principio o un fin de la existencia de Dios, y aunque entró en el tiempo como hombre, aun así, lo trasciende. La eternidad trasciende al tiempo, es decir, todo lo que no está sujeto a sus limitaciones y difiere esencialmente de él. De la misma manera que Dios está libre de todas las limitaciones del espacio, está sobre todas las limitaciones del tiempo.

Algunas formas de expresar la eternidad la suelen identificar como un infinito anterior, un presente transeúnte y un futuro perpetuo. Pero, de cualquier manera, se está aludiendo al tiempo, de ahí que también se escuche referirse a la eternidad pasada y la eternidad futura para referirse a lo que antecede al tiempo y lo que lo proyecta definitivamente. Sin embargo, no hay eternidad pasada y eternidad futura, porque si se quiere definirla en relación con el tiempo, la eternidad es *no-tiempo*. En la vida del ser creado, su existencia se produce en sucesión: pasado, presente y futuro; pero en la de Dios no cabe esa división. Aunque resulte absurdo, Dios vive en un presente eterno. Si para el hombre el tiempo es la medida continua del devenir de las cosas, la eternidad de Dios es un perpetuo y pleno presente, que abarca, sobrepasa y coexiste con todos los tiempos.

La Biblia habla de Él como del primero y del último (Is. 41:4; Ap. 1:8), figura retórica que hace referencia a la atemporalidad. De este modo lo expresa el salmista: "Antes de que naciesen los montes y formases la tierra y el mundo, desde el siglo y hasta el siglo, tú eres Dios" (Sal. 90:2). De otro modo, la Escritura relaciona a Dios con el tiempo: "Desde el principio tú fundaste la tierra, y los cielos son obra de tus manos. Ellos perecerán, mas tú permanecerás; y todos ellos como una vestidura se envejecerán; como un vestido los mudarás, y serán mudados; pero tú eres el mismo, y tus años no se acaban" (Sal. 102:25-27). La Biblia afirma que Dios habita la eternidad (Is. 57:15). La atemporalidad de Dios, que es su eternidad, se hace notar en otras palabras del texto bíblico: "Mas, oh amados, no ignoréis esto: que para con el Señor un día es como mil años, y mil años como un día" (2 P. 3:8). Esta expresión es matemáticamente

---

[137] RAE.

incorrecta, puesto que, si un día es como mil años, mil años serían como un millón de días. Pero esta lógica matemática no es la lógica de Dios, que al revelarse como eterno, lo expresa como una infinidad de tiempo sin tiempo.

Desde su eterno presente, Dios determina asuntos para el tiempo humano, como dijo a Abraham en relación con el nacimiento de su hijo: "¿Hay para Dios alguna cosa difícil? Al tiempo señalado volveré a ti, y según el tiempo de la vida, Sara tendrá un hijo" (Gn. 18:14). Así ocurre también en relación con el plan de redención, establecido en la eternidad y ejecutado en el tiempo histórico de los hombres: "Pero cuando vino el cumplimiento del tiempo, Dios envió a su Hijo, nacido de mujer y nacido bajo la ley" (Gá. 4:4). Dios existe eternamente antecediendo al inicio del tiempo y sucediéndolo al final de todas las cosas actuales.

La idea de eternidad es demasiado amplia para la comprensión del pensamiento humano. El ser creado ha tenido principio y tiene fin, Dios tiene una existencia eterna porque no tuvo principio y no puede tener fin.

Aplicada a Dios, le eternidad no tiene que ver tanto con tiempo, en sentido de principio o de fin, sino con la necesaria expresión de la inmutabilidad divina, que existe invariable en todo tiempo y se revela continuamente en su creación. Por tanto, la eternidad está relacionada con su autosuficiencia. Dios no tiene causa para su ser; por tanto, no tiene principio, trasciende a todas las causas y los efectos; por consiguiente, no puede dejar de existir.

Ante la imposibilidad de expresar adecuadamente esta perfección en el lenguaje humano, la Escritura acude a figuras antropomórficas y a formas retóricas; así, se dice que Dios es "desde el siglo y hasta el siglo" (Sal. 90:2). Se dice que Dios es el primero y el último (Ap. 1:11). Se afirma que Dios es "el que es y que era y que ha de venir" (Ap. 1:8). Del Verbo encarnado se dice que es "el mimo ayer, y hoy, y por los siglos" (He. 13:8). Se atribuye a Dios la gloria, como se lee en el texto griego: "La gloria, la grandeza, la fuerza y la autoridad antes del siglo y ahora y por todos los siglos" (Jud. 25; cf. Pr. 8:22 ss.; 1 Co. 2:7; Ef. 1:4; 3:21; 1 Ti. 1:17; 6:16; Ap. 15:8).

El contraste entre eternidad y tiempo es evidente. La eternidad coexiste con todos los tiempos simultáneamente, mientras que los tiempos coexisten con la eternidad sucesivamente, puesto que un tiempo todo a la vez no sería tiempo. Dios, que existe en presente absoluto, puede distinguir lo pasado como pasado y lo futuro como futuro en el plano temporal de la creación.

## *Inmutabilidad*

Es la perfección divina por la cual Dios no puede cambiar en ningún sentido, tanto en su ser como en su naturaleza y en sus perfecciones y conducta.

El diccionario define lo que es inmutable como equivalente a no mudable, que no puede ni se puede cambiar[138].

En relación con Dios, la inmutabilidad hace que Él sea el mismo y que no esté sujeto a cambios.

Todo lo que cambia o puede cambiar es porque puede perder algo que tenía o porque puede adquirir algo que no tenía. Esto corresponde a la dinámica del universo, que está en un continuo devenir, en un hacerse y deshacerse.

Dios es puro ser, sin límites ni composición; por tanto, no puede perder nada de lo que tiene, ya que quedaría limitado, ni adquirir nada nuevo, porque quedaría compuesto.

Dios es el mismo perpetuamente, como lo enseña la Biblia. Las cosas y el universo son cambiantes: "Ellos perecerán, más tú permanecerás; y todos ellos como una vestidura se envejecerán; como un vestido los mudarás, y serán mudados" (Sal. 102:26), mientras que en el mismo Salmo se predica de Dios: "Tu eres el mismo y tus años no se acabarán" (Sal. 102:27). Él mismo afirma su inmanencia: "Porque yo Jehová no cambio" (Mal. 3:6). Santiago hace referencia a esta perfección divina: "Toda buena dádiva y todo don perfecto desciende de lo alto, del Padre de las luces, en el cual no hay mudanza, ni sombra de variación" (Stg. 1:17). Para referirse a esta perfección divina, recurre a dos términos astronómicos. Dice que en Dios no hay variación, literalmente no hay paralaje. Este término en castellano indica las posiciones aparentes de un astro en la bóveda celeste. El contraste es evidente: mientas los astros tienen variaciones según el tiempo. Dios es eternamente invariable. Solamente Él puede expresarse a sí mismo en el eterno presente del YO SOY (Ex. 3:14). Reforzando esta misma idea, añade el escritor otra figura astronómica, que se traduce literalmente como *sombra de variación*, refiriéndose a la ausencia de luz en un astro a causa de su movimiento de rotación, según apreciación del que lo observa. Dios es luz en sí mismo; por tanto, permanentemente su perfección es la misma. En Él no hay nada oculto, ni en su persona ni en su obra. Dios, además de fiel, es inmutable; por eso Él no puede eclipsarse nunca. En Él no hay periodos de sombra que lo oculten de

---

[138] RAE.

los ojos de los hombres. Por esa misma razón, la Biblia lo compara con una roca, porque aparentemente es algo inconmovible: "Él es la Roca, cuya obra es perfecta" (Dt. 32:7).

La Biblia enseña la inmutabilidad de Dios, como su nombre propio lo manifiesta: YO SOY EL QUE SOY (Ex. 3:14). Mientras las cosas y las generaciones pasan, Dios permanece inconmovible e inamovible, es "el mismo, ayer, y hoy, y por los siglos" (He. 13:8).

Quiere decir esto que Dios es inmutable en su esencia. Sus perfecciones y ser son infinitos y, por tanto, no están sujetos a cambio alguno. No hubo tiempo en que Dios no existiera, ni habrá tiempo en que deje de existir. Las manifestaciones suyas son diferentes, pero Él es el mismo.

Siendo inmutable en su ser, lo es también en sus perfecciones o atributos. Inseparables del ser, son también infinitas y eternas, estando en Él antes de la creación y proyectándose para siempre. La Biblia habla de perfecciones en Dios que no cambian; así dice el profeta en su nombre: "Con amor eterno te he amado; por tanto, te prolongué mi misericordia" (Jer. 31:3). Su misericordia como forma de su amor tampoco cesa: "Porque Jehová es bueno; para siempre es su misericordia, y su verdad por todas las generaciones" (Sal. 100:5). Así tampoco se altera su omnipotencia, ni su justicia, ni su soberanía.

Siendo inmutable en sí mismo, lo es también en su propósito. Él no se arrepiente para modificar sus decisiones: "Dios no es hombre, para que mienta, ni hijo de hombre para que se arrepienta. Él dijo, ¿y no hará? Habló, ¿y no lo ejecutará?" (Nm. 23:19). Cuando la Biblia dice que "Dios no se arrepintió", se está refiriendo a una nueva manera de actuar que deja la anterior y toma otra que ya estaba determinada por Él. La historia manifiesta la verdad de la inmutabilidad de Dios. Es más, un ejemplo de inmutabilidad es la cruz de Cristo, que expresa la firmeza no cambiante del consejo divino (Hch. 4:27-28).

La inmutabilidad de Dios tiene consecuencias trascendentes de modo que sus promesas son firmes, no cambiantes (Mr. 13:31). Dios las hace realidad en su momento. Su cuidado es inmutable, esto elimina la inquietud del creyente (Mt. 6:34). De igual manera la inmutabilidad de su gracia: "Porque yo Jehová no cambio; por esto, hijos de Jacob, no habéis sido consumidos" (Mal. 3:6).

Algunos filósofos intentan cuestionar la inmutabilidad al insinuar que Dios cambia cuando se decide a crear, cuando se encarna, cuando salva o condena, cuando se revela o se esconde. Pero inmutabilidad no es equivalente a inmovilismo. Dios no es infinita impasibilidad, sino suprema originalidad. De este ser inmutable se puede esperar lo que menos se podría esperar. Sirva como ejemplo el nacimiento de Isaac, al que hace referencia el apóstol Pablo, quien, hablando de Abraham, dice: "Él creyó en esperanza contra esperanza, para llegar a ser padre de muchas gentes, conforme a lo que se le había dicho: Así será tu descendencia" (Ro. 4:18). Todos los cambios operacionales de Dios no afectan a su mismo ser, sino a la relación con los seres creados. Como dice el Dr. Lacueva:

> Dios decide y actúa sobre lo temporal y lo mudable desde su inmutable eternidad, que coexiste, sin cambiar, con cada situación resultante. La infinita riqueza de su ser perfecto le permite una multiforme y amplísima gama de diversas manifestaciones y de distintos efectos en los que solo cambia el objeto (temporal y cambiante) de su acción divina. Por ejemplo, Dios planea libremente desde su eterno pensar la creación de algo que, al comenzar a existir, es temporal y cambiante, pero el agente divino no ha experimentado variación alguna.[139]

De Dios, y solo de Él, se puede decir: *Semper ídem*, siempre lo mismo. La inmutabilidad de Dios se manifiesta también en la historia, que es planificada por Él para el cumplimiento de su propósito soberano; por eso reclama atención al hombre: "Acordaos de las cosas pasadas desde los tiempos antiguos; porque yo soy Dios, y no hay otro Dios, y nada hay semejante a mí, que anuncio lo por venir desde el principio, y desde la antigüedad lo que aún no era hecho; que digo: Mi consejo permanecerá, y haré todo lo que quiero" (Is. 46:9-10). De esta manera, se confirma por la Escritura la inmutabilidad de Dios.

*Omnipresencia*

Es la perfección divina que expresa la relación de Dios con el espacio, afirmando que, por su infinitud, está presente en cualquier lugar de su creación.

El diccionario lo define como quien está presente a la vez en todas partes, atributo solo de Dios.

Es algo difícil de comprender por la criatura, ya que se trata de un conocimiento sin referencia comparativa. Dios está en todas las cosas por esencia, pero no la esencia de las cosas, lo que exigiría estar formando parte de ellas, sino por la suya, ya que todo cuanto existe es el efecto de la causa creadora, que es Dios, por tal motivo "en Él

---

[139] Lacueva, 1974, p. 72.

vivimos, y nos movemos, y somos" (Hch. 17:28). El texto describe la presencia de Dios en todo lo creado, pero también indica más bien que las cosas están en Dios. Estar en todas partes primariamente es estar según todo el ser. Esto requiere la ubicuidad de Dios, por la que Él está presente en su ser, en todas partes. Ya que Él es la causa suprema de todo efecto, ya que Él es quien sustenta todas las cosas, es forzoso que esté en todo lugar, porque nada puede existir si no es por Él. Pero como la acción sustentadora y operativa es potestativa y exclusiva de Dios, su omnipresencia tiene que ser del ser pleno y no de un aspecto o parte de Él. Dios está por sí en todas partes, no importa el número de elementos que existan. La omnipresencia de Dios es necesariamente primaria porque está entero en cada uno de los lugares, en contraste con la supuesta existencia de un cuerpo infinito que estará en todos los lugares, pero por medio de sus partes.

La Biblia declara que Dios, en cada una de las tres personas, está en un lugar en un momento dado. Esto genera una dificultad añadida al concepto de presencia en todo lugar. Así, se enseña a orar al Padre que está en los cielos (Mt. 6:9), pero también se enseña que es uno con y en el Hijo (Jn. 17:21); además el Padre es "sobre todos, y por todos, y en todos" (Ef. 4:6).

La Palabra enseña que el Hijo ascendido "se sentó a la diestra de la Majestad en las alturas" (He. 1:3), pero también se enseña que está en el Padre (Jn. 17:21), al tiempo que está presente donde dos o tres estén reunidos en su nombre (Mt. 18:20; Mt. 28:20; Col. 1:27).

Se enseña en la Escritura que el Espíritu es morador residente en la iglesia (Ef. 2:22), pero como único Dios, está presente en los cielos, donde se asienta en el trono de gloria (Sal. 113:5; 123:1), en el mismo lugar donde está también el Hijo (Ro. 10:6, 7). Pero no solo está en los cielos y en la Iglesia, sino que se hace presente en la individualidad de cada creyente (Ro. 8:9; 1 Co. 3:16; 6:19), donde está también el Padre (Ef. 4:6). Una dificultad para comprender esta perfección divina está —como se dijo antes— en la absoluta ausencia de un comparativo. Los seres más elevados, como son los ángeles, están limitados a estar presentes en un mismo lugar a la vez. Todas las cosas materiales ocupan un solo lugar en el espacio. A su vez, el espacio excede a todo cuanto contiene, pero siempre puede recibir un elemento material o un nuevo ser espiritual, si esto último fuese posible ya que no hay aumento en la creación angélica.

El espacio excede a todo cuanto contiene, pero no es causa de un objeto, mientras que Dios es la causa del espacio; por tanto, no está sujeto a este, como decía Salomón: "Pero ¿es verdad que Dios morará sobre la tierra? He aquí que los cielos, los cielos de los cielos, no te pueden contener..." (1 R. 8:27).

Es necesario distinguir entre infinitud y omnipresencia. Esta última tiene que ver con la presencia divina en el ámbito de su creación, mientas que la primera se extiende a una situación sin límites y sin fin.

*Omnisciencia*

Es la perfección divina por la que Dios conoce todo, tanto lo pasado como lo presente y lo futuro, en cuanto realidades tangibles o posibilidades de manifestación. Conoce también la plenitud de su ser, alcanzando todas sus perfecciones.

Así lo define el diccionario: "Conocimiento de todas las cosas reales y posibles, atributo exclusivo de Dios"[140].

Las cosas del pasado, las del presente y las del futuro le son plenamente conocidas porque "Él llama las cosas que no son, como si fuesen" (Ro. 4:17). Todo cuanto existe y se ha producido desde la creación es para Dios como si se estuviesen produciendo delante de Él (Hch. 15:18). De este modo, conoce perfectamente, con todo detalle, la vida de todos los seres que están en el cielo, en la tierra y en la condenación, como dice el profeta: "El revela lo profundo y lo escondido; conoce lo que está en tinieblas, y con él mora la luz" (Dn. 2:22). En los seres los hechos se producen en una sucesión; por eso el conocimiento aumenta en la sucesión del tiempo, pero para Dios no existe tal sucesión, sino que todo se produce en un eterno presente, de ahí que no puede adquirir mayor o progresivo conocimiento, sino que lo conoce todo.

La omnisciencia está vinculada con el conocimiento, y en Él hay ciencia perfectísima, que integra su existencia. Esa verdad se expresa en el cántico de Ana: "El Dios de todo saber es Jehová, y a él toca pesar las acciones" (1 S. 2:3). Por esa razón, la Escritura dice: "Con Dios está la sabiduría y el poder; suyo es el consejo y la inteligencia" (Job 12:13). Las obras de la creación son el resultado de su eterno conocimiento y sabiduría; por eso se alaba "al que hizo los cielos con entendimiento" (Sal. 136:5). El apóstol Pablo hace una expresión de reconocimiento y escribe: "¡Oh profundidad de las riquezas de la sabiduría y de la ciencia de Dios! ¡Cuan insondables son sus juicios, e inescrutables sus caminos!" (Ro. 11:33).

---

[140] RAE.

La omnisciencia de Dios hace que Él se conozca a sí mismo. De esa manera lo enseña el apóstol Pablo: "El Espíritu todo lo escudriña, aun lo profundo de Dios. Porque ¿quién de los hombres sabe las cosas del hombre, sino el espíritu del hombre que está en él? Así tampoco nadie conoció las cosas de Dios, sino el Espíritu de Dios" (1 Co. 2:10-11). El conocimiento íntimo de Dios es plenamente conocido y expresado en su Verbo, que encarnado, dice: "Todas las cosas me fueron entregadas por mi Padre; y nadie conoce al Hijo, sino el Padre, ni al Padre conoce alguno, sino el Hijo, y aquel a quien el Hijo lo quiera revelar" (Mt. 11:27). Esta es una demostración de la omnisciencia de Dios. Quien puede conocer el infinito tiene necesariamente un conocimiento infinito, que comprende todo y alcanza a todo.

Dios conoce todas las cosas creadas. Él es la causa; la creación, el objeto. Las obras de todos los hombres en todos los tiempos están delante de Él. Nada ni nadie se puede ocultar de su presencia: "¿Se ocultará alguno, dice Jehová, en escondrijos que yo no lo vea? ¿No lleno yo, dice Jehová, el cielo y la tierra?" (Jer. 23:24). Los sucesos y la intimidad del hombre son plenamente conocidos por Dios:

> Porque la palabra de Dios es viva y eficaz, y más cortante que toda espada de dos filos; y penetra hasta partir el alma y el espíritu, las coyunturas y los tuétanos, y discierne los pensamientos y las intenciones del corazón. Y no hay cosa creada que no sea manifiesta en su presencia; antes bien todas las cosas están desnudas y abiertas a los ojos de aquel a quien tenemos que dar cuenta. (He. 4:12-13)

La Biblia es muy precisa en el ámbito de alcance del conocimiento o de la omnisciencia divina. Así, se afirma en ella que "Él cuenta el número de las estrellas; a todas ellas llama por sus nombres. Grande es el Señor nuestro, y de mucho poder; y su entendimiento es infinito" (Sal. 147:4-5). Dios conoce todos los secretos, obras y causas que se producen en el hombre (Sal. 139:1-5), de modo que el salmista se admira y dice: "Tal conocimiento es demasiado maravilloso para mí; Alto es, no lo puedo comprender" (Sal. 139:6). Los secretos más íntimos del ser humano están puestos delante de sus ojos, conociéndolos todos (1 Cr. 29:17; Jer. 11:20; 17:10; Pr. 17:3; Lc. 16:15; Hch. 1:24; 15:8; Ro. 8:27). Dios conoce las cosas más insignificantes y mínimas, hasta el número de cabellos de la cabeza (Mt. 10:29-30; Lc- 12:7). Los pecados de los seres vivos, ángeles y hombres son plenamente conocidos por Él (Gn. 6:5; Job 11:11; Sal. 69:5). Los futuros contingentes que se producirán en el devenir de todos los tiempos le son conocidos: "Tus ojos veían mi embrión, todos mis días fueron trazados, y se escribieron en tu rollo, cuando aún no existía ninguno de ellos" (Sal. 139:16; BT).

La profecía es una evidencia de la omnisciencia de Dios. Los eventos futuros se detallan con precisión mucho antes de su cumplimiento, que se ajusta plenamente a lo revelado por Dios anticipadamente (Is. 41:21-22). La profecía se cumple porque el mismo que la anuncia a sus profetas se ocupa de ejecutarla con su omnipotencia (Is. 46:8-11). Se anuncian sucesos que ocurrieron tal como se habían anunciado y tuvieron testimonio de la historia, como el detalle de los imperios que se sucederían en la historia del mundo revelados a Daniel (Dn. 2 y 7). La primera venida de Jesucristo y su concepción virginal estaba anunciada siglos antes de que ocurriera (Is. 7:14). Algunas no tuvieron aún cumplimiento, pero lo tendrán porque Dios lo anuncia como omnisciente, tal como es el reinado de Cristo (Sal. 2:2; 110:1-2). De la misma forma, se anunció que Jesús será sacerdote eterno según el orden de Melquisedec (Sal. 110:4). Nada más determinante de la omnisciencia divina que las profecías relativas a la muerte de Jesús (Is. 53:10-12).

Dios conoce todo cuanto se produce porque posee un conocimiento arquetípico; la creación y sus consecuencias estaban en la mente de Dios eternamente, antes de que su omnipotencia las trajera a existencia. Puesto que Dios conoce todo y es omnipotente para ejecutarlo, puede afirmarse que la profecía tiene fiel cumplimiento. Dios no envió su mensaje profético porque habían de suceder esas cosas y las describió anticipadamente, sino que las comunica porque iban a producirse conforme a su presciencia y determinación en el tiempo determinado (Hch. 2:23).

Dios conoce cuanto ocurre, incluyendo los pensamientos del hombre (Sal. 139:2-4). Lo que es oculto a todos porque está en la intimidad del ser humano es conocido por Dios (Ez. 11:5). Esto tiene que ver con los actos del ser: nadie vio a Caín dar muerte a Abel, pero Dios lo sabía (Gn. 4:10). David ocultó meticulosamente su pecado, pero Dios lo sabía. Él afirma que a los hombres alcanzará su pecado (Nm. 32:23). Sabe que la intención de la carne es enemistad contra Él (Ro. 8:7). Las maldades de los seres están presentes ante sus ojos (Sal. 90:8). Dios es grande y poderoso y su entendimiento ilimitado, como afirma la Escritura (Sal. 147:5).

Tomás de Aquino trató de la existencia de una inteligencia suprema, que no es potencia ordenada a la intelección, ni al objeto inteligible como sus propios fines, sino que se identifica con su propio acto de entender y con el objeto entendido. Dios es un *agens per intellectum*, esto es, agente intelectual en el que el obrar se produce no por impulso de su naturaleza, sino por libre elección de su voluntad. Es decir, la acción directora del entendimiento, la causa ejemplar, produce la acción de la voluntad, la causa eficiente, que determina la ejecución del acto divino. Dios ve en sí mismo todos los posibles; conoce en su omnipotencia, como virtud operativa, todo que puede producir, que es lo internamente posible en Dios; en la determinación de su voluntad, conoce todo lo que quiere producir de hecho, todo cuanto ha producido en el pasado y todo cuanto producirá en el porvenir. Dios, por tanto, conoce todas las cosas creadas y creables en sí mismo como causa eficiente.

Surge aquí el problema del conocimiento divino sobre el mal. Si Dios es causa absoluta de todo cuando crea y Él lo ve luego como algo que es "bueno en gran manera" (Gn. 1:31), no puede ser causa generadora de aquello que se opone a su misma esencia. Por tanto, no puede conocer el mal, toda vez que Él no es su causa. Ahora bien, el mal existe, por consiguiente, ¿hay algo que escapa del control divino? Debe considerarse que el mal en sí mismo es incognoscible, porque es privación de acto, y una cosa solo puede ser conocida en tanto está en acto. De este modo, Dios no conoce el mal por sí mismo, pero es conocedor del bien, al cual el mal se opone. El pecado es, por consiguiente, una oposición plena a Dios. Dicho de otro modo, desde la causalidad divina, Él no es la causa del mal, pero sí la de todo bien; por posición negativa conoce no como causante, sino como quien aprecia lo que se opone al bien.

El mal es argumento para algunos que cuestionan las perfecciones de Dios, entre ellas las de su amor y su omnipotencia, razonando que, si el mal persiste, es o porque Dios no ama a las criaturas como dice hacerlo o porque no tiene poder suficiente para impedir la acción del mal. Lo relativo al pecado se estudiará bajo la temática de hamartiología, dentro de antropología.

Un aspecto que debe considerarse es el de los futuros contingentes, que se llaman también futuribles. Quiere decir esto que Dios conoce también lo que hubiera sucedido en determinadas circunstancias. Así nuestro Señor habló de lo que hubiera ocurrido con algunas ciudades antiguas como Tiro o Sidón si hubiesen estado presentes en el ministerio de Cristo (Mt. 11:21-23). Sin embargo, esto tiene un problema en relación con la posibilidad de la causa que produce el efecto. La causa suprema de toda contingencia en la historia tiene razón en Dios. Pero los futuribles o futuros contingentes tienen que ver con lo que hubiera podido ocurrir en determinadas condiciones que Dios conoce plenamente, pero que no se producen a causa de la voluntad del hombre. Los acontecimientos que se produjeron en el ejemplo de Tiro y Sidón fueron motivados por deliberado comportamiento humano, no por deseo divino, que sería causa eficiente de un objeto que afectó al hombre. Los que cuestionan el tema del mal en relación con el conocimiento de Dios, usan los mismos argumentos para cuestionar la razón por la que Él no intervino en estos asuntos, orientándolos a bien de la criatura.

La omnisciencia de Dios produce un marcado consuelo para el creyente. Sabemos que Él conoce nuestro camino en cualquier circunstancia (Job 23:10). Sabe de nuestras debilidades y se acuerda de que somos polvo (Sal. 103:14). Conoce la realidad y calidad de nuestro amor por Él (Jn. 21:17). Nuestras oraciones y clamor son conocidos por Él antes de que los expresemos (Is. 65:24).

*Omnipotencia*

Es la perfección divina por la que Dios puede operar ejecutando todo cuanto quiere, sin limitación alguna que le impida realizar su voluntad, en la forma en que lo ha determinado. Este hacer de Dios puede ser operativo, cuando actúa ejecutando algo, o limitativo, cuando impide hacer algo, sin que nadie pueda limitar la acción en uno u otro sentido.

El diccionario define *omnipotente* como aquel que todo lo puede, relativo a Dios.

La omnipotencia está siempre vinculada al querer de Dios. En ese sentido, el verbo tiene dos acepciones: a) Amar, en el sentido de afecto hacia algo o alguien; b) En el sentido de optar por algo, con un deseo eficaz de conseguirlo. En este último sentido, es un acto de la voluntad divina. Ambos actos, amar y optar por algo, se hallan unidos en la búsqueda y consecución del fin que se persigue.

La omnipotencia, acción correspondiente a la voluntad de Dios, exige recordar aquí algunos aspectos vinculados a ella.

Voluntad

La voluntad de Dios es el tercer elemento esencial de la personalidad, y es la perfección divina que pone en acción todo lo que Él quiere. Las Escrituras ponen de manifiesto esa voluntad (cf. Jn. 1:13; Ro. 8:27; 12:2; 1 Co. 1:1; Ef. 1:5). Para que se manifieste eficaz, ha de ser libre y omnipotente, por cuya razón es lo que lleva a que Dios "haga todas las cosas según el designio de su voluntad" (Ef. 1:11). La voluntad de Dios puede ser permisiva, como es el caso cuando no impide un mal. Esto no significa que Dios no lo aborrezca, reprobándolo y sancionándolo. Al no impedir el mal, simplemente respeta las leyes físicas y de la libertad condicionada del hombre. En ocasiones, la voluntad de Dios expresa no se cumple, cuando Él mismo no desea que se realice un determinado acto en sí, sino que le es suficiente la disposición para hacerlo, como ocurrió con el sacrificio de Isaac (Gn. 22:10-13).

Puede clasificarse la voluntad de Dios en:

a) *Decretiva*, considerándola como orientada al efecto que Dios desea conseguir, que siempre se ejecutará conforme a ella por la eficacia de su omnipotencia, a la que nada ni nadie puede resistir.

b) *Perceptiva*, cuando se considera la voluntad divina dirigida al cumplimiento de los mandamientos divinos por el ser creado. En el ejercicio de su voluntad ordena que se realice algo. Lo que establece en su mandamiento puede tener: a) *Cumplimiento necesario*, cuando manda a los elementos (cf. Is. 34:16; 40:26; 45:12). b) *Cumplimiento voluntario*, cuando aquellos a quienes dirige el mandamiento de su voluntad reaccionan obedeciéndolo (cf. Jos. 1:16; 11:9, 15). c) *Cumplimiento condicional*, cuando hace depender el resultado final de la voluntad del hombre; en este caso, no siempre rompe Dios la resistencia del corazón desobediente, como ocurría en el mandato que en su nombre dirige el apóstol Pablo a los atenienses: "Dios... ahora manda a todos los hombres en todo lugar, que se arrepientan" (Hch. 17:30), pero no todos los que oyeron el mandato se arrepintieron. d) *No cumplimiento*, en el caso de que Dios no desea la ejecución de un determinado acto que Él mismo había ordenado, sino que le es suficiente la disposición a obedecerlo de aquel a quien va dirigido, como ocurrió con el sacrificio de Isaac, que había ordenado a Abraham y que impidió en último momento, aunque se cumplió figurativamente en el cordero sustituto (cf. Gn. 22:10-13).

c) *Permisiva*, cuando Dios no impide algo —por ejemplo, un mal, sea físico, sea moral— por determinadas razones de su conocimiento. El término *permisiva* no significa aprobación del hecho, es decir, Dios no transige o acepta el mal, que siempre aborrece, como corresponde a la perfección de su santidad infinita y esencial, de modo que Él siempre reprueba y sanciona cualquier acción pecaminosa, impidiendo que la vea con indulgencia, tolerancia o connivencia. Cuando Dios no impide algo, únicamente respeta las leyes físicas y la libertad condicionada del hombre y, en cualquier caso, al final, todos confesarán que Dios es bueno, santo, justo y sabido, tributándole la gloria a la que convergen todos sus actos.

### Libertad

La omnipotencia es posible porque Dios es libre. Se entiende que su voluntad es absolutamente libre y, por consiguiente, sin condicionante alguno que la limite u oriente; por consiguiente, el actuar de Dios es siempre conforme a su sabiduría. Dios es libre porque es independiente de todo y no está condicionado por nada.

Se distinguen en Dios dos tipos de voluntad: a) *Soberana*, que lleva a cabo cuanto establece y determina; b) *Concesiva*, que expresa lo que quiere, pero no obliga a sus criaturas. En ese sentido, la voluntad concesiva puede ser resistida y muchas veces lo es.

Las reflexiones anteriores conducen nuevamente la atención a la omnipotencia de Dios.

La mente divina alcanza en un acto intuitivo toda la verdad, y en una manifestación de su amor alcanza todo el bien, así también realiza con su sola decisión de su voluntad todo lo que eternamente ha decretado que exista o suceda. Las Escrituras expresan en muchos lugares esta realidad de Dios. De este modo, se nombra Dios a sí mismo: "Yo soy el Dios Todopoderoso" (Gn. 17:1). Por esta causa se formula la pregunta retórica que exige una respuesta afirmativa: "¿Hay para Dios alguna cosa difícil?" (Gn. 18:14); o si se prefiere: "Porque nada hay imposible para Dios" (Lc. 1:37); del mismo modo: "Para los hombres esto es imposible; mas para Dios todo es posible" (Mt. 19:26). El testimonio del salmista es expresivo en este sentido, cuando escribe: "Nuestro Dios está en los cielos; todo lo que quiso ha hecho" (Sal. 115:3).

La omnipotencia es la razón eficiente para que Dios manifieste en actos que es la causa primera, absoluta e infinita de todo. Esta causa produce todos los efectos para los que fue orientada su voluntad, libremente establecida en vinculación con la omnipotencia que la ejecuta cumplidamente. Dicho de otro modo: por la operación de creación y conservación de todo cuanto existe y sucede, todo el ser de todos los seres creados, así como su ordenamiento actuante, es efecto de la causa originadora, que es Dios mismo. Esta verdad está presente en el discurso de Pablo en el Areópago de Atenas: "Pues él es quien da a todos vida y aliento y todas las cosas... porque en él vivimos, y nos movemos, y somos" (Hch. 17:25, 28).

Si solo Dios es omnipotente, ninguno de los seres creados, sin importar la dimensión y propiedades de su ser personal, puede ser creador, tan solo puede actuar en lo que ha sido creado, lo que se encuentra en la naturaleza. Como expresa el Dr. Lacueva:

> Por eso Dios es realmente Creador. Cuando se dice que el hombre "crea", es únicamente una forma de hablar para expresar que lo realizado es la plasmación de un arquetipo mental organizado con mayor o menor originalidad, o responde a un acto libre (más o menos gratuito) de la voluntad humana. Y aun en muchas de estas "creaciones" ha de tenerse en cuenta, como alguien ha señalado con gracia y justicia, que incluyen un 5% de inspiración y un 95% de transpiración. Autor (del latín "auctor", aquel que añade) era, para los romanos, especialmente el general que, con sus conquistas, añadía nuevas provincias al Imperio. Inventor, según su etimología, significa el que encuentra (lo que supone que Alguien lo había escondido) (cf. Ecl. 3:11).[141]

Dios es omnipotente, por tanto, capaz de llevar a cabo todo lo que desde la eternidad ha determinado que exista o suceda. La omnipotencia se sustenta y expresa en su palabra de autoridad. De ahí que, hablando del Verbo, segunda persona de la Santísima Trinidad, se diga: "El cual, siendo el resplandor de su gloria, y la imagen misma de su sustancia, y quien sustenta todas las cosas con la palabra de su poder" (He. 1:3). El atributo de omnipotencia está en la sustancia misma de su ser, o como puede traducirse, "la impronta de la realidad sustancial de Él", en alusión y referencia a Dios. La sustancia, como impresión del ser divino, es lo que exige pasar por la imagen, o la impronta. La grandeza de Dios es que "sustenta todas las cosas con la palabra de su poder". La palabra traducida como *sustenta*[142] significa literalmente *lleva*. No solo sustenta, sino que conduce, lleva, rigiendo todas las cosas creadas por Él. La voz creativa *sea*, por lo que todo vino a la existencia, requiere la voz sustentadora que mantiene en orden todo lo creado, poniéndole cauces y límites para que discurra como corresponde a un *cosmos*, salido de un *kaos*, esto es, lo que no estaba ordenado (Gn. 1:2). Ambas cosas, creación y sustentación, son el resultado de la palabra del Hijo. Todas las cosas subsisten en Él (Col. 1:17). Todas las cosas tienen cohesión en Él, como un sistema armoniosamente regulado. El universo se sustenta, mucho más que por leyes físicas, por la acción sustentadora del Hijo. Todo el orden

---

[141] Lacueva, 1970-1971.
[142] Griego: φέρων.

cósmico del universo obedece a la acción omnipotente que se expresa en la palabra del Hijo. El escritor usa aquí para *palabra* un sustantivo griego[143], cuyo sentido no es tanto la expresión general del pensamiento, sino el dicho que establece un decreto de autoridad. Quiere decir que, si sustenta todo por "la palabra de su poder", esa palabra es la expresión de la voluntad y la manifestación del poder omnipotente que la hace absolutamente operativa. Todo el universo está dispuesto y ordenado por la palabra de Dios (He. 11:3). Como dice el profesor Miguel Nicolau: "No es, pues, un mero sustentar, como quien sostiene un peso; es más: es conducir, guiar hasta un fin"[144].

Aunque la creación como operación divina será considerada más adelante, es necesario destacar aquí que la omnipotencia como poder infinito y sobrenatural pertenece solo a Dios. Una manifestación notoria son los *sea* en el acto creacional de todas las cosas, la realización de la voluntad por operación de la omnipotencia. De ahí el testimonio de los cielos tocante a este infinito poder de Dios (Job 9:9; Sal. 19:1). Se afirma también que él estableció mandamiento para el mar a fin de que no pase de su límite (Pr. 8:29). Con ese mismo poder actúa en la historia humana sobre los que están en eminencia (Is. 40:23-24).

La omnipotencia de Dios ha sido cuestionada desde la filosofía, de modo que, si realmente es infinito y su poder lo es también, entonces los efectos de esa causa tienen que ser infinitos. Sin embargo, como dice Hilario de Poitiers, "Dios, poder viviente dotado de fuerza inmensa, que no está ausente de ninguna parte ni falta en ningún lugar, se manifiesta por completo a través de lo suyo y revela que lo suyo no es nada distinto en sí mismo; de modo que donde está lo que es suyo se entienda que está él mismo"[145]. Si todo lo inmenso es infinito, luego la omnipotencia divina es un poder infinito. Puesto que en Dios se encuentra la potencia activa infinita, Él mismo es acto. Su ser es infinito porque no está limitado por nada, puesto que su esencia divina es infinita; por tanto, la potencia activa de Dios, por la que obra, tiene que ser infinita.

Al afirmar que Dios es omnipotente —por consiguiente, tiene poder infinito—, su omnipotencia está vinculada a lo que es posible, por lo que Dios puede todo cuanto es posible, pero existen

---

[143] Griego: ῥήματι.
[144] Nicolau, 1961, p. 19.
[145] Hilario de Poitiers, 1986, VIII, 24.

imposibilidades operativas que, de hacerse, sería como "negarse a sí mismo". Esto sería la manifestación del no ser, imposible en Dios.

### Limitaciones del poder de Dios

Dios tiene poder infinito y alcanza todo cuanto tiene razón de ser; por tanto, no conoce límites verdaderos. Su poder tiene el límite de lo absurdo, porque el absurdo es el no ser, la no verdad, el no bien, asuntos imposibles para Dios, porque contradice al mismo concepto de ser según está representado en la esencia misma de la deidad y, como se ha dicho antes, "no puede negarse a sí mismo". Los atributos o perfecciones de Dios no son en sí mismos independientes, sino que están vinculados entre sí; no puede entenderse la omnipotencia sin que esté ligada a la justicia, la verdad, la santidad o a las perfecciones incomunicables, como la omnisciencia. La potencia divina absoluta tiene que adscribirse al campo de lo posible, mientras que la *ordinata* al campo del programa divino, pudiendo actuar por vía ordinaria de lo corriente, o por vía extraordinaria del milagro. No cabe duda de que Dios puede siempre más de lo que hace.

Hechas estas salvedades, puede hablarse de los imposibles para Dios; entre las imposibilidades, es necesario hacer referencia a las siguientes:

A) *Imposibilidad ontológica*. Dios no puede hacer otro dios igual a Él porque, aunque supuestamente pudiera hacerlo, el resultado no sería más que una hechura suya, algo que es creado y no increado, por tanto, no-divino, ya que Dios no puede ser creado ni hecho, porque para ser Dios verdadero ha de tener en sí mismo la razón de su existencia.

B) *Imposibilidad contradictoria*. Dios no puede hacer aquello que implique un imposible metafísico, que contradiga la misma razón de ser de Dios; por eso no puede pecar, ni mentir, ni dejar de existir, ni hacer que lo que sucedió no haya sucedido porque cualquiera de estas hipotéticas situaciones o acciones implican un no-ser que contradice abiertamente el ser de Dios.

C) *Imposibilidad de cambio*. Cuanto Dios determina, sucede invariable e ineludiblemente porque se produce en el ámbito de su inmutable eternidad. De este modo, cuando determina crear, ocurre tal como lo ha determinado. Ocurre así también con decisiones que le afectan directamente, como es el caso de la eterna decisión de encarnarse (Jn. 1:14), o de limitarse tomando forma de hombre, hecho semejante a los hombres (Fil. 2:7), de modo que estas decisiones son invariables; Dios, que las determina, las ejecuta y en ningún modo se vuelve atrás. Sin embargo, Dios no actúa de este modo por necesidad, puesto que es absolutamente libre en la naturaleza de su trina deidad, actuando en libertad plena en todo cuanto afecta a la creación y a las criaturas; esta libertad está fuera de todo lo contingente, esto es, de todo lo que no pueda existir.

### *Atributos comunicables*

#### *Concepto*

Se llaman atributos comunicables a aquellas perfecciones divinas que existen en Dios en grado infinito y son comunicadas al hombre en grado limitado.

Los atributos comunicables definen, en cierta medida, el actuar de Dios, por lo que se denominan también *atributos operativos*, porque permiten y determinan o condicionan la actuación de Dios. En los seres racionales, las acciones se inician por un pensamiento volitivo que surge en la mente; luego se valora en la íntima reflexión personal, que determina si se quiere o no realizar el acto consecuente con el pensamiento volitivo. Esto concluye con la operatividad de la acción, que requiere también el poder personal para ejecutarla.

Del mismo modo, aunque en grado infinito, es la disposición operativa de Dios. Él determina cualquier acción en su mente infinita, que es infinita también en perfección; por tanto, la acción divina es esencialmente verdad. No solo el pensamiento será verdadero, en sentido de noble, perfecto, virtuoso, moralmente intachable, etc., sino que el mismo pensamiento, como Dios, es verdad.

La evaluación del pensamiento, usando siempre un lenguaje necesariamente antropomórfico, involucra un aspecto de su naturaleza, que es el amor, porque "Dios es amor" (1 Jn. 4:8, 16); por tanto, cuanto Él hace, lo hace con amor. La ejecución del pensamiento requiere el poder necesario para operarlo. En el ser humano, los pensamientos y las decisiones se ven impedidos de ser ejecutados porque en ocasiones carece de poder para realizarlos, pero en Dios es imposible tal limitación porque Él es omnipotente. Nada en ninguna esfera de su creación podrá impedir una acción divina determinada por Él.

Estas perfecciones que integran lo que se llama *atributos comunicables* son también atributos operativos que, en la limitación propia de este estudio, son considerados seguidamente.

## Verdad

Esta perfección divina hace que cuanto sale de Dios, bien sea en pensamiento, propósito o acción, sea verdadero. Tal atributo existe en Dios en grado absoluto —como todos los comunicables— y se da al hombre en grado limitado, lo que hace que pueda ser verdadero en funcionalidad.

Dios es verdad porque no hay diferencia alguna entre lo que se produce *ad extra* y lo que está *ad intra* en la mente divina. Además, concuerda sin alteración ni variación alguna entre lo que piensa y aquello que dice. Siendo verdad infinita y perfecta, es también verdadero, porque todo en Él contiene verdad y solo dice siempre verdad. Tal condición está presente infinitamente en Dios, pero se manifiesta limitadamente en el hombre que debe andar en la verdad y ser verdadero hasta el punto de no tener necesidad de reforzar lo que dice con un juramento acreditativo (Mt. 5:34-35). Esa es la advertencia de Jesucristo para los cristianos: "Pero sea vuestro hablar: Sí, sí; no, no; porque lo que es más de esto, de mal procede" (Mt. 5:37).

El término *verdad* puede tomarse en tres acepciones: ontológico, lógico y ético.

a) *Ontológico*. En este sentido, es la propia realidad de las cosas en el modo en que pueden ser captadas por la mente humana. Comoquiera que la realidad de las cosas es trascendente, por tanto, amplia en múltiples aspectos, no es posible captar toda la verdad objetiva que se encierra en un ser.

b) *Lógico*. Bajo esta forma es la percepción objetiva de los aspectos de la realidad formada en nuestros juicios. La captación de las verdades objetivas varía según el sujeto que las considera, por lo que hace posible distintos aspectos de la realidad. Esto origina contraste de pareceres, lo que en filosofía se llama perspectivismo, que es la doctrina según la cual la realidad solo puede ser interpretada desde un punto de vista o perspectiva. De este modo, toda percepción tiene lugar desde una perspectiva individual o particular, desde el punto de vista cognitivo. Por consiguiente, hay tantos esquemas conceptuales como individuos que puedan establecer un determinado juicio, que es la verdad posible, así que no puede considerarse definitivamente una verdad absoluta, aunque no se proponga necesariamente que todas las perspectivas sean igualmente válidas.

El perspectivismo rechaza por imposible la metafísica objetiva. Quiere decir que no acepta la verdad absoluta; por tanto, entra en el campo del cuestionamiento de la verdad única, que es Dios y cuanto sale de Él. El grave problema es que desde esta doctrina no hay absolutos éticos o epistemológicos. Sobre esta base surge la exigencia de una continua reevaluación de las reglas, no solo éticas, sino también de pensamiento, filosofía, metodología, etc., para ajustarlas al pensamiento o perspectivas individuales. La verdad se formaliza como la suma de los diferentes puntos de vista.

Al proceder la verdad por la perspectiva de los individuos, se abre paso a lo que se llama *posverdad*, que es la verdad relativa o la verdad que se acepta porque sintoniza subjetivamente con lo que el individuo quiere asumir como tal. Conduce esto a la moderación, al exigir que los juicios que se emitan sobre algo no deban revestir la forma absoluta.

La Biblia es el libro de los absolutos por cuanto refleja el pensamiento del ser infinito, por tanto, absoluto, que es Dios. La ética conforme a la Escritura es la veracidad, esto es, la absoluta sintonía entre lo que pensamos y aquello que decimos o hacemos. Por esa causa, para la Biblia, el mentiroso no es solo el que no dice verdad, sino el impío que hace aquello que es abominable. De ahí que a Satanás se lo llame "mentiroso y padre de mentira" (Jn. 8:44).

Dios es la verdad, perfección necesaria por cuanto es "el único Dios verdadero" (Jn. 17:3). En el texto, Jesús se refiere al Padre, a quien llama el único Dios verdadero; esto no significa que solo la primera persona sea Dios verdadero, sino que cada una de las tres son el único Dios verdadero, puesto que subsisten en eterna vinculación en el ser divino, como se estudiará en su momento. Es necesario recordar siempre que el Señor dijo que Él y el Padre son uno (Jn. 10:30). Por esta razón, Jesús no habla de la única persona que es Dios verdadero, sino del Padre, el único Dios verdadero, lo que no excluye ni al Hijo ni al Espíritu.

La verdad absoluta permite establecer la medida de la verdad ontológica de Dios y entender que Él es el único que merece ese calificativo porque solo Él responde al concepto genuino de verdad, que es Él mismo. Como todos los atributos divinos, se substancia en el ser divino; por eso Dios no solo es verdadero, sino que es la misma verdad, en grado infinito. Esto determina que Él no puede ser autor del pecado, porque este es la mentira radical, el no-ser de la verdad.

Como se ha considerado en el volumen de *Bibliología*, la Palabra de Dios es verdad, puesto que procede de Él, que es la verdad; de ahí que "sea Dios veraz, y todo hombre mentiroso" (Ro. 3:4). La verdad absoluta y completa está en Dios; por tanto, sus acciones, propósitos y palabras son ciertas y dignas de todo crédito, ya que por la verdad de ellas tendrán un cumplimiento fiel, conforme al propósito de quien las dice.

Sobre esto, escribe K. Barth:

> ¿De qué es capaz la infidelidad de los hombres agraciados? Sólo es capaz de confirmar el presupuesto de toda la filosofía cristiana: Dios es veraz; Dios es la respuesta, la ayuda, el juez, el redentor; no el hombre; ni el oriental ni el occidental, ni el hombre alemán ni el hombre bíblico, ni el piadoso ni el héroe, ni el sabio ni el que espera, ni el que obra; tampoco el superhombre. ¡Sólo Dios, Dios mismo! En el caso de que alguna vez llegáramos a olvidarlo, la deficiencia de todos los portadores de la revelación en comparación con la revelación deberá recordarnos de nuevo la distancia, deberá situarnos otra vez en el comienzo, en el origen. También el portador de la revelación vive de que en su propia deficiencia patentiza que Dios es Dios. "Tenía yo fe, incluso cuando dije: Muy desdichado soy", confiesa él (Sal. 116:10, 11), y continúa: "En mi turbación llegué a decir: Todo hombre es mentiroso". ¡Todo hombre! De la constatación dimana conocimiento de Dios, nueva comunión con Dios, nuevo culto divino: "¿Cómo a Yahveh podré pagar todo el bien que me ha hecho? La copa de la salvación levantaré e invocaré el nombre de Yahveh. Cumpliré mis votos a Yahveh ¡en presencia de todo su pueblo!".[146]

En apoyo de la perfección divina de la verdad, que es Dios mismo, el apóstol Pablo apela a la Escritura, "mas sea Dios veraz", como dice el profeta: "Mas Jehová es el Dios verdadero" (Jer. 10:10), es decir, el único que es verdad. Por esa misma razón, escribe el salmista: "La suma de tu Palabra es verdad" (Sal. 119:160). Todos los escritos bíblicos, cuya revelación fue conferida a Israel para que la escribiera, es absoluta verdad. Dios nunca ha modificado su verdad, jamás ha sido alterada, en ningún tiempo cambió su pensamiento. No hay algún error en medio de la verdad, sino que todo cuanto ha revelado a los hombres y les ha ordenado escribir es absoluta y definitiva verdad, que permanece para siempre y tiene pleno cumplimiento conforme a la determinación divina. Esa revelación es atemporal, por tanto, insensible o inalterable a los tiempos y las formas sociales. Los hombres adaptan la moral al tiempo en que viven, pero la Palabra de Dios permanece inalterable. Todo lo que concuerda con la Palabra de Dios

---

[146] Barth, 2012, p. 128 ss.

es verdad; todo cuanto no concuerde plenamente con ella es mentira. Sólo es posible entender el desvarío del mundo de los hombres evaluándolo a la luz de la Palabra de Dios, porque Dios es veraz. Para el apóstol, la verdad es sinónimo de fidelidad. Dios es verdad porque es fiel; el hombre es mentira porque es infiel. El argumento que desbarata la propuesta del opositor es sencillo: la mentira del hombre, lejos de empañar la verdad de Dios, la hace resaltar, como una luz en las tinieblas.

Esta perfección divina permite a Dios conocer toda la verdad. Lo conoce todo de una manera perfecta y única en una sola idea, eterna y exhaustiva. La identidad ontológica entre la infinita mente de Dios y su infinita verdad hace que Dios, como objeto de su propio conocer, ofrezca una evidencia también infinita. En el Padre, la expresión de ese conocer se personaliza en el Hijo. El conocimiento infinito de Dios se manifiesta en la perfección incomunicable de su omnisciencia. El conocimiento divino hace posible que todo ser esté en el conocimiento de Dios en modo absoluto. Es decir, todo ser, tanto en el presente como en el pasado y en el futuro, es conocido por Dios en toda su dimensión de ser porque su existencia obedece al libre decreto de la voluntad divina que decide esa existencia.

Como cada perfección divina está en el ser divino, todas esas perfecciones o atributos están plenamente vinculados y constituyen la manifestación de lo que Dios es; por consiguiente, no solo es necesario que algo sea verdad, sino que hay quien determine que es de ese modo, por tanto, vinculado a la verdad, está la infinita sabiduría de Dios: "Jehová me poseía en el principio, ya de antiguo, antes de sus obras" (Pr. 8:22). Esa sabiduría es la perfección con que Dios aplica su conocimiento a la obtención de sus fines (Ro. 11:33; 14:7-8; Ef. 1:11-12; Col. 1:16). Dios es el único que merece el calificativo de verdad, porque solo Él responde al concepto genuino de la verdad, que es Él mismo.

Dios siempre dice la verdad y obra conforme a la verdad. El mantenimiento de la verdad se sustenta también en la fidelidad, por la que Dios hace honor a cuanto dice y cumple siempre sus promesas. La fidelidad es el sustento de la misericordia, tan infinita como Dios mismo (Lm. 3:22-23). Por esa razón, podemos decir: "Yo sé a quién he creído" (2 Ti. 1:12).

Como se ha dicho, todos los atributos divinos se substancian en el ser divino; por eso Dios no es solo verdadero, sino que es la misma verdad. Por esa razón, no puede ser el autor del pecado, porque este es la mentira radical.

## Fiabilidad

Es la perfección divina por la que Dios se mantiene siempre fiel, haciendo honor a sus determinaciones, siendo inamovible en todo propósito y cumpliendo todas sus promesas.

Esta perfección comunicable existe en Dios en grado infinito y es comunicada al hombre en grado limitado.

Dios no solo es fiel, sino que es fiable. La diferencia de concepto es sencilla. La fidelidad es la lealtad y observancia de la fe que se debe a otro, y que requiere la puntualidad y exactitud en la ejecución de algo. La fiabilidad es dicha de una persona que es digna de confianza, creíble, fidedigna, sin equivocaciones ni errores.

Porque Dios es verdad, es verdadero, y por consiguiente no puede menos que ser fiel en todo y, por tanto, fiable en todo. Es el único ser que puede poseer en sí mismo esa perfección en grado infinito, ya que es subsistente en su ser. Dios no puede mentir, ni equivocarse, porque dejaría de ser Dios.

Ese atributo de la fidelidad o fiabilidad de Dios está íntimamente relacionado con el resto de sus perfecciones, y de forma notoriamente evidente con la voluntad y la verdad. Si la veracidad está ligada a la verdad, así también la fiabilidad lo está a la fidelidad.

La Biblia enseña la fidelidad de Dios en múltiples lugares. En una forma precisa, constituye la realidad de su nombre, YHWH, que se menciona como "Yo soy el que soy" (Ex. 3:14). Puesto que Él es verdad, es también el Dios fiel e incapaz de engaño; como tal cumplirá sus compromisos y determinaciones; en esa manera, es digno de confianza. Frente al hombre cambiante, Él permanece inalterable en sus determinaciones porque "Dios no es hombre, para que mienta, ni hijo de hombre para que se arrepienta. Él dijo, ¿y no hará? Habló, ¿y no lo ejecutará?" (Nm. 23:19). De este modo lo reitera el profeta: "Además, el que es la Gloria de Israel no mentirá, ni se arrepentirá, porque no es hombre para que se arrepienta" (1 S. 15:29).

La fidelidad está relacionada también con el amor; así lo entendía el criado de Abraham al ver cumplido el encargo que le había asignado para buscar esposa a su hijo Isaac: "Y dijo: Bendito sea Jehová, Dios de mi amo Abraham, que no apartó de mi amo su misericordia y su verdad, guiándome Jehová en el camino a casa de los hermanos de mi amo" (Gn. 24:27). Porque junto con el amor está también la verdad, el salmista puede tener confianza en la fidelidad de Dios: "Él enviará desde los cielos, y me salvará de la infamia del que me acosa; Dios enviará su misericordia y su verdad" (Sal. 57:3). La palabra, en sentido de todo lo que dice, está rodeada de fidelidad, porque es jurada por sí mismo: "Porque cuando Dios hizo la promesa a Abraham, no pudiendo jurar por otro mayor, juró por sí mismo, diciendo: De cierto te bendeciré con abundancia y te multiplicaré grandemente" (He. 6:13-14). La seguridad de la promesa de Dios se establece y apoya mediante juramento: "No pudiendo jurar por otro mayor, juró por sí mismo"[147]. Las promesas de los hombres establecidas bajo juramento en el nombre de Dios les aportan total credibilidad. Es evidente, pues, que los hombres juran poniendo a Dios por testigo de ser verdad aquello que dicen, en cuyo caso se trata de un juramento asertivo, o de lo que prometen, siendo en este caso un juramento promisorio, colocándolo por testigo omnisciente que conoce plenamente la verdad de lo dicho, constituyéndolo en juez al estar sobre ellos. Con el juramento pretenden dar carácter definido a lo que aseguran o prometen, garantizados por Dios. El juramento establecido en la ley debía hacerse siempre en el nombre de Dios (Dt. 6:13). Al jurar Dios por sí mismo garantiza la promesa dada a Abraham, asegurando el cumplimiento fiel de lo prometido. ¿Necesita Dios jurar para que sea creíble? El sentido de la expresión es fácilmente comprensible, tratándose de una fórmula antropomórfica, que equivale a establecer un decreto divino, firme e irrevocable. Cualquier promesa hecha por Dios mismo es absolutamente fiel, ya que Él no puede negarse a sí mismo (2 Ti. 2:13). En ese sentido, es como si hubiese jurado por sí mismo, ya que no hay otro mayor que pudiera acreditar lo prometido. No jura Dios a Abraham para que sea creído, sino que su promesa es tan segura como pudiera serlo bajo juramento. La expresión da solemnidad a la promesa, ya que es imposible darle mayor certeza, por cuanto procede de Dios mismo.

Al ser el Dios fiel y fiable, guarda sus pactos (cf. Dt. 4:31; 7:9; Sal. 40:11; Os. 11:1); siendo esa su naturaleza, es digno de crédito y absolutamente confiable, y frente a quienes confían en lo que no es fiable, el creyente puede decir: "Aborrezco a los que esperan en vanidades ilusorias; mas yo en Jehová he esperado" (Sal. 31:6). Por eso hay plena confianza que permite afrontar las circunstancias más adversas con seguridad: "Clamaré al Dios Altísimo, al Dios que me favorece. Él enviará desde los cielos, y me salvará de la infamia del que me acosa; Dios enviará su misericordia y su verdad" (Sal. 57:2-3). Dios no puede negarse a sí mismo, por lo que su fiabilidad es segura

---

[147] Texto griego: ἐπεὶ κατ' οὐδενὸς εἶχεν μείζονος ὀμόσαι, ὤμοσεν καθ' ἑαυτοῦ,

(2 Ti. 2:13), y todas sus promesas están garantizadas en Él mismo, haciendo a su Hijo canal y razón de esa fidelidad, "porque todas las promesas de Dios son en él Sí, y en él Amén" (2 Co. 1:20). Cristo es el cumplimiento de las promesas divinas, no solo de algunas, sino de todas ellas. En Él se cumplen las promesas proféticas (Lc. 24:44). Es el cumplimiento de la promesa dada por Dios a la mujer cuando pecó, anunciándole la descendencia de ella que heriría a Satanás (Gn. 3:15). Es el cumplimiento de la bendición para las naciones prometida a Abraham (Gn. 26:4). Es el Cordero predestinado desde antes de la creación (1 P. 1:20). Es también la meta del plan de Dios (Col. 1:15-18). Definitivamente, es el amén de Dios (Ap. 3:14), como se lee en algunas alternativas de lectura. El sí definitivo del cumplimiento divino es Cristo. No solo es el amén, sino que es Dios en estado de amén, que establece el *así sea* cuando Él otorga alguna promesa.

Las promesas de Dios tienen fiel cumplimiento en Cristo, como se manifiesta en forma especial en aquellas que tienen relación con la obra de salvación. La ley y los profetas tienen fiel cumplimiento en Cristo (Mt. 5:17-18); la maldición de la ley, a causa del pecado, fue resuelta en Cristo con su muerte en la cruz (Gá. 3:13); es en Él que se alcanza la justicia de Dios (Mt. 6:33); y en Él también Dios da vida eterna a todo aquel que cree (Jn. 3:16; 17:3); la promesa de las profecías del Antiguo Testamento sobre la venida y la acción del Espíritu Santo se produce por la intervención de Cristo (Jn. 14:16, 26; 15:26). Todas las promesas de Dios son en Cristo sí, esto es, tienen fiel cumplimiento. En Cristo las promesas de Dios se cumplen; por esa razón se dice amén en respuesta a la oración. Por esa razón se ora al Padre en el nombre del Hijo, que es el amén, el *sea así*, que Dios da a las peticiones de los suyos conforme a su promesa. En la carta a la iglesia en Laodicea, se da a Cristo el título de "el amén" (Ap. 3:14), que tiene también el sentido de *ser verdadero*. De esta manera, es aquel en quien la revelación de Dios con todas sus promesas, advertencias y decretos tienen perfecto desarrollo y cumplimiento. Frente a la inseguridad de los hombres y a su firmeza, el amén de Dios, que es Cristo mismo, garantiza todos los compromisos divinos. No solo contesta la oración, sino que una iglesia con los problemas que tenía la de Corinto puede ser restaurada porque Él vino para edificar su iglesia (Mt. 16:18). El título de *amén* no tiene que ver tanto con la veracidad de Cristo en contraste con los ídolos, sino con la confiabilidad de Dios, que le hace digno de ser creído, y de quien se debe y puede estar seguro que guardará su pacto y sus promesas. Es por eso que, por medio de Él, decimos amén a la oración y todo esto para gloria de Dios; es decir, cuando los creyentes dicen amén a la oración hecha en el nombre de Cristo, descansan en su fidelidad y le glorifican. El Ambrosiaster viene en ayuda de la interpretación del versículo, al decir:

> Pronunciamos el amén por el Hijo. Pablo afirma que la obra del Padre y del Hijo es la misma, pues dice que tanto Cristo como Dios confirman. Aquel a quien el Hijo confirma, lo confirma también el Padre. Y cuanto el Padre da al Espíritu, también lo da el Hijo, porque el Espíritu Santo es de los dos. Por eso, como habló de la perfección del hombre, hizo mención en este lugar de la Trinidad, pues la suma perfección de todo se encuentra en la Trinidad.[148]

La verdad adquiere el sentido de metafísica, también ontológica, que es la verdad o veracidad esencial, esto es verdad en identidad con la sustancia. Otro aspecto de la verdad es la ética, que es la verdad expresada en palabras, consonante e idéntica al pensamiento del que habla; en general, es la autorrevelación de la persona. En el caso de Dios, la revelación es correspondencia plena con su ser, es decir, cuanto Él revela es absoluta veracidad, por cuanto es imposible que Dios mienta (Nm. 23:19; Tit. 1:2; He. 6:18), porque sería negarse a sí mismo. De igual manera, la verdad lógica es aquella que expresa la conformación del pensamiento con la realidad del objeto del que se trata o presenta. La expresión es verdad cuando refleja la realidad de que se habla en exactitud plena con lo que es. En esto es posible que exista alguna dificultad en el hombre por la limitación de su mente, pero es imposible que se produzca en Dios, puesto que Él conoce todas las cosas, sucesos, realidades físicas y posibles en determinadas circunstancias, por lo que la comunicación divina corresponde siempre a la realidad absoluta de aquello que comunica. En este sentido, Dios es verdad porque cuanto comunica está exento de error; por tanto, su Palabra es verdad absoluta.

Vinculado a la verdad, Dios es fiel; de ahí que cuanto afirma o manifiesta se producirá como Él dice porque es fiel. De este modo, se exhorta al creyente a que reconozca que es fiel en todas las cosas y en todo tiempo: "Conoce, pues, que Jehová tu Dios es Dios, Dios fiel" (Dt. 7:9). La fidelidad o, si se prefiere, la fiabilidad es una cualidad esencial del ser divino. Para Él, ser infiel sería obrar en contra de su propia naturaleza, lo que es imposible (2 Ti. 2:13). La Biblia presenta

---

[148] Ambrosiaster, *Comentario a la segunda carta a los Corintios*.

a Dios como infinitamente justo. De esa manera fue profetizado el Hijo de Dios, revelación exhaustiva del Padre: "Y será la justicia cinto de sus lomos, y la fidelidad ceñidor de su cintura" (Is. 11:5). El testimonio de esa perfección divina es elocuente, usando figuras de dicción hiperbólicas para la mente del hombre en el tiempo en que fue escrito: "Jehová, hasta los cielos llega tu misericordia, y tu fidelidad alcanza hasta las nubes" (Sal. 36:5).

Como Dios es fiel, se puede descansar en esa fiabilidad (Nm. 23:19), ante cuya evidencia se afirma que la fidelidad de Dios es grande (Lm. 3:22-23). La consecuencia es sencilla: si Dios es verdad, sus promesas y afirmaciones tienen que ser fieles. Así, a modo de ejemplo, el cumplimiento de lo dicho a Abraham sobre su descendencia (Gn. 15:13-16; Ex. 12:41). La fidelidad divina se hace visible en los efectos de los tiempos y de las tareas de la tierra, establecidos y anunciados por Dios (Gn. 8:22). Ninguna otra evidencia puede superar a la del cumplimiento de la concepción virginal y nacimiento de Jesús (Is. 7:14), ocurriendo todo lo relativo a la encarnación y ministerio de Cristo, conforme a lo determinado, en el tiempo determinado y en la forma determinada, "cuando vino el cumplimiento del tiempo" (Gá. 4:4).

Dios es fiel en el cumplimiento de sus determinaciones. No solo en las grandes manifestaciones de acontecimientos en el mundo, sino en las cosas más sencillas, como la disciplina de un creyente por causa de la comisión de un grave pecado, sancionado ya en la ley, como el caso del incestuoso de Corinto (1 Co. 11:30). Se aprecia en modo general en la disciplina que ejecuta sobre los suyos (Sal. 119:75).

*Amor*

Es la perfección o atributo divino por el que Dios ama como razón de vida y expresión de su ser. En Él, la perfección está en grado infinito, mientras que, como atributo comunicable, está en el hombre en grado limitado, como resultado de la acción presencial divina (Ro. 5:5).

Por definición idiomática, el amor es el sentimiento intenso del ser humano que, partiendo de su propia insuficiencia, necesita y busca la unión y encuentro con otro ser. Además, se considera amor al sentimiento hacia otra persona que nos atrae y que, procurando reciprocidad en el deseo de unión, nos completa, alegra y da energía para vivir, comunicarnos y crear.

El amor es un concepto universal vinculado con la afinidad o armonía entre seres. En general se trata como un sentimiento, relacionado con el afecto. En el pensamiento filosófico, el amor se considera como una virtud, que expresa el afecto, la bondad y la compasión del ser humano, esto comprende también las acciones que ponen de manifiesto o son resultantes de esa virtud.

Sin embargo, cuando se trata de Dios, todos los supuestos sobre el amor quedan limitados, cuando no anulados, por la diferencia entre la expresión de amor divino y el humano. La Biblia enseña que el amor proviene de Dios y es, por tanto, una virtud teologal. Especialmente en el uso de ἀγάπη, que es el término griego usado para describir el amor incondicional y reflexivo, en el que quien ama tiene en cuenta solo el bien de aquel a quien ama. Por eso, en el cristianismo se usó para referirse al amor de Dios, del que el hombre es el objeto, y que conlleva la idea del amor auto-sacrificante, como se expresa en el evangelio: "Porque de tal manera amó Dios al mundo, que ha dado a su Hijo unigénito, para que todo aquel que él cree, no se pierda, mas tenga vida eterna" (Jn. 3:16). La esencia del amor ἀγάπη es la buena voluntad, benevolencia y entrega voluntaria al objeto del amor. Este amor implica fidelidad, unido al acto de voluntad del que ama, que se expresa en un compromiso de amar. De ahí que se usa para describir el amor de Dios, que viene de Él y cuya naturaleza misma es el amor. Todo cuanto Dios hace está involucrado en su amor.

Si Dios es amor, la fuente del amor nace de Él, y siendo una perfección comunicable, está reflejado en el hombre regenerado, al que se le comunica plenamente por la acción de Dios mismo el Espíritu Santo que lo derrama, es decir, lo da sin límite a la parte espiritual de la criatura: "El amor de Dios ha sido derramado en nuestros corazones por el Espíritu Santo que nos fue dado" (Ro. 5:5). La realidad de ese amor es experiencia cristiana, por cuanto su admirable, infinito y glorioso amor lo ha volcado, derramado, por medio de su Espíritu en el corazón creyente. "Dios es amor", dice el apóstol Juan (1 Jn. 4:8, 16). El ser divino en las tres personas es amor, por tanto, el amor de Dios está en la vida comunicable de la tercera persona de la deidad que, con su presencia en el cristiano, le comunica el amor de Dios en plenitud; de ahí que se use el verbo derramar para expresar la acción por la cual el cristiano queda saturado del amor de Dios a fin de que pueda vivir el distintivo esencial que lo caracteriza como cristiano, que es el amor (Jn. 13:35). La provisión de amor no es pobre, sino abundantísima para satisfacer sobradamente al creyente. Lo que se ha derramado en el creyente no es el amor a Dios, sino el amor de Dios. El dativo es claro en el texto. Dios ha derramado su amor en el creyente. Algunos, como Agustín, consideraban el amor dado como la disposición para que el hombre, que nunca antes amó a Dios, sino que fue enemigo suyo en malas obras, pudiera en adelante amarlo. Esto también es cierto, puesto que el amor con que el creyente ama a Dios, es el ἀγάπη divino, derramado en el corazón humano por la presencia y acción del Espíritu. Pero la diferencia es notoria porque no solo ese amor permite amar a Dios, sino que al darnos Dios su mismo amor, nos permite disfrutar de un elemento más en el que somos hechos partícipes de la naturaleza divina (2 P. 1:4). En virtud del amor derramado, la esperanza no defrauda. Es el amor que espera, no solo en la dimensión de eternidad, sino en la temporalidad. Es el amor que "todo lo sufre, todo lo cree, todo lo espera, todo lo soporta" (1 Co. 13:7). Es la virtud que hace visible a Cristo en la vida cristiana.

Junto con el amor ἀγάπη, deben distinguirse otras dos formas distintas del mismo. Primero, el amor φιλία, término usado para referirse al amor fraterno, incluyendo amistad y afecto. El Nuevo Testamento lo usa para referirse al amor fraternal (Ro. 12:10; 1 Ts. 4:9; He. 13:1; 1 P. 1:22). En segundo lugar, el amor ἔρως, que se refiere al apasionado, que implica deseo y atracción.

Sin pretender definir el amor de Dios, el apóstol Pablo enseña algunas características propias del mismo reflejadas en la vida cristiana, que sobre el pasaje apostólico puede seleccionarse de este modo: "El amor es sufrido, es benigno, el amor no tiene envidia, el amor no es jactancioso, no se envanece; no hace nada indebido, no busca lo suyo, no se irrita, no guarda rencor; no se goza de la injusticia, mas se goza de la verdad. Todo lo sufre, todo lo cree, todo lo espera, todo lo soporta" (1 Co. 13:4-7).

La consecuencia de cuanto se ha considerado sobre el amor de Dios tiene aplicación a la ética cristiana, como enseña el apóstol Juan, cuando escribe: "Amados, amémonos unos a otros; porque el amor es de Dios. Todo aquel que ama, es nacido de Dios, y conoce a Dios. El que no ama no ha conocido a Dios, porque Dios es amor" (1 Jn. 4:7-8). Esta es una de las definiciones que Juan hace de Dios. La grandeza de esta verdad es evidente. Es una afirmación de designación divina como otras dos más que están en los escritos de Juan: Dios es luz (1:5); Dios es amor, en el versículo que se considera; Dios es espíritu (Jn. 4:24). Las tres verdades definen la naturaleza divina, no como atributos que Dios posee, aunque lo comprende también, sino como manifestación esencial de Él. Dios no es amor porque ama, sino que siendo esencialmente amor, no tiene otra forma de expresión de vida que amando, lo que abarca lo que Él es. Dios es amor independientemente de cualquier modo de expresarlo. De otro modo, Dios es amor por naturaleza. Es necesario entender qué es el amor de Dios. Como perfección divina, uno de los atributos de su naturaleza es eterno porque Dios lo es también. El amor de Dios ha existido siempre entre las personas divinas, y es evidente que en el sentido más digno y amplio se ama a sí mismo. Esto conduce a comprender que ese amor no surge a causa de algún atractivo de los destinatarios, sino que se manifiesta enteramente en Él. Por tanto, el amor de Dios es generoso, gratuito e inmotivado. La manifestación del amor divino, especialmente en relación con sus destinatarios descansa en la voluntad soberana del Señor, como decía a Israel: "No por ser vosotros más que todos los pueblos os ha querido Jehová y os ha escogido, pues vosotros erais el más insignificante de todos los pueblos, sino por cuanto Jehová os amó..." (Dt. 7:7-8). Dios ama eternamente, puesto que es eterno, de modo que nada que sea propio de la criatura a la que ama puede ser causa de lo que Dios mismo es desde la eternidad. El ama por sí mismo "según el propósito de su voluntad" (2 Ti. 1:9). Por esta razón, "nosotros le amamos porque él nos amó primero" (1 Jn. 4:19). Ese amor hacia cada uno de los suyos no fue movido por lo que hubiera en ellos. Por otro lado, el amor de Dios es eterno; esto quiere decir que su amor no tuvo principio, de ahí que exprese su amor desde esa condición: "Con amor eterno te he amado; por tanto, te prolongué mi misericordia" (Jer. 31:3). Referido a la vinculación con la elección de los creyentes, el apóstol Pablo manifiesta esa eternidad del amor: "Según nos escogió en él antes de la fundación del mundo, para que fuésemos santos y sin mancha delante de él, en amor" (Ef. 1:4-5). Siendo Dios soberano, también su amor es soberano. La soberanía de Dios le exime de cualquier obligación con otros, siendo su propia ley y actuando de acuerdo con su voluntad; en ese sentido, sorprende que ame a todos en alguna manera y dimensión. Es necesario entender que ese amor divino no es influido por nada ni por nadie, ya que quien ama es soberano y ama desde esa condición. Otra condición del amor divino es su infinitud; esto quiere decir que no tiene límite, de ahí la oración del apóstol Pablo: "Para que seáis capaces de comprender con todos los santos cuál sea la anchura, la longitud, la profundidad y la altura, y de conocer el amor de Cristo, que excede a todo conocimiento" (Ef. 3:18-19). Toda capacidad mental y cualquier reflexión humana están lejos de poder comprender esa dimensión del amor divino. Ese amor es inmutable, inalterable en el tiempo, en el que no hay "mudanza ni sombra de variación" (Stg. 1:17).

La expresión más sorprendente del amor de Dios se manifiesta en el plan de redención. Una afirmación en la ley traería la condenación irremisible del pecador, pero su amor proporcionó todo lo necesario para la salvación a través de la obra redentora de Jesucristo. El mismo Salvador dijo: "Porque de tal manera amó Dios al mundo, que ha dado a su Hijo unigénito, para que todo aquel que en él cree, no se pierda, mas tenga vida eterna" (Jn. 3:16). Por ese admirable amor, Dios no quiere la muerte del pecador, ni que ningún hombre se pierda (Ez. 18:23, 32; 2 P. 3:9), por esa razón llama a todos los hombres a la aceptación del mensaje de salvación y a depositar la fe en el Salvador, mandando predicar el Evangelio a todos sin excepción (Mr. 16:15). El amor perdonador concluye en la muerte del incrédulo. Los que no hayan aceptado el amor para salvación se enfrentarán al juicio divino por el pecado y a la condenación eterna.

En la frase de Juan, *Dios* va precedido de artículo determinado en el texto griego, mientras que el predicado *amor* va sin él, lo que impide el intercambio en la oración, esto es, no permite decir que el amor es Dios.

Fruto del pensar divino, llega necesariamente el querer, que se sustenta en el amor. La conducta es el fruto del querer y este está determinado por los valores morales, que en Dios son infinitos. La escolástica llama a esto *causa final*, última en ejecución, pero primera en intención, porque todo ser antes de obrar se pregunta para qué lo hace.

El valor que para cada uno tiene un objeto es el bien que se espera de él; por consiguiente, nadie quiere lo que no le parece bueno. Así, la voluntad no es libre para querer el mal absoluto, porque sabe que no puede obtener nada bueno. Pero la libertad, en la medida que puede estar presente en el ser, exige que el mal y el bien, lo bueno y lo malo, estén presentes en sus decisiones. Cuanto más preciso sea el conocimiento de los valores, tanto más puro y seguro es el ejercicio de la libertad. Por esta razón, solo cuando el bien absoluto es el único verdadero y los demás valores queden subordinados, el ser puede hacer uso de su libertad. Esa plena libertad, lo que habitualmente se llama libre albedrío, solo estuvo actuante en el tiempo de la inocencia original del hombre. Desde el momento en que quiso ser como Dios, invirtió la escala de valores sustituyendo el amor al ser supremo, que es Dios, del que recibió la vida y la provisión para hacerla posible, por el egoísmo personal, en un amor hacia él más que hacia Dios. La evidencia de esa falta de amor fue la desobediencia, recordando Jesucristo a los suyos que quien le ama verdaderamente guardará sus mandamientos (Jn. 14:15, 21, 23, 24). Ese es el lamento que Jeremías pronuncia en nombre de Dios, cuando dice: "Porque dos males ha hecho mi pueblo: me dejaron a mí, fuente de agua viva, y cavaron para sí cisternas, cisternas rotas que no retienen agua" (Jer. 2:13). El pueblo dejó de amarle porque dejó de buscar lo que Él les había dado para sustituirlo por sus propios deseos.

Dios es el bien absoluto. Una cosa es buena ontológicamente cuando responde al concepto ideal que determina su íntima esencia. Dios es el ser supremo, infinitamente perfecto; por tanto, tiene que ser el bien absoluto, puesto que responde al ideal que el término Dios comporta. Esa es la causa de la respuesta de Jesús al hombre rico: "¿Por qué me llamas bueno? Ninguno hay bueno, sino solo uno, Dios" (Mr. 10:18). Dicho de otro modo, Dios es el bien que tiende a la expansión, o también, la raíz de todos los bienes. De la misma forma que la verdad tiene su expresión infinita, absoluta y definitiva en Dios, así también todo bien perfecto está en consonancia con Él (Stg. 1:17). La evidencia primera de esta realidad es el testimonio que se da de la creación: "Y vio Dios todo lo que había hecho, y he aquí que era bueno en gran manera" (Gn. 1:31). Por esa causa, el hombre se goza en la bondad divina (Sal. 36:7-9).

El apóstol Juan afirma que Dios es amor (1 Jn. 4:8, 16) y el amor es la tendencia hacia el bien. Pueden establecerse tres formas en relación con el amor: a) *Amor de complacencia*, que es aquel que se goza en el bien existente; b) *Amor de benevolencia*, que realiza el bien inexistente, c) *Amor de concupiscencia*, que busca el bien para provecho propio.

La mente divina se identifica con la verdad de su esencia; por tanto, solo ve en ella el bien supremo, que no solo procede de Dios, sino que es Dios mismo. Siendo una tendencia sustancial y activa de la voluntad divina extenderse hacia el bien, tiene que entenderse el amor de Dios como amor necesario, de manera que Él no tiene otra posibilidad que gozarse en el bien, orientándose hacia él definitivamente con toda su voluntad. El amor de Dios como bien difusivo, tiene que manifestarse necesariamente en amor *ad intra* en el seno trinitario, amor con que se aman infinitamente cada una de las personas divinas, pero también ha de orientarse libremente *ad extra*, hacia otros.

Es natural que el amor de concupiscencia, aquel que busca el bien para provecho propio, no puede darse en Dios, ya que busca egoístamente lo que es satisfactorio al que lo ejerce, no solo por principio de amor, sino porque nada hay que Él pueda desear o que pueda recibir de otro para quedar satisfecho. Esto se entiende porque Dios es infinitamente rico (Ro. 10:12; 2 Co. 8:9; Ef. 2:4). Por tanto, no puede conseguir ningún provecho personal de otro.

Dios intima a los hombres para que practiquen la misericordia, que Él quiere más que los sacrificios (Os. 6:6; Mt. 9:13; 12:7). Es necesario entender que toda práctica de adoración o de obediencia queda necesariamente supeditada al amor (Mt. 5:23-24).

El amor divino se extiende a lo que Él ha creado, donde ha dejado impronta de sus huellas. Todo cuanto Él hizo es "bueno en gran manera", por tanto, digno de ser amado por el Creador. Del mismo modo, ama su semejanza en el creyente, a quienes ha predestinado para que sean conformados a la imagen de su Hijo (Ro. 8:29), de manera en que el estadio definitivo, cuando el Hijo se manifieste, seremos semejantes a Él "porque le veremos tal como él es" (1 Jn. 3:2).

Dios aborrece únicamente el pecado, pero sigue amando con amor compasivo y misericordioso al mundo pecador (Jn. 3:16). Cuando el pecador se abre al don de la gracia salvadora por medio de la fe, el amor divino queda libre por la propiciación alcanzada en la operación de salvación hecha por Cristo en la cruz para comunicarse con toda la plenitud de las riquezas de su gracia. Dios ama al creyente porque este ama a su Hijo: "Porque el Padre mismo os ama, porque vosotros me habéis amado, y habéis creído que yo salí de Dios" (Jn. 16:27). La idea de que Dios no ama al pecador no tiene sustento bíblico, puesto que el apóstol Pablo, escribe: "Más Dios muestra su amor para con nosotros, en que siendo aún pecadores, Cristo murió por nosotros" (Ro. 5:8). Algunos enseñan que Dios amó a los salvos, que anticipadamente había escogido en Cristo, pero esto no altera la verdad de que Dios amó a los salvos siendo aún pecadores; por tanto, Dios ama al pecador. El amor del Padre hacia los salvos hace posible que, por adopción en el Hijo, sean "hijos de Dios" (Jn. 1:12; 1 Jn. 3:1).

La bondad divina

En las manifestaciones del amor divino está presente la bondad. Esta perfección divina está vinculada con la santidad hacia el exterior; como todo cuanto procede de Él, está unida al amor. Dios no solo es bueno, sino que es la bondad esencial misma. Todo el bien que exista o pueda existir en una criatura ha sido impartido por Dios. Siendo un atributo divino, es tan eterno como Él mismo. Antes de que el ser divino se exteriorizase a sí mismo y viniera a su actividad *ad extra*, ejercitándolo hacia la criatura, Dios es eternamente bueno.

Así lo proclama la Palabra: "Bueno eres tú, y bienhechor" (Sal. 119:68). Esta bondad divina se extiende a todos, sin excepción: "Bueno es Jehová para con todos" (Sal. 145:9). Por tanto, todo cuanto emana de Dios es "bueno en gran manera" (Gn. 1:31). Esta bondad es ejercida con todas las criaturas (Sal. 145:15-16). Por esta razón, da mantenimiento a todos (Sal. 136:25). Una manifestación de la bondad divina se aprecia en que no juzgó y condenó al hombre al instante de haber pecado.

Puesto que Dios es inmutable, su bondad es también inalterable y continua. El hecho de que haya dolor e injusticia no es otra cosa que el resultado del pecado contra la bondad de Dios, que menosprecia las riquezas de su benignidad (Ro. 2:4, 5).

La expresión suprema de la bondad divina se pone de manifiesto en la obra de salvación. Dios envía a su Hijo para redimir al pecador (Gá. 4:4, 5). La bondad divina se reviste de criatura para que el hombre pueda apreciarlo, no en palabras comprensibles para él, sino en el hecho concreto en el que Dios se da a sí mismo en entrega voluntaria hacia el que no es merecedor de bondad alguna como corresponde a su rebeldía contra Él. En Cristo, el Verbo encarnado, se manifiesta la bondad de Dios (Tit. 2:11).

La misericordia divina

Es una de las perfecciones o atributos divinos vinculados e integrados en el amor de Dios. Siendo comunicable, está en Dios en grado infinito y en el hombre en grado limitado, como expresión de la imagen de Dios con que fue creado.

La palabra misericordia es un compuesto de dos voces latinas: *miser*, que equivale a *desdichado, miserable*, y *cor, cordis*, que denota *corazón*. Por tanto, es el sentimiento afectivo hacia el miserable; de otro modo, es el resultado de pasar la miseria del otro por el corazón y actuar para remediarla. Es una de las formas de entender el amor de Dios, especialmente orientado hacia el sufrimiento, bien sea por causa directa, bien indirectamente.

La misericordia como perfección divina es también infinita y eterna. De ahí el Salmo: "Alabad a Jehová, porque él es bueno, porque para siempre es su misericordia" (Sal. 136:1). A la grandeza de la misericordia divina alude Salomón cuando dice: "Tú hiciste gran misericordia a tu siervo David mi padre" (1 R. 3:6). Una interesante síntesis aplicativa de la misericordia de Dios está recogida en el comentario del Pr. Jeff Adams al Salmo 119, que comentando el versículo 156, escribe:

> "Muchas son tus misericordias, oh Jehová; vivifícame conforme a tus juicios".
> Vez tras vez nos encontramos con las misericordias de Dios en los Salmos. Aquí se mencionan de nuevo. Las misericordias de Dios ocupan un lugar prominente en los Salmos. Observe la conexión entre las misericordias y la verdad de Dios. "Jehová, no retengas de mí tus misericordias; tu misericordia y tu verdad me guarden siempre" (Sal. 40:11). Estas misericordias están relacionadas con las piedades de Dios. "Acuérdate, oh Jehová, de tus piedades y de tus misericordias, que son perpetuas" (Sal. 25:6). Justo después de que Natán confrontara a David respecto a su pecado con Betsabé, David oró: "Ten piedad de mí, oh Dios, conforme a tu misericordia; conforme a la multitud de tus piedades borra mis rebeliones" (Sal. 51:1).
> Nuevamente vemos la misericordia que describimos en el capítulo 19 y las piedades de Dios. "Respóndeme, Jehová, porque benigna es tu misericordia, mírame conforme a la multitud de tus piedades" (Sal. 69:16). Si el salmista llegaba a separarse de las piedades de Dios, su oración rápidamente se tornaba desesperada. "¿Ha olvidado Dios el tener misericordia? ¿Ha encerrado con ira sus piedades? Selah" (Sal. 77:9). "No recuerdes contra nosotros las iniquidades de nuestros antepasados; vengan pronto tus misericordias a encontrarnos, porque estamos muy abatidos" (Sal. 79:8). Dos ejemplos más: "El que rescata del hoyo tu vida, el que te corona de favores y misericordias" (Sal. 103:4). "Bueno es Jehová para con todos, y sus misericordias sobre todas sus obras" (Sal. 145:9).[149]

Puesto que Dios es eterno, sus perfecciones también lo son, y en el caso concreto de la misericordia, está expresada en la Biblia: "Más la misericordia de Jehová es desde la eternidad y hasta la eternidad" (Sal. 103:17; RVR). Es, por tanto, el amor y la bondad de Dios en extensión; dicho de otro modo, la misericordia es el amor divino en extensión y continuidad, esto es, se manifiesta siempre y es determinante en la relación de Dios con el hombre: "Y le respondió: Yo haré pasar todo mi bien delante de tu rostro, y proclamaré el nombre de

---

[149] Adams, 2000, p. 288.

Jehová delante de ti; y tendré misericordia del que tendré misericordia, y seré clemente para con el que seré clemente" (Ex. 33:19).

Hay tres manifestaciones de la misericordia:

a) *General*, que se extiende a todos los seres creados y, en general, a toda la creación, como proclama el salmista: "Bueno es Jehová para con todos, y sus misericordias sobre todas sus obras" (Sal. 145:9). La misericordia divina alcanza a todo, porque todo fue hecho en una relación directa con su amor. Por esa razón, el apóstol Pablo hace notar a los atenienses la misericordia general de Dios: "No es honrado por manos de hombres como si necesitase de algo; pues él es quien da a todos vida y aliento y todas las cosas" (Hch. 17:25).

b) *Especial*, que es aquella misericordia que Dios ejerce para con los hombres, ayudándolos y socorriéndolos a pesar de sus pecados. A esa manifestación de la misericordia divina se refiere el Señor cuando dice: "Para que seáis hijos de vuestro Padre que está en los cielos, que hace salir su sol sobre malos y buenos, y que hace llover sobre justos e injustos" (Mt. 5:45).

c) *Selectiva*. Destinada especialmente a los creyentes y comunicada por la vinculación con Cristo.

La gracia divina

Es la expresión benevolente del amor de Dios orientada hacia la criatura, especialmente para salvación: "Porque por gracia sois salvos por medio de la fe; y esto no de vosotros, pues es don de Dios; no por obras, para que nadie se gloríe" (Ef. 2:8-9).

Si la misericordia es el amor en extensión, Dios ama siempre en toda circunstancia, la gracia es el amor en descenso. En el entorno de la gracia está el descenso de Dios hacia la criatura. Podría definirse, en este sentido, como el amor que obliga a Dios a descender al encuentro del hombre. Muchos textos bíblicos corroboran esta verdad, a modo de ejemplo: "Y aquel Verbo fue hecho carne, y habitó entre nosotros (y vimos su gloria, gloria como del unigénito del Padre), lleno de gracia y de verdad" (Jn. 1:14). El Verbo eterno, al impulso de la gracia desciende desde su posición gloriosa a la condición de hombre para mostrar visiblemente la gracia de Dios. Así también: "Porque ya conocéis la gracia de nuestro Señor Jesucristo, que por amor a vosotros se hizo pobre, siendo rico, para que vosotros con su pobreza fueseis enriquecidos" (2 Co. 8:9).

Será bueno hacer una aproximación al contenido del versículo para establecer los parámetros de la gracia que el apóstol expresa en el texto.

Comienza afirmando que los creyentes no solo saben de la gracia, sino que la conocen. No es posible la salvación sin el conocimiento del Padre y del Hijo (Jn. 17:3). Conocer no es asunto intelectual, aunque lo comprende, sino vivencial. La gracia se conoce cuando se vive. Los discípulos conocieron a Jesús y descubrieron en Él la gloria que tenía como Unigénito del Padre, vinculada especialmente con la gracia y la fidelidad (Jn. 1:14). Jesús vino para buscar y salvar lo que se había perdido (Lc. 19:10).

Se suele definir la gracia como el favor inmerecido que se recibe de Dios. Sin embargo, aunque esto es una verdad, no expresa toda la dimensión de esa palabra. Realmente la gracia es un atributo de Dios, integrado en el cuerpo de su amor, que permite llamarle *Dios de toda gracia* (1 P. 5:10). Como se ha indicado antes, la gracia es el amor en descenso; en el entorno de gracia, hay descenso, como se aprecia en este versículo: "Se hizo pobre, siendo rico". La gracia es el amor salvador de Dios (Ef. 2:8-9). No cabe duda de que cuando Dios determinó salvar al hombre estableció como podría alcanzar la salvación, estableciendo que sería por gracia mediante la fe. Si la obra salvadora se planificó antes de la creación (2 Ti. 1:9), la gracia tuvo que haber fluido en destino salvador en el momento de la determinación eterna del plan de redención. Ese fluir del amor divino orientado a la salvación es tan infinito como Dios mismo. Sin embargo, la provisión para salvación se hacía antes de la creación del hombre y antes de que existiera pecador en el campo de la humanidad. Esa provisión de Dios en previsión salvadora, con una dimensión infinita, solo podía acogerse en lo que fuese infinito, que tenía necesariamente que ser Dios mismo. Así que el Verbo, segunda persona divina, es el recipiente infinito donde se acumula la gracia, que sería luego, en el transcurso del tiempo y de la historia, comunicada para salvación por el único mediador entre Dios y los hombres, que es Jesucristo hombre. Cuando el Verbo irrumpe en la historia humana y entra como hombre en el mundo de los hombres, con Él viene también la infinita dimensión de la gracia (Jn. 1:17). Esa gracia se expresó visiblemente. Juan y los otros discípulos que estuvieron junto a Jesús durante su ministerio afirman haberla visto. Lo que les impactó de Jesús no fueron las manifestaciones de poder, sino la dimensión de su gracia. Posiblemente esa percepción fue progresiva y culminó en la cruz, donde Dios hace ondear la bandera de su amor enarbolándola sobre el lugar donde su Hijo, en expresión de gracia, amor en descenso, se anonada a sí mismo y desciende por amor a las partes más bajas de la tierra (Ef. 4:9). El Salvador tenía que abajarse al lugar del más perdido de los hombres para hacer potencialmente salvable a todo hombre. El pecado había saturado al hombre y a la creación, haciéndose sobreabundante, pero cuando esto ocurrió sobreabundó la gracia (Ro. 5:20). La cruz tuvo que haber sido el punto sin retorno en la experiencia de los suyos para apreciar la cautivadora dimensión de la gracia. El hecho de soportar el juicio ignominioso en casa del sumo sacerdote, el paso por el pretorio, los latigazos que desgarraron su espalda, la corona de espinas hincada en su cabeza, los atroces dolores de la crucifixión, el menosprecio y las burlas de que Jesús fue objeto, la soledad y el desamparo de las horas de tinieblas, el grito de victoria del triunfo alcanzado con el "consumado es" (Jn. 19:30), todos son elementos que componen en la mente y saturan el corazón de los apóstoles, haciéndoles entender, en la medida en que la creatura puede entender al Creador, la infinita dimensión de la gracia. Jesús no podía ser otra cosa que el lleno de gracia. El mensaje de salvación que Cristo encomendó proclamar al mundo en su nombre es la más grande expresión de gracia. Dios hizo una obra de valor infinito para la liberación perpetua del pecador condenado a muerte por su pecado sin demandar de él más que una cosa: fe en su nombre (Ef. 2:8-9). Todavía más, el hombre puede recibir al autor de la vida. Esa es la suprema entrega de Dios. Se ofrece para ser recibido en la intimidad de la vida personal y hacerse vida en todos los que lo reciban. Es necesario mirar la cruz en retrospectiva, la vida de Jesús en su pasado, y terminantemente se entiende que la razón de todo aquello no era otra que la gracia. La esperanza es cierta para quienes, estando sin Cristo, estaban sin Dios y sin esperanza (Ef. 2:12), porque esta se sustancia no en promesas, posibilidades o probabilidades, sino en Cristo mismo, que es "en vosotros esperanza de gloria" (Col. 1:27). Esa es la razón por la que el Verbo hecho carne se aproxima al hombre, o mucho mejor, se *aprojima*, se hace nuestro prójimo, compañero de camino, para hacerse para nosotros camino, verdad y vida.

La encarnación del Verbo es una manifestación de limitación voluntaria del Hijo de Dios y está orientada a la muerte, haciendo que Dios, en Cristo, sea semejante al hombre, que como tal es mortal; de ahí que Dios acompaña a su creatura hasta el límite, muerte, y muerte de cruz (Fil. 2:8). Pero, además, se orienta a ella puesto que en la muerte actúa el poder victorioso del pecado, introduciendo al hombre en la angustia, el miedo y la desesperación, en sentido de sin esperanza. La muerte del Verbo encarnado es la vía para la liberación de esa situación (He. 2:14-15).

Al no existir nada fuera de Dios que motive sus decisiones o condicione su forma de obrar, no queda sino buscar la explicación a ese proceder de Dios enviando al Verbo para que muera por los pecadores y abra para ellos la puerta de la luz y de la vida, que es la admirable dimensión de la gracia. Es más, no solo otorgará la luz al que crea, sino que hará mucho más: lo convertirá por su presencia en él, en luz del mundo, es decir, comunicador de luz, antorcha que alumbra en las tinieblas (Fi. 2:15). Jesús dirá: "Yo soy la luz del mundo" (Jn. 8:12), pero también dijo de quienes creían en Él, "vosotros sois la luz del mundo" (Mt. 5:14). El fin que Dios se propone es que el pecador que crea comparta con Él la vida eterna (Jn. 3:14-21; 6:51). Cristo viene en misión restauradora de la comunión del hombre con Dios, interrumpida a causa del pecado. Para cumplir este propósito ha de restaurar antes lo que la interrumpía y hacía imposible la comunión. Para una obra semejante, no podía Dios ni tan siquiera buscar algo mínimamente válido en el hombre que le sirviera de estímulo o razón causal de la entrega voluntaria de la vida del Verbo encarnado a la muerte. La única razón válida, según la Escritura, es el amor. Dicho de otro modo, el Verbo se ha encarnado porque Dios es amor, y Dios es amor porque el Verbo se ha encarnado. La cruz está asentada en el amor, como el apóstol Juan dirá en otro de sus escritos: "En esto consiste el amor: no en que nosotros hayamos amado a Dios, sino en que él nos amó a nosotros, y envió a su Hijo en propiciación por nuestros pecados" (1 Jn. 4:10). Es necesario entender que Jesús no se vio impulsado a morir por nosotros por nuestra maldad, sino que lo hizo por su amor sobrenatural.

Pablo vincula la gracia con la persona del versículo, a la que da los tres títulos: Señor, Jesús y Cristo. El primero tiene que ver con el calificativo que se da a Dios en toda la Biblia. Sólo Él es Señor, puesto que solo Él recibió el nombre que es sobre todo nombre, para que todos confiesen que Jesús es el Señor. La suprema manifestación del amor está vinculada con la inefable, pero también inexplicable gracia. No era un hombre grande, noble y perfecto quien estaba lleno de gracia, sino el Dios único y verdadero que se hizo hombre. En esa condición pudo ejercer el ministerio revelador que trajo en su primera venida (Jn. 1:18), de manera que el amor infinito y sobrenatural de Dios se haga visible en la vida del Señor encarnado. El segundo, Jesús, es el nombre humano del Salvador, dado por Dios mismo por medio de Gabriel a María en la anunciación: "Llamarás su nombre Jesús" (Lc. 1:31), cuyo significado es *Jehová es salvación*; de ahí que también un ángel anunciase a José que lo concebido en María era del Espíritu Santo, reiterándole que debía llamar al niño Jesús "porque él salvará a su pueblo de sus pecados" (Mt. 1:21). En tercer lugar, le llama Cristo, el nombre propio del Mesías anunciado a lo largo de los siglos, la esperanza de su pueblo, quien no solo moriría para salvar a los hombres, sino que había sido designado para ser el rey de reyes y el Señor de señores.

Luego, como expresión de la gracia, sigue su humillación, que es amor en descenso. La frase es elocuente: "Por vosotros se hizo pobre, siendo rico". El descenso del Hijo de Dios hasta la muerte es manifiesto. Pablo lo describe de esta manera: "El cual, siendo en forma de Dios, no estimó el ser igual a Dios como cosa a qué aferrarse, sino que se despojó a sí mismo, tomando forma de siervo, hecho semejante a los hombres; y estando en la condición de hombre, se humilló a sí mismo, haciéndose obediente hasta la muerte, y muerte de cruz" (Fil. 2:6-8). La preexistencia de quien se hizo hombre está presente en el versículo, considerando la condición antecedente de quien vendría a la condición de siervo al hacerse hombre. No hay en este versículo de Filipenses la mención expresa de la deidad del Señor, como ocurre en Juan (Jn. 1:1), o incluso en Pablo, cuando escribe: "De quienes son los patriarcas, y de los cuales, según la carne, vino Cristo, el cual es Dios sobre todas las cosas, bendito por los siglos. Amén" (Ro. 9:5). No es preciso porque se trata de poner de manifiesto la unión de la deidad con la limitación y humillación expresada en Cristo.

En el versículo hace una precisión esencial: "Se hizo pobre, siendo rico". Es necesario entender que el apóstol no está haciendo un contraste entre la naturaleza divina y humana de Jesucristo, sino entre la pobreza del hombre y la riqueza de Dios. Los calificativos no son usados para indicar una mera apariencia, sino para manifestar la exteriorización de la esencia del ser; por tanto, hemos de entender lo que es ininteligible para la lógica humana. De hecho, Jesús se vació de una forma para manifestarse en otra. La deidad de Cristo es afirmada continuamente y manifestada en Él como el Unigénito del Padre, el único de esa condición (Jn. 1:14). La forma eterna de Dios se hace visible en Jesucristo, no por ser un modelo que pueda revelarlo, sino por ser la imagen del Dios invisible, lo que habla de consustancialidad al tener la misma esencia divina del Padre y del Espíritu (Col. 1:15). Además, se hace visible en Jesucristo a causa de ser el resplandor de la gloria del Padre (He. 1:3). No podría dejar de apreciarse en el Señor por ser la misma imagen o impronta de la sustancia del Padre (He. 1:3). La deidad se manifiesta en la gloriosa presencia en Cristo de su imponente majestad (Jn. 17:5), gloria que fue vista por los hombres (Jn. 1:14), y antes revelada en visión a los profetas (Is. 6:1). La condición divina de Jesucristo hace que Él sea definitivamente rico, ya que todas las cosas fueron hechas por Él y para Él (Col. 1:16). Además, es "quien sustenta todas las cosas con la palabra de su poder" (He. 1:3). No solo fue el Creador, sino que lleva a término el propósito para el que todo fue creado, rigiendo todas las cosas con su autoridad. Todo tiene cohesión en Él, como un sistema armoniosamente regulado. Todo el orden cósmico del universo obedece a la acción omnipotente que se expresa en la palabra del Hijo. De modo que "de él, y por él, y para él, son todas las cosas" (Ro. 11:36). La creación está orientada hacia Cristo, es decir, con vistas a Él. Además, como primogénito, es heredero de todo. Cuando el texto bíblico afirma que toda la creación es para Él está refiriéndose al señorío de Cristo, ya que cuanto existe le está sometido como Señor. Todo el universo creado está dirigido a Él y le está sometido; Cristo es la corona de la creación, el centro de la unidad y de la reconciliación universal. Es el primero y el último, el alfa y la omega de todo (Ap. 1:17; 2:8; 21:6). En ese sentido, se trata de enseñar que Cristo es el punto alfa, en el sentido de origen creacional de todo, siendo Él increado porque es eterno, y es también el omega, como término al que se orienta la creación.

Ahora bien, este que es infinitamente rico, dice Pablo que se hizo pobre. En el abierto camino de descenso de la gracia, se produce la renuncia voluntaria de sus derechos y prerrogativas divinas que le son naturales porque es Dios. El sentir personal suyo no le llevó a retener en su beneficio esa condición divina, que debe ser retenida, sino que se despoja a sí mismo, haciéndose semejante a los hombres para poder llegar a la forma de siervo (Fil. 2:7). Nótese que, cuando se encarna, dice Juan que el Verbo fue hecho carne. Las tres personas divinas actúan en la encarnación, pero solo una fue hecha carne. Sin embargo, aquí Pablo enseña que el mismo que es rico se hizo pobre, de modo que esta pobreza es asumida por el mismo que es permanente y eternamente rico. Pero, ¿cómo entender tal contradicción? ¿Acaso Jesucristo no es Emanuel, Dios con nosotros? Cuando Dios se encarna, no se humilla, sino que se limita, viniendo voluntariamente a la condición de hombre; solo se humilla cuando se hace siervo. Aun así, nada de la deidad mengua en Jesucristo. Los atributos de la esencia divina están presentes en la persona del Hijo de Dios, tan solo limitados en su naturaleza humana. Por tanto, siendo el Unigénito del Padre, todo sigue siendo suyo. Nada ha disminuido, porque Jesús no es un dios rebajado, sino el infinito Dios manifestado en carne. Entonces si todo es suyo, si cuanto existe fue hecho en Él, por Él, y para Él, ¿dónde está la pobreza? O, de otra forma, ¿puede Dios hacerse pobre cuando es Señor de todo? Ciertamente hablar de pobreza en relación con Dios es referirse a una imposibilidad divina, consistente en que Dios mismo no tenga nada más que dar. Así el Padre en la operación redentora dio a su Hijo, de manera que ya no tiene posibilidad alguna de dar más, puesto que lo dio todo. De ese mismo modo, el Hijo vino voluntariamente al mundo de los hombres para dar su vida de infinito valor por nosotros, de modo que no puede dar ya más. No teniendo otra cosa que dar y dándolo todo, se entiende la expresión de Pablo: *se hizo pobre, siendo rico*. Nótese que la riqueza no disminuye en nada, él sigue siendo rico, pero entrega todo el valor de su riqueza, que es Él mismo, para hacerse pobre. Jesucristo no retuvo su condición divina. Él es igual a Dios, porque es Dios, de modo que todo lo que hay en Dios está en Cristo (Col. 2:9). Por el contrario, no hay nada en Dios que no esté en Cristo, es decir, no existe en Dios ninguna cualidad no-crística. En esa forma, Dios estuvo dispuesto a vaciarse para llegar al estado de pobreza, así lo enseña el apóstol: "Se hizo pobre, siendo rico".

El texto concluye con otra sorprendente afirmación: "Para que vosotros, por la pobreza de Él, llegaseis a ser ricos". La entrega suprema de cuanto tenía, el llegar a la expresión máxima de la pobreza, conlleva el enriquecer a quienes eran absolutamente pobres, es más, verdaderamente miserables. Esta es la posición del creyente: "El Espíritu mismo da testimonio a nuestro espíritu de que somos hijos de Dios. Y si hijos, también herederos; herederos de Dios y coherederos con Cristo" (Ro. 8:16-17a). Nada hay que pueda ser reservado para quienes son hijos, puesto que no solo son herederos de Dios, sino que son también coherederos con Cristo. La herencia de Dios es solo del heredero, que es Cristo, pero en unidad con Él los creyentes venimos a ser uno en el heredero; por tanto, todo cuanto tiene que ver con la herencia de Él tiene que ver con la herencia nuestra. De otro modo, la herencia no se divide, es compartida por igual con todos los herederos. Esa es la herencia de los santos en luz. La herencia, por ser de un único heredero, no es divisible porque existe uno, y no siendo divisible tiene necesariamente que ser compartida por todos ellos a causa de estar vinculados como hijos en el Hijo Unigénito. Así lo recordaba el apóstol a los corintios: "Así que ninguno se gloríe en los hombres; porque todo es vuestro: sea Pablo, sea Apolos, sea Cefas, sea el mundo, sea la vida, sea la muerte, sea lo presente, sea lo porvenir, todo es vuestro, y vosotros de Cristo, y Cristo de Dios" (1 Co. 3:21-23). Todavía más, la grandeza de la riqueza que el creyente tiene como resultado de la pobreza de Jesucristo alcanza cotas impensables para el hombre, puesto que hemos venido a ser participantes de la naturaleza divina (2 P. 1:4) y de la gloria, que siendo de Cristo, ha sido dada por Él al que cree (Jn. 17:22). La vida eterna, regalo divino al que cree, tiene como segura esperanza la de reinar con Cristo y ser glorificados con Él (Ro. 8:17).

Así escribe Hodge:

> El precio del enaltecimiento y bienaventuranza eternos de su pueblo fue su propia pobreza, y por ella nosotros somos enriquecidos. Si no se hubiera sometido a toda la humillación de su encarnación y muerte, nosotros hubiéramos permanecido en la pobreza para siempre, destituidos de toda santidad, bienaventuranza y gloria. Es de destacar que las obligaciones morales, tal como dar limosna, en el Nuevo Testamento, no enfatizan tanto las bases morales como el hecho de que esas bases son peculiarmente cristianas. Nadie puede captar el significado de este versículo o sentir su poder, sin estar dispuesto —por ese mismo poder— a sacrificarse por los demás. Y el apóstol enseña aquí, como san Juan también lo enseña (1 Jn. 3:17), que de nada sirve que el hombre diga o imagine que ama a Cristo, si no ama a los hermanos, y no es generoso para el alivio de sus necesidades.[150]

La admirable gracia divina se ha manifestado en un propósito soteriológico para todos los hombres. Cada paso en el proceso de salvación se debe a la gracia. Los sufrimientos del Salvador son la consecuencia expresiva de ella: "Pero vemos a aquel que fue hecho un poco menor que los ángeles, a Jesús, coronado de gloria y de honra, a causa del padecimiento de la muerte, para que por la gracia de Dios gustase la muerte por todos" (He. 2:9). Quiere decir que la irrupción de Dios en el mundo de los hombres obedece a la gracia que Él manifiesta. Dios, que es amor, es también gracia y misericordia. Como atributo divino, su amor es eterno, de ahí que se apunte a su eterna existencia (2 Ti. 1:9).

La gracia tiene unas características que la Palabra destaca, siempre vinculadas a lo que Dios es, de manera que es eterna, como Él (2 Ti. 1:9). Es también gratuita, puesto que se trata de una manifestación de amor divino en el más alto grado de desinterés; es más, es la donación de Dios al hombre en la expresión suprema de entrega sin reservas. La gracia es además soberana, porque es otorgada soberanamente por Dios y, puesto que se trata de un favor inmerecido, ha

---

[150] Hodge, 1991, p. 223.

de ser una concesión divina (Ro. 5:21). Otro aspecto destacable de la gracia es que es infinita, ya que cuando el pecado abundó, sobreabundó la gracia (Ro. 5:20). Es cierto que ninguna acción humana puede ser infinita, puesto que el sujeto de la acción es limitado y la acción se manifiesta en la potencialidad que genera el movimiento; sin embargo, el pecado adquiere una dimensión infinita, puesto que la medida de la responsabilidad penal no se estima por quién comete la acción, sino por quién la recibe, es decir, por quién es objeto de ella; siendo infinito el que la recibe, la culpa adquiere la dimensión del daño hecho, por consiguiente tiene que ser infinita la gracia que opera para el perdón de los pecados.

La gracia en el plano soteriológico es poder benéfico de Dios para aquellos a quienes salva. En el ejercicio del servicio que cada creyente debe realizar para Dios, es la gracia la que comunica la potencialidad operativa: "Pero por la gracia de Dios soy lo que soy; y su gracia no ha sido en vano para conmigo, antes he trabajado más que todos ellos; pero no yo, sino la gracia de Dios conmigo" (1 Co. 15:10). En ella se asientan los recursos que permiten superar las dificultades y conflictos en la vida de santificación, ya que, ante la dimensión de cada uno de ellos, "Dios da mayor gracia" (Stg. 4:6). La seguridad y esperanza del cristiano descansan en la gracia porque son concesiones y no derechos (1 P. 1:13).

Dios es esencialmente bueno porque en Él se identifican esencia y ser, de modo que su amor es invariable y eterno, no afectado por ninguna circunstancia o vicisitud y, además, porque no está subordinado a nada como fin, ya que Él es el último fin de todas las cosas. Dios posee todos los modos de perfección; por tanto, solo Él es bueno esencialmente.

## Santidad

Desde la raíz hebrea, la palabra *santidad* viene del verbo *qadash*, de cuya raíz procede el término *qadosh*, y está relacionada con las acepciones de *cortar* o *separar*. Esta palabra es una de las más destacables del Antiguo Testamento y se usa mayoritariamente para referirse a Dios.

En el Nuevo Testamento hay tres palabras relacionadas con santidad. Una de ellas es ἱερος, con varios derivados que se refieren a lo que es santo o a lo que está consagrado a Dios, como santuario. La segunda, ἅγιος, se encuentra con más frecuencia e implica aspectos éticos. En un sentido semejante, se encuentra ὅσιος, que se relaciona con la ordenación divina y también con el deber y la obligación de la moral humana.

El término ἅγιος significa *santo, puro*; de la misma raíz, ἁγια–́ζω, verbo que denota *santificar, consagrar*; ἁγιασμός, equivalente a *santificación*; está también ἁγιότης, *santidad*; y ἁγιωσύνη, ης, ἡ, *santidad*.

El término se aplica principalmente a Dios; de ese modo, Lucas lo usa reiteradamente como πνεῦμα ἁγιωσύνης, literalmente *Espíritu Santo*. Para el análisis de la palabra, se traslada un párrafo de Horst Balz y Gerhard Schneider:

> En relación con Dios, ἅγιος aparece como invocación de Dios en la oración sacerdotal de Jesús en Jn 17:11; πατερ ἅγιε, Padre Santo, y también en Lc. 1:49 (Sal. 110:9 LXX[151]), ἅγιον τὸ ὄνομα, Santo el nombre, 1 P. 1:15, 16 (Lv. 19:2); 1 Jn. 2:20; Ap. 4:8: ἅγιος ἅγιος ἅγιος κύριος ὁ θεός (Is. 6:3) ὁ παντοκράτωρ 6:10; ὁ δεσπότης ὁ ἅγιος καὶ ἀληθινός. De manera parecida, se habla del mundo de Dios, de los ángeles, en Mr. 8:38 par. Lc. 9:26; Hch. 10:22 (en singular); Jd. 14: ἐν ἁγίαις μυριάσιν, Ap. 14:10, y frecuentemente también en el ámbito cristológico: ὁ ἅγιος τοῦ θεοῦ, referido a Cristo en Mr. 1:24 par. Lc. 4:34; Jn. 6:69; cf. Ap. 3:7, en sentido absoluto τὸν ἅγιον καὶ δίκαιον ἠρνήσασθε, Hch. 3:14 (cf. Mr. 6:20, a propósito de Juan Bautista); en el anuncio del nacimiento, τὸ γεννώμενον ἅγιον κληθήσεται υἱὸς θεοῦ, Lc. 1:35, cf. ὁ ἅγιος παῖς, Hch. 4:27-30. De especial importancia teológica son los enunciados acerca de los santos dones salvíficos de Dios: κλῆσις ἁγία, 2 Ti. 1:9; διαθήκη ἁγία, Lc. 1;72, cf. la combinación con ἀπαρχή y ῥίζα, Ro. 11, 16; en sentido figurado, ἡ ἁγιωτάτη πίστις, Jd. 20. Aquí el carácter salvífico de los dones de Dios se halla asociado con la idea de que esos dones proceden del Dios santo. Finalmente, a los mismos creyentes se los llama santos (cf. supra), es decir, segregados de su mundo circundante y llamados a la relación directa con Dios, de tal manera que ahora son un pueblo ἔθνος, santo, 1 P. 2:9, y sus cuerpos son templo santo de Dios, ὁ γάρ ναὸς Θεοῦ ἅγιός ἐστιν, 1 Co. 3:17; cf. Ef. 2:21, sus hijos son santos por cuanto pertenecen a Dios (en contraste con ἀπάθαρτα), 1 Co. 7:14; de manera parecida se dice esto de las mujeres, 7:34; 1 P. 3:5. Esta santidad se muestra en una conducta pura y sin mancilla, Ef. 1:4; 5:27; Col. 1:22 (paralelamente ἄνωμος), cf. 1 P. 1: 15: ἅγιοι ἐν πάσῃ ἀναστροφῇ

---

[151] Sal. 111:9 en RV.

γενήθητε, de manera parecida en 2 P. 3:11. La santidad de la vida cristiana se sigue de la santidad de Dios, 1 P. 1:16 (cit. Lv. 19:2), cf. también Ap. 22:11; ὁ ἅγιος ἁγιασθήτω ἔτι. Como santos que son, los cristianos demuestran su nueva solidaridad recíproca mediante el beso santo (φίλημα ἅγιον), Ro. 16:16; 1 Co. 16:20; 2 Co. 13:12; 1 Ts. 5:26. El paralelismo entre ἅ γιος y δίκαιος, Mr. 6:20; Hch. 3:14; Ro. 7:12; cf. 1 Co. 6:1 (en oposición a ἄδικοι) hace ver claramente que el término, además de su significado específico, puede emplearse también ocasionalmente en sentido amplio o en sentido figurado.[152]

Concepto

Santidad es la perfección divina que hace que Dios esté separado de todo, distinto de todas sus criaturas y exaltado sobre ellas en gloria, dignidad y honor. Es, por tanto, la perfección mayestática de Dios que hace que esté alejado de toda imperfección, limitación y error, y que toda imperfección pueda acceder a Él.

Esta separación tiene un aspecto positivo de elevación, en el ser y en la conducta, y uno negativo de alejamiento del mal, o sea, de infinita pureza.

Aspectos generales

Dios es santo. Él es proclamado más por su santidad que por sus otras perfecciones (Is. 6:3). No se lee sobre el poderoso nombre de Dios, o sobre su sabio nombre, o sobre su justo nombre, pero sí sobre su santo nombre. Dios mismo destaca esa perfección divina, estableciendo juramento por ella: "Una vez he jurado por mi santidad" (Sal. 89:35). Por esa misma razón se exhorta "cantad a Jehová, vosotros sus santos, y celebrad la memoria de su santidad" (Sal. 30:4). En la vinculación e interrelación de los atributos divinos no sería posible la dinámica de las perfecciones divinas si no existiera la omnipotencia que les confiere vigor actuante, así tampoco, sin santidad, todo sería desagradable. Lo que Dios dice está siempre rodeado de santidad, por eso se lee: "La ley a la verdad es santa, y el mandamiento santo, justo, y bueno" (Ro. 7:12).

Siendo Dios majestad infinita, el ser divino es inaccesible en su perfección absoluta, siendo completamente otro, sin nada que pueda relacionarse para entender esa perfección porque no hay comparación posible en nada ni en nadie. Dios es, por separación, el ser completamente libre de adherencia, impureza, cambio y limitación. Como ser

---

[152] Balz & Schneider, 1998, Vol. I, p. 50 ss.

infinitamente bueno en sí e infinitamente bueno hacia todos no puede compartir con nadie ni con nada su gloria de ser todo para todos, y el único Salvador necesario y suficiente para los suyos.

El Dr. Chafer selecciona una serie de pasajes bíblicos que afirman la santidad exclusiva de Dios y que trasladamos:

> "Y dijo: No te acerques; quita tu calzado de tus pies, porque el lugar en que tú estás pisando, tierra santa es" (Ex. 3:5); "Habla a toda la congregación de los hijos de Israel, y diles: Santos seréis, porque santo soy yo Jehová vuestro Dios" (Lv. 19:2); "No hay santo como Jehová; porque no hay ninguno fuera de ti, y no hay refugio como el Dios nuestro" (1 S. 2:2); "He aquí en sus santos no confía y ni aun los cielos son limpios delante de sus ojos" (Job 15:15); "Porque tú eres santo, tú que habitas entre las alabanzas de Israel" (Sal. 22:3); "Reino de Dios sobre las naciones, se sentó Dios sobre su santo trono" (Sal. 47:8); "Redención ha enviado a su pueblo; para siempre ha ordenado su pacto; Santo y temible es su nombre" (Sal. 111:9); "Y el uno al otro daba voces, diciendo: Santo y Santo, Santo Jehová de los ejércitos; toda la tierra está llena de su gloria" (Is. 6:3); "Porque así dijo el Alto y Sublime, el que habita la eternidad, y cuyo nombre es el Santo: Yo habito la altura y la santidad y con el quebrantado y humilde de espíritu para hacer vivir el espíritu de los humildes, y para vivificar el corazón de los quebrantados" (Is. 57:15); "Este es el mensaje que hemos oído de él, y os anunciamos; Dios es luz, y no hay ningunas tinieblas en él" (1 Jn. 1:5); "Y los cuatro seres vivientes tenían cada uno seis alas, y alrededor y por dentro estaban llenos de ojos; y no cesaban día y noche de decir: Santo, santo, santo es el Señor Dios Todopoderoso, el que era, el que es, y el que ha de venir" (Ap. 4:8); "Y clamaban a gran voz, diciendo: ¿Hasta cuándo, Señor, santo y verdadero, no juzgas y vengas nuestra sangre en los que moran en la tierra?" (Ap. 6:10); "¿Quién no te temerá, ¡oh, Señor! y glorificará tu nombre? Pues solo tú eres santo; por lo cual todas las naciones vendrán y te adorarán, porque tus juicios se han manifestado" (Ap. 15:4).

La santidad de Dios se manifiesta en tres aspectos:

a) *Esencial u óntica*, porque la esencia misma de Dios, al identificarse con el bien absoluto, está por encima de todos como algo inaccesible, oculto en los celajes de la majestad divina.

b) *Moral o ética*, por lo que Dios está libre de toda imperfección y abomina toda iniquidad que pueda cometerse en cualquier lugar y tiempo, puesto que Él es además de eterno, omnipresente.

c) *Global*, porque ser santo implica el conjunto total de las más sublimes cualidades éticas, que abarca juntamente, en grado infinito, la bondad, la pureza y la suma rectitud.

Una dimensión tal debe producir en nosotros la reacción que produjo en Isaías, al sentirse como muerto a causa de la gloriosa santidad de Dios (Is. 6:5).

Por lo indicado antes, se tiene necesariamente que llegar a la conclusión de que Dios no puede pecar en modo alguno (Hab. 1:13; Mt. 5:48; Stg. 1:13). El pecado está en oposición radical contra la misma esencia de Dios. Por esa razón, es siempre y en todo lugar objeto directo de un odio, ira y abominación infinitos por parte de un Dios santísimo.

Dios actúa en santidad. La relación de la santidad divina con el pecado no resuelto es imposible, de manera que, puesto que los atributos de Dios implican una relación, Él se manifestó en la historia de la salvación de dos maneras: a) Separando para sí un pueblo, al que dio una ley, un ceremonial y estableció un pacto con promesas. b) Formando para sí un nuevo pueblo, que es la Iglesia en la presente dispensación: "Más vosotros sois linaje escogido, real sacerdocio, nación santa, pueblo adquirido por Dios" (1 P. 2:9). A este pueblo lo conduce en su gracia, su poder y su disciplina, en relación y acción progresiva, de lo ritual a lo ético, de lo histórico a lo profético, de las figuras a la realidad, de la letra al espíritu. Este nuevo pueblo se incorpora de todo pueblo y lenguas, siendo aceptados, salvados y santificados por Dios en Cristo (Jn. 10:36; 17:17, 19; Ef. 1:6; 1 Jn. 3:3). Porque Él es santo se nos exhorta: "Exaltad a Jehová nuestro Dios, y postraos ante el estrado de sus pies; Él es santo" (Sal. 99:5).

La santidad de Dios se pone de manifiesto en la ley moral, cuya obra fue escrita en el corazón de los hombres, y ha sido implantada en el creyente: "Por lo cual, desechando toda inmundicia y abundancia de malicia, recibid con mansedumbre la palabra implantada, la cual puede salvar vuestras almas" (Stg. 1:21). La máxima revelación de la santidad divina se hace visible en Jesucristo, al que se llama Santo y Justo (Hch. 3:14); en su vida reflejó la perfección divina, de modo que el hombre pueda, viéndolo a Él, conocer lo que de otro modo sería incognoscible.

*Justicia*

Definición

La justicia es la perfección divina que hace que todo acto de Dios sea absolutamente justo.

Este atributo está íntimamente vinculado a las demás perfecciones divinas, pero en forma especial se relaciona con su santidad. Algún teólogo llama a este atributo santidad transitiva, aunque directamente este concepto está en relación con la justicia relativa y no tanto con la justicia absoluta.

El atributo de santidad está orientado a la separación; el de justicia, hacia la conformación.

Principios generales

La justicia se manifiesta en relación con una medida que es la ley, de modo que el justo es el que no quebranta ningún aspecto de esa ley, ni en pensamiento, ni en acción, ni en omisión. Realmente quien da esa medida absoluta de perfección es Dios mismo.

Sin duda, la justicia relacionada con la ley está directamente establecida para el mundo de los hombres, una norma a la cual deben ajustarse, pero en relación con Dios, no existe normativa alguna a la cual Él esté sujeto. Es decir, no hay ley que esté por encima de Dios, pero la ley está en la naturaleza esencial de Él. En este aspecto, se puede hablar, en relación con Dios, de justicia absoluta y relativa. La justicia absoluta es la perfección divina en virtud de la cual Dios es infinitamente justo en sí mismo. La justicia relativa es la perfección divina en virtud de la cual Dios está en oposición a todo pecado como violación de su santidad, dejando ver en todo sentido que Él es santo. Esta justicia relativa se hace visible en el hecho retributivo, en el que Dios retribuye a cada uno conforme a sus merecimientos. Por consiguiente, la justicia es la consecuencia de la santidad y el fundamento de todas las demás cualidades éticas en su vida de relación con los demás seres.

El sentido conceptual de justicia divina se hace notorio al observar el lugar que esa perfección ocupa en las cualidades del ser divino; de ahí que el cimiento que sustenta el trono de Dios es la justicia, como enseña el salmista: "Justicia y juicio son el cimiento de tu trono; misericordia y verdad van delante de tu rostro" (Sal. 89:14). El Espíritu vincula la justicia con la misericordia y la fidelidad; de ahí que la justicia divina no es solo una operación retributiva que da a cada uno conforme a sus hechos, sino especialmente la preparación para el poder salvador, que es consecuente con la misericordia, que busca al miserable, y con la fidelidad o verdad en el cumplimiento de la determinación eterna de salvación. La provisión de perdón de pecados y vida eterna no es posible sin la acción de la justicia que habilita el camino de liberación de la responsabilidad penal del pecado en la obra que Cristo hizo. Es interesante apreciar que la paz, la seguridad y el descanso espiritual están vinculados a la justicia de Dios, como afirma el profeta: "El efecto de la justicia será paz; y la labor de la justicia, reposo y seguridad para siempre" (Is. 32:17).

El apóstol Pablo da tres dimensiones de la justicia: sobria, justa y piadosa (Tit. 2:12). En estos tres elementos se aprecia la relación de la justicia con los demás. Mientras que para la filosofía, la justicia tiene que ver con orden constituido, por el cual cada ser está en el lugar que le corresponde, para la teología la justicia equivale a igualdad de condiciones, puesto que el hombre ha sido creado a imagen de Dios y, por tanto, no puede ser tratado como un objeto, sino como lo que realmente es, una persona. La justicia implica un profundo respeto a la persona y a sus inalienables derechos.

En relación con el asentamiento de la justicia que sirve al propósito de salvación en la misericordia y a la dotación de la paz, el efecto de la justicia no será la muerte del pecador, sino la paz y la seguridad perpetuas. La concordancia de la justicia con la misericordia que salva está expresada en las palabras de otro Salmo: "La misericordia y la verdad se encontraron; la justicia y la paz se besaron" (Sal. 85:10). Este es un hecho definitivo cuando la gracia y la misericordia se encuentran unidas a la justicia en la cruz, y se produce en la obra redentora la justificación del pecador por fe en el Salvador. La enfermedad, simbólicamente hablando, es curada por la herida mortal del médico divino (Is. 53:5). Él y en Él se extingue la responsabilidad penal por el pecado, siendo el Salvador sustituto universal del pecador, recibiendo la cancelación de la pena por la fe que acepta al Salvador y su obra. De ahí que el salvo puede hablar de la experiencia de paz de relación (Ro. 5:1); de paz experimental (Ro. 8:1); de seguridad cierta de salvación porque la acusación legal quedó resuelta en la muerte del sustituto, que cumple plenamente las demandas de la justicia divina, quedando resueltas para el creyente, de modo que puede responder negativamente a la pregunta retórica: "Quién acusará a los escogidos de Dios? Dios es el que justifica. ¿Quién es el que condenará? Cristo es el que murió; más aún, el que también resucitó, el que además está a la diestra de Dios, el que también intercede por nosotros" (Ro. 8:33-34). En Jesús, el Verbo encarnado, se cumplen las exigencias del amor y de la justicia (Jn. 3:16; Ro. 3:25). La obra de propiciación en su sangre, pone de manifiesto que Dios es justo y que está libre para que, sin menoscabo de su infinita justicia, pueda justificar al impío que cree (Ro. 3:26; 4:5).

La justicia de Dios tiene implicaciones prácticas consecuentes con el ejercicio de ese atributo, que no pueden ser entendibles sin el actuar de los demás atributos. Dicho de otro modo, la justicia de Dios es simplemente el ejercicio de su santidad al respecto de sus criaturas. Esta actúa con sumisión de la voluntad a una ley de amor. No es una mera benevolencia, ya que solo el derecho se torna moral en el amor, y solo este se torna moral en aquel. Por consiguiente, la justicia divina no puede dar lugar a la indulgencia o a la connivencia. Nadie debe esperar que la misericordia hará acallar a la justicia, sino que esta quedará satisfecha plenamente para decretar la absolución del transgresor (He. 2:2-3). La justicia de Dios se manifiesta en un Dios justo, gobernador del universo, que retribuye a cada uno según o conforme a su obra (Ap. 22:12).

En Dios se distinguen las siguientes clases de justicia:

a) *Justicia rectoral*, que manifiesta la rectitud y equidad con que Dios gobierna su creación, impone sus leyes y las sanciona en base a la posición que el hombre alcanza frente a ellas (Ro. 1:32).

b) *Justicia remunerativa*, no porque el ser humano pueda exigir retribución o salario (Lc. 17:10), sino porque Dios se ha comprometido con promesa, en la que está involucrada su fidelidad, a dar al que venciere la corona de justicia (2 Ti. 4:8; Ap. 3:11).

c) *Justicia ejecutiva*, que castiga a los violadores de la ley que no han creído en Cristo. Lo hace con todos los que se oponen a la verdad "porque la ira de Dios se revela desde el cielo contra toda impiedad e injusticia de los hombres que detienen con injusticia la verdad" (Ro. 1:18). Pero, aun esta misma justicia queda atemperada por la misericordia, puesto que Dios es amor y justicia al mismo tiempo. Dios remunera lo que no podemos merecer y castiga por debajo de lo que desmerecemos con nuestros pecados e infidelidades.

Es necesario entender en este aspecto de la justicia ejecutiva que Dios está obligado a castigar el mal, pero no a premiar el bien.

*Soberanía*

Definición

Hay distintos posicionamientos en relación con la soberanía de Dios. Algunos teólogos consideran que esta no es un atributo, sino la expresión sustentante de todos ellos; por consiguiente, la tratan como una prerrogativa divina y no como una perfección o un atributo.

Aunque esto es razonablemente cierto, se puede considerar también como una de las perfecciones del ser divino en virtud de la cual se sustenta el decreto divino de la sujeción de la historia al propósito suyo, de la ejecución del plan de redención, de la salvación del hombre y de la glorificación de los salvos.

Todas estas cosas ocurren y tienen su lugar a causa de la soberanía de Dios; de otro modo, todo esto puede realizarse porque Dios es soberano.

Podría definirse la soberanía como la perfección divina por la cual Dios hace cuanto quiere, establece lo que determina, lo ejecuta y nadie puede oponerse a su voluntad. Dicho de otro modo, la soberanía es el ejercicio de la supremacía divina. Dios está exaltado sobre todo y ejerce su dominio y autoridad sobre todo y sobre todos.

Conceptos generales

Todos los atributos hacen posible la soberanía. El amor determina los actos, la justicia juzga y puede actuar ejecutando la sentencia; la libertad no condiciona sus acciones, la omnipotencia le permite hacer lo que en su voluntad determina.

Dios puede ser soberano puesto que todo es suyo (Sal. 50:10), lo es también porque actúa en vida, muerte, preeminencia humana, salvación y condenación, como dijo Ana en su oración: "Jehová mata, y él da vida; él hace descender al Seol y hace subir. Jehová empobrece y él enriquece; abate, y enaltece" (1 S. 2:6-8). El reino, en sentido de soberanía gobernante, es de Dios; así lo reconoce la Biblia:

> Tuya es, oh Jehová, la magnificencia y el poder, la gloria, la victoria y el honor; porque todas las cosas que están en los cielos y en la tierra son tuyas. Tuyo, oh Jehová, es el reino, y tú eres excelso sobre todos. Las riquezas y la gloria proceden de ti, y tú dominas sobre todo; en tu mano está la fuerza y el poder, y en tu mano el hacer grande y el dar poder a todos. (1 Cr. 29:11-12)

Así también en otros pasajes (cf. Mt. 6:13; Ap. 19:6).

Es manifiesta la acción de la soberanía. El consejo divino se ejecuta por su soberanía: "Que anuncio lo por venir desde el principio, y desde la antigüedad lo que aún no era hecho; que digo: Mi consejo permanecerá, y haré todo lo que quiero" (Is. 46:10). Fue por su soberanía que hace su voluntad en cielos y tierra. "Todos los habitantes de la tierra son considerados como nada; y él hace según su voluntad en el ejército del cielo, y en los habitantes de la tierra, y no hay quien detenga su mano, y le diga: ¿Qué haces?" (Dn. 4:35). Dios actúa según el consejo de su voluntad (Ef. 1:11), porque la acción de la soberanía le permite hacer cuanto quiere en todo lugar (Sal. 135:6; 115:3).

Soteriológicamente, la soberanía está presente en la redención. En su soberanía estableció el plan de salvación, antes de toda acción creadora (2 Ti. 1:9; 1 P. 1:18-20). En esa misma soberanía ejecutó la obra redentora, en el tiempo que eternamente había determinado (Gá. 4:4). En su soberanía garantiza la eterna salvación de los creyentes, de modo que ninguno se pierda (2 Ti. 2:19).

La soberanía de Dios determina la historia:

> He aquí el día de Jehová viene, terrible, y de indignación y ardor de ira, para convertir la tierra en soledad, y raer de ella a sus pecadores. Por lo cual las estrellas de los cielos y sus luceros no darán su luz; y el sol se oscurecerá al nacer, y la luna no dará su resplandor. Y castigaré al mundo por su maldad, y a los impíos por su iniquidad; y haré que cese la arrogancia de los soberbios, y abatiré la altivez de los fuertes. (Is. 13:9-11)

Hasta los más mínimos detalles del programa histórico están presentes en el decreto soberano sobre el decurso de la humanidad (Is. 46:8-13). Por eso, la historia para Dios es profecía cumplida, y la profecía es historia por cumplir.

Los eventos futuros están determinados y establecidos, como la segunda venida del Señor, el establecimiento del reino de Dios o de los cielos y, finalmente, la creación de cielos nuevos y tierra nueva, donde Dios morará con los hombres perpetuamente.

La soberanía genera una profunda confianza porque Dios no dejará de cumplir lo que ha determinado y cumplirá su propósito en cada uno de los que son suyos (Sal. 138:8).

# CAPÍTULO VI
# NOMBRES DE DIOS

**Introducción**

La pregunta *¿cómo es Dios?* recibe la respuesta de los atributos o perfecciones divinas, que responde en su conjunto a lo que lo identifica y nos permite conocerlo mejor. A la otra, *¿quién es Dios?*, responde la revelación con los nombres dados a Dios en la Escritura, tanto en el Antiguo como en el Nuevo Testamento.

Con todo, ninguno de los nombres divinos extinguen en plenitud la respuesta, puesto que, aunque ponen de manifiesto quién es Él, queda mucho por conocer de esa verdad determinante. Por esa razón, Moisés dijo al Señor, cuando fue comisionado para sacar a su pueblo de Egipto: "He aquí que llego yo a los hijos de Israel, y les digo: El Dios de vuestros padres me ha enviado a vosotros. Si ellos me preguntaren: ¿Cuál es su nombre?, ¿qué les responderé?" (Ex. 3:13). La respuesta divina, YO SOY EL QUE SOY, no agota el conocimiento de quién es Él. Es más, ¿puede algún nombre definir este aspecto, e incluso, conviene algún nombre a Dios? Él mismo plantea esto mediante preguntas reflexivas: "¿Quién subió al cielo, y descendió? ¿Quién encerró los vientos en sus puños? ¿Quién ató las aguas en un paño? ¿Quién afirmó todos los términos de la tierra? ¿Cuál es su nombre, y el nombre de su hijo, si sabes?" (Pr. 30:4).

Una dificultad se añade a esto, y es que la imposición de un nombre se origina de uno mayor a otro menor que lo recibe, tal es el caso en la historia, en el que un padre ponía nombre a su hijo, un rey a su súbdito, un maestro a su alumno. Pero, ¿quién puede nombrar a Dios? Sin embargo, subsiste la necesidad de hacerlo. ¿Cómo invocará la criatura al Creador si desconoce quién es? Por esa causa, Dios se nombra a sí mismo y comunica estos nombres a la criatura para que pueda invocarle, llamándole en solicitud de ayuda, consciente de quién puede socorrerlo, quien cuidado de sus criaturas. Además, los nombres de Dios son necesarios para descubrir los recursos de gracia aplicables a cada circunstancia propia de la vida humana. Cuando es necesaria una conducción segura, nada mejor que conocer que Dios es pastor; si los combates de la vida resultan además de difíciles de superar, podemos recurrir a la ayuda de quien es Dios de las batallas. Es necesario, pues, conocer a Dios por sus nombres para poder reconocerle como todo cuanto nos es necesario.

Todos los nombres son o bien abstractos, o bien concretos. Estos determinan alguna condición o cualidad del nombrado, pero a Dios no se le pueden aplicar nombres concretos porque es simple. Tampoco se le pueden dar nombres abstractos porque no pueden definir algo perfecto subsistente en Él. Por tanto, ningún nombre que se pueda aplicar a Dios es conveniente al efecto de manifestar quién es Él.

Sin embargo, la Biblia revela nombres aplicados a Dios, que coadyuvan para que conozcamos quién es. No se trata de una disposición intelectual humana, sino que Él mismo los hace conocer en la revelación especial. A modo de ejemplo, el antes citado YO SOY EL QUE SOY es el nombre con que respondió a la pregunta de Moisés en el sentido de identificarlo delante de su pueblo.

Es necesario entender que, en la medida en que se pueda conocer algo, así también puede imponérsele un nombre identificativo. Dios mismo se ha revelado para que le conozcamos y en la dimensión cognoscible que se alcance de Él podemos nominarlo, de manera que en la identificación del nombre apreciemos alguna condición suya que nos conduzca al reconocimiento y la adoración.

Afirmar que Dios está sobre todo nombre obedece al hecho de que su esencia está por encima de cuanto podemos concebir o expresar mediante léxico humano acerca de Él. Es verdad que el nombre aplicado a Dios se debe entender también sustancialmente, pero no es posible que el nombre o el conjunto de nombres agoten totalmente quién es Dios.

Conscientes de esta dificultad, debe ceñirse la teología, en cuanto a los nombres de Dios, a la estricta revelación de la Biblia, usando, considerando y reflexionando en los nombres que la Escritura da a Dios. Esta ofrece varios nombres que son descriptivos del ser divino, poniendo de manifiesto características personales de Él. De los nombres, varios son simples y otros compuestos. La memoria del nombre de Dios se hace perpetua por todas las generaciones y será alabado por todos los pueblos (Sal. 45:17). Los nombres expresan condiciones y obras de Dios por las que recibe esos títulos. Sobre esta base, la segunda persona de la deidad tiene una serie de títulos que superan a todos los que se le asignan a la primera y la tercera.

Los nombres designan condiciones personales; así, cuando se llama a la segunda persona *Emanuel*, se expresa la relación de ella con los hombres por su encarnación y nacimiento; *hijo del hombre* tiene que ver con la humanidad de Dios; *Hijo de Dios* hace referencia a la deidad de Jesucristo; *Hijo de David* lo determina como heredero de las promesas y del reino; *Fiel y verdadero* apunta a su condición de seguro y creíble. Los nombres simples de Dios generan luego otros compuestos, tomando la raíz del primero; de todos ellos se citan los generales que se refieren al ser divino, dejando los que corresponden individualmente a cada una de las personas divinas, especialmente los referidos a la segunda y tercera para los apartados especializados de cristología y neumatología.

**Nombres primarios del Antiguo Testamento**

*Nombres simples*

*El, Elah o Elohim*

El término *El* hace referencia a Dios en general. En la literatura de Canaán se trataba del Dios supremo, que gobernaba el universo, en contraste con Baal, dios del microcosmos. La raíz del nombre equivale a *poderoso* o *fuerte*.

El nombre *Elah* tiene, probablemente la connotación de *sentir respeto*, incluso *terror* ante la grandeza de Dios. Dicho de otro modo, es el nombre que hace referencia a la confrontación entre la criatura y el Creador, y que por razón de dimensión y poder, despierta además de respeto, un miedo reverente delante de Él. Este es otro nombre que se traduce como Dios y aparece setenta veces en las Escrituras. Como los otros nombres simples de esta raíz, se pueden combinar con otras palabras que hacen destacar diferentes perfecciones de Dios.

*Elohim* es el primer nombre de Dios que aparece en la Biblia: "En un principio creó Elohim los cielos y la tierra" (Gn. 1:1; BT). Es un término plural, de manera que puede traducirse tanto por Dios como por dioses. No se trata de un nombre exclusivo del Dios verdadero, puesto que se usa también al hablar de los dioses falsos, como ocurre en relación con el becerro que Aarón hizo de oro fundido en el desierto del Sinaí (Ex. 32:4, 8), o también en el relato sobre los dos becerros que Jeroboam, el primer rey de Israel, puso en Bet-El y Dan, diciendo: "He aquí tus dioses, oh Israel, los cuales te hicieron subir de la tierra de Egipto" (1 R. 12:28).

La palabra hebrea está vinculada a la deidad, y de forma muy especial, al Dios que adoraba Israel. Es una palabra plural. En el Antiguo Testamento se usa para referirse a *Jehová* o *Yahwe*. Esto produce distintas posiciones, como tratarse de un plural mayestático, o incluso como un superlativo de Dios.

Etimológicamente, se explica como un plural derivado de *El*, o de *Elah* o *Eloah*. Aunque los eruditos no se ponen de acuerdo para determinar de dónde deriva la palabra, no hay duda de que en el hebreo arcaico era la palabra genérica para referirse a Dios. Posteriormente se usó la palabra *Eloah*, que da lugar a *Elohim*; ambas palabras son derivadas de *El*.

Este término se usaba en sustitución de Jehová o Yahwe, nombre con que se denominaba a Dios, de modo que Elohim es una palabra genérica para designar al único Dios. Es interesante apreciar el uso en un mismo pasaje de las dos acepciones de Elohim, una para hablar del verdadero Dios y otra para hablar de dioses falsos, literalmente traducido:

> Dijo Elohim a Jacob: Levántate, sube a Bet-El y habita allí. Y haz allí un altar al Dios que se te apareció cuando huías delante de Esaú tu hermano. Entonces dijo Jacob a su casa y a todos los que estaban con él: Quitad los elohim que hay entre vosotros, purificaos y mudad vuestras ropas... Le dieron, pues, a Jacob, todos los elohim extraños que tenían en su mano, y los zarcillos que tenían en sus orejas, y Jacob los enterró bajo la encina que había junto a Siquem. (Gn. 35:1, 2, 4; BT)

En el pasaje, los elohim eran o bien imágenes de algún dios casero o incluso amuletos que usaban como los otros pueblos, entre ellos los egipcios.

El término Elohim se usa más de dos mil veces en las Escrituras para referirse a Dios. El más simple, *El*, aparece unas doscientas veces en el Antiguo Testamento. Generalmente va acompañado de otras palabras que destacan alguna perfección de Dios. Ambos usan compuestos para nombres divinos, lo que se considerará más adelante.

### Hipótesis de uso

*Pluralidad de personas.* Es evidente que, siendo plural el término Elohim, no puede tratarse en la Biblia de un apoyo al politeísmo, pero se puede tomar como testimonio de la pluralidad de personas en la deidad. De ahí que algunos propongan ver en esto una referencia a un nombre que prepare desde los albores de la revelación el pensamiento del lector para entender más tarde la verdad de la unidad divina subsistente en una pluralidad de personas, concretamente en tres.

*Plural mayestático.* Sin embargo, es evidente que los hebreos solían usar el plural cuando deseaban darle un significado especial o intensivo a la palabra, por lo que Elohim puede ser considerado como un plural mayestático, sin que indique necesariamente una pluralidad de personas en Dios. Así debe considerarse el término, como la forma de destacar la relación exclusiva entre Dios y su pueblo Israel, que era su propiedad entre todos los pueblos de la tierra. El término Elohim es más bien un título y no tanto un nombre personal. En hebreo, la distinción es marcada por el hecho de que, cuando se usa esta palaba para referirse con ella al Dios verdadero, suele ir acompañado por el artículo definido *ha* (el, la, los, las), leyéndose *ha Elohim*, que aunque sea un término plural (*los Dioses*), es interpretado como *el Dios*, usando el plural como singular. De este modo, cuando se habla de alguna perfección divina, el término está en singular, como ocurre en el Salmo: "Mi escudo está en Elohim, que salva a los rectos de corazón. Elohim es Juez justo, es un Dios que sentencia cada día" (Sal. 7:10-11; BT). En el texto se lee *Elohim tsaddiq*, *Dios es justo*. De las treinta y cinco veces que el término se usa para referirse a los actos creadores de Dios, el verbo que describe la acción está siempre en singular, aunque el nombre divino sea plural. Como se ha dicho, el hebreo expresa en plural no solo la multiplicidad, sino también la extensión, la dignidad o la magnitud. Se debe considerar —a la luz de esto— lo que gramaticalmente se llama *pluralis excellentiae* o *pluralis maiestatis*, en el castellano actual *plural mayestático*, una forma de plural abstracto que resume las características variadas inherentes al concepto, más el sentido secundario de intensificación del significado original. Por esta razón se expresa la infinita plenitud de poder que descansa en Dios.

Otro nombre en esta misma raíz es *Eloah*, que es el singular para Elohim, y que aparece cincuenta veces en la Biblia, traduciéndose, al igual que los otros, como *Dios*.

## *Adonai*

Es el plural de *adon*, que equivale a *señor*; por tanto, aquí significaría *señores*, pero en relación con lo que ya se ha considerado del uso plural de palabras en el idioma hebreo arcaico, se traduce por *Señor*, como un nombre propio de Dios en el judaísmo. Este nombre aparece no menos de cuatrocientas veces en el Antiguo Testamento.

Como se dice, el nombre plural debe entenderse como mayestático y no sintáctico. Los expertos en la lengua hebrea antigua entienden que este nombre plural es simplemente un término que sustituye en muchos momentos al nombre sagrado Jehová o Yahwe. Es el nombre que reconoce la infinita grandeza de Dios, como Dios personal, lo que equivaldría a decir *mi Señor* o *mi gran Señor*. Este nombre llegó a ser para los judíos más ortodoxos demasiado sagrado para ser pronunciado, cambiándolo por *Hashem*, que significa *El Nombre*. El hecho de que los judíos sustituyan el nombre *Yahwe* por *Adonai* le concede un matiz —como dice el Dr. Lacueva— de misericordia y condescendencia. El Nuevo Testamento vierte el nombre por κύριος, y lo aplica muchas veces a Jesucristo, prueba patente de su deidad.

Puesto que es un nombre de señorío, expresa la idea del gobierno y de ministerio establecido para un siervo. Ese es el concepto que aparece en la conversación de Moisés con Dios con ocasión del portento de la zarza ardiendo, donde el Señor encomienda a Moisés una misión y el siervo dialoga con Él para concertar el modo del servicio; así se lee: "Dijo entonces Moisés a YHVH: ¡Te ruego, Adonay! No soy hombre elocuente ni ayer ni anteayer, ni desde que hablaste tu siervo, pues soy torpe de boca y torpe de lengua" (Ex. 4:10; BT). En otros lugares del Nuevo Testamento, el título implica una necesaria obediencia por parte de quien le reconoce como Señor y está dispuesto a servirle (cf. Lc. 6:46; Jn. 13:13).

La demanda de adoración sirve de base para entender que se trata de un nombre de Dios, de forma especial en la lectura profética: "El hijo honra al padre, y el siervo a su señor. Si, pues, yo soy Padre, ¿dónde está mi honra? Y si soy Señor (*adonim*), ¿dónde está el temor que se me debe?" (Mal. 1:6; BT).

Como se ha indicado antes, en el judaísmo posterior, *Adonai* sustituía por motivos de reverencia el nombre de Yahvé cuando tenía que ser leído en voz alta.

*Yahvé, Yahwe o Jehová*

Definición

Es el nombre con que se presenta Dios a sí mismo, especialmente relacionado con la salvación. Es el Dios que pacta, de ahí que sus dos nombres aparecen juntos, YHVH Elohim (Ex. 3:14).

Ese nombre, conocido como el tetragrámaton[153] por el número de letras que lo expresan, es la máxima revelación de Dios en el Antiguo Testamento. YHVH es el verdadero nombre de Dios. Los judíos solían llamarlo el *nombre excelso o preeminente*.

Dios dijo a Moisés que ese sería su nombre ante su pueblo: "Dijo además 'Elohim a Moisés: Así dirás a los hijos de Israel: YHVH, el Dios de vuestros padres, Dios de Abraham, Dios de Isaac, y Dios de Jacob, me ha enviado a vosotros. Este es mi Nombre para

---

[153] Del griego τετρα, *cuatro*, y γράμμα, *letra*.

siempre jamás, y este es mi memorial de generación en generación" (Ex. 3:15; BT). Él mismo dio el significado del nombre: "YO SOY EL QUE SOY" (Ex. 3:14). Por respeto reverente ante ese nombre, los judíos tenían prohibido pronunciarlo, sustituyéndolo por Adonai, que es traducido por κύριος, Señor.

Aunque existen discrepancias sobre el significado del nombre YHVH, lo más preciso está en la acepción que Dios mismo da de Él, que se ha citado en el párrafo anterior. Especialmente destaca la inmutabilidad y eternidad de Dios. En unidad con el nombre está la expresión de la eternidad divina, al recordar a Moisés que quien hablaba con Él y le enviaba a la misión de liberar a su pueblo era el mismo Dios de los patriarcas desde Abraham, es decir, el Dios que trasciende el tiempo y es el mismo antes y ahora; de otro modo, para quien el tiempo no existe, de ahí que se defina como YO SOY, quien es el mismo ayer, hoy y por los siglos.

La traducción del nombre puede expresarse como *seré el que seré*, es decir, no se limita a decir YO SOY, sino que afirma que será el que será. Así debe entenderse: quien fue para los patriarcas, es también el que hablaba con Moisés y el que sería en el correr indefinido del tiempo. Quien hablaba con Moisés es también el Dios de los padres, inmutable en todos los aspectos, quien, en amor salvador, traería salvación a su pueblo y será siempre lo que es porque es siempre el mismo. Así lo expresa el profeta Isaías, hablando en nombre del Señor: "Yo, YHVH, que soy el primero, también soy con los postreros... para que entendáis que YO SOY. Antes de mí no fue formado dios alguno, ni existirá después de mí" (Is. 41:4; 43:10; cf. 44:6; 48:12). El sentido de aseidad está presente en el nombre, aunque el significado sea mucho más amplio.

### Sentido general

La crítica liberal trata de enseñar que el nombre YHVH no era conocido antes de la revelación a Moisés. Sin duda, el nombre existía anteriormente, como se aprecia en la lectura de pasajes del Génesis, como ocurre en el diálogo de Dios con Abram: "Entonces le dijo: Yo soy YHVH, que te saqué de Ur de los caldeos para darte en posesión esta tierra" (Gn. 15:7; BT), reiterado nuevamente años más tarde a Jacob: "Y he aquí YHVH estaba en pie sobre ella y dijo: Yo soy YHVH, Dios de tu padre Abraham y Dios de Isaac" (Gn. 28:13; BT). Es cierto que solo en Éxodo 6:3 da el significado de ese nombre, estableciendo la garantía de que Él es Dios para su pueblo, inmutable en fidelidad. De ese modo, indica a Moisés que por el nombre YHVH quiere ser conocido para el pueblo. Aquel nombre antiguo que no tenía un significado propio se le da un sentido desde aquel punto en que se dio contenido al nombre como YO SOY, adquiriéndolo desde la tierra de Egipto: "Sin embargo, desde la tierra de Egipto yo soy YHVH tu Dios" (Os. 12:9; 13:4; BT).

El nombre se ha vocalizado y castellanizado como *Jehová*. Algunos piensan que se han intercalado entre las letras del tetragrámaton las vocales de *Adonai*. De ahí que en el castellano se use tanto *Jehová* como *Yahvé*. En la primera forma, el sonido actual de la *j* es fuerte, pero no lo era en el castellano antiguo. Muchas versiones, especialmente las de procedencia católica, usan el término *Yahveh*, bien sea con *v* o con *w*, por razones más bien fonéticas. Sin embargo, gran número de versiones modernas han dejado el nombre para sustituirlo por Señor.

El nombre hebreo YHVH es el más usado en el Antiguo Testamento, donde aparece unas siete mil veces. En los Salmos aparece algunas veces contraído como JAH o JH, que es la primera letra del nombre sagrado y la última sílaba de *aleluya*. Existía la tradición de que cada vez que aparecía de esa forma, el escritor alababa a Dios. El nombre representa la exaltación eterna que solo Dios tiene y que no puede darse a ninguna otra criatura, como se aprecia en el Salmo: "Y sepan que tú solo, cuyo nombre es YHVH, eres 'Elyón sobre toda la tierra" (Sal. 83:18; BT).

El nombre determina la gloriosa dimensión de Dios, cuya gloria no puede ser compartida: "Yo YHVH: ¡Este es mi Nombre, no cedo mi gloria a nadie, ni mi alabanza a los ídolos!" (Is. 42:8; BT).

Este nombre se da a Cristo, al usar pasajes del Antiguo Testamento y aplicárselos directamente, como es el caso de Zac. 12:10 con Ap. 1:7, o cuando la profecía se refiere al renuevo que Dios levantaría a David, al que le da el nombre de *YHVH Sidkenu* (Jer. 23:5, 6). La interpretación del Nuevo Testamento aplica el nombre a Cristo, como ocurre en el caso de Is. 6:5, con la aplicación de Jn. 12:41. El mismo concepto de que Dios es el primero y el último (Is. 41:4; 44:6; 48:12) es aplicado a Cristo en el Nuevo Testamento (cf. Ap. 1:8, 18; 22:13). Jesús se aplicó el título a Él mismo cuando usó el término YO SOY (Jn. 8:56-59).

YHVH es el Dios dinámico que actúa y el que pacta. Es Dios que se implica en una relación con el hombre. Esta relación es especialmente notoria en la obra redentora. Ya se manifiesta de este modo en la expresión de su misericordia: "Yo mismo haré pasar toda mi benignidad delante de ti, y proclamaré delante de ti el Nombre de

YHVH. Tendré misericordia del que tendré misericordia y me compadeceré del que me compadeceré" (Ex. 33:19; BT).

Para Tomás de Aquino, el nombre YO SOY, que es el significado de YHVH, es el más propio de todos los nombres de Dios, entendiendo que lo es por tres razones: a) Por su significado, ya que no significa una forma determinada, sino el propio ser de Dios, es decir, su misma esencia, y este es el nombre que le designa con mayor propiedad. b) Por su universalidad. Los otros nombres de Dios son menos citados y cuando son equivalentes a este, le añaden algún concepto distinto, por el que, en cierto modo, lo informan y determinan. Por esa razón, YO SOY lo abarca todo y expresa lo que Dios es. c) Por lo que incluye su significado. Dios es eterno presente de vida, a quien el pasado y el futuro no le afectan ni pueden existir para Él.

**Nombres simples en el Nuevo Testamento**

Escrito en el idioma griego koiné, los nombres simples están en las formas griegas que le son propias.

*Θεός (Dios)*

Equivale a *Dios*. Es la forma más frecuente para referirse al único Dios en el Nuevo Testamento. El nominativo aparece con o sin artículo definido o determinado. En el entorno idiomático griego, θεός no es propiamente un nombre divino, sino un título a modo de predicado. Por esa razón, quien es adorable y se adora en el Nuevo Testamento es considerado como el único Dios verdadero (Jn. 3:33; 1 Jn. 5:20) o veraz (Jn. 3:33; Ro. 3:4). A este único, verdadero y veraz Dios se le califica también como el Dios vivo o viviente (Mt. 16:16; 26:63; Jn. 6:57; Hch. 14:15; 2 Co. 3:3; 6:16; 1 Ts. 1:9).

*Κύριο (Señor)*

Equivalente a *Señor* o *Dueño*, el que tiene derecho de propiedad y debe ser obedecido (Mt. 5:33: Mr. 5:19). Este sustantivo aparece setecientas diecinueve veces en el Nuevo Testamento, estando presente en todos sus escritos salvo en la epístola a Tito y en las Cartas de Juan. Sin embargo, aparece en Tito 1:4 y en 2 Jn. 3 en el *Textus Receptus*.

El que emplea este título con mayor frecuencia es Lucas; está presente en el evangelio ciento cuatro veces, y en Hechos ciento ochenta y nueve.

El vocativo κύριε se usa a menudo en los evangelios y en Hechos para referirse a Jesús. No es posible determinar si el uso de este término por todas las personas no judías y las no cristianas en el Nuevo Testamento tiene la connotación de trato respetuoso o pudiera entenderse como un reconocimiento divino. Sin embargo, una aproximación desprejuiciada se inclinaría por lo segundo, ya que hay, entre otras cosas, manifestaciones de fe, conocimiento del poder sobrenatural de Jesús, etc. Por este título se dirigió la mujer sirofenicia a Cristo (Mr. 7:28; Mt. 15:22, 25, 27), también el centurión romano (Lc. 7:6), Zaqueo el publicano (Lc. 19:8b), el padre del muchacho endemoniado (Mt. 17:15), los dos ciegos (Mt. 9:28), los ciegos de Jericó (Mt. 20:31, 33; Lc. 18:41), el leproso (Mt. 8:2; Lc. 5:12), la mujer samaritana (Jn. 4:11, 15, 19), el funcionario del rey (Jn. 4:49), el impedido de Betesda (Jn. 5:7), la mujer adúltera (Jn. 8:11), el ciego de nacimiento (Jn. 9:36), María Magdalena (Jn. 20:15), Saulo en el camino a Damasco (Hch. 9:5a, 22:8, 10; 26:15).

## Δέσποτης *(Dueño)*

Literalmente *déspota*, que denota *señor, dueño*, en el sentido de quien puede ejercer autoridad, de forma especial en materia de enseñanza, y debe ser respetado y obedecido.

El término aparece diez veces en el Nuevo Testamento. Dos en escritos de Lucas, tres en las epístolas universales y una en Apocalipsis. El término está muy vinculado en cuanto a uso a la terminología helenista, especialmente manifiesta en las primeras generaciones del cristianismo. En el contexto helenista, el título señala al amo en contraposición con el esclavo. Se enseña a los esclavos cristianos a someterse a los amos (Ti. 2:9; 1 P. 2:18), considerándolos como dignos de honor (1 Ti. 6:1). Incluso a quienes tuviesen amos de mal carácter, se les recuerda que el sufrir injustamente por causa de la fe es un acto de testimonio (1 P. 2:18).

El sentido exclusivamente teológico surge cuando se emplea el término para dirigirse a Dios, como ocurre en las palabras de alabanza de Simeón (Lc. 2:29); en la oración de la Iglesia en días de persecución (Hch. 4:24); también en el clamor vindicativo de los mártires (Ap. 6:10).

El término se da como título a Cristo cuando se habla de las características de los falsos maestros que niegan a Dios, el único soberano[154], que es Jesucristo (Jud. 4), o como escribe el apóstol Pedro, al "Señor[155]

---

[154] Texto griego: τόν μόνον δεσπότεν.
[155] Literalmente: δεσπότην.

que los rescató" (2 P. 2:1). Pablo usa el título escribiendo a Timoteo: "Útil para el Señor[156]" (2 Ti. 2:21).

### Πατήρ *(Padre)*

Nombre que equivale a *Padre*. Designa a Dios como Padre, en relación especial con sus hijos adoptados en el Hijo.

En el Nuevo Testamento, tiene también importancia en la relación *ad intra* de la Trinidad, y directamente en cuanto a la generación eterna de la segunda persona divina, el Hijo.

El nombre Πατήρ, vinculado a Dios, aparece unas doscientas cincuenta veces; la mayoría de los testimonios están en el evangelio según Juan (136), mientras que Mateo lo usa sesenta y tres veces; Marcos, diecinueve; Lucas, cincuenta y seis; Hechos, treinta y cinco; los escritos de Pablo, cuarenta; Hebreos, nueve; y 1 Juan, catorce.

Sin duda, la conexión entre Dios y Padre es un concepto veterotestamentario vinculado a la elección, el pacto y las promesas hechas a Israel (Dt. 32:6). La relación paterno-filial con Israel está vinculada con el testimonio histórico, en el que Dios se muestra como Padre, manifestándoles amor paterno, pedagogía y solicitud (Jer. 31:9). De igual manera, en otro orden de cosas habla a David y afirma que a su hijo, que le sucedería en el trono y edificaría el templo, le "seré a él padre, y él me será a mí hijo" (2 S. 7:14). La referencia a la condición de Padre está presente también en los Salmos: "Como el Padre se compadece de sus hijos, así se compadece Jehová de los que le temen" (Sal. 103:13; LBLA).

En el contexto del Nuevo Testamento, se habla de Dios el Padre (Gá. 1:3), y de Dios, nuestro padre (Ro. 1:7; 1 Co. 1:3; 2 Co. 1:2). Pero la importancia en el uso de este título obedece primeramente a la enseñanza de Jesucristo, que enseñó a los suyos a que dirigiesen la oración a Dios, llamándole Padre (Mt. 6:9 ss.). Expresamente se escribe: "Un Dios y Padre de todos, el cual es sobre todos, y por todos, y en todos" (Ef. 4:6).

**Nombres compuestos**

*Con Elohim*

*Elohim Kedem*

Equivale a *Dios del principio*. Dios, que es Todopoderoso, es eterno; fue, es y será. Él es antes de todas las cosas tanto en tiempo como en

---

[156] Literalmente: δεσπότη.

prioridad. Por tanto, siendo el primero, debiera ser también el primero en los afectos del hombre (Dt. 33:27).

*Elohim Tz'vaot*

De esta forma se lee: "Y David se engrandecía cada vez más, porque YHVH 'Elohim Sebaot estaba con él" (2 S. 5:10; BT). Suele traducirse por *Señor de los Ejércitos*. Es el Dios que capitanea y hace actuar sus huestes, los ejércitos del cielo y los ejércitos físicos de su pueblo aquí en la tierra.

*Elohim Mishpat*

Es el título de *Dios de justicia*. Así aparece varias veces en el Antiguo Testamento. A modo de ejemplo: "Pero YHVH espera para otorgaros gracia, y por eso se levanta para compadecerse de vosotros, pues YHVH es Dios justo. ¡Bienaventurados todos los que esperan en Él!" (Is. 30:18; BT). Dios además de Todopoderoso es infinitamente justo, por tanto, todas sus acciones son justas; esta justicia será establecida en el reino terrenal de Cristo y, finalmente, en cielos y tierra nuevos.

*Elohim Selichot*

Este título equivale a *Dios del perdón*. Así aparece en Nehemías: "Rehusaron escuchar, y no tuvieron presente las maravillas que hacías entre ellos, sino que endurecieron su cerviz, y en su rebelión designaron a un caudillo que los volviera a su esclavitud. Pero tú eres un Dios presto al perdón, clemente y compasivo, lento para la ira, y grande en misericordia, y no los abandonaste" (Neh. 9:17; BT). Es necesario entender que el Todopoderoso es el Dios del perdón porque su propia naturaleza es perdonar; de otro modo, Dios está dispuesto siempre a conceder su perdón porque es perdonador.

*Elohim Marom*

El título significa *Dios de las Alturas*, o *Dios Altísimo*, como se lee en lectura alternativa en Miqueas (Mi. 6:6).

*Elohim Mikarov*

Equivale a *Dios que está cerca*. De este modo dice Jeremías: "¿Soy yo Dios solo de cerca y no Dios de lejos? Dice YHVH" (Jer. 23:23; BT). El Todopoderoso infinito, que muchas veces se esconde en sí mismo, está próximo o, si se prefiere, está cerca, no está distante. Nada puede manifestar esta verdad más que la encarnación del Verbo, que hace a Dios tan próximo que se hace hombre.

*Elohim Chasdi*

Título que se refiere a la amabilidad o la clemencia, por eso le llama el salmista: *Dios de mi misericordia* (Sal. 59:10, 17; BT). Nada más evidente que la misericordia manifestada en la entrega personal, hecho hombre por nosotros.

*Elohim Mauzi*

Significa *Dios de mi fortaleza*. El título aparece en el Salmo: "Pues tú eres el Dios de mi fortaleza" (Sal. 43:2; BT). El Todopoderoso es por consecuencia infinitamente poderoso, omnipotente, pero esa omnipotencia se orienta a los suyos para darles fortaleza, cuanta necesiten, multiplicando las fuerzas de quien no tiene ninguna.

*Elohim Tehilati*

El título equivale a *Dios de mi alabanza*. Es un título que figura en Salmos: "¡Oh Dios de mi alabanza, no ensordezcas!" (Sal. 109:1; BT). Aun en medio de circunstancias adversas e incluso riesgosas, el creyente no deja de alabar a Dios, que como Dios de mi alabanza, es digno de ser alabado siempre.

*Elohim Yishi*

Se trata de un título propio de Dios, *Dios de mi salvación*. Aunque en nuestras versiones no se aprecia como nombre, lo es en el texto hebreo, como los que se han considerado antes. Así se lee en un texto pletórico de gozo: "¡Viva YHVH! ¡Bendita sea mi Roca! Sea enaltecido el Dios de mi salvación" (Sal. 18:46; BT), o también: "Encamíname en tu verdad, y enséñame, porque tú eres el Dios de mi salvación" (Sal. 25:5). Sin duda, la salvación es de Dios (Sal. 3:8; Jon. 2:9); esta salvación se hace posible por operación de gracia que hizo el Salvador, que es Dios manifestado en carne. Solo el Todopoderoso es el Dios que puede salvar y salva.

*Elohim-elohim*

Término que equivale a *Dios de dioses* y que aparece en el Pentateuco, en la referencia que Moisés hace cuando habló con el Señor en el monte:

"Porque YHVH vuestro Dios es Dios de dioses y Señor de señores, Dios grande, poderoso y terrible, que no hace acepción de personas ni admite soborno" (Dt. 10:17; BT). No hay dios alguno de los hombres que tenga existencia salvo quien es Dios entre todos los seres elevados o que son elevados por el hombre. Aquellos dioses que los hombres consideran como poderosos son nada delante del Dios de dioses.

### Elohim Tzur

Otro título compuesto que la Escritura da a Dios en este caso se refiere a *Dios roca*. Aparece en el cántico de David: "¡Viva YHVH, y bendita sea mi roca! ¡Engrandecido sea el Dios de mi salvación!" (2 S. 22:47; BT). Es el sustento firme y estable que no es alterado por el tiempo ni por las circunstancias. Es fuerte porque es inmutable.

### Elohim Kol Basar

El *Dios de toda carne*. Con este título se revela al profeta: "Yo soy YHVH, Dios de toda carne. ¿Habrá algo difícil para mí?" (Jer. 32:27; BT). Si Él es creador de todo, no hay nada que afecte a algo o alguien de su creación que no pueda ser resuelto por quien es Dios.

### Elohim HaRuchot LeKol Basar

Un título bastante extenso que significa *Dios de los espíritus de toda carne*. Aparece en el Pentateuco: "Pero ellos cayeron sobre sus rostros, y dijeron; ¡Dios, Dios del espíritu de toda carne!" (Nm. 16:22; BT). El Creador hizo al hombre como un ser con parte material y parte espiritual, ambas fueron comunicadas al primer hombre por omnipotencia y soberanía. Por tanto, este Dios creador reclama la obediencia de la criatura.

### Elohim Kdoshim

Literalmente *Dios santo*. Está en el Pentateuco y también en el histórico de Josué. "Habla a toda la asamblea de los hijos de Israel, y diles: Sed santos, porque Yo, YHVH, vuestro Dios, soy santo" (Lv. 19:2; BT). También: "Pero Josué objetó al pueblo: No podéis servir a YHVH, porque es un Dios santo, un Dios celoso. No cargará con vuestras transgresiones y con vuestros pecados" (Jos. 24:19). Nadie como Dios, apartado de todo, especialmente de lo pecaminoso, incomparable, singular, único. De ahí que sea Dios santo que no puede soportar al que comete conscientemente pecado contra Él.

*Elohim Chaiyim*

Título que significa *Dios viviente*. Así dice el profeta: "Pero YHVH es el Dios verdadero; ¡Él es el Dios viviente y el rey eterno!" (Jer. 10:10). Ningún dios es verdadero, pero Él no solo es verdadero, digno de ser creído, sino que es verdad en sí mismo, como el Señor Jesucristo afirmó de Él (Jn. 14:6).

**Con El**

Como se ha dicho antes, El es un nombre que equivale a Dios, una forma abreviada de Elohim. Se combina con adjetivos que ponen de manifiesto diferentes perfecciones o atributos de Dios, pero algunos de estos títulos constituyen en sí mismos un nombre divino compuesto, entre ellos:

*El Hane'eman (*o también, en algún texto, *Ha-'Elohim)*

Significa *El Dios fiel*, como lo usa Moisés: "Reconoce que YHVH tu Dios es Ha-'Elohim, Dios fiel, que guarda el pacto y la misericordia para con los que le aman y guardan sus mandamientos hasta mil generaciones" (Dt. 7:9; BT). El fiel, por tanto, es confiable porque hace honor a su palabra y cumple todas sus promesas.

*El HaGadol*

El título equivale a *el gran Dios*: "Porque YHVH vuestro Dios es Dios de dioses y Señor de señores, Dios grande, poderoso y terrible, que no hace acepción de personas ni admite soborno" (Dt. 10:17; BT). El título pone de manifiesto la grandeza de Dios, en toda la dimensión de su ser y en toda la extensión de sus infinitas perfecciones.

*El HaKadosh*

Significa *el Dios Santo*. Usado como título: "Pero YHVH Sebaot será exaltado al juzgar, al sentenciar el Dios Santo mostrará su santidad" (Is. 5:16; BT). Se ha hecho referencia antes a la santidad de Dios que hace que Él sea único en todo el universo. Además, junto con su santidad está la rectitud que le permite juzgar; en su juicio pone de manifiesto que es Santo.

*El Yisrael*

El título equivale a *el Dios de Israel*. Así lo expresa el Salmo: "¡Oh 'Elohim, tú eres formidable desde tus santuarios! El Dios de Israel es quien da vigor y poder a su pueblo, ¡bendito sea 'Elohim!" (Sal. 68:35; BT). Dios, que escogió a Abraham, Isaac y Jacob para formar su pueblo, es el Dios personal de Israel, como entidad que le pertenece y es distinguida por esto entre todos los pueblos.

*El-HaShamayim*

Se califica como *el Dios de los cielos*, como exhorta el salmista: "Dad gracias al Dios de los cielos, ¡porque para siempre es su misericordia!" (Sal. 136:26; BT). Expresa la admirable grandeza de quien es el Creador de los cielos y reina sobre todo.

*El Sali*

Nuevamente vinculado con *roca*, el título equivale a *Dios de mi Roca*. Así aparece en el Salmo: "Digo a 'El. Roca mía" (Sal. 42:9; BT). El creyente considera a Dios como su defensor, protector y sustentador.

*El Simchat Gili*

Título que define a Dios como *el Dios que es la alegría*. Así escribe el salmista: "Entonces entraré al altar de Dios, al Dios que es la alegría de mi gozo, y te alabaré con el decacordio, oh 'Elohim, Dios mío" (Sal. 43:4; BT).

*El Roí*

El nombre designa a Dios como *El Dios que ve*. Así se lee en el Pentateuco: "Y llamó el nombre de YHVH (quien hablaba con ella): Ata-'El-Roí, porque dijo: ¿No he visto aquí yo también las espaldas de aquel que me ve?" (Gn. 16:13; BT). Esta frase puede tener dos modos de interpretación: a) Si se toma como sustantivo la palabra Roi, sería "Tú eres un Dios de apariencia o de aparición"; b) Si se toma como verbo, sería "Tú eres el Dios que me ve".

*El HaKavod*

Tiene el significado de *el Dios de gloria*. Así aparece en la lectura del Salmo: "¡Tributad a YHVH la gloria debida a su nombre!" (Sal. 29:2; BT). El Dios de la gloria pone de manifiesto su grandeza y admirable dimensión.

*El De'ot*

Nombre que designa a *el Dios del conocimiento* o *Dios de sabiduría*. Por este nombre lo alaba Ana, la madre de Samuel: "No multipliquéis palabras altaneras; ni salga arrogancia de vuestra boca; porque YHVH es Dios de sabiduría, y Él sopesa las acciones" (1 S. 2:3; BT). No solo es la fuente de la sabiduría o del conocimiento, sino que todo cuanto un ser pueda saber o conocer proviene de Él.

*El Olam*

Designa al *Dios de la eternidad* o *Dios del Universo*. El nombre aparece en el Pentateuco: "Y plantó un tamarisco en Beer-seba, e invocó allí el nombre de YHVH 'El-Olam" (Gn. 21:33; BT). Dios vive en la eternidad, para Él el tiempo es un presente continuado, no tiene principio ni fin.

*El Emet*

Llama a Dios como *el Dios de la verdad*. Así en la lectura del Salmo: "En tus manos encomiendo mi espíritu, Tú, oh YHVH, Dios de verdad, me has redimido" (Sal. 31:5; BT). Todo cuanto tiene que ver con Dios es verdad y realidad. Puede unirse esto a la fidelidad porque el verdadero Dios hace honor a sus promesas y cumple su palabra.

*El Emunah*

El nombre significa *el Dios fiel*. Así lo llamó Moisés en su cántico: "Él es la Roca, cuya obra es perfecta, todos sus caminos son justos, Dios de fidelidad, sin injusticia, justo y recto es Él" (Dt. 32:4; BT). Siendo también roca, es una fortaleza en la que se puede depositar toda la confianza, tanto para el tiempo como para la perpetuidad después de esta vida.

*El Yeshuati*

Nombre que designa a Dios como *el Dios de mi salvación*. De este modo dice de Él el profeta: "He aquí Dios es mi salvación; me aseguraré y no temeré, porque mi fortaleza y mi cántico es YH, YHVH" (Is. 12:2; BT). No solo Dios salva, sino que es la fuente de la salvación. Su interés es que ninguno perezca y que el impío proceda al arrepentimiento y viva.

*El Chaiyai*

Significa *el Dios de mi vida*. Este texto recoge el nombre: "De día YHVH enviará su misericordia, y de noche su cántico estará conmigo.

Oración al Dios de mi vida" (Sal. 42:8; BT). La vida está en Dios y, de forma especial en el plan de salvación, se manifiesta en Jesucristo (Jn. 1:4). Toda forma de vida, tanto la natural o biológica como la espiritual o eterna proceden de Él.

*El Echad*

El nombre equivale a *el Dios único*. Así lo llama el profeta: "¿No tenemos todos un mismo Padre? ¿No nos ha creado un mismo 'El? ¿Por qué, pues, nos portamos deslealmente uno contra otro, profanando el pacto de nuestros ancestros?" (Mal. 2:10; BT). Dios es único y verdadero, mantiene sus compromisos siempre.

*El Rachum*

El nombre califica a Dios como *el Dios de compasión*. Estas son las palabras de Moisés: "Porque YHVH tu Dios es Dios misericordioso, no te dejará ni te destruirá, ni olvidará el pacto que les juró a tus padres" (Dt. 4:31; BT). El sentimiento de amor por las miserias de su pueblo hace que sea designado como Dios de compasión (en la versión citada, Dios de misericordia).

*El Chanun*

Significa *Dios de gracia*. Como le llamó Jonás: "Y oró a YHVH, diciendo: ¡Oh YHVH! ¿No era esto lo que decía yo estando aún en mi tierra? Por eso hui a Tarsis, porque sabía que Tú eres clemente y misericordioso, lento para la ira y grande en misericordia, que desistes de dar castigo" (Jon. 4:2; BT). Siendo Dios de gracia, la otorga generosamente, aunque el destinatario de ella no sea merecedor en modo alguno de su favor.

*El Kana*

Nombre que designa al *Dios celoso*. De esta manera lo llama Moisés: "Porque YHVH tu Dios es fuego consumidor, Él es Dios celoso" (Dt. 4:24; BT). Este nombre lo da Dios a sí mismo: "Porque no te postrarás ante ningún otro dios, pues YHVH, cuyo nombre es Celoso, Dios celoso es" (Ex. 34:14; BT). El nombre expresa el mismo carácter de Dios.

*El Tzadik*

Da la idea de que *Dios es justo*. Usa el nombre el profeta: "Declarad, exponed pruebas, y entrad todos en consulta: ¿Quién ha hecho oír esto desde antaño? ¿Quién lo ha dicho desde entonces? ¿No he sido Yo, YHVH? Y no hay otro Dios fuera de mí, Dios justo y salvador; no hay ninguno, excepto yo" (Is. 45:21; BT). Se llama a sí mismo *Dios justo*, de manera que ese nombre lo presenta como hace y dice solo lo que es recto. Por tanto, hará siempre lo que es justo.

*El Shaddai*

Nombre que designa a Dios como el *todo suficiente*. Dios mismo se nombra de este modo: "Era Abram de noventa y nueve años cuando YHVH se le apareció a Abram, y le dijo: Yo soy 'El Shaddai, anda delante de mí, y sé perfecto" (Gn. 17:1; BT). El término *shad* significa *pecho* en hebreo, dando a entender figuradamente que del mismo modo que una madre al amamantar a su hijo provee para él de cuanto necesita, así también Dios da todo lo necesario a los suyos.

*El Elyon*

Significa literalmente *el Altísimo*. Así se lee en Génesis: "Pero Melquisedec, rey de Salem, sacerdote de 'Elyón, sacó pan y vino, y lo bendijo diciendo: ¡Bendito sea Abram por 'Elyón, poseedor de cielos y tierra!" (Gn. 14:18-19; BT). Al referirse a Dios como el Altísimo, está afirmando que está sobre todo y sobre todos y que su gloria y perfecciones son infinitas, lo que hace de Dios el único que debe ser exaltado.

*El Yeshurun*

Un nuevo nombre que llama a Dios *el Dios recto*. Está presente en la bendición de Moisés para Israel: "Ninguno hay como el Dios de Jesurún, que cabalga sobre los cielos en tu auxilio, y en su majestad sobre las nubes" (Dt. 33:26; BT). Expresa la rectitud de Dios, vinculado con su pueblo, que desea que los suyos sean también rectos como Él.

*El Gibor*

Este nombre significa *el Dios Todopoderoso*. Está en el escrito profético de Isaías: "Porque un niño nos es nacido, Hijo nos es dado; el dominio estará sobre su hombro, y se llamará su nombre: Admirable Consejero, Dios fuerte, Padre eterno, Príncipe de Paz" (Is. 9:6; BT). Como Dios fuerte, conduce en victoria a los suyos. Es la razón por la que los creyentes en el Nuevo Testamento pueden ser llevados "siempre en triunfo" (2 Co. 2:14).

*Immanu 'El*

El nombre significa que *Dios está con nosotros*. Así escribe Isaías: "Por tanto, Adonay mismo os dará señal: He aquí, la virgen quedará encinta y dará a luz un hijo, y llamará su nombre Emmanuel" (Is. 7:14; BT). En el evangelio según Mateo, se dice que el nombre que debía dar José al niño que iba a nacer de María sería el de Jesús, apuntando inmediatamente al cumplimiento de la profecía: "Llamarás su nombre Emanuel, que traducido es: Dios con nosotros" (Mt. 1:23).

Dentro de los nombres compuestos con *'El* deben considerarse los que están vinculados *Elah*, traducido como *Dios*, y que aparece unas setenta veces en las Escrituras. Entre ellos, a modo nominal están los siguientes:

*Elah Yerush'lem*

Significa *Dios de Jerusalén*. Este nombre está en Esdras: "Y los utensilios sagrados que te son entregados para el servicio de la Casa de tu Dios, los restituirás ante el Dios de Jerusalén" (Esd. 7:19; BT). Dios está vinculado de un modo especial, por voluntad propia, con Jerusalén, lugar que escogió para su casa terrenal. Centro del gobierno divino en el futuro.

*Elah Israel*

En esta forma, significa *Dios de Israel*. Así aparece en el libro de Esdras: "Entonces los profetas Hageo y Zacarías bar Iddo profetizaron a los judíos que estaban en Judá y en Jerusalem en nombre del Dios de Israel, quien estaba con ellos" (Esd. 5:1; BT). Vinculado con la capital de Israel, Jerusalén, lo está también con todo Israel, llamándose Dios de Israel.

*Elah Sh'maya*

Nombre equivalente a *Dios del cielo*. De esta forma se lee en Esdras: "Todo lo que es ordenado por el Dios de los cielos, sea hecho diligentemente para la Casa del Dios de los cielos". Dios reina sobre los ejércitos del cielo y su trono no está en el cielo, sino sobre los cielos, controlando y gobernando todo.

*Elah Sh'maya V'Arah*

El nombre se extiende aquí a los dos ámbitos, cielos y tierra: *Dios del Cielo y la Tierra* (Esd. 5:11). De este modo se lee: "Y nos respondieron diciendo así: Nosotros somos siervos del Dios de los cielos y de la tierra, y reedificamos la Casa que fue construida hace muchos años, la cual edificó y terminó un gran rey de Israel" (Esd. 5:11). El Dios de la gloria, soberanía y omnipotencia gobierna sobre todos los ámbitos de la creación.

## Compuestos con YHVH

El nombre más singularmente aplicado a Dios en el Antiguo Testamento se combina con otras palabras, generando nombres divinos que precisan diferentes atributos del Señor. Entre ellos:

### YHVH-'Elohim

Nombre que literalmente significa *Señor Dios*. La primera mención está en el Génesis: "Tales son los orígenes de los cielos y la tierra cuando fueron creados, el día en que YHVH 'Elohim hizo tierra y cielos" (Gn. 2:4; BT). El primer título expresa la totalidad del ser divino, su realidad y existencia, que tiene todos los recursos del poder para hacer cuanto haya determinado, y satisfacer cuanto su creación necesite.

### YHVH-Yiré

Un nombre que equivale a *el Señor que ve,* y que lo hace para dar provisión a las necesidades, que viéndolas, sabe cuáles son; de ahí que se traduzca habitualmente como *el Señor que provee*. De este modo se presenta en Génesis: "Y llamó Abraham aquel lugar YHVH Yireh. Por eso se dice hoy: En el monte donde YHVH será visto" (Gn. 22:14; BT). Generalmente se aplica al Dios que provee. Él conoce y ve todo cuanto los suyos necesitan, estando consciente de todos nuestros problemas y necesidades. Él se ha comprometido a proveer para todas las necesidades de su pueblo y lo hará siempre, en el momento que sea oportuno conforme a su conocimiento y soberanía. Así lo enseñó Jesús, exhortando a no afanarse por las necesidades de cada día, afirmando que: "Los gentiles buscan todas estas cosas; pero vuestro Padre celestial sabe que tenéis necesidad de todas estas cosas" (Mt. 6:32).

### YHVH-Nissí

El nombre significa *Jehová es mi estandarte*. Así se lee sobre este nombre: "Y Moisés edificó un altar, y llamó su nombre YHVH Nissí"

(Ex. 17:15; BT). Cuanto podamos necesitar, la provisión de Dios lo hará posible. La vida discurre en medio de batallas, de las que algunas podrán ser singularmente difíciles, pero nada hay difícil o imposible para Dios (Lc. 1:37). El profeta Jeremías dijo: "¡Oh Señor Jehová! He aquí que tú hiciste el cielo y la tierra con tu gran poder, y con tu brazo extendido, ni hay nada que sea difícil para ti" (Jer. 32:17). Si Dios hizo venir a la existencia todo lo que no existía, ningún problema del hombre quedará sin resolver si Dios interviene para ello. El Señor dijo a los discípulos: "Para los hombres eso es imposible; mas para Dios todo es posible" (Mt. 19:26). En Él las derrotas se convierten en victorias, si los ojos de nuestra fe están puestos en Dios.

## YHVH-Shalom

El nombre significa *Jehová es paz*. El registro bíblico de este nombre está ligado al relato histórico de Gedeón: "Y Gedeón construyó allí un altar a YHVH, y lo llamó YHVH Shalom, el cual permanece hasta el día de hoy en Ofra de los abiezeritas" (Jue. 6:24; BT). La paz que, en tiempos de los jueces, era un bien preciado potenciado por las persecuciones de los enemigos de Israel, como consecuencia del pecado cometido por el pueblo de Dios, se hizo realidad en la intervención de Dios, que liberó a los suyos de la opresión que estaban padeciendo; de ahí el título que Gedeón da a Dios, Jehová es paz. Este nombre se hace especialmente sensible en el Nuevo Testamento, al haber hecho posible la paz espiritual, antes interrumpida por el pecado, mediante la obra de la cruz, por cuya potencialidad Dios puede justificar al pecador que cree (Ro. 5:1).

## YHVH-Sebaot

Equivale este nombre a *Jehová de los ejércitos*. Así aparece en el Primero de Samuel: "Y este varón subía todos los años desde su ciudad a postrarse y ofrecer sacrificios para YHVH Sebaot en Silo, donde estaban los dos hijos de Elí: Ofni y Finees, sacerdotes de YHVH" (1 S. 1:3; BT). Es un nombre muy usado por los profetas. Dios establece su autoridad sobre los ejércitos celestiales, que pone al servicio de los suyos, los herederos de salvación (He. 1:14). Es quien gana las batallas en que están involucrados los de su pueblo. De forma especialmente notoria, la gran batalla librada en la cruz, por la que despojó a los principados y potestades venciendo sobre ellos y exhibiéndolos a pública confusión (Col. 2:15).

## YHVH-Maccaddeshcem *(*también *YHVH-M'kadesh)*

El nombre alude a Dios como *Jehová que santifica*. Así aparece en el Pentateuco: "Y tú, habla a los hijos de Israel, diciendo: De cierto guardaréis mis sábados, porque es señal entre Yo y vosotros por vuestras generaciones, para que sepáis que Yo soy YHVH, quien os santifica" (Ex. 31:13; BT). También en la profecía: "Y las naciones sabrán que Yo, YHVH, soy el que santifico a Israel, cuando mi santuario esté en medio de ellos para siempre" (Ez. 37:28; BT). Dios es Santísimo, el nombre lo identifica como quien santifica también a su pueblo. La santidad no puede ser alcanzada por el esfuerzo humano, sino en vinculación con Dios, que nos separa del poder del pecado y nos hace santos en Cristo, introduciéndonos en su reino (Col. 1:13).

## YHVH-Raah

Es el nombre que comporta una mayor intimidad y afecto; que significa *Jehová-pastor*. De este modo se lee en el Salmo: "YHVH es mi pastor, nada me falta" (Sal. 23:1; BT). El pastor divino protege, orienta o dirige, cuida a su pueblo en conjunto, pero especialmente el nombre se hace individual para cada uno de los suyos; lo hace como un pastor poderoso, pero a la vez paciente y misericordioso. Este Buen Pastor, YHVH-Raah, se manifiesta en Jesucristo, que no solo cuida a los que le pertenecen, sino que también dio su vida por ellos, poniendo de manifiesto la misericordia y gracia divina hacia el hombre. El trato que un pastor con su rebaño ilustra el que Dios tiene para con el suyo. Son impactantes las pruebas de la misericordia que se mencionan en el Salmo.

## YHVH-Tsidkenu

El nombre presenta a Dios como *Jehová nuestra justicia*. Está recogido en la profecía: "En sus días será salvo Judá, e Israel habitará confiado, y se apellidará con este nombre: YHVH Sidkenu" (Jer. 23:6; BT). Igualmente, en la misma profecía: "En aquellos días Judá será salvo, y Jerusalén habitará segura, y será llamada: YHVH Sidkenu" (Jer. 33:16; BT). En un tiempo en que Israel buscaba la justificación por las obras de la ley, Dios se presenta como el que justifica. Tiene un alto significado en el Nuevo Testamento, donde el hombre es justificado por la fe en Cristo (Ro. 5:1). Todos los hombres estamos destituidos de la gloria de Dios, pero Él nos justifica por medio de la fe en Cristo (Ro. 3:22, 23). El profeta anunciaba que Dios enviaría un rey que hará solo lo que es justo y los hombres vivirán seguros (Jer. 23:5, 6). El nombre está vinculado a Yahvé y Tsidkenu, relacionado con un juez, que justifica al impío que es de la fe en Cristo. Este Dios que es justo declara justificado al pecador sobre la base de la operación salvadora que Cristo operó asumiendo la responsabilidad penal del pecado y extinguiéndola en sí mismo al morir sustitutoriamente en la cruz.

*YHVH-Shammah*

Nombre que significa *Jehová presente* o también *Jehová es mi compañero*. De esta manera se lee en el último texto de la profecía de Ezequiel: "En derredor tendrá dieciocho mil cañas. Y desde aquel día, el nombre de la ciudad será YHVH-Sama" (Ez. 48:35; BT). La presencia de Dios no está limitada a un lugar físico, como puede ser un templo dedicado a rendirle culto, sino que es accesible a todos los que son suyos. En la revelación de la nueva Jerusalén y del nuevo santuario que Dios dio a Ezequiel, la reveló. El nombre de la ciudad será *el Señor está presente*. En el nuevo *naos* de Dios, que es la iglesia, el Señor está presente. Dios en tres personas ha venido a habitar este santuario que es la Iglesia como conjunto de salvos y cada uno de ellos individualmente. El nombre al que se hace referencia permite afirmar que ahora Dios está aquí o Dios está presente porque somos templo de Dios en Espíritu (1 Co. 3:16).

*YHVH-Rofehcha*

Como uno de los epítetos de Dios, significa *Jehová que sana*, o también *Jehová tu sanador*. Está registrado en el Pentateuco: "Y dijo: Si oyes diligentemente la voz de YHVH tu Dios, y haces lo recto ante sus ojos, y prestas oído a sus mandamientos, y guardas todos sus estatutos, ninguna dolencia de las que puse sobre Egipto pondré sobre ti, porque Yo soy YHVH tu Sanador" (Ex. 15:26; BT). Quien perdona, también sana, como enseña el Salmo: "El que sana todas tus dolencias" (Sal. 103:3). Dios prometió a Israel que sacaría "toda enfermedad de en medio de ti" (Ex. 23:25). No se trata de una promesa de sanidad física total, sino de ausencia de enfermedades producidas como consecuencia de pecados cometidos contra Dios. Él no promete que sus hijos, aunque sean fieles, estarán exentos de enfermedades físicas, pero en la enfermedad promete darles una atención especial: "Jehová lo sustentará sobre el lecho del dolor; mullirás toda su cama en la enfermedad" (Sal. 41:3), pero promete restaurar la salud espiritual cuando sea consecuencia del pecado: "Yo dije: Jehová, ten misericordia de mí; sana mi alma, porque contra ti he pecado" (Sal. 41:4). Dios que es sanador y "Él sana a los quebrantados de corazón, y venda sus heridas" (Sal. 147:3).

## YHVH-O'Sainu

El nombre expresa la condición de Dios, presentándolo como *Jehová nuestro hacedor*. De esta forma se lee en el Salmo: "¡Venid, inclinémonos y postrémonos, arrodillémonos ante la presencia de YHVH, nuestro Hacedor!" (Sal. 95:6; BT). Dios es nuestro Creador, merecedor de todo puesto que somos hechura y creación suya. Todo cuanto somos y tenemos le pertenece por derecho de creación. Esa es la razón por la que el Espíritu, en la letra del Salmo, nos exhorta para que vayamos delante de Dios con suma reverencia y con espíritu de gratitud, proclamando alabanzas al que nos ha creado por su soberanía, omnipotencia y voluntad. Todo cuanto existe fue hecho por Dios, pero en forma muy directa se aplica la acción creadora a Jesucristo: "Todas las cosas por él fueron hechas, y sin él nada de lo que ha sido hecho, fue hecho" (Jn. 1:3). La alabanza le pertenece porque la creación tiene un propósito vinculante con el Señor: "Porque de él, por él, y para él, son todas las cosas. A él sea la gloria por los siglos. Amén" (Ro. 11:36).

## Conclusión

Se ha hecho una aproximación a los diversos nombres que se dan a Dios tanto en el Antiguo como en el Nuevo Testamento. Como ya se ha dicho, si los atributos contestan a la pregunta *¿cómo es Dios?*, los nombres permiten satisfacer la necesidad de saber *¿quién es Dios?* Sin embargo, ninguno de ellos puede extinguirla en la dimensión infinita que determina esa respuesta. Da la impresión, por tanto, que ningún nombre conviene a Dios. De ahí la persistencia de la pregunta de Agur hijo de Jaqué: "¿Cuál es su nombre, y el nombre de su hijo, si sabes?" (Pr. 30:4). Sin embargo, si las palabras son la expresión de los conceptos y estos la representación de las cosas, las palabras se usan para dar significado a las cosas por el entendimiento, tanto del que formula el concepto como del que es su destinatario. Esta es la razón por la que los nombres dados a Dios permiten a las criaturas conocer quién es Dios por medio de los nombres que se le aplican, y el término que pone al descubierto en la limitación propia de la criatura, la infinita dimensión del ser divino. Es verdad que Él está por encima de cualquier nombre asignado, superando cuanto podamos decir de Él o expresar con nuestras palabras. Los nombres dados a Dios son abstractos porque Él es simple, dándole nombre que, en la limitación propia de la mente humana, signifique su subsistencia y perfección infinitas. Si bien ningún nombre puede expresarlo totalmente y no cabe duda de que los nombres dados a Dios lo representan imperfectamente, son lo suficientemente reveladores para que sean representaciones convenientes, de modo que el hombre lo conozca. No es posible que conozcamos la esencia o substancia de Dios tal y como es en sí misma, pero los nombres inspirados que la Escritura registra son asimilables al conocimiento comparativo por el que la criatura conoce lo que es infinito en el grado limitado de su cognoscibilidad. Esto tiene una consecuencia en el nominar a Dios, ya que los nombres que se le dan tienen en gran medida un sentido metafórico, como cuando se dice de Él que es pastor, que es roca, que es puerta y camino.

Si los nombres dados a Dios pudieran tener la condición de temporalidad, como pudiera ser el caso de Señor, nombre de poder que se hace real en el tiempo en que manifiesta su poder, no son por eso tomados de la temporalidad, sino que son dados como manifestación eterna que conviene solo a Dios. Si Él es eterno, no hay nominación para Dios que pueda atribuirse partiendo del tiempo. Todos los nombres que tengan aparentemente relación con la criatura no son dados a Dios partiendo del tiempo, sino partiendo de la eternidad, puesto que designan al que es eterno. Por esa razón, las acciones divinas tienen siempre carácter eterno, de modo que el profeta, hablando en nombre de Él dice: "Con amor eterno te he amado" (Jer. 31:3). Sin embargo, nombres dados a Dios en los que expresa relación específica con la criatura son eternos en cuanto a esencia, pero temporales en cuanto a origen que asignan. Dios es eternamente Creador, pero el nombre le conviene desde el primer acto creacional.

Podrían seguir añadiéndose argumentos filosóficos y metafísicos que continuasen desarrollando el siempre difícil tema de los nombres de Dios, pero, consideramos que es suficiente cuanto antecede al propósito de esta tesis, cerrando aquí la reflexión sobre esta cuestión que permite a la criatura conocer más y mejor al Creador.

Con todo, hay muchos aspectos acerca de Dios que producen un gran número de preguntas para las que el hombre no tiene respuesta. Necesariamente esto es de vital importancia, puesto que en ello la criatura aprecia la limitación que le es propia y detecta o intuye la grandeza infinita del Creador. El hombre de fe percibe con una mente abierta a la realidad de Dios que Él es supremo sobre todo, lo que necesariamente le reconoce como objeto de adoración y gloria.

Es cierto que la mente finita no puede asumir y mucho menos entender enteramente lo que es infinito, aunque se valga métodos comparativos que pueda elevar al infinito. La fe demanda una actuación comprometida que acepta la verdad revelada. Una medida relativa no conduce una verdad total, sino que la convierte en incierta y, en gran medida, incomprensible. Es sobre la verdad de la existencia de Dios, de quién es y cómo es, que la cognoscibilidad se asienta y afirma sólidamente. Esto confronta y demanda una verdadera fe, que descansa solo en lo que Dios ha revelado de sí mismo por medio de la Palabra. Esa es la fe que realmente vale y que debe ser potenciada y custodiada como un tesoro que procede del mismo Dios que se revela.

La teología es positiva cuando produce un efecto espiritual además de mental en el hombre. No es suficiente con saber cómo es Dios y quién es Dios si este conocimiento intelectual no baja a la parte espiritual del hombre para que produzca un efecto concreto, que le conduzca a la adoración incondicional del único que es digno de recibir gloria, honra y poder (Ap. 4:11). Porque no es suficiente que conozcamos intelectualmente a Dios, sino que sintamos que somos conocidos por Él y que en ello están implícitos todos sus atributos comunicables e incomunicables. No es lo que yo sepa acerca de Él, sino que conozca lo que Él hizo, hace y hará por mí.

# CAPÍTULO VII
# **DECRETO DIVINO**

## Introducción

Dios es soberano. Nada hay de cuanto existe que no proceda de su voluntad. Él determina y ejecuta, establece y actúa, haciéndolo desde la eternidad en donde existe. Es cierto que los eventos se producen en el tiempo histórico, pero este no es otra cosa que la determinación creadora de Dios. El tiempo transcurre, pero Dios permanece atemporalmente. El tiempo no le afecta ni condiciona su actuación. Cuanto se produce obedece al cumplimiento de su sola y soberana voluntad.

Dios actúa, pero esas múltiples actuaciones suyas obedecen al eterno designio que controla todas las cosas, y estas se producen en el tiempo establecido por Él, en el orden determinado y con el propósito establecido en su sola voluntad. Quiere decir que Dios determinó, sea por voluntad personal o por consentimiento, todo cuanto se produce en la historia del universo.

Por esta razón, es necesario aproximarse a la acción soberana de Dios desde el plano de su voluntad. Esto involucra la presciencia, por la que Dios conoce de antemano todas las cosas; con ella está la predeterminación, el efecto de predeterminar, que determina o resuelve algo con anticipación; por tanto, necesariamente tiene relación con la predestinación, que es la acción que destina anticipadamente algo para un fin. Cada una de estas acciones o elementos se establecen con un propósito, que es el objetivo que Dios tiene con lo que se propone conseguir.

Ninguna cosa que ocurre, ocurrirá o pudiera ocurrir está fuera del conocimiento anticipado y de la soberanía divina expresada en la voluntad de Dios. Todo cuanto ocurre no se debe a resultados lógicos concatenados entre sí e inevitables por razón del final de un determinado proceso, sino porque Dios lo ha determinado y decretado de ese modo desde la eternidad. Es decir, lo que se está produciendo no surgió ocasionalmente en el tiempo, sino que se ejecuta en el tiempo previsto desde la eternidad (Gá. 4:4). Significa esto que Dios está en el control de todos los aspectos de lo que se produce, incluso en los más mínimos detalles.

Esto genera problemas a la mente humana, puesto que las consecuencias del pecado y su presencia en el mundo de los hombres y de los ángeles se produce por permisión divina, y aunque sea permitido, involucra necesariamente la voluntad permisiva de Dios. Pero, aunque el conocimiento de esta voluntad no sea entendible, la perfección de Dios hace inevitable que se asuma que cuanto determina es la mejor opción en cualquier sentido, puesto que Dios es infinitamente perfecto, santo y justo. Quiere decir que todo lo que ocurre está en su voluntad, sabiduría y amor infinitos.

Dios es incomprensible para la mente humana en muchos aspectos del ejercicio de su voluntad y permisividad. Así escribe el Dr. Chafer:

> Al pesar los hechos de la soberanía de Dios en la ejecución de sus eternos propósitos, surgen problemas —problemas más difíciles de los que encontramos al pesar las verdades concernientes a la persona y atributos de Dios—. En última instancia, las realidades cognoscibles se proyectan en el infinito, pero sin el elemento de contradicción aparente. En primera instancia, o al contemplar la soberanía divina como se ve sobre el control del universo por un Dios santo, en que ha entrado el pecado y en el que se dice que hay libertad de acción de parte de seres distintos del Dios soberano, surgen conflictos de relaciones. Algunos de estos problemas no pueden ser resueltos en este mundo; ni nunca han sido resueltos aquí, ni lo serán jamás. En la discusión previa, el problema que engendra la presencia del pecado en el mundo lo abordamos a la luz de la presciencia divina, ahora ha de ser abordado a la luz del propósito y permisión divinos. Cuando este problema es reducido a sus mínimas dimensiones, no quedan más que dos proposiciones: o (1) que Dios es soberano y que todo lo que siempre ha existido o que ha de existir está dentro de su plan, o (2) que Él no es soberano y que más o menos lo que existe en el universo está desafiando su carácter santo y sobre lo cual Él no tiene autoridad. La última proposición, en la forma extrema en que aquí es presentada, es descartada por todos los individuos devotos y reflexivos, aunque muy a menudo se adopta alguna modificación de esa proposición como un alivio de la carga que impone el problema del pecado en el universo de Dios. No se puede conceder ninguna modificación de la soberanía divina sin retar el mérito de Dios. Ni un vestigio de una concepción laudable de Dios queda en la mente del que tal cosa supone, hasta el grado más ínfimo, Dios ha fracasado, ha sido vencido, o no le está dando importancia al pecado. Dificultades insuperables surgen, en apariencia, de estas dos proposiciones; pero las que engendra la primera son mucho menos que las que

engendra la segunda. Por tanto, es mejor atacar las dificultades desde la posición donde se sostiene la absoluta soberanía divina y dignidad de todas las obras de Dios. Sin duda sería digno de consideración la manera justa y autoritativa en que Él ejecuta sus fines. Habiendo establecido mediante la investigación de los atributos de Dios, su carácter santo, su infinita justicia, su omnisciencia y omnipotencia, es de la incumbencia para la mente racional encarar las dificultades que surgen cuando se intenta una verificación de todo lo que la soberanía determina.[157]

No podemos entrar en el estudio del decreto divino sin hacer referencia a la enseñanza del Nuevo Testamento sobre el modo de operar de Dios, que se considerará más adelante. Siendo soberano y omnipotente, tiene poder para hacer que se cumpla cada determinación de su voluntad, ya que, como dice el profeta: "Anuncio lo porvenir desde el principio, y desde la antigüedad lo que aún no era hecho; que digo: Mi consejo permanecerá, y haré todo lo que quiero" (Is. 46:10). En ese mismo sentido, afirma el apóstol Pablo: "Que hace todas las cosas según el designio de su voluntad" (Ef. 1:11). La seguridad de que cuanto decreta Dios se hace es que al determinarlo lo lleva personalmente a la ejecución, sin que nadie en todo el universo sea capaz o tenga poder para impedirlo.

**Conceptos**

Es esencial entender que, en su soberanía, Dios estableció eternamente todo cuanto debe suceder, ejecutando su propósito en la creación, tanto la material como la espiritual, actuando conforme a un plan determinado. Es decir, nada le sorprende porque nada escapa a su conocimiento y autoridad.

Sobre la base de esto, el decreto divino es un término que define la voluntad de Dios en orden a todo cuanto se produce o hubiera podido producirse. El término intenta reunir bajo esa designación lo que la Palabra expresa por medio de otras acepciones, tales como "propósito divino" (Ef. 1:11), refiriéndose a esto como el "determinado consejo y anticipado conocimiento" (Hch. 2:23). La manifestación de los eventos, en toda la extensión, expresa la "voluntad divina" (Ef. 1:11), de manera que no se puede hablar de propósito separándolo de voluntad. La operatividad del decreto divino lleva aparejado también

---

[157] Chafer, 1974, Vol. I, p. 237 ss.

el beneplácito de Dios, que implica la aprobación y permisión divina para que aquello que determina se produzca. Ahora bien, el término debe considerarse como singular, no plural, como *decreto* y no *decretos*, puesto que Dios no tiene más que un plan que, indudablemente, se diversifica en múltiples aspectos. De ahí que el desarrollo de cada una de las particularidades del plan eterno de Dios se exprese bajo el término de decretos divinos.

Se ha dicho en su lugar, cuando se consideró la soberanía de Dios, que el hecho de que esta verdad sea entendida como atributo o como parte de la esencia de Dios, las perfecciones y dimensión del ser divino, excede en todo a la lógica e incluso a la cognoscibilidad del hombre; de ahí que, en gran medida, este se levanta airado contra el derecho divino sobre cuanto ha sido creado por Él. Por esta razón, el humanismo no coloca, ni quiere hacerlo, el decreto de Dios en el lugar preeminente que le corresponde. Algunas teologías modernas eliminan el concepto de voluntad absoluta en Dios, base del decreto, por el de voluntad condicional.

Dada la importancia que adquiere en el decreto, la voluntad de Dios, se destinará más adelante un apartado para estas reflexiones y consideraciones, conscientes de que no se alcanzará una conclusión definitiva en orden a la voluntad de Dios, sobre todo en algunas áreas como la permisión del pecado, donde surge la cuestión de que si Dios, justo y santo, controla todo cuando ocurre en el universo, ¿cómo puede entenderse la libertad de los seres inteligentes creados por Él, cuya libertad se ha opuesto al Creador y ha desviado el curso de las vidas que están presentes en aquello que se dice que era bueno en gran manera? Estos problemas no pueden ser resueltos y probablemente no lo serán jamás porque ningún ser puede entender la mente de Dios en la infinita dimensión de su pensar. No puede en la razón de la criatura entender la razón del pecado porque ha de ser considerado no solo desde la presciencia divina, sino desde el propósito y la permisión de Dios.

Al estudiar el decreto, caben solo dos posiciones: 1) *Soberanía absoluta*, que entiende que todo cuanto existe, existirá o pudiera existir está supeditado al plan de Dios. 2) *Soberanía relativa*, por la que determinados aspectos obedecen a soberanía absoluta, mientras que otros se producen por acción humana o angélica, que escapa al control divino. Esta posición admite un verdadero desafío a Dios, y a su santidad, que no puede impedirlo; por tanto, deja de ser soberano en sentido absoluto. Pero no es posible aceptar algún condicionante que limite a Dios. A pesar de algunos intentos humanistas para suavizar esta posición, sin limitar totalmente la voluntad divina, la más mínima limitación a Dios es negar la realidad de quién es, desafiando la infinita dimensión de sus atributos. Esto no supone que deje de existir alguna dificultad en la primera opción planteada, pero no obedece sino a la limitación de comprensión de la mente humana frente a la dimensión infinita de la de Dios.

A la ignorancia humana responde la fe que une al hombre en ella al Creador y hace de la creación toda, en todo el amplio sentido de la palabra, la expresión resultante de la soberanía divina, expresada en el eterno decreto divino. Sólo así es posible atisbarlo, mirando con reverencia lo que es incomprensible en dimensión; como decía Agustín de Hipona:

> Entre estos y nosotros, en esta todavía incertidumbre del conocimiento humano, Tú eres el único que separas[158], que pones a prueba nuestros corazones[159] y llamas a la luz día y a las tinieblas noche[160]. Porque ¿quién nos habrá de distinguir de no ser Tú? Por otra parte, ¿qué otra cosa tenemos que no hayamos recibido de ti[161]?, vasos para el agasajo, de la misma masa, de la que han sido hechos otros para la afrenta[162]?[163]

Por eso añade también:

> En efecto, tal como Tú existes absolutamente, Tú eres el único que sabes, Tú que existes inalterablemente y conoces inalterablemente y quieres inalterablemente, y tu sabiduría existe y quiere inalterablemente, y Tú voluntad existe y conoce inalterablemente. Y no parece que sea justo a tus ojos que, tal y como se conoce lucero inalterable, sea así conocido por lo iluminado alterablemente. Y por ello mi alma es para ti como tierra sin agua porque al igual que no es capaz de recibir luz de sí misma, así tampoco es capaz de saciarse de sí misma. De hecho, del mismo modo que está en tu morada la fuente de la vida así también veremos un lucero en tu lucero.[164]

---

[158] Gn. 1:4.
[159] Sal. 17:3.
[160] Gn. 1:5.
[161] 1 Co. 4:7.
[162] Ro. 9:21.
[163] Agustín de Hipona, *Confesiones*, XIII, 14, 15.
[164] Ibíd., XIII, 17.

En relación con la soberanía en la actuación divina sobre todo y en todo, escribe: "Así pues, nosotros vemos las cosas que has hecho porque existen. Existen, a su vez, porque Tú las ves. Y nosotros vemos por fuera que existen, y por dentro que son buenas. Tú, en cambio, las viste hechas allí donde viste que había que hacerlas"[165].

Hay, como se acaba de indicar, dificultades profundas, acaso insuperables para el hombre y tal inalcanzables perpetuamente ya que la Escritura advierte sobre esto con precisión: "Las cosas secretas pertenecen a nuestro Dios; mas las reveladas son para nosotros y para nuestros hijos para siempre, para que cumplamos todas las palabras de esta ley" (Dt. 29:29). No se trata de algo que se pueda entender de lo que está escrito, sino de aquello que permanece inalcanzable para el hombre porque pertenece a Dios. Es más, la ciencia del hombre sin cognoscibilidad en relación con lo relativo a Dios es, especialmente para el no regenerado, locura (1 Co. 2:14).

Acaso alguno pudiera pensar que esa incapacidad de comprensión de las cosas de Dios opera solo en el inconverso, pero que al salvo debe enseñarse todo cuanto tiene que ver con el actuar de Dios, que comprende la soberanía y todos los aspectos del decreto, en todo el alcance, que incluye también la operación soteriológica. Pero, aunque los creyentes deben conocer en profundidad la revelación, no cabe duda de que hay entre ellos inmaduros, niños en Cristo, que solo pueden ingerir la leche espiritual no adulterada hasta que alcancen la madurez en un crecimiento para salvación (1 P. 2:2).

Se ha indicado antes que el decreto divino asigna a Dios la razón de ser de cuanto existe, pudiera existir o existirá, siendo Él la primera causa para que todo se produzca conforme a lo que ha determinado eternamente. Sin embargo, cabe preguntarse si lo que Dios ha decretado *ex nihilo* comprende cuanto sea *ad extra* o en alguna medida se relaciona también con Dios. Lo segundo es imposible, puesto que quien decreta no puede ser decretado. Nada puede determinar para consigo mismo, puesto que el ser divino es invariablemente el mismo ayer, hoy y por los siglos. Todo cuanto comprende el decreto divino está en relación y regulación de las acciones divinas que son intrínsecas e inmanentes a Dios y que por razón de generación están *ad extra*, es decir, fuera de su propio ser. Por esta razón, se entiende que Dios no haya decretado nada *ad intra*. El decreto tiene relación con las obras de Dios y con los actos transitivos de Él; por tanto, no están relacionados con la esencia del ser divino, que conllevan también

---

[165] Ibíd., XIII, 37, 52.

las operaciones inmanentes *ad intra*. Dicho de otro modo, Dios no decretó ser santo, o ser justo, o ser omnipotente, ni tampoco decretó la forma de existencia del ser divino, como un Dios en tres personas. De igual manera, no decretó la manifestación de las personas divinas subsistentes en el ser, es decir, no decretó engendrar al Hijo, ni tampoco personalizar al Espíritu. Es preciso entender claramente que cuanto afecta al ser de Dios no puede formar parte o estar contenido en el decreto.

Por ser una manifestación *ad extra*, y siendo los seres vivos con libertad resultado de la operación creadora establecida en el decreto, las acciones de estos seres y el destino de ellos están comprendidos en lo que Dios determinó eternamente. El alcance de esto es completo, ya que no solo Dios permitió las acciones de sus criaturas libres, sino que en ocasiones determinó que sucedieran tal como han sucedido. Ahora bien, hay asuntos incluidos en el decreto, pero que no determinó que sucedieran, quiere decirse, que no las hizo Él mismo o que no determinó que se cumpliesen; simplemente permitió la acción y estableció las consecuencias, como ocurre con los actos pecaminosos de los seres vivos, como ángeles y hombres. Es preciso establecer una distinción en el decreto, en relación a hechos contrarios a lo que Dios ha establecido en relación con la santidad de la criatura. Estos hechos están incluidos en el llamado decreto permisivo. Esto no significa que deje de haber seguridad en los actos permitidos, que se producen por la libertad que Él dio a sus seres inteligentes, pero en ningún caso tiene responsabilidad alguna en los actos pecaminosos que puedan practicar.

Se ha indicado en una breve referencia que el decreto debe considerarse en singular y no en plural, es decir, todo cuanto tiene que ver con el operar de Dios a causa de su soberana voluntad se determina en un solo plan. Sin lugar a duda, este decreto tiene múltiples aspectos que se relacionan con diversas actuaciones puntuales y concretas. De ahí que, en el razonamiento teológico de cada uno de los numerosísimos aspectos, convierta esas apreciaciones de multitud de acciones divinas que, consideradas en el plano de la individualidad, suelen llamarse decretos, como partes del único y eterno decreto de Dios. Este decreto comprende absolutamente todo, desde las acciones de infinita omnipotencia —como puede ser la creación del universo, que viene a la existencia con una sola palabra de autoridad: "Sea"— hasta los más mínimos detalles en cada uno de los elementos creados. Jesús afirmó esta verdad cuando dijo: "Pues aun los cabellos de vuestra cabeza están todos contados" (Lc. 12:7), o relativo a los elementos aparentemente más simples de la existencia de la vida en la tierra; refiriéndose a los pájaros afirma: "Con todo, ni uno de ellos cae a tierra sin vuestro Padre" (Mt. 10:29). El decreto permite vislumbrar la soberanía inmutable de Dios en el eterno conocimiento de cuanto hay: "¿Quién hizo oír esto desde el principio, y lo tiene dicho desde entonces, sino yo Jehová?" (Is. 45:21). En ese sentido, Dios hace conocer cuanto hizo y aquello que determina y que puede ser conocido, revelándolo desde "el principio" o "desde tiempos antiguos" (Hch. 15:18). De otro modo, esto que ocurre ahora y lo que ocurrirá en el futuro no es algo novedoso, sino conocido por Dios y revelado por medio de los profetas desde mucho tiempo antes. Es Él quien hace oír todas las cosas proféticas desde el principio por una sola razón: porque es una determinación eterna que tiene inexorable cumplimiento en el momento determinado.

Dos aspectos del decreto deben ser tenidos siempre en cuenta: a) El decreto es eterno, en la primera manifestación *ad extra* del ser divino. b) El cumplimiento es temporal necesariamente, puesto que lo que ha determinado se realiza en su creación, que es temporal y no eterna. Esto es algo que se enseña en la Escritura: "¿Quién proclamará lo venidero, lo declarará, y lo pondrá en orden delante de mí, como hago yo desde que establecí el pueblo antiguo?" (Is. 44:7); "Acordaos de las cosas pasadas desde los tiempos antiguos; porque yo soy Dios, y no hay otro Dios, y nada hay semejante a mí; que anuncio lo por venir desde el principio, y desde la antigüedad lo que aún no era hecho; que digo: Mi consejo permanecerá, y haré todo lo que quiero" (Is. 46:9-10). Así la ejecución del decreto, en el aspecto del plan de redención, se establece en la eternidad y se ejecuta en la temporalidad: "Pero cuando vino el cumplimiento del tiempo, Dios envió a su Hijo, nacido de mujer y nacido bajo la ley, para que redimiese a los que estaban bajo la ley, a fin de que recibiésemos la adopción de hijos"[166] (Gá. 4:4-5). De este modo se aprecia en el texto griego insertado a pie de página.

La densidad del versículo es grande. En el pasaje se está refiriendo al cumplimiento de la promesa dada por Dios a Abraham. Los siglos transcurrieron y, en cierta medida, la promesa se había olvidado; por esa razón, los líderes religiosos del tiempo del nacimiento

---

[166] Texto griego: ὅτε δε ἦλθεν τὸ πλήρωμα τοῦ χρόνου, ἐξαπέστειλεν ὁ Θεὸς τὸν Υἱὸν αὐτοῦ, γενόμενον ἐκ γυναικός, γενόμενον ὑπὸ νόμον, ἵνα τοὺς ὑπὸ νόμον ἐξαγοράσῃ, ἵνα τὴν υἱοθεσίαν ἀπολάβωμεν.

de Cristo no lo estaban esperando (Mt. 2:5). Pero Dios es fiel. La fidelidad divina requería que la promesa hecha se cumpliese en el tiempo que Dios había determinado en su soberanía. En el versículo, Pablo alude a ese hecho, aunque sin duda la extensión es mucho más amplia, puesto que se trata de la aparición del Mesías, el redentor del mundo, cuya misión había sido establecida por Dios en soberanía desde antes de la fundación del mundo. La cruz se relaciona aquí como el lugar de redención y adopción.

Esta es una innegable manifestación de la soberanía divina. Se discute si la soberanía en relación con Dios es o no un atributo divino. Para algunos, la soberanía es una prerrogativa, como corresponde a quien es rey de reyes y Señor de señores; por tanto, la soberanía es la expresión o conjunción de las perfecciones o atributos divinos. Sin embargo, la discusión teológica, como otras muchas veces sobre otros muchos temas, es estéril, ya que la soberanía es la supremacía de Dios que hace que Dios sea rey y que Dios sea Dios. La soberanía está plenamente vinculada al decreto divino, que lo es y se ejecuta porque Dios es soberano. La soberanía divina se entiende de un modo pleno en el hecho de que todas las cosas han recibido su lugar en la creación y en el tiempo por su sola voluntad. Basten unos textos para establecer la verdad sobre la soberanía divina:

> Tuya es, oh Jehová, la magnificencia y el poder, la gloria, la victoria y el honor; porque todas las cosas que están en los cielos y en la tierra son tuyas. Tuyo, oh Jehová, es el reino, y tú eres excelso sobre todos. Las riquezas y la gloria proceden de ti, y tú dominas sobre todo; en tu mano está la fuerza y el poder, y en tu mano el hacer grande y dar poder a todos. (1 Cr. 29:11, 12)

Puesto que el Señor Dios es Altísimo, hace todo conforme a su voluntad, y nadie puede detener su mano, ni decirle: ¿Qué haces? (Dn. 4:35). Al afirmar que Dios es soberano, se declara que es el Omnipotente, poseedor de toda potestad en cielos y tierra, de modo que nadie puede frustrar sus consejos, impedir sus propósitos, ni resistir su voluntad (Sal. 115:3). Es reconocer que es "solo soberano, rey de reyes, y Señor de señores" (1 Ti. 6:15).

Dios es soberano en la salvación. Todo cuanto es de salvación es privativo, exclusivo y absolutamente suyo. La Biblia afirma esta verdad: "La salvación es de Jehová" (Sal. 3:8; Jon. 2:9). En su soberanía determinó salvar a los hombres y lo hizo en un decreto que establecía la salvación como antecedente a toda operación divina: "Quien nos salvó y llamó con llamamiento santo, no conforme a nuestras obras, sino según el propósito suyo y la gracia que nos fue dada en Cristo Jesús antes de los tiempos de los siglos" (2 Ti. 1:9). Nadie podrá decir que Dios nos salvó a causa de nuestra miseria o como consecuencia de nuestras transgresiones, sino que lo hizo en base a su sola voluntad y absoluto propósito. Dios no se mueve por condicionamiento alguno, sino que su propósito antecede a toda acción y circunstancia, que además Él mismo controla. La salvación determinada por voluntad divina comprende el envío del Hijo o, si se prefiere mejor, la encarnación del Verbo, acontecimiento que no ocurrió hasta el tiempo previsto: "Pero que ahora ha sido manifestada por la aparición de nuestro Salvador Jesucristo, el cual quitó la muerte y sacó a luz la vida y la inmortalidad por el Evangelio" (2 Ti. 1:10). La cruz obedece a un concreto, minucioso y detallado programa divino, anunciado por medio de los profetas y ejecutado en el tiempo histórico de los hombres (Hch. 2:23; 4:27-28).

Para los creyentes el envío del Hijo marca lo que se llama en el Nuevo Testamento *los últimos tiempos*, *los postreros tiempos* o *los postreros días* (He. 1:2). Esta fórmula se utiliza para referirse al tiempo de la presente dispensación, que se extiende desde la primera hasta la segunda venida de Cristo. Es la fórmula que utiliza la LXX para referirse a los tiempos mesiánicos (Nm. 24:14; Jer. 23:20; Dn. 10:14). Los postreros días es el tiempo de la actual dispensación, en la que al comienzo los hombres pudieron oír la misma voz de Dios expresada por su Hijo. Terminado el ministerio profético de la antigua dispensación, Dios habla en estos tiempos, los postreros días. En otro lugar, el apóstol llama al tiempo determinado por Dios "la dispensación del cumplimiento de los tiempos" (Ef. 1:10). La voluntad divina tiene un propósito, que nace en la eternidad y se lleva a cabo en el tiempo histórico de los hombres. El propósito divino tiene un tiempo para su ejecución, que se define como "la dispensación del cumplimiento de los tiempos". La expresión está introducida por una preposición[167] de acusativo que determina la condición de propósito, de algo que se lleva a cabo en un tiempo que aquí se define como dispensación[168], economía, administración de algo. Un tiempo en el que Dios actúa y se manifiesta de una determinada manera, que no ocurrió antes. Esta determinación divina fue adoptada como todas las

---

[167] Griego: εἰς.
[168] Griego: οἰκονομίαν.

demás en Cristo, y se manifestó cuando llegó el cumplimiento del tiempo que Dios había determinado. En el cumplimiento del tiempo, Dios envió a su Hijo.

El propósito de Dios se cumple, como expresa la conjunción ἵνα, que introduce la frase como de propósito. Si este propósito es recibir la adopción, significa que este formaba parte del plan de redención determinado desde antes de la creación (Ef. 1:4-5). Como dice Hendriksen: "El propósito que tenía el Padre al enviar al Hijo y el del Hijo al dignarse a nacer de mujer y bajo la ley, no solo era liberarnos del más grande mal, sino también coronarnos con la más exquisita bendición"[169].

**Características principales del decreto divino**

*Eterno*

El decreto que regula todo cuanto existe tuvo que haberse producido antes de esta existencia. Si en él estaba ya establecida la creación de cuanto existe, necesariamente antecede al tiempo, por tanto, se establece fuera de toda temporalidad y tiene que ser eterno, aunque cada una de las partes decretadas se produce en la temporalidad que se había establecido. Siendo eterno el decreto, lo son también todas las partes que lo expresan. En la mente de Dios, el decreto es uno, aunque en su ejecución hay sucesión temporal, como el apóstol Pedro enseña, relativo al establecimiento de la parte soteriológica en el decreto eterno: "Ya destinado desde antes de la fundación del mundo, pero manifestado en los postreros tiempos por amor de vosotros" (1 P. 1:20).

El decreto fue tomado por "determinado consejo y anticipado conocimiento" (Hch. 2:23); por voluntad divina (Ef. 1:11). En el decreto de salvación se establece el modo de ejecutar la obra mediante la muerte del Salvador, usando el verbo *predestinar*[170] para referirse al destino establecido eternamente para el Cordero de Dios en relación con el acto de redención. Esto indica que en el plan de redención había establecido de antemano la muerte del Cordero de Dios en precio de rescate. De otro modo, el Cordero redentor había sido establecido y predestinado para el sacrificio de la expiación. El plan de redención se estableció antes de la creación (cf. Ro. 16:25; Ef. 1:4; 3:9-11; Col. 1:26; 2 Ti. 1:9). La muerte de Cristo va precedida de la acción de la

---

[169] Hendriksen, 1984, p. 165.
[170] Griego: προγινώσκω.

soberanía de Dios que la estableció: "A este, entregado por el determinado consejo y anticipado conocimiento de Dios" (Hch. 2:23; 4:27-28). Cada parte del plan de salvación estaba en el pleno conocimiento de Dios, como declara el profeta: "Más Jehová quiso quebrantarle, sujetándole a padecimiento" (Is. 53:10). En la eternidad, Dios estableció quién, cómo y cuándo se llevaría a cabo. En el decreto eterno, Dios estableció que quien redimiría sería el Hijo en carne humana, el Verbo de Dios encarnado (Jn. 1:14), que la redención exigía la vida entregada a muerte de su Hijo, con lo que cancelaría la responsabilidad penal del pecado (1 P. 1:18-20), y estableció también el tiempo en que se llevaría a cabo (Gá. 4:4).

El decreto eterno se materializa en el tiempo. Esto no afecta en absoluto a esa realidad. Dios estableció en sucesión lo que determina en una acción única. Es necesario recordar que, siendo el ser divino eterno, los actos de Dios son eternos porque en Él no existe una sucesión de momentos. Sin embargo, algunos de esos actos concluyen en el tiempo, como la creación, la redención, la glorificación, etc. Los actos son temporales, pero el decreto es eterno. Por consiguiente, se debería hablar, en la ejecución del decreto, más que de temporalidad de un orden lógico que la convierte en cronológico a medida que se produce la ejecución en el tiempo histórico de la creación.

## *Libre*

Ningún tipo de condicionante se establece para el decreto divino, entre otras razones porque antecede a todas las causas y a toda realización; ocurre por determinación divina. Todo cuanto ocurre y cuanto ocurra o, incluso, pudiera ocurrir está en el conocimiento y la determinación divina. Nada había cuando surgió el decreto en la mente de Dios, salvo Él mismo.

Un texto revelador está en la profecía de Isaías: "¿Quién enseñó al Espíritu de Jehová, o le aconsejó enseñándole? ¿A quién pidió consejo para ser avisado? ¿Quién le enseñó el camino del juicio, o le enseñó ciencia, o le mostró la senda de la prudencia?" (Is. 40:13-14). De un modo sencillo, nadie puede hacer lo que Dios ha hecho, pero tampoco nadie puede sugerirle algo que a Él no se la haya podido ocurrir. El Creador no tenía a nadie junto a Él que le pudiese aconsejar en lo que iba a hacer (Job 26:13); por consiguiente, tampoco necesita consejero alguno para la administración del gobierno de su creación. Dios era libre para hacer o no hacer según su voluntad; dicho de otro modo, nada podía limitar su voluntad. Por tanto, hizo cuanto determinó hacer. Es sin embargo necesario reconocer que la libertad divina está condicionada siempre a la armonía de sus perfecciones, es decir, Dios no puede hacer nada que esté en contra de sus atributos porque sería negarse a sí mismo.

## *Sabio*

El decreto es el resultado de la expresión de su sabiduría infinita. Todo cuanto se produce y cuanto Dios hace se ejecuta en relación con una razón digna de Dios para producirse. Por tanto, cuanto comprende el decreto está íntimamente vinculado con la infinita sabiduría de Dios.

Esto comprende también la permisión en relación con el mal. Aunque a nuestro limitado entender pudiera haber actuado de otro modo en relación con el mal que se manifiesta, la Biblia enseña que incluso eso es expresión de alabanza para Dios, como el Salmo afirma: "Ciertamente la ira del hombre te alabará; Tú reprimirás el resto de las iras" (Sal. 76:10).

Así comenta el Dr. Maximiliano García Cordero:

> La rebelión de los hombres contra Dios redunda, al final, en su gloria, pues es la ocasión de manifestar su poder soberano y de ceñir la corona gloriosa de los salvados de la cólera, los rescatados de Sion, libertados por su intervención justiciera (v. 11). Estos constituirán como una guirnalda de honor para su Salvador.[171]

Esto entra de lleno en el aspecto de la voluntad de Dios que se considerará más adelante.

## *Eficaz*

Cuando se habla de eficacia en el decreto, no se afirma que Dios, aplicando su sabiduría y omnipotencia haga que lo que ha determinado se produzca inevitablemente, sino más bien, porque así lo ha decretado, acontecerá de la forma establecida porque nadie puede hacer fracasar su propósito.

Así escribe Berkhof, citando a Hodge:

---

[171] García Cordero, 1967, p. 488.

El decreto mismo previene en cada caso que el evento se efectuará mediante causas que actúen en una forma perfectamente consistente con la naturaleza del evento de que se trate. De esta manera, en el caso de cada acto libre de un agente moral, el decreto previene al mismo tiempo a) que el agente será libre, b) que los antecedentes de este y todos los antecedentes del acto de que se trata serán tal como son, c) que todas las condiciones presentes del acto serán tal como son, d) que el acto será enteramente espontáneo y libre de parte del agente, e) y que con toda seguridad el acto será el que tiene que ser, Sal. 33:11; Pr. 19:21; Is. 46:10.[172]

El profeta afirma la eficacia del decreto en la perfecta ejecución de lo que Dios decreta en él: "Acordaos de las cosas pasadas desde los tiempos antiguos; porque yo soy Dios, y no hay otro Dios, y nada hay semejante a mí, que anuncio lo por venir desde el principio, y desde la antigüedad lo que aún no era hecho; que digo: Mi consejo permanecerá, y haré todo lo que quiero" (Is. 46:9-10). Dios está en la operación de formular el decreto y ejecutar cuanto ha determinado en Él. No hay nadie que pueda oponerse a su soberanía: "Anuncio lo por venir desde el principio, y desde la antigüedad lo que aún no era hecho; que digo: Mi consejo permanecerá, y haré todo lo que quiero" (Is. 46:10). Lo que Dios establece o decreta se ejecuta, en una acción imposible de resistir o de variar. Es necesario entender que en el decreto se involucra Dios mismo, esto es, todas cuantas sean sus perfecciones.

## *Incondicional*

Quiere decir que el decreto es absoluto, que no depende absolutamente de ningún medio externo o de cualquier elemento que lo haga posible fuera de todo lo que está comprendido en el mismo decreto. De otro modo, no hay condición alguna que afecte en cualquier manera al decreto y que sea exterior o no reflejado en él.

Las condiciones que puedan o dejen de surgir no afectan en ningún modo al cumplimiento puntual y completo de lo que Dios ha decretado conforme a su sabiduría. Algunos, sobre la base de un humanismo no bíblico, afirman que la voluntad del hombre, que equivale a señalar al poder del mismo, puede hacer fracasar lo que Dios determina, rehusando acatar lo establecido por Él. Esta posición que tiene firmeza en el pensamiento arminiano acude a textos aislados

---

[172] Berkhof, 1949, p. 122.

que aparentemente permiten esa afirmación. A modo de ejemplo, las palabras del Señor: "El que cree en el Hijo tiene vida eterna; pero el que rehúsa creer en el Hijo no verá la vida, sino que la ira de Dios está sobre Él" (Jn. 3:36). Cristo establece mediante dos antitéticos el resumen de su enseñanza: la vida se opone a la ira, como el creyente se opone al no creyente. El texto es claro, la vida eterna se alcanza por creer en el Hijo, ya que fuera de Él no es posible alcanzarla. Esta fe que permite creer en el Salvador no es producida por el hombre natural, sino que es un don de Dios (Ef. 2:8-9). El ejercicio de la fe como instrumento para salvación es concesión divina: "Porque a vosotros os es concedido a causa de Cristo, no solo *que creáis en él*, sino también que padezcáis por él" (Fil. 1:29; énfasis añadido). La segunda afirmación de Jesús en el texto tiene que ver con el rehusar a creer: "El que rehúsa creer en el Hijo". ¿Acaso no es el ejercicio de la voluntad del hombre que se opone al decreto de Dios y lo hace inútil? Aparentemente pudiera valorarse de ese modo, pero no es posible hacerlo porque en el decreto de salvación que establece el modo de ser salvo, creyendo en el Hijo, establece también la permisión que hace posible que prevalezca la voluntad del hombre. Es la expresión de la voluntad permisiva de Dios. Él que no quiere que ninguno perezca hizo posible la ejecución de ese aspecto del decreto mediante la expiación potencial de Cristo en la cruz, por la que hace salvable a todos, pero deja la actuación rebelde de muchos que se oponen al mandamiento divino: "Dios… ahora manda a todos hombres en todo lugar, que se arrepientan" (Hch. 17:30). El que establece el decreto y en él el mandamiento, quien ofrece la salvación y puede dar la vida, es el soberano que no ruega por nada ni pide por nada, sino que establece un mandamiento para salvación. El decreto es posible porque Dios puede perdonar el pecado de cualquier ser humano porque el Hijo de Dios, como Cordero, llevó sobre sí el pecado del mundo, haciendo salvable a todo hombre con la única condición de que crea en Él. Ahora bien, en mandato divino al arrepentimiento, lo deja Dios al arbitrio de la voluntad del hombre que lo acepta o rechaza. Esto no supone en absoluto que el hombre haga, con su poder personal, fracasar lo que Dios ha decretado.

Como confirmación a lo considerado, el texto de Juan que registra las palabras de Jesús concluye afirmando que para quien no cree, "la ira de Dios está sobre él". El decreto divino establece que por el hecho de pecar, en lo que están involucrados todos los hombres, la ira divina está orientada hacia el que peca, desviándose de la voluntad de Dios y siendo rebelde contra Él. De esta manera, el decreto se cumple; lo establecido en él sobre la condenación eterna del pecador ya se pone de manifiesto en el tiempo presente, puesto que está sobre él, se proyecta a lo largo de su vida terrenal y pasa definitivamente a la situación de eterna condenación en la perpetuidad de la vida futura del hombre. Si la salvación es una operación netamente divina (Sal. 3:8; Jon. 2:9), Dios permite que el hombre rehúse creer, lo que en cualquier caso denota una acción voluntaria que se niega a obedecer en la demanda de la fe. Pero esto no sorprende a Dios, puesto que, negándose a la obediencia, se cierra a él mismo el único camino a la vida eterna que solo es posible por Cristo, aceptándolo como el Hijo de Dios que fue enviado para salvación de todo aquel que cree. En todo caso, el decreto tiene cumplimiento fiel conforme a lo que Dios ha determinado o establecido en él. Pero puesto que la acción humana está en la permisión divina, el hombre es absolutamente responsable de su condenación por rehusar obedecer la demanda de Dios.

El decreto es incondicional porque su ejecución no se condiciona a circunstancias que lo determinan, sino que las supera e incluye a todas ellas. El hombre no puede limitar ni resistir el propósito de Dios. Como se ha dicho, la aparente resistencia victoriosa del hombre a los deseos de Dios es solo la permisión divina para que tal hecho se produzca. Dios tiene poder sobre cualquier voluntad para hacer que su voluntad se cumpla sobre todas las cosas: "Todos los habitantes de la tierra son considerados como nada; y él hace según su voluntad en el ejército del cielo, y en los habitantes de la tierra, y no hay quien detenga su mano, y le diga: ¿Qué haces?" (Dn. 4:35). Todo cuanto ocurre se produce en razón del cumplimiento de quien hace todas las cosas conforme al designio de su voluntad (Ef. 1:11). El apóstol expresa dos aspectos que definen la incondicionalidad del decreto: a) *Designio*, como la deliberación en la mente divina, quien decide su actuación en el tiempo, planificándola en la eternidad; b) *Voluntad*, que es la inclinación hacia lo que antes había decidido. Esto conduce a que el apóstol diga que hace todas las cosas, literalmente[173] *energiza*, verbo que en sentido intransitivo significa poner por obra y obrar, que vinculado al adjetivo *todas*[174] expresa el sentido de todas las cosas. De ahí que ante tanta grandeza, el apóstol haya iniciado el escrito con la *eulogía*: "¡Bendito sea el Dios y Padre de nuestro Señor Jesucristo!" (Ef. 1:3).

---

[173] Griego: ἐνεργοῦντος.
[174] Griego: πάντα.

## Inmutable

Los planes y propósitos de Dios son inalterables, ya que la determinación para la ejecución se toma en el ámbito de la eternidad, que corresponde exclusiva y excluyentemente a Dios. El hombre puede establecer sus planes y alterarlos antes de la ejecución o incluso no ejecutarlos. Esto ocurre por las limitaciones propias de la criatura. De manera que al planificar algo, le faltó la comprensión plena y, por tanto, la plenitud de la comprensión de los resultados de la acción; en otras ocasiones, altera su propósito porque no podía tener en cuenta las consecuencias totales de la ejecución del plan; incluso puede detenerlo o variarlo por falta de potencialidad para efectuar lo que había decidido. Nada que pudiera ser semejante a esto ocurre en los planes de Dios, que se determinan con pleno conocimiento de los resultados que producen y que tiene el poder omnipotente para realizar lo que había determinado.

De manera que el decreto divino es inmutable porque, además de todos los elementos determinantes para llevarlo a cabo, el mismo que lo establece es también inmutable, de modo que no es sí y luego no, sino que es sí y amén. Siendo inmutable, es también fiel y no puede negarse a sí mismo. Con firmeza expresa Job en su tercera respuesta: "Pero si él determina una cosa, ¿quién lo hará cambiar? Su alma deseó, e hizo. Él, pues, acabará lo que ha determinado" (Job 23:13-14). No hay limitación en la ejecución de su consejo: "El consejo de Jehová permanecerá para siempre; los pensamientos de su corazón por todas las generaciones" (Sal. 33:11). Hablando de su muerte, Jesús afirmó que aquella obedecía a lo que Dios había decretado: "A la verdad el Hijo del Hombre va, según lo que está determinado" (Lc. 22:22). La misma forma usó el apóstol Pedro en su primer mensaje en Jerusalén: "A este, entregado por el determinado consejo y anticipado conocimiento de Dios" (Hch. 2:23).

## Moral y voluntad en el decreto divino

En el examen general e incluso en aspectos particulares, se entra en la histórica discusión de hasta dónde la voluntad en el decreto divino entra en conflicto con la moral de las acciones. Es más, Dios no solo hace seguro cuanto sucedió, sucede y aún sucederá, sino que en su conocimiento está también lo que hubiera podido ocurrir en determinadas circunstancias, para lo que se usa el término técnico *futurible*, dicho de otro modo, que puede ocurrir si se dan determinadas condiciones. El diccionario define *futurible*, dicho de una cosa, como algo que podría existir o producirse en el futuro si se diese una condición determinada[175]. En la escolástica del s. XVI y XVII se refiere al futuro condicionado o contingente, en contraposición al futuro absoluto o necesario. El futuro como dimensión temporal ha sido un elemento de discusión filosófica a lo largo del tiempo. Aristóteles formuló el primer análisis de los futuros contingentes, indicando que lo que puede ocurrir no es necesariamente lo que ocurrirá. Sobre esta base, los teólogos escolásticos hablaron del futuro contingente, como algo que no se sabe si ocurrirá o no, y del futuro necesario, que forzosamente se producirá, insertándolo en el determinismo y el fatalismo, incluyendo en ello la predestinación. Es decir, el problema surge de saber si Dios conoce el futuro contingente y si existe o no la predestinación a los hombres para salvación o condenación eterna. Dentro de estos planteamientos se inscriben los futuribles, que es el término con el que se señala lo que puede ser si se cumplen ciertos hechos y condiciones.

Significa que los futuribles constituyen todo futuro condicionado, que no será con seguridad, sino solo si se cumplen determinadas condiciones. Avanzando un paso más, los futuros libres, es decir, establecidos sobre ciertas condiciones, se hubiesen producido en esas determinadas condiciones. Si Dios sabe lo que hubiera podido ocurrir bajo determinadas circunstancias, ¿por qué no estableció que se produjesen aquellas que beneficiarían a otros? A modo de ejemplo, las palabras de Jesús: "¡Ay de ti, Corazín! ¡Ay de ti, Betsaida! Porque si en Tiro y en Sidón se hubieran hecho los milagros que han sido hechos en vosotras, tiempo ha que se hubieran arrepentido en cilicio y en ceniza" (Mt. 11:21). Dios hubiera podido intervenir para que los actos lógicos del hombre hubieran producido las condiciones para ser perdonados de sus pecados.

Refiriéndose a esto escribe el Dr. Chafer:

> De todo lo que su conocimiento y omnipotente poder pueden alcanzar, Él se propuso hacer solo algunas cosas, y ese propósito hizo esas cosas seguras para siempre. Hay los que en este punto introducirían otra distinción dentro del conocimiento de Dios. Ellos alegan el reconocer ciertas cosas —notablemente, los libres actos de los hombres— no del todo provienen de Dios, sino más bien de la criatura. Para estos actos libres se

---

[175] RAE.

afirma que Dios podría no tener otra relación que tener presciencia de lo que hará la criatura. Esta noción es promovida por los que sostienen que los decretos de Dios son condicionales, terminando en que unos son escogidos para vida eterna sobre la base de la presciencia divina en cuanto a su fe y obediencia. Esta teoría, si fuera cierta, sostendría la idea antibíblica de que, a fin de cuentas, los hombres son salvos sobre la base de sus propios méritos y dignidad. Esta pretensión no solo se opone a la doctrina de la salvación por gracia sola, sino que deja la cuestión de si Dios es el autor del pecado sin respuesta y coloca a Dios en la indigna posición de depender de sus criaturas. Las Escrituras, mientras reconocen una libertad de acción en el hombre, no obstante, afirman que el hombre no está exento del control de su Creador. Se puede decir que Dios conoce cuáles serán los actos de los hombres cuando se ponen bajo ciertas circunstancias. Es igualmente cierto que Él es el autor de las circunstancias. Dios sabía que Adán puesto bajo las circunstancias que obtuvo, caería. Dios podía haber arreglado el asunto de otro modo, pero no lo hizo. La cuestión en cuanto a la relación entre la responsabilidad divina y la humana en un desarrollo tal, es compleja sobremanera. Dios no faltó en advertir a Adán, y cuando pronunció la sentencia sobre él después de su pecado, Dios no asumió responsabilidad alguna. Se pudiera haber observado más aún que si Adán hubiera obedecido a Dios como Él le había ordenado, no hubiera habido necesidad de un redentor; todavía el redentor, tanto como la necesidad de Él, estaban evidentemente en el decreto de Dios por toda la eternidad (Ap. 13:8). Este problema, todavía por considerarse más completamente, está lejos de alcanzarse, pero no es resuelto por ninguna teoría que busca escapar de las dificultades a través de la salida de una supuesta irresponsable presciencia divina.[176]

No cabe duda de que adentrarse en el asunto de la voluntad divina acarrea confrontación con el pensamiento natural humano. La mente de Dios es infinita, mientras que la del hombre es limitada; los caminos de Dios son siempre más altos que los nuestros (Is. 55:8). La dimensión infinita entre los dos pensamientos es una realidad: "Como son más altos los cielos que la tierra, así son mis caminos más altos que vuestros caminos, y mis pensamientos más que vuestros pensamientos" (Is. 55:9).

---

[176] Chafer, 1974, Vol. I, p. 238 ss.

Es necesario entender, a la luz de la Biblia, que las determinaciones eternas que conforman los diferentes aspectos del decreto, especialmente notorias en relación con los hombres y, de forma sustancial, con la salvación de los perdidos, no se producen por pre-conocimiento; es decir, que Dios adaptó sus decisiones y, por tanto, su voluntad al conocimiento previo que tenía de las situaciones que pudieran producirse. En otra manera, como si Él actuase bajo la decisión del hombre. Esto exige considerar lo relacionado con el conocimiento pleno de Dios.

*Presciencia*

Es indudable que Dios conoce plenamente las acciones libres de los hombres y las conoce de antemano. Esto es básico porque cualquier desconocimiento que Dios tuviese de lo que pudiera ocurrir significaría que Él tiene un conocimiento limitado. Por tanto, anticipadamente Dios sabe cuáles son las determinaciones que el hombre toma en relación con cualquier asunto de su vida física, social o espiritual. Pero no es preciso asumir lo imprevisible que es el comportamiento y la conducta humana que, sin un conocimiento previo, tomaría a Dios por sorpresa y exigiría planteamientos novedosos para Él en cada momento. En relación con la verdad bíblica, hemos de asumir que Dios tiene conocimiento previo de cuanto se realice.

No obstante, el humanismo en sus múltiples manifestaciones a lo largo del tiempo ha tratado de reconciliar el previo conocimiento de Dios con la libertad humana, negando en distintas formas que Dios pueda conocer anticipadamente todos los actos libres de sus criaturas. Entienden estos pensadores que los actos libres de los hombres pueden ocurrir o no ocurrir, no pueden ser conocidos antes de que ocurran. Ahora bien, es necesario entender que los actos libres del hombre pueden ser ciertos en cuanto a su acaecimiento, y ser libres en cuanto al modo en que van a acontecer. Así, a modo de ejemplo, los actos de Jesús son absolutamente libres, pero necesariamente tenían que ser santos porque así es la expresión de la libertad en Dios.

Sin embargo, debe apuntarse una distinción entre el pre-conocimiento y la presciencia. El primero tiene que ver con conocer lo que va a ocurrir, el segundo es el mismo conocimiento, pero va acompañado de afecto personal hacia lo que ocurra. El pre-conocimiento de Dios se presenta en la Biblia de dos formas: a) Como un conocimiento mental que precede al designio divino (cf. Hch. 2:23); b) Como un conocimiento cordial que precede lógicamente a cualquier otro designio de Dios (cf. Ro. 8:29).

El término griego traducido por *conocimiento previo*[177] es de la misma raíz que el verbo que se traduce por *conocer de antemano*[178]. Este conocimiento es un reconocimiento y una apropiación, esto es, en la presciencia, Dios reconoce de antemano al creyente y lo acepta como su hijo. Como el apóstol Pablo escribe en Romanos: "Porque a los que antes conoció, también los predestinó para que fuesen hechos conformes a la imagen de su Hijo" (Ro. 8:29). El verbo usado en el texto expresa la idea de un conocimiento previo, vinculado al propósito para salvación. Usado en el entorno bíblico de Israel, Dios conoce de antemano a todos los pueblos de la tierra, pero solo conoció a Israel de una manera especial y determinada. En relación con los salvos, resultado de la obra redentora de Cristo, el apóstol Pablo enseña que "nos escogió en Él antes de la fundación del mundo" (Ef. 1:4). El término lleva implícito el sentido de un afecto positivo, que elige; por tanto, la elección divina descansa en la presciencia del Padre (1 P. 1:2), que no significa un mero conocer de las cosas, sino el previo designio de Dios para llevarlo a cabo. Tiene el sentido de conocer íntimamente con amor.

El término *presciencia*[179] aparece traducido como *anticipado conocimiento* (cf. Hch. 2:23) y también como *presciencia* (cf. 1 P. 1:2). En otros lugares se traduce como *antes conoció* (Ro. 8:29; 11:2). El hecho de la presciencia divina no elimina en absoluto la responsabilidad del hombre como agente moral responsable, que puede detener con injusticia la verdad (Ro. 1:18), de manera que Dios "pagará a cada uno conforme a sus obras" (Ro. 2:6). Con todo, la presciencia es la virtud divina de conocer todo antes de que acontezca, de modo que Jesucristo "fue entregado por el determinado consejo y anticipado conocimiento de Dios" (Hch. 2:23); en ese sentido, Dios no solo manifestaba su pre-conocimiento del hecho, sino que lo había determinado en su presciencia.

---

[177] Griego: πρόγνοσις.
[178] Griego: πρόγινώσκω.
[179] Griego: πρόγινώσκω.

## *Voluntad*

Todo ser inteligente ha de estar dotado necesariamente de voluntad. Dios es el ser con inteligencia suprema e infinita; por consiguiente, tiene que estar dotado de voluntad.

Cada ser inteligente dotado de voluntad tiene una proyección hacia lo que es esa voluntad personal; a esto se lo llama generalmente apetito natural, algo que lo lleva a gozarse en su voluntad porque ama su propia perfección. La experiencia en el logro de esa voluntad puede ocasionar satisfacción o repulsión, que se califica como apetito intelectivo o voluntad.

En Dios, todas las cosas, que incluyen el querer o la voluntad se identifican con su ser y, por consiguiente, el objeto primario o fundamental de la voluntad de Dios es su bondad infinita, puesto que no es posible en Él una inclinación que busque algo que aún no posea, sino solo en el sentido de amor en el bien poseído.

Es necesario entender que la voluntad de Dios es infinitamente perfecta, no cabiendo en ella nada que pueda ser contrario a la santidad, el amor, la gracia y cuantas otras perfecciones estén presentes en Él. Sin embargo, Dios ama a las criaturas no porque ellas puedan aportar alguna perfección que Él no tenga, sino por las perfecciones de su infinito amor que les ha comunicado, amándose a sí mismo en ellas. Por tanto, Dios ama independientemente del bien de las criaturas, puesto que no pueden añadir nada a su bondad y perfección ni le aportan un ápice de felicidad por su existencia. Si las criaturas no pueden aportar nada a Dios, es necesario entender que las ama sin dependencia alguna, esto es, las ama con absoluta y omnímoda libertad. Siendo la voluntad de Dios inmutable, todo acto de amor suyo no puede cambiarlo.

Un apunte más sobre la voluntad en Dios. Él crea todo por la determinación de su voluntad. Cabe preguntarse si la voluntad divina es el principio determinante de acción o también la causa de lo creado. Sin duda, la voluntad es el principio de la acción o actuación de Dios; por tanto, su voluntad es la causa de todo lo creado. Si esta voluntad se identifica con su ser, es por tanto causa primera de todas las cosas, ya que la voluntad infinita de Dios produce efectos limitados y particulares; estos solo pueden proceder de la determinación de su voluntad. La voluntad divina es causa de cuanto Él ha creado, por lo que ninguna perfección de lo que ha sido creado, especialmente aplicado a las criaturas, puede ser motivo del amor de Dios.

La voluntad divina ordena todas las cosas a sus fines. Ahora bien, si la causa que Dios determina que se produzca la establece por medio de causas segundas, aparentemente podrían estas no lograr el fin previsto, con la consecuencia de que pudiera frustrarse la voluntad de Dios. Esto es imposible porque los designios divinos se ejecutarán siempre y se cumplirán como han sido establecidos, porque la voluntad divina es siempre causa universal a la que están sometidas todas las causas segundas, ya que esa voluntad es la primera causa eficiente no causada.

Esto entra de lleno en el ámbito de la permisión divina en relación con las acciones de la voluntad humana, orientada muchas veces al mal, que es propio y natural en los hombres (Gn. 6:5). Si los hombres, como creación de Dios, son resultado de la voluntad divina, ¿es posible vincular la voluntad con el fracaso del hombre pecador? De otro modo, ¿Dios quiere indirectamente el mal? ¿Puede orientar alguno de sus actos a resoluciones que, en alguna medida, sean malas para sus criaturas? El mal moral o pecado ni lo quiere ni puede quererlo de ningún modo. Si Dios es omnipotente, aparentemente quiere el mal físico en las enfermedades de sus criaturas, pero eso no significa que Él quiera el mal, puesto que las enfermedades son consecuencia o causa del pecado en el ser humano. En orden al pecado, Dios no hace otra cosa más que permitirlo, lo que no supone en modo alguno un mal en sí mismo. Dios es, por principio de vida, absolutamente impecable. Eso excluye cualquier identificación que Dios pudiera aceptar en relación con cualquier clase de mal.

Dios no es, ni puede ser, el autor del pecado, como se enseña en la Palabra. En Él no hay injusticia (Sal. 92:15). Las consecuencias que acarrea el pecado son el resultado de la perversión del hombre (Ec. 7:29). Dios no induce a cometer el mal: "Que nadie diga cuando es tentado: Estoy siendo tentado de parte de Dios; porque Dios no puede ser tentado por el mal, ni él tienta a nadie; sino que cada uno es tentado, cuando es atraído y seducido por su propia concupiscencia" (Stg. 1:13-14; RVR). Dios ha hecho seres morales libres, que por esa libertad, son los autores del pecado. La voluntad de Dios permite que estos mantengan su libertad personal y estos actos, a causa del decreto se producen, pero Dios no decreta en modo alguno que se produzcan los malos deseos, ni incide en la preferencia de la criatura. Por tanto, debe aceptarse que la voluntad de Dios es permisiva, es decir, decreta para permitir, pero nunca para producir. Así escribe Berkhof:

El hombre es un agente libre con poder para hacer sus propias determinaciones racionales. Puede reflexionar, y en forma inteligente elegir ciertos fines y también puede determinar su acción con respecto a ellos. Sin embargo, decreto de Dios lleva inseparablemente la imposibilidad de evitarse. Dios ha decretado ejecutar todas las cosas, o si no ha decretado esas cosas, al menos ha determinado que deben acontecer. Él ha decidido para el hombre el curso de su vida… Fue determinado que los judíos crucificaran a Jesús, y sin embargo, fueron perfectamente libres en el curso de su inicua acción, y fueron tenidos por responsables de ese crimen. No hay ni una sola indicación en la Biblia de que los escritores inspirados se den cuenta de una contradicción, en relación con estos asuntos. Nunca hacen el intento de armonizar el decreto de Dios con la libertad del hombre. Esto bien puede refrenarnos para no tomar aquí la actitud de contradicción, aun cuando no podamos reconciliar ambas verdades.[180]

Los eventos que suceden no son el resultado de la voluntad de Dios puesta en acción. Esta voluntad asegura que los sucesos ocurrirán, pero no implica que Dios los produzca y ejecute. Esa plena seguridad de la ejecución de la voluntad divina debe considerarse en muchas ocasiones relacionada con un agente libre que la ejecutará, sin que la voluntad permisiva de Dios limite en algún modo su libertad. Dios anunció la crucifixión de Jesús, que se produjo por el "determinado consejo y anticipado conocimiento de Dios" (Hch. 2:23); por consiguiente, se cumplió conforme a lo establecido, pero eso no limita en nada la responsabilidad y libertad de los judíos y gentiles que la ejecutaron. El decreto, que expresa la voluntad de Dios, no es contrario a la libertad humana, ya que el hombre actúa en base a sus deseos, carácter y posición espiritual interna.

Los que objetan aceptar la verdad del decreto divino y, por tanto, la expresión de la voluntad de Dios, aportan el argumento de que impide toda razón para el esfuerzo humano. La argumentación simplificada al máximo presupone que, si Dios estableció en su soberana voluntad todo cuanto existe, los hombres no pueden oponerse a esa voluntad; por consiguiente, no tienen que ocuparse del futuro ni hacer nada en relación a su salvación. Ya se ha dicho antes que la voluntad de Dios, expresada en el decreto, no es una ordenanza de acción para el hombre al margen de su libertad natural, lo que

---

[180] Berkhof, 1949, p. 124.

permitiría una excusa a su rebeldía y pecaminosidad, ya que la acción divina se hace conocida por las acciones no antecedentes a ellas. Sin embargo, hay acciones demandadas por Dios, que colocan a los hombres bajo la obligación de emplear los medios que Él en soberanía estableció para la salvación.

La voluntad de Dios establecida en el decreto señala una relación entre el fin que se debe obtener y los medios para lograrlo. Esto incluye todos los aspectos de la vida humana, comprendiendo también las acciones libres de los hombres que están orientadas a producirlos. Quiere decir esto que, ya que los medios producen los fines, estos tienen que estar en el decreto, y el hombre debe buscar el cumplimiento de la voluntad de Dios sin demérito alguno de su propia libertad personal.

### *El pecado en el sistema moral*

Las reflexiones humanistas y filosóficas alcanzan posiciones sumamente peligrosas que llegan a la conclusión de que Dios no puede impedir el pecado en un sistema moral libre. Esta argumentación no niega que el pecado sea expresión del mal, pero para conciliar la voluntad benevolente de Dios enseña que Él no puede impedir el pecado en un sistema moral que no afecte la libertad del hombre. Si el pecado pudiera ser impedido por Dios, bien por influencia, bien por acción, destruiría la libertad de acción del hombre y este dejaría de ser libre. Esto conlleva a que Dios se limite necesariamente a crear agentes libres, que están más allá de su control absoluto; por tanto, puede orientar, dialogar, persuadir, advertir, pero no puede gobernar en soberanía al ser libre que ha creado. Ahora bien, si Dios no puede controlar eficazmente las acciones de los agentes libres sin destruir su libertad, luego no es soberano ni omnipotente, con lo que se destruye la verdad de sus perfecciones divinas.

¿Cómo pueden reconciliarse la soberanía de Dios y la libertad del hombre? Remitiéndonos a la Escritura y afirmando nuestra fe en las verdades inspiradas y reveladas por Dios en ella. Así trata este asunto el Dr. Hodge:

> Las Escrituras enseñan: (1) Que la gloria de Dios es el fin al que están subordinados la promoción de la santidad, la producción de la dicha y todos los otros fines. (2) Que siendo, por tanto, la manifestación misma de Dios, la revelación de su infinita perfección, el mayor bien concebible o posible, es ella

el fin último de todas sus obras en la creación, providencia y redención. (3) Como las criaturas sensibles son necesarias para la manifestación de la benevolencia de Dios, tampoco podría haber manifestación de su misericordia sin miseria, ni en su gracia y justicia si no hubiera pecado. Así como los cielos declaran la gloria de Dios, así Él ha trazado el plan de la redención: "Para que la multiforme sabiduría de Dios sea dada ahora a conocer por medio de la iglesia a los principados y potestades en los lugares celestiales" (Ef. 3:10). El conocimiento de Dios es vida eterna. Es para las criaturas el más alto bien. Y la promoción de este conocimiento, la manifestación de las multiformes perfecciones del Dios infinito, es el mayor fin de todas sus obras. Este, declara el apóstol, es el fin contemplado, tanto en el castigo de los pecadores como en la salvación de los creyentes. Es un fin ante el cual, dice él, nadie puede objetar racionalmente "¿Y qué, si Dios, queriendo mostrar su ira y hacer notorio su poder, suportó con mucha paciencia los vasos de ira preparados para destrucción, y para hacer notorias las riquezas de su gloria, las mostró para con los vasos de misericordia que él preparó de antemano para gloria?" (Ro. 9:22-23). Así, según las Escrituras, el pecado es permitido para que la justicia de Dios pueda ser conocida en su castigo, y su gracia en su perdón. Y el universo, sin el conocimiento de estos atributos, sería como la tierra sin la luz del sol.[181]

Conduce esto a considerar la presencia del pecado, que en base a que Dios es soberano y al decreto que expresa su voluntad, tiene que entenderse como una presencia permitida en toda la creación, tanto la angélica como la humana. No puede apartarse en la reflexión la realidad de que Dios es santo y resulta como una aparente contradicción el consentimiento suyo para que el pecado se manifieste. En modo alguno, como se ha dicho ya en un punto anterior, Dios ha sido incapaz de impedir la presencia del pecado en su creación; o dicho de otro modo, que sea incapaz de eliminar el pecado de modo que no se manifieste más. Dios es plenamente libre en sus determinaciones y acciones. La creación y cuanto se manifiesta obedecen a su sola determinación; por consiguiente, si es libre y nadie puede resistir su voluntad, es claro que Él ha permitido que aparezca el pecado y que se manifieste entre los ángeles y en los hombres. Algunas conclusiones primarias: a) Dios es omnipotente, por cuya razón el pecado no podía imponerse si Él no lo hubiera permitido. Esto supone una imposibilidad racional, ya

---

[181] Hodge, 1991, p. 245.

que la presencia y acción del pecado determinó el plan de redención y con él la entrega de la vida del Hijo de Dios en precio para rescate del pecador perdido. b) Dios es infinitamente santo y aborrece el pecado, cuyos actos alcanzan dimensión infinita porque no se miden por quién los comete, sino por la infinitud de aquel contra quien se hacen. c) Las consecuencias del pecado afectan a todo el universo, en ocasiones temporalmente, como es el caso de los salvos, y en otras perpetuamente, como los que no alcanzan la gracia salvadora.

*Naturaleza del pecado*

Corresponde esto a la soteriología o, si se prefiere, a la hamartiología, por lo que solo debe mencionarse en este lugar como demanda lo que se está considerando. Debe recordarse que algunos enseñan que el pecado no pudo manifestarse sin que Dios le diera lugar entre todo lo existente; tal pensamiento conduce inevitablemente a acusar a Dios de ser responsable del mal por permisión. Se sustenta esta afirmación especialmente en relación con el pecado de los ángeles, ya que no había antecedente pecador que los indujese al pecado de rebeldía y desobediencia, ya que no había insinuación exterior ni depravación interior que pudiera producirlo. Este conflicto excede a la razón humana finita, que es incapaz de responder a la pregunta de por qué Dios lo permitió y cómo apareció el mal en el plano de una creación perfecta.

Pudiera sugerirse que la permisión para el pecado obedece a la sabiduría divina, ya que mediante la presencia del mal afectando al hombre, Dios puede manifestar su amor misericordioso y la dimensión gloriosa de su gracia, ya que no es posible alcanzar el conocimiento de la gracia si no hay objetos de ella. Con todo esto, no merma en nada el hecho de que el pecado es aborrecible a Dios y genera una pregunta de difícil respuesta: ¿necesitaba Dios el pecado para manifestar alguna de sus perfecciones? Tal vez pueda plantearse de otro modo: ¿era necesaria la presencia del pecado que permite conocer la gracia, pero que también causa la eterna condenación de los incrédulos? Y estos incrédulos, ¿lo son voluntariamente o como consecuencia del pecado?

**Distinciones en el decreto divino**

El decreto tiene parte permisiva y parte determinativa. En cuanto al primero, decreto permisivo, debe relacionarse con el consenso divino que permite que se produzcan hechos que no surgen de Él mismo, sino que consiente en ellos. Por esa razón, existen la aparición, la manifestación y las consecuencias del pecado. Así ocurre con la muerte del Hijo de Dios a manos de hombres pecadores (Hch. 2:23). En la ejecución del propósito de Dios —como ocurre con la muerte de Jesús— no se violenta la libertad moral de los agentes a través de los cuales se ejecuta el decreto permisivo.

Recapitulando sobre lo que ya se ha considerado antes, hay limitaciones en el decreto. A pesar de que su voluntad es absoluta y no condicionada por nada fuera de Él, queda limitada por la misma naturaleza divina, en plena armonía con todas sus perfecciones, ninguna de las cuales puede menguar en razón del ejercicio de otras.

Hay cosas que Dios no puede hacer porque son contrarias a su carácter esencial (Nm. 23:19; 1 S. 15:29; He. 6:18; Stg. 1:13; 2 Ti. 2:13); por consiguiente, ninguna de ellas puede formar parte del decreto, ya que todo cuanto existe y se produce obedece a la determinación o el consentimiento divinos. Dios gobierna sobre todo de acuerdo a su libre consejo y determinación (Job 10:9; Sal. 115:3; Pr. 21:1; Is. 29:16; Ro. 9:15-18; 1 Co. 12:11; Ap. 4:11).

La voluntad absoluta determina cuanto ha de suceder (Sal. 115:3: Dn. 4:17, 25, 32, 35; Hch. 2:23; Ef. 1:5, 9, 11). La voluntad permisiva establece el modo como debería vivir el hombre (Mt. 7:21; Jn. 4:34; 7:17; Ro. 12:2), pero no obliga a este a hacerlo, dejándole actuar conforme a su libertad. Sobre la base de esto, Dios no originó el pecado: lo permite, controla, juzga y castiga (Ex. 4:21; Jos. 11:20; 1 S. 2:25; Hch. 2:23; 4:28; 2 Ts. 2:11). Dios no tiene obligación natural ni moral para salvar a los pecadores, pero lo desea; esta voluntad permisiva no obliga al pecador al uso de los recursos establecidos para salvación (Ez. 18:23; 1 Ti. 2:4).

El decreto de Dios es inescrutable porque su voluntad lo es también y nadie puede comprenderla en plenitud más que Él mismo (Job 9:10; Ro. 11:33). Ante lo incomprensible, el creyente debe someterse en reverente obediencia, sabiendo que Él hace bien todas las cosas (Is. 45: 12, 13; Ro. 9:16-23) y que su voluntad es siempre buena, agradable y perfecta[182] (Ro. 12:2). La renovación de la mente del creyente le permite alcanzar una mayor valoración o sopesar cual sea la "buena voluntad de Dios". El verbo[183] que se usa aquí expresa la idea de comprobar, valorar, sopesar, poner a prueba, y una vez sopesado, se

---

[182] Griego: τὸ ἀγαθὸν καὶ εὐάρεστον καὶ τέλειον.
[183] Griego: δοκιμάζω.

aprueba o se rechaza. Esta comprobación que el creyente debe hacer de cada acción en su vida le permite aprobar aquello que es conforme a la voluntad de Dios y rechazar lo que es contrario.

La voluntad de Dios recibe tres calificativos. Primeramente, es buena[184]. Tiene que ver con aquello que es intrínsecamente bueno. Es lo que coincide con lo expresado por Dios en sus mandatos, establecidos conforme a su determinación. Es también adjetivo que tiene el sentido de agradable[185], aquello que satisface a Dios plenamente. Además, la voluntad de Dios es perfecta[186]. Ninguna imperfección puede existir en lo que Dios desea y en cuya voluntad establece. El que es perfectísimo tiene que tener necesariamente una voluntad infinitamente perfecta. Es cierto que muchas veces esa voluntad es incomprensible a la mente humana, siempre limitada e infinitamente distante de la grandeza de la mente de Dios, pero las tres características (buena, agradable y perfecta) son suficientes para asentar en seguridad de fe lo que es la voluntad de Dios y asumir que aun no comprendiendo todas sus determinaciones, no pueden suponer sino una bondad infinita que la impulsa y que, por esa condición, es agradable y alcanza la perfección absoluta que siempre busca a Dios, de modo que al considerarla en esa dimensión y desde esa perspectiva, se puede acompañar a la afirmación divina, que al ver todo cuanto hace puede decir que es "bueno en gran manera" (Gn. 1:31).

## *El problema volitivo*

Será suficiente aquí con hacer una síntesis de un tema que, como todos los relativos y referentes a la deidad, escapa fuera de la total comprensión humana, atisbando solo aspectos limitados e incluso relativos sobre la voluntad de Dios.

Cualquier consideración que se haga sobre cualquier aspecto volitivo en relación con Dios ha de asentarse bajo la premisa de que Él es soberano y nada puede producirse forzando o condicionando su acción. Es meridianamente claro esto, por cuya razón en soberanía determinó salvar al pecador antes de crear al hombre y de permitir, en su voluntad, que se produjese su caída. No se puede decir que Dios planificó la salvación del pecador porque sabía que iba a pecar, sino que lo hizo anticipándose a cualquier circunstancia, es decir, en el

---

[184] Griego: ἀγαθὸν.
[185] Griego: εὐάρεστον.
[186] Griego: τέλειον.

decreto eterno estableció como primera acción *ad extra*, la salvación, como enseña el apóstol Pablo: "Quien nos salvó y llamó con llamamiento santo, no conforme a nuestras obras, sino según el propósito suyo y la gracia que nos fue dada en Cristo Jesús antes de los tiempos de los siglos"[187] (2 Ti. 1:9).

Consideremos brevemente el texto. La primera gran verdad es que Dios nos salvó. La salvación del hombre no obedece a ninguna causa, sino a la voluntad soberana de Dios. La salvación del pecador es enteramente suya; nada ni nadie tuvo parte alguna ni en la planificación ni en la ejecución. La Biblia enseña que la salvación es de Dios (Sal. 3:8; Jon. 2:9). La determinación de salvar al pecador ocurrió en la eternidad, esto es antes de que la creación fuese hecha y, por tanto, antes de que el hombre fuese creado y cayese en el pecado. Algunos consideran que la omnisciencia de Dios, en el aspecto del conocimiento previo, el pre-conocimiento, exigió que Dios proyectase la salvación, puesto que su criatura se había corrompido y era necesario restaurarla. Eso convierte a Dios en mero adivino, que por saber las cosas que iban a ocurrir antes de que ocurrieran tenía que atender a lo que iba a producirse, en el caso concreto del hombre, que caería en la tentación, se convertiría en pecador y su destino sería el de condenación eterna. No es cierto esto. El humanismo influencia la teología y distorsiona la verdad. Dios no determinó salvar al pecador por lo que este fuese, sino por soberanía. Es decir, antes de que Dios pronunciase la primera palabra de la creación, había establecido el plan de redención, que tendría lugar en el cumplimiento del tiempo divino determinado para ello. Dios planificó la salvación desde la eternidad.

En esa planificación eterna, respondió a tres preguntas: *quién, cómo* y *cuándo*. Lo haría la segunda persona de la deidad, el Hijo Unigénito del Padre, revestido de humanidad, para que por medio de esa naturaleza pudiese dar la vida en precio del pecado del hombre. Lo haría mediante un acto de redención consistente en la vida; dicho de otro modo, "la sangre preciosa de Cristo, como de un cordero sin mancha y sin contaminación, ya destinado desde antes de la fundación del mundo" (1 P. 1:19-20). Debe notarse esto: la obra redentora, consistente en que Jesús diese su vida por el pecado del mundo, fue determinada, conforme a las palabras del apóstol Pedro, desde antes de la creación. Digámoslo con la precisión absoluta: antes de que Dios

---

[187] Texto griego: τοῦ σώσαντος ἡμᾶς καὶ καλέσαντος κλήσει ἁγίᾳ, οὐ κατὰ τὰ ἔργα ἡμῶν ἀλλὰ κατὰ ἰδίαν πρόθεσιν καὶ χάριν, τὴν δοθεῖσαν ἡμῖν ἐν Χριστῷ Ἰησοῦ πρὸ χρόνων αἰωνίων.

dijese *sea la luz*, dijo *sea la cruz*. Pero respondió también al cuándo. El eterno y soberano Dios precisó el tiempo en que había de llevarse a cabo. El apóstol Pablo dice que "cuando vino el cumplimiento del tiempo, Dios envió a su Hijo, nacido de mujer y nacido bajo la ley, para que redimiese a los que estaban bajo la ley, a fin de que recibiésemos la adopción de hijos" (Gá. 4:4-5). Esta verdad hace rechinar los dientes a los humanistas, negando a Dios el derecho para hacer un acto de soberanía, determinándolo desde la eternidad. Buscan una lógica a la ilógica divina. Procuran hacer creer que el nacimiento de Cristo ocurrió porque las circunstancias temporales eran las mejores; de otro modo, como el tiempo era bueno, Dios envió a su Hijo. En lugar de esto, lo único que cabe afirmar es que el tiempo fue bueno porque era el tiempo determinado por Dios en soberanía y nada ni nadie podía resistir su voluntad. La grande y admirable realidad de Dios es que es soberano. Él nos salvó, puesto que la determinación de hacerlo es suficiente para considerarlo como hecho; por eso la utilización del pasado: antes de todas las cosas nos salvó. Lo hizo eficaz más adelante en el tiempo de cada uno de los salvos, pero la determinación de hacerlo fue establecida en soberanía antes de la creación. La salvación que se ejecutaría más adelante y se aplicaría a todo aquel que cree se produjo cuando el tiempo de la historia humana llegó al tiempo en que el soberano Dios había establecido (Gá. 4:4).

En el arcano de su voluntad decretó el llamamiento a salvación como una operación del Padre. Él es el que llama a los pecadores y los conduce a Cristo para que sean salvos. Jesús enseñó que nadie podía ir a Él si el Padre no lo traía (Jn. 6:44). El apóstol enseña que en el proceso de salvación, el Padre llama a los pecadores. En la salvación intervienen siempre las tres personas divinas: el Padre que llama, el Hijo que redime y el Espíritu que regenera. De otro modo, el Padre convoca en el tiempo a los que salva. El llamamiento se hace por medio del Evangelio, "a lo cual os llamó mediante nuestro Evangelio, para alcanzar la gloria de nuestro Señor Jesucristo" (2 Ts. 2:14). Sin el llamamiento del Padre, la obra de salvación no alcanzaría a los hombres con el propósito para el que fue hecha, ya que nadie puede ir a Cristo si el Padre que lo envió no lo trajere (Jn. 6:44). La palabra que aparece en el evangelio según Juan es un verbo fuerte que se traduce en otros lugares como *arrastrar*. Indica no solo un llamamiento, sino una acción impulsiva comprendida en él. El llamamiento del Padre es la manifestación de la gracia que implica también en él la obra del Espíritu (1 P. 1:2). Comprende la iluminación espiritual del pecador entenebrecido (He. 6:4); la convicción de pecado (Jn. 16:7-11); la dotación de la fe salvífica, que se convertirá en una actividad humana cuando la ejerza depositándola, en una entrega al Salvador (Ef. 2:8-9). A este llamamiento responde el hombre por medio de la fe. Con todo, esta operación del Padre no es una coacción, sino una atracción. Aquel que envió a Cristo para salvar a los pecadores, envía luego a los pecadores para que sean salvos por Cristo. Este llamamiento de Dios es eficaz siempre en aquellos que Dios ha escogido en su soberanía, como el mismo apóstol testifica: "Pero cuando agradó a Dios, que me apartó desde el vientre de mi madre, y me llamó por su gracia" (Gá. 1:15). No significa esto que el Evangelio no tenga un llamamiento universal a todos los hombres, llamándolos a salvación. El llamado del Padre que atrae a los hombres a Cristo es algo cuestionado por muchos que no alcanzan a entender claramente lo que tiene que ver con la soberanía divina y con la responsabilidad humana. Es necesario entender claramente que todo cuanto es de salvación es de Dios, y todo lo que tiene que ver con condenación es responsabilidad del hombre.

Procediendo de Dios, el llamamiento del Padre es santo. El llamamiento puede ser respondido por el hombre rebelde y opuesto a Dios por condición mediante la acción del Espíritu que capacita en santificación, esto es, en separación de la condición de desobediencia a la de obediencia, para que el hombre desobediente pueda obedecer y serle aplicado el beneficio de la obra redentora del Hijo de Dios. El Espíritu santifica, separa al hombre de esa condición propia de su vieja naturaleza para que en un acto de obediencia incondicional crea y sea salvo. No debe olvidarse que el llamamiento a salvación no es un ruego que Dios hace, sino un mandamiento que establece y que requiere absoluta obediencia (Hch. 17:30).

Quienes afirman que la salvación obedece a la situación del pecador, es decir, se produce porque Dios tenía que salvar al que estaba perdido, se encuentran aquí con la contundente verdad de que las obras de los hombres no producen mérito o demérito en cuanto a salvación. No son las obras del hombre las que conducen a Dios a formular el plan de redención, sino su propósito. Esta es una verdad reiterada continuamente en la Escritura (Ro. 1:17; 3:20-24, 28; 10:5, 9, 13; 11:6; Gá. 2:16; 3:6, 8, 9-15; Ef. 2:9; Tit. 3:5). La salvación se produce a causa del propósito[188] de Dios, un sustantivo vinculado con un verbo[189] que denota poner delante, proponer. Todo ello tiene que

---

[188] Griego: πρόθεσις.
[189] Griego: προτίθημι.

ver con la expresión temporal de un acto surgido de la soberanía y la voluntad divinas. El *conforme a nuestras obras* solo podía acarrear condenación (Ro. 6:23), de manera que las obras miserables de los hombres y su estado de perdición no fueron lo que condicionó a Dios para la salvación. Él determinó salvarlos a causa de su propósito. La determinación para salvar no fue sugerida a Dios por nadie, sino que nació de su beneplácito. La salvación del hombre descansa en el propósito divino que la estableció desde antes de la creación del mundo. La palabra clave es *propósito*; la salvación es el resultado del propósito de Dios establecido antes de la creación y, por tanto, antes de la caída. La decisión salvífica es anterior y está más allá de la historia. Al aparecer en el texto que se considera, el propósito unido al llamamiento divino lo vincula siempre a la libre y primordial decisión salvadora de Dios. De otro modo, el propósito de Dios es para salvación de aquellos a quienes llama. Dios no llama —como algunos enseñan— a quienes Él sabía que iban a responder a su llamamiento (1 P. 1:2), sino que llama para que respondan. El propósito de Dios implica que su llamamiento sea algo más que una simple invitación para perdón de pecados: es un llamamiento para ser santos como pueblo separado para Él. Los que son llamados siguen en el mundo, pero no son de él. Los llamados por Dios disciernen, en razón de la obra del Espíritu, cuál es su situación, siendo dotados de la fe e impulsados a clamar al Salvador creyendo en Él de manera que "Cristo crucificado, para los judíos ciertamente tropezadero y para los gentiles locura;... para los llamados, así judíos como griegos, Cristo poder de Dios, y sabiduría de Dios" (1 Co. 1:23-24). ¿Quién hace esa diferencia? La operación poderosa de Dios conforme a su propósito. Es necesario entender bien que el hombre no se salva por saberse perdido, se salva cuando se siente perdido; ese sentimiento en la intimidad del alma es una operación que el Espíritu produce para quienes son llamados. El propósito de Dios subordina todo para el fin que Él mismo se propone (Ro. 9:11). La economía de la salvación no tiene lugar cuando el hombre pecó, ni tampoco porque iba a pecar, sino que nace del propósito soberano de quien determina por propia voluntad salvar al hombre que iba a ser creado. Esto siempre sin renunciar a la responsabilidad del hombre. Para dejar esta consideración, deben recordarse las dos grandes líneas que aparecen en el Nuevo Testamento tocantes a la salvación. Por un lado, está la potencialidad de la gracia, capaz de salvar al más perdido de los hombres, que llama a todos a la fe, lo que teológicamente suele llamarse *libre gracia* (Jn. 3:16); por otro está el de la elección para salvación, en la que está involucrada la determinación de Dios. No tratemos de reconciliar nosotros estas dos verdades por medios humanos; hacerlo supondría forzar una a favor de la otra; reconozcamos nuestra limitación en esto y aceptemos las verdades bíblicas en un acto de fe, reconociendo que las dos son verdades reveladas, teniendo en cuenta que la Biblia está dirigida a la fe del creyente y no a la lógica del hombre.

La salvación del pecador es por gracia. El apóstol Pablo enseña que el llamamiento del Padre no obedece a las obras de los hombres. En muchos textos se enfatiza la salvación por gracia mediante la fe (Ef. 2:8). El apóstol desea destacar aquí en el escrito a Timoteo que la causa y razón de la salvación es la gracia. El texto es meridianamente claro, el propósito de Dios para salvar establece que sea por la gracia. En la enseñanza de la salvación, el apóstol vincula la gracia con todo su proceso, desde la dotación del Salvador, en el cumplimiento del tiempo (Jn. 3:16; Gá. 4:4, 1 P. 1:18-20), pasando por la ejecución del sacrificio expiatorio por el pecado en la cruz; luego, el llamamiento a salvación, la regeneración espiritual y la glorificación final de los redimidos, todo está comprendido y procede de la gracia (Ro. 8:28-30). Cada paso en el proceso de salvación se debe enteramente a la gracia. La irrupción de Dios en Cristo, en la historia humana, tiene un propósito de gracia: "Para que por la gracia de Dios gustase la muerte por todos" (He. 2:9). La cruz da expresión al eterno programa de salvación. En ella, el Cordero de Dios fue cargado con el pecado del mundo conforme a ese propósito eterno de redención. El regalo divino de la gracia nos fue dado en Cristo Jesús antes de los tiempos eternos. Es decir, antes del inicio del tiempo por la creación del universo. El primer hombre salvo en la historia humana lo fue por gracia mediante la fe, como lo han sido todos los restantes y lo será el último antes de cielos nuevos y tierra nueva. El apóstol está haciendo notar que la obra de salvación, que incluye necesariamente la gracia y sus manifestaciones, fue una determinación eterna de Dios que ocurrió antes de que el tiempo pudiese ser contado.

El problema volitivo en relación con Dios no afecta a la libertad de los seres creados por Él, ya que la voluntad libre estuvo presente no solo en los hombres, sino en los ángeles, tanto en los que permanecen fieles a Dios como en aquellos que abandonaron su libertad (Jud. 6). Esa voluntad orientada al mal se consolida, de manera que los que fueron rebeldes, lo seguirán siendo a perpetuidad.

Satanás condujo al hombre a la situación pecaminosa que él había elegido, la de ser semejante al Altísimo, profundizándola mentirosamente al ofrecerle ser igual a Dios (Gn. 3:5), buscando que la criatura anhelase y procurase aquello que no le correspondía. En contraste con esta situación, está la perfecta humanidad de Jesús, que se sujeta plenamente en obediencia a la voluntad de Dios y busca su gloria (He. 10:5-7; cf. Sal. 40:6-8). El Evangelio llama a los hombres a la obediencia a Dios (Hch. 5:32; 2 Ts. 1:8; He. 5:9; 1 P. 4:17). Dios actúa en el salvo energizando su voluntad a la obediencia (Fil. 2:12-13). Pero también, de igual modo, actúa en la rebeldía del hombre confirmándola, como ocurrió con Faraón, endureciendo su corazón, que ya estaba endurecido (Ex. 4:21; 7:3; 9:12; 10:20, 27; Ro. 9:17, 18).

## *Predestinación*

En relación con los seres inteligentes, ángeles y hombres, Dios estableció en el decreto los diferentes rangos en cuanto a destino final de cada uno, teniendo en cuenta que, como se ha considerado, no hay nada que ocurra o pudiera ocurrir que no esté establecido, bien en forma eficaz, bien en forma permisiva. Esto comprende ciertos aspectos que revisten sensibilidad y que son aceptados o negados por los hombres. Interesa al teólogo dejar a un lado los pensamientos humanos para acercarse a la Escritura sin prejuicio, plantear sus inquietudes y formular sus preguntas para recibir la respuesta que la Biblia tiene, como expresión del pensamiento y la voluntad de Dios.

Predestinación es un término que expresa la determinación divina que fija de antemano un destino que se cumple inexorablemente. El término predestinación aparece en el Nuevo Testamento, especialmente relacionado con los salvos, a quienes Dios establece un destino: "Porque a los que antes conoció, también los predestinó para que fuesen hechos conformes a la imagen de su Hijo, para que él sea el primogénito entre muchos hermanos"[190] (Ro. 8:29). Sirva el texto como introducción a este apartado, que se desarrollará más extensamente en soteriología.

El apóstol Pablo comienza haciendo notar que desde la soberanía de Dios, Él conoció de antemano a los que serían salvos; el verbo usado aquí[191] denota un conocimiento divino. Quiere decir que Dios llamó a salvación a quienes había conocido de antemano. Este

---

[190] Texto griego: ὅτι οὓς προέγνω, καὶ προώρισεν συμμόρφους τῆς εἰκόνος τοῦ Υἱοῦ αὐτοῦ, εἰς τὸ εἶναι αὐτὸν πρωτότοκον ἐν πολλοῖς ἀδελφοῖς.
[191] Griego: προέγνω.

conocimiento previo está unido inseparablemente al propósito divino para salvación. Muchos ejemplos bíblicos explican mejor que una definición teológica el sentido del pre-conocimiento divino. Dios habla así de su profeta Jeremías: "Antes de que te formase en el vientre te conocí, y antes que nacieses te santifiqué, te di por profeta a las naciones" (Jer. 1:5). Un ejemplo del sentido bíblico de este pre-conocimiento divino aparece en la profecía en relación con Israel: "A vosotros solamente he conocido de todas las familias de la tierra" (Am. 3:2). Dios conoce a todos los hombres, conocía también todos los pecados de su pueblo, denunciándolos por medio del profeta (Am. 1:2-2:16), pero solo conoció a Israel de una manera especial y determinada. Algunos entienden el pre-conocimiento de Dios como si se tratase de una visión anticipada que, como Dios, tenía de aquellos que iban a creer y de quienes no lo harían; por tanto, sobre la base de esa fe pre-vista por Dios, Él escoge para salvación a aquellos que sabía que creerían al mensaje del Evangelio. De otro modo, Dios se convierte en un mero adivino seguro de las acciones de los hombres y con ello establece la elección de quienes aceptarían su propuesta de salvación. Sin embargo, todo en el campo de la salvación, incluida la fe, es de procedencia divina y se otorga como don suyo (Ef. 2:8-9). El apóstol escribiendo a los creyentes en Éfeso les dice: "Según nos escogió en Él antes de la fundación del mundo" (Ef. 1:4). El término lleva implícito el sentido de un afecto positivo, que elige. Pablo especifica aquí dos aspectos relacionados con la elección: 1) La elección se realizó "antes de la fundación del mundo"[192], hebraísmo que refiere a la eternidad, antes de la creación. Es una expresión semejante a la que Jesús utiliza en su oración al Padre, al referirse a la gloria que tenía como Dios antes de la creación (Jn. 17:5) y al amor con que es amado por el Padre en la eternidad (Jn. 17:24). La misma expresión es usada por el apóstol Pedro para referirse a la predestinación divina para Cristo en relación con la redención (1 P. 1:20). Según la enseñanza del mismo apóstol, la elección divina descansa en la presciencia del Padre (1 P. 1:2), que no significa un mero conocer de las cosas, sino el previo designio de Dios para llevarlo a cabo. 2) La elección efectuada antes del tiempo, por tanto, antes de la creación, tuvo lugar "en Cristo". Refiriéndose al verbo traducido como *antes conoció*, el Dr. Lacueva escribe:

---

[192] Griego: πρὸ καταβολῆς κόσμου.

Todo lo que Dios programó para la gloria y felicidad de sus hijos, decretó que fuese llevado a cabo por la vía de la gracia y de la santidad. Dice el jesuita Vicentini (a pesar de estar muy lejos del calvinismo): *Proegno* (conoció de antemano) no significa un acto de pura presciencia, abstracción hecha de toda determinación voluntaria; al contrario, el término implica la idea de elección. En efecto, no cabe duda alguna de que el verbo tiene aquí el sentido bíblico de conocer íntimamente con amor.[193]

De igual manera, escribe el profesor Juan Leal:

La construcción οὓς προέγνω, καὶ προώρισεν[194] encierra una prótasis y una apódosis: a los que conoció de antemano, también los predestinó. En cuanto a προέγνω[195], toda la discusión gira alrededor de esta cuestión: ¿se trata de una simple presciencia o incluye además una idea de elección? Los griegos daban a πρόθεσις[196] el sentido de una disposición humana, podían interpretar προέγνω como una presciencia cuyo objeto era precisamente esa disposición. Alló, en una nota de la Rev. ScPhTh 7 (1913), p. 263-273, concluye que en el AT y NT, en Pablo y los otros autores inspirados, el acto de conocer, atribuido a Dios respecto al hombre, implica la idea de distinción favorable, de inclinación, de una elección de la voluntad. Προέγνω no significa un acto de pura presciencia, abstracción hecha de toda determinación voluntaria; al contrario, el término implica la idea de elección... Lo mejor sería, como dice Lagrange, dejar a προέγνω[56] en su indeterminación; distinguirlo de la predestinación, como lo hace Tomás (de Aquino)[197] con estas palabras: "La presciencia dice un simple conocimiento de las cosas futuras; la predestinación implica una cierta causalidad respecto a ellas". Conviene, además, conservarle ese matiz bíblico de predilección, sin que Pablo señale la causa de ella.[198]

Acercándose sin prejuicios a la revelación bíblica, se enfatiza en la Escritura el propósito divino para salvación. Basta con acudir a

---

[193] Henry, 1989, p. 304.
[194] "A los que conoció también predestinó".
[195] "Conoció de antemano".
[196] Propósito, plan, designio.
[197] Paréntesis mío.
[198] Leal, 1965, p. 259, nota 68.

Efesios 1:4-12 para descubrirlo claramente: "Nos escogió en Él" (v. 4); "habiéndonos predestinado" (v. 5); "según el puro afecto de su voluntad" (v. 5); "el misterio de su voluntad, según su beneplácito, el cual se había propuesto en sí mismo" (v. 9); "habiendo sido predestinado conforme al propósito del que hace todas las cosas según el designio de su voluntad" (v. 11); todo ello con un determinado objetivo "para que fuésemos santos y sin mancha delante de Él" (v. 4). Pablo afirma aquí que los llamados han sido también conocidos por Dios de antemano. Con todo, no dejemos nunca de creer en lo que la Escritura dice como palabra de Dios: "Venid a mí todos los que estáis trabajados y cargados, y yo os haré descansar" (Mt. 11:28). Tal vez los teólogos digan que ese llamamiento de Jesús era para los hombres de su tiempo, los que por ser israelitas pertenecían al pueblo de Dios. En ese caso, recuerda las palabras de esperanza en el cierre de la Escritura: "Y el que tiene sed, venga: y el que quiera, tome del agua de la vida gratuitamente" (Ap. 22:17). No cabe duda de que el soberano elige, pero no es menos cierto que la puerta abierta de la gracia está presente también con una invitación universal: "El que quiera". Nadie que encuentre abierta esa puerta y entre por ella será rechazado. No permitas que los sistemas teológicos limiten la verdad en uno u otro sentido. Recuerda siempre que Jesús dice: "El que a mí viene, de ningún modo lo rechazo".

A los llamados y conocidos, en soberanía, Dios les determina o establece un destino: "También los predestinó". La predestinación está ligada a quienes conoció de antemano, es decir, a los creyentes. El verbo usado aquí[199] tiene el sentido de establecer un destino anticipadamente, literalmente poner un cerco alrededor de los salvos, estableciendo unos límites para ellos de los que no pueden salir. Sin embargo, es necesario apreciar que cada vez que sale el verbo en el Nuevo Testamento, se refiere a creyentes (Ro. 8:29, 30; 1 Co. 2:7; Ef. 1:5, 11). Dios no fijó de antemano la condenación para algunos que inexorablemente van a perderse por determinación divina, cosa que contradiría abiertamente el deseo de Dios para salvación de todos (1 Ti. 2:4). La doctrina de la predestinación para condenación no aparece en la Escritura. La bendición está en saber que los salvos tenemos un destino establecido por Dios que inexorablemente será cumplido porque corresponde a su propósito y está en su decreto.

La historia relativa a la doctrina de la predestinación no significó un problema teológico en los primeros siglos del cristianismo; es

---

[199] Griego: προορίζω.

más, en las menciones de la Patrística da la impresión de que el concepto de predestinación revestía una cierta ambigüedad. El concepto era muy genérico y se consideraba como la presciencia que Dios tenía relativa a las acciones humanas que producían efectos determinados, de manera que sobre ese conocimiento, Dios establecía el destino de los hombres. Esto permitió la corrupción doctrinal, especialmente en la línea pelagiana, que sostenía que la ordenación previa para salvación o condenación descansaba en la presciencia, en el sentido de conocimiento previo que Dios tenía de todo. Esto convertía la predestinación no en una determinación absoluta de la voluntad divina, sino en una predestinación condicional. Esto derivó en sujetar las determinaciones divinas a las acciones humanas, pero la doctrina enseña que son las acciones humanas las que son tratadas conforme a la determinación divina. Agustín abordó el tema en forma razonada y profunda, dándole una orientación nueva y sacándolo de la ambigüedad en que se encontraba. Distinguió a los elegidos como los sujetos de la predestinación y a los réprobos como sujetos de la presciencia divina. Más tarde en sus escritos, se refirió a los réprobos como sujetos de predestinación, abriendo el camino para la doble predestinación. No cabe duda de que aun así hizo una distinción en este sentido, enseñando que Dios no predestinó a nadie para condenación en la misma forma que lo hizo para salvación. Se aprecia que para Agustín la predestinación para salvación es únicamente de voluntad soberana de Dios, mientras que la predestinación para condenación es judicial y toma en cuenta el pecado del hombre.

Sobre este aspecto de Agustín, escribe Berkhof:

> El punto de vista de Agustín encontró mucha oposición, particularmente en Francia, donde los semipelagianos, aunque admitían la necesidad de la gracia divina para salvación, reafirmaron la doctrina de una predestinación basada en la presciencia. Y aquellos que tomaron la defensa de Agustín se sintieron constreñidos a rendirse en algunos puntos importantes. Fracasaron en hacer justicia a la doctrina de una doble predestinación. Solamente Gottschalk y unos cuantos de sus amigos mantuvieron esta; pero pronto fue silenciada su voz y el semipelagianismo ganó la victoria cuando menos entre los dirigentes de la Iglesia. Hacia el final de la Edad Media se hizo completamente manifiesto que la Iglesia católica romana concedería mucha amplitud en la doctrina de la predestinación. Mientras sus maestros sostuvieran que Dios quiere la salvación de todos los hombres, y no estrictamente de los elegidos,

podrían con Tomás de Aquino moverse hacia el agustinianismo en la doctrina de la predestinación, o con Molina seguir el derrotero del semipelagianismo, según pensaran que fuera mejor. Esto significa que aun en el caso de aquellos que, como Tomás de Aquino, creyeron en una absoluta y doble predestinación, esta doctrina no pudo desenvolverse consistentemente y no logró hacerse determinativa del resto de la teología de aquellos.[200]

La discusión estuvo presente en la Reforma. En general, todos los reformadores se posicionaron en el aspecto de la predestinación en la forma próxima a la posición de Agustín, e incluso de Tomas de Aquino. La forma de entenderla varió en algunos aspectos no esenciales, de modo que algún reformador, como es el caso de Lutero, a la doctrina de la absoluta determinación divina añadía la convicción de que Dios no quiere que ninguno se pierda, sino que todos los hombres sean salvos (1 Ti. 2:4); esto condujo en los siglos posteriores a que la teología luterana aceptara la reprobación como condicional. Por su parte, Calvino mantuvo la doctrina de la absoluta doble predestinación firmemente. Sin embargo, frente a posiciones extremas, enseñó que el aspecto del decreto que permitió la entrada del pecado en el mundo fue permisivo; de igual modo, lo que tiene que ver con la reprobación debe asumirse en la medida en que Dios no puede ser considerado como autor del pecado y tampoco como responsable de él. Lamentablemente son los seguidores de Calvino quienes entraron en la definición del decreto de reprobación, para algunos el *decretum horribile*. Debe recurrirse a lo que Calvino escribió, seleccionando en relación con esto lo siguiente:

> Confieso que este decreto de Dios debe llenarnos de espanto; sin embargo, nadie podrá negar que Dios ha sabido antes de crear al hombre, el fin que había de tener, y que lo supo porque en su consejo así lo había ordenado. Si alguno se pronuncia contra la presciencia de Dios, procedería temeraria e inconsideradamente. Porque, ¿a qué acusar al juez celestial de no haber ignorado lo que había de suceder? Si hay queja alguna, justa o con apariencia de tal, formúlese contra la predestinación. Y no ha de parecer absurda mi afirmación de que Dios no solamente ha previsto la caída del primer hombre y con ella la ruina de toda su posteridad, sino que así lo ordenó. Porque así

---

[200] Berkhof, 1949, p. 129.

como pertenece a su sabiduría saber todo cuanto ha de suceder antes de que ocurra, así también pertenece a su potencia regir y gobernar con su mano todas las cosas.

San Agustín trata también esta cuestión y, como todas las demás, la resuelve muy atinadamente diciendo: "Saludablemente confesamos lo que rectísimamente creemos, que Dios, que es Señor de todas las cosas, y que todas las ha creado en gran manera buenas, y que ha previsto que lo malo surgiría de lo bueno, y supo que a su omnipotente bondad le convenía más convertir el mal en bien que no permitir que existiera el mal, ha ordenado de tal manera la vida de los ángeles y de los hombres, que primero quiso mostrar las fuerzas del libre albedrío, y después lo que podía el beneficio de su gracia y su justo juicio".[201]

Contra lo que algunos afirman, Calvino admitía el libre albedrío de Adán, como afirma anteriormente en su obra: "En esta integridad, el hombre tenía el libre albedrío, por el cual, si lo hubiera querido, hubiera obtenido la vida eterna"[202].

Sin embargo, afirma que al dejar el hombre su libertad absoluta, y con ello la experiencia del libre albedrío, Dios lo situó en una posición de condenación para mostrarle el poder de su gracia. Por tanto, se afirma en esto tanto el libre albedrío de Adán como la voluntad divina que determinaba permisivamente la caída. Esto entra para algunos en el dilema de la contradicción sobre las determinaciones de la voluntad de Dios, puesto que en su omnipotencia podía impedir la caída. Pero, por la razón que solo Él tiene, no quiso hacerlo, a fin de que el ser creado por Él conociese toda la debilidad de su libre albedrío y toda la gracia del redentor. Tal vez la pregunta continúe en la mente humana: el hombre cayó porque Dios lo había ordenado permisivamente, pero ¿por qué lo hizo? A esa cuestión no hay respuesta humanamente válida, quedando en el silencio de Dios. Si la caída se produce por permisión divina, no es menos cierto que cae por su propia culpa.

La doctrina de la predestinación ha sido cuestionada por los liberales y modernistas desde el tiempo de Schleiermacher en adelante, llegando a decir que es un producto espurio de la especulación teológica. Esta corriente convierte la doctrina de la predestinación

---

[201] Calvino, 1968, III, 23, 7.
[202] Ibíd., I, 25, 8.

en contradictoria con el raciocinio humano y, por tanto, se inicia un camino de abandono y desconsideración hacia ella.

La predestinación no puede servir de justificación para negar la posibilidad de salvación a quienes pudieran estar predestinados a condenación eterna, teniendo en cuenta que, como se ha dicho antes, la reprobación, aunque es parte del decreto, no es un decreto resolutivo, sino permisivo, en el que la acción libre del hombre concurre al objetivo final determinado por Dios. Es decir, el hombre no se condena porque Dios lo haya determinado, sino que Dios ha determinado la condenación de todos los que no acepten la gracia que salva y la fe como instrumento. Nadie puede dudar de la *bona fide* de Dios, que invita a todos a creer. La idea extrema de que Dios ha determinado salvar a algunos y ya ha condenado en el decreto eterno a otros a condenación eliminaría toda responsabilidad humana tanto en el sentido de obediencia para salvación como de rebeldía para condenación.

*Terminología*

En relación con los términos griegos al respecto del conocimiento, cabe destacar los siguientes:

El verbo γινώσκω tiene varias acepciones, como entender plenamente, conocer, reconocer, venir a saber, adquirir conocimiento (cf. Mr. 13:29; Jn. 13:12; 15:18; 21:17; 2 Co. 8:9; He. 10:34; 1 Jn. 2:5; 4:2, 6). El verbo en pretérito tiene el sentido de saber, entender, y en aoristo por regla general denota determinación, precisión (cf. Mt. 13:11; Mr. 7:24; Jn. 7:26). En voz pasiva significa habitualmente venir a conocer (Mt. 10:26; Fil. 4:5). En el Nuevo Testamento, con mucha frecuencia indica una relación entre quien conoce y el objeto conocido.

Dentro del verbo, está el derivado προγινώσκω, que significa literalmente *conocimiento previo* o *conocer de antemano*. La utilización del término es amplia y se usa en varias formas para referirse al previo conocimiento divino de los creyentes (Ro. 8:29); de Israel (Ro. 11:2); de Cristo como Cordero de Dios, ya destinado, ya provisto (1 P. 1:20); de un conocimiento previo humano de una persona (Hch. 26:2); de hechos: sabiéndolo de antemano (2 P. 3:17).

Esto no denota un pre-conocimiento o pre-visión intelectual, o la información anticipada acerca de algo, sino un conocimiento previo que es selectivo, en el que se involucra, en relación con Dios, su amor personal, que hace a alguien objeto de ese amor. Esta acepción está vinculada por la pre-ordenación (Hch. 2:23; cf. 4:28). El pre-conocimiento está presente en otros lugares, involucrado abiertamente a una determinación con un propósito (Ro. 8:29; 11:2; 1 P. 1:2). Todas estas citas, entre otras, pierden su esencia si el pre-conocimiento que se menciona en ellas fuese un mero conocer o saber de antemano, puesto que Dios conoce así a todas sus criaturas, cuando en estas referencias se aprecia la absoluta seguridad de cuanto se dice acerca de ellos. Conociendo anticipadamente y volitivamente lo por venir, están estrechamente ligados a la predestinación.

En relación con la predestinación plena, la palabra griega προορίζω, *predestinar*, equivale a *pre-ordenar*; afecta a quienes están destinados a un determinado fin.

Junto con esta acción de pre-conocimiento en el que está involucrado no solo el saber lo que va a ocurrir, sino el conocer que implica determinación personal —es decir, ordenar por adelantado lo que ha de realizarse incuestionablemente (Ro. 8:29, 30; 1 Co. 2:7)—, en relación con los creyentes, "habiéndonos predestinado" o "habiendo sido predestinados" (Ef. 1:5, 11). Sobre este término, escribe L. Berkhof:

> ... las palabras griegas *proorizein* y *proorismos*. Estas palabras siempre se refieren a la predestinación absoluta. A diferencia de otras palabras, requieren verdaderamente un complemento. La pregunta surge naturalmente: ¿Preordenados para qué? Estas palabras siempre se refieren a preordenación que afecta a los hombres a determinado fin, y por la Biblia sabemos la evidencia de que tal fin puede ser bueno o malo, Hch. 4:28; Ef. 1:5. Sin embargo, el fin a que estas palabras se refieren no es necesariamente el último fin, sino que con más frecuencia se trata de un final en el tiempo, el que a su vez sirve para llegar al último fin, Hch. 4:28; Ro. 8:29; 1 Co 2:7; Ef. 1:5 y 11.[203]

En relación con los términos citados para predestinación, será bueno atender también a otro que va ligado con ellos, que es el de elección. El verbo ἐκλέγω y sus derivados enfatizan la acción de elegir algo de entre varios elementos. Se usa, a modo de ejemplo, para referirse a la elección divina de Saulo de Tarso, la frase que traducida literalmente significa *vaso de elección* (Hch. 9:15). Cuatro veces aparece en referencia a Esaú y Jacob (Ro. 9:11), donde se afirma que fue conforme a la elección, lo que supone que se produjo por acción del que elige. Igualmente está presente cuando el apóstol Pablo se refiere a "un remanente escogido por gracia" (Ro. 11:5). Hablando a los creyentes, se hace notar "vuestra elección" (1 Ts. 1:4), en alusión no a la iglesia

---

[203] Berkhof, 1949, p. 132.

en conjunto, sino a los creyentes que la integran. Cuando el verbo aparece en voz media, indica elegir para sí, aunque eso no implica necesariamente el rechazo de lo no elegido, sino elegir con idea de bondad, favor y amor (cf. Mr. 13:20; Lc. 6:13; 9:35; 10:42; 14:7; Jn. 6:70; 13:18; 15:16, 19; Hch. 1:2, 24; 6:5; 13:17; 15:7, 22, 25; 1 Co. 1:27, 28; Ef. 1:4; Stg. 2:5).

## *Elección*

Este aspecto se estudia más directamente en soteriología. Tiene vinculación con Israel (Ro. 11:5-8), pero también con la Iglesia. A pesar de las dificultades que pudiera traer a la mente humana, la elección divina es una doctrina bíblica extendida a lo largo de la Escritura. Baste con una sola referencia que lo verifica (Ef. 1:4). La Biblia enseña la elección divina en relación con personas individualmente, como el ejemplo del apóstol Pablo (Gá. 1:15). Igualmente se usa para referirse a pueblo, como es el caso de Israel, en el texto antes citado (Ro. 11:5-8).

La elección divina corresponde a una acción propia de Dios en el ejercicio de su soberanía. La soberanía no se regula ni condiciona por leyes humanas, es potestativa de Dios y expresión de una de sus perfecciones, o si se prefiere, el compendio de todas ellas, que permite la actuación divina libre y omnipotentemente.

La elección ha sido mal entendida por "niños espirituales", pero debe ser afirmada por creyentes maduros para provecho espiritual (1 Co. 2:6; 3:1-2).

La elección divina no es una mera arbitrariedad porque todo cuanto Dios hace está gobernado por sus infinitas perfecciones que le impiden hacer acepción de personas. Siendo ejercicio divino, es necesariamente inmutable, lo que impide creer que está en el poder del elegido frustrar por determinación personal los planes que Dios tenía en la elección.

Aparte de la elección de Israel, que se ha mencionado y que no es objeto de estudio en este lugar, está la elección de personas destinadas a ser hijos de Dios, salvos y herederos de la gloria eterna (Mt. 22:14; Ro. 11:5; 1 Co. 1:27, 28; Ef. 1:4; 1 P. 1:2; 2 P. 1:10). Aunque sea difícil de entender para la lógica del hombre, la elección puede definirse como la determinación eterna de Dios, quien en soberanía, conforme a su beneplácito y sin condicionante alguno, como mérito o demérito del hombre, eligió a un número de personas para eterna salvación. Es la determinación divina de salvar a algunos en Cristo y por medio de Él.

Formando parte del decreto divino, los condicionantes del mismo son válidos para cada parte, en este caso para la elección. Primeramente, es la manifestación de la voluntad soberana que expresa el beneplácito de Dios. Esto no debe conducir a un universalismo potencial de salvación, como algunos consideran, entendiendo que Dios escogió a todos los hombres en Cristo, manteniéndose en la elección aquellos que creen y decayendo de ella los incrédulos. La elección de un número determinado para salvación está presente en las palabras de Jesús: "Los hombres que del mundo me diste" (Jn. 17:6). Quienes niegan la elección orientan el texto a que quien los eligió fue Jesús, como dijo anteriormente (Jn. 6:70), pero la elección de estos se remonta a la acción del Padre. Todos ellos son del Padre (Jn. 17:9). Por consiguiente, separados del mundo, se unen a la vida de Jesús. No se dieron ellos a sí mismo para seguir al Señor, sino que la acción del Padre produjo ese efecto, yendo a Jesús, que los recibe junto a Él (Jn. 6:37). La expresión "tuyos eran" expresa algo más que pertenencia al pueblo de Israel en el caso concreto de los discípulos de Jesús. Ha sido Dios en soberanía quien señaló a estos de entre los demás israelitas para que fueran suyos y seguidores de Cristo. No significa que solo estos y nada más que ellos serían salvos de todo Israel. No quiere decir que hayan sido excluidos de otros para ir a Jesús y aceptarlo como el Mesías. El Señor dijo que todos cuantos fueran a Él serían recibidos. Pero Dios eligió a estos para ser discípulos de su Hijo y más tarde los apóstoles enviados por Él. El Padre tenía toda la autoridad para darlos porque eran suyos. Son de Él por tres motivos: a) Por *derecho de creación*, ya que todo procede el Padre, hecho por la voz de autoridad del Hijo (Jn. 1:3); b) Por *derecho de redención*, que el Hijo de Dios iba a realizar en la cruz, pero que constituía la expresión definitiva de la voluntad del Padre, quien pagó el precio de redención, dando a su Hijo por el pecado de ellos; c) Por *derecho de elección*, ya que habían sido escogidos y puestos aparte por Él. Todo esto es hecho en amor, puesto que Dios es amor. La elección en amor antecede al envío del Hijo para salvar a los pecadores (Jn. 3:16; Ro. 5:8; 2 Ti. 1:9; 1 Jn. 4:9). Puesto que la determinación de elección está en el beneplácito de Dios, excluye toda idea de que se produce por algo que haya en el hombre pre-visto de antemano (Ro. 9:11; 2 Ti. 1:9). En segundo lugar, la elección es inmutable; quiere decir esto que la salvación de los elegidos es segura. Por esa razón, el apóstol Pablo enseña que la elección es el fundamento firme de Dios: "Teniendo este sello: el Señor conoce a los que son suyos" (2 Ti. 2:19). La salvación de estos no depende de su perseverancia o de cualquier acción de ellos, sino que está garantizada por el propósito divino que es inmutable. En tercer lugar, la elección es eterna. No puede identificarse con alguna selección hecha en el tiempo.

Prestemos atención a un texto revelador: "Según nos escogió en Él antes de la fundación del mundo, para que fuésemos santos y sin mancha delante de Él en amor"[204] (Ef. 1:4-5). El versículo comienza descubriendo el primer aspecto de la bendición. Con la conjunción que significa aquí *según* y tiene sentido comparativo y causal, inicia la frase en la que menciona la bendición de la eterna elección de los creyentes en Cristo. Para el apóstol, el verbo *elegir*[205], desde el mismo trasfondo judío de su teología, tiene un sentido más teológico que semántico, que adquiere la condición de un concepto bíblico y significa *escoger, elegir, seleccionar*. En el Nuevo Testamento, el aspecto de elección revela el acto divino que se hace en los hombres, tanto judíos como gentiles, para el llamamiento de Dios a salvación y alcanzarla por gracia. El término lleva implícito el sentido de un afecto positivo, que elige. Pablo especifica aquí dos aspectos relacionados con la elección: 1) La elección se realizó "antes de la fundación del mundo"[206], hebraísmo que se refiere a la eternidad, antes de la creación. Es una expresión semejante a la que Jesús utiliza en su oración al Padre, al referirse a la gloria que tiene como Dios antes de la creación (Jn. 17:5) y al amor con que es amado por el Padre en la eternidad (Jn. 17:24). La misma expresión es usada por el apóstol Pedro para referirse a la predestinación divina para Cristo en relación con la redención (1 P. 1:20). Según la enseñanza del mismo apóstol, la elección divina descansa en la presciencia del Padre (1 P. 1:2), que no significa un mero conocer de las cosas, sino el previo designio de Dios para llevarlo a cabo. 2) La elección efectuada antes del tiempo, por tanto, antes de la creación, tuvo lugar en Él, esto es, "en Cristo". A esta expresión tiene que dársele en el versículo el mismo sentido y significado que la vez anterior en que se cita (1 P. 1:3). Es decir, las bendiciones plenas de Dios se alcanzan por una posición personal del creyente en Cristo, así también la elección. La cláusula *en Él* no tiene

---

[204] Texto griego: καθὼς ἐξελέξατο ἡμᾶς ἐν αὐτῷ πρὸ καταβολῆς κόσμου εἶναι ἡμᾶς ἁγίους καὶ ἀμώμους κατενώπιον αὐτοῦ ἐν ἀγάπῃ.
[205] Griego: ἐκλέγομαι.
[206] Griego: πρὸ καταβολῆς κόσμου.

el mero sentido de una persona que representa a otra, lo que, en cierta medida permitiría hablar de una elección universal de todos los hombres en Cristo, sino que lo que expresan esas palabras en el contexto de la carta es que los salvos, en la elección divina, estaban ya en Cristo. Este sentido se afirma en la utilización de la fórmula en otros muchos pasajes paulinos, lo que no se establece para entender el sentido pleno de la elección, sino para enseñar que, desde el punto de vista de esa elección divina, los creyentes están incluidos ya en Cristo desde la eternidad. Los creyentes, santos y fieles, nunca han dejado de estar en Cristo según la voluntad y el saber de Dios. Estar en Cristo precede a todo, antecede a todo, por cuanto estamos en Él desde la eternidad. La bendición de la salvación es la realización en el tiempo histórico de la presciencia divina, donde se manifiesta la eterna elección y se abraza en ella al creyente. Esto da un concepto más amplio al sentido de la bendición, a saber: como bendecidos por Dios en Cristo, somos ahora lo que hemos sido siempre por elección, establecida antes del tiempo. El verdadero ser del cristiano supera en todo el concepto de ser del mundo, que resulta simplemente en la expresión de la criatura; por el contrario, el ser del cristiano es la expresión de una anticipación eterna. Ese es el fundamento que el apóstol Juan tiene para decir que los nombres de los creyentes están escritos en el libro de la vida del Cordero inmolado desde la fundación del mundo (Ap. 13:8; 21:27). El libro de la vida es una expresión metafórica para referirse al conocimiento que Dios tiene del nombre de cada uno de los salvos. Este término aparece con relativa frecuencia en la Escritura (Ex. 32:32; Sal. 69:28; Lc. 10:20; Fil. 4:3; He. 12:23; Ap. 13:8; 17:8; 20:12, 15; 21:27). Los que no están en el libro de la vida, no tendrán otro destino que la eterna condenación. Estos nombres están registrados desde antes de la fundación del mundo, lo que indica un pre-conocimiento divino de los salvos. El apóstol Pablo, en el detalle de la salvación en la carta a los Romanos, habla de los que aman a Dios y dice: "Esto es, a los que conforme a su propósito son llamados" (Ro. 8:28).

El autor de la elección es "el Dios y Padre de nuestro Señor Jesucristo" (Ef. 1:3). Su naturaleza es evidente en escoger a quienes llegarían a ser santos y sin mancha, como se verá más adelante. Esa es la primera razón de la bendición: "Bendito el Dios y Padre de nuestro Señor Jesucristo que... nos escogió". No es posible entender las razones de la elección que como acción y pensamiento divinos exceden en todo a la comprensión humana. La única acción posible ante una bendición de tal naturaleza es alabar a Dios por ello. El sujeto de la acción es Dios, los beneficiarios somos "nosotros", esto es, los santos y fieles (Ef. 1:1). El apóstol dice que el Padre nos ha bendecido a nosotros, lo que incluye tanto a los lectores, destinatarios de la carta, como al mismo apóstol que la escribe. Esto no supone, como algunos entienden, la elección de toda la humanidad.

La elección ha sido, es y será una doctrina cuestionada. Posiblemente la dimensión del contenido y las consecuencias de la elección conducen a algunos a buscar explicaciones a la razón por la que Dios ha hecho esto. El pasaje nos presenta profundas verdades y algunas son tan densas que la mente humana no llega a comprenderlas en la dimensión necesaria para que no generen en ella conflicto de raciocinio, ya que una lectura prejuiciada conduce a aparentes contradicciones con otras partes de la Escritura. Por tanto, será necesario hacer aquí unas sencillas reflexiones, entre ellas afirmar que la elección es una doctrina bíblica (Ef. 1:4). La Biblia enseña la elección divina relacionada con distintos aspectos y grupos. Se enseña la elección divina de Israel (Ro. 11:5-8). Hay referencias abundantes a la elección divina de personas, sirviendo como ejemplo la elección del propio apóstol Pablo (Gá. 1:15). La Biblia enseña también la elección divina de los creyentes en general (2 Ts. 2:13, 14; 2 Ti. 1:9; 1 P. 1:2). La elección divina corresponde a una acción propia de Dios en el ejercicio de su soberanía, que no se regula, rige o condiciona por leyes u actos humanos. En ocasiones el hombre, al no entender la razón de las acciones divinas, se atreve a increpar y discutir con Dios (Ro. 9:18-20). La doctrina bíblica de la elección ha sido mal entendida por "niños espirituales", que son los creyentes que no han alcanzado la madurez por falta del conocimiento de la Escritura, pero debe ser estudiada por creyentes maduros para provecho espiritual (1 Co. 2:6; 3:1, 2).

El propósito divino para la elección es la salvación de los elegidos. Así se enseña en varios lugares, a modo de ejemplo (Ro. 11:7-11). La pregunta es inevitable: ¿Sólo se salvan los elegidos? La invitación general de la gracia es para todos (Mt. 11:28-29); es más, el Señor no limitó en nada la responsabilidad del hombre y su libertad en la salvación o en la condenación: "El que cree en el Hijo tiene vida eterna; pero el que rehúsa creer en el Hijo no verá la vida, sino que la ira de Dios está sobre él" (Jn. 3:36). La vida eterna se alcanza por creer en el Hijo, por el contrario, el que rehúsa creer no recibe la vida eterna. No se trata de una acción inconsciente, ni obedece a una elección para condenación, sino de una acción voluntaria, de modo que pudiendo creer se niega a hacerlo. Se trata pues de un acto no solo de desobediencia, sino de rebeldía contra Dios. El que ofrece la salvación y puede dar la vida es el soberano, que no ruega por nada ni pide por nada, sino que establece un mandamiento para salvación. Dicho con palabras del apóstol Pablo: "Dios manda ahora a todos los hombres en todo lugar, que se arrepientan" (Hch. 17:30). Tanto Juan como Pablo concuerdan en la misericordia divina que extiende a los hombres su gracia salvadora a pesar de ser pecadores y, por tanto, indignos de ella. Dios puede perdonar el pecado de cualquier ser humano porque el Hijo de Dios como Cordero llevó sobre sí el pecado del mundo haciendo salvable a todo hombre, con la única condición de que crea en Él. Lo que aparentemente es un contraste irreconciliable entre elección y libre gracia obedece a la dimensión infinita entre la mente y el pensamiento de Dios y el del hombre. Esta discusión se considerará en soteriología, adonde remitimos al lector.

*Lapsarismo*

La doctrina de la elección es una verdad bíblica, pero está sujeta, como se acaba de considerar, a dificultades de comprensión debido a la limitación de la mente humana.

En teología, se denomina lapsarismo al término técnico para referirse al orden en el decreto de Dios para ordenar o permitir la caída del hombre y la elección para salvación o la reprobación para condenación. Se establecen distintas posiciones a este respecto, todas contrapuestas, nominadas con la raíz latina *lapsus*, que significa *caída*.

Establecer el orden lógico del decreto, especialmente en cuanto a predestinación y reprobación, obedece al punto de partida de las posiciones que se conocen como *supralapsarismo*, también como antelapsarismo, que sostiene que los aspectos de elección y reprobación preceden al de caída, mientras que el *infralapsarismo*, llamado también postlapsarismo y sublapsarismo, afirma que, en el decreto, la elección y reprobación siguen al de caída. Muchos rechazan ambas posiciones porque entienden que el plan de redención es orgánico con cada parte mutuamente dependiente y determinativa y no que algunas causas son parte de otras. De otro modo, algunos rechazan abiertamente los puntos de vista lapsarios porque desean evitar el establecimiento en el orden de la determinación del decreto en el aspecto soteriológico, considerando que es incluso un atrevimiento tratar de suponer un orden que pueda esquematizarse, defendiendo con ello la verdad de que la mente de Dios y su voluntad completa son incognoscibles para el hombre sin revelación directa de Dios.

## Supralapsarismo

Así escribe el Dr. Chafer, refiriéndose al supralapsarismo:

> Los supralapsarios sostienen que el propósito final de Dios en la creación es la manifestación de su perfección y que su misericordia se revelará en la elección de algunos y su justicia en la reprobación de todos los otros. Así se declara una solemne verdad; pero entonces ellos avanzan hacia una inconsistencia. Para alcanzar su deseado fin, ellos alegan que Dios primero decretó crear al hombre y entonces colocarlo en circunstancias en donde caería, y enviar a su Hijo para morir por los que escogió para salvación. En este arreglo, se ve a Dios tratando la caída del hombre solo como un medio para lograr un fin. Los hombres fueron elegidos o reprobados antes del decreto concerniente a la caída y sin referencias a la caída. Así ellos no fueron vistos como pecadores, sino como criaturas, y como tales ellos fueron escogidos o reprobados sin una base para su reprobación o sin una ocasión para el ejercicio de la gracia. El efecto de este bosquejo doctrinal es robar a Dios toda su piedad y amor y presentarlo como uno que desatiende el sufrimiento de sus criaturas. Una respuesta tal puede contestar a la fría y errada razón humana, pero desprecia totalmente el abundante testimonio de la Palabra de Dios en donde la compasión divina es enfatizada.[207]

Para no extender excesivamente este tema, se resume así: los supralapsarios incluyen el decreto de caída en el de creación, mientras los infralapsarios lo sitúan en el decreto general, excluyéndolo del de predestinación. Para los primeros, el hombre está en el decreto de predestinación no como creado y caído, sino como predeterminado para ser creado y para caer. Los segundos entienden que en el decreto el hombre aparece como ya creado y caído en el pecado. Esto tiene que ver con el orden lógico del decreto, pero en todo caso, el núcleo está, para ambas posiciones, en establecer si el decreto de creación y el de caída son medios para el decreto de redención. Los supralapsarios establecen el siguiente orden: 1) Decreto de Dios para mostrar su gracia y justicia en la salvación de algunos y en la perdición de otros; estaba como posibilidad en la mente divina. 2) En segundo lugar, el decreto de creación, tanto para los que serán elegidos como

---

[207] Chafer, 1974, Vol. I, p. 254.

para los reprobados. 3) Decreto de permisión de caída. 4) Finalmente el decreto para justificar a los elegidos y reprobar condenando a los no elegidos.

*Infralapsarismo*

Por su parte, los infralapsarios establecen el siguiente orden: 1) Decreto para crear al hombre en santidad. 2) Decreto de permitir la caída, mediante la propia voluntad de la criatura. 3) Decreto para salvar a un número determinado entre todos los hombres. 4) Decreto para dejar al resto en sus pecados por la determinación personal de ellos, sujetándolos a condenación por sus pecados.

Existe un cuestionamiento bíblico a la posición supralapsaria. En el orden del decreto, el hecho de que Dios haya seleccionado antes de la creación y caída a quienes serían salvos y a los que serían condenados es presentar el decreto como causa eficiente del pecado, es decir, Dios determinó que unos pecaran y se condenaran y otros pecaran, pero fueran salvos. Es decir, que después de decretar la creación y la permisividad de la caída exige una explicación teológica a la determinación divina de elegir a unos y reprobar a otros. En cierto modo, el supralapsarismo hace del castigo eterno un objeto de la divina voluntad en el mismo sentido y de la misma forma que la salvación para los elegidos. Es decir, Dios no puede dar opción de salvación a los reprobados, lo que, en cierto modo, significa una contradicción con el deseo divino que dice: "¿Quiero yo la muerte del impío?, dice Jehová el Señor. ¿No vivirá, si se apartare de sus caminos?" (Ez. 18:23). "Diles: Vivo yo, dice Jehová el Señor, que no quiero la muerte del impío, sino que se vuelva el impío de su camino, y que viva. Volveos, volveos de vuestros malos caminos; ¿por qué moriréis, oh casa de Israel?" (Ez. 33:11). De la misma manera enseña el apóstol Pedro: "El Señor no retarda su promesa, según algunos la tienen por tardanza, sino que es paciente para con nosotros, no queriendo que ninguno perezca, sino que todos procedan al arrepentimiento" (2 P. 3:9). Es sumamente difícil de aceptar sin contradecir los atributos de gracia y misericordia el hecho de que siendo el decreto de reprobación tan absoluto como el de elección, se convierte en un beneplácito de Dios y no en una acción judicial punitiva como consecuencia del pecado y de la rebeldía personal.

En el infralapsarismo, la elección se produce en una condición de pecado, en estrecha unión con Cristo y siendo los elegidos objetos de la misericordia y gracia de Dios (cf. Jn. 15:19; Ro. 8:28, 30; 9:15,

16; Ef. 1:4-12; 2 Ti. 1:9); esto es consecuente si la caída del hombre precede a la elección para salvación. Así escribe Berkhof:

> En el infralapsarismo llama la atención al hecho de que en su representación, el orden de los decretos divinos es menos filosófico y más natural que en el propuesto por los supralapsarios. Que el suyo está en armonía con el orden histórico de la ejecución de los decretos, lo cual parecería reflejar el orden seguido en el eterno consejo de Dios. Precisamente, así como en la ejecución hay un orden causal, lo debe haber también en el decreto. Resulta más modesto quedarnos con este orden, pérsicamente porque refleja el orden histórico revelado en la Escritura y no pretende resolver el problema de la relación de Dios con el pecado. Se considera que el infralapsarismo es menos ofensivo en su presentación del asunto y que está mucho más en armonía con los requerimientos de la vida práctica. En tanto que los supralapsarios dicen que en su estructura de la doctrina de los decretos es la más lógica de las dos, los infralapsarios dicen otro tanto acerca de la suya. Dice Dabney: "El esquema supralapsario con la pretensión de mayor simetría, es en realidad el más ilógico de los dos". Se hace notar que el esquema supralapsario es ilógico porque hace que el decreto de elección y preterición se refiera a seres no existentes, es decir, hombres que no existen sino como mera posibilidad, aun en la mente de Dios; lo cuales no existen todavía en el decreto divino, y que por tanto no pueden contemplarse como creados, sino solamente como creables. De nuevo se dice que la estructura supralapsaria es ilógica porque necesariamente separa los dos elementos de la reprobación colocando la preterición antes, y la condenación después de la caída.[208]

La posición supralapsaria genera serios problemas teológicos, ya que los hombres fueron elegidos antes de la caída y sin relación directa con ella, lo que sin duda es un medio de Dios para lograr un fin. Desde esta perspectiva los hombres no fueron vistos como pecadores, sino como creaturas de Dios, y que fueron reprobados sin base alguna para su reprobación y sin ocasión para el ejercicio de la gracia. Esto contradice, como ya se ha indicado, las perfecciones divinas del amor, la gracia y la misericordia de Dios, lo cual sería negarse a sí mismo y contradecir toda la enseñanza sobre la misericordia de Dios hacia el pecador perdido.

---

[208] Berkhof, 1949, p. 144 ss.

En ciertos momentos, el teólogo debe guardar silencio para no caer en una teo-filosofía que se conforma a su pensamiento y que, para sustentarla, tiene que pasar por alto las verdades bíblicas que producen conflicto y contradicción en otros asuntos doctrinales de la teología sistemática.

### *Retribución*

Se entiende como tal la acción propia de la soberanía de Dios que retribuye conforme a lo que ha determinado en relación con las condiciones en que se encuentran los hombres. Comprende, sin duda, la retribución por las acciones morales de las criaturas y se extiende a la retribución eterna de los salvos para vida eterna y de los perdidos para condenación perpetua.

Algunos consideran que en la condenación de los perdidos está presente la preterición, significando que Dios no asume actitud activa alguna orientada a favorecer a quienes no han sido elegidos. Estas distinciones no tienen base de sustento bíblico, y no son más que un razonamiento filosófico y no una discriminación de hechos.

La Biblia enseña que, en el decreto, se establece la condenación eterna de los perdidos (cf. Ap. 13:8; Ro. 9:22; Jud. 4; 1 P. 2:8). Nadie podrá decir a Dios que la retribución decretada por Él es injusta.

Debe apreciarse, a la luz de la Biblia, que la salvación no se ofrece a los elegidos y se niega a quienes no lo son, de modo que estos, aunque lo desearan, no llegarían jamás a ser salvos. Se justifica esto como que el hombre natural no quiere ni puede obedecer el mandato divino, pero esto no es elemento que justifique una posición de tal dimensión, cuando Jesucristo mandó predicar el Evangelio a toda criatura y el que creyere sería salvo (Mr. 16:15-16), o, si se prefiere, se envía a los cristianos a todas las naciones para hacer discípulos, esto es, seguidores de Cristo, bautizándolos como tales (Mt. 28:18-20). Es cierto que el hombre natural necesita la asistencia del Espíritu para obedecer el mandato de salvación; es también cierto que la convicción de pecado no procede el hombre, sino que es una operación del Espíritu Santo (Jn. 16:8), haciendo objeto de esa operación al mundo en general; es cierto que Cristo murió por todos para hacer potencialmente salvable a todo hombre y virtualmente a los que creen (1 Ti. 2:6); es más, el Señor "gustó la muerte por todos" (He. 2:9). No es cuestión de entrar en si Dios opera en todos los que escuchan el mensaje del Evangelio de manera que todos puedan ser salvos, pero lo que sí es cierto es que Dios amó al mundo de tal manera que "dio a su Hijo unigénito, para que todo aquel que en Él cree no se pierda más tenga vida eterna" (Jn. 3:16). Quienes sustentan el supralapsarismo tienen que hacer verdaderos equilibrios para enseñar que el término *mundo* en el versículo tiene que ver solo con los escogidos. Pero no es menos cierto que Dios ha establecido la retribución para quienes no creen, de manera que su destino final es de condenación eterna.

De este modo escribe, planteándose esta cuestión, el Dr. Chafer, del que trasladamos un extenso párrafo:

> Es imposible escoger activamente a alguno de entre un grupo y no, al mismo tiempo y por el mismo proceso, rechazar activamente a los restantes. Sin embargo, existe una real distinción en la manera divina de tratar con una clase al compararla con la otra.
>
> Nuevas y completas bendiciones inmerecidas se ofrecen a los electos, mientras que los no elegidos cosechan solamente la justa recompensa de su estado de perdición. Dios hace por una clase lo que no hace por la otra, pero ambos agregados pasan ante su mente y se convierten en objetos de su determinación. En la Biblia se usan expresiones en extremo dolorosas para describir la decisión divina respecto a los no elegidos. Ellos "no están escritos" en el libro de la vida (Ap. 13:8); son "vasos de ira preparados para destrucción" (Ro. 9:22); ellos fueron "desde antes... destinados para esta condenación" (Jud. 4); ellos "tropiezan en la palabra, siendo desobedientes; a lo cual fueron también ordenados" (1 P. 2:8). Se dice que Dios ama a unos menos que a los otros (Mal. 1:2, 3). Algunos son llamados "la elección", y otros son llamados "el resto" (Ro. 11:7). Una lectura desapasionada de Romanos, capítulos nueve y once, llevará a la seguridad, sea que los hombres crean o no respecto al asunto, la Palabra de Dios es valiente en declarar que unos están destinados para bendición y otros lo están para experimentar condenación. Las limitaciones humanas y el perverso razonamiento difícilmente pueden juzgar rectamente sobre estos sujetos. Es claro que la condenación de los no elegidos no es aparte de una debida consideración de su indignidad. Se presenta a Dios como un objeto de adoración y amor, por lo cual Él no podría ser revelado como Uno que únicamente ejercita autoridad separada de la bondad y la justicia. El verdadero problema podría plantearse así: ¿Estaba Dios solo decretando la reprobación de los transgresores de su santa voluntad? En otras palabras, ¿es el mal digno de eterna separación de Dios? Sobre este tema la mente

humana no puede arrojar luz. Lo que es la verdadera naturaleza del pecado, según la evalúa Dios, quien es infinitamente santo, asume la calidad de infinito. Naturalmente surge la pregunta: ¿No podría Dios haber elegido para salvar a todo? Con el mismo fin se levanta otra pregunta: ¿Al reprobarlos a todos no podría Él haber sido justificado? Para todas esas preguntas, aunque sinceras, no hay respuesta posible. Está probado que Dios es digno de confianza indisputable, y se asegura que Él está haciendo lo que es mejor. Esa conclusión será comprendida por todos cuando el deber sea cumplido. En una compañía, él está demostrando su gracia; en la otra se puede ver su justicia. Los no elegidos son juzgados por sus deméritos, mientras que los elegidos, que en todo respecto son como indignos, son hechos el objeto de su gracia.[209]

Frente a situaciones que forman parte explícitamente del decreto, el hombre debe guardar silencio y afirmarse en la certeza de que el Dios que es amor, es también justicia, por tanto, no hay nada en su hacer que expresa su determinación, que pueda quebrantar sus atributos. La mente humana tomará posiciones conforme a sus razonamientos, que para el que razona son lógicos y muchas veces los considerará como únicos. Pero, en todo caso, nadie puede llegar a comprender los contrastes, es más, las aparentes contradicciones en el pensar y decretar de Dios, debiendo detenernos usando las palabras del apóstol Pablo: "¡Oh profundidad de las riquezas de la sabiduría y de la ciencia de Dios! ¡Cuan insondables son sus juicios, e inescrutables sus caminos!" (Ro. 11:33). Fue la riqueza de su misericordia la que cambió la condición de perdidos en salvos. En ella hace notoria la riqueza de su gloria en los vasos de misericordia que Él mismo preparó de antemano para gloria (Ro. 9:23). La riqueza de Dios alcanza en su favor a todos los hombres. Esa profundidad se aprecia en el descenso divino a la pobreza para enriquecer a muchos (2 Co. 8:9). Pero no solo está su misericordia, sino que también en todo esto opera su sabiduría, que está siempre en contraposición con la humana, que es necedad para Él. Sólo desde esa infinita sabiduría, Dios ha establecido el decreto. Unido a esto está también la ciencia. El conocimiento infinito que Dios tiene para conducir todo al fin que había previsto en su soberanía. Esta sabiduría descansa también en la omnisciencia, por la que Él conoce todo cuanto sucede, sucederá o hubiera podido suceder en determinadas circunstancias.

---

[209] Chafer, 1974, Vol I, p. 255 ss.

Todos estos elementos ponen de manifiesto la actuación divina que surge de la profundidad insondable de su misterio-persona: Dios es rico en misericordia, por lo que es conocedor del hombre y capaz de darle su riqueza volviéndolo a Él, pero de igual manera es capaz de mantener su justicia contra quienes son transgresores.

Por esa razón, en un equilibrio admirable como no es posible, menos en un escrito inspirado, a la profundidad de Dios, se añade también lo inescrutable de sus juicios. Si la profundidad es insondable, sus juicios son inescrutables, esto es, no se pueden saber ni averiguar. La palabra tiene que ver con seguir un rastro; su composición lingüística tiene que ver con la imposibilidad de conocer desde afuera. En ese sentido, no es posible seguir el rastro de los juicios de Dios. Quiere decir esto que la profundidad de sus riquezas se manifiesta en la historia que testifica de las decisiones divinas como juez. De forma especial en la acción judicial sobre su Hijo en la cruz, donde las riquezas de su gracia ejecutan la responsabilidad penal de los pecadores sobre el inocente Cordero de Dios, tratándolo como si fuese acreedor de la maldición de la justicia divina a causa del pecado de los hombres (Gá. 3:13).

Igualmente incomprensibles para el hombre son sus caminos, porque no pueden medirse ni comprenderse. Estos caminos no tienen cabida en la mente del hombre por la dimensión de su origen y el término de su propósito: "Porque mis pensamientos no son vuestros pensamientos, ni vuestros caminos mis caminos, dijo Jehová. Como son más altos los cielos que la tierra, así son mis caminos más altos que vuestros caminos, y mis pensamientos más que vuestros pensamientos" (Is. 55:8-9).

**Otras manifestaciones del decreto divino**

*Creación*

La Biblia enseña firmemente que Dios creó todas las cosas; así comienza el texto bíblico: "En el principio creó Dios los cielos y la tierra" (Gn. 1:1). Más adelante afirma que la creación fue hecha en Cristo, por Cristo y para Cristo. Como Verbo eterno, su palabra de autoridad transmitía la determinación divina del decreto en el ámbito de la creación: "Todas las cosas por Él fueron hechas, y sin Él nada de lo que ha sido hecho, fue hecho" (Jn. 1:3). La creación fue un acto libre del Dios trino. Esta obra de creación estuvo eternamente decretada por Dios como expresión de su voluntad. Esta es la operación visible *ad extra* que el hombre pudo apreciar desde los orígenes de los tiempos, si bien la primera acción de la Trinidad fue la determinación de salvar al pecador (2 Ti. 1:9; 1 P. 1:18-20). La eternidad no dejó de ser para dar paso al tiempo que se mide en la creación, sino que el eterno presente de Dios trajo a la existencia lo que en su voluntad había determinado. Es necesario aceptar que todo cuanto existe es *creatio ex nihilo*[210], y que esto es de fe: "Por la fe entendemos haber sido constituido el universo por la palabra de Dios, de modo que lo que se ve fue hecho de lo que no se veía" (He. 11:3). No es que hubiese algo invisible que dio lugar al universo, sino que de lo que no existía, por lo que no podía verse, Dios creó todo. Agustín entendía que esta creación tuvo dos momentos: uno el de la creación en sí, tanto de lo material como de lo espiritual, y otro el de la organización del mundo material.

La prueba escritural de la creación comprende distintos aspectos que pueden clasificarse de este modo: 1) Pasajes que expresan la omnipotencia creadora de Dios (cf. Is. 40:26, 28; Am. 4:13). 2) Pasajes que indican la grandeza infinita de Dios sobre la creación (cf. Sal. 90:2; 102: 26, 27; Hch. 17:24). 3) Pasajes que tratan de la acción soberana de Dios en la creación (cf. Is. 43:7; Ro. 1:25). 3) Pasajes que tratan de la sabiduría de Dios en la creación (cf. Is. 40:12-14; Jer. 10:12-13; Jn. 1:3). 4) Pasajes que entienden la creación como obra fundamental de Dios (cf. 1 Co. 11:9; Col. 1:16). Puede establecerse un resumen bíblico en las palabras de Nehemías: "Tú solo eres Jehová; tú hiciste los cielos, y los cielos de los cielos, con todo su ejército, la tierra y todo lo que está en ella, los mares y todo lo que hay en ellos; y tú vivificas todas estas cosas, y los ejércitos de los cielos te adoran" (Neh. 9:6).

Si se quiere definir lo que es la creación en relación con el decreto de Dios, puede decirse que es el acto libremente establecido por Dios en su voluntad y soberanía por el cual Él, conforme a su consejo, determinó crear todo el universo visible e invisible, sin nada preexistente, para su propia gloria, dando a todo lo creado existencia distinta a la de Dios, pero absolutamente dependiente de Él.

La creación es una determinación y acción del Dios trino, como la Escritura enseña (cf. Gn. 1:1; Is. 40:12; 44:24; 45:12). Sin duda, el Padre se destaca en la Biblia en relación con la creación (1 Co. 8:6), pero no cabe duda alguna de que también la reconoce como obra del Hijo (cf. Jn. 1:3; 1 Co. 8:6; Col. 1:15-17) y del Espíritu Santo (cf. Gn.

---

[210] Creación de la nada.

1:2; Job 26:13; 33:4; Sal. 104; 30; Is. 40:12, 13). Quiere decir esto que todas las cosas vinieron a la existencia conforme al decreto del Padre, por medio del Hijo y en el poder del Espíritu. Puesto que la iniciativa creadora procede del Padre, se le atribuye a Él el hecho creador, pero es realmente una obra y determinación trinitaria.

La creación ha sido un acto plenamente libre. Muchos han intentado enseñar que la creación es un acto necesario, que obedece a los propósitos que Dios había determinado, de manera que, si en el decreto se establecía la creación de los hombres, era necesaria a los efectos de la soberanía. Sin embargo, lo único necesario en Dios son todas las *opera ad intra*[211], que corresponden de manera individual, pero nunca independiente, a cada una de las personas divinas dentro del ser divino, como pueden ser la generación, filiación, procesión, etc. Las demás *opera ad extra*[212] solo revisten la condición de necesidad para ejecutar el decreto. Por esa razón, la creación no es una necesidad absoluta, puesto que todo cuanto Él ha creado lo hizo conforme al propósito suyo o, si se prefiere, al consejo de su voluntad (Ef. 1:11; Ap. 4:11). Esta necesidad es suficiente, pero no absoluta, a la vez que siendo soberana, no depende de ningún elemento exterior, ni tan siquiera de sus criaturas (Job 22:2, 3; Hch. 17:25).

La eternidad es la vida o existencia propia de Dios. El tiempo no cuenta para Él, que existe en un presente eterno. Pero cuanto Dios ha hecho, ha tenido un inicio; por consiguiente no es eterno. Así ocurre con la creación, que es temporal. De este modo lo enseña la revelación desde el comienzo del escrito bíblico: "En el principio creó Dios los cielos y la tierra" (Gn. 1:1). El término *principio* debe ser entendido como en el origen de todas las cosas, en cuyo comienzo se inicia también el tiempo. No es que el tiempo existía y que en algún punto del mismo Dios creó, sino al contrario: Dios creó y con la creación se genera también el tiempo. De este modo, Agustín decía que la creación surgió *cum tempore*[213], esto es, el tiempo forma parte de la creación, lo que es distinto, como él decía, a afirmar que la creación surgió *in tempore*[214]. La aparición de todo lo creado es una enseñanza bíblica reiterada, como muestran dos referencias tomadas de los Salmos: "Antes que naciesen los montes y formases la tierra y el mundo, desde el siglo y hasta el siglo, tú eres Dios" (Sal. 90:2); "Desde el

---

[211] Obras u operaciones internas.
[212] Obras u operaciones externas.
[213] Con tiempo o con el tiempo.
[214] En el tiempo.

principio tú fundaste la tierra y los cielos son obra de tus manos" (Sal. 102:25). Por esa misma razón, se marca también la temporalidad del universo: "Ellos perecerán, más tú permanecerás; y todos ellos como una vestidura se envejecerán; como un vestido los mudarás, y serán mudados" (Sal. 102:26). ¿Estaba Dios eternamente inactivo hasta que comenzó a trabajar en el sentido de crear todo cuanto existe y sustentarlo? Es difícil responder a esto al no tener una marcada distinción en el concepto de eternidad, que es más que una mera atemporalidad. Es necesario comprender, lo que solo se puede filosóficamente en una abstracción mental, que los más remotos confines del tiempo, alcanzando el punto más lejano de la existencia, están presentes en Él. ¿Es eterna la creación? En absoluto, tuvo un comienzo y tendrá un final; sin embargo, todo deseo y voluntad divinos son eternos, puesto que Él es eterno.

La creación es el nacer de los elementos visibles y medibles. La cuestión es que el universo no es eterno y no fue hecho de materia preexistente. Una palabra que indica creación en el Antiguo Testamento es *bara'*, que tiene la idea de *cortar, dividir, separar*, pero que también tiene que ver con *labrar, crear*, incluso con *producir, generar*. Aunque esta palabra no requiere necesariamente una creación *ex nihilo*, se utiliza para referirse a las obras de la providencia de Dios (cf. Is. 45:7; Jer. 31:22; Am. 4:13). Con todo, la palabra se usa exclusivamente para referirse a acciones divinas y no humanas. Otra palabra es *'asah*, que tiene que ver con *hacer, fabricar, labrar*. Una tercera es *yatsar*, que se usa para referirse a *labrar materiales* que persisten, por lo que se aplica a la alfarería. Relativas al Nuevo Testamento, está κτίζω, que en griego clásico tiene el sentido de *fundar, instalar, construir, crear*; el adjetivo verbal se usaba para referirse a fundaciones de los dioses; como nombre de acción se aplicaba para fundar una ciudad, una colonia y tardíamente para hablar de creación, y en ese sentido aparece en Mr. 13:19 y Ro. 1:25. El título *Creador* se traduce del artículo con el participio aoristo del verbo (cf. 1 Co. 11:9; Ef. 3:9; Col. 1:16; 1 Ti. 4:3; Ap. 4:11; 10:6). De igual manera, se usa para referirse a la creación espiritual (cf. Ef. 4:24; Col. 3:10). También está ποιέω, que desde el uso en el griego clásico tiene que ver con *crear, dar, efectuar, producir*; se decía de un poeta que compone una obra, y se traduce como *hacer*, referido al Creador que los hizo (cf. Mt. 19:4). En Hebreos aparece un verbo[215] con un amplio significado, como *fundar, fundamentar, establecer firmemente*; de ahí que el hagiógrafo la

---

[215] Griego: θεμελιόω.

use para referirse a la creación que Dios fundó. En la misma epístola está registrado el verbo *edificar*,[216] usado generalmente para referirse a una construcción; la frase es sumamente precisa: "Pero el que lo ha construido todo, Dios" (He. 3:4). Un término más se encuentra en el verbo griego que equivale a *modelar, formar*[217], y que usa el apóstol Pablo (Ro. 9:20) para referirse a la autoridad creadora de Dios. Si bien ninguno de estos términos determina por sí mismo la idea de una creación *ex nihilo*, la Biblia enseña una creación de la nada, es decir: donde nada había, Dios trajo todo a la existencia, como se aprecia en el relato de la creación (Gn. 1:1). Sin duda, el pasaje más firme sobre la creación surgida de Dios, donde no había nada, está en las palabras de la epístola a los Hebreos, donde se lee: "Por la fe entendemos haber sido constituido el universo por la palabra de Dios, de modo que lo que se ve fue hecho de lo que no se veía"[218] (He. 11:3).

Considerando el texto citado se aprecia que la fe da un claro entendimiento al creyente sobre la organización del universo. El escritor afirma que por la fe entendemos, que como presente de indicativo en voz activa, expresa un acto continuado; quiere decir que continuamente entendemos. La raíz del verbo está vinculada a *intelecto, mente*; por tanto, se refiere a una acción comprensiva plenamente por la mente. La fe permite hacer una expresión formal sobre el origen del universo. Aunque la fe es creer, la verdadera fe es también razonable, ya que Dios revela cómo se produjeron las cosas. La razón humana infiere la existencia del Creador al contemplar la creación (Ro. 1:20).

El término *universo* traduce aquí una palabra griega[219] que literalmente tiene que ver con tiempo, edades, siglos, de modo que a través de la comprensión del tiempo del mundo como una enorme extensión de tiempo, en el que se producen y discurren las cosas, se llega al significado del propio mundo, en este caso, del universo creado, lo que literalmente sería *las edades* en el texto griego, que expresa al universo en cuanto espacio y tiempo.

El universo fue constituido[220]; se utiliza un verbo que significa *equipar, perfeccionar*; así que el universo no es un caos, sino un cosmos, esto es, una perfecta organización que ha sido puesta en orden, tanto en el sentido de origen como de orden después del origen. El

---

[216] Griego: κατασκευάζω.
[217] Griego: πλάσσω.
[218] Texto griego: Πίστει νοοῦμεν κατηρτίσθαι τοὺς αἰῶνας ῥήματι Θεοῦ, εἰς τὸ μὴ ἐκ φαινομένων τὸ βλεπόμενον γεγονέναι.
[219] Griego: αἰών.
[220] Griego: καταρτίζω.

universo, los mundos creados por Dios, ha sido organizado en forma absoluta, estable y permanente por el mismo Creador. En ese sentido, el concepto tiene que ver más que con la creación en sí, esto es, el acto creador, todo cuanto rodea como adorno y perfección a aquello que fue creado. El escritor tiene en mente la organización de lo creado más que el hecho mismo de la creación en sí, por lo que no usa el verbo *crear*, sino el verbo *organizar*. La palabra expresa más que la idea de la creación primera, esto es, de la venida a la existencia de cuanto antes no existía, el ornato de la creación y su orden divinamente establecido.

El universo surgió por la palabra de Dios. Es interesante apreciar que el término griego aquí es *dicho*[221], lo que tiene que ver con las palabras que definen una idea. En ese sentido, el *sea* de la creación expresa la plenitud absoluta de la idea concebida en la mente divina, que es ejecutada con absoluta precisión. La voz que hace oír la determinación divina corresponde al Logos que, como expresión exhaustiva del pensamiento de Dios, establece en el mandato soberano lo que debe producirse, por cuya autoridad omnipotente viene a la existencia cuando antes no existía. El universo surgió por la palabra de Dios. La voz de Dios y su omnipotencia hicieron el milagro (cf. Gn. 1:3, 4, 9, 11, 20, 24, 26). Pero no solo las cosas surgieron a la voz de Dios, sino que Dios mismo organizó hasta lo más mínimo su existencia, dando pleno orden a lo que de otra manera hubiera sido *caos* y no *cosmos* (Gn. 1:2). Aunque la referencia a la Palabra de Dios no tiene que ver esencialmente con el Logos, sino con la expresión de la voluntad divina, es absolutamente cierto que sin la intervención del Hijo no hubiera podido producirse la creación, ya que la palabra autoritativa de Dios se expresa por la voz del Hijo (He. 1:3). El apóstol Juan expresa también esa misma verdad: "Todas las cosas por Él fueron hechas, y sin Él nada de lo que ha sido hecho, fue hecho" (Jn. 1:3). De la misma manera, la enseñanza del apóstol Pablo: "Porque en Él fueron creadas todas las cosas, las que hay en los cielos y las que hay en la tierra, visibles e invisibles; sean tronos, sean dominios, sean principados, sean potestades; todo fue creado por medio de Él y para Él" (Col. 1:16). La creación tuvo lugar en Cristo, fue hecha por medio de Él y está destinada a Él. Esa es la causa por la que a Jesús se le llama "el primogénito de toda creación" (Col. 1:15), en el sentido no de su origen o principio de vida personal, sino del elemento causante y fundante por el que todo lo creado vino a la existencia, siendo "el

---

[221] Griego: ῥῆμα.

principio de la creación de Dios" (Ap. 3:14). Sin embargo, el escritor no está tan interesado en vincular la creación con el Hijo, sino que más bien expresa la declaración divina que hizo posible la existencia del universo.

La creación ha sido un acto soberano que hizo posible cuanto existe: "De modo que lo que se ve fue hecho de lo que no se veía" (He. 11:3). El universo entero surgió de un acto creador de Dios por medio del Hijo (He. 1:2). En el acto creador vino a la existencia aquello que antes no existía: "Por la palabra de Jehová fueron hechos los cielos, y todo el ejército de ellos por el aliento de su boca... Porque Él dijo, y fue hecho; Él mandó, y existió" (Sal. 33:6, 9). No es que Dios utilizase algo que no se veía para producir lo que se ve, sino que ese "no se veía" es la palabra de autoridad que el Creador pronunció y trajo a la existencia lo que ahora se ve. De otro modo, la existencia vino a sustituir a la no existencia, esto es, *creatio ex nihilo*. La creación de todas las cosas como apareciendo donde no había nada es una idea aceptada por el pensamiento judío en general, basado en la Biblia. Esa es la verdad expresada por el profeta: "Así dice Jehová, tu redentor, que te formó desde el vientre: Yo Jehová, que lo hago todo, que extiendo solo los cielos, que extiendo la tierra por mí mismo" (Is. 44:24). Los mismos escritos piadosos de los libros apócrifos contemplan esta verdad: "Te suplico, hijo, que, mirando al cielo y a la tierra, y viendo todo lo que hay en ellos, sepas que Dios no los ha hecho de seres existentes, y que lo mismo ocurre con la raza de los hombres" (2 Mac. 7:28). La creación incluye tanto la aparición de las cosas, como el orden que las gobierna. Los mundos creados han sido organizados definitivamente por Dios, de modo que el orden visible surge también de lo invisible, esto es de la Palabra de Dios. Esa es una de las verdades consideradas antes (He. 1:3). Las cosas visibles que componen el universo y el orden cósmico que lo gobierna son la expresión de la invisible soberanía de Dios. Estas cosas invisibles que hacen surgir los mundos son la expresión de las ideas divinas sobre lo que había de ser creado y manifiestan la omnipotencia de Dios que se produce en razón de su palabra. Todo esto lo conocemos de hecho por medio de la fe que descansa en la Palabra revelada. Nadie estuvo en el origen de las cosas y ni conoce el modo como se produjeron. La Biblia describe esos hechos desde la revelación divina que es aceptada en fe por cada creyente.

La fe no es una mera credulidad, sino una aceptación lógica que da contenido a lo que Dios afirma en la Escritura. El incrédulo busca vías que sustituyan al Creador. Desde la evolución hasta la explosión cósmica son algunas propuestas que el hombre hace para eliminar a Dios detrás de la existencia de las cosas. Incluso hay un pseudo-creacionismo, que es más bien un evolucionismo teísta, en las propuestas de Teilhard de Chardin, para quien Dios origina y luego deja que la evolución haga la obra hasta alcanzar la plena dimensión en el punto omega, que es un revertir a Dios; esto distorsiona la verdad de la intervención plena y soberana que trae a la existencia cuanto antes no existía. Especialmente dificultosa la teoría de Teilhard en cuanto a la creación del hombre, inventando la figura de la persona colectiva: la idea de que Dios creó un ser bisexual que luego, por evolución, dividió en dos seres diferentes, masculino y femenino; se basa en textos tomados fuera de contexto (cf. Gn. 5:2), no distinguiendo el nombre Adán en su concepto colectivo de humanidad y el individual de la persona, generando con ello intencionadamente la negación de la creación individualizada del hombre, primero del varón y luego de la mujer. El creyente genuino que cree en la inerrancia bíblica acepta por fe lo único que es verdad, la creación del universo por la palabra de Dios, con todo su orden, funcionamiento actual y proyecto de una nueva y futura creación (2 P. 3:10-13).

El universo creado por Dios depende continuamente de Él; no se retiró después de haberlo creado, sino que continúa unido a él. Lo es por condición inmanente del ser divino, porque está presente en todos los lugares en cada momento. Siendo Espíritu, su presencia es continua y está en todas partes, llenando los cielos y la tierra (Sal. 139:7-10; Jer. 23:24), constituyendo la esfera en la que nos movemos y somos (Hch. 17:28). El Espíritu Santo es el responsable divino de renovar la faz de la tierra y sustentar la vida biológica en el planeta tierra (Sal. 104:30). La conclusión bíblica es que toda la creación depende de Dios, quien no solo la trajo a existencia, sino que la sustenta (Neh. 9:6; Hch. 17:28; Ro. 11:36; 1 Co. 8:6; Col. 1:16).

*Programa de la historia o de las edades*

Se entiende como la determinación divina que establece el decurso de las edades en toda su creación. La Biblia enseña que Dios tiene un programa de las edades, esto es, el desarrollo de los tiempos y de la historia (cf. Dt. 30:1-10; Dn. 2:31-45; 7:1-28; 9:24-27; Os. 3:4, 5; Mt. 23: 37-25:46; Hch. 15:13-18; Ro. 11:13-29; 2 Ts. 2:1-12; Ap. 2:1-22:21).

Hay períodos de tiempo perfectamente definidos en el programa divinamente establecido. La Biblia habla del tiempo de los gentiles (Lc. 21:24); menciona los tiempos y las sazones (Hch. 1:7, 1 Ts. 5:1). En el programa de los tiempos, asuntos concretos estaban perfectamente determinados, como fue el nacimiento de Jesucristo (Gá. 4:4). La Biblia habla de los últimos tiempos para la Iglesia, con características morales de quienes en su entorno son perversos (2 Ti. 3:1-5). De igual manera, el Apocalipsis hace referencia a un período de mil años que relaciona con el reino de Cristo en la tierra (Ap. 20:1-6). Dios ha determinado que Jesús se siente en el reino de David, su padre para siempre (Lc. 1:31-33). Así también ha decretado para el final de los tiempos cielos nuevos y tierra nueva (Is. 66:22; 2 P. 3:13; Ap. 21:1).

El compromiso de Dios con su programa en la historia es una de las enseñanzas bíblicas más directas. Él ha establecido lo que se llama *día de Jehová*, anunciando conmociones en toda la creación con el propósito de castigar al mundo por su maldad (Is. 13:9-11). En tiempos de Isaías hace mención a los medo-persas, que sustituirían a los babilonios en la hegemonía del mundo (Is. 13:17-19). En soberanía establece su deseo para la historia conforme a lo determinado por Él, con la certeza de que tiene pleno cumplimiento: "Acordaos de las cosas pasadas desde los tiempos antiguos; porque yo soy Dios, y no hay otro Dios, y nada hay semejante a mí, que anuncio lo por venir desde el principio, y desde la antigüedad lo que aún no era hecho; que digo: Mi consejo permanecerá, y haré todo lo que quiero" (Is. 46:9-10). Es suficiente observar que la panorámica de la historia del mundo fue dada a Daniel en tiempos de los babilonios y se extendió en un cumplimiento plenamente cumplido por todos los imperios que hubo en la tierra (cf. Dn. 2 y 7). De la misma manera que el cumplimiento de lo establecido se produjo, así también será en lo que resta del programa de las edades, hasta llegar al reino real de Dios en la tierra, en manos de su Hijo, para proyectar luego la historia a perpetuidad en una nueva creación.

## *Preservación*

Es la acción divina que sustenta todas las cosas y las establece para el propósito al que fueron destinadas. Esto permite el cumplimiento del decreto, que permanece para siempre (Neh. 9:6; Sal. 36:6; Col. 1:17; He. 1:2, 3).

## Providencia

La providencia dirige el progreso hacia la consecución del fin divino en cada instante del tiempo.

En relación con el mal, Dios usa a los padres, los gobernantes y las leyes para operar un impedimento providencial contra el mal.

La providencia permisiva abarca lo que Dios no restringe (cf. Dt. 8:2; 2 Cr. 32:31; Os. 4:17; Ro. 1:24-28). La providencia directiva es la que Dios usa guiando los caminos de los hombres sin que ellos lo conozcan (cf. Gn. 50:20; Sal. 76:10; Is. 10:5; Jn. 13:27; Hch. 4:28). La providencia es determinativa cuando por ella ejecuta Dios todas las cosas conforme a su voluntad.

# CAPÍTULO VIII
# EL SER DIVINO

**Introducción**

Anteriormente se han apreciado aspectos generales del ser divino; se remite al lector a aquellas consideraciones que fundamentan el concepto de ser divino[222].

El fundamento bíblico presenta a Dios como el ser supremo, diferente a cualquier otro, infinito, con perfecciones que solo Él tiene y puede tener que, al serle propias y exclusivas, no puede comunicar a ningún otro ser creado. Poseedor también de perfecciones que, aunque existen en Él en grado infinito, le son comunicadas al hombre en grado limitado. Estos conceptos fundamentales aproximan nuestro conocimiento de Dios a la realidad de quién es Él y nos permiten conocer a quien es invisible, infinito y espíritu.

El conocimiento de Dios se obtiene desde la revelación bíblica. Es en la Palabra que Él se ha revelado con el propósito de que le conozcamos, puesto que en ese conocimiento, Dios nos concede la vida eterna (Jn. 17:3). En la progresión del estudio de la revelación, la progresión de ella pasa, necesariamente, por los escritos inspirados del Nuevo Testamento. En esa parte de la Escritura, la presencia de Cristo y del Espíritu abre de par en par las puertas para el conocimiento pleno de Dios, llegando, en una lectura desprejuiciada, a la realidad de que siendo uno, no es solo. Es decir, que el ser divino, uno y único, es una trinidad de vida; surge la necesidad de dar cabida teológica sin reserva alguna a lo que se llama técnicamente *Trinidad*. Por esta razón, en el ser divino se aprecia la subsistencia de tres unos distintos, plenamente caracterizados individualmente y que, sin embargo, no son independientes —lo que resultaría en tres dioses—, sino individuales; cada una de las individualidades es a su vez el único Dios verdadero.

Es en el encuentro con Cristo que Dios se manifiesta Hijo, y es en el encuentro con el Espíritu que Dios se hace real en la experiencia de vida del hombre. Dicho de otro modo, en Cristo, Dios se nos da en don infinito: por Él y en Él se aproxima al hombre trayendo la eternidad al tiempo y llevando el tiempo a la eternidad. Ante el misterio trinitario, la mente humana a la que esto supera en posibilidad

---

[222] Ver cap. V, Naturaleza de Dios.

de conocimiento lógico reacciona procurando resolver el problema. Tal tarea produce problemas frente a las verdades bíblicas. Para unos, Cristo y el Espíritu son simplemente figuras de mediación, por las que Dios, uno y personalmente único, se hace manifiesto y, en especial, muestra asuntos relacionados con la criatura en un plano que sea asimilable al conocimiento humano. Ahora bien, si Cristo y el Espíritu son figuras de mediación, no cabe duda de que, siendo una aproximación de Dios al hombre, necesariamente las dos tienen que ser realmente Dios.

Tal conclusión conduce inexorablemente a la posición bíblica del misterio trinitario, de manera que si cada uno, tanto el Padre, como el Hijo y el Espíritu, son verdaderamente el único Dios y son divinos, el ser divino tiene que manifestarse en diferencias interiores que no equivalen a seres independientes, pero sí a unidades individuales dentro de Él. Esto condiciona también la soteriología, ya que el Salvador es Dios, que se da, se dona, se entrega al hombre; el dador es distinto al don dado, pero puesto que el propósito para darse es de Dios y que la condición única para entenderlo es el amor, necesariamente se funde para el hombre el Espíritu Santo.

Es la aparición de Jesucristo en el mundo de los hombres la que trae al hombre a la comprensión del ser divino como uno y trino.

La fe cristiana sobre la Trinidad, recogida y registrada de tantos modos a lo largo del tiempo, no solo en expresiones de fe, sino en el estudio de textos bíblicos, debe abandonar el pensamiento de algunos que, en defensa de la unidad de Dios, tratan de enseñar que cada una de las manifestaciones de Dios en el Padre, el Hijo y el Espíritu es una mera forma de manifestarse de quien es el único Dios y la única persona en el ser divino, de manera que, en su conveniencia, es Padre o es Hijo o es Espíritu. Estas son tendencias subordinacionistas que pretenden explicar que el Hijo y el Espíritu no están subordinados a Dios Padre uno, sino que son sujetos de acción o modalidades de aparición, lo que no es otra cosa que figuras de revelación histórica[223] del Uno, que se oculta tras sus epifanías porque trasciende a estas infinitamente, lo que constituye el modalismo. En cierto modo, esto salvaguardaba el monoteísmo, pero para esto era necesario que tanto el Hijo como el Espíritu no pudiesen ser encontrados en Dios mismo.

Esto exige preguntarse cómo es realmente el ser divino, ya que el Dios que entendemos y conocemos tiene que ser idéntico al modo de ser en sí mismo. Lo contrario genera el riesgo de convertir

---

[223] *Modi.*

la Trinidad inmanente en Trinidad económica: el peligro de que el ser divino sea absorbido en el proceso eternamente decretado. Dicho de otro modo, Dios ha de considerarse como Trinidad antes de su obrar, en la proyección eterna del ser divino.

Un interesante párrafo del Dr. Gisbert Greshake, dice:

> A raíz de que, aproximadamente desde el s. III, se comenzó (y hubo que comenzar) a formular la pregunta por el ser de Dios "en sí", se accedió a un nuevo nivel en la fe trinitaria, nivel respecto del cual también había una serie de referencias en la Sagrada Escritura. Por ejemplo, se pueden presentar aquí muchos pasajes del evangelio de Juan que hablan acerca de que el Hijo estaba antes de todo tiempo junto al Padre, que desde siempre está en la más íntima comunión de vida con Él, que es objeto de su amor, partícipe de su vida divina y de su gloria, gloria que, desde alguna manera, es ampliada ahora a los discípulos (Jn. 17:21 ss.); así, y en clara correspondencia con la presentación que Yahweh hace de sí mismo en el Antiguo Testamento, el Hijo puede decir de sí mismo: "Antes que Abraham naciese, yo soy" (Jn. 8:58). Más aún: ya la creación fue convocada por Él al ser (Jn. 1:3), y encuentra en Él su plenitud (afirmación que se encuentra, asimismo, en los deuteropaulinos (Col. 1:15; Ef. 1:10). Pero es sobre todo también Pablo el que ya hace una contribución al tema de la preexistencia o, mejor dicho, de la vida supra-temporal del Hijo y del Espíritu, a través de la idea del envío del Hijo (de manera semejante, también del envío del Espíritu), y el que, a través de la incorporación del himno a Cristo en Fil. 2:6 ss., contempla incluso explícitamente la figura divina del Hijo antes de todo tiempo y su anonadamiento de sí en la encarnación. Este y otros testimonios de la Escritura brindaron el marco y la pauta para la meditación y la reflexión sobre la fe en la Trinidad, que se iniciaba procurando profundizar en el misterio y desarrollar la argumentación teológica. Pero la base de tal profundización era (y es) la experiencia, atestiguada narrativamente en la Escritura, sobre la que era preciso meditar y reflexionar, no solo en atención a ella misma, sino también en razón de las invectivas que provenían de afuera.[224]

Necesariamente, para entender el ser divino en la dimensión en que la Biblia lo revela, debe iniciarse una aproximación al misterio trinitario, que será el tema de los próximos capítulos.

---

[224] Greshake, 2001, p. 76 ss.

## Concepto del ser divino

### El misterio revelado

La lectura desprejuiciada de la Escritura, tanto del Antiguo como del Nuevo Testamento, hace manifiesta la existencia del ser divino en tres unos, bien sean llamadas hipóstasis o personas; el texto bíblico llama *Dios* a cada una de esas personas. Es decir, Dios es tri-personal sin dejar de ser uno. Tal aparente contradicción debe ser tomada, no solo por fe, sino como parte expresa de la revelación, pero con todo, no es posible alcanzar la dimensión que tal verdad conlleva, ya que la expresión tri-personal es afirmada del único sujeto que es un solo Dios; dicho de otro modo, el ser divino es una unidad numérica, y en esa unidad existen eternamente tres, siendo en todo trascendente.

Para expresar esta verdad de fe —que el ser divino es uno, pero subsistente en tres personas—, se usa el término *Trinidad*. Esta palabra deriva del latín *trinus*, que equivale a triple, siempre en el sentido de tres en uno.

Sin duda, esto constituye un misterio, pero a la luz de la teología bíblica no es un absurdo porque, aunque está por encima de la razón, no está en contra de la razón. Si el ser divino fuese equivalente a persona, sería absurdo decir que en una persona hay tres personas, negando el principio de la confirmación, ratificación o acuerdo, por el cual uno no puede ser tres. Pero no es absurdo afirmar que, en el ser divino, que es uno, subsisten tres personas, puesto que el concepto de naturaleza no es idéntico al de persona. Resulta difícil de aceptar desde la limitación personal del conocimiento relacional ya que, para el hombre, cada persona es también una naturaleza, y en cada naturaleza hay solo una persona.

### Aspectos de la revelación del misterio

La revelación del misterio trinitario en el Antiguo Testamento sería difícil de determinar y explicar sin la luz que sobre él proyecta la revelación del Nuevo Testamento. De este modo, decía Agustín de Hipona que el Antiguo Testamento está patente en el Nuevo, y el Nuevo Testamento está latente en el Antiguo.

El concepto fundamental de la unidad en el ser divino está contundentemente afirmado en el Antiguo Testamento, donde se lee: "Oye, Israel: Jehová es nuestro Dios, Jehová uno es" (Dt. 6:4; RVR). Tanto los judíos ortodoxos como los unitarios cristianos usan este texto para negar toda posibilidad de un ser tri-personal, confundiendo ser con persona.

*Datos del Antiguo Testamento*

Hay abundancia de referencias que permiten apreciar la Trinidad en el Antiguo Testamento, aunque en algunas de ellas sea necesaria la iluminación del Nuevo Testamento. En esta selección se destacan las siguientes.

*Gn. 1:1-3.* "En el principio creo 'Elohim los cielos y la tierra. Pero la tierra estaba desolada y vacía, y había tinieblas sobre la faz del abismo, y el Espíritu de Dios se cernía sobre la faz de las aguas. Entonces dijo 'Elohim: Haya luz. Y hubo luz" (BT). Se aprecia en el texto un hablante, al que se llama 'Elohim, literalmente Dios, una expresión que necesariamente, por su propio concepto revelador no puede ser otro que el Verbo (Jn. 1:1) y el Espíritu que se movía sobre la faz del abismo, en disposición de ordenar la creación conforme a lo determinado por Dios.

*Gn. 1:26.* "Entonces dijo 'Elohim: Hagamos al hombre a nuestra imagen, conforme a nuestra semejanza" (BT). Algunos ven aquí un plural mayestático, como —según ellos— es propio de Dios. Otros tratan de introducir la idea de un plural deliberativo; sin embargo, esto último produce una pregunta: ¿Quiénes deliberan? En la lectura del Antiguo Testamento, esta expresión solo se aplica a Dios, lo que sorprende en relación con el plural, como ocurre en el relato de la confusión de las lenguas (Gn. 11:7-8), por lo que debiera entenderse como una determinación deliberada en una pluralidad de personas. Solo Dios puede expresarse en este lenguaje de soberanía, sin incluir en él a ninguno de los seres creados, aunque los ángeles existiesen en el ínterin de la creación del universo.

*Gn. 16:7.* "Pero el Ángel de YHVH la halló junto a un manantial de aguas en el desierto (junto al manantial que está en el camino de Shur)" (BT). El texto contiene la primera mención al Ángel de Jehová de las muchas referencias que hay en el Antiguo Testamento. El título aparece en otros lugares (cf. Gn. 18:1; 22:11, 12; 31:11-13; 32:24-32; 48:15, 16; Ex. 3:2, 14; Jos. 5:13, 14; Jue. 13:3, 9; 13:22; 2 R. 19:35; 1 Cr. 21:15, 16; Sal. 34:7; Zac. 3:1-2; Mal. 3:1). La expresión hebrea que corresponde al título es *male'akh YHVH*, que literalmente equivale a *mensajero de Jehová*. En algunos de los textos citados, la identificación con Dios es evidente, por lo que, a partir de la revelación del Nuevo Testamento, se afirma que es un título que corresponde al

Verbo, que es el mensajero y revelador de Dios (cf. Jn. 1:1, 18; 7:16-17; He. 1:1-2). Con claridad se ve la relación de Jehová con uno de los varones que visitaron a Abraham en el encinar de Mamré, como claramente se aprecia: Jehová se aparece a Abraham (Gn. 18:1), lo hace como un varón que acompaña a otros dos (Gn. 18:2), Jehová habló con Abraham (Gn. 18:13, 17, 19, 20); luego de la partida de los ángeles hacia Sodoma, el varón que permaneció con Abraham se identifica como Jehová (Gn. 18:22), concluyendo el relato con estas palabras: "Y se fue Jehová, luego que acabó de hablar a Abraham" (Gn. 18:33).

Merece prestarse atención a algunos de los textos por la importancia que tienen para relacionar como Dios al Ángel de Jehová. Así, en Jue. 13:3, 9 se aparece a la mujer de Manoa. Cuando se le pregunta por su nombre, responde: "Y el Ángel de YHVH respondió a Manoa: ¿Por qué preguntas mi Nombre si ves que es oculto?" (BT). En otras versiones se traduce como *admirable*, que concuerda plenamente con el que se profetiza para el Hijo que nos es dado (Is. 9:6); singularmente se describe cómo el Ángel de Jehová subió en la llama del altar (Jue. 13:20). Ese Ángel recibe la adoración de los padres de Sansón, cosa que ningún ángel santo permitiría (cf. Ap. 19:10; 22:9). El mismo Manoa dice que habían visto a Dios (Jue. 12:22).

*Ex. 8:19*. "Entonces dijeron los magos a Faraón: ¡Esto es el dedo de Dios!". En Salmos, se habla del dedo de Dios en referencia al Dios que crea (Sal. 8:3), y el Nuevo Testamento se usa como una referencia al Espíritu Santo (Lc. 11:20), aplicada la cita directamente al Espíritu Santo (Mt. 12:28). Sobre esto escribe el Dr. Lacueva:

> Si comparamos esta expresión con Sal. 8:3 y, especialmente, con Lc. 11:20, veremos que el "dedo de Dios" es el Espíritu Santo, como agente ejecutivo y artesano de la trina deidad, quien aplica al mundo, al hombre y, en especial, al creyente la obra que el Padre lleva a cabo por medio del Hijo. Basados en la propia Palabra de Dios, deducimos que el brazo (poder salvífico, comp. con Jer. 17:5) se apropia al Padre; la mano (el servicio, comp. 1 Co. 12:5) al Hijo; y el dedo (instrumento inmediato de agarre, con huellas dactilares, comp. con Ef. 1:13), al Espíritu. Él es el artista divino que configura en nosotros la imagen del Hijo (Ro. 8:29, comp. con 2 Co. 3:18, como la acción del Señor, del Espíritu).[225]

---

[225] Lacueva, 1983, p. 36.

*Ex. 31:3; 35:31*. De este modo se lee: "Y yo he llenado del Espíritu de Dios, en sabiduría y en inteligencia, en ciencia y en todo arte"; "y lo he llenado del Espíritu de Dios, en sabiduría, en inteligencia, en ciencia y en todo arte". Nótese la identidad de expresión en las dos citas, las mismas palabras, al referirse a la misma persona a quien Dios capacita para la obra de construcción del tabernáculo. Aunque el término Espíritu es equivalente a viento, no puede aplicarse en esta acepción, puesto que el viento no llena a nadie. Se trata de una persona que llena al hombre y le capacita en conocimiento y sabiduría de acción para hacer una determinada obra que nunca antes se había hecho. Al iluminar los textos a la luz del Nuevo Testamento se aprecia la realidad de una persona divina actuando (cf. Hch. 2:4; 4:31; 6:3, 5; 7:55; 13:52; Ef. 5:18).

*Nm. 6:24-26*. "Jehová te bendiga, y te guarde; Jehová haga resplandecer su rostro sobre ti, y tenga de ti misericordia; Jehová alce sobre ti su rostro, y ponga en ti paz". La bendición sacerdotal sobre el pueblo de Israel se traslada en palabras semejantes en las bendiciones de algunos escritos del Nuevo Testamento, donde aparecen las tres personas divinas (cf. 2 Co. 13:13) y dos de ellas (1 Ti. 1:2; 2 Ti. 1:2). A la luz del Nuevo Testamento, se detecta la presencia trinitaria en la bendición sacerdotal.

*Nm. 15:30, 31*. "Mas la persona que actúe con mano alzada, sea nativo o extranjero, ante YHVH ha blasfemado. Tal persona será cortada de en medio de su pueblo, por cuanto ha menospreciado la palabra de YHVH y ha traspasado su mandamiento" (BT). Dios establece la disciplina para quienes cometan pecados voluntarios y traspasen conscientemente la rebeldía los mandamientos de Dios. En la simple lectura, el mandato está establecido por Jehová, y no se detectaría la presencia de alguna persona divina que se pudiera identificar; pero, al acudir al Nuevo Testamento, el autor de la epístola a los Hebreos, escribiendo sobre el pecado voluntario, el que ha menospreciado la palabra de Jehová según la cita de Números, esto se aplica al Espíritu Santo (He. 10:29), por lo que se aprecia una persona divina individual en el texto del Antiguo Testamento, distinguida por su nombre en el Nuevo. El apóstol Pablo dice que "el Señor es el Espíritu" (2 Co. 3:18), lo que equivale a decir que el Espíritu, siendo el Señor, es Dios, ya que el término se aplica en el Nuevo Testamento para referirse a Dios.

*Jue. 3:10*. "Y el Espíritu de YHVH estuvo sobre él, y gobernó a Israel. Y salió a la guerra, y YHVH entregó en su mano a Cusán-Risataim, rey de Aram, y su mano prevaleció contra Cusán-Risataim."

(BT). Pudiera entenderse como el Espíritu que es propio de Dios, pero no tanto como una persona; sin embargo, el Espíritu actuaba en él como en otros hombres para el cumplimiento de su misión. La personalidad del Espíritu, no como una manifestación de Dios, sino como persona se aprecia en otros lugares del Antiguo Testamento.

*2 S. 23:2-3.* "El Espíritu de YHVH habla por mí, y su palabra está en mi lengua. Ha dicho el Dios de Israel, me ha hablado la Roca de Israel: El que gobierna a los hombres con justicia, el que gobierna en el temor de Dios" (BT). Este texto pone de manifiesto las tres personas de la Trinidad. El revelador del mensaje y comunicador de la Palabra es el Espíritu de Jehová, concordando con la enseñanza del Nuevo Testamento en cuanto a inspiración (cf. 2 Ti. 3:16; 2 P. 1:21). David afirma que lo que él ha dicho proféticamente es palabra del Dios de Israel. Se refiere también a quien le habló, la Roca de Israel, título que se aplica a Jesús, que es la piedra angular (cf. Ef. 2:20) y piedra viva (1 P. 2:4).

*Pr. 8:21-23.* En el pasaje se personifica la Sabiduría. No es fácil distinguir una persona distinta a la de YHVH, el Dios Creador, pero a su lado, ministrando con él, está la Sabiduría, que actúa claramente como una persona que está con Dios. Así se describe al Verbo en varios lugares del Nuevo Testamento (Jn. 1:1, 3, 4, 14, 18; Col. 1:15-16; He. 1:1-3).

*Is. 6:8-10.* "Entonces oí la voz de Adonay que decía: ¿A quién enviaré? ¿Quién irá por nosotros? Y dije: ¡Heme aquí, envíame a mí! Dijo pues: Anda, y di a este pueblo: Oíd bien, pero no entendáis; ved por cierto, pero no comprendáis. Embota el corazón de este pueblo y que sus oídos se endurezcan y sus ojos se cieguen; no sea que viendo con sus ojos y oyendo con sus oídos y entendiendo con su corazón, se convierta, y sea sanado" (BT). Quien habla es Adonay, es decir Dios. En la lectura del texto en el Antiguo Testamento, no se puede apreciar más que el hecho de que las palabras proceden de Dios. Sin embargo, en el Nuevo Testamento, el mismo texto se vincula con Jesucristo en la reprobación de la incredulidad de los de su tiempo (cf. Jn. 12:38-40). El apóstol Pablo afirma que es el Espíritu Santo al que se refería el profeta (cf. Hch. 28:25). La subsistencia de las tres personas en el ser divino es una revelación de la Biblia.

*Is. 9:6.* "Porque un Niño nos es nacido, Hijo nos es dado; el dominio estará sobre su hombro, y se llamará su nombre: Admirable, Consejero, Dios Fuerte, Padre Eterno, Príncipe de Paz" (BT). Un texto correspondiente a una profecía mesiánica llama al anunciado Mesías como *El Guibor*, equivalente a *Dios fuerte*. El título solo puede ser aplicado a Dios. Los unitarios introducen el verbo *ser* entre Dios y fuerte, quedando como *Dios es fuerte*, como si fuese un calificativo de Dios, pero se trata de un nombre; además, sigue otro calificativo (que no alteran) y que le llama Padre eterno, que en sus discursos cambian por el de *Padre siempre*, incluso *Padre perpetuo*, con lo que intentan restar la condición de eterno que solo puede tener Dios.

*Is. 11:2-3.* "Y sobre Él reposará el Espíritu de YHVH: Espíritu de sabiduría y de inteligencia, Espíritu de consejo y de poder, Espíritu de conocimiento y de temor de YHVH. Se deleitará en el temor de YHVH, no juzgará según la vista de sus ojos, ni arbitrará por lo que oigan sus oídos" (BT). El profeta aplica al Espíritu seis características —Espíritu de sabiduría, inteligencia, consejo, poder, conocimiento y temor— que no pueden darse a una fuerza expresiva, sino a una persona. En el Nuevo Testamento afirma que a cada uno "le es dada la manifestación del Espíritu" (1 Co. 12:7 ss.). En Apocalipsis se hace una mención al Espíritu usando simbólicamente la expresión siete espíritus (Ap. 1:4), donde aparece también una referencia al Padre y al Hijo en una oración separada por conjunciones copulativas —"el que es, el que era y que ha de venir, y de los siete espíritus y de Jesucristo"—, refiriéndose a las tres personas divinas.

*Is. 42:1.* "He aquí mi Siervo, a quien Yo sostengo; mi escogido, en quien se complace mi alma. He puesto mi Espíritu sobre Él, y Él traerá la justicia a las naciones" (BT). Habla el Padre, se refiere al Siervo y menciona al Espíritu. Cristo lo aplicó a Él en la sinagoga de Nazaret (Lc. 4:18-19), distinguiéndose, a la luz del Nuevo Testamento, las tres personas divinas.

*Is. 48:16.* "Acercaos a mí, y oíd esto: Yo no hago predicciones en secreto, cuando suceden, yo ya estoy allí; y ahora me ha enviado Adonay YHVH y su Espíritu" (BT). El texto se refiere al siervo, Jesús (42:1-13; 61:1). Se aprecia a Jehová hablando por medio de sus profetas (1 P. 1:10, 11), y también está el Espíritu que juntamente con el Padre envía al siervo. Esto concuerda plenamente con la enseñanza del Nuevo Testamento sobre las relaciones entre las tres personas divinas, enviando y siendo enviadas.

*Zac. 3:1-2.* Otra referencia entre las citadas es la que corresponde a la profecía de Zacarías, donde se lee: "Después me mostró al sumo sacerdote Josué, el cual estaba de pie delante del Ángel de Jehová, y Satanás estaba a su mano derecha para acusarle. Y dijo Jehová a Satanás: Jehová te reprenda, oh Satanás; Jehová que ha escogido a Jerusalén te reprenda. ¿No es este un tizón arrebatado del incendio?". Es notable observar que se menciona a Jehová hablando con Jehová, y haciéndolo en tercera persona, lo que implica a dos en la conversación.

*Is. 63:9.* "Y fue afligido con todas sus aflicciones. El Ángel de su presencia los salvó, en su amor y en su ternura, Él mismo los redimió, y cargó con ellos, y los llevó todos los días, desde la antigüedad". La presencia del Ángel del Señor salva y redime. El título *Ángel de su presencia* orienta el pensamiento a la petición que Moisés hizo a Dios para que estuviera con ellos; Jehová respondió: "Mi presencia irá contigo" (Ex. 33:14). Este que redime, carga también con ellos, que eran rebeldes, lo que es una referencia a las espaldas de Dios que permitió ver a Moisés, referencia clara a Jesucristo, ya que Dios "echó sobre sus espaldas todos mis pecados" (Is. 38:17), cargando sobre su Hijo encarnado "el pecado de todos nosotros" (Is. 53:6). En un sentido figurativo, la espalda de Dios es el Hijo. Al Padre nadie lo ha visto ni lo puede ver (Jn. 1:18; 6:46; 1 Ti. 6:16), pero podemos ver sus espaldas en su Hijo Jesús (Jn. 14:9). La presencia de las personas divinas se aprecia en el texto, especialmente clarificado por las lecturas del Nuevo Testamento.

*Is. 63:10.* "Pero ellos se rebelaron y contristaron su Espíritu Santo, por lo que se tornó en su enemigo y guerreó contra ellos" (BT). Nadie puede contristar a otro que no sea una persona. No se contrista una expresión de la persona, ni la potencialidad de la persona, sino que se contrista a la misma persona. Por consiguiente, el Espíritu Santo no puede ser una fuerza divina, sino una persona divina, lo que introduce ya en el Antiguo Testamento la pluralidad de personas en la unidad de Dios.

*Zac. 12:1.* En la misma profecía de Zacarías, Jehová comunica su mensaje: "Profecía de la palabra de Jehová acerca de Israel"; en ella se hace una notable afirmación: "Y derramaré sobre la casa de David, y sobre los moradores de Jerusalén, espíritu de gracia y de oración; y mirará a mí, a quien traspasaron, y llorará como se llora por hijo unigénito, afligiéndose por él como quien se aflige por el primogénito" (Zac. 12:10). Jehová afirma que Israel mirará a Él, al que traspasaron, algo posible si se hace referencia a Jesucristo.

*Zac. 14:3-4.* "Después saldrá Jehová y peleará con aquellas naciones, como peleó en el día de la batalla, y se posarán sus pies en aquel día sobre el monte de los Olivos, que está enfrente de Jerusalén al oriente...". No es posible dejar de percibir que quien habla, Jehová, es también quien pelea y quien desciende a la tierra, cumpliendo la profecía sobre la segunda venida de Jesucristo (cf. Hch. 1:11; Ap. 19:15).

*Mal. 3:1*. Esta cita está relacionada con otras del Nuevo Testamento; el profeta escribe: "He aquí que yo envío mi mensajero el cual preparará el camino delante de mí; y vendrá súbitamente a su templo el Señor a quien vosotros buscáis; y el Ángel del pacto, a quien deseáis vosotros, he aquí que viene, dice Jehová de los ejércitos". El texto es aplicado a Cristo en el evangelio según Mateo (12:6), quien es el Ángel del pacto, o el mediador del nuevo pacto (He. 9:15), quien también tiene por precursor a Elías, como se apunta en el evangelio (cf. Mt. 11:14; Lc. 1:17).

El Dr. Lacueva hace referencia a una argumentación de quienes niegan la Santísima Trinidad y escribe:

> Llegamos aquí a un punto de extrema importancia, que sirve para refutar eficazmente a los llamados "Testigos de Jehová", quienes alegan que "Dios" es nombre de oficio y, por eso, se puede aplicar al Verbo (Jn. 1:1), pero que "Jehová" (YHVH) expresa propiamente la naturaleza de Dios. Pero el caso es que la versión de los LXX vierte siempre el hebreo YHVH Elohim por *Ho Kyrios ho Theós* = el Señor Dios. Sabido es que el epíteto *Kyrios* es reservado en el N. T. casi exclusivamente al Salvador, mientras que Dios, cuando aparece con artículo y sin otro apelativo que lo determine o cualifique, es siempre el Padre. Luego, es precisamente al Hijo, más bien que al Padre, a quien se apropia en el N. T. el sagrado nombre de YHVH. Por eso, fue llamado, al encarnarse, Jesús (heb. Yeshúa = YHVH salva, v. Mt. 1:21).[226]

## Datos en el Nuevo Testamento

Es cierto que el término Trinidad no aparece en la Biblia, pero no es menos cierto que las referencias trinitarias en el Nuevo Testamento están presentes en multitud de textos. Estas referencias permiten establecer no solo el hecho de la subsistencia trina en el único Dios verdadero, sino aspectos que condicionan el desarrollo de la verdad trinitaria.

### Subsistencia trinitaria

Siguiendo el mismo método aplicado al Antiguo Testamento, se seleccionan algunos textos que ponen de manifiesto la trinidad en la unidad.

---

[226] Ibíd., p. 36 ss.

*Mt. 3:16-17.* "Y Jesús, después que fue bautizado, subió luego del agua; y he aquí los cielos le fueron abiertos, y vio al Espíritu de Dios que descendía como paloma, y venía sobre él. Y hubo una voz de los cielos, que decía: Este es mi Hijo amado, en quien tengo complacencia"[227]. En la lectura del texto se aprecia la presencia de tres personas: la que asciende del agua en el bautismo, la presencia visible del Espíritu en forma corporal como paloma y el testimonio celestial, que inevitablemente tiene que ser del Padre, puesto que se refiere a Jesús como su Hijo amado en quien se complace.

*Mt. 28:19.* "Por tanto, id, y haced discípulos a todas las naciones, bautizándolos en el nombre del Padre, y del Hijo, y del Espíritu Santo"[228]. Se aprecia la contundente separación mediante la conjunción copulativa *y*[229], con el artículo determinado que antecede a cada una de las personas mencionadas: Padre, Hijo y Espíritu Santo. Esta redacción es enfática, dando a entender que en el ser divino existen tres personas distintas. Pero no es menos importante el uso del término "en el nombre"[230] (singular) para mencionar luego los nombres (plural) del Padre y del Hijo y del Espíritu Santo. La reiteración del artículo determinado exige entender que son tres personas y no una manifestación de la persona en distintos modos o incluso funciones, como ocurre en otros lugares, a modo de ejemplo: "Aguardando la esperanza bienaventurada y la manifestación gloriosa de nuestro gran Dios y Salvador Jesucristo" (Tit. 2:13), donde la ausencia de artículo en la unión de los epítetos Dios y Salvador indica la dualidad de funciones en la misma persona.

*Lc. 1:35.* "Respondiendo el ángel, le dijo: El Espíritu Santo vendrá sobre ti, y el poder del Altísimo te cubrirá con su sombra; por lo cual también lo santo que va a nacer será llamado Hijo de Dios" (RVR).[231] En la encarnación del Verbo están presentes y actuantes

---

[227] Texto griego: βαπτισθεὶς δὲ ὁ Ἰησοῦς εὐθὺς ἀνέβη ἀπὸ τοῦ ὕδατος· καὶ ἰδου; ἠνεῴχθησαν αὐτῷ οἱ οὐρανοί, καὶ εἶδεν τὸ Πνεῦμα τοῦ Θεοῦ καταβαῖνον ὡσεὶ περιστερὰν καὶ ἐρχόμενον ἐπ' αὐτόν· καὶ; ἰδοὺ φωνὴ ἐκ τῶν οὐρανῶν λέγουσα· οὗτος ἐστιν ὁ Υἱός μου ὁ ἀγαπητός, ἐν ᾧ εὐδόκησα.

[228] Texto griego: πορευθέντες οὖν μαθητεύσατε πάντα τὰ ἔθνη, βαπτίζοντες αὐτοὺς εἰς τὸ ὄνομα τοῦ Πατρὸς καὶ τοῦ Υἱοῦ καὶ τοῦ Ἁγίου Πνεύματος.

[229] Griego: καὶ.

[230] Griego: εἰς τὸ ὄνομα.

[231] Texto griego: καὶ ἀποκριθεὶς ὁ ἄγγελος εἶπεν αὐτῇ· Πνεῦμα Ἅγιον ἐπελεύσεται ἐπὶ σὲ καὶ δύναμις Ὑψίστου ἐπισκιάσει σοι· διὸ καὶ τὸ γεννώμενον Ἅγιον κληθήσεται Υἱὸς Θεοῦ.

otras dos personas. El Espíritu Santo que engendra, el Altísimo que cubre y el santo que nace, que es el Hijo de Dios.

*Jn. 14:16-17.* "Y yo rogaré al Padre, y os dará otro Consolador, para que esté con vosotros para siempre; el Espíritu de verdad..."[232]. Una lectura desprejuiciada indica a un *yo*, que se dirige a un *tú* y que se refiere a un *él*. La pluralidad de personas en la unidad divina se pone de manifiesto también en el plano de la dualidad, es decir, de dos personas en una unidad, como ocurre en la oración de Jesús: "Para que todos sean uno, como tú, oh Padre, en mí, y yo en ti, que también ellos sean uno en nosotros" (Jn. 17:21).

*Jn. 14:26.* "Mas el Consolador, el Espíritu Santo, a quien el Padre enviará en mi nombre..."[233]. Nuevamente es interesante notar la presencia antecedente del artículo determinado en cada una de las tres personas mencionadas, que no es posible dejar de apreciar. Sin duda, el texto está vinculado a la procedencia y envío de las personas del Hijo y del Espíritu, lo que exige entender la presencia trina subsistente en Dios.

*2 Co. 13:14.* "La gracia del Señor Jesucristo, el amor de Dios, y la comunión del Espíritu Santo sean con todos vosotros. Amén"[234]. Tres personas están relacionadas con la misma bendición. El texto cita al Señor Jesucristo, dador de la gracia; al Padre, vinculado al amor; y al Espíritu Santo, que hace posible la comunión entre creyentes. Una plena individualidad de personas en una común bendición procedente de cada una de ellas.

*Ef. 4:4-6.* "Un Espíritu... un Señor... un Dios y Padre..."[235]. En el párrafo seleccionado están presentes tres personas: el Espíritu, el Señor y Dios Padre.

*1 P. 1:2.* "Elegidos según la presciencia de Dios Padre en santificación del Espíritu, para obedecer y ser rociados con la sangre de Jesucristo"[236]. Es evidente que en la operación soteriológica están comprometidas y actúan las tres personas, apreciándose la presciencia

---

[232] Texto griego: καγὼ ἐρωτησω τὸν Πατερα καὶ ἄλλον Παρακλητον δωσει ὑμῖν, ἵνα μεθ' ὑμῶν εἰς τὸν αἰῶνα ᾖ. τὸ Πνεῦμα τῆς ἀληθειας.
[233] Texto griego: ὁ δὲ Παρακλητος, τὸ Πνεῦμα τὸ Ἅγιον, ὃ πεμψει ὁ Πατὴρ ἐν τῷ ὀνοματι μου.
[234] Texto griego: Ἡ χάρις τοῦ Κυρίου Ἰησοῦ Χριστοῦ καὶ ἡ καὶ ἡ κοινωνία τοῦ Ἁγίου Πνεύματος μετὰ πάντων ὑμῶν3.ἀγάπη τοῦ Θεοῦ.
[235] Griego: ⁴καὶ ἓν Πνεῦμα... 5εἷς Κύριος... 6εἷς Θεὸς καὶ Πατήρ.
[236] Texto griego: κατὰ πρόγνωσιν Θεοῦ Πατρὸς ἐν ἁγιασμῷ Πνεύματος εἰς ὑπακοὴν καὶ ῥαντισμὸν αἵματος Ἰησοῦ Χριστοῦ, χάρις ὑμῖν καὶ εἰρήνη πληθυνθείη.

del Padre, la santificación del Espíritu y la aplicación de la sangre redentora hecha por Jesucristo.

Podrían aportarse más citas, pero se considera que las referencias anteriores son suficientes para establecer la revelación de una existencia personal plural dentro de la unidad del ser divino.

### La unidad personal del único Dios verdadero

Un texto breve, pero sumamente expresivo afirma la unidad existente en Dios entre las personas divinas. El versículo, tomado del evangelio según Juan, dice: "Yo y el Padre uno somos"[237](Jn. 10:30). Es necesario hacer una correcta exégesis de este texto, por su contenido en cuanto al tema de la unidad de personas en el único Dios verdadero.

Todo el discurso de Jesús recogido por Juan en los textos anteriores concluye con una frase escueta, pero muy precisa. El Padre y el Hijo son uno. Algunos entienden que este *somos uno* no tiene que ver con la unidad divina, sino con la de propósito, es decir, los dos son uno en la determinación de proteger a las ovejas. Pero no puede dejar de apreciarse en ella la identidad de naturaleza y esencia. El adjetivo numeral cardinal *uno*, que precede al verbo *ser* está en nominativo neutro singular; por tanto, no se refiere a una persona, sino al ser divino, esto es, a la esencia y naturaleza de Dios. Es la manifestación suprema de lo que Él es. Tiempo antes se había producido un conflicto con los judíos porque Jesús, mero hombre para ellos, al llamar a Dios su Padre se hacía también Dios (Jn. 5:18). En aquella ocasión argumentó sobre esa relación largamente (Jn. 5:19-30). La respuesta a la pregunta de los judíos sobre si era el Cristo va mucho más allá de una simple afirmación sobre su condición mesiánica. Trasciende a todo cuanto los judíos pudieran haber esperado, presentándose en la unidad del ser divino junto al Padre. Ninguno de aquellos podía admitir la pluralidad de personas en Dios, aferrándose a la literalidad del texto del Antiguo Testamento: "Oye, Israel: Jehová nuestro Dios, Jehová uno es" (Dt. 6:4). La doctrina de la Trinidad es una revelación progresiva que alcanza su dimensión plena en el Nuevo Testamento; sin embargo, Jesús anticipa esa verdad señalando en estas palabras la unidad esencial con el Padre. No quiere decir que sean iguales, sino que hay entre ellos una unidad esencial de vida. Esta es una afirmación mayor que cualquier otra de las que Jesús hizo, colocándolo al nivel de Dios y no al de las personas. La principal base que sustenta

---

[237] Texto griego: ἐγὼ καὶ ὁ Πατὴρ ἕν ἐσμεν.

esta interpretación es que los judíos entendieron que siendo hombre se hacía Dios. Aquellos entendían que en las palabras de Jesús había más que la expresión de una unidad de identidad en obra, que resultaría en unidad de voluntad, incluso de poder si el hombre, como consideraban a Jesús, dependía del Padre para ejecutar lo que hacía. Partiendo del prólogo del evangelio, Juan está tomando esta frase en una directa declaración metafísica de relación divina. De otro modo, la Trinidad económica está vinculada y descansa en la Trinidad esencial. La precisión que Jesús hace es sorprendentemente precisa: *yo y el Padre*, lo que expresa claramente la diferencia de personas, *somos uno*, manifestando una sola esencia o sustancia. De otro modo, en las palabras de Jesús se aprecia la unidad de esencia y la distinción de personas. La relación del Señor con el Padre no es la de una sola carne o un solo espíritu, sino un solo Dios. Esto es, no se trata de singularidad de número, sino de unidad de esencia. Así que el Padre y el Hijo subsisten por sí mismos como personas divinas, individuales y diferenciadas, pero ambas en la identidad de una sola sustancia que se ve en las dos personas sin distinción y que le permite decir *el que me ve a mí, ve al Padre* (Jn. 14:9).

El escritor de la carta a los Hebreos, hablando de Cristo, dice que es la imagen de la sustancia de Dios (He. 1:3). De modo que el hecho de que el Hijo esté en el Padre y el Padre en el Hijo, como se verá más adelante, implica la plenitud de la deidad en el uno tanto como en el otro. La imagen no puede existir sola, así como tampoco la semejanza puede referirse a sí mismo, como recuerda Hilario de Poitiers[238].

Aunque las dos personas divinas poseen en común todos los atributos esenciales, operativos y morales de la deidad, cada una de ellas se manifiesta hacia el exterior, y en alguna medida se refleja hacia nosotros, según el matiz peculiar que la caracteriza y que la distingue en individualidad de las otras dos. De ahí que el Padre sea principio sin principio, de quien procede el Hijo, segunda persona de la deidad. Pero el hecho de procedencia no significa en modo alguno principio de existencia, puesto que Dios es eterno y de la misma manera lo son las personas de la Santísima Trinidad. En relación con el versículo, Dios es uno en la completa esencia que subsiste como Padre y como Hijo. Ambos, el Padre y el Hijo, son el único y verdadero Dios. Será bueno recordar aquí unos principios básicos de la doctrina trinitaria

---

[238] Hilario de Poitiers, 1986, III, 23.

en relación con el Padre y el Hijo que nos permitan comprender la dimensión de las palabras de Jesús.

El Padre, según revelación bíblica, es principio sin principio. Quiere decir que, aunque el Hijo y el Padre son uno, el Hijo procede del Padre, mientras que el Padre no procede de ningún otro. Por esa razón, Cristo insiste en su procedencia del Padre que le envía (Jn. 3:16). Si hace la obra de Salvador y de Pastor, es consecuencia de haber sido enviado, aunque también Él viene voluntariamente. El envío *ad extra* es consecuencia de la procedencia *ad intra* y, por tanto, una prolongación de la misma. El Padre lo es en toda la intensidad de su ser personal. De otro modo, la base personalizadora constitutiva en cuanto a persona distinta de la del Hijo es que, en el presente sin cambio, ni sucesión, ni principio, ni fin de la eternidad divina, engendra un Hijo. Este es la segunda persona de la deidad, comunicándole con esa operación todo lo que el Padre es y tiene (Jn. 16:15). Lo único que no puede darle ni compartir con el Hijo es el ser Padre. Así como el Padre es total y perfectamente Dios en cuanto a persona, así también lo es el Hijo. De no ser así, el Padre no sería una persona infinita, porque le quedaría algo que no estaría incluido en la paternidad y, por consiguiente, en la divinidad. Esto afectaría también al Hijo, que no sería persona infinita, puesto que en algo no sería Hijo, con lo que también quedaría imperfecto como Dios el Hijo. El Padre, como progenitor único, agota su función generadora en el Hijo, ya que este es el resultado exhaustivo de la generación del Padre; de lo contrario, ambos no serían Dios, al quedar incompletos en su ser personal. Es por eso que el Padre tiene un Hijo que es Unigénito necesariamente (1:14, 18; 3:16, 18; 1 Jn. 4:9). Si pudiera haber otro o más hijos en el seno trinitario, ninguno de ellos sería resultado exhaustivo de la generación del Padre, y por tanto, ninguno sería infinito, ninguno sería Dios. Pero tampoco el Padre lo sería, por cuanto su acción generadora constituiría un acto limitado dentro de su seno, donde el ser y el obrar se corresponden en absoluta identidad. Por ser este acto una entrega absoluta y perfecta al Hijo, el Padre se constituye por una relación subsistente hacia otro, en persona divina, por esa relación con el Hijo, pero el hecho de que el Padre engendre al Hijo no le da ninguna superioridad sobre Él. No debe olvidarse que el Padre debe su ser personal al acto de engendrar al Hijo, del mismo modo que el Hijo lo debe al hecho de ser engendrado por el Padre. No hay pues ninguna dependencia, inferioridad ni subordinación en el seno trinitario, sino una interdependencia infinita y eterna, ya que el Padre no puede existir como Padre sin el Hijo, ni el Hijo como Hijo puede existir sin el Padre (1 Jn. 2:23). En la generación divina no se da el proceso de causa y efecto que hay en cualquier otra fuera de Dios, sino de principio a término. Por contraste en la generación humana, el hombre no es engendrado por sus facultades espirituales, sino mediante relación orgánica, de donde surge otra persona. Sin embargo, ninguno de los dos, ni el padre ni el hijo, se constituyen como persona por esa relación. El Padre engendra al Hijo, y esta función concluyó ya, con lo que termina la función generadora de la primera persona; por tanto, terminaría la personificación de ella, o todavía no terminó de engendrarlo, por lo que el Hijo no sería Dios perfecto. Por esa razón, la generación divina es inmanente, por cuanto el Hijo queda en el seno del Padre (Jn. 1:18; 14:10). El Padre está enteramente en el Hijo engendrado con su mente personal infinita, y el Hijo está por entero en el Padre como concepto personal exhaustivo de la mente paterna. Ya que en Dios existen lo absoluto y lo relativo, el ministerio vinculante del Padre y del Hijo se hace algo difícil de entender; de otro modo, tanto Padre como Hijo son palabras que expresan una situación esencialmente personal. La generación divina es una operación inmanente, en las que las dos personas son principio y término absoluto de una relación personal subsistente; no es la naturaleza divina la que engendra, sino que solo el Padre engendra y solo el Hijo es engendrado. Por esa razón, se da al Hijo el mismo poder que tiene el Padre (Jn. 5:26). Es necesario entender claramente que no es el Padre el que da vida al Hijo, sino que le da el tener vida en sí mismo, como fuente de vida por ser tan Dios como el Padre. La entrega total del Padre al Hijo expresa la acción y relación divina, subsistente y personalizadora, que hace que el Hijo sea radicalmente otro y cuya razón de existir es darse.

Por esto Jesús dice a los judíos: "Yo y el Padre somos uno". Unidad en la deidad, individualidad en la persona, identidad en el ser. Esta afirmación impacta abiertamente a los judíos que le habían preguntado si era el Cristo. Para los enemigos de Jesús, constituía un serio problema no solo la relación que afirmaba tener con el Padre, sino la misma persona divino-humana del Hijo. No se puede entender plenamente quién es Jesús si no se parte, necesariamente, de la condición divina que le corresponde eternamente como Hijo de Dios, segunda persona de la divina Trinidad. No será posible entender la vida de Jesús en el desarrollo de su actividad entre los hombres si no se parte de su eterna deidad. Hay acciones de Jesús, palabras, enseñanzas que solo son posibles desde su condición divino-humana. Por ello, la vida del Señor en el mundo de los hombres es única e irrepetible. Solo Él es de esa forma y solo Él lo será en el futuro. Ningún hombre jamás ha estado vinculado a la deidad como Jesús; ninguno impecable como

Él; ninguno adorable. Jesús es el ejemplo y modelo, no del hombre, sino de la nueva humanidad en el propósito de Dios. Por medio de Él y en Él, el hombre se diviniza, en el sentido de venir a ser participante de la divina naturaleza (1 P. 1:4), sin que ello signifique que el hombre llegue a ser Dios. Sólo en Jesús, Dios alcanza la plenitud de la criatura, haciéndose como ella, al incorporar en subsistencia personal una naturaleza humana que permite al Verbo de Dios venir a la condición de hombre y a la forma de siervo (Jn. 1:14; Fil. 2:6-8). Eso cambia la historia de la humanidad en forma absoluta. Los judíos esperaban un Mesías con ansia e impaciencia, y cuando Jesús vino y realizó la obra mesiánica profetizada no encontró acogida, sino rechazo, por cuanto el Logos brilló en las tinieblas, pero estas no lo recibieron, y en esas tinieblas resplandeció para los suyos, y los suyos, entenebrecidos, no lo recibieron (Jn. 1:5, 11). Sin embargo, Jesús, el Salvador que es escándalo a los judíos, es el Buen Pastor que va delante de las ovejas que, siendo del Padre, le fueron entregadas por Él. Es, pues, necesario conocer a Jesús en su plenitud, pero también en su condición humana, que no puede desvincularse jamás de la divina, por cuanto son dos subsistencias en una misma persona. Conocer a Jesús y su vida humana conduce a la comprensión del aspecto antropológico del misterio de redención. Conocer la vida de Jesús es seguir la ruta de la deidad en su revestimiento humano, en el supremo encuentro de gracia entre Dios y el hombre, que establece un lazo de vinculación eterna para todo aquel que crea. Esa comprensión debe alcanzarse manteniendo visible, en la consideración de la vida humana del Jesús de Nazaret, su condición divina que proviene de la eterna persona del Hijo de Dios. El gran misterio final en esta comprensión es llegar a entender con claridad que Jesús es Hijo de Dios e Hijo de María, vinculando este lazo último a la condición humana y el primero a la divina que eternamente tiene, de modo que podamos alzar la inalcanzable dimensión del Emanuel: Dios con nosotros.

Cada una de las personas divinas es el único Dios verdadero. Aunque lo relacionado con la persona del Hijo y del Espíritu se considera en mayor extensión en los volúmenes dedicados a cristología y neumatología, se debe indicar lo general en este lugar al estar vinculado con la unidad de personas en el único Dios.

**Dios el Padre**

Se ha considerado antes en relación con el conocimiento de la deidad y no es necesario aquí más que afirmar que la deidad de la primera persona está abiertamente reconocida en la doctrina bíblica, enseñada por profetas y apóstoles, y aceptada sin reserva alguna por la Iglesia desde su origen. Por esa razón, cuantas veces aparece el término Dios sin artículo o sin cualificación alguna —especialmente en el Nuevo Testamento— se refiere al Padre.

La verdad relativa a la primera persona es que, como las otras dos, es el único Dios verdadero. Así la identifican muchos textos tanto en el Antiguo como en el Nuevo Testamento. Así se escribe que "solo Dios es bueno" (Mr. 10:18), y que Dios, el Señor, es el único Dios, mencionando incluso una cita del Antiguo Testamento (Mr. 12:29, con Dt. 6:4). El apóstol Pablo afirma que frente a los ídolos solamente hay un Dios (1 Co. 8:4), puntualizándolo luego dos versículos más adelante en la misma epístola (1 Co. 8:6). Se llama a Dios *el rey de los siglos*, y se añade que es el único Dios (1 Ti. 1:17). Mediante una pregunta retórica, Santiago enseña también que Dios es uno (Stg. 2:19). Jesús enseñó esta verdad cuando dijo en su oración, al final de la última cena: "Esta es la vida eterna, que te conozcan a ti, el único Dios verdadero" (Jn. 17:3).

El título Padre caracteriza y se aplica únicamente a la primera persona, lo que lo distingue absolutamente de las otras dos, puesto solo una, la primera, puede ser Padre.

En una serie de pasajes se aprecia la diferencia entre el Padre, al que se llama Dios, y la distinción como persona de Jesucristo (cf. Mt. 23:9; Mr. 10:18; 1 Co. 8:6; Gá. 3:20; Ef. 4:6; 1 Ti. 2:5). En algunas citas se le llama también Padre (Mt. 23:9; 1 Co. 8:6; Ef. 4:6).

Lo que constituye al Padre como persona divina, esto es, como Dios Padre, es el acto vital y eterno de expresar su Logos, pero ni el Logos puede vivir sin el Padre que lo engendra, ni el Padre puede vivir sin pronunciar el Logos que lo manifiesta. La subordinación en cuanto a deidad no existe, puesto que las personas divinas son inmanentes.

Aunque el concepto de padre fue aplicado a Dios por los filósofos griegos de influencia platónica, estos lo relacionaban especialmente con el bien, cosa absolutamente contraria al concepto cristiano de Padre. La propia teología hebrea consideraba a Dios como Creador y, por tanto, como Padre de la creación y del hombre; de ese modo se expresa el profeta: "Ahora pues, Jehová, tú eres nuestro padre; nosotros barro, y tú el que nos formaste; así que obra de tus manos somos todos nosotros" (Is. 64:8). Los israelitas consideraban a Dios como Padre, al ser el que trajo a Israel como nación y pueblo a la existencia, eligiéndolo de entre todos los pueblos de la tierra (Jer. 31:9); por tanto, el pueblo como nación es su hijo (Ex. 4:22; Os. 11:1).

Como es habitual, los liberales procuran disminuir el concepto de Padre con relación a los creyentes, tratando de enseñar que es una extrapolación del concepto y que realmente en los evangelios no hay evidencia del término genérico de Padre para los cristianos en general. Sin embargo, Lucas presenta cuatro textos en el evangelio que sin duda alguna hacen referencia a la paternidad de Dios. "Sed, pues, misericordiosos, como también vuestro Padre es misericordioso" (Lc. 6:36); "Todas las cosas me fueron entregadas por mi Padre; y nadie conoce quién es el Hijo, sino el Padre; ni quien es el Padre, sino el Hijo, y aquel a quien el Hijo lo quiera revelar" (Lc. 10:22), cita donde aparece el término Padre, vinculado primero al Hijo, y luego en general a los hombres. En el modelo de oración aparece nuevamente el término Padre en modo genérico para quienes oran: "Cuando oréis, decid: Padre nuestro que estás en los cielos" (Lc. 11:2). En el mismo entorno, el Señor dice: "Pues si vosotros, siendo malos, sabéis dar buenas dádivas a vuestros hijos, ¿cuánto más vuestro Padre celestial dará el Espíritu Santo a los que se lo pidan?", con una clara vinculación del Padre a la colectividad de creyentes (Lc. 11:13). Un texto en ese mismo sentido pone de manifiesto la condición de Padre de la primera persona: "Porque todas estas cosas buscan las gentes del mundo; pero vuestro Padre sabe que tenéis necesidad de estas cosas" (Lc. 12:30).

Una distinción notable entre la paternidad de Dios en relación con Jesús y la misma relativa a los creyentes está contenida en las palabras de Cristo antes de la ascensión: "Subo a mi Padre y a vuestro Padre, a mí Dios y a vuestro Dios" (Jn. 20:17). No solo están bien distinguidas las relaciones entre personas divinas, sino que se evidencia la deidad de la primera, a la que Jesús llama mi Dios, y que se extiende a los creyentes, vuestro Dios.

**Dios el Hijo**

Muchos textos y pasajes ponen de manifiesto la deidad del Hijo. Según la metodología aplicada antes seleccionamos los textos que lo evidencian.

*Jn. 1:1.* "En el principio era el Verbo, y el Verbo era con Dios, y el Verbo era Dios"[239]. En el principio, cuando Dios creó todo, ya existía el Verbo. Este versículo considerado un poco más extensamente

---

[239] Texto griego: Ἐν ἀρχῇ ἦν ὁ Λόγος, καὶ ὁ Λόγος ἦν πρὸς τὸν Θεόν, καὶ Θεὸς ἦν ὁ Λόγος.

es suficiente para afirmar la deidad del Hijo, como persona divina, limitándose el resto de las referencias a un trato mucho más limitado. Sin ninguna alternativa de lectura, coincidiendo en la oración todos los textos griegos, Juan inicia el evangelio con una afirmación de alto nivel teológico sobre la identidad del Verbo, tomando la referencia al tiempo del principio de todo cuanto existe. La primera frase tiene un paralelismo claro con la primera declaración del Génesis, que refiriéndose al principio de toda la creación, dice también: "En el principio creó Dios" (Gn. 1:1). Sin embargo, debe notarse que principio aquí no tiene que ver directamente con el comienzo del universo, sino que exige que se considere como una existencia anterior a él. De otro modo, este principio es el punto de referencia usado para referirse al existir del Verbo. La referencia a *principio* ha de entenderse como lo que es un existir antes de todo, que necesariamente es un existir eterno, puesto que antes de la creación solo existe Dios, que vive en sí mismo eternamente. Así se entiende también en el Antiguo Testamento, cuando hablando de la sabiduría dice: "Jehová me poseía en el principio, ya de antiguo, antes de sus obras" (Pr. 8:22). A esa eterna vida divina, el Verbo encarnado se referirá cuando pide al Padre: "Aquellos que me has dado, quiero que donde yo estoy, también ellos estén conmigo, para que vean mi gloria que me has dado; porque me has amado desde antes de la fundación del mundo" (Jn. 17:24). Esa referencia al principio toma otra forma expresiva cuando el Señor dijo a los judíos: "De cierto, de cierto os digo: Antes que Abraham fuese, yo soy" (Jn. 8:58). El pensamiento de Juan es muy concreto al decir "en el principio", ya que si todas las cosas van a ser creadas por el Verbo, necesariamente las antecede; por tanto, es eterno. El ser eterno corresponde exclusiva y excluyentemente a Dios. Quiere decir que, al comienzo del evangelio, Juan quiere que los lectores presten atención a Jesucristo, que va a ser anunciado no desde la condición de un mero hombre, sino desde la eternidad que manifiesta su deidad, como va a decir al final del versículo. El Verbo no es, como algunos herejes afirman, un ser creado, sino el increado y eterno Dios.

Sigue luego el verbo *ser* en la forma del imperfecto de indicativo en voz activa, lo que indica una existencia continuada en una determinada manera; es decir, Jesús, de quien va a tratar el evangelio, era en el principio, de manera que la preexistencia del Logos se pone de manifiesto. No vino a ser en algún momento; así fue eternamente. Esa es la razón del uso del imperfecto que se contrapone al aoristo en que este es puntual y definitivo, ya que lo que se pretende es vincular al Verbo con la deidad, que ya introduce desde aquí la vida en el ser divino, en una subsistencia personal en la que eternamente son las tres personas de la deidad. Por esa misma razón, puesto que el verbo está ligado con el principio, claramente debe entenderse como una existencia atemporal donde principio no puede vincularse con el origen de algo, sino que ha de hacerse con la eternidad sin principio. Aquel era, hace notar que el principio desde donde se revela no es un comienzo, sino la visibilidad temporal de lo eterno, donde la atemporalidad se manifiesta y donde el tiempo no corre.

Este que era en el principio es llamado por el apóstol *el Logos*, que con artículo determinado en el texto griego expresa la condición única de aquel a quien se llama de ese modo. Es notable la introducción de un título dado a Jesucristo propio de Juan. Este título no aparece con frecuencia como designación de Cristo. Tanto es así que fuera del prólogo de este evangelio, solo está en este sentido en otro de los escritos de Juan (Ap. 19:13). El nombre de Verbo le pertenece eternamente. Es el título que corresponde al mediador único y divino en el proceso de la acción de la deidad, tanto en la creación como en la revelación y en la comunicación de vida divina. Cristo es el Logos trascendente cuya comunicación comienza en la creación y culmina en la encarnación. La condición de Logos como proyección hacia fuera de la expresión divina establece la conexión entre la divinidad inaccesible y el mundo de los hombres. El Logos, manifestado y encarnado en Cristo, se convierte en principio de intelección de toda la realidad y de toda la historia anterior, a la vez que elemento integrante de todas las verdades parciales, ya que Él es la única verdad. Por eso, como Logos, es el principio de toda inteligibilidad, el motor de toda búsqueda de verdad y de justicia, y el recapitulador de todo. Todas las porciones fragmentarias de la verdad encuentran su plenitud en Cristo. Esa generación del Verbo eterno en el seno trinitario obedece a una procesión de amor en el interior de Dios. Es necesario entender bien que Cristo como persona divina, siendo el Verbo, expresa no solo lo que la persona es en sí, sino la mente suprema del ser divino en todas sus facetas y dimensiones. Es el que, como Verbo, expresa y ejecuta todo el plan de Dios para los tiempos. Es, de otro modo, la Palabra absoluta con la que Dios habla (He. 1:1-3). La revelación de Dios hecho carne (Jn. 1:14). Aquí expresa la absoluta palabra por la que Dios actúa, se revela, comunica, relaciona y salva. Es el discurso absoluto pleno y definitivo que se da a los hombres por medio del Hijo (He. 1:2). El significado de este título exige una aproximación clarificadora en este lugar.

Desde la semántica griega, *Logos* tiene múltiples significados, pero fundamentalmente se usa para referirse al pensamiento interno, y también a la expresión de una idea. Por consiguiente, el término en la Escritura se relaciona íntimamente con el hecho de la autorrevelación de Dios, en la que su pensamiento se comunica por medio de su Palabra. En un sentido contrario al bíblico, los filósofos estoicos consideraban al logos como el principio racional que confería existencia al universo. Para los griegos, el término era adecuado para describir cualquier manifestación del propio ser. Algunos críticos afirman que Juan incorporó esta palabra en el evangelio bajo la influencia helénica o de los gnósticos, aunque esto no puede probarse, quedando como una hipótesis inaceptable a la luz de la Escritura.

La LXX utiliza la palabra con bastante frecuencia en la traducción del Antiguo Testamento. Su uso está presente en dos grupos de versículos. Los primeros tienen relación con actos creativos de Dios, donde la Palabra, el Logos, actúa creando (cf. Gn. 1:1); por eso los cielos se crearon por el Logos, la Palabra de Dios (Sal. 33:6). Del mismo modo, Dios responde al clamor de su pueblo enviando su Palabra para sanarlos y librarlos de la ruina (Sal. 107:20), lo que abre un sentido soteriológico de acción salvadora, que es el gran tema en el evangelio según Juan. En otra apreciación de eternidad, el salmista afirma que la Palabra de Dios permanece eternamente en los cielos (Sal. 119:89). En alguna medida, la idea del envío del Logos a la tierra también está presente (Sal. 147:15). La sabiduría de Dios se expresa por medio del Logos y está con Él eternamente, literalmente "desde antes de sus obras" (Pr. 8:22-31). Es interesante apreciar que el término sabiduría, en este y otros contextos del Antiguo Testamento, deja de referirse a la cualidad de ser sabio, ya que la sabiduría está personificada y posee una existencia que la diferencia de Dios en cuanto a que es persona e incluye una relación personal con la creación. Pero también se usa el término *Logos* para referirse al mensaje que Dios da por medio de los profetas. Una expresión común es la de "la Palabra de Dios vino sobre mí"[240] (cf. Ez. 1:3; Am. 3:1). Se aprecia que en todos los casos en que ocurre *Logos* es una expresión que produce un resultado o una acción.

La palabra, el Logos, en el Nuevo Testamento, está relacionada muchas veces con el Evangelio, el mensaje de la Buena Noticia (cf. Lc. 8:11; 2 Ti. 2:9). Pero el Evangelio proclamado por los apóstoles es esencialmente Cristo mismo. Así lo entendía el apóstol Pablo, que predicaba a Cristo crucificado (1 Co. 1:23). Esto establece una

---

[240] En el griego: καὶ ἐγένετο λόγος Κυρίου πρός πρός αὐτόν.

estrecha relación con el Logos de este primer versículo de Juan. Jesús anunció en su mensaje el logos del reino: la palabra del reino[241] (Mt. 13:19). Aun sin mencionar directamente el término, otros escritos del Nuevo Testamento se identifican plenamente con la idea central del prólogo de Juan. De este modo, el apóstol Pablo, haciendo notar a los creyentes de Colosas la supremacía de Cristo, lo presenta como Creador y dador de la paz y reconciliador consigo de todas las cosas sobre la base de la obra de la cruz (Col. 1:15-20). Ese es también el pensamiento del escritor de la epístola a los Hebreos (He. 1:1-4). Quiere decir esto que el término, aunque típico de Juan, tiene una aplicación teológica por más escritores del Nuevo Testamento.

El sustantivo Logos procede de la misma raíz del verbo λέγω, que tiene un amplio significado, como hablar, decir, referirse, preguntar, responder, ordenar, afirmar, asegurar, contar, llamar, proponer, etc. Aparentemente, este verbo, con el sustantivo derivado, podría vincularse al hebreo *'amar*, que significa *decir*, de donde proviene *'imrah*, que equivale a *dicho*, y en cierta medida recuerda el término griego ῥῆμα, *palabra, dicho*. Pero la raíz de las palabras hebreas y de la griega por afinidad de consonantes indica el dicho como mera expresión más que como una realidad expresada. El término Logos connota un mensaje que en Cristo es un mensaje de vida, esto es, un mensaje de vivas realidades. Especialmente en el Salmo 119, cuyo tema central es la Palabra, el Logos escrito es elemento de limpieza (v. 9); de vida (v. 25); de sustento (v. 28); digna de crédito porque es palabra de verdad (vv. 42-43); de consuelo (v. 50); de luz para el camino (v. 105); digna de la esperanza (v. 114).

Todo esto en la completa totalidad de la Palabra de Dios está comprendido, pero en forma absoluta en él. Jesús es el Verbo personal del Padre; en la Palabra viva y activa, el Padre expresa su interior, es decir, todo cuanto es, tiene y hace; por tanto, el Logos es la expresión exhaustiva del Padre. Debe tenerse en cuenta que el verbo *expresar* es el frecuentativo del verbo *exprimir*, de modo que cuando nos expresamos, exprimimos nuestra mente para formar un logos que defina lo que pensamos en su concepto pleno. Esto tiene una consecuencia conclusiva: para expresar algo, hay que tener una mente rica en contenido conceptual. De modo que, si el Logos personal del Padre es divino, como el Padre, según enseña Juan en el texto, es por tanto infinito y exhaustivo, capaz de expresar en la dimensión plena y absoluta el pensamiento, la posesión y la acción del Padre, siendo la Palabra que

---

[241] Texto griego: τὸν λόγος τῆς βασιλείας.

expresa todo lo que corresponde a la mente del Padre que la expresó. Esto tiene una gran importancia teológica porque una persona infinita como el Padre, con una mente infinita en acción continua, concibe y expresa un Verbo tan infinito y eterno como Él mismo, que lo pronuncia. Por tanto, demanda la existencia única de un solo Verbo, puesto que si pudiese haber más, o el Padre tuviese más de uno, ninguno de ellos expresaría con perfección la esencia, la mente y los propósitos del Padre. Por esa causa, es el único revelador adecuado para Él. Este Verbo es el que, al hacerse hombre (Jn. 1:14), traduce al Padre al lenguaje humano, expresándolo en plenitud y haciendo la correcta exégesis de Él (Jn. 1:18); por tanto, es la única verdad personal del Padre (Jn. 14:6). A causa de esto, solo Jesús tiene "las palabras de Dios" (Jn. 3:34), que son "palabras de vida eterna" (Jn. 6:68). Jesús, como Verbo eterno, nos da la revelación definitiva y final del Padre. Esa es también la causa por la que todas las promesas de Dios son, en Jesús, sí y amén (2 Co. 1:19-20). Por ser el único Verbo en revelación de Dios, no solo es sí y amén como garante de las promesas de Dios, sino todavía más: Jesús es Dios en estado de amén, puesto que tiene una sola palabra, y "Él permanece fiel; Él no puede negarse a sí mismo" (2 Ti. 2:13). El Logos divino como única y definitiva Palabra de Dios "permanece para siempre" (cf. Is. 40:6-8; Dn. 6:26; He. 7:24; 1 P. 1:23-25). La mente del Padre está siempre activa; por tanto, eternamente está expresando el Logos revelador de su pensamiento, todo lo existente, pasado, presente y futuro.

Genera esto una dificultad teológica: si solo la primera persona divina es la que expresa el Logos, las otras dos están en silencio. En ningún modo, puesto que muy al principio la Biblia presenta una deliberación *ad intra*, esto es en la intimidad de la trina deidad (Gn. 1:26). Pero solo el Padre al pronunciar su Logos genera, sin principio de vida, por vía de generación mental, a la segunda persona divina, que personifica la mente del Padre. Ahora bien, la expresión de la mente del Padre es exhaustiva, es decir, agota en Él su plenitud mental y da procedencia al Verbo, que es consustancial con Él mismo. Por eso el Verbo no puede engendrar otro Verbo, porque recibe una mente que ya agotó su expresión personal.

Otro aspecto que debe quedar claro al entrar en esta verdad que Juan expresa es que podría pensarse que, si el Logos es expresado por el Padre, depende de Él en su existencia propia, puesto que solo hay Verbo cuando alguien lo pronuncia. Esto conduciría a una dependencia y subordinación de la segunda con la primera persona. Debe afirmarse que no hay dependencia alguna o subordinación del Verbo al respecto del Padre que lo pronuncia porque, si la Palabra subsiste del Padre que la pronuncia, el Padre, aunque no vive de la Palabra, sí vive de pronunciarla. De otro modo —como se dijo antes— lo que constituye al Padre como persona divina, esto es, como Dios Padre, es el acto vital y eterno de expresar su Logos, pero ni el Logos puede vivir sin el Padre que lo engendra, ni el Padre puede vivir sin pronunciar el Logos que lo manifiesta. La subordinación en cuanto a deidad no existe, puesto que las personas divinas son inmanentes.

En el versículo que se considera, la segunda oración de la cláusula es posicional, expresando la situación del Verbo en relación con el Padre. Debe notarse el uso del artículo determinado *el*[242], que precede al sustantivo *Logos*. Se trata del único Logos divino. En este hemistiquio, Juan quiere hacer notar una distinción entre el Verbo y el Padre. La traducción "el Verbo era con Dios"[243] expresa muy limitadamente lo que el escritor pretende dar a entender. La preposición *con*[244] tiene aquí un sentido de orientación o dirección, cuyo significado adquiriría una mayor precisión si se utilizara la preposición *cabe*, que si bien está en desuso, significa *cerca de, junto a*; por tanto, el sentido es que el Verbo estaba *frente a frente* con el Padre. Lo que Juan quiere dar a entender es que el Verbo estaba en una proximidad interna, íntima, de persona a persona, en su vida *ad intra*. Generalmente en el griego clásico es difícil encontrar la preposición πρὸς con acusativo, en sentido de *en presencia de*, pero en el griego helenístico y en la koiné ese es uno de los usos habituales. Más preciso es entender el sentido de la frase como que el Logos estaba en una determinada relación con Dios. La idea de compañía previa a la creación está contemplada en el evangelio, cuando Jesús habla al Padre sobre la gloria que tuvo con Él antes de que el mundo existiese (Jn. 17:5). Pero también puede hablarse de relación. Un poco más adelante, Juan hará referencia a una determinada posición y orientación del Logos, literalmente hacia el Padre (Jn. 1:18). La relación entre el Logos y el Padre comprende todos estos aspectos y muchos otros, ya que debe considerarse que la relación entre las personas divinas descansa también en la comunión entre ellas.

Juan está introduciendo aquí un concepto novedoso de la teología cristiana: que la vida divina en el ser divino o, dicho de otro modo, en el seno trinitario, es común a las personas divinas. De ahí que el

---

[242] Griego: ὁ.
[243] Texto griego: καὶ ὁ Λόγος ἦν πρὸς τὸν Θεόν.
[244] Griego: πρὸς.

paso siguiente a la eterna existencia del Verbo sea la consideración de vinculación con el Padre, expresada en una forma sencilla: "El Verbo era con Dios". Es decir, el que eternamente existe como Verbo debe su personificación a la relación con el Padre. Dios no es una persona, sino un ser. Por tanto, las personas divinas no son individuos de la especie divina, ya que entonces serían dioses, por muy relacionados que estuviesen, pero la revelación bíblica da a entender que las personas divinas son un solo Dios. Esto implica entender que el Padre y el Verbo no se distinguen por absoluto (*ad se*) —esencia, cualidades, actividades, etc.—, sino solo por la respectiva relación entre ellas que las constituye al oponerse (*ad alium*) respectivamente como principio y término de la procesión que las establece como personas. Por esta relación, el Padre se distingue realmente del Verbo, siendo este el término de la generación de la que es principio el Padre. De igual modo, el Hijo se distingue del Padre porque la filiación que lo constituye como persona lo pone junto con el Padre, o frente a Él, en una distinción personal. Quiere decir esto que ser principio o término de una procesión intratrinitaria distingue a las personas divinas entre sí. Pero, como el ser divino es infinito, así también la distinción personal lo es. El Padre se constituye como persona que se distingue de la del Hijo ya que, en Él, ser Padre se identifica también con ser Dios. Es Padre divino porque es Dios que engendra eternamente. A su vez, el Hijo es totalmente Hijo porque su existencia como persona divina está ligada al hecho de ser eternamente engendrado por el Padre, pero a la vez es el definitivo término generativo.

El sentido teológico de la verdad expresada por Juan en esta frase es muy elevado. En la identificación de Dios como Padre y del Logos como Hijo, relaciona a las dos personas divinas con la naturaleza divina que les es común a ambas, por lo que el Padre no puede serlo sin ser Dios, y del mismo modo el Hijo. Por consiguiente, se aprecia un aspecto de totalidad integradora en cada persona divina, junto con el aspecto de distinción o identificación absoluta. El Padre y el Verbo no pueden ser comparables con la relación e identificación humana, puesto que en Dios no cabe composición, estando por encima de todos los géneros y especies que determinan la vida creada. Por esa razón, la suprema trascendencia es la trascendencia divina.

Juan habla de la unidad vinculante en la Santísima Trinidad, a la vez que se mantiene la distinción personal de cada una de las personas divinas. Esta vinculación de vida aparece claramente en el versículo: "El Verbo era con Dios". De otro modo, el Verbo no podría ser Dios si no estuviese en la intimidad participativa de la vida divina. Pero tampoco podría ser persona sin la relación de procedencia del Padre, ya que el Padre vive como persona de decir la Palabra (el Verbo) y el Verbo vive del Padre que lo expresa y, expresándolo, lo engendra. Esto debe entenderse claramente: el verbo engendrar en este sentido no tiene que ver con origen, sino con procedencia y relación. Por todo esto, el apóstol podrá decir en otro de sus escritos: "Todo aquel que niega al Hijo, tampoco tiene al Padre" (1 Jn. 2:23). Si no hay el Verbo, tampoco puede haber el Padre que lo expresa; por tanto, la existencia de uno está ligada a la del otro.

Concluyendo la gran verdad revelada en la frase de Juan, debe entenderse que, en el seno trinitario, el Dios uno que subsiste en tres maneras distintas, es referenciado aquí, por interés del escritor, en dos de esas subsistencias, la del Padre y la del Verbo, que son distintos como relaciones opuestas; de ahí que estas dos no son el mismo, pero sí son lo mismo; son distintas personas, pero son el mismo y único Dios. Es necesario entender que la persona divina, tanto la del Padre como la del Verbo, connotan relaciones correspondientes a cada una de ellas, que no surgen por decisión libre, sino necesaria. Juan dice "el Verbo era con Dios", de manera que esa relación de comunión no es opcional, sino real y vital, en la que el uno no puede existir sin el otro. De otro modo, el Verbo está con Dios en sentido de relación, y junto a Dios como está en la mente una palabra. A causa de esta unidad de naturaleza, todo el Padre está en el Verbo y todo el Verbo está en el Padre. Ninguno de los dos está fuera del otro porque ninguno precede a otro en eternidad, ni lo excede en grandeza, ni lo supera en potestad.

El apóstol concluye este denso primer versículo del evangelio haciendo una afirmación definitiva sobre la deidad del Verbo. Mediante una estructura gramatical simple, pero completa, afirma que el Verbo que era en el principio, que estaba en unidad con Dios, es también Dios. Literalmente se lee: "Y Dios era el Verbo"[245].

Algunos que niegan la deidad del Verbo traducen el versículo poniendo el artículo indefinido *un* delante de Dios, para decir: "El Verbo era un Dios". Aparte del problema gramatical que desestructura la frase, puesto que en griego no existe el artículo indeterminado o indefinido, esto contradice la verdad del texto. Si hubiera un artículo determinado delante de Dios, esto es, si se leyese "y el Dios era el Verbo", Juan estaría diciendo que solo el Verbo era Dios. Antes mencionó la relación entre el Padre y el Verbo, así que, siguiendo con la misma verdad, no puede decir aquí que el Verbo era un Dios, sino que

---

[245] Griego: καὶ Θεὸς ἦν ὁ Λόγος.

afirma taxativamente la deidad del Verbo. Quienes quieren negar esta verdad que comporta la existencia eterna del Verbo, sin origen, sin creación, tienen que explicar mediante subterfugios y argucias lo que no dice el texto. Juan habla de la existencia del Verbo en el principio, lo que no tiene que ver con comienzo, sino con la eterna dimensión de la vida divina, como se considerará más adelante.

El término *Dios*[246], sin artículo, tiene que considerarse como predicado, y describe la naturaleza de la Palabra. Juan afirma que el Verbo era Dios, aunque no es la única persona de la que puede hacerse esa afirmación, ya que cada una de las personas divinas es también Dios verdadero y único. Reiterando lo que se dijo antes, si el artículo determinado estuviera presente delante de Dios, esto significaría que no existía ningún ser divino fuera de la segunda persona. La intención del apóstol es que este versículo proyecte la luz definitiva y el enfoque pleno en la consideración de Jesús que pueda responder a la pregunta capital de quién es Él. La respuesta será directamente dependiente de este versículo, donde se aprecia la deidad de quien para los hombres era un mero hombre. Si Jesús no fuese Dios, el mensaje del Evangelio sería estéril y la salvación imposible.

El título Dios aplicado a Cristo supone un avance notable en la cristología de la Iglesia primitiva contra las observaciones de que no era posible una evolución del dogma en un tiempo tan temprano. Sin embargo, el Nuevo Testamento llama explícitamente Dios a Jesús en tres textos, dos de los cuales proceden de Juan (1:1; 20:28; He. 1:8-9). También ocurre en 1 Jn. 5:20, donde la construcción de la frase pudiera orientarse hacia el Padre, pero sería muy improbable, puesto que solo tiene sentido si el antecedente inmediato es Jesucristo. Igualmente está en Ro. 9:5, si bien la puntuación determinaría el sentido del versículo conforme se haga. En el Nuevo Testamento ocurren referencias a Cristo que solo pueden ser hechas entendiendo su deidad. Así, Pablo afirma que Él "existía en forma de Dios" (Fil. 2:6) y que era "la imagen de Dios" (Col. 1:15). Los títulos de Señor, Hijo y Verbo, determinan que a Jesús se le puede y debe llamar Dios, como Cullmann escribía:

> La forma en que el Nuevo Testamento emplea los títulos *Kyrios*, *Logos* e Hijo de Dios muestra que, partiendo de la cristología implicada en ellos, a Jesús se le puede llamar Dios. Cada uno de estos títulos permite llamar a Jesús Dios: Jesús

---

[246] Griego: Θεὸς.

es Dios como soberano presente que desde su glorificación rige la Iglesia, el universo y la vida entera de cada individuo (*Kyrios*). Es Dios como revelador eterno que se comunica a sí mismo desde el principio (*Logos*). Es Dios, en fin, como aquel cuya voluntad y acción son perfectamente congruentes con la del Padre, del que proviene y al que vuelve (Hijo de Dios). Incluso la idea del Hijo del Hombre nos ha conducido a la divinidad de Jesús, pues en ella Jesús se presenta como única y verdadera imagen de Dios. Por eso, a la pregunta de si el Nuevo Testamento enseña la divinidad de Cristo, hemos de responder afirmativamente.[247]

La divinidad debe ser entendida desde la filiación. Jesús es verdadero Dios porque es Hijo de Dios por generación eterna y comparte la misma vida que Él. En la encarnación, no llega a ser Hijo, sino que lo es eternamente. Esto se considerará más directamente en los versículos que de forma explícita usen el título Hijo. Esta base bíblica de la verdad de que el Verbo es Dios conducirá a la comprensión de la condición divino-humana de Jesucristo, el Hijo de Dios, en el evangelio.

Dejando ya la reflexión sobre el versículo, la conclusión de Juan es que el Verbo participa de la esencia divina. Por esa misma razón, es tan Dios como el Padre (1 Jn. 5:20), pero, en el hemistiquio anterior, preparó el tránsito hacia esta posición que enseña la deidad de Cristo, refiriéndose a la comunión en unidad con el Padre, ya que el Verbo estaba con Dios; más adelante vendrá a expresar esta unidad esencial cuando diga que Cristo y el Padre son uno (Jn. 10:30).

*Jn. 1:18.* "A Dios nadie le vio jamás; el unigénito Hijo, que está en el seno del Padre, él le ha dado a conocer"[248]. En algunos mss. en lugar de "el unigénito Hijo" se lee "el unigénito Dios". En cualquier caso, la deidad del Hijo está implícita, sea cual sea la lectura que se adopte. Juan afirma que el Hijo está en el seno del Padre. La preposición que aparece es la misma que en el versículo primero; aquí el Hijo está hacia el seno del Padre, esto es, en íntima comunión en el ser divino. Como Verbo, que es también Hijo, conoce al Padre de forma infinita y absoluta, por lo que puede hacer la exégesis perfecta que pone al Padre al alcance del conocimiento humano, que solo una persona divina puede hacer (cf. Mt. 11:27; 2 Co. 2:10-11).

---

[247] Cullmann, 1965, p. 391.
[248] Texto griego: Θεὸν οὐδεὶς ἑώρακεν πώποτε· μονογενὴς Θεὸς ὁ ὢν εἰς τὸν κόλπον τοῦ Πατρὸς ἐκεῖνος ἐξηγήσατο.

*Jn. 20:28.* "Entonces Tomás respondió y le dijo: ¡Señor mío, y Dios mío!"[249]. Los arrianos, antiguos y modernos, han procurado desvirtuar la construcción gramatical para evitar que se considere como un vocativo. Sin embargo, el uso de nominativo con artículo, como ocurre aquí, es la forma que se usa muchas veces tanto en el griego clásico como en la koiné para la construcción del vocativo. Es una confesión de fe: Jesús es Señor y es Dios. Es notable observar que a Cristo se le llama Dios solo en este evangelio, bien directamente (Jn. 1:1) —en varios textos griegos aparece también en lugar de Hijo, así se lee *el Unigénito Dios* (Jn. 1:18)—, bien en explicaciones (Jn. 5:18; 10:33). El vocativo se usa para nombrar sin vinculación, como si se tratase de un nombre propio con el que puede llamarse; por tanto, no es necesario aquí acompañarlo de signos de admiración, aunque refleja correctamente la expresión de Tomás. Lo que el discípulo está diciendo acerca de Jesús es que es el Señor y Dios suyo. Es muy interesante el uso de los pronombres personales de vinculación. Jesús —dice Tomas— es mi Señor y mi Dios. No en posesión, como si fuese suyo únicamente, sino en relación. Jesús es el Dios y el Señor de Tomas. Magnífica confesión de la deidad de Cristo. La fe transciende al hecho en sí de la resurrección de uno de entre los muertos para introducirla en la condición divina del resucitado. En la vinculación por fe con Él se aprecia inmediatamente su deidad. Los títulos Cristo, Señor, Hijo de Dios que da el Nuevo Testamento a Jesucristo explican la filiación como procedencia eterna del Padre, de su esencia y no de su voluntad. De ahí que Jesucristo comparte la misma vida, conciencia y potestad que el Padre. La gloria de Dios es la gloria de Cristo, la verdad de Dios es también la de Cristo. El hecho de la humanidad de Jesús y de la resurrección corporal del Hijo de Dios expresan la incomprensible donación de Dios al hombre; por consiguiente, el que dona y el que se revela han de ser Dios. En Jesucristo, el Logos y el hombre se han unido para siempre. Tomás lo ha percibido y proclama ante todos lo que es base de la fe cristiana: Jesús es nuestro Señor y nuestro Dios.

*Ro. 9:5.* "De quienes son los patriarcas, y de los cuales, según la carne, vino Cristo, el cual es Dios sobre todas las cosas, bendito por los siglos. Amén"[250]. Especialmente el arrianismo ha tratado de hacer

---

[249] Texto griego: ἀπεκρίθη Θωμᾶς καὶ εἶπεν αὐτῷ· ὁ Κύριος μου καὶ ὁ Θεός μου.
[250] Texto griego: ὧν οἱ πατέρες καὶ ἐξ ὧν ὁ Χριστὸς τὸ κατὰ σάρκα, ὁ ὢν ἐπὶ πάντων Θεὸς εὐλογητὸς εἰς τοὺς αἰῶνας, ἀμήν.

ver que el texto no puede referirse al que vino según la carne, sino a Dios, considerando este texto como una doxología dependiente, es decir, una doxología que no nace y se extingue sin vinculación antecedente o consecuente. Pero debe observarse que, seguida a la primera cláusula —"de quienes son los patriarcas, y de los cuales, según la carne, vino Cristo"— aparece una construcción con el artículo determinado ὁ, *el*, seguido de ὤν, que es el caso nominativo masculino singular del participio del presente en voz activa del verbo εἰμί, que siendo un participio articular tiene que referirse necesariamente al sujeto de toda la oración, que es Cristo. Por tanto, es un contrasentido gramatical que el participio articular se establezca pensando en otro sujeto que no sea el inmediato antecedente.

El análisis textual permite alcanzar el sentido de la frase, en la que el apóstol califica a Jesús, de quien dijo que era descendiente de los patriarcas "según la carne"; por tanto, si en su humanidad —según la carne— es descendiente de Israel, hay otro aspecto diferente del de su carne, que no puede ser sino la deidad de su persona. La reflexión cristológica de Pablo lo establece así en otros escritos suyos. Especialmente notable es el párrafo cristológico de la epístola a los Filipenses, del que se ha hecho mención varias veces. En él afirma que el que "fue obediente hasta la muerte, y muerte de cruz" (Fil. 2:8), tomando para ello la "forma de siervo" y haciéndose "semejante a los hombres" (Fil. 2:7), murió y fue sepultado. Pero también enseña que el que murió fue resucitado y Dios "le exaltó hasta lo sumo, y le dio un nombre que es sobre todo nombre" (Fil. 2:9). Ese nombre, expresivo de la persona, le sitúa en el plano de la deidad, ejerciendo soberanía divina sobre todo (Fil. 2:10). Pero además se le da un título divino: "Y toda lengua confiese que Jesús es el Señor" (Fil. 2:11). El nombre Señor[251] es uno de los títulos propios de la deidad. Aquel Jesús de Nazaret oró a su Padre, desde su condición de hombre, pidiendo la restauración de la gloria que "tuve contigo antes que el mundo fuese" (Jn. 17:5). Ninguna gloria antecedente a la creación es posible, sino en el mundo de la deidad. El Señor pide que a su humanidad, que vela la gloria de la deidad, pero que la manifiesta en las acciones que solo Dios puede hacer, se la revista de la gloria que corresponde a su persona divina y, por tanto, a la eterna naturaleza divina. La resurrección de Cristo, la dotación del cuerpo de resurrección y de glorificación, hacen posible el proceso de manifestación en su humanidad glorificada, de la eterna gloria y autoridad propia de su persona divina. Este

---

[251] Griego: Κυρίος.

glorificado Señor, dice Pablo, es "Dios bendito sobre todas las cosas" conforme a su condición de Señor exaltado hasta lo sumo.

No es una novedad en este versículo la referencia a Cristo como Dios bendito. Juan hace referencia a ella cuando dice que "en el principio era el Verbo, y el Verbo era con Dios, y el Verbo era Dios" (Jn. 1:1), para añadir en el mismo pasaje que "aquel Verbo fue hecho carne, y habitó entre nosotros" (Jn. 1:14). El escritor de la carta a los Hebreos pone en boca de Dios palabras del Salmo, dirigidas a su Hijo Jesús, llamándolo sin ambages *Dios*: "Mas del Hijo dice: Tu trono, oh Dios, por el siglo del siglo" (He. 1:8). Así dice también Juan: "Pero sabemos que el Hijo de Dios ha venido, y nos ha dado entendimiento para conocer al que es verdadero; y estamos en el verdadero, en su Hijo Jesucristo. Este es el verdadero Dios, y la vida eterna" (1 Jn. 5:20). Este Jesús tiene derecho de ser tratado como Dios porque "existía en forma de Dios" (Fil. 2:6), cuya forma solo es posible si es verdaderamente Dios. Jesús es también la "imagen del Dios invisible" (Col. 1:15). De otro modo, si se le da a Jesús el título de Señor, no hay ninguna razón para no aplicarle también el de Dios. Cuando el Nuevo Testamento emplea para referirse a Jesús los títulos de Señor, Verbo e Hijo de Dios, está demostrando que se le puede y debe llamar Dios.

*Fil. 2:6.* "El cual, siendo en forma de Dios, no estimó el ser igual a Dios como cosa a que aferrarse"[252]. Es necesario prestar atención a una palabra clave en el versículo, la voz griega *forma*[253], de cuyo sentido depende en gran medida la verdad que sigue. Hay tres maneras de entenderla: a) Como expresión de carácter específico, ser íntimo que se exterioriza, pero que es una realidad absoluta, que contrasta con otra palabra que se traduce también por *forma*[254] como ejemplo exterior de algo; de otro modo, lo que sería apariencia, en este versículo *forma* estaría haciendo referencia a la misma naturaleza de Dios, con todas sus perfecciones y atributos. La mayoría de los Padres de la Iglesia y comentaristas antiguos, entre los que se puede citar a los escolásticos[255], entiende que la palabra denota una descripción de la deidad de Cristo. Pero también modernos exégetas lo entienden del mismo modo[256]. Las razones que permiten afirmarse en esta interpretación de la palabra *forma* son: a) En la terminología paulina,

---

[252] Texto griego: ὃς ἐν μορφῇ Θεοῦ ὑπάρχων οὐχ ἁρπαγμὸν ἡγήσατο τὸ εἶναι ἴσα Θεῷ.
[253] Griego: μορφή.
[254] Griego: σχῆμα.
[255] Entre otros, Tomás de Aquino, Cayetano, Novarino, Estío.
[256] Entre otros, Lightfoot, Plummer, Schummacher, Knab, Médebielle, Cerfaux.

la palabra retiene fundamentalmente el sentido filosófico de esencia o elemento esencial, que solo es perceptible al intelecto, como decía Platón: "Dios permanece siempre sencillamente en su forma"[257]. b) El contexto posterior, donde nuevamente aparece *forma* haciendo referencia a siervo (Fil. 2:7), designa la naturaleza humana de Jesucristo en misión de servicio; luego, no cabe duda de que el escritor usa la palabra en el mismo párrafo con el mismo sentido; *forma de Dios*, es una referencia precisa a la naturaleza divina. c) En todos los escritos paulinos el uso de la palabra implica algo íntimo, personal y estable, lo que la contrasta manifiestamente con la otra expresión para *forma*[33], que denota algo que puede cambiar; por tanto, algo inestable. Así, cuando habla del nuevo nacimiento y de la regeneración, usa la primera y no la segunda (cf. Ro. 8:29; 12:2; Gá. 4:19). d) Dios no puede tener otro modo de existencia que la forma, que en su caso es también su naturaleza[258], manera de ser.

Para entender el sentido de la palabra forma y de toda la frase, debe notarse que Pablo no está presentando un contraste entre la naturaleza divina y humana de Jesucristo, sino entre la forma de Dios y la del siervo. Por tanto, la palabra *aquí* no indica una mera apariencia, sino la exteriorización de la esencia real del ser; así, debe dársele la acepción de manera de ser íntima, que no es otra cosa que la manifestación constitutiva del ser. Al referirse al Cristo preexistente, la forma de Dios no puede ser otra que la razón misma del sujeto, de manera que viene a significar la naturaleza divina de Jesús. La forma está relacionada con y deriva de la naturaleza, pero no se identifica con ella, pudiendo despojarse de su forma, pero no de su naturaleza. De hecho, Jesús se vació de una forma para manifestarse en otra. Sin embargo, forma exige siempre la presencia de atributos esenciales. Pablo afirma que Cristo existía en forma de Dios, lo que quiere decir que su eterna preexistencia es divina, o sea, Cristo es eternamente Dios. Aunque no hubiera otras evidencias y expresiones de fe, sería suficiente esta para afirmar la deidad de Cristo.

Sólo Dios puede existir en forma de Dios. La deidad de Cristo es afirmada continuamente y manifestada en Él como Verbo eterno de Dios, que expresa absoluta e infinitamente a Dios porque es Dios (Jn. 1:1). Esta deidad se manifiesta en Jesucristo en razón de ser el Hijo de Dios, Unigénito del Padre, el único de esa condición (Jn. 1:14). La forma eterna de Dios se hace visible en Cristo, no por ser un modelo

---

[257] Platón, *La república*, 2,38ic.
[258] Griego: φύσις.

para revelarlo, sino por ser la imagen del Dios invisible, lo que habla de consustancialidad al tener la misma esencia divina del Padre y del Espíritu (Col. 1:15). Además, se hace visible en Cristo a causa de ser el resplandor de la gloria del Padre (He. 1:3). No podría dejar de apreciarse en el Señor, por ser la misma imagen o impronta de la sustancia del Padre (He. 1:3). La forma de Dios tiene que ver con la gloriosa presencia de la deidad en su majestad imponente (Jn. 17:5), gloria que fue vista por los hombres (Jn. 1:14), antes revelada en visión a los profetas (Is. 6:1) y luego a Juan en Patmos (Ap. 1:14-16).

No puede entenderse la obra de Jesucristo sin determinar antes quién es, de dónde vino y cómo pudo llevar a efecto la redención del pecado y la comunicación de la vida divina a los hombres. Toda esta formulación comienza por la preexistencia con la que Pablo introduce este párrafo cristológico. La auto-comunicación, o lo que es también, la auto-entrega de Dios a los hombres en Cristo se hace en solidaridad con nuestro destino de pecadores condenados a eterna perdición. De ahí que la relación de Jesús con Dios en el tiempo, ya que Dios se entrega a los hombres en la economía soteriológica, conduce a entender y creer que esa relación no tuvo origen el tiempo, sino que pertenece a la eternidad en la intimidad misma del ser divino. Como quiera que Cristo, en cuanto a Hijo, pertenece al ser de Dios y no solo al tiempo de los hombres, es normal que pueda apreciarse que la forma de siervo obedece al envío desde el cielo, cuyo desarrollo en la tierra adquiere la dimensión de servicio, pero la unidad de acción es de tal magnitud que Jesús y el Padre son uno, esto es, ambos subsisten en la unidad del ser divino (Jn. 10:30). Así que no es posible entender el misterio de piedad en la obra salvadora, comprendida desde la unidad de propósito divina, si no se cree que Jesucristo preexistía en Dios desde antes de la creación del mundo, desde donde fue destinado a ser el Salvador del mundo (1 P. 1:18-20). La filiación de Jesucristo traslada a la temporalidad humana la eterna condición de Hijo engendrado por el Padre. La enseñanza teológica a este respecto apunta a que, si Dios estaba en Cristo, había en esa identificación unidad del ser y no solo de destino con Dios. Aunque algunos entienden que este discurso de la fe es simplemente una teoría metafísica que argumenta sobre la preexistencia de Jesucristo, ajena a la Escritura y proyectada desde fuera sobre Cristo, la realidad es otra, ya que el fundamento bíblico de la preexistencia la proyecta a la base histórica de la redención, o lo que es igual, al principio vital de la soteriología. Es notable observar que todas las formulaciones que tratan del envío del Hijo por parte del Padre van acompañadas de la preposición causal *para que*, *para*[259], en ellas se aprecia el fundamento de la redención con el envío del Hijo eterno para hacer la obra de salvación (Gá. 4:4-5; Ro. 8:3-4; Jn. 3:16; 1 Jn. 4:9). No cabe extenderse mucho más en esta verdad expresada en la primera frase del versículo: "El cual siendo en forma de Dios". Es cierto que la investigación teológica necesitó un largo tiempo de reflexión y estudio para establecer la relación que Cristo tiene con Dios antes de su existencia terrenal, es decir, elaborar la doctrina sobre la preexistencia. Ahora bien, no puede expresarse esta verdad si no se tiene en cuenta que la preexistencia es, ante todo, algo no temporal, sino relacional, es decir no sobre el tiempo, sino sobre el ser. Dios le constituye a Él y Él constituye a Dios. En su eterna relación el Padre y el Hijo forman una unidad a la que llamamos esencia. Por tanto, el Hijo eterno es Dios y está donde está el Padre eterno. Es preciso entender bien que, engendrado eternamente por el Padre, entra en una existencia humana al ser engendrado en María, pero no surge cuando es concebido y nace de ella, porque su persona es anterior a toda la historia humana.

*Tit. 2:13.* "Aguardando la esperanza bienaventurada y la manifestación gloriosa de nuestro gran Dios y Salvador Jesucristo"[260]. La frase final del versículo es importante en la cristología, al llamar en el texto Dios a Jesucristo. La oración no deja lugar a dudas en el texto griego: se está refiriendo no a dos personas, sino a una, a la que le da el nombre de Jesucristo, y dice de Él que es el gran Dios. Ambrosiaster identifica al Gran Dios con el Padre. Sin embargo, es claro que se refiere a Jesucristo. Entrar en una demostración de esta verdad excede al ámbito propio de este objetivo en este lugar y se adentraría en la cristología. Sin embargo, hay razones que fundamentan esta posición, en la que se identifica al Gran Dios con Jesucristo, el Salvador. 1) La primera es la construcción gramatical del texto griego. Si el Gran Dios fuera una persona distinta del Salvador, se repetiría el artículo, se leería *el Gran Dios y el Salvador*. 2) Cuando se habla de aparición o de manifestación, literalmente *epifanía*, nunca se refiere al Padre, sino a Cristo, el Gran Dios-hombre. 3) Esto es igual en todo el Nuevo Testamento (Mt. 25:31; 1 P. 4:13). 4) En la teología profética, nunca se habla de Dios y del Mesías como que aparecerían juntos, de modo que si el texto tuviese esa distinción sería el único con esa forma. 5) El contexto exige que Pablo hable aquí de la última manifestación

---

[259] Griego: ἵνα.
[260] Texto griego: προσδεχόμενοι τὴν μακαρίαν ἐλπίδα καὶ ἐπιφάνειαν τῆς δόξης τοῦ μεγάλου Θεοῦ καὶ Σωτῆρος ἡμῶν Ἰησοῦ Χριστοῦ.

gloriosa de Cristo. 6) Los Padres de la Iglesia unánimemente interpretan el texto como una referencia solo a Cristo, a quien el apóstol llama *nuestro gran Dios*. Además, dice que este gran Dios es nuestro Salvador. Mayoritariamente, ese título se le da a Jesús. Es cierto que en alguna ocasión debe identificarse con el Padre, como de quien procede el plan de salvación, pero quien hace la obra de salvación y muere por el pecado del mundo es Jesucristo.

*He. 1:8.* "Más del Hijo dice: Tu trono, oh Dios, por el siglo del siglo..."[261]. El versículo se introduce con una expresión que marca contraste con la introducción del texto bíblico del Antiguo Testamento del versículo anterior y el de este. En el anterior, "y de los ángeles", y en este, "más del Hijo", están construidas en el texto griego con dos adversativas diferentes. La del versículo anterior prepara la introducción de una cita sobre los ángeles, de los que viene hablando, mientras que en este establece un contraste marcado entre ellos y el Hijo. La cita está tomada de uno de los Salmos mesiánicos, esto es, aquellos que tienen relación profética con el Mesías; en este caso, es una canción de bodas, un epitalamio, dirigido a un rey de Israel, pero con proyección al rey de reyes, el Mesías, del que viene hablando el escritor de la epístola como Hijo de Dios. En el Salmo se lee: "Tu trono, oh Dios, es eterno y para siempre" (Sal. 45:6). Una expresión semejante solo puede convenir al Mesías, pero en ningún modo se puede aplicar a alguno de los descendientes de David; de ahí que los traductores de la LXX hayan considerado la expresión como vocativo, *oh Dios*, aunque el versículo del Salmo tenga que ver directamente con Dios, que más adelante se presenta como quien unge al Mesías (Sal. 45:7). Con todo, en el Salmo, la figura de la Esposa y del rey son excepcionalmente grandes para adecuarse a ningún canto nupcial propio de la tierra, aunque se trate de un rey, lo que exige una identificación como profecía mesiánica. De ese modo, debe usarse la traducción del nominativo *el Dios*, como vocativo, *oh Dios*. De manera que, a este rey, cuyo trono es eterno, se le llama aquí *Dios*, en vocativo, con lo que se le está atribuyendo al Hijo, de quien es el trono, dignidad divina. ¿Puede considerarse esto como una hipérbole del lenguaje? No, más bien debe planearse determinar si en la traducción griega ha de tomarse *Dios* como vocativo. Para algunos ha sido una acomodación del texto griego. En tal caso, exigiría complementarlo con el verbo *ser*

---

[261] Texto griego: πρὸς δὲ τὸν Υἱόν· ὁ θρόνος σου ὁ Θεὸς εἰς τὸν αἰῶνα τοῦ αἰῶνος, καὶ ἡ ῥάβδος τῆς εὐθύτητος ῥάβδος τῆς βασιλείας σου.

de este modo: "Tu trono *es* Dios, eternamente y para siempre". Pero la expresión vendría a ser todavía más ambigua, dando origen a la idea de que el trono del rey es eterno porque es divino, tal como traduce RSV: "Tu trono divino es eterno y para siempre", ya que si no es un vocativo, entonces se refiere a Dios y no al rey.

Escribe el profesor Bruce:

> La quinta cita, del Sal. 45:6 ss., está ubicada en contraste con la cuarta. El Sal. 45 celebra una boda real; el poeta se dirige primero al novio y después a la novia. Las palabras citadas aquí forman parte de su discurso al novio. No podemos estar seguros si el novio fue un rey del norte o del sur, pero parece más probable que fuera un príncipe de la casa de David. Que se dirijan a él como Dios ha parecido demasiado difícil a muchos comentaristas que buscan evadirlo o justificarlo. La alternativa marginal "tu trono divino es eterno y para siempre" más puede decirse aún para apoyar la traducción de la Septuaginta que nuestro autor reproduce aquí. Más aún, nuestro autor puede haber entendido muy bien "Dios" en el vocativo, dos veces en esta cita; la última cláusula podría haber sido fácilmente entendida: "Por lo cual, oh Dios, te ungió Dios con óleo de alegría más que a tus compañeros". Este no es el único lugar del Antiguo Testamento donde se le habla a un rey, especialmente de la línea davídica, en un lenguaje que solo podría ser descrito como característico del estilo cortesano oriental si solo se interpretara referido al individuo a quien se dirige. Pero para los poetas y profetas hebreos, un príncipe de la casa de David era el vicerregente del Dios de Israel; pertenecía a una dinastía a la cual Dios le había hecho promesas especiales relacionadas con el cumplimiento de su propósito en el mundo. Además, lo que solo era parcialmente cierto acerca de cualquiera de los reyes históricos de la línea de David, y hasta del mismo David, se vería realizado en plenitud cuando aquel hijo de David apareciera; en Él todas las promesas e ideales asociados con esa dinastía tomarían cuerpo. Y ahora, por fin, el Mesías había aparecido. En un sentido más completo de lo que era posible para David o cualquiera de sus sucesores de los tiempos antiguos, a este Mesías se le podía hablar, no meramente como el Hijo de Dios (v. 5), sino verdaderamente como Dios, porque Él era a la vez el Mesías de la línea de David y también el resplandor de la gloria de Dios, y la imagen misma de su sustancia.[262]

---

[262] Bruce, Marshall, Millard, Packer & Wiseman, 1991, p. 20.

## EL SER DIVINO

El pensamiento del escritor, que escribe bajo la conducción divina, determina la interpretación que exige considerar *Dios* como vocativo, designando al Mesías como Dios. Sigue aquí la misma forma usada por Juan para describir la expresión de Tomás ante la presencia del resucitado (Jn. 20:28). A este rey se lo llama Dios. No hace con ello ninguna violencia al texto hebreo del Antiguo Testamento por cuanto es uno de los títulos proféticos para el Mesías (Is. 9:6). La deidad se enfatiza desde la perspectiva de la eternidad, ya que el trono en que se sienta en un trono eterno.

*1 Jn. 5:20.* "Pero sabemos que el Hijo de Dios ha venido, y nos ha dado entendimiento para conocer al que es verdadero, y estamos en el verdadero, en su Hijo Jesucristo. Este es el verdadero Dios, y la vida eterna"[263]. Una manifestación de la certeza cristiana es que el Hijo de Dios ha venido. Es evento del pasado que tiene efecto en el presente y se extiende definitivamente a los tiempos venideros. El Verbo divino, el Hijo de Dios, vino al mundo. Esta verdad forma parte de la fe fundamental del cristianismo. Juan insiste en esta verdad, cuestionada por algunos en su tiempo, especialmente por alguna forma gnóstica que negaba la realidad de la encarnación del Hijo de Dios. Tanto en la epístola como en el evangelio, Juan afirma esta verdad: que el Verbo fue hecho carne (Jn. 1:14). Esa verdad la pone también en el testimonio personal de Jesús: "Salí del Padre, y he venido al mundo; otra vez dejo el mundo, y voy al Padre" (Jn. 16:28). Esta verdad es esencial para responder a la pregunta sobre quién era Jesús. El equilibrio teológico de Juan en el campo de la cristología es evidente. Hace notar la preexistencia de Cristo, ya que salió del Padre, donde eternamente está; quiere decir esto que antes de entrar en el mundo de los hombres, existía en forma de Dios. Añade una segunda verdad, la encarnación del Verbo, ya que dice que del Padre vino al mundo. Lo hizo tomando una naturaleza humana y haciéndose hombre (Jn. 1:14). En una admirable expresión de amor, el Creador asume las limitaciones de la criatura. El eterno se hizo un hombre del tiempo y del espacio. El glorioso y admirable Dios entra en la dinámica de las tentaciones del hombre, siendo tentado como nosotros. El que no puede sufrir, sufre. El que es alabado por los ángeles, es despreciado por los hombres. El que satisface todas las necesidades del universo, siente hambre y sed como el

---

[263] Texto griego: οἴδαμεν δὲ ὅτι ὁ Υἱὸς τοῦ Θεοῦ ἥκει καὶ δέδωκεν ἡμῖν διάνοιαν ἵνα γινώσκωμεν τὸν ἀληθινόν, καὶ ἐσμὲν ἐν τῷ ἀληθινῷ, ἐν τῷ Υἱῷ αὐτοῦ Ἰησοῦ Χριστῷ. οὗτός ἐστιν ὁ ἀληθινὸς Θεὸς καὶ ζωὴ αἰώνιος.

mortal. El que es felicidad suprema, agoniza en Getsemaní. El que es vida y tiene vida en sí mismo, muere nuestra muerte para darnos vida eterna. Juan lo vio en su humanidad, tanto en su ministerio terrenal como en la resurrección. Pero los efectos de esa venida continúan; el uso del presente en el verbo *venir* indica que vino y está aquí, ahora, actuando en salvación. La venida del Hijo de Dios está unida a la obra salvadora, en primer lugar, por su muerte; en segundo lugar, por la identificación con Él que comunica la vida eterna. La venida del Hijo de Dios es base de la fe cristiana (Jn. 4:2; 5:6).

Sabemos también que tenemos plena vinculación con el Padre: "Estamos en el verdadero, en su Hijo Jesucristo". No se puede llegar al verdadero, sino por medio de su Hijo porque nadie puede ir al Padre, sino por Él (Jn. 14:6). La vida solo es posible en el Hijo y por medio de Él (Jn. 1:4; 5:24; 6:33-58; 10:10; 1 Jn. 5:11, 12). La gracia para salvación y la fidelidad salvadora vinieron por medio del Hijo, a quien el Padre envió al mundo (Jn. 1:14, 16). Jesucristo es el único mediador entre Dios y los hombres (1 Ti. 2:5). Juan ha expresado esta verdad de forma contundente, enseñando que nadie puede estar en el Padre sin estar en el Hijo, ni estar en el Hijo sin estar en el Padre (1 Jn. 2:22, 23). Todo cuanto el que cree tiene en posesión, como la vida, la esperanza, la seguridad de salvación, la verdad, el Espíritu, etc., es posible y lo recibe por medio del Hijo, ya que es de su plenitud que tomamos todos (Jn. 1:16).

Cerrando este apartado de la persona del Hijo, especialmente en cuanto a su deidad, se traslada un resumen del Dr. Lacueva:

> Por otra parte, el N. T. atribuye a Cristo cualidades, actividades y honores que a Dios solo competen; por ejemplo:
> 1. Omnisciencia: Mt. 11:27 (comp. Mr. 13: Lc. 21); 26:34 (comp. Mr. 14:30; Lc. 22: 34; Jn. 13:38); Mr. 14:14-15; Lc. 5:5 ss. (comp. Jn. 21:6); 20:13-15 (comp. Jn. 3:14; 12:32; 18:32); Jn. 1:42, 47, 48; 2:24-25; 4:17, 18, 39; 6:64; 11:14; 21:19).
> 2. Omnipresencia: Mt. 18:20; 28:20; Jn. 3:13.
> 3. Omnipotencia: Jn. 10:18, pues solo el Omnipotente puede resucitarse a sí mismo.
> 4. Majestad infinita, que demanda una adoración debida únicamente a Dios: Mt. 2:11; 14:33; 15:25; 28:9; Lc. 24:52; Jn. 9:38. Todos estos lugares contrastan con otros como Mt. 4:10; Lc. 4:8; Hch. 10:25-26; 14:15; Ap. 19:10; 22:9, en los que se reprueba la adoración a seres creados.
> 5. Bondad infinita, por la que Jesús, el Salvador (comp. con Jer. 17:5 ss.), es objeto primario de nuestra fe y proveedor

de satisfacción genuina y completa (comp. con Jer. 2:13): Mt. 11:28; Jn. 1:14; 5:24; 10:10; 11:25-26; 14:1, 6, 9 (comp. con Col. 2:9-10; Ap. 21:23; 22:1); 17:3, 5. Por eso, como Dios es luz (1 Jn. 1:5), también es Él la luz (Jn. 1:4, 9; 8:12; 12:44-46).

6. Es creador y sustentador del Universo: Jn. 1:3; Col. 1:16-17; He. 1:2, 3, 10. Estos son claramente poderes divinos (Hch. 14:15; 17:25, 28).

7. Es salvador de lo perdido: Mt. 1:21; Lc. 19:10; Jn. 1:12; 3:14, 17; 5:40; 8:24; 14:6; Hch. 2:38; 4:12; 5:31; He. 2:10; 5:9.

8. Él personifica la gracia divina (la *jesed* propia de Dios): Jn. 1:14, 17; 2 Co. 13:13; He. 4:16; 1 P. 1:2; Ap. 22:1 (el río de agua viva sale "del trono de Dios y del Cordero"), y aun 2 Co. 8:9, a la luz de Fil. 2:6 ss.

9. Tiene poder para perdonar los pecados, lo cual es prerrogativa exclusiva de Dios: Mt. 9:6; 26:28; Mr. 2:1 ss. y paralelos; Lc. 24:46-47.

10. Él preside y ejecuta el Juicio Final, poderes reservados al supremo hacedor (Mt. 7:21-23; 25:31-46; Jn. 5:22 ss.).[264]

## Dios el Espíritu Santo

Del mismo modo que aparecen el Padre y el Hijo en el ser divino, ocurre también con el Espíritu Santo; se lo menciona vinculado a las otra dos personas, destacándose la referencia trinitaria ligada a la práctica del bautismo (Mt. 28:19), y también a la bendición apostólica (2 Co. 13:14). Siguiendo la metodología anterior, se seleccionan algunos textos en los que aparece la persona del Espíritu vinculada a la deidad.

*Nm. 15:30.* "Mas la persona que actúe con mano alzada, sea nativo o extranjero, ante YHVH ha blasfemado. Tal persona será cortada de en medio de su pueblo" (BT). El texto tiene una notoria relevancia al compararlo con He. 10:29, donde el ultraje es aplicado al Espíritu de gracia.

*Job 33:4.* "El Espíritu de Dios me hizo, y el soplo de 'El-Shaddai me dio vida" (BT). No es posible desligar este texto del relato de la creación del hombre por el evidente paralelismo, donde se lee: "Entonces YHVH 'Elohim modeló al hombre de la tierra roja, e insufló en sus narices aliento de vida. Y el hombre llegó a ser alma viviente" (Gn. 2:7; BT). Es evidente que el Espíritu Santo actuó personalmente en comunicar vida al hombre.

---

[264] Lacueva, 1983, p. 42 ss.

*Mt. 3:16-17*: "Y Jesús, después que fue bautizado, subió luego del agua; y he aquí los cielos le fueron abiertos, y vio al Espíritu de Dios que descendía como paloma, y venía sobre él. Y hubo una voz de los cielos, que decía: Este es mi Hijo amado, en quien tengo complacencia"[265]. Los paralelos del versículo tienen el mismo contenido, poniendo de manifiesto la vinculación del Espíritu que se hizo visible en forma de paloma, con el testimonio del cielo, que no puede ser sino la voz del Padre, ya que habla de que el bautizado era su Hijo amado.

Lo que el Bautista vio cuando los cielos fueron abiertos fue una forma corporal semejante a una paloma que descendía sobre Jesús. ¿Por qué la tercera persona divina escogió esta forma para manifestarse? No hay respuesta bíblica enfática. Es indudable que la única persona divina que se manifiesta en forma corporal humana es la segunda, que por la encarnación queda revestida de humanidad y se hace Emanuel, Dios con nosotros. De ahí que todas las veces en que aparece la teofanía de la segunda persona se manifiesta en forma humana. Algunos consideran que la paloma simboliza pureza y benignidad, carácter propio del Consolador y también de Jesús en el poder del Espíritu (cf. Sal. 68:13; Mt. 10:16). Con esa dulzura y mansedumbre, Jesús estaba equipado para ser el consolador de los afligidos y dar su vida en precio del rescate del mundo. Para soportar las aflicciones, perdonar las ofensas y ser paciente con todos, necesitaba ser manso, humilde y apacible. El Bautista observó que aquella forma como paloma reposaba durante un tiempo sobre Jesús (Jn. 1:32, 33). No fue una visión rápida que pudiera ser confundida con cualquier otro fenómeno natural o los efectos de la luz en un determinado momento del día. Es necesario recordar que Jesucristo es una persona divino-humana, es decir, una persona divina con dos naturalezas, la divina y la humana. En cuanto a la naturaleza divina, ni necesitaba ni podía ser fortalecida; sin embargo, la humana lo requería. Era en todo semejante a los hombres, salvo en lo relativo al pecado y en la unión con la deidad, hipostática, que supera en todo a cualquier parecido con los hombres. Su naturaleza humana quedaba bajo el control y poder del Espíritu Santo de Dios, que conducía sus acciones y ejecutaba con su poder los milagros y señales mesiánicas conforme a lo profetizado. No existe conflicto alguno entre esta acción del Espíritu

---

[265] Texto griego: βαπτισθεὶς δὲ ὁ Ἰησοῦς εὐθὺς ἀνέβη ἀπὸ τοῦ ὕδατος· καὶ ἰδού; ἠνεῴχθησαν αὐτῷ οἱ οὐρανοί, καὶ εἶδεν τὸ Πνεῦμα τοῦ Θεοῦ καταβαῖνον ὡσεὶ περιστερὰν καὶ ἐρχόμενον ἐπ' αὐτόν· και; ἰδοὺ φωνὴ ἐκ τῶν οὐρανῶν λέγουσα· οὗτος ἐστιν ὁ Υἱός μου ὁ ἀγαπητός, ἐν ᾧ εὐδόκησα.

y la concepción de la humanidad del Salvador por el poder del mismo Espíritu (Mt. 1:20; Lc. 1:35). Con la unión del Espíritu que descendió sobre Jesús quedaba capacitado para el ministerio que había venido a realizar. Jesús era también el profeta por excelencia y sus palabras, como las de los profetas, eran en el poder del Espíritu.

La voz de los cielos pone de manifiesto el testimonio del Padre que reconocía a aquel que subía del agua después de ser bautizado, como su Hijo: el Unigénito del Padre enviado al mundo en una operación soteriológica.

Si el Espíritu está vinculado aquí al Padre, no cabe duda de que tiene que ser una persona divina.

*Mt. 12:28.* "Pero si yo por el Espíritu de Dios echo fuera los demonios, ciertamente ha llegado a vosotros el reino de Dios"[266]. El *si* que usa Jesús no es un *si* condicional, sino una afirmación absoluta, que equivale a decir "como quiera que yo por el Espíritu de Dios echo fuera los demonios..."; la conclusión final no puede ser otra: el reino de Dios llegó hasta vosotros. Jesús estaba haciendo las señales mesiánicas en el poder del Espíritu Santo. La profecía lo había anunciado de este modo y así se estaba llevando a cabo. De nuevo, es preciso enfatizar, como ya se hizo antes, que la relación del Espíritu Santo con Jesús no es en modo alguno la de instrumentalidad, es decir, que el Espíritu manejaba a un Jesús solo hombre que era instrumento de la deidad. Jesús es Dios, el Verbo eterno de Dios manifestado en carne, Emanuel, Dios con nosotros. Sin embargo, a causa de su condición como Mesías-rey, sujeta su humanidad en cuanto a las señales mesiánicas al poder del Espíritu porque así estaba determinado. El Señor está hablando aquí del poder actuante de la tercera persona divina, Dios el Espíritu Santo. Por tanto, el reino de Dios que todos aquellos esperaban estaba presente porque el Mesías hacía ante todos las señales que lo acreditaban como el enviado de Dios. Con esto respondía primero a la pregunta de las gentes, poniendo de manifiesto que realmente Él era el Hijo de David. En segundo lugar, destruía la argumentación blasfema de los fariseos, que le llamaban endemoniado.

*Lc. 1:35*: "Respondiendo el ángel, le dijo: El Espíritu Santo vendrá sobre ti, y el poder del Altísimo te cubrirá con su sombra"[267]. La primera parte de la verdad es que la concepción virginal

---

[266] Texto griego: εἰ δὲ ἐν Πνεύματι Θεοῦ ἐγὼ ἐκβάλλω τὰ δαιμόνια, ἄρα ἔφθασεν ἐφ' ὑμᾶς ἡ βασιλεία τοῦ Θεοῦ.
[267] Texto griego: καὶ ἀποκριθεὶς ὁ ἄγγελος εἶπεν αὐτῇ· Πνεῦμα Ἅγιον ἐπελεύσεται ἐπὶ σὲ καὶ δύναμις Ὑψίστου ἐπισκιάσει σοι· διὸ καὶ τὸ γεννώμενον Ἅγιον κληθήσεται Υἱὸς Θεοῦ.

de Jesucristo es un milagro divino, producido por la acción directa del Espíritu Santo. Es preciso observar que el Espíritu Santo tiene en Lucas sentido personal como persona divina. El Espíritu Santo es una persona, no un mero poder o una fuerza de Dios; no se trata de un viento divino, aunque sea posible esa comparación (Jn. 3:6 ss.), para expresar la libertad del que ha nacido del Espíritu. En muchas citas se aprecia su condición personal, puesto que contiende, se puede blasfemar contra Él, instruye, da testimonio, habla, intercede, se le puede entristecer, revela, etc. (cf. Sal. 139:7-10; Mr. 3:29; Jn. 14-16; Hch. 5:3-4; 8:29; 13:2; 15:28; Ro. 8:26; 1 Co. 2:10-11; 12:4, 11; Ef. 4:30). El Espíritu Santo es la personificación del amor intratrinitario del Padre y del Hijo. El Espíritu Santo es persona distinta de la del Padre y la del Hijo, por eso procede del Padre (Jn. 15:26) y del Hijo, al ser enviado por Él (Jn. 14:26).

Se abre con la concepción virginal el programa de salvación determinado por Dios desde antes de la creación. El tiempo para ello había llegado (Gá. 4:4) y el Verbo eterno, el Hijo de Dios, deviene a una nueva forma de vinculación con la criatura al hacerse hombre. El Espíritu Santo es la expresión infinita y eterna del amor de Dios; por tanto, siendo la salvación una obra de la gracia y el resultado del amor divino hacia el pecador, el Espíritu Santo, al igual que el Padre y el Hijo, ha de estar presente en toda la economía de la salvación. Así se aprecia que el Padre envía al Hijo, que este viene al mundo encarnándose para poder dar su vida, y el Espíritu Santo se hace presente en la operación omnipotente de la concepción de la naturaleza humana del Verbo eterno. La primera verdad de la doctrina de la concepción virginal es que esa concepción es el resultado de una operación divina llevada a cabo por la tercera persona de la deidad. Siendo esta primera acción un misterio y un milagro, es natural que el hombre no creyente y aun los críticos que se dicen creyentes nieguen esta verdad, puesto que no aceptan nada de lo sobrenatural. Pero el verdadero creyente sustenta su fe en la Palabra de Dios, admitiendo este misterio como cualquier otra verdad revelada en ella. Esta operación no se produce en la distancia, sino en la intimidad, es decir, no es una acción de la omnipotencia desde la distancia de la gloria sobre una mujer virgen llamada María, sino que se hace desde la proximidad: "El Espíritu Santo vendrá sobre ti". De la misma manera que la nube cubría el santuario donde el Señor estaba presente, así también el Espíritu se manifestaría sobre María para dar inicio al proceso de concepción.

El segundo paso en el proceso consistía en que el poder del Altísimo cubriría a María con su sombra. La referencia sigue siendo aquí al Espíritu Santo. El poder divino haría posible el milagro. La acción por la que María concebiría en su seno se describe aquí como *cubrir con su sombra*. El verbo *cubrir* se usa también figuradamente como el conocer, para referirse al hecho mediante el cual se produce una concepción. Sin embargo, no significa eso que el Espíritu Santo sea el padre de Jesús, sino el instrumento divino mediante el cual se produce la manifestación de la omnipotencia de Dios haciendo un milagro. Es necesario entender claramente que el concebido en María, al que se dará el nombre de Jesús, no existe fuera de la persona del Verbo, en unión hipostática, y el Verbo, como Hijo, tiene solo un Padre eterno, que es la primera persona de la deidad (Lc. 2:49). María no tenía que ocuparse de tomar parte activa alguna en la concepción de su hijo Jesús. En cierto modo, y con la precisión necesaria, la acción divina de cubrir con su sombra se produce en relación con el tabernáculo del testimonio, donde la presencia de Dios se manifestaba (Ex. 40:35). De ese modo, la nube se posaba sobre la tienda en que Dios se manifestaba en encuentro con su pueblo. De ese mismo modo en que el poder divino cubría el santuario, así, ese mismo poder, hará sombra sobre María para manifestarlo mediante el milagro de la concepción virginal. Sólo en ese sentido cabría el ejemplo, porque en modo alguno se trata de una doble acción, la de Dios por un lado, y la de María por el otro, sino una sola, en la que Dios selecciona a la que ha de ser madre de Jesús y produce la concepción. Dios no pide autorización para lo que va a suceder, simplemente lo comunica a la mujer escogida para ello.

*Jn. 14:16-17.* "Y yo rogaré al Padre, y os dará otro Consolador, para que esté con vosotros para siempre: el Espíritu de verdad, al cual el mundo no puede recibir, porque no le ve ni le conoce; pero vosotros le conocéis, porque mora con vosotros, y estará en vosotros" [268]. Los discípulos están llenos de preocupación e inquietud. Lo que Cristo había dicho no solo para cumplimiento inmediato, como que iba a ser entregado en manos de los hombres e iba a ser crucificado, resultaba angustioso para ellos. Pero aún más el hecho de que Él iba a irse y adonde iba no podían seguirlo, hasta tiempo después llenaba el corazón de ellos de profunda tristeza. Sin duda, la mayor necesidad inmediata era una fuente de consuelo. Hasta aquel momento, Jesús había tenido ese ministerio, pero ahora que se iba promete enviarles otro Consolador. La palabra en el texto griego Παράκλετος tiene

---

[268] Texto griego: καγὼ ἐρωτησω τὸν Πατερα καὶ ἄλλον Παρακλητον δωσει ὑμῖν, ἵνα μεθ' ὑμῶν εἰς τὸν αἰῶνα ᾖ.

literalmente el significado de *alguien que es llamado para que venga al lado*. En el contexto, es llamado para que ayude en una situación de dificultad grande, bien sea amonestando, ayudando, alentando, consolando, instruyendo, trayendo a la memoria, iluminando los ojos espirituales, ayudando en los sufrimientos, conduciendo la oración y dando poder en el testimonio. El término aparece solo cinco veces en el Nuevo Testamento, y todas ellas en escritos de Juan, de las que cuatro se encuentran en este evangelio (14:16, 26; 15:26; 16:7), mientras la quinta está en una de sus epístolas (1 Jn. 2:1). En esta última se aplica a Cristo en sentido de abogado junto al Padre. La primera gran bendición que se desprende de estas primeras palabras es que el creyente tiene dos abogados: uno está junto al Padre, el Señor Jesucristo, cuya misión es nuestra defensa de los ataques perversos de Satanás, el acusador de los hermanos (Ap. 12:10, comp. con Zac. 3:1); el otro Consolador está a nuestro lado para defendernos de los peligros que acechan y pueden hacernos caer en la senda del testimonio (cf. 1 Jn. 3:24b; 4:4b). Cuando Jesús estaba en la tierra, se encargaba de guardar a los discípulos (Jn. 17:12), pero ahora al salir del mundo para regresar al Padre, les dice que Él rogaría al Padre y les daría otro Consolador.

Este Consolador, el Espíritu Santo, no iba a regresar al Padre en algún momento, como era el caso de Jesús, sino que se quedaría con ellos, esto es, con los creyentes para siempre. Esto no puede ser otra cosa, sino que se trata de una persona divina que tiene las perfecciones tanto de esencia como de naturaleza divina. Por consiguiente, siendo Dios, es omnipresente, pudiendo estar en todos los creyentes, distantes en el tiempo y en el espacio, siempre. Por medio de Él y en Él, Jesús cumple su promesa de estar con los suyos todos los días hasta el fin del mundo (Mt. 28:20). Ni un instante el creyente está desposeído del Espíritu.

Debe notarse, como se ha considerado antes, que en las palabras de Jesús se aprecia un *yo* que habla a un *tú* y se refiere a un otro. Por consiguiente, se está hablando de tres personas distintas. No está refiriéndose Jesús al Espíritu como una fuerza divina, sino como una persona divina que es enviada del Padre y del Hijo.

*Jn. 14:26.* "Mas el Consolador, el Espíritu Santo, a quien el Padre enviará en mi nombre, él os enseñará todas las cosas, y os recordará todo lo que yo os he dicho"[269]. Jesús vuelve a hablarles del

---

[269] Texto griego: ὁ δὲ Παράκλητος, τὸ Πνεῦμα τὸ Ἅγιον, ὃ πεμψει ὁ Πατὴρ ἐν τῷ ὀνόματι μου, ἐκεῖνος ὑμᾶς διδάξει πάντα καὶ ὑπομνήσει ὑμᾶς πάντα ἃ εἶπον ὑμῖν [ἐγώ].

Paráclito, al que añade ahora dos nombres más, o un nombre compuesto, llamándole Espíritu Santo. Es interesante observar el artículo determinado ante cada uno, de modo que se lee literalmente *el Espíritu, el Santo*. Sobre el primer nombre, el Consolador, ya se ha considerado en el versículo anteriormente comentado. El segundo nombre está formado por el sustantivo Espíritu, que al ir precedido del artículo determinado hace referencia al único Espíritu de esa condición. Jesús dijo a la samaritana que "Dios es Espíritu" (Jn. 4:24). Dios es Espíritu infinito, es decir, incorpóreo, porque es Espíritu; por tanto, ningún lugar, ni el universo entero, lo puede abarcar. De las tres personas divinas se puede decir que son Espíritu, incorpóreas, espíritu purísimo e infinito, si bien la segunda persona, por razón de la encarnación, tiene también un cuerpo humano, naturaleza humana, subsistente en ella. Ahora bien, la tercera persona, el Espíritu Santo, es Espíritu en un sentido especial, manifestándose como un viento huracanado (Jn. 3:8). Es el viento infinito del amor divino producido en la relación entre el Padre y el Hijo, orientándose hacia lo que es el bien absoluto, con toda la fuerza de sus afectos; esta espiración divina se personaliza en el Espíritu, que siendo Dios, es necesariamente Santo. No debe olvidarse que a Dios se le adora por su santidad, como proclaman los serafines ante su trono de gloria (Is. 6:3). Este Espíritu Santo es una persona. Aunque viento no es una fuerza divina, sino que hace obras personales que dan a entender claramente que es una persona. Usando aquí el adjetivo articular *Santo*, quiere decir que necesariamente es Dios, porque solo Dios puede llamarse en forma absoluta e infinita Santo, puesto que está separado de todo y eternamente existe en Él mismo. La relación espacio-temporal de Dios se entiende solo en su relación *ad extra*, operativa hacia el exterior de la trina deidad.

Inmediatamente a expresar la realidad personal del Espíritu Santo, prometido a los discípulos, hace referencia a la procedencia. Primero vinculando dicha procedencia con el Padre, al decirles que sería enviado por Él. Pero unívocamente también procede del Hijo. De ambos, Padre e Hijo, surge la corriente infinita del amor, por la que se personaliza la tercera persona de la deidad. Si el Verbo procede del Padre por vía mental, puesto que expresa la infinita dimensión de Él en la única palabra que expresa, el Espíritu procede por vía afectiva, pero no del Padre, sino del Hijo, de quienes surge el amor infinito. Además, todo lo que es del Padre es también del Hijo, salvo las respectivas relaciones de paternidad y filiación. Por tanto, es de ambos la espiración activa, por la que se constituyen en oposición relacional frente al Espíritu Santo. La procedencia del Padre es aceptada universalmente, desde el principio de la Iglesia, pero la procedencia del Hijo ha generado ciertas discusiones teológicas, especialmente notorias en la Iglesia griega, sobre todo cuando en el Concilio III de Toledo (a. 589) se añadió explícitamente que el Espíritu procedía *también del Hijo*; los teólogos orientales se molestaron, progresando hasta el s. IX, donde Focio, el patriarca de Constantinopla, se opuso a la doctrina del *filioque*[270] alegando que no era bíblica y que la doble procesión, del Hijo por vía intelectiva y del Espíritu por vía afectiva, era suficiente para explicar la distinción real de las tres personas. Para ellos, la procedencia no es del Padre y del Hijo, sino del Padre por el Hijo. Aunque explícitamente no dice el Nuevo Testamento que el Espíritu procede del Hijo, lo enseña implícitamente. Jesús dice aquí que el Padre enviará el Espíritu en mi nombre. Más adelante dirá "pero cuando venga el Consolador, a quién yo os enviaré del Padre" (Jn. 15:26); aquí pone de manifiesto que una persona divina no puede ser enviada por otra a no ser que proceda de ella, puesto que el envío *ad extra*, al tratarse de una persona divina, exige necesariamente un término resultante de una procesión interior. Por esa razón, Jesús puede decir algo semejante de Él mismo: "Salí del padre, y vine al mundo" (Jn. 16:28). Además, se llama al Espíritu Santo *Espíritu del Señor* (Hch. 5:9; 2 Co. 3:17) y *Espíritu de Cristo* (Ro. 8:9), y no podría llamarse de ese modo si no procediera también del Hijo. Una prueba más de que el Espíritu procede del Hijo descansa en la dinámica operativa de las personas divinas; así como la segunda, porque procede de la primera por vía del conocimiento, no puede hacer otra cosa que lo que ve hacer al Padre (Jn. 5:19), del mismo modo tampoco el Espíritu puede dar a conocer más de lo que oye (Jn. 16:13). El ver está vinculado con el conocimiento y el testimonio (Jn. 6:69; 20:24-28); el oír está unido al amor. Este oír del Espíritu no solo tiene que ver con el Padre, sino también con el Hijo, como de un único modo de procedencia. De ahí que "cuando venga el Espíritu de verdad... no hablará de su propia cuenta, sino que hablará todo lo que oyere, y os hará saber las cosas que habrán de venir. Él me glorificará; porque tomará de lo mío, y os lo hará saber" (Jn. 16:13-14). Quiere decir que el Espíritu habla lo que oye eternamente del Hijo y juntamente del Padre porque todo lo del Padre es también del Hijo (Jn. 10:30). Ambos, por la relación mutua de amor infinito y eterno, tienen la facultad de espirar el Espíritu, sin que ello signifique en modo alguno principio de existencia, sino razón de personificación.

---

[270] "Y del Hijo".

De igual manera habla más adelante del Espíritu: "Pero cuando venga el Consolador, a quien yo os enviaré del Padre, el Espíritu de verdad, el cual procede del Padre, él dará testimonio acerca de mí"[271] (Jn. 15:26). Jesús iba al Padre y ya no estaría en el mundo, pero no significaba que no hubiese presencia y testimonio suyo, puesto que esa sería una de las misiones del Consolador, a quien llama otra vez el Espíritu de la verdad. Nuevamente se aprecia la persona del Espíritu como distinta de la del Padre y la del Hijo. Nótese que Jesús se refiere al Consolador y dice que Él lo envía y que también procede del Padre. Por tanto, el Espíritu es enviado del Padre y del Hijo. La realidad de tres personas en la deidad se hace patente aquí. La vinculación del Espíritu con las otras dos personas divinas se aprecia tanto aquí como en otros lugares. Este versículo tiene una notoria importancia en relación con el Espíritu. Se alude a Él en tres modos. Primeramente, se habla del Espíritu, la referencia se expresa mediante un dativo de relación, vinculando la vida del creyente con el Espíritu. Es una referencia concreta a la realidad de la persona de Dios, el Espíritu. Es, por tanto, una de las tres personas divinas, y aparece vinculado a ellas en el triple nombre de la deidad en el Nuevo Testamento (Mt. 28:19). Dios existe en su ser divino en tres personas distintas, pero vitalmente unidas en el seno trinitario. Es la comunidad del Padre, el Hijo y el Espíritu en una misma deidad. Cada uno de los tres benditos, son Dios verdadero. Ninguna de las personas divinas es una misma persona, sino un mismo ser, siendo individuales como personas y absolutamente distintas unas de las otras. Dios nunca ha sido ni será persona, sino ser, en el que subsisten eternamente tres personas, cuyos nombres forman el nombre de Dios: el Padre, el Hijo y el Espíritu. Por esa causa existe una notable interrelación en el seno trinitario, donde el Hijo hace lo que ve hacer al Padre (Jn. 5:19); el Padre juzga por medio del Hijo (Jn. 5:22); el Hijo procede del Padre, que le comunica cuanto tiene y hace (Jn. 5:26; 6:57). El Espíritu con el calificativo de la verdad, y artículo determinado, es la referencia al Consolador, tercera persona de la Santísima Trinidad. Por tanto, como Dios, no ha sido creado, pero es enviado o procede del Padre y del Hijo, es decir, es enviado por ellos. Siendo Dios, es también persona, una persona divina. Como persona, tiene capacidad para investigar y revelar (1 Co. 2:10-12), según se ha considerado anteriormente. Aquí Jesús le

---

[271] Texto griego:Ὅταν ἔλθῃ ὁ Παράκλητος ὃν ἐγὼ πέμψω ὑμῖν παρὰ τοῦ Πατρός, τὸ Πνεῦμα τῆς ἀληθείας ὃ παρὰ τοῦ Πατρὸς ἐκπορεύεται, ἐκεῖνος μαρτυρήσει περὶ ἐμοῦ.

llama, como en otros lugares, el Consolador, que hace referencia a quien viene al lado en misión de aliento. Aquí se le llama también Espíritu de la verdad, porque solo Dios es verdad y solo Él puede determinar sin equivocaciones lo que es verdad y lo que no lo es. En el próximo capítulo, se hará referencia a alguna operación del Espíritu en la aplicación de la salvación, donde se considerarán algunos aspectos más de la persona divina del Espíritu Santo.

Una precisión final: "Pero yo os digo la verdad: Os conviene que yo me vaya; porque si no me fuera el Consolador no vendría a vosotros; más si me fuera, os le enviaré"[272] (Jn. 16:7). Si el Señor regresa al Padre, entonces el Espíritu Santo vendría a ellos. Ya se ha considerado la procedencia del Espíritu, tanto del Padre, como del Hijo. Quien había enviado al Hijo era el Padre, quien envía al Espíritu es el Hijo, en unidad con el Padre. La venida del Espíritu es posible por la conclusión de la obra encomendada al Hijo. Todo esto en la economía de la deidad. La obra de Jesús concluye con la glorificación de su humanidad, y como fruto de esa obra es enviado el Espíritu (Jn. 7:39). Cuando el Hijo vuelve al Padre, lo envía desde el Padre. Una de las operaciones del Espíritu viene en los siguientes versículos, en relación con la convicción y también con la aplicación de la obra de la cruz, imposible de ejecutar sin que esta se haya producido. Juan dice antes, en un paréntesis aclaratorio, que el Espíritu no había sido dado porque Jesús no había sido glorificado (Jn. 7:39). La persecución anunciada por Cristo les llenaba de angustia, pero con la venida del Espíritu sentirían como una bendición ser perseguidos por el nombre de Cristo (Hch. 5:41). Nada podía impedir el testimonio que les había encomendado el Señor. Además, ninguno de ellos, ni de los creyentes en lo sucesivo, serían aptos para recibir y ministrar con los dones del Espíritu porque no son dados a perdidos, sino a salvos, y estos solo lo son por fe en Cristo y por aplicación de la obra redentora que hizo en la cruz.

*Hch. 5:3-4.* "Y dijo Pedro: Ananías, ¿por qué lleno Satanás tu corazón para que mintieses al Espíritu Santo, y sustrajeses del precio de la heredad? Reteniéndola, ¿no se te quedaba a ti? Y vendida, ¿no estaba en tu poder? ¿Por qué pusiste esto en tu corazón? No has

---

[272] Texto griego: ἀλλ' ἐγὼ τὴν ἀλήθειαν λέγω ὑμῖν, συμφέρει ὑμῖν ἵνα ἐγὼ ἀπέλθω. ἐὰν γὰρ μὴ ἀπέλθω, ὁ Παράκλητος οὐκ ἐλεύσεται πρὸς ὑμᾶς· ἐὰν δὲ πορευθῶ, πέμψω αὐτὸν πρὸς ὑμᾶς.

mentido a los hombres, sino a Dios"²⁷³. En la extensa pregunta que formula a Ananías, lo coloca delante de un hecho consumado: Satanás había llenado el corazón de aquel hombre. El contraste entre este hecho y el relato inmediatamente anterior es que mientras el Espíritu Santo llenaba en plenitud a los creyentes, había uno cuyo corazón no estaba lleno del Espíritu, sino de sugerencias que Satanás había introducido en él; el verbo²⁷⁴ utilizado en ambos casos es el mismo (Hch. 4:31). Satanás estaba detrás de aquel pecado. Siendo padre de mentira (Jn. 8:44), indujo al matrimonio para mentir. Había presentado ante ellos una mentira que ocupaba plenamente el corazón de Ananías.

El primer pecado denunciado era el de mentira. La grave dimensión de la mentira de aquel hombre es que no se producía contra hombres, sino directamente contra el Espíritu Santo. Aparentemente era un fraude a los creyentes, o si se prefiere, a toda la iglesia, pero el pecado se cometía contra Dios mismo, ya que cualquier pecado es una ofensa directa a Dios (Sal. 51:4). En razón de la unidad de los creyentes en Cristo, miente a Dios, quien trata de engañar a los suyos. La pregunta de Pedro pone todo el énfasis en la responsabilidad personal de Ananías. No cabe duda de que Satanás estaba presente en la inducción al pecado, pero fue él quien mintió al Espíritu Santo. Fue un pecado consciente y voluntario. Aquel hombre actuaba como si Dios no conociera la situación íntima de su corazón o no fuese a actuar en aquel caso. Pedro concluye con una afirmación solemne: "No has mentido a los hombres, sino a Dios". Esta frase tiene una gran importancia. Anteriormente dijo que había mentido al Espíritu Santo; ahora dice que el Espíritu es Dios. En Hechos, la Iglesia del tiempo de los apóstoles afirmaba la deidad del Espíritu Santo. El Espíritu tiene una condición personal que lo distingue del Padre y del Hijo. Es la persona divina que obra en los fieles y conduce la acción de la Iglesia como vicario de Cristo en la tierra.

*Ro. 8:11.* "Y si el Espíritu de aquel que levantó de los muertos a Jesús mora en vosotros, el que levantó de los muertos a Cristo Jesús vivificará también vuestros cuerpos mortales por su Espíritu que mora

---

[273] Texto griego: εἶπεν δὲ ὁ Πέτρος· Ἀνανία, διὰ τί ἐπλήρωσεν ὁ Σατανᾶς τὴν καρδίαν σου, ψεύσασθαί σε τὸ Πνεῦμα τὸ Ἅγιον καὶ νοσφίσασθαι ἀπὸ τῆς τιμῆς τοῦ χωρίου οὐχὶ μένον σοὶ ἔμενεν καὶ πραθὲν ἐν τῇ σῇ ἐξουσίᾳ ὑπῆρχεν τί ὅτι ἔθου ἐν τῇ καρδίᾳ σου τὸ πρᾶγμα τοῦτο  οὐκ ἐψεύσω ἀνθρώποις ἀλλὰ τῷ Θεῷ.
[274] Griego: πληρόω.

en vosotros" [275]. La demostración del poder divino que reside en el creyente tiene la manifestación más concluyente en la resurrección de Cristo. No se trata de un poder que debe aceptarse por fe, sino de un poder que ya actúo y dejó su huella en el mundo en la resurrección de Jesús. La manifestación contundente consistió en levantar de entre los muertos a la humanidad muerta de Jesús, acción expresada por medio de un participio subordinado, "que levantó", o también "levantando". La energía divina que produjo la resurrección de la humanidad de Jesús es la misma que actúa en cada creyente. La verdad bíblica de la resurrección de Jesucristo por el poder de Dios es una verdad fundamental que se reitera en varios lugares del Nuevo Testamento (cf. Hch. 3:15; 4:10; 5:30; 10:40; 13:37; Ro. 4:24; 8:11; 10:9; 1 Co. 6:14; 15:15; 2 Co. 4:14; Gá. 1:1; Col. 2:12; 1 Ts. 1:10; 1 P. 1:21). Aunque el sujeto de la acción que resucita a Jesús es el Padre, las tres personas divinas intervinieron en ella, ya que el mismo Hijo tenía poder y actuaría en ello (Jn. 10:17, 18).

Pero hay una referencia directa al Espíritu Santo, en la que se afirma que vivificará nuestro cuerpo mortal, literalmente *hará revivir este cuerpo*. El Espíritu que actuó en la resurrección de Cristo lo hará también en la de todos los creyentes. Los cuerpos nuestros son ahora cuerpos mortales, afectados por el pecado, y van a experimentar la muerte física salvo que el Señor recoja antes a los suyos y los lleve a su presencia. Pero la mortalidad del cuerpo presente será absorbida por la vida en la resurrección. En aquel momento, lo que ahora es no solo mortal, sino también corruptible, será vestido de incorrupción. El elemento corporal del que seremos dotados, antes corruptible, será elevado por el poder de Dios a un modo de existencia inalterable. Pero también lo que es mortal será revestido de inmortalidad. En ese momento se producirá el cumplimiento profético: "Sorbida es la muerte en victoria" (1 Co. 15:54).

*1 Co. 2:10.* "... pero Dios nos las reveló a nosotros por el Espíritu; porque el Espíritu todo lo escudriña, aun lo profundo de Dios"[276]. Aquello que es imposible alcanzar por la mente del hombre porque no es descifrable porque es de Dios, se llega a ellas por medio de la revelación directa del Espíritu Santo. La revelación del

---

[275] Texto griego: εἰ δὲ τὸ Πνεῦμα τοῦ ἐγείραντος τὸν Ἰησοῦν ἐκ νεκρῶν οἰκεῖ ἐν ὑμῖν, ὁ ἐγείρας Χριστὸν ἐκ νεκρῶν ζῳοποιήσει καὶ τὰ θνητὰ σώματα ὑμῶν διὰ τοῦ ἐνοικοῦντος αὐτοῦ Πνεύματος ἐν ὑμῖν.
[276] Texto griego: ἡμῖν δὲ ἀπεκάλυψεν ὁ Θεὸς διὰ τοῦ Πνεύματος· τὸ γὰρ Πνεῦμα πάντα ἐραυνᾷ, καὶ τὰ βάθη τοῦ Θεοῦ.

"misterio oculto" fue hecha por Él a nosotros, esto es, a los apóstoles y profetas (Ef. 3:5). El verbo que usa aquí el apóstol es *revelar*[277], significando quitar el velo para descubrir algo que estaba oculto. A los apóstoles les fueron reveladas directamente por Dios mismo (Gá. 1:12, 16). El agente revelador del misterio, esto es, de la sabiduría de Dios, es el Espíritu. Dios la reveló a los apóstoles y profetas como personas escogidas y dotadas por Él para la enseñanza de las verdades no manifestadas en el Antiguo Testamento a fin de que las escribiesen en el Nuevo. Sólo a ellos se les dio esta revelación y solo existió en el momento de hacerla conocida. Ya no hay revelaciones nuevas de Dios, en el tiempo presente, con autoridad divina, porque nada puede añadirse a la Palabra escrita.

La persona divina de Dios, el Espíritu Santo, "todo lo escudriña". Escudriñar aquí no tiene que ver con el proceso de investigación, sino con el resultado del mismo, un conocimiento pleno y total. No significa que el Espíritu tenga que buscar, sino que lo conoce en plenitud porque conoce en su totalidad la profundidad del pensamiento y la voluntad de Dios. La Biblia enseña que no hay nada que el Espíritu no conozca (Sal. 139:1, 3, 7-12). Pablo dice: "Aun lo profundo de Dios". Comprende esto todo el conocimiento, sabio e infinito de Él. La esencia divina, con todos sus atributos, voluntad y propósito, es plena y totalmente conocida por quien siendo Dios conoce la profundidad de Dios. Ninguna criatura podría llegar jamás a ese conocimiento que es propio del Espíritu. Se aprecia aquí una verdad teológica de gran importancia: el Espíritu no es una fuerza de Dios, sino una persona divina, por cuanto escudriña, lo que supone una actividad inteligente. Además, es Dios porque es omnisciente e infinito para conocer y comprender "todo lo profundo de Dios". Sin duda, este breve párrafo que entra en la doctrina sobre el Espíritu Santo pone de manifiesto las relaciones intra-trinitarias en el ser divino. No cabe duda de que, cuando se hace una aproximación a verdades de esta naturaleza, es preciso formular las preguntas retóricas del apóstol Pablo: "Porque ¿quién entendió la mente del Señor? ¿O quién fue su consejero?" (Ro. 11:34). El Espíritu escudriña todo lo que es de Dios, haciéndolo continuamente; de ahí que el verbo que el apóstol usa esté en tiempo presente al referirse a esta capacidad del Espíritu, llegando con ello a las cosas más profundas de la deidad. Estas son las inagotables maneras de la sabiduría divina ante las que es necesario guardar un reverente y respetuoso silencio de limitación

---

[277] Griego: ἀποκαλύπτω.

frente a la infinitud, de la humanidad frente a la deidad, de la mente del hombre a la infinita de Dios, diciendo, como el apóstol Pablo en una expresión de admiración: "¡Oh profundidad de las riquezas de la sabiduría y de la ciencia de Dios! ¡Cuán insondables son sus juicios, e inescrutables sus caminos!" (Ro. 11:33).

*1 Co. 3:16; 6:19.* "¿No sabéis que sois templo de Dios, y que el Espíritu de Dios mora en vosotros?"[278]. La palabra griega *templo*[279] expresa la idea del lugar donde Dios reside personalmente, su santuario. Cada creyente es templo de Dios. La iglesia en su conjunto lo es también. Es el edificio que Cristo está levantando (1 Co. 3:9-10). Este tiene un fin, ser templo de Dios. El Señor afirmó que Él lo edificaba y que nadie ni nada podría hacer fracasar ese propósito divino (Mt. 16:18).

Lo que confiere una posición sobrecogedora a la iglesia es la presencia de Dios en ella. El Espíritu Santo tomó posesión del templo de Dios, que es la Iglesia, en Pentecostés, llenándola de gloria (Hch. 2:2-4), tal como ocurrió en la antigua dispensación con la construcción del tabernáculo. Una vez levantado conforme al modelo divino y puesto todo en orden según el programa dado a Moisés, la gloria de Dios llenó la casa de manera que nadie podía entrar en ella por esta razón (Ex. 40:34-38). Un suceso semejante ocurrió con la dedicación del santuario que Salomón edificó en Jerusalén, en el que la gloria de Dios llenó la casa y los sacerdotes no podían entrar a causa de la gloriosa presencia de Dios en ella (2 Cr. 7:1-2). No hay santuario de Dios sin la presencia suya en él: así, tampoco podría haber Iglesia como templo de Dios sin la presencia del Espíritu en ella, como ocurrió con el descenso en Pentecostés conforme a la promesa del Señor. La presencia del Espíritu en la Iglesia se manifiesta en una local, como era la congregación en Corinto, y en la llamada universal. La iglesia local es la manifestación de la única Iglesia de Cristo en un tiempo y un lugar. La presencia residente del Espíritu garantiza también la presencia de las otras dos personas divinas en el santuario. Cristo mismo prometió su presencia con los creyentes (Mt. 28:20), residiendo además implantado por la regeneración (Col. 1:27b). De igual modo, la presencia del Padre (Jn. 14:24). El mejor resumen de esta enseñanza está en las palabras del apóstol: "... edificados sobre el fundamento de los apóstoles y profetas, siendo la principal piedra del ángulo Jesucristo

---

[278] Texto griego: Οὐκ οἴδατε ὅτι ναὸς Θεοῦ ἐστε καὶ τὸ Πνεῦμα τοῦ Θεοῦ οἰκεῖ ἐν ὑμῖν.
[279] Griego: ναός.

mismo, en quien todo el edificio, bien coordinado, va creciendo para ser un templo santo en el Señor; en quien vosotros también sois juntamente edificados para morada de Dios en el Espíritu" (Ef. 2:20-22).

La presencia de la tercera persona de la deidad residente en el creyente convierte a este en templo de Dios en Espíritu. Esta es una verdad de fe. El Espíritu Santo está en todo creyente desde el momento de la conversión (1 Co. 3:16). Quien no tiene al Espíritu de Cristo, no es de Él, es decir, no ha nacido de nuevo (Ro. 8:9). El que tiene al Espíritu, debe andar en el Espíritu, lo que conduce a separarse del pecado en el que antes vivía. El apóstol recuerda que el Espíritu está en vosotros. En la operación salvífica, el Espíritu deviene residente en el cristiano. La señal de la realidad del ser cristiano está en la inhabitación del Espíritu en cada creyente.

Todo cristiano es templo del Espíritu, que habita en todos. El creyente puede vivir sin la plenitud del Espíritu, pero no puede ser creyente sin el Espíritu. De otro modo, el creyente puede perder la plenitud, pero no la presencia del Espíritu (Jn. 14:16).

Sin duda, la presencia del Espíritu en el templo de Dios exige que sea Dios y que sea una persona junto con las otras dos, subsistentes en el ser divino, ya que, en los versículos considerados, ser templo de Dios y templo del Espíritu son equivalentes.

*1 Co. 12:4.* "Ahora bien, hay diversidad de dones, pero el Espíritu es el mismo"[280]. El texto está incluido en un pasaje trinitario por excelencia, en el que se mencionan a las tres personas divinas ejerciendo sus funciones. El don supremo que Dios da a sus hijos, miembros en el Cuerpo de Cristo, que es la Iglesia, es el mismo Espíritu Santo, llamado don o dádiva de Dios (Jn. 4:10; 7:37, 39; Hch. 8:20; 10:45; 11:16-17). Este que es don da también los dones. La enseñanza en la epístola es concreta en este sentido (1 Co. 12:4). Los dones son dados por determinación soberana del Espíritu Santo, repartiéndolos a cada creyente como Él quiere (1 Co. 12:11). Los dones son dados para capacitar al creyente para determinados servicios o ministerios; estos son el resultado de la utilización del don, por ello, el servicio con el don es un ministerio (Ro. 12:6-8; Ef. 4:11; 1 P. 4:10). Los dones no actúan afectando, en alguna medida, la personalidad natural del cristiano. El don, como se ha dicho, capacita al creyente para expresar cualidades y habilidades especiales dadas por Dios a cada uno, a fin de que sean útiles para edificación de la Iglesia.

---

[280] Texto griego: Διαιρέσεις δὲ χαρισμάτων εἰσίν, τὸ δὲ αὐτὸ Πνεῦμα.

*Ef. 4:4.* "Un cuerpo, y un Espíritu, como también fuisteis llamados en una misma esperanza de vuestra vocación"[281]. El Espíritu es el alma del cuerpo, que es la Iglesia, proporcionando al cuerpo la unidad. Cuando Jesús oró al Padre por la unidad de la Iglesia, presentó ante Él su pensamiento, que sin duda coincidía plenamente con el pensamiento del Padre, por cuanto la obra de redención se planeó y ejecutó en pleno consenso trinitario. El pensamiento de Jesús es que la Iglesia fuese una, en una condición semejante a la unidad existente en el ser divino. La respuesta a la oración, en cuando a la plenitud de la unidad, fue respondida y las tres personas divinas vinieron a hacer morada en el cristiano, de modo que el trabajo intratrinitario que, entre otras cosas, sustenta la unidad en el ser divino se trasladó a cada uno de los creyentes, trasladando la unidad divina mediante, entre otras cosas, la participación de cada creyente en la misma naturaleza divina (2 P. 1:4), de tal manera que los cristianos vivimos la vida eterna, que es la participación en la divina naturaleza. Sin embargo, esta unidad absoluta, que el apóstol llamó "la unidad del Espíritu", podría vivirse en el hecho mismo de la unidad, o también en las bendiciones de la unidad. Es decir, la Iglesia es una, pero la gracia provee de bases que hacen que la unidad sea rica, gozosa y bendecida, de modo que cada creyente, no solo sepa que es uno con el otro y todos con Cristo y en Él, sino que pueda relacionarse en una vida abundante y gozosa.

El hecho de que se mencione que los cristianos están en un Cuerpo y en un Espíritu y tienen la misma esperanza, que el Señor es Señor de todos, que la fe es la misma y que todos recibieron el mismo bautismo, siendo Dios el Padre de todos, no es tanto un *in crescendo* de alabanza, sino la razón, mediante la expresión de las bases unitarias del por qué el cristiano debe mantenerse solícito en guardar la unidad del Espíritu en el vínculo de la paz. El Espíritu Santo está vinculado al proyecto divino; por tanto, es necesariamente Dios.

*Ef. 4:30.* "Y no contristéis al Espíritu Santo de Dios"[282]. El versículo pone la ética cristiana en relación con el Espíritu Santo. De ahí que a las prohibiciones anteriores se una ahora la advertencia solemne que afecta directamente, no solo a la relación, sino a la misma persona de Dios, el Espíritu Santo. Sin ningún otro aditamento, es suficiente motivo para conducir a la obediencia de los creyentes. La razón de

---

[281] Texto griego: Ἐν σῶμα καὶ ἓν Πνεῦμα, καθὼς καὶ ἐκλήθητε ἐν μιᾷ ἐλπίδι τῆς κλήσεως ὑμῶν.
[282] Texto griego: καὶ μὴ λυπεῖτε τὸ Πνεῦμα τὸ Ἅγιον τοῦ Θεοῦ, ἐν ᾧ ἐσφραγίσθητε.

ser del cristiano se debe a la obra del Espíritu Santo, a la que se ha referido en los capítulos anteriores. El Espíritu regenera al pecador en el momento de creer en Cristo, uniéndolo vitalmente al Señor para que por el único mediador entre Dios y los hombres fluya la vida eterna, que es la natural del que ha nacido de nuevo. El Espíritu hace posible la unidad de la Iglesia (Ef. 4:3); por tanto, cualquier acción contra el propósito divino para la vida cristiana afecta directamente a la persona divina que lo hace posible y que, por su fruto, reproduce el carácter de Cristo en el cristiano (Gá. 5:22-23).

La grave ofensa que ha de evitarse consiste en "contristar al Espíritu Santo". Es interesante el énfasis articular que se hace en el texto griego, donde literalmente se lee "al Espíritu, al Santo, de Dios", convirtiendo el adjetivo articular en nombre de la persona divina, a quien se llama en la Biblia *el Espíritu Santo*. No es esta una novedad doctrinal del apóstol, sino que Dios mismo ha llamado la atención a un hecho histórico, en el cual los israelitas contristaron al Espíritu Santo (Is. 63:10); se lee en hebreo: "Hicieron enojar a su Santo Espíritu", si bien la traslación de la palabra hebrea está más acorde con *entristecer*[283]. El versículo proporciona además un argumento firme en relación con la personalidad del Espíritu Santo, ya que el término indica causar dolor, algo que solo es posible cuando se trata de una persona, y mucho más solemne cuando se trata de una persona divina, la tercera persona de la Santísima Trinidad. Cualquier situación pecaminosa entristece, contrista, causa dolor al Espíritu de gracia. No es posible entender el alcance de la afirmación, puesto que se trata de una persona divina que, por serlo, es gozo infinito y felicidad suprema. Sin embargo, el Espíritu es el vicario de Cristo en la tierra y el Consolador, el Paracleto enviado por el Padre y el Hijo para morar en el creyente (Jn. 15:26). El Espíritu es increado; como procedente del Padre, se le llama Espíritu de Dios, y como enviado por el Hijo, se le llama Espíritu de Cristo (Ro. 8:9).

*Ap. 2:7, 11, 17, 29; 3:6, 13, 22; 14:13; 22:17.* En esta serie de textos se menciona directamente al Espíritu, no como un ángel o un ser celestial, sino como persona divina que intima a las iglesias al arrepentimiento, promete recompensas a la fidelidad y actúa con autoridad propia de Dios.

El Espíritu Santo es tratado siempre como persona, con capacidad para investigar y revelar (1 Co. 2:10-12). Se le llama Consolador, Abogado, Confortador (Jn. 14:26; 15:26; 16:7). Solo una persona

---

[283] La LXX traduce aquí el término por παρώξυναν.

puede venir al lado de uno. El Espíritu posee atributos propios de una persona, como intelecto (Is. 11:2; Jn. 14:26; 15:26; Ef. 1:17) y sensibilidad (Ef. 4:30). Al mismo tiempo, se le atribuyen obras personales: oye (Jn. 16:13), escudriña (1 Co. 2:10-11), habla (Hch. 8:29; 13:2; 16:6-7), enseña (Jn. 14:26), juzga (Hch. 15:28), convence de pecado (Jn. 16:8), ejerce voluntad (1 Co. 12:8-11), escoge y envía (Hch. 13:2; 20:28), guía (Ro. 8:14) e intercede (Ro. 8:27).

Al Espíritu se le dan nombres divinos. Se le llama Dios (Hch. 5:3-4; 1 Co. 3:16; 6:19; 12:6-7); se le llama Señor (2 Co. 3:17-18); se incluye en el triple nombre de la deidad (Mt. 28:19); se le dan nombres solo aplicables a Dios, como Espíritu Santo (Mt. 1:18; 28:19); se aprecia que es el único Espíritu en la dimensión divina (Ef. 4:4); se dice que es Espíritu eterno (He. 9:14); se le llama el Santo (1 Jn. 2:20); como de Cristo, se dice de Él que es Espíritu de vida (Ro. 8:2; Ap. 11:11). Pero además posee atributos incomunicables privativos de Dios, como son la eternidad (He. 9:14), la omnipotencia (Ro. 15:19; 1 P. 3:18), la omnipresencia (Sal. 139:7-10); la omnisciencia (Is. 40:13-14; 1 Co. 2:10-11) y la verdad absoluta (1 Jn. 5:6). Sus obras son también divinas: Él es Creador (Gn. 1:2; Job 26:13; 27:3; 33:4; Sal. 33:6; 104:30), la inspiración de la Palabra se le atribuye (2 Ti. 3:16; 2 P. 1:21) y también una obra sobrenatural como la del engendramiento de Jesús en el seno de María (Lc. 1:35). Pero, como Dios, es quien regenera al pecador que cree en Jesucristo (Ti. 3:5). Jesús había dicho a Nicodemo que tenía que nacer del Espíritu (Jn. 3:5, 6, 8); la implantación de Dios en el creyente con la provisión de vida eterna en Cristo en el proceso de regeneración es obra del Espíritu (Jn. 1:12-13).

**Tres personas y un solo Dios verdadero**

La comunión interrelacionada de las tres personas divinas en los atributos y cualidades naturales y esenciales de la deidad conduce a la comprensión de que todas ellas —Padre e Hijo y Espíritu Santo— son Dios verdadero manifestado en forma personal. Dicho de otro modo, son tres personas en un solo ser divino y, por tanto, son individuales o personales, siendo todas ellas el único Dios verdadero.

Las evidencias textuales se han presentado anteriormente en relación con cada persona divina, pero a modo de resumen cabe destacar las palabras de Jesús: "Yo y el Padre [dos] somos [plural] uno [singular]" (Jn. 10:30); además, en el texto griego, el hecho de que uno esté en género neutro indica que no son una misma persona, lo que exigiría el uso del masculino, sino una sola esencia, sustancia o naturaleza individual subsistentes en el único ser divino.

Así escribe el Dr. Lacueva:

> Por eso mismo, el Hijo solo puede hacer lo que ve hacer al Padre, pero el Padre, a su vez, no juzga sino por medio del Hijo, aunque "todo lo que el Padre hace, también lo hace el Hijo igualmente" (Jn. 5:19, 22). En este sentido ha de entenderse también Jn. 7:16. "Mi doctrina no es mía ("por cuenta propia", v. 17), sino de aquel que me envió". Todo lo que el Hijo es, tiene y hace, procede del Padre y le es comunicado por el Padre (v. Jn. 5:26; 6:57; 16:15).[284]

Por esa misma causa, la tercera persona divina, Dios el Espíritu Santo, no actúa independientemente, sino vinculada a las otras dos, por lo que no obra por sí mismo, sino que comunica "todo lo que oyere", tanto del Padre como del Hijo (cf. Jn. 16:13-15). Ninguna persona divina, por razón de subsistencia individual, pero no independiente, viene individualmente, digamos, en solitario, sino vinculada y en compañía de las otras dos, como ocurre con el Espíritu Santo (cf. Jn. 14:17, 23, 26). La unidad entre el Padre y el Hijo (Jn. 10:30) ocurre también con el Hijo y el Espíritu (2 Co. 3:17); dicho de otro modo, el Espíritu es YHVH lo mismo que Jesucristo. Por esta causa, el apóstol Pablo llama a la acción del Espíritu la del Señor, donde literalmente se lee en el texto griego: "Como por medio de Señor Espíritu"[285] (2 Co. 3:18). La santificación experimental en la que el creyente es transformado de gloria en gloria requiere la acción del Espíritu Santo. Es imposible una victoria sobre los enemigos del cristiano sin la ayuda poderosa del Espíritu (Gá. 5:6). El poder capacitador mora en el cristiano (Gá. 5:16; Ro. 8:4). De igual modo, la santificación final será posible por la acción del Espíritu. Quien resucitó a Cristo de entre los muertos actuará en el mismo sentido para la resurrección y glorificación del cristiano (Ro. 8:11).

**Un Dios en tres personas**

Ante la evidencia bíblica de pluralidad en la unidad en el ser divino, surge la necesidad de nominar a las tres individualidades subsistentes en Dios. Aunque resulta, como se verá, compleja esta situación y

---

[284] Lacueva, 1983, p. 46.
[285] Texto griego: καθάπερ ἀπὸ Κυρίου Πνεύματος.

novedosa para la definición de la fe, no resulta incomprensible a la mente humana, puesto que el hombre fue creado a "imagen y semejanza de Dios" (Gn. 1:26, 27), percibiéndose a sí mismo como un ser plural, compuesto primariamente de una parte material y otra espiritual, por lo que el concepto cognoscitivo de pluralidad en la unidad está presente en la mente humana.

El problema consiste en definir a cada uno de los subsistentes en el ser divino en forma individual, lo que exige establecer el concepto de persona, y aplicarlo luego a cada uno de los tres santos que se distinguen en el estudio de la trina deidad.

**Concepto de persona**

El problema se plantea no tanto en el concepto que filosóficamente puede alcanzarse del término persona, sino en el sentido de aplicar ese término a Dios. Este planteamiento alcanzó el máximo nivel al tener que definir a Jesucristo como una persona con dos naturalezas, es decir, una persona divino-humana. Pero esto adquiere una relevancia excepcional cuando se trata de ser uno y ser tres, es decir, una unidad en la diversidad; de otro modo, establecer tres diferencias potenciales e individuales en quien es el único Dios. Tal cuestión entra en aparente contradicción con la revelación que la Escritura hace de Dios, fundamentada sobre todo en la aseveración dogmática establecida por Él mismo para Israel: "Oye, Israel: YHVH nuestro Dios, YHVH, uno es" (Dt. 6:4; BT).

Un tiempo extenso fue necesario para llegar a definir lo diferente dentro de la unidad divina, llamando a esas individualidades persona. Esto genera una controversia semántica conforme al sentido que el término toma en la evolución del lenguaje. Entrar en estas particularidades resulta fuera de contexto en el estudio de la teología propia y especialmente en el apartado destinado a la Trinidad, por lo que se dan seguidamente conceptos generales e históricos sobre el término *persona*, que se aplica a las subsistentes en el ser divino.

***Términos propuestos***

Esencialmente se reducen a dos, que se consideran aquí.

*Prósopon*

πρόσωπον tiene una larga evolución en la lengua griega. Generalmente se usaba en plural[286] y estaba relacionada con *cara, delante, fachada*.

---

[286] Griego: πρόσωπος.

El término se usó tardíamente para referirse a *persona*. Como ejemplo del griego antiguo, Plutarco lo usa para referirse a un encuentro cara a cara[287]. En el Nuevo Testamento aparece en 1 Ts. 2:17 para referirse a rostro, que tiene también como acepción persona. El sentido general que adopta el término en el tiempo se refiere a aquello que está a la vista o, si se prefiere, lo que se puede ver. Más tarde se usó en el teatro para señalar a la personalidad de un actor que se identifica con la máscara que lleva. En la LXX, el término se usa más de 850 veces para trasladar la palabra hebrea *panîm,* que significa rostro, de forma especial en relación con el rostro de Dios.

Una referencia a la palabra se recoge de la obra *El Dios uno y trino*, de la que se traslada el siguiente párrafo:

> Así es como *prósopon* llegó a contener muchos niveles de significación. De todos modos, hay aquí un preciso concepto "técnico" y, sobre todo, no hay concepto ontológico alguno, como era mucho más el caso del concepto que más adelante fuera equiparado a *prósopon*: *hypóstasis*. Por largo tiempo, *prósopon* conservó el sentido de algo exterior. Por esta razón, era preciso que se avanzara en su determinación en el sentido de ser realmente existente. Sólo de este modo podría reemplazar a *hypóstasis*. No obstante, *prósopon*, por su origen, conserva en su significado el aspecto de aquello que aparece a otros. Así, este concepto era susceptible de ser utilizado en forma modalista. Aunque podía utilizarse en Oriente también para designar la triple diferenciación en Dios, sin embargo, nunca ocupó en la teología griega de la Trinidad el lugar que ocupa en Occidente el concepto de persona. En cambio, en Oriente será el concepto "más filosófico" de hipóstasis el que se tornará de a poco en el equivalente del persona latino.[288]

El sentido conceptual en la Iglesia occidental se establece usando la palabra persona. El sentido idiomático del término hace alusión al individuo, de manera que la acepción tiene que ver con el individuo determinado, vinculado a lo que es y a los derechos que tiene que lo diferencian de la totalidad. Este pensamiento permite identificar *persona* con *prósopon*.

---

[287] Plutarco, *Caes.,* 17.
[288] Greshake, 2001, p. 108 ss.

## Hypóstasis

El término ὑποςτασις expresa la acción de ponerse debajo. También la acción de soportar. En ocasiones se usa para referirse a lo que colocamos debajo de lo que está en el fondo. Las acepciones tenían que ver con base, fundamento, depósito, sedimento, vapor condensado en forma de nube, sustancia, realidad material, diseño, plan. Especialmente entre todas las acepciones que el término tomó en el tiempo, están las de sustancia y realidad.

Se trata de un término usado filosóficamente, cuyo sentido es necesario tomarlo del contexto en que se encuentre. Este sentido se toma en el cristianismo para expresar una realidad objetiva. De modo que *hypóstasis* designa el ser, la esencia real, lo que existe. En contraste con los términos filosóficos o del pensamiento que solo existen en la mente, *hypóstasis* designa la realidad de las cosas que existen, ya que *debajo de* ellas se encuentra y realiza la *ousía*. La palabra *hypóstasis* se aproxima más al término latino *subsistentia*, que denota lo que existe verdaderamente como realidad firme y se realiza en cuanto tal[289].

Este término para referirse a las personas en la Santísima Trinidad tuvo que superar algunas dificultades idiomáticas, entre las que cabe destacar el término en el concepto ontológico. De forma especial en la vinculación del término con *ousía*, substancia, que individualiza el ser de entre todos los seres de una misma especie. De este modo, depende del significado de *ousía* para que pueda ser equivalente a *hypóstasis* o diferenciarse de ella. Esto mismo ocurre en el concilio de Nicea, en el que se identifican ambos términos, *ousía* e *hypóstasis*. Para la posición de Occidente, que entendía *hypóstasis* como substancia universal, hablar de tres *hypóstasis* en Dios suponía una notoria dificultad, e incluso una imposibilidad peligrosa. En tal sentido, decía Jerónimo: "Toda la escuela de literatura secular no conoce otra cosa que la *hypóstasis*"[290]. Orígenes consentía en aceptar la identidad de las dos palabras usándolas intercambiablemente. Pero el Sínodo de Alejandría (a. 362) y, con él, el Atanasio tardío, permitieron el uso de las dos palabras, en especial aplicado a las tres *hypóstasis* en Dios, si con ello no se hacía alusión a substancias individuales, sino a la única substancia (*ousía*) divina. En tal sentido, se volvía al uso de la palabra propia del lenguaje coloquial, en el sentido de realización

---

[289] Cf. Ibíd., p. 109.
[290] *Tota saecularium litterarum schola nihil aliud hypostasin nisi usian novit. Ep.*, 15, 4.

y manifestación, pero eliminando cualquier vinculación con una gradación ontológica, ya que las tres *hypóstasis* están coordinadas, pero nunca subordinadas, siendo manifestaciones de idéntico rango del único ser divino. Por tanto, *hypóstasis* venía a ser prácticamente un sinónimo de *prósopon*. Importante en esta discusión es el pensamiento de los Capadocios, como expresa Greshake:

> Con los Capadocios se llega a una clarificación definitiva. En efecto, ellos hablan de "tres hipóstasis en una esencia" (*ousía*) y comprenden por hipóstasis el acto (individual) concreto de subsistencia, de tal manera que, en ellos, el concepto *hypóstasis* indica el paso de un predominio de la substancia segunda (de lo genérico-universal) a la substancia primera (de lo concreto individual).[291]

Un nuevo elemento que debió superarse es el sentido neoplatónico del término, teniendo en cuenta que toda pluralidad debe ser reducida a una unidad que está vinculada a ella, como ocurre con el pensamiento de la filosofía antigua, ya que la unidad solo puede pensarse en oposición a otro que es la pluralidad. El pensamiento condujo a tomar la unidad de Dios como punto de partida en la teología de la Trinidad para entender, desde esa unidad, la pluralidad en la Trinidad.

Esto condujo a dificultades, como en cierto modo el subordinacionismo, que da a entender que el Hijo y el Espíritu no tenían toda la plenitud de la deidad. El platonismo influyó en esto al sugerir que la segunda y tercera personas divinas, aunque de idéntica naturaleza divina, procedían eternamente a partir de la unidad del Padre, siendo este la unidad de la que devienen las otras personas divinas; de ahí que la comprensión trinitaria consistía en que eternamente el Padre engendra al Hijo, Palabra divina, y expira al Espíritu de amor. Por tanto, las procesiones se convierten en verdaderas producciones, si bien son intra-divinas. Todo esto genera una seria dificultad en el concepto de unidad y pluralidad en el ser divino como comunión, donde la unidad y la pluralidad se constituyen recíprocamente, siendo la pluralidad un único intercambio entre las personas divinas que subsisten en el ser divino y forman la unidad de Dios.

Especialmente bajo la influencia de Agustín de Hipona en sus escritos sobre la Trinidad, la teología occidental trinitaria se puede sintetizar como que Dios es *Unum in Trinitate*, uno en la Trinidad. De

---

[291] Greshake, 2001, p. 110.

manera que Dios es primeramente una substancia pre-personal que se pone de manifiesto en personas trinitarias, pero de modo que se preserva la unidad substancial que es el marco de la pluralidad personal. Esto genera el permanente peligro del modalismo.

Por su parte y, en cierto modo, como algo contradictorio, está el pensamiento teológico de la Iglesia oriental que llega por otra vía para destacar la unidad de Dios en la pluralidad de personas. Esta forma ve a Dios como *Unus in Trinitate*, uno en Trinidad. En esta forma de pensamiento, la unidad de Dios no es unidad esencial de tipo pre-personal, sino una unidad realizada en forma personal en el Padre, que transmite la esencia divina única que Él posee, en la generación del Hijo y en la espiración del Espíritu, de modo que vive en la comunión tripersonal en el seno trinitario.

### *Evolución del concepto de persona*

El término proviene etimológicamente de las palabras griegas y latinas consideradas anteriormente. La primera, *prósopon*, se usaba para referirse a la forma de caracterizarse un actor que iba a representar a un determinado personaje. De ahí derivó el sentido etimológico de nuestra palabra *persona*, indicando la dignidad de aquel que está en eminencia sobre otros. Por su parte, el origen latino corresponde a la misma palabra persona. La metafísica traslada estos términos para referirse a la expresión del ser, que tiene que ver con la individualidad y racionalidad. Esto excluye necesariamente todo lo que es incompleto en el ser, los accidentes que modifican y también lo que puede ser comunicado por una persona a otra. Como es de conocimiento general, la metafísica es la parte de la filosofía que trata del ser en cuanto tal, y de sus propiedades, principios y causas primeras.

Las deducciones teológicas suponen el uso de la mente humana, es decir, del pensamiento del hombre, aplicándolo a los datos bíblicos para formar, de acuerdo con la racionalidad, expresiones que por analogía permitan ser aplicadas a Dios. Estas aplicaciones antropomórficas hacen comprensible por semejanza lo que tiene que ver con la transcendencia de la deidad. En este sentido escribe el Dr. Olegario González de Cardedal.

> No hay analogía sin filosofía, y quien quisiera hablar de Dios en absoluta pureza, sin querer mezclar la palabra bíblica con ninguna otra, está ante la alternativa de: o bien callar o hablar repitiendo las palabras de Dios sin entenderlas. Toda palabra

pronunciada en el tiempo y en el espacio, por ello también la palabra divina, necesita de una constantemente renovada traducción a las nuevas situaciones históricas, que condicionan su comprensión.[292]

Sin duda existe el peligro de tomar la filosofía para hacer del razonamiento un dogma de fe. De ahí la necesidad de sujetar el pensamiento en sus más diversas formas a la verdad inerrante expresada por Dios en la Palabra, colocando las ciencias humanas al servicio de la teología y no al revés. Esto se detecta inmediatamente que se habla de Dios y que se afirma —porque esa es la fe cristiana asentada en la revelación bíblica— que Dios es uno y trino, existente eternamente en tres personas. Una de las evidencias está en el uso bíblico de los pronombres personales *Yo, Tú, Él* en relación con Dios, de manera que, por analogía, aplicamos a Dios el concepto de persona tal y como lo entendemos antropológicamente. ¿Es correcto esto? Sin duda, tiene pleno apoyo bíblico puesto que —como se ha dicho antes— el hombre ha sido creado a "imagen y semejanza de Dios" (Gn. 1:26). Lo que se puede entender en el sentido personal del ser creado se puede aplicar en analogía a Dios. Naturalmente ese concepto es limitado, por cuanto el ser humano lo es también, y no puede comprender al infinito en esa dimensión plena de la deidad porque tampoco la criatura limitada puede comprender en su limitación la infinitud de Dios. Sin embargo, el concepto es aplicable y hace comprensibles aspectos del ser divino en la natural limitación propia de la mente humana.

Es, pues, necesario sobre la única base de fe que es la Biblia, tomando como referente la personalidad humana, aproximarse al concepto de persona divina, para lo que resulta necesario elevar al infinito las perfecciones que ese concepto incluya, retirando en relación con Dios cuantas imperfecciones puedan concurrir. Todo lo que es limitación o defecto estará necesariamente excluido, ya que la analogía antropológica se establece en una criatura limitada, incluso relativa, y además afectada por la naturaleza caída que está en cada persona humana.

Básicamente, el concepto de persona incluye tres elementos: autoconciencia, autoposesión y alteridad.

*a) Autoconciencia*, por la que cada persona tiene claro conocimiento de cuanto ocurra en su intimidad, que se manifiesta en aquello que exterioriza. Jesús enseñaba que "de la abundancia del corazón habla la boca" (Lc. 6:45). Esto que el ser percibe permite lo

---

[292] González de Cardedal, 1966, p. 192 ss.

que en filosofía se conoce como apercepción, que es el acto de tomar consciencia, reflexivamente, del objeto percibido. Esta palabra fue introducida por Leibniz, definiendo con ella la conciencia de la percepción, es decir, ser consciente de percibir algo; por tanto, expresa la percepción al más alto nivel. A diferencia de la percepción, que es el hecho representativo, interno o psicológico, la apercepción supera la reflexión que pueda hacerse del mismo, el estado de la mente que retorna para analizar las percepciones conscientes para conocerlas mejor o más profundamente, para alcanzar el nivel del estado del espíritu que conoce lo que pasa en él. Es la plenitud de juicios de valor que están en el subconsciente del ser.

Sin lugar a duda, la autoconciencia se mantiene en la intimidad de la personalidad a causa de dos factores que alteran su expresión al exterior: a) La diversidad de juicio de un mismo acto en cada persona porque el análisis sobre el acto varía en cada uno. b) La condición egocéntrica propia del individuo, especialmente impulsado por la condición de la naturaleza afectada por el pecado que potencia el yo e impide la comprensión de los problemas ajenos, como consecuencia de la condición psicológica del individuo que no tiene interés por las circunstancias ajenas, sino por las suyas propias, analizando aquellas bajo la apreciación propia y personal, que es la válida para él.

El hecho de comprender o tratar de comprender al otro se alcanza en la regeneración del creyente. En esa operación, el Espíritu Santo dota al salvo de interés genuino por los demás, haciéndole sentir el concepto de colectividad ya que él mismo está inmerso en la de la Iglesia de Jesucristo, comunidad a la que es introducido todo el que ha creído. Por esa razón, la puerta de la colectividad y los problemas que la afectan se hacen personales hasta el punto de poder decir, como el apóstol Pablo: "Me gozo en lo que padezco por vosotros, y cumplo en mi carne lo que falta de las aflicciones de Cristo por su cuerpo, que es la iglesia" (Col. 1:24). En la acción del Espíritu que cumple la predestinación divina de transformar al creyente a la imagen del Hijo de Dios (Ro. 8:29), la autoconciencia individual se abre de modo que puede comprender al otro. Ese cambio conduce a un auto-juicio correcto y evita enjuiciar negativamente sin buscar la comprensión de la razón de las actuaciones de otros (Ro. 2:1, 21; 13:8; 1 Co. 4:6; 6:1; 10:24, 29; 14:17; Fil. 2:4; 2 Ti. 2:2). Es una acción que descansa en el amor de Dios que comprende la razón de nuestras acciones, aunque no justifique sus razones.

Por analogía, al aplicar a Dios en el conocimiento de las personas divinas, la apertura de la autoconciencia se magnifica de un modo infinito, puesto que cada una de ellas tiene la misma mente y la misma conciencia, de manera que se conocen y comprenden en grado infinito (Mt. 11:27; 1 Co. 2:10), conociendo de la misma forma todo lo creado en todos los aspectos de toda manifestación, puesto que conocen en plenitud todos los hechos en sí y la causa de ellos (Mt. 6:4, 6, 18; Jn. 2:24-25; Ro. 8:16; 1 Co. 2:10) y también todo futurible (Lc. 10:13). Dios conoce todos los caminos del otro (Sal. 139:1-18).

b) *Auto-posesión*. Es la segunda característica que define a la persona. Es evidente que el ser humano es responsable de sus actos, porque es dueño de sí mismo. En cierto modo, es la expresión visible del llamado libre albedrío; siendo dueño de sus acciones, es también el sujeto de atribución de la responsabilidad de ellas. Todo el hombre está deteriorado por el pecado, que lo orienta continuamente al mal y, por esa causa, está incapacitado para vivir en estado de continua perfección, ya que como Dios dijo de él antes del diluvio: "La maldad de los hombres era mucha en la tierra, y que todo designio de los pensamientos del corazón de ellos era continuo solamente el mal" (Gn. 6:5). Con todo, eso no quita la responsabilidad de las acciones y decisiones de cada uno. El hecho de que haya perdido el dominio propio no significa exoneración de las consecuencias de sus hechos.

Resulta difícil encontrar una correcta analogía a Dios desde la enorme imperfección del hombre. Sin embargo, Dios restaura la situación en su acción regeneradora para el que cree. La acción del Espíritu reproduce a Cristo en el creyente. La vida distorsionada por el pecado, el yo cautivo por la condición caída, es tratado en Cristo hasta el punto de producirse un nuevo nacimiento, que no es un mero cambio, sino una transformación de tal dimensión que solo cabe expresarla en las palabras del apóstol Pablo: "Con Cristo estoy juntamente crucificado, y ya no vivo yo, mas vive Cristo en mí; y lo que ahora vivo en la carne, lo vivo en la fe del Hijo de Dios, el cual me amó y se entregó a sí mismo por mí" (Gá. 2:20). Aquella condición que, carente de dominio propio, trata de dominar a los otros, se da en plena autoposesión de quienes antes buscaban el provecho personal, hasta el punto de llegar a dar la vida por ellos (1 Jn. 3:16-18).

Desde la óptica de la regeneración o de la plena liberación de la esclavitud del pecado, podemos intuir lo que son las personas divinas, en una plena entrega de comunión entre ellas. Esta relación se aprecia en varios pasajes, pero serán suficientes las palabras del Señor: "Él[293] tomará de lo mío y os lo hará saber. Todo lo que tiene el Padre es mío;

---

[293] Referido al Espíritu Santo.

por eso dije que tomará de lo mío, y os lo hará saber" (Jn. 16:14-15). Las tres personas divinas comparten entre sí todo cuanto tienen y son, excepto la personalidad que las individualiza y distinguiéndose entre ellas por la mutua oposición de las relaciones que las constituye como personas, distintas en el ser divino. Este autodominio, que es la verdadera auto-posesión, que en el creyente, por razón de la operación del Espíritu en él, lo lleva a la apertura a otros en forma de comunión (Hch. 2:42; 4:32; Ro. 15:26; 2 Co. 9:13; Gá. 2:9; Fil. 2:1-2; He. 13:16; 1 Jn. 1:3, 6, 7; 3:16-18) alcanza en Dios un grado infinito, lo que sin duda es una plena identidad.

c) *Alteridad.* La tercera característica de persona es la alteridad, que es la condición de ser otro; también se puede denominar como originalidad. La persona es persona porque es absoluta y totalmente distinta de las demás. Pudiera tener alguna semejanza, pero cada persona humana es diferente. De otro modo, él mismo, la mismidad del hombre, se produce cuanto más pueda distinguirse de los otros, es decir, cuando más otro diferente es. El pecado conduce al hombre a buscar su mismidad por caminos erróneos, procurando alcanzar la diferencia manifestando una superación en relación con otros, una presencia diferente, una imitación del otro que se procura superar. Indudablemente, esta situación no permite una analogía relativa a las personas divinas.

En la esfera de la regeneración por la obra del Espíritu, el creyente es transformado variando la potencialidad de su condición individual de persona, siendo dotado de carismas que le comunica y que, en el ejercicio de ellos, alcanza una alteridad más pronunciada, pero como un aspecto aparentemente contradictor, se identifica más con sus hermanos, ya que unos y otros son transformados a la imagen del Hijo de Dios conforme al propósito eterno del Padre (Ro. 8:29). Esta identidad personal es para los hombres una contradicción, ya que, como dice el Dr. Lacueva, "puede entregarse sin perderse, darse sin gastarse, volcarse sin vaciarse"[294]. Esta individualidad personal se integra en la corporativa de cada creyente en Cristo, formando el Cuerpo del que Jesucristo es la cabeza, de modo que el crecimiento individual pasa a ser crecimiento colectivo: "Sino que siguiendo la verdad en amor, crezcamos en todo en aquel que es la cabeza, esto es, Cristo, de quien todo el cuerpo, bien concertado y unido entre sí por todas las coyunturas que se ayudan mutuamente, según la actividad

---

[294] Lacueva, 1983, p. 53.

propia de cada miembro, recibe su crecimiento para ir edificándose en amor" (Ef. 4:15-16)

Trasladando esto al plano de la deidad, entendemos que cada persona es individual, aunque no independiente, marcando diferencias entre ellas, pero eso es absolutamente compatible con la interrelación y la plena comunión de las tres en el seno trinitario. Cada una se constituye como persona individual y original, diferente a las otras dos, pero absolutamente vinculadas por la total y recíproca entrega de cada una a las otras dos.

Ninguna persona se constituye como tal, aunque fuese posible la entrega total de ella a otro, ya que su persona es el resultado de un acto creador. Una relación *ad alium*, esto es, a otro, no lo personaliza, sino que es persona *ad se*, es decir, en sí mismo. Un hijo no es persona por el hecho de ser hijo, lo es por ser un individuo humano. Igualmente, la relación paterno-filial no constituye persona al padre por el hecho de engendrar al hijo, sino por ser hombre. Si no fuese de este modo, por la muerte de uno de ellos, el otro dejaría de ser persona. En el plano humano, nadie se constituye persona por relación con otra, sino por la individualidad de concepción, gestación y alumbramiento. Es así que cada ser humano, en razón de ser individual y, por tanto, diferente al resto de los humanos, es una persona distinta.

En el ser divino no ocurre esto porque las personas divinas no son tres individuos de la deidad, lo que constituiría a cada una de las tres en un Dios individual, es decir, serían tres dioses. Eso es contradictorio con la dogmática de la Trinidad que enseña, conforme a lo revelado, que Dios es uno solo, manifestado en tres personas, que son individuales, pero cada una es el mismo Dios verdadero. Las tres comparten vida, esencia, naturaleza, perfecciones, etc., de modo que no se pueden distinguir *ad se*, sino por la relación o procedencia, que las constituye *ad alium* como principio y término de procesión que personaliza al Hijo y al Espíritu, procedente el primero del Padre y el segundo del Padre y del Hijo. En razón de lo que se puede calificar como oposición interpersonal, no en el sentido de enfrentar realidades distintas, sino como principio y término de la procesión que las personaliza. Así, la persona del Hijo es el término de la generación del Padre, por cuya misma relación el Padre se distingue del Hijo, ya que este es el término de la generación de la que es principio el Padre. Al igual que el Espíritu Santo se distingue como persona del Padre y del Hijo, ya que procede de ambos como principio de espiración activa. Este principio y término de la relación pone a cada una de las personas divinas en oposición, en sentido de diferenciación personal, pero de relación participante de vida. Esta relación se produce eternamente *ad intra* y distingue a las personas divinas de tal manera que, al ser Dios infinito, cada una de las distinciones entre ellas que las hacen diferentes es tanto infinita como real.

**Sentido de persona aplicado a Dios**

El uso del término persona en relación con Dios reviste, sin duda alguna, la dificultad de precisar qué concepto de esa palabra puede usarse sin reservas para expresar la verdad de que en el ser divino subsisten eternamente tres personas, la del Padre, la del Hijo y la del Espíritu Santo. Es en la cristología donde se hace necesaria esa precisión, ya que en Él coexisten sin mezcla dos naturalezas, la divina que eternamente le corresponde como Dios, y la humana, subsistente en la persona divina del Hijo, desde la concepción virginal en María por operación sobrenatural del Espíritu Santo. Pero no es menos dificultoso explicar que son tres sin alterar la unidad divina, ya que Dios es uno.

En un largo período de tiempo en la teología latina, a lo individual de Dios se lo llama persona. Este concepto que ha evolucionado filosóficamente no tenía un contenido tan amplio en los idiomas griego y latino, como, en cierto modo, ya se ha considerado antes. Este concepto en la actualidad entra de lleno en el campo de la pragmática, la disciplina que estudia el lenguaje en su relación con los hablantes, así como los enunciados que estos profieren y las diversas circunstancias que concurren en la comunicación[295]. Pero no puede separarse también de la semántica, que es la disciplina que estudia el significado de las unidades lingüísticas y de sus combinaciones, en especial la semántica léxica, que estudia el significado de las palabras, así como las diversas relaciones de sentido que se establecen en ellas. De ahí que la palabra *persona*, que tenía un contenido muy limitado en la antigüedad, llegó a la dimensión que tiene en la actualidad. La amplitud que requieren las reflexiones y consideraciones sobre el concepto de persona no tiene cabida en este espacio de la cristología, por lo que es suficiente una aproximación en este apartado.

Se ha hecho una referencia a las palabras griega y latina de las que deriva el término persona. Debe añadirse que el concepto de persona puede ser considerado como subsistente en sí mismo con principios esenciales que la sitúan en un determinado orden entre los seres. En cada uno de esos aspectos recibe nombres distintos, de modo que

---

[295] Definición tomada del diccionario de la RAE.

en el primero se llama subsistencia; en el segundo, hipóstasis; y en el tercero naturaleza o esencia. En el transcurso del tiempo dará origen a distintos aspectos de la persona que, por analogía, se extenderán a las personas divinas.

El constitutivo de persona es algo perteneciente al orden de la substancia y no al de la existencia, en razón del modo de tener existencia. De ahí que, en el ser increado, la existencia personal sea algo esencial y absoluto, uno y único, en las tres personas divinas. Esto impide entender que en Dios haya más de una existencia, como afirmaba Tomás de Aquino: "De ninguna manera se ha de conceder que haya en Dios más de una existencia, puesto que la existencia pertenece siempre a la esencia, y principalmente en Dios, cuya existencia se identifica realmente con su esencia"[296]. Por tanto, el constitutivo de persona no se identifica con la substancia individual, de lo contrario no sería posible entender cómo se ha unido en Jesucristo la naturaleza humana a la persona divina. La persona es, pues, aquello que es completo o perfecto en el género de substancia, ya que la persona añade a la substancia la incomunicabilidad o individualidad de subsistencia.

El término persona atribuido a Dios condujo al uso, bien sea de los padres griegos y de los latinos, de diferentes nomenclaturas. Así, los primeros, hasta finales del s. IV, se refieren a las personas divinas con el término hipóstasis y también con el de esencia, e incluso de naturaleza, si bien ambos tenían relación con lo que es común a ellas, es decir la esencia del ser divino. Pero cuando se toma la esencia individual como sinónimo de persona, es necesario distinguirla, como hizo el Sínodo de Antioquía (a. 268), lo que evita el modalismo. Esto es importante en la cristología, ya que naturaleza no es persona, sino que subsiste en ella. Los padres griegos procuraban evitar el uso de persona en referencia a Dios, ya que algunos herejes pretendían simplemente, usando la etimología de la palabra, hacer creer que Dios, que es uno, se presentaba en tres distintas apariencias, como ocurría con Sabelio; por eso usan el término hipóstasis en el sentido de personas y los de esencia y naturaleza (οὐσία) para referirse a lo que es común en las tres personas, la esencia divina.

Los padres latinos usan el término persona para referirse a las subsistentes en el ser divino, por lo que aparece en relación con ellas el término subsistencia. Los términos esencia y naturaleza se usan en la teología latina para señalar lo común a las personas y no lo distintivo de ellas.

---

[296] Tomás de Aquino, *De potentia*, q. 9, a. 5, ad 19.

Sea usado un término u otro, la dogmática cristiana afirma como base de fe que en Dios subsisten tres personas. Sin embargo, debemos admitir que la Escritura no usa el término persona para hablar de Dios. Ahora bien, esto no es óbice para usar ese término, ya que se trata de expresar con un término un concepto. Si la Palabra presenta indubitablemente tres individualidades en el seno trinitario, no hay razón alguna para no usarla, puesto que con ella se expresa una realidad objetiva. De manera que cuando la revelación conduce a entender la subsistencia en Dios de tres individuos distintos, que son subsistentes e incomunicables, el Padre, el Hijo y el Espíritu Santo, se afirma categóricamente la existencia de personas en el ser divino, siendo los nombres aplicados a ellas los que manifiestan la relación de ellas entre sí. Los padres latinos usaron principalmente el término persona en lugar de hipóstasis a causa de tener entre ellos el sentido de esencia, lo que podía dar lugar al triteísmo. Pero en los tiempos finales de la Patrística, tanto los griegos como los latinos usaban el término hipóstasis para referirse a los subsistentes divinos. Esto se pone de manifiesto en los concilios, de manera que se utiliza el término hipóstasis en el Constantinopolitano II (a. 231); el de subsistencia en el Lateranense (a. 254); y el de persona en el Bracarense (a. 251) y el de Toledo (a. 281).

Es necesario recalcar que el concepto de persona aplicado a Dios no puede ser considerado como unívoco, esto es, un término que se predica de varios individuos con la misma significación, pues que el sentido de persona divina solo puede aplicarse a quien es eterno e infinito, único de esa condición. Así que solo cabe en sentido análogo y, por supuesto, con distancia infinita. Además, los conceptos que determinan la persona, substancialidad e incomunicabilidad proceden en el hombre de la substancia o de los principios esenciales, pero no ocurre así en Dios, ya que la substancialidad e incomunicabilidad proceden de las relaciones interpersonales, en las que concurren las notas distintivas de la persona, por lo que en ningún modo puede que el constitutivo de persona se deba a una operación creadora que trae un individuo a la existencia. Ha de tenerse presente siempre que Dios es increado, eterno, sin principio ni fin, eternamente existente en sí mismo.

**Evolución del término en la historia de la Iglesia**

Tendría que recorrerse toda la historia eclesiástica, especialmente en relación con la Patrística, cosa que excede la razón de ser de esta tesis.

Por esa causa, se seleccionan dos ejemplos en los que se trata de la aplicación a Dios del término persona, con el significado de unicidad e individualidad.

*Tertuliano*. Llamado Quinto Septimio Florente Tertuliano, nació en Cartago en el año 160 y murió en el mismo lugar en el año 220. Fue un Padre de la Iglesia y un escritor durante la segunda parte del s. II y la primera del s. III. Ejerció una notable influencia en el cristianismo de Occidente. Fue un académico con una educación excelente. Escribió por lo menos tres libros en griego, que él mismo cita, pero ninguno de ellos se ha conservado. Fue un destacado abogado en Roma, especialista en leyes, con una notable capacidad argumentativa en sus discursos.

Su conversión al cristianismo produjo un cambio radical en su vida, que le hizo entender lo que significa ser cristiano, lo que le llevó a decir que "los cristianos se hacen, no nacen"[297]. Fue uno de los grandes teólogos cristianos del s. III. Es el primero en usar la palabra latina "Trinitas" al respecto de las personas divinas del Padre, el Hijo y el Espíritu Santo.

Tertuliano afirma que Dios es uno en el que hay tres, a los que llama personas. Argumenta que en la lectura de la Escritura aparece el diálogo trinitario, por cuya razón se puede hablar de la persona del Padre y del Hijo, que son individuos absolutamente únicos y distintos. Afirmaba que se ponía de manifiesto que existen personas distintas en la unidad de substancia. Por tanto, la substancia divina se revela de esa manera y se individualiza en tres diferentes personas. De manera que, en relación con Dios, persona es lo que individualiza a cada sujeto de acción. Deberá pasar bastante tiempo para que, en Occidente, al profundizar en esta idea, se usara el término persona para referirse a cada una de las subsistencias en el ser divino.

*Los Capadocios*. Llamados también Padres Capadocios; es el título que se asigna a tres teólogos que tuvieron significativa importancia en la expresión de la doctrina sobre la Trinidad, contribuyendo al desarrollo de la teología en los primeros tiempos del cristianismo. Se manifestaron como una familia monástica del s. IV, congregándose para el estudio y la mediación en un lugar cedido para ello por Macrina la Joven, que se ocupó también de cuidar de que pudieran desarrollar sus estudios sin obstáculos. Los Padres Capadocios fueron tres: Basilio el grande, nacido en el a. 330 y fallecido en el a. 379; Gregorio de Nisa, nacido en el a. 332 y muerto en el a. 395; Gregorio

---

[297] Tertuliano, *Apologeticum*, XVIII.

Nacianceno, nacido en el a. 329 y muerto en el a. 389. Los tres habían sido formados en filosofía griega y trabajaron para elevar el nivel de la teología cristiana a fin de que pudiera debatirse en pie de igualdad con la filosofía pagana. Estos contribuyeron a la definición de la Trinidad, a la que se llegó en el Primer Concilio de Constantinopla, del año 381, y a la confección final del Credo Niceno, formulado allí.

En sus estudios distinguían lo que tiene que ver con el Dios uno y trino, las diferencias no comunes que determinan las personas. Especialmente Basilio, al que siguen los otros dos antes citados, trató de la diferencia entre *ousía* e *hypóstasis* como lo que corresponde a lo universal en Dios y a lo personal, llevándolo a la analogía de lo que es el género humano y las personas individuales en él. Así Gregorio Nacianceno enseñaba que Dios no es una persona colectiva, que será una de las formulaciones filosóficas de Pierre Teilhard de Chardin en sus disquisiciones sobre el colectivismo antropológico creacional, en el que afirma que el primer ser humano era una persona colectiva, lo que más tarde, por analogía, aplicaría también a Dios, no como un ser, sino como una persona colectiva. Por esta razón, cada una de las tres personas divinas es una existencia individual y concreta que subsiste como individuo en la esencia divina. Estas personas diferentes se identifican como el único Dios verdadero. Por tanto, cuando se habla de Dios, se habla de las tres personas divinas.

Precisan también que la esencia divina es una, realizada originariamente en el Padre y transmitida por Él al Hijo; sin caer en el subordinacionismo, es poseída por cada persona absoluta y plenamente. Esto pone de manifiesto la comunión absoluta e infinita entre las personas divinas. Por esa causa, surgió el concepto de *perikoresis*, que en aplicación al Hijo de Dios indica que este vive totalmente en el Padre y lleva totalmente al Padre en sí. Así que las personas divinas están cada una hacia las otras, cada una está presente y actúa en la otra; por tanto, las tres son la deidad.

*Agustín de Hipona*. Estudia y establece la comprensión relacional de la persona, expresando en el ser divino relaciones inmanentes y reales, pero en todo caso la unidad de la esencia divina es principal. Con todo, tiene una reserva en el uso del término persona o hipóstasis para referirse a la Trinidad; así escribe:

> Cuando se nos pregunta qué son estos o estas tres, nos afanamos por encontrar un nombre genérico o específico que abrace a los tres, y nada se le ocurre al alma, porque la excelencia infinita de la divinidad trasciende la facultad del lenguaje. Más

se aproxima a Dios el pensamiento que la palabra, y más la realidad que el pensamiento.[298]

Pero la distinción entre ellos es evidente: "Pues que son tres nos lo asegura la fe verdadera, al decirnos que el Padre no es el Hijo y que el Espíritu Santo, don de Dios, no es ni el Padre ni el Hijo"[299]. Agustín hace la distinción de personas en relación con Dios, no como una pluralidad de substancias divinas, usando el término para referirse a ellas como relación, por oposición a la unidad de Dios, teniendo en cuenta que esa unidad se fundamente a las procesiones. El Hijo procede del Padre, y el Espíritu Santo, del Padre y del Hijo.

*Edad Media*. Varios teólogos y pensadores han procurado precisar un poco más el concepto de persona, referido a Dios, estableciendo distinciones precisas en el intento de una definición más aplicable del término a la deidad. Así cabe citar aquí a Boecio, que parte de una ontología de la esencia para su definición, identificando persona con individualidad, insistiendo en la unicidad que corresponde a la persona.

Por su parte, Ricardo de San Víctor, entiende en contraste con Boecio que la substancia divina es racional e individual, pero en sí misma no es persona, por lo que define persona divina como la existencia inmediata de la naturaleza divina[300].

*Tomás de Aquino*. Profundiza y sigue, en alguna medida, el concepto de Boecio. En su razonamiento, que debe estudiarse en teología propia y en especial en Trinidad, Tomás apunta a que los distintivos esenciales de la persona son la consciencia y la libertad. Todo esto tiene una importancia capital en la cristología tomista, ya que según él, la persona es tal en la medida de su individualidad y, por tanto de incomunicabilidad; de ahí que la naturaleza humana individual de Cristo no puede ser ella misma persona, porque ha sido asumida por el Verbo encarnado.

A partir de la Edad Media y hasta la actualidad, la discusión sobre este aspecto ha tomado diversos caminos, que van desde la aceptación bíblico-céntrica de la Reforma, hasta el extremismo humanista de la teología liberal. No se considera preciso aquí dar referencias concretas, ya que se irán considerando algunos de estos aspectos en el estudio de la doctrina.

---

[298] Agustín de Hipona, 1950, 7, 4.
[299] Ibíd., 7, 4, 1.
[300] Ricardo de san Víctor, *De Trinitate*, IV, 20.

## Conclusiones teológicas del concepto de persona

La persona divina tiene una connotación, esto es, conlleva, además de su significado propio, otro de tipo expresivo o apelativo, que es la relación de subsistencia en el ser divino.

Cada persona divina surge no como resultado de una procesión que determine origen o procedencia, ya que la segunda y la tercera persona de la deidad, al proceder de la primera, resultan el término de la acción personal de la que proceden. La persona divina generada no es resultado de la acción de la persona generante, sino el término resultante de esa acción. Como ejemplo, el Hijo, que es Verbo eterno, no es el resultado del hecho de expresar del Padre, sino como Palabra expresada; por tanto, producto de la acción de expresar del Padre.

Las relaciones constitutivas de la personas no son resultado de una decisión libre en el ser divino, como es el caso de la creación, sino que son necesarias; de otro modo, no pueden no ser o, si se prefiere, no pueden dejar de ser, son integrantes o subsistentes eternamente en el ser divino, en un sentido absoluto, ya que Dios no puede dejar de ser Dios y este Dios existe eternamente en tres personas. El hecho de que las personas sean procedentes no representa origen en el sentido de principio, puesto que eternamente son. Las relaciones *ad intra* y *ad extra* son eternamente satisfactorias entre ellas, como se aprecia en el testimonio del Padre en relación con el Hijo, cuando dice: "Este es mi Hijo amado, en quien tengo complacencia" (Mt. 3:17), sin embargo, toda la acción generativa no es libre, lo que pudiera ser opcional.

Dos vías agotan toda otra generación de las personas divinas: a) La de la mente, por la que procede el Hijo, como Verbo de Dios, siendo expresión exhaustiva a la vez que infinita de la Palabra del Padre, agotando por tanto esa capacidad mental, generativa del Padre. b) La vía afectiva, de la que procede el Espíritu Santo, tanto del Padre como del Hijo. Al ser producto exhaustivo del amor infinito *ad intra* del Padre y del Hijo, no puede existir ya otra procesión de la que pudiera proceder otra persona.

Al existir solamente dos vías por las que una persona divina pueda proceder de otra, solo hay cuatro relaciones personales en Dios que son constitutivas. a) La que personaliza a la primera persona como Padre, estableciendo la paternidad, como principio[301] procedente para el Hijo. b) La del Hijo, constitutiva de filiación, como término de la eterna generación del Padre. c) La del Padre y el Hijo conjuntamente,

---

[301] Téngase presente que *principio* no significa *origen, razón de ser*.

que es la espiración activa, modo generador del Espíritu Santo; d) La del Espíritu Santo, que es la espiración pasiva, ya que es término de la espiración activa del Padre y del Hijo. Las acciones generativas del Hijo y del Espíritu son inmanentes.

**La pluralidad en el ser divino**

A la luz de lo considerado anteriormente, la conclusión no puede ser otra que entender y aceptar una pluralidad en el ser divino. Dios es uno, es el único Dios verdadero. Sin embargo, en Él subsisten eternamente tres personas, que se interrelacionan entre sí y actúan unidas en vida y perfecciones.

Sin claudicar en la verdad esencial de la unidad de Dios, prevaleciendo durante siglos a lo diferenciado en el ser divino, se ha llegado a la comprensión de que esas diferencias están en un mismo plano, sin subordinación interpersonal, por lo que tal conocimiento y aceptación sitúan a la Trinidad de personas en el mismo nivel dogmático que la unidad de Dios, siendo estas diferencias personales idénticas con la esencia de Dios[302]. Pero las personas divinas están relacionadas de modo que no pueden ser consideradas sino como en permanente relación. La conclusión primaria es que el único Dios, es una vinculación de relaciones de tres hipóstasis personales, diferentes entre sí, pero nunca independientes, manifestándose la esencia divina en el intercambio de vida de las tres personas.

A causa de la creación del hombre a "imagen y semejanza" de Dios, puede aceptar no solo por fe sino también cognoscitivamente la realidad de la pluralidad de personas en la unidad de Dios. Esto abre la puerta a la reflexión teológica —e incluso filosófica— de la compleja relación intra-trinitaria, en la que cada persona divina realiza funciones y acciones que le son propias, sin dejar ni por un instante la absoluta comunión interpersonal que comprende la participación de la vida divina, tanto en su esencia como en su naturaleza.

Conduce esto a otra reflexión, que puede llamarse la *communio* en relación con Dios. Una excelente síntesis del contenido y alcance de la Palabra está en el extenso párrafo de Greshake, que se traslada:

> La palabra *communio*, traducida, significa en principio simplemente comunidad, pero, en virtud de su origen lingüístico, tiene por connotación dos imágenes. (*Com-*) *munio* remite, en

---

[302] *Relationes subsistentes sunt ipsa essetia divina.*

primer lugar, a la raíz *-mun*, que significa tanto como través, fortificación (*moenia* = muralla). Hombres que se encuentran en *communio* están juntos tras una fortificación común, está unidos por un espacio vital común que les está demarcado y que los une en una vida en común en la que cada uno depende del otro. En segundo lugar, *(Com-) munio* hace referencia también a la raíz *-num* que se refleja en la palabra latina *munus* = tarea, servicio, o también gracia, don, regalo. El que está en *communio* está obligado a un servicio mutuo, pero de tal manera que este servicio es precedido por el don dado de antemano, que se recibe para pasarlo unos a otros. De esta manera, en el concepto de *communio* está implicado el de donación. Sólo en la recepción y la donación, es decir, en el desde-el-otro y hacia-el-otro, cada uno realiza su esencia, deviene cada individuo y el todo de la *communio*. Ambas asociaciones lingüísticas tienen en común lo siguiente: *communio* designa una "magnitud de mediación": los diferentes individuos son llevados en "mediación" hacia la unidad, y viceversa: la unidad que se entiende bajo *communio* no tiene su contrapartida, los muchos, fuera de sí, sino los que lleva en sí misma. Su unidad es justamente la unidad de los que siguen siendo muchos. Unidad surge del hecho de que los muchos participan de una misma realidad, sea que les está dada de antemano (por ejemplo, el ámbito vital común dentro de la *moenia*) o sea que ellos le dan origen a través de su propia actividad (el *bonum commune*). Pero *communio* significa siempre mediación de identidad y diferencia. Lo que es diferente, otro, ajeno, es unido al mismo tiempo por la participación en algo común, sin que por ello se diluyan las diferencias. En todo esto, la identidad (unidad de los muchos) no es algo ulterior, que resulte solo a través de la unificación; por el contrario, ella es idénticamente originaria con la diferencia: los que se encuentran en *communio*... no ingresan por su propia iniciativa en una tal comunidad proviniendo del ámbito privado de cada uno, de tal manera que ellos mismos, como iniciados, determinaran la medida de la comunidad, sino que se encuentran ya en ella, están ya siempre referidos unos a otros, de forma previa, dada, *a priori*, y esto no solo para convivir en el mismo espacio y llevarse bien, sino para realizar también una tarea en común. Por esa razón, *communio* no es en modo alguno un concepto estático, tal como podría sugerirlo la traducción "comunidad", sino una realidad dinámica: es siempre al mismo tiempo comunicación, *communio* en el proceso de su realización, vida.[303]

---

[303] Greshake, 2001, p. 230 ss.

Sin embargo, lo que es aplicable al hombre en la relación interpersonal no siempre puede ser aplicable a Dios, por lo que la analogía para la comprensión de lo relativo a Él debe evaluar cómo y en qué medida la *communio* puede aplicarse a la Trinidad, cuando muchas veces la semejanza es desemejanza.

Dios es *communio* en el sentido de que se realiza en su ser, el diálogo entre las tres personas, en el plano del amor infinito. Dicha relación de amor se aprecia de forma especialmente definida en todo lo que tiene que ver con soteriología, en el campo de la historia de la salvación; esto quiere decir que esta misma manifestación *ad extra* tiene que producirse *ad intra*, lo que de una expresión económica se induce la expresión inmanente. Se ha tratado antes de las dos formas de aproximarse al misterio trinitario: bien desde la unidad substancial de Dios para derivarla a la Trinidad personal, que lleva aparejado el peligro subordinacionista, o desde la Trinidad personal para orientarla a la unidad substancial, con el peligro de un tri-teísmo. En gran medida se resuelve el problema desde el modelo de *communio*, que establece la vinculación de unidad y pluralidad a partir de sí mismo. Desde esta óptica, la trinidad de personas es la forma más simple de entender la unidad dentro de la pluralidad. Así lo expresa Greshake:

> Se presenta, al menos desde la perspectiva de la experiencia humana, la trinidad de personas como la forma más simple de *communio*. Ella está frente al uno, que significa soledad, o bien encierro en sí mismo, y está también frente al dos, que significa o bien división y exclusión (¡yo no soy tú!) o bien presenta indicios de narcisismo (¡tú eres para mí!). La trinidad supera tanto la soledad y el encierro en sí mismo cuanto también la división, la exclusión y toda forma de narcisismo, en cuanto trasciende una vez más la simple diferencia y une a los dos en una comunidad. De ese modo, lo uno y lo mucho, unidad y diversidad, sin reducirse una a la otra, constituyen la unidad de la *communio*.[304]

Aunque ya se han citado antes, las palabras de Jesús son determinantes en este aspecto de unidad y diversidad. Él dijo: "Yo y el Padre uno somos" (Jn. 10:30); no dijo que Él y el Padre eran numéricamente uno[305], usando el adjetivo uno[306] en neutro, que no se refiere a una

---

[304] Ibíd., p. 227 ss.
[305] Griego: εἷς.
[306] Griego: ἕν.

persona, sino al ser divino, esto es, a la esencia y naturaleza de Dios. Más adelante confirma la misma verdad cuando dice: "... para que conozcáis y creáis que el Padre está en mí, y yo en el Padre" (Jn. 10:38). Esta unidad entre las dos personas no suprime la individualidad de cada una. Además, donde están dos personas divinas está también la tercera.

Si las tres personas divinas están eternamente vinculadas entre sí en el ser divino, no es posible entender a Dios sino en la unidad de personas subsistentes en Él, lo que conlleva, necesariamente, afirmar que no hay persona divina que pueda ser independiente de las otras. En el estudio de la Trinidad de personas en la unidad del ser divino se aprecia una interrelación personal individual, pero nunca independiente, que puede establecerse en un eterno una-con-las-otras, en una procesión *ad intra* que es una-procedente-de-otra, y también en una relación mutua que establece una-hacia-las-otras. Se trata de una unificación desde la diferenciación personal. El ser divino se manifiesta en el Dios trinitario como un eterno acontecer de autocomunicación y relación.

**Esencia - substancia**

El término que se va a considerar tiene gran importancia en la teología de Dios o de la Trinidad, es fundamental en la *Metafísica* de Aristóteles, que no lo crea ni lo usa por primera vez en su filosofía, sino que estaba ya en el lenguaje filosófico antiguo.

La palabra *ousía*[307] es un abstracto del participio de presente del verbo griego *ser*, que probablemente en su primera acepción, cuando nació la palabra significaba entidad. La historia de la utilización del término pasa por manifestar conceptos económicos, como fortuna[308], hacienda[309], bienes[310]. Quiere decir que *ousía* se usaba originalmente en el ámbito económico. Posteriormente salió de este ámbito para referirse a los bienes espirituales que el ser posee en su interior.

Para Aristóteles, el término *ousía* equivale a lo que realmente es, que es el sentido más usual para este nombre, si bien hay otros sentidos en los que la palabra aparece en Aristóteles.

---

[307] Griego: οὐσία.
[308] Heródoto, *Historia*, I, 92.
[309] Sófocles, *Las Traquinias*.
[310] Eurípides, *Heracles*.

El término que en la traducción de *ousía* se deriva del latín genera los sentidos de *substancia y esencia*. El primero adquiere el sentido de fondo real, contenido, etc. Los latinos consideraron que ambas palabras eran, en cierto modo, sinónimas, aunque prefirieron el término esencia como más filosófico. Con el tiempo substancia fue ganando el terreno para la traducción de *ousía*. Agustín decía que a esencia la denominamos la mayoría de las veces como substancia.

Esta alternativa en la traducción de la palabra alcanza una solución en las controversias teológicas desde el s. IV en adelante. Tanto griegos como latinos tienen que abordar el problema trinitario. El contexto es sencillo: conforme a la Biblia, hay tres personas, el Padre, el Hijo y el Espíritu, de los que solo se puede predicar que son el único Dios verdadero; sin duda, esto comporta que el Padre es Dios, el Hijo es Dios y el Espíritu es Dios. Aparentemente, pudiera inducir a creer que hay tres dioses, pero la Escritura sostiene que hay un solo Dios verdadero. Esto exige considerar la unidad en la pluralidad. Los teólogos griegos acuden al lenguaje filosófico para plantear la solución, estableciendo que en Dios hay tres *hypóstasis* en una sola *ousía*. Esta situación originó el problema a los teólogos latinos para traducir la fórmula *una ousía, tres hypóstasis*. Pudieron traducir *hypóstasis* por *subsistencia*, pero optaron por *persona*. Para trasladar *ousía* usaron sistemáticamente *substancia*. A modo de ejemplo, el Concilio Constantinopolitano: "Creo… en el Unigénito Hijo de Dios, consustancial con el Padre"[311]; "Creemos en la Trinidad… una divinidad y sustancia"[312]. De este modo, el símbolo de Atanasio: "Sin confundir personas, sin separar substancias"[313]. El Concilio de Trento afirma: "*Consubstantialem Patri*"[314].

Esta palabra *substancia* pasó a usarse como *honmousion*, que literalmente se aplica para referirse a "mismo en el ser, mismo en esencia". Es una palabra compuesta de ὁμός, *igual*, y οὐσίια, *ser, esencia, substancia*. Se convirtió en un término teológico cristiano, especialmente desde el Credo de Nicea, para referirse a Jesucristo, Dios el Hijo, como el mismo en esencia con Dios el Padre[315]. Más

---

[311] Concilio Constantinopolitano I (a. 380): "*Credo… Gilium Dei unigenitum… consustatialem Patri*".
[312] Concilio Constantinopolitano I: "*Credentes Trinitati… unam divinitatem… et sustantiam*".
[313] Símbolo Atanasio (s. IV-V): "*Neque confundentes personas, neque substantiam separantes*".
[314] Concilio de Trento, *Sesión III, Decretum de símbolo fidei*.
[315] ὁμοούσιον τῷ Πατρί.

tarde se aplicaría también al Espíritu Santo para designarlo como mismo en esencia con el Padre y el Hijo. Esto representa un sólido fundamento para comprender doctrinalmente la Trinidad.

En especial, el término *homousion*, que es la forma acusativa de *homoousios*[316] fue utilizado en el Primer Concilio de Nicea (a. 325) en lo relacionado con la ontología de Jesús. Al traducirlo al latín, adoptó dos formas, *coessentiales* o también *consubstantialis*, para referirse a que cada persona divina es de una substancia con el Padre.

El credo expresado en el Concilio de Nicea es la dogmática aceptada por las iglesias del campo cristiano, la Iglesia de Oriente —con sus diferentes formas—, la Iglesia anglicana, la luterana, las iglesias reformadas y las iglesias evangélicas, en el detalle de la fe trinitaria, al respecto del estado ontológico de las tres personas o hipóstasis de la Santísima Trinidad: Dios el Padre, Dios el Hijo y Dios el Espíritu Santo.

Sin duda, en la evolución y el desarrollo de la doctrina se produjeron serias controversias, como ocurre con la posición de Orígenes, que en sus convicciones expresadas en sus escritos consideraba la deidad del Hijo menor que la del Padre, llamándole incluso criatura. Atanasio de Alejandría y el Concilio de Nicea consideraron que el Hijo tenía sin alteración, disminución o variación alguna la misma esencia con el Padre, declarándose en el Credo de Nicea que era tan inmutable como el Padre, engendrado eternamente por Él e igual a Él. La realidad histórica sitúa en tiempos muy tempranos la aceptación trinitaria, si bien la fijación de la doctrina y los términos para expresarla llevaron un largo tiempo desarrollándose.

Según esta doctrina, cada una de las tres personas divinas posee todas las perfecciones inherentes e inefables que son exclusivas y excluyentes del ser divino. En el léxico universalmente aceptado después del Primer Concilio de Constantinopla (a. 381), las tres hipóstasis o personas divinas son distintas entre sí, siendo las tres infinitas y eternas como corresponde a Dios, de modo que el Padre, el Hijo y el Espíritu Santo poseen plenamente, por tanto, sin límite alguno, la misma *ousía* divina.

Como se dijo desde el Concilio de Nicea, se insistió en la doctrina de la *homoousion*, o *consustancialidad*, prevaleciendo para definir esto como dogma de las iglesias cristianas, tanto orientales como occidentales, siendo confirmado el uso por el Primer Concilio de Constantinopla (a. 381).

---

[316] Griego: ὁμοούσιος.

## *Adopción del término* substantia

Probablemente, el término esencia mantiene en los idiomas modernos el sentido abstracto que implica algo común a muchos individuos; de ahí que esencia viene a ser la naturaleza de algo, esto es, algo general que se puede definir, pero no su substancia. De este modo escribe A. García Marqués:

> En latín existió un doblete como posible traducción de *ousía*: *essentia* y *substantia*. *Essentia*, como palabra artificial y mal formada; *substantia*, como palabra del lenguaje ordinario, que significaba sustento, patrimonio, hacienda. Ambas compitieron durante un tiempo, pero *essentia* fue adquiriendo un sentido abstracto, universal, como naturaleza o propiedades necesarias de un tipo de cosas. Por el contrario, *substantia* siempre mantuvo su significado de contenido concreto, fundamental, de algo. Por tanto, la única palabra que quedó como traducción de *ousía* fue *substantia*. Y si prescindimos de su etimología, podemos decir que es una traducción perfecta que abarca todos los sentidos, filosóficos y extrafilosóficos, de *ousía*.[317]

La sustancia divina en la consideración de la *communio* evidencia el intercambio entre las personas divinas, en el sentido de que cada una se orienta hacia las otras, dando y recibiendo. De este modo, el Padre realiza su propia substancia cuando se entrega totalmente al otro, el Hijo, recibiendo en ese darse la personalización como Hijo, pero al mismo tiempo recibe del Hijo su ser-Padre. Como el Hijo se recibe a sí mismo totalmente desde el Padre, le glorifica. El Espíritu se percibe a sí mismo como el tercero, en procedencia del Padre y del Hijo, glorificando a ambos. Por esa razón, las personas divinas no tienen en el ser divino una existencia independiente o, si se prefiere, autónoma, en una oposición de la una a la otra, sino una desde otra, junto a la otra y hacia la otra. Desde su condición de persona individual, cada una pone de manifiesto el acontecer trinitario. Esto tiene una consecuencia que permite el desarrollo de la presencia trinitaria en todas las operaciones divinas, de modo que, por razón de la interrelación de las personas en el ser divino, donde esté una de las personas, están también las otras.

---

[317] García Marqués, 2021.

## Progresión de la doctrina

Hacer una síntesis del desarrollo de la doctrina trinitaria excede con mucho al propósito de esta tesis, dejando para los expertos en historia de la Iglesia o historia de las doctrinas esa tarea. Sin embargo, dado que se está desarrollando, con las limitaciones propias de este trabajo, una aproximación a la doctrina trinitaria, es conveniente hacer una relación evolutiva de cómo se llegó a las conclusiones de fe sobre la Trinidad.

### *Los evangelios*

Especialmente el evangelio según Juan presenta la realidad de las personas divinas. Juan presenta la vida humana de Jesús vinculada a la deidad desde el inicio del evangelio, haciendo notar un estado de gloria eterno, que se presenta en Jesucristo (Jn. 1:1, 14). Muchas de estas cosas no las entendieron desde el principio, pero lo comprendieron después de la resurrección (Jn. 12:16). Cristo mismo se refirió a la gloria antecedente (Jn. 17:5). Esa gloria se manifestó en la vida de Jesús (Jn. 2:11). Esa gloria corresponde a la persona divina del Hijo preexistente, como Él mismo dijo a los judíos: "Antes que Abraham fuese, yo soy" (Jn. 8:58). Todo puede resumirse en las palabras de Juan: "El Verbo se hizo carne" (Jn. 1:14).

En cuanto al Espíritu, se presenta como quien manifiesta el poder divino, pero no como una fuerza actuante, sino como una persona que ejecuta obras. Así en el anuncio del nacimiento de Jesús: "... se halló que había concebido del Espíritu Santo" (Mt. 1:18). El Espíritu Santo actúa como persona divina viniendo sobre María (Lc. 1:35). Esta persona podía llenar a un ser humano (Lc. 1:41, 67). La acción divina marca una notoria diferencia en el creyente: "Lo que es nacido de la carne, carne es; y lo que es nacido del Espíritu, espíritu es" (Jn. 3:6). El Espíritu hace obras milagrosas, como expulsar demonios (Mt. 12:28) y a quien "hable contra el Espíritu Santo, no le será perdonado, ni en este siglo ni el en venidero" (Mt. 12:32). Ya en tiempos finales del ministerio de Cristo, al prometer el envío del Espíritu, se lo llama Consolador, que procede del Padre (Jn. 15:26) y es enviado por Cristo (Jn. 16:7), para hacer realidad la relación del Señor con sus discípulos cuando fuese glorificado. Se han considerado anteriormente las evidencias del Espíritu Santo como persona divina, adonde remitimos al lector. El Señor reveló su substancia divina en la unidad del Padre y del Espíritu, por lo que exige entender la presencia de tres personas en el ser divino.

## Escritos paulinos

Cristo libera al hombre del poder del pecado y de las pasiones de la carne, imposible para la criatura espiritualmente esclava; su poder opera en el salvo (Col. 1:29). Es en Él que alcanzamos una nueva posición definida como nueva criatura o nueva creación (2 Co. 5:17; Gá. 6:15). La persona divina del Hijo de Dios reside, vive en cada creyente (Ro. 8:10; Fil. 1:21), manifestando su vida en nuestros cuerpos (2 Co. 4:10 ss.; Gá. 2:20). Se trata pues de una persona divina en la enseñanza formulada por un apóstol que antes había sido fariseo y defensor a ultranza de la unicidad de Dios, considerando, como los fariseos líderes religiosos lo hacían, una blasfemia cuando Jesús se manifestaba como Dios.

Pero igualmente relaciona al Espíritu Santo con la deidad, haciendo referencia a la actividad creadora de la tercera persona divina en el que cree. Así afirma que el Espíritu revela, testifica, confirma, inspira, impulsa, vivifica, renueva, fortalece, santifica, derrama el amor divino, nos liberta, etc. Necesariamente, si puede guiar, es una persona, y si lo hace con todos los cristianos a la vez, es una persona divina (Ro. 8:14). Sólo pueden todos los creyentes andar a la vez en el Espíritu si es Dios sirviendo al Señor en el Espíritu y viviendo en novedad de vida (Ro. 7:6; Gá. 5:16, 22; Ef. 6:18; Fil. 3:3).

Teniendo en cuenta que el apóstol Pablo cita al Padre en muchas ocasiones, es evidente que comprendía la subsistencia divina de las tres personas en Dios.

## Didaché y Patrística

Comenzado por la primera, obra compuesta con mucha probabilidad en la mitad del s. I, aparece la designación de Cristo como el Hijo de Dios (16:4), como Dios de David (10:6), como el Siervo de Dios (9:3; 10:2, 3). Sin embargo, en el escrito están presentes también referencias a la Trinidad en la representación de Dios como Padre, Hijo y Espíritu Santo (7:1, 3), conservada esta relación trinitaria en la fórmula bautismal.

Los Padres Apostólicos manifiestan la misma fe en la Trinidad que transmitieron a los cristianos del tiempo del inicio de la Iglesia, quienes en sus escritos ponen de manifiesto la fe cristiana a finales del s. I y principios de s. II. En sus referencias a la fe trinitaria, afirman la fe en el único Dios, creador del mundo; así, Clemente, nacido a mediados del s. II y muerto a principios del s. III[318]. Pero se refiere también a

---

[318] Clemente, *Al. Strom*, VI, 5.

la fe en Jesucristo, el Hijo de Dios, Creador junto con el Padre, quien es Dios y se manifestó en carne. La referencia al Dios trino, como Padre, Hijo y Espíritu Santo, se mantuvo en la fórmula bautismal.

Baste con una cita más de Ireneo de Lyon, en su obra *Contra las herejías*, escrita ca. 180; interpretando el Credo de los Padres Apostólicos, recibió de ellos un amplio contenido doctrinal y la aclaración sobre temas difíciles para el tiempo del s. II. Enseñó a considerar los hechos de Dios bajo la triple unidad del Padre, el Hijo y el Espíritu Santo.

En los apologetas aparecen las personas divinas, en algunos de sus escritos, de forma que enseñaban que "el que cree en el crucificado es purificado de sus pecados pasados, tiene el Espíritu de Dios a su lado para auxiliarle frente a las acechanzas del diablo, y Cristo le librará de todo peligro y le recibirá en su reino si guarda sus mandamientos"[319]. Sin lugar a dudas, la mención hecha al Espíritu, a Dios y a Cristo es una evidencia notoria de la creencia de los Padres apologetas en la Trinidad.

Ocurre lo mismo con los Padres antignósticos a partir del a. 150. Entre ellos están Ireneo de Lyon (a. 130-202), Hipólito (a. 170-236) y Tertuliano (a. 160-220), que mantienen la Trinidad como parte de la fe de la Iglesia. De este modo escribía Tertuliano: "El único Dios es el Dios trino"[320]. Esta verdad la halla el creyente en las Escrituras[321]. Así escribía Ireneo: "Porque Dios no necesita sus *Horrae* (los ángeles) para hacer las cosas que había predeterminado que habían de ser hechas, como si no tuviera sus propias manos. Porque están siempre presentes con él la Palabra y la sabiduría, el Hijo y el Espíritu, mediante quienes y en quienes hizo todas las cosas libre y espontáneamente"[322]. Tertuliano se refirió a la Trinidad en una forma muy precisa, afirmando que:

> Dos personas participan de una *substantia* divina en el segundo y tercer lugar; es decir, que el Hijo y el Espíritu son consortes *substantiae patris*"[323]. Lo precisa todavía más: "En una substancia moran, pues, tres personas. No como si el Uno fuera por ello todas las cosas, porque todas las cosas proceden del Uno, sino mediante la unidad de substancia; y sin embargo se

---

[319] Dial., 116.
[320] Tertuliano, *Adv. Prax.*, 2, 3.
[321] Ireneo, I: 10, 1.
[322] Ireneo, IV: 33, 15.
[323] Tertuliano, *Adv. Prax.*, 3.

mantiene el misterio de la economía que dispone la unidad en la Trinidad, colocando en orden al Padre, el Hijo y el Espíritu Santo —tres, no en condición sino en orden (*gradu*), no en substancia sino en forma (*forma*), no en poder sino en aspecto (*specie*), pero de una misma substancia y de una condición y de un poder, porque son un Dios, de quien derivan estos órdenes y formas y aspectos en el nombre del Padre, y del Hijo, y del Espíritu Santo.[324]

*Clemente de Alejandría.* Nacido a mediados del s. II, está en el grupo de los Padres alejandrinos. En sus escritos, la fórmula y el concepto de la Trinidad aparecen constantemente. Afirma que Cristo es el Logos de Dios y en Él conocemos a Dios. El Logos se manifestó a los hombres en el único que es a la vez Dios y hombre[325].

*Novaciano.* Nacido en el a. 200 y muerto en el a. 258., manifestó con firmeza que Cristo no es el Padre, pero tampoco un mero hombre. Afirma que Cristo es el Hijo de Dios, que ha unido la substancia de la carne consigo mismo. La naturaleza humana corporal constituye su humanidad. Enseñaba que Cristo es la segunda persona de la Trinidad, el Hijo de Dios preexistente, uno con el Padre en virtud de la comunión de substancia (*communio substantiae*)[326].

Será conveniente trasladar aquí dos ejemplos de sus escritos alusivos a las palabras de Jesús: "Yo y el Padre somos uno":

Uno con el Padre. Esta frase no puede ser de ningún hombre: "Yo y el Padre somos una sola cosa"; Cristo es el único que pronunció esta palabra por la conciencia de su divinidad... Personas distintas, unidad inquebrantable. Puesto que frecuentemente nos objetan aquel pasaje en el que se dice: "Yo y el Padre somos una sola cosa", también en esto igualmente los refutaremos con facilidad. En efecto si, como piensan los herejes, Cristo fuera el Padre, debería decir: "Yo, el Padre, soy uno solo". Pero cuando dice "yo", a continuación menciona al Padre, diciendo "Yo y el Padre". Ha separado y distinguido la propiedad de su persona, es decir la del Hijo, de la autoridad paterna no solo con el sonido del nombre, sino también con el orden de la potestad en la economía divina, el cual habría podido decir "Yo, el Padre", si tuviera conciencia de ser el Padre. Y porque dijo "una sola cosa", sepan los herejes por qué

---

[324] Citado en Seeberg, 1968, Vol. I, p. 129.
[325] Clemente, *Protr.*, I, p. 6.
[326] Citado en Seeberg, 1968, I, p. 175.

no dijo "uno solo". En efecto, el término *unum*, puesto en neutro, expresa la armonía de la unión, no la unidad de la persona. Se dice que *unum* (una sola cosa) y no *unus* (uno solo), porque no se refiere al número, sino que se refiere a la unión con otro. Finalmente añade "somos", no "soy", para mostrar con esto, al decir "somos" y "el Padre", que las personas son dos. Y al decir "una sola cosa (*unum*)", quiere expresar que pertenece a la armonía y a la misma manera de pensar y a la misma unión de amor, de modo que el Padre y el Hijo son una misma cosa por armonía, por amor y por afecto. Y puesto que procede del Padre, todo lo que Él es, lo es el Hijo, permaneciendo con toda la distinción, de modo que no sea Padre aquel que es el Hijo, ni Hijo aquel que es Padre. Tampoco habría añadido "somos", si hubiese tenido conciencia de que Él, como único y solitario Padre, se hubiese convertido en Hijo.[327]

*Dionisio de Roma.* Fallecido en el a. 268. Frente al sabelianismo aceptado por algunos en la Iglesia, hace una afirmación trinitaria, aceptando tanto al Hijo como al Espíritu y al Padre en el ser divino. Este es un párrafo de sus escritos:

> Digo, pues, que es muy necesario que la divina Trinidad sea preservada en unidad y resumida en uno, en una especie de consumación, el Dios uno, el todopoderoso gobernador de todas las cosas. No podemos permitirnos dividir la unidad divina en tres dioses, sino que debemos creer en Dios el Padre todopoderoso, y en Cristo Jesús su Hijo, y en el Espíritu Santo; pero la declaración debe ser unificada en el Dios de todas las cosas, pues así se preservará la divina Trinidad.[328]

*Metodio de Olimpo.* Nacido en el a. 250 y muerto en el a. 311. Manifiesta en relación con la cristología que "Cristo está junto al Padre y el Espíritu, y a él se acogen los creyentes. Él es la Palabra pretemporal, preexistiendo desde antes de los mundos". La aceptación del dogma de la Trinidad está presente en el decurso de la Patrística.

*Hilario de Poitiers.* Nació en Poitiers c. 315 y falleció en el a. 367. Es conocido especialmente por su defensa de la Trinidad frente al arrianismo. Su doctrina al respecto del Padre refleja la doctrina cristiana histórica. El Padre es eterno, invisible, incorpóreo, omnipotente, eterno, la fuente de toda existencia e ingénito. En cuanto al Hijo, cree

---

[327] Novaciano, *La Trinidad*, 13, 69 y 27, 148-150.
[328] Citado en Seeberg, 1968, p. 177 ss.

que Él es Unigénito de Dios, llamado Hijo por compartir todos los atributos del Padre y por proceder eternamente de la misma substancia que el Padre. Considera que la generación del Hijo no ocurre en un momento del tiempo ni puede compararse con engendrar un hijo humano, mucho menos que se trate de la creación de un segundo dios, lo que contradiría la enseñanza bíblica, sino que el Verbo eterno de Dios es uno con el Padre y es su eterno e increado Hijo. De ahí que trate firmemente sobre la unidad de Dios sobre la base de la unanimidad. A modo de ejemplo, el siguiente párrafo:

> Los herejes no pueden negar estas palabras, ya que han sido dichas y entendidas con tanta claridad; pero, sin embargo, con la mentira demente de su impiedad las corrompen para poderlas negar. Tratan de referir las palabras: "Yo y el Padre somos una sola cosa", a la coincidencia del deseo, de manera que se trataría de una unidad de voluntad y no de naturaleza, es decir, que serían una sola cosa no por lo que son, sino por querer lo mismo... Se servían del ejemplo de nuestra unidad con Dios; como si a nosotros, unidos al Hijo y por medio del Hijo al Padre, solo por la obediencia y la voluntad de honrarles, no se nos hubiera dado ninguna participación propia y por naturaleza mediante el sacramento del cuerpo y de la sangre...
>
> No son una sola cosa en razón del misterio de la salvación, sino como consecuencia del nacimiento conforme a la naturaleza, ya que Dios en nada disminuye en su ser al engendrar de sí al Hijo. Son una sola cosa porque lo que no es arrebatado de su mano no es arrebatado de la mano del Padre... Al obrar Él, obra el Padre; porque Él está en el Padre y el Padre en Él. Esto no lo da la creación, sino el nacimiento; no lo hace la voluntad, sino el poder; no habla la coincidencia de voluntades, sino la naturaleza. Pues no es lo mismo ser creado que nacer; ni querer es lo mismo que poder; ni estar de acuerdo es lo mismo que permanecer el uno en el otro.
>
> Por tanto, no negamos la coincidencia de voluntades entre el Padre y el Hijo, pues los herejes acostumbran a afirmar mentirosamente esto: que, ya que no aceptamos una unidad basada en la sola concordia de voluntades, sostenemos que están en desacuerdo. Pero deben oír cual es la concordia que nosotros no negamos. El Padre y el Hijo son una sola cosa por su naturaleza, su gloria, su poder, y la misma naturaleza no puede querer cosas diversas.[329]

---

[329] Hilario de Poitiers, 1986, 8, 9-12.

Es notable apreciar que gran parte de la doctrina sobre la Trinidad se genera en las controversias cristológicas, que condujo a la vinculación de las personas divinas en el seno trinitario. De ahí que la mayor parte de la enseñanza en cuanto a la unidad de Dios parta de la unidad entre el Padre y el Hijo, trasladándola luego a la tercera persona divina, en razón de la vinculación que la primera y segunda personas tienen con la tercera.

Hilario de Poitiers escribió una obra extensa sobre la Trinidad, formada por doce libros. Es una amplia refutación del arrianismo, especialmente a partir del libro IV. En una lectura de los doce libros, se manifiesta la preocupación constante por mantener la verdadera fe, amenazada por la herejía arriana. Así se aprecia como Hilario, además de sostener la fe en la deidad del Hijo, precisa que eso no es sustentar la existencia de dos dioses, pero tampoco se niega al Verbo la subsistencia personal; por eso escribe ampliamente sobre el hecho de que, si el Padre engendra un Hijo, este es una persona, Dios como Él, pero no un segundo dios. Al estar presente el problema arriano, se centra especialmente en la deidad del Hijo. Por esa razón, aunque Hilario habla poco de Él en su obra, afirma que el Espíritu Santo es Dios y como tal ha de ser confesado, juntamente con el Padre y con el Hijo. Sin embargo, se aprecia que no tiene elementos tan elaborados, como ocurre con el Hijo, para integrarlo de un modo coherente en la teología trinitaria.

Las tres personas divinas están presentes y consideradas en el libro II, como se pone de manifiesto en los breves párrafos seleccionados. En relación con la Trinidad:

> ¿Puede la verdad ser corrompida cuando se escucha la palabra "Padre"? ¿Acaso la naturaleza del Hijo no se contiene en el nombre? ¿Y no será el Espíritu Santo el que es así nombrado? Pues no es posible que en el Padre no exista la paternidad, ni que le falte al Hijo la filiación, ni que no sea propio del Espíritu Santo ser recibido por nosotros.[330]

Luego de una larga referencia al Padre y al Hijo, cierra el libro II tratando sobre el Espíritu, y escribe:

> Semejantes a estas palabras son también las palabras del Apóstol: "El Señor es Espíritu, y donde está el Espíritu del

---

[330] Ibíd., II, 3.

## EL SER DIVINO 419

> Señor allí está la libertad" (2 Co. 3:17). Para hacer comprensible el significado de la frase ha distinguido entre el que es (Espíritu) y el que es (el Espíritu) de aquel, pues no es lo mismo poseer que ser poseído ni significa lo mismo "él" que "de él". Así, al decir: El Señor es Espíritu muestra su naturaleza infinita; cuando añade: "Donde está el Espíritu del Señor allí está la libertad", indica a aquel que es Dios. Porque el Señor es Espíritu, y donde está el Espíritu del Señor, allí está la libertad.[331]

Luego de citar varios pasajes relacionados con el Espíritu Santo, concluye el libro II, escribiendo:

> Escuchemos del mismo Señor cuál es la función del Espíritu Santo en nosotros. Pues dice: "Todavía tengo muchas cosas que deciros, pero no podéis soportarlas ahora. Os conviene que yo me vaya. Si me voy, os enviaré al abogado" (Jn. 16, 12, 7). Y otra vez: "Yo rogaré al Padre, y os enviará otro abogado, el Espíritu paráclito. El me glorificará" (Jn. 14, 16 ss. + 16,14). Y de nuevo dijo: "Yo rogaré a mi Padre, y os enviará otro abogado para que esté con vosotros para siempre el Espíritu de la verdad. Él os guiará a la verdad plena. Pues no hablará por sí, sino que dirá todo lo que oiga y os anunciará lo que ha de venir. El me glorificará, porque tomará de lo mío" (Jn. 14,16 ss. + 16,13 ss.).
> 
> Estas cosas sacadas de muchos lugares se han dicho para abrir el camino a la comprensión, en ellas se contiene la voluntad del donante, y el sentido y las características del don; puesto que nuestra debilidad no es capaz de entender ni al Padre ni al Hijo, el don del Espíritu, con su función intercesora, ilumina nuestra difícil fe en la encarnación de Dios.
> 
> De lo anterior se sigue que debamos escuchar ahora al Apóstol, que explica el poder y la función de este don. Pues dice: "Todos los que son guiados por el Espíritu de Dios, estos son hijos de Dios. Pues no habéis recibido un espíritu de esclavitud para recaer en el temor, sino que recibisteis el Espíritu de adopción en el que clamamos: ¡Abba, Padre!" (Ro. 8:14 ss.). Y de nuevo: "Porque nadie en el Espíritu de Dios dice 'anatema sea Jesús' y nadie puede decir Jesús es Señor sino en el Espíritu Santo" (1 Co. 12:3). Y también: "Hay diversidad de dones, pero un mismo Espíritu; y diversidad de ministerios, pero un mismo Señor; y diversidad de operaciones, pero un

---

[331] Ibíd., 32.

> solo Dios, que lo obra todo en todos. A cada uno se le da la iluminación del Espíritu para utilidad. A uno se le da por medio del Espíritu la palabra de sabiduría; a otro, la palabra de ciencia según el mismo Espíritu; a otro, la fe en el mismo Espíritu; a otro, el don de curaciones en el único Espíritu; a otro, el poder de milagros; a otro, la profecía; a otro, el discernimiento de espíritus; a otro la diversidad de lenguas. Todas estas cosas las obra el único y mismo Espíritu" (1 Co. 12:4-11).
>
> Tenemos, por tanto, el origen de este don, tenemos sus efectos, y no sé qué duda puede quedar acerca de él, si está claro su origen, su ser y su poder.[332]

A pesar de lo que tanto los modernos arrianos como los liberales humanistas pretenden hacer creer que la doctrina de la Trinidad es algo muy posterior a la Patrística antigua, es suficiente esta muestra para llegar a la conclusión de que, en el s. IV, la Trinidad está considerada como dogma de fe.

*Juan Crisóstomo*. Nacido en el a. 347 y fallecido en el a. 407. Es considerado uno de los grandes padres de la Iglesia oriental. Fue eremita y sacerdote y patriarca de Constantinopla.

Entre sus escritos hay un párrafo que se transcribe y que hace referencia a la bendición apostólica de Pablo en la segunda epístola a los Corintios, donde se lee:

> Después de unirlos mutuamente por medio de los saludos y los besos, de nuevo su discurso concluye en oración, con lo que les une también a Dios muy oportunamente. ¿Dónde están ahora los que dicen: "Puesto que el Espíritu Santo no está incluido en el comienzo de las cartas, no es de la misma esencia divina"? Ved que ahora lo catalogó, efectivamente, junto con el Padre y el Hijo... así pues, lo referente a la Trinidad es indivisible, y allí donde está la comunión del Espíritu, se halla también la del Hijo; y allí donde está la gracia del Hijo, también se halla la del Padre y la del Espíritu Santo... Y digo esto, no porque confunda las personas —¡lejos de mí tal cosa!— sino porque conozco no solo sus propiedades y su distinción, sino también la unidad de su esencia.[333]

*Agustín de Hipona*. Nacido en el a. 354 y muerto en el a. 430. Para algunos, es el Padre más grande de la Iglesia. Dedicó una de sus obras a la doctrina de la Trinidad.

---

[332] Ibíd., II, 33, 34.
[333] Juan Crisóstomo, *Homilías sobre la segunda carta a los Corintios*, 30, 3.

La base de la teología de Agustín al respecto de la Trinidad se establece desde el concepto latino, en su divergencia con el concepto griego. La fe establecida para la Iglesia occidental es la base que sustenta el pensamiento de Agustín.

No es posible hacer aquí un resumen de la teología del de Hipona, sintetizando un volumen extenso y complejo, pero será suficiente con algunas pinceladas.

En la introducción al escrito hace una síntesis de la fe trinitaria y escribe de este modo:

> Cuantos intérpretes católicos de los libros divinos del Antiguo y Nuevo Testamento he podido leer, anteriores a mí en la especulación sobre la Trinidad, que es Dios, enseñan, al tenor de las Escrituras, que el Padre, el Hijo y el Espíritu Santo, de una misma e idéntica substancia, insinúan, en inseparable igualdad, la unicidad divina, y, en consecuencia, no son tres dioses, sino un solo Dios. Y aunque el Padre engendró un Hijo, el Hijo no es el Padre; y aunque el Hijo es engendrado por el Padre, el Padre no es el Hijo; y el Espíritu Santo no es ni el Padre ni el Hijo, sino el Espíritu del Padre y del Hijo, al Padre y al Hijo coigual y perteneciente a la unidad trina. Sin embargo, la Trinidad no nació de María Virgen, ni fue crucificada y sepultada bajo Poncio Pilato, ni resucitó al tercer día, ni subió a los cielos, sino el Hijo solo; ni descendió la Trinidad en figura de paloma sobre Jesús el día de su bautismo; ni en la solemnidad de Pentecostés, después de la ascensión del Señor, entre viento huracanado y fragores del cielo vino a posarse, en forma de lenguas de fuego, sobre los apóstoles, sino solo el Espíritu Santo. Finalmente, no dijo la Trinidad desde el cielo: Tú eres mi Hijo, cuando Jesús fue bautizado por Juan, o en el monte cuando estaba en compañía de sus tres discípulos, ni al resonar aquella voz: Le he glorificado y le volveré a glorificar, sino que era únicamente la voz del Padre, que hablaba a su Hijo, si bien el Padre, el Hijo y el Espíritu Santo sean inseparables en su esencia y en sus operaciones. Y esta es mi fe, pues es la fe católica.
>
> Pero algunos se turban cuando oyen decir que el Padre es Dios, que el Hijo es Dios y que el Espíritu Santo es Dios, y, sin embargo, no hay tres dioses en la Trinidad, sino un solo Dios; y tratan de entender cómo puede ser esto; especialmente cuando se dice que la Trinidad actúa inseparablemente en todas las operaciones de Dios; con todo, no fue la voz del Hijo, sino la voz del Padre, la que resonó; solo el Hijo se apareció en carne mortal, padeció, resucitó y subió al cielo; y solo el

> Espíritu Santo vino en figura de paloma. Y quieren entender cómo aquella voz del Padre es obra de la Trinidad, y cómo aquella carne en la que solo el Hijo nació de una Virgen es obra de la misma Trinidad, y cómo pudo la Trinidad actuar en la figura de paloma, pues únicamente en ella se apareció el Espíritu Santo.
>
> Pues de no ser así, la Trinidad no obraría inseparablemente, y entonces el Padre sería autor de unas cosas, el Hijo de otras y el Espíritu Santo de otras; o, si ciertas operaciones son comunes y algunas privativas de una persona determinada, ya no es inseparable la Trinidad.[334]

No solo defiende la doctrina trinitaria, sino que, en otro de sus escritos, haciendo referencia al arrianismo y al sabelianismo, escribe:

> Cuando dice: "Yo y el Padre somos una misma cosa", has de fijarte en las palabras "una misma cosa" y "somos", y así te verás libre de Caribdis y de Escila. Diciendo: "Una misma cosa", te libra de caer en el error de Arrio, y diciendo: "Somos", te libra del error de Sabelio. Si es "una misma cosa" no es diverso. Si "somos" son el Padre y el Hijo. No diría: "Somos", si fuese uno solo; como tampoco diría: "Una misma cosa", si fuesen diversos.[335]

En uno de sus sermones hace referencia al Padre, al Hijo y al Espíritu como uno:

> Cuando los alimentaba, era Dios quien los alimentaba; el Padre, el Hijo y el Espíritu Santo. Ahora surge Él y se convierte como en otro pastor, pero no es un pastor distinto, no es otro pastor en cuanto a la naturaleza divina, pues Él y el Padre son un solo Dios en cuanto a la naturaleza divina. En cambio, respecto a la naturaleza de siervo Él ha surgido para alimentarlos como distinto del Padre, porque el Padre es mayor que Él. Escucha, pues, que es uno solo el que los alimenta y que ése es Cristo: "Yo y el Padre somos uno".[336]

Será suficiente un ejemplo más para poner de manifiesto la fe sobre la Trinidad de Agustín; cuando se refiere a ser uno en esencia, no en relación, escribe:

---

[334] Agustín de Hipona, 1950, p. 139.
[335] Agustín de Hipona, *Tratados sobre el Ev. de Juan*, 36, 9.
[336] Agustín de Hipona, *Sermones*, 47, 20.

¿Afirmaremos que el Padre no es algo absoluto en sí mismo, y que no solo en cuanto Padre, sino incluso en cuanto a ser dice relación? Entonces, ¿cómo será el Hijo de la misma sustancia del Padre, si este no es en sí esencia ni ser subsistente, sino tan solo con relación al Hijo? Pues bien, con mayor motivo se ha de afirmar que son de una misma esencia, porque el Padre y el Hijo son una esencia, y el ser Padre dice relación, no a sí mismo, sino al Hijo, cuya esencia engendró y en virtud de la cual es todo lo que es. Ninguno de los dos dice relación a sí mismo, pues ambos significan relación mutua.[337]

## *Iglesia antigua*

El desarrollo de la doctrina sobre la Trinidad tomó cuerpo en el dogma cristiano en la Iglesia antigua. Como se ha indicado, un análisis pormenorizado de esta cuestión doctrinal excede la razón de ser de este trabajo, por lo que seleccionaremos algunas evidencias que serán suficientes para confirmar lo afirmado.

*Concilio de Nicea.* Fue convocado en el a. 325 con objeto de poner fin a las disputas que amenazaban la unidad de la Iglesia. De forma especial, la doctrina arriana, que negaba la deidad de Cristo. Luego de muchas controversias y del examen del Credo propuesto por Eusebio, el concilio aprobó el siguiente símbolo de fe:

> Creemos en un solo Dios Padre omnipotente, creador de todas las cosas, de las visibles y de las invisibles; y en un solo Señor Jesucristo Hijo de Dios, nacido unigénito del Padre, es decir, de la sustancia del Padre, Dios de Dios, luz de luz, Dios verdadero, engendrado, no hecho, consustancial al Padre, por quien todas las cosas fueron hechas, las que hay en el cielo y las que hay en la tierra, que por nosotros los hombres y por nuestra salvación descendió y se encarnó, se hizo hombre, padeció, y resucitó al tercer día, subió a los cielos, y ha de venir a juzgar a los vivos y a los muertos, y en el Espíritu Santo.[338]

El concilio deliberó ampliamente sobre la palabra *homusios*, aplicada a Cristo, afirmando que el Hijo es de la misma sustancia que el Padre, queriendo decir con ello que Cristo participa de la naturaleza divina y que su filiación no es algo accidental, sino constitutiva del mismo

---

[337] Agustín de Hipona, *De Trinitate*, 7, 1, 2.
[338] Denzinger, 54.

carácter que la deidad. El sentido niceno es abiertamente trinitario y confirma esa fe como propia de la Iglesia, tomada de la revelación bíblica.

*Primer concilio de Constantinopla.* Se inició en el a. 381 en Constantinopla. La razón principal fue la de resolver de forma definitiva la controversia arriana. Nuevamente, la cristología fue la doctrina examinada con detenimiento para llegar a lo que se llama Credo constantinopolitano. Al tratarse de la deidad de Cristo, no podía sino relacionarla con la Trinidad, y aunque esto no fue el elemento fundamental del Concilio, tiene necesariamente que estar expresado en el Credo salido de él, que se transcribe:

> Creemos en un solo Dios, Padre omnipotente, creador del cielo y de la tierra, de todas las cosas visibles o invisibles. Y en un solo Señor Jesucristo, el Hijo unigénito de Dios, nacido del Padre antes de todos los siglos, luz de luz, Dios verdadero de Dios verdadero, nacido, no hecho, consustancial con el Padre, por quien fueron hechas todas las cosas; que por nosotros los hombres y por nuestra salvación descendió de los cielos y se encarnó por obra del Espíritu Santo y de María Virgen, y se hizo hombre, y fue crucificado por nosotros bajo Poncio Pilato y padeció y fue sepultado y resucitó al tercer día según las Escrituras, y subió a los cielos, y está sentado a la diestra del Padre, y otra vez ha de venir con gloria a juzgar a los vivos y a los muertos; y su reino no tendrá fin. Y en el Espíritu Santo, Señor y vivificante que procede del Padre, que juntamente con el Padre y el Hijo es adorado y glorificado, que habló por los profetas. En una sola Santa Iglesia Católica y Apostólica. Esperamos la resurrección de la carne y la vida del siglo futuro. Amén.[339]

La referencia a la Trinidad es evidente en el Credo salido del Concilio primero de Constantinopla.

### La doctrina desde el s. VII hasta el s. X

El desarrollo doctrinal sobre la Trinidad no se detiene en algún tiempo, sino que progresa y se desarrolla hasta el tiempo actual, en que los teólogos siguen investigando sobre las bases bíblicas que la sustentan, poniendo de manifiesto los muchos aspectos que la comprenden y desarrollando conceptos que no se habían considerado con

---

[339] Denzinger, 86.

la debida amplitud. Todo ello confirma de forma fehaciente la verdad de la unidad en la pluralidad del ser divino. Aportamos algunos datos sobre los s. VII hasta el s. X.

*Juan Damasceno.* Nació en el a. 675 y murió en el a. 749. Distingue en Dios las tres personas, hipóstasis en su expresión, en contraposición con los que enseñaban que Dios es una sola persona. De este modo enseñaba que Padre, Hijo y Espíritu Santo son un Dios, o una substancia, pero no una persona. Así afirmaba:

> Es imposible decir que las tres hipóstasis de la Trinidad, aunque están mutuamente unidas, son una hipóstasis. Este Dios uno es el Creador, Preservador y Gobernador del mundo: una substancia, una deidad, un poder, una voluntad, una energía, una fuente, una autoridad, un dominio, un reino, en tres hipóstasis completas, que han de ser reconocidas y adoradas con una misma reverencia... unidas sin mezcla y continuamente separadas. Por tanto, el Logos y el Padre son iguales en naturaleza. Por consiguiente, aunque las tres hipóstasis siempre pueden considerarse realidades, no tienen precisamente la misma relación el uno al otro que tienen tres hombres. Son una en todos los respectos... excepto la no-generación, generación y procesión. La distinción es en pensamiento; porque conocemos un Dios en las peculiaridades exclusivas de la paternidad, la filiación y la procesión. Esta relación puede ser mejor definida como una mutua interpenetración de las tres hipóstasis sin mezcla ni confusión (siguiendo Juan 14:11), las hipóstasis son la una en la otra. Están... no de manera que se mezclen, sino contenidas una en la otra; y se mueven la una en la otra sin mezclarse ni unirse.[340]

Es evidente que en el s. VII la doctrina trinitaria está muy desarrollada tanto en cuanto a concepto general como a especificaciones particulares de las tres personas.

*Gregorio Magno.* Su nacimiento sucedió c. 540 y su fallecimiento ocurrió en el a. 604. Es considerado como uno de los grandes Padres de la Iglesia latina o de Occidente, junto con Jerónimo de Estridón, Agustín de Hipona y Ambrosio de Milán.

Gregorio es agustiniano en sus fórmulas, reconociéndose el estilo de Agustín en algunos de sus escritos. En ellos aparece el concepto de "Trinidad de personas", así como el de "una substancia" en

---

[340] Citado en Seeberg, 1968, p. 238.

relación con la eterna existencia de Dios[341]. Refiriéndose a Cristo, afirma que es el Dios hombre[342], enseña que es uno (*unius*) con el Padre y de la misma naturaleza[343]. Para él, el Espíritu Santo es "de una substancia con el Padre y el Hijo"[344].

Para Gregorio, la fe cristiana es fe trinitaria (*fides trinitatis*)[345]. La terminología que le es propia, que se refiere a trinidad de personas y una substancia, aparece en sus escritos[346]. Además de las verdades sobre Jesucristo, enseña que el Espíritu Santo es de una substancia con el Padre y el Hijo[347].

### La doctrina desde el s. XI hasta la Reforma

Es el periodo conocido como del escolasticismo, donde la filosofía, especialmente la aristotélica, se convierte en el elemento principal de la teología, generando un espíritu exclusivo de escuela, tanto en la metodología como en el tecnicismo científico aplicado a la teología. Estos ponen la razón junto a la fe, convirtiendo la investigación teológica en algo sustentado o rechazado por el raciocinio.

*Pedro Abelardo.* Monje y teólogo francés, nacido en el a. 1079 y fallecido en el a. 1142. Fue de un rigor estricto en su concepción de la vida clerical y especialmente la monástica. Encabezó una corriente de abierta crítica a la influencia helénica y arábiga sobre la teología cristiana. Estableció una nueva metodología para la investigación teológica, que le acarreó problemas en el entorno eclesiástico.

El libro *De unitate et trinitate divina* o *Theologia summi boni*, escrito entre 1119 y 1120, contiene notables referencias a la Trinidad. Se detectan, sin embargo, los razonamientos filosóficos a los enunciados doctrinales en un intento de hacerlos más inteligibles. Con todo, se aprecia una correcta posición teológica en cuanto a la existencia del ser divino. Abelardo mantiene la unidad de la substancia y la Trinidad personal. Su posición está en plena armonía con Agustín de Hipona, ya que ambos afirman que "cada una de las tres personas es la misma substancia"[348].

---

[341] Cf. Ez. II:4, 7; Ev. I:18,3; 19,7; Mor. XXX; 4, 17.
[342] Gregorio Magno, *Deus homo*, Ez. II:1, 4.
[343] Mor. III: 14.26.
[344] Ev. II:30,33.
[345] Mor. XXIII, c. 10, N. 20; Ezech. 1. II, h. 33:6.
[346] Ezech. II:4.7; Ev. I:18.3; Mor. XXX:4, 17.
[347] Ev. II:30,3.
[348] Pedro Abelardo, *De unitate et trinitate divina*, 32, 36.76.

*Tomás de Aquino*. Nacido en el a. 1225 y muerto en el a. 1274. Fue el gran discípulo de Alberto y siguió estableciendo el sistema de su maestro, quien por primera vez empleó ampliamente el sistema aristotélico en el establecimiento de un sistema teológico. Tomás tenía una capacidad extraordinaria de sistematizar la teología. Esa capacidad se pone de manifiesto en su obra *Summa Theologiae,* o *Summa Theologica.*

Se trata de un tratado de teología escrito entre 1265 y 1274, durante los últimos años de su vida. Es realmente un compendio de catecismo en forma de suma de las principales cuestiones de la fe cristiana. Estaba concebido como un manual para los estudiantes de teología, que comprendía a los estudiantes de facultades y seminarios católicos, pero también a los laicos con conocimientos religiosos y filosóficos. Generalmente se la consideraba como una obra apologética para cuestionar la creencia de los no católicos. Los temas de la *Summa* siguen la siguiente división: Dios, la creación, el hombre, el propósito del hombre, Cristo, los sacramentos.

En el desarrollo de la *Summa* se encuentra el "Tratado de la Santísima Trinidad", que comprende el espacio entre las cuestiones 27 a la 43.

Es sumamente complicado hacer una síntesis doctrinal sobre la Trinidad en la *Summa.* El "Tratado sobre la Santísima Trinidad" es el más teológico de todos, dando a conocer, en algún modo, la vida íntima de Dios. La Trinidad es el misterio de Dios por antonomasia. De ahí que sea el núcleo de la fe y, por consiguiente, de la teología.

El tratado va inmediatamente después del de Dios Uno. En Tomás, la regla de fe está en la afirmación de la unicidad de Dios en la trinidad de personas.

La influencia del IV Concilio de Letrán (a. 1215) en materia trinitaria es evidente. No es un concilio de la Iglesia antigua, sino el primero de la Iglesia medieval, y también el primero de la Iglesia papal, en el que se establece al papa como señor soberano de los poderes civiles y religiosos. Inocencio III se presentaba como había actuado siempre, como vicario de Dios y árbitro inapelable de todas las naciones. Además, se proclamó la Inquisición para la limpieza de la fe y la lucha contra los infieles, que tantas tragedias inhumanas produjo en la historia de la Iglesia.

En el Concilio IV Lateranense se expresa el dogma trinitario en la siguiente declaración:

> Firmemente creemos y absolutamente confesamos que existe un solo Dios verdadero, eterno, inmenso e inconmutable,

incomprensible, omnipotente e inefable, Padre, Hijo y Espíritu Santo: tres personas distintas en una sola esencia, substancia o naturaleza absolutamente simple. El Padre no procede de ninguna persona, el Hijo procede solo del Padre, y el Espíritu Santo igualmente de los dos; sin principio, siempre y sin fin: el Padre engendrando, el Hijo naciendo y el Espíritu Santo procediendo; consubstanciales, y coiguales, y coomnipotentes, y coeternos; un solo principio de todas las cosas.[349]

Tomás de Aquino dedica las cuestiones 27 a 43 a la trinidad de personas. La primera parte trata de la procesión de las personas divinas (c. 27). Dedica la cuestión 28 a las relaciones entre las personas divinas. En la 29 trata de asuntos generales sobre las personas divinas. La 30 aborda el tema de la pluralidad de las personas divinas. En la 31 trata sobre la unidad y la pluralidad de Dios. La 32 considera si es posible conocer la Trinidad. Pasa luego a tratar individualmente las tres personas divinas. En la 33 sobre el Padre; 34, el Hijo; 36 a 38, el Espíritu Santo. La 39 trata de la relación personas-esencia. La 40 establece la relación personas-propiedades. La 41, sobre la relación de personas-actos nocionales. La 42 considera la relación de las personas divinas entre sí, igualdad y semejanza. La 43 aborda la misión de las personas divinas.

Nuevamente, la doctrina de la Trinidad está desarrollada y asumida como dogma de fe en el tiempo indicado al principio, que comprende hasta finales de la Edad Media.

### *La Reforma*

La Reforma se opuso a cuanto se había introducido en la Iglesia que no descansaba firme y únicamente en la Biblia. Los reformadores acudieron al estudio de doctrinas que eran vitales para la causa de la Reforma, pero no estudiaron profundamente todas, por cuanto lo urgente se dispuso sobre lo general. En ese sentido, Martín Lutero acudió a la exposición bíblica de la justificación por la fe, pero no dedicó tiempo y estudio a las ordenanzas, ni a la estructura de la Iglesia. Del mismo modo, Juan Calvino, que abordó las bases doctrinales de la salvación por gracia mediante la fe, la seguridad de salvación y la soberanía divina en salvación, dejó a un lado un estudio detallado sobre temas tales como escatología, estructura de la Iglesia, etc. Martín Lutero, en la Controversia de Leipzig, afirmaba que "solo

---

[349] Denzinger, 428.

la ley divina o las Escrituras puede gobernar la Iglesia. Aquello que se afirma sin el apoyo de las Escrituras o revelación probada puede mantenerse como opinión, pero no es necesario creerlo"[350].

Cada uno de los reformadores siguió en la cuestión de la Trinidad los presupuestos establecidos a lo largo de los siglos, desde el principio de la Iglesia, añadiendo en algún caso, como fue el de Lutero, sus reservas personales en el uso de algunas palabras.

*Martín Lutero*. Nació en el a. 1483 y murió en el a. 1546. Lutero exhortaba a la Iglesia a regresar a las enseñanzas originales de la Biblia, lo que produjo una reestructuración de las iglesias cristianas católicas en Europa. La reacción de la Iglesia católica ante la Reforma protestante fue la Contrarreforma.

Es evidente que Lutero reconoció la doctrina nicena de la Trinidad, y la cristología de Calcedonia. Con todo, se aprecia que, aunque respetaba profundamente la doctrina de la Trinidad y asumía como verdad los símbolos de la Iglesia antigua, especialmente el Credo de los Apóstoles, no consideraba estas verdades como propuestas de los hombres, sino como salidas de la Escritura; por tanto, estaba libre de sujetarse a cualquier forma emanada por una autoridad terrenal. Esa libertad se manifiesta en sus críticas a la terminología antigua en relación con la Trinidad, como escribía: "Aunque mi alma aborrece la palabra *homousion* y rehúsa emplearla, no soy hereje, ¿pues quién me obligará a emplearla en tanto mantenga aquello que el concilio definió a partir de las Escrituras?"[351].

Por esa misma razón, objetaba la palabra Trinidad, que para él sonaba fría y fue "descubierta e inventada por los hombres"[352]. Pero, él decía también que el uso de las palabras no puede afectar el fundamento de la fe.

Como ocurre en la historia de las doctrinas, la de la Trinidad se produce en razón de la deidad de Cristo y, por consiguiente, de su presencia en el ser divino. En una lectura rápida del pensamiento de Lutero sobre el conocimiento de Dios en Cristo, pareciera que el Padre se revela en las palabras y hechos de Jesús, en que pudiera atisbar una posición modalista que no tiene en cuenta una deidad común con el Padre, pero individual como persona. Sin embargo, afirma que

---

[350] Martín Lutero, WA, 6:508; 2:297, 309, 315.
[351] Ibíd., 8:117 ss.
[352] Martín Lutero, Er., 12:378.

Jesús es verdadero Dios y verdadero hombre, con dos naturalezas en una sola y única persona[353].

Estas aparentes dificultades no condicionan la verdadera doctrina sobre la Trinidad, que Lutero acepta y reproduce en su forma ortodoxa[354]. Como resumen del pensamiento del reformador, se traslada un párrafo de Seeberg que lo sintetiza fielmente:

> Es verdad que no le agradaba el término Trinidad (*drifaltigkeit*, triplicidad), porque Dios es la suprema Unidad. La expresión *Dreiheit* (que tiene el carácter de tres) aparece demasiado irónica. La comparación con tres ángeles o tres hombres no nos sirve, porque no hay tres dioses. Hay ciertamente en la deidad *ein Gedrittes* (una realidad tripartita), pero esta misma *Gedrittes* consiste en las personas de la deidad una y única. Lutero no era, por lo tanto, un monarquiano, pero tenía una profunda conciencia de la absoluta unidad de Dios y ello le permitió ver en cada persona de la Trinidad la entera deidad. Dios se revela, por lo tanto, enteramente mediante Cristo (30:62; 45:295; 47:180; 49:93), así como mediante el Espíritu Santo gobierna en los corazones de los hombres (16:214). El Padre y el Hijo son una naturaleza, una voluntad, un corazón y una voluntad (47:305 ss.; 49:144). Donde está una parte, allí ciertamente está toda la deidad (50:94).[355]

Lutero no entendía la deidad como subsistencia o substancia, sino como voluntad omnipotente de amor. Esto trajo algunos problemas que no estaban en el pensamiento del reformador.

*Juan Calvino.* Nació en 1509 y murió en 1564. Fue probablemente el mayor teólogo de la Reforma protestante. Tenía una admirable capacidad teológica, a la que unía un gran conocimiento de filosofía. Sobre esta base escribió un tratado bíblico-teológico de la doctrina del cristianismo que tituló *Institución de la religión cristiana.* Esta obra está establecida en cuatro volúmenes, comenzando el primero sobre el conocimiento de Dios en cuanto Creador y supremo gobernador de todo el mundo.

En el capítulo XIII del Libro I dedica mucho espacio para fijar su posición al respecto de Dios. Nada mejor para expresar el

---

[353] Ibíd., 7:185 ss., 196.
[354] Cf. Smalc. Art., Müller, 299; 9:2 ss., 22, 32, 116, 231; 10:166, 171 ss.; 12; 2378 ss.; 18:23; 20:363 ss.; 45:294 ss.; 308 ss.
[355] Seeberg, 1968, II, p. 300.

pensamiento del reformador que transcribir sin comentario los párrafos que se seleccionan sobre cada aspecto divino.

Él afirmaba que la esencia de Dios es infinita. "Lo que la Escritura nos enseña de la esencia de Dios, infinita y espiritual, no solamente vale para destruir los desvaríos del vulgo, sino también para confundir las sutilezas de la filosofía profana... Por ser infinito llena toda la tierra"[356]. En cuanto a la existencia de Dios en tres personas:

> Pero aún podemos encontrar en la Escritura otra nota particular con la cual mejor conocerlo y diferenciarlo de los ídolos. Pues al mismo tiempo que se nos presenta como un solo Dios, se ofrece a nuestra contemplación en tres personas distintas... Pero, a fin de que nadie sueñe con un Dios de tres cabezas, ni piense que la esencia divina se divide en las tres personas, será menester buscar una definición breve y fácil, que nos desenrede todo error...
>
> El Apóstol, llamando al Hijo de Dios "la imagen misma de su sustancia" (del Padre) (He. 1:3), sin duda atribuye al Padre alguna subsistencia en la cual difiera del Hijo... Pero como el Padre, aunque sea distinto del Hijo por su propiedad, se representó del todo en este, con toda razón se dice que ha manifestado en él su hipóstasis; con lo cual está completamente de acuerdo lo que luego sigue: que Él es el resplandor de su gloria. Ciertamente, de las palabras del Apóstol se deduce que hay una hipóstasis propia y que pertenece al padre, la cual, sin embargo, resplandece en el Hijo; de donde fácilmente se concluye también la hipóstasis del Hijo, que le distingue del Padre.
>
> Lo mismo hay que decir del Espíritu Santo, el cual luego probaremos que es Dios; y, sin embargo, es necesario que lo tengamos como hipóstasis diferente del Padre...
>
> Por tanto, si damos crédito a las palabras del Apóstol, síguese que en un solo Dios hay tres hipóstasis.[357]

En otros muchos lugares se pone de manifiesto que Calvino tenía un notable conocimiento de la Trinidad y aceptaba la doctrina de Dios como ser en tres hipóstasis o personas.

---

[356] Juan Calvino, *Institución*, I, XII, 1.
[357] Ibíd.

## Conclusión

El desarrollo de la doctrina sobre la Trinidad requiere una mayor atención y minuciosidad, pero eso excedería ampliamente los objetivos de esta tesis, por lo que se recomienda una aproximación a los temas considerados en el capítulo en la mucha bibliografía de que se puede disponer para ello.

Sin embargo, se aprecia que la doctrina de la Trinidad se trató desde la necesidad de comprensión que exigía la cristología. La Iglesia se encontró con una verdad que excedía totalmente los conceptos sobre la unicidad divina, especialmente en aseveraciones de Jesucristo, tales como "yo y el Padre somos uno". Esto socavaba los conceptos teológicos y filosóficos en relación con la unidad divina, especialmente en la afirmación veterotestamentaria: "Oye, Israel: YHVH nuestro Dios, YHVH, uno es" (Dt. 6:4; BT). Si Jesús era para el cristianismo del principio de la Iglesia "la verdad", no cabe duda de que sus palabras manifestaban la verdad en su última dimensión. Por consiguiente, se origina la inmediata necesidad de relacionar lo que aparentemente era una distorsión que era necesaria eliminar para expresar lo que no había sido expresado antes, diferenciar el ser divino, único Dios, en el que subsisten eternamente tres hipóstasis o personas, que participan de la misma esencia y que, siendo individuales, no pueden ser independientes.

Probablemente, a la luz de la lectura de sus escritos, el apóstol Juan desarrolló una cristología en la que revela inspiradamente la vinculación de Jesucristo con Dios, siendo Dios en el Verbo encarnado; de ahí el inicio del evangelio según Juan, que habla de la plenitud de gracia y verdad manifestada en él cuando el "Verbo se hizo carne y habitó entre nosotros" (Jn. 14:1). Pero, ¿quién es el Verbo? Juan enseña que "era con Dios y que era Dios" (Jn. 1:1). Tal complejidad abre la puerta al entendimiento de la unidad del ser divino dentro de la pluralidad de personas.

# CAPÍTULO IX
# UNIDAD Y TRINIDAD DE PERSONAS

**Introducción**

Hasta este punto se ha dado una introducción que prepare el camino a la comprensión final sobre la Trinidad. En este desarrollo se trató de la deidad de las tres personas divinas y al mismo tiempo se consideró la unidad esencial de Dios, llegando a la conclusión de que el ser divino, según la revelación, es una unidad dentro de la diversidad, es decir, un solo Dios verdadero en el que subsisten tres hipóstasis o personas: la del Padre, la del Hijo y la del Espíritu Santo.

Esto lleva necesariamente a pensar la Trinidad como *communio*, vinculación de vida, naturaleza, perfecciones, etc., y conduce a entender que el Dios verdadero es un Dios personal, pero no es una sola persona. Esto representa un desafío a la comprensión propia de la razón humana por falta de equivalencia para entenderlo, porque para nosotros cada ser humano es un individuo, una persona, de ahí que el número de individuos equivale al número de personas. En Dios, por el contrario, el Padre, el Hijo y el Espíritu son tres personas absolutamente diferenciadas, pero no son tres; ese triple número de personas no altera en absoluto la unidad del ser divino, es decir, cada una de las personas son el único Dios verdadero.

La pluralidad de personas procede de la única substancia o esencia divina, que es una sucesión ordenada de las personas divinas, que esencialmente tienen el mismo rango, pero que están cada una frente a las otras en un determinado orden, que no implica subordinación —como si el Padre fuera la primera, el Hijo la segunda y el Espíritu la tercera—. Esto que, como se acaba de decir, no significa ningún tipo de subordinacionismo al respecto de lo uno, tampoco son epifanías del uno, sino manifestaciones personales de la plena realidad del Dios uno que está presente y posee personalmente cada una de las personas, que están todas al mismo nivel. Como se ha dicho anteriormente, Dios es uno, pero no solo.

Si Dios es, según su modo de existencia, una unidad en la que hay pluralidad de personas, esto es tres personas, debe entenderse que tienen que ser divinas, y que cada una de ellas es Dios.

La pregunta que surge es natural: ¿Cómo se resuelve la constitución personal de cada una de ellas? ¿Es por procedencia de modo que la segunda procede de la primera y la tercera de la primera y la segunda? Aunque así se acepte, es necesario establecer las peculiaridades personales de cada una. Dicho de otro modo: ¿Por qué la primera se personaliza como Padre, la segunda como Hijo y la tercera como Espíritu Santo?

Necesariamente tiene que prestarse atención al hecho de que Dios, como ser supremo, realiza una unidad suprema incomparable con cualquier equivalencia en el mundo de los hombres. Para explicarla se ha usado el término *procedencia*, y de ahí *procesión* de las personas divinas. Sin embargo, esto puede generar un concepto equívoco, que es la constitución de las personas a partir de una, que necesariamente sería la primera, el Padre, y que las relaciones interpersonales derivan de ella, por lo que en cierta medida se generaría una dependencia que pudiera derivar en un subordinacionismo, que generaría una jerarquía en la deidad.

**Un punto de partida**

Se ha considerado en el capítulo anterior algo sobre el Credo del Concilio de Nicea; sin embargo, será conveniente trasladar el llamado Credo de Atanasio, que se le atribuye al que fue un defensor de la deidad de Cristo, y que dice así:

> Todo el que quiera salvarse, ante todo es necesario que mantenga la fe católica[358]; el que no la guarde íntegra e inviolada, sin duda perecerá para siempre. Y la fe católica es esta, que adoramos a un solo Dios en la Trinidad, y a la Trinidad en la unidad. Sin confundir las personas ni separar la substancia. Porque una es la persona del Padre, otra la del Hijo y otra la del Espíritu Santo. Pero el Padre y el Hijo y el Espíritu Santo tienen una sola divinidad, gloria igual y coeterna majestad. Cual el Padre, tal es el Hijo y tal es el Espíritu Santo. El Padre increado, el Hijo increado y el Espíritu Santo. Incomprensible el Padre, incomprensible el Hijo, incomprensible el Espíritu Santo. Eterno el Padre, eterno el Hijo, eterno el Espíritu Santo, y, sin embargo, no son tres eternos, sino un solo eterno. Así como tampoco son tres increados, ni tres incomprensibles, sino un solo increado y un solo incompresible. Igualmente, el Padre es omnipotente, el Hijo es omnipotente, el Espíritu Santo es omnipotente; y, sin embargo, no son tres omnipotentes, sino un solo omnipotente.

---

[358] No se refiere a la fe católico-romana, sino a la fe de la Iglesia cristiana.

> Así el Padre es Dios, el Hijo es Dios, y el Espíritu Santo es Dios. Y, sin embargo, no son tres dioses, sino un solo Dios. Así también el Padre es el Señor, el Hijo es el Señor, y el Espíritu Santo es el Señor. Y, sin embargo, no son tres señores, sino un solo Señor. Pues, así como la cristiana verdad nos compele a reconocer que cada persona por sí misma es Dios y Señor, así mismo la religión católica nos prohíbe decir que hay tres dioses y tres señores. El Padre no fue hecho por nadie, ni creado, ni engendrado. El Hijo es solo del Padre, no hecho, ni creado, sino engendrado. El Espíritu Santo es del Padre y del Hijo, no fue hecho, ni creado, sino que procede de ellos. Por lo tanto, hay un solo Padre, no tres Padres; un Hijo, no tres Hijos; un Espíritu Santo, no tres Espíritus Santos. Y en esta Trinidad ninguno va antes o después del otro, ninguno es mayor o menor que el otro, sino que las tres personas son entre sí coeternas e iguales; de modo, que, como se dijo antes, se debe adorar la Unidad en Trinidad y la Trinidad en Unidad. El que quiera, pues, salvarse, debe pensar así sobre la Trinidad.[359]

En el símbolo se afirma la unidad en la Trinidad y la procedencia en relación con las personas divinas, sin que ello suponga dependencia subordinada.

**Unidad en Dios**

La diferencia notoria en la unidad de Dios es que mientras toda unidad excluye lo que es diferente a ella, en Dios la unidad incluye las diferencias. Es decir, Dios es uno, pero eso no supone que existan eternamente en el ser divino tres personas que, por ser individuales, son diferentes entre sí, manteniendo la unidad en la relación *ad intra* y del mismo modo en la *ad extra*, vinculada en toda la extensión; por tanto, se predica de la Trinidad inmanente y de la económica. En tal sentido, la unidad es la base de la pluralidad, lo que se opone abiertamente al concepto de distanciamiento que existe en toda pluralidad. Esta no va en detrimento de la unidad, sino que es la forma de realización en Dios.

Puede decirse que la unidad de Dios, como unidad originaria, es también diferenciación originaria. Se ha dicho anteriormente que la unidad divina es el acontecer de mediación recíproca de las personas divinas idénticamente originaria. Esto elimina la dicotomía de que,

---

[359] Transcripción del llamado Credo de Atanasio.

existiendo tres personas en el ser divino, es una unidad, sino todo lo contrario, porque es la unidad suprema, se realiza eternamente en tres personas.

De esta forma escribe Greshake:

> La esencia una de Dios consiste, pues, justamente en que no tiene en sí misma ningún rasgo (cualidades, momentos del ser, características) que no se realice, *eo ipso*, en el cambiante juego de las personas, cada una de ellas única en su modo de ser; y no hay esencia divina alguna que no designe la *communio* que se realiza en las diferentes personas. No obstante, tiene sentido que se distinga en Dios entre esencia y persona, en cuanto la esencia de Dios designa justamente la *communio*, el entramado de la relación, mientras que la persona es en cada caso un miembro, un ritmo en ese entramado, no debiendo comprenderse tal condición de miembro en el entramado mediante la imagen de parte y todo.[360]

La unidad y la Trinidad no están unidas sin relación interpersonal, sino que las tres personas están vinculadas y unidas inmanentemente, compenetrándose una con otra hasta una unidad infinita que todas requieren. Negando absolutamente la división en el ser divino, cada una de las personas, siendo infinitas, se interrelacionan manifestando como característica la infinita unidad del ser divino y en Él. Como quiera que las personas se manifiestan en un ser-hacia-el-tú, ya que cada una de ellas está orientada hacia la otra, siendo infinitas, no pueden alcanzar individualmente mayor individualidad, por lo que solo puede existir una persona en cada caso, ya que si pudiese haber otra no serían infinitas; por esa misma infinidad en la individualidad, al ser vinculante con la esencia y la naturaleza únicas en Dios, la unidad adquiere condición infinita. Por consiguiente, es necesaria la pluralidad como forma de realización de la unidad.

## *Pericóresis*

La individualidad en las personas divinas no impide la interrelación entre ellas sin posibilidad de independencia, ya que no solo participan en la esencia de la vida divina y están orientadas una hacia las otras, sino que cada una está en las otras.

---

[360] Greshake, 2001, p. 244 ss.

Esto entra de lleno en la pericóresis, ya que las personas divinas se distinguen realmente entre sí por las mutuas relaciones, en base a las cuales se constituyen como personas. Estas relaciones son tres: paternidad, filiación y espiración pasiva. A pesar de que el Espíritu Santo procede del Padre y del Hijo, no surgen dos relaciones distintas, ya que la espiración activa une al Hijo con el Padre en un solo principio. La relación entre las tres personas divinas es posible porque entre todos los accidentes, la relación es el único que, de suyo, no indica inherencia, lo que técnicamente se llama *ese in*, sino referencia a otro, *ese ad*. Para poder producirse la relación interpersonal entre las personas en el ser divino se requiere un *esse in*, que es la esencia divina, común a las tres personas, juntamente con el *esse ad*, propio de cada una de las personas.

Esa relación debe ser bien entendida, puesto que, a modo de ejemplo, la Palabra, el Logos, el Hijo, vino a nosotros en el tiempo (Jn. 1:14), pero era pronunciada eternamente en el seno del Padre (Jn. 1:18). En el silencio eterno del Padre habla la Palabra, ya que vive de pronunciarla, pero toda palabra orientada hacia otro exige una respuesta, que se produce al reconocer el Hijo que como persona depende del silencio del Padre, que no puede pronunciar ya otra palabra porque engendra un solo Hijo. Ese encuentro entre el Padre y el Hijo es definitivo, y es a su vez, el propio Espíritu Santo. Como decía Agustín, refiriéndose a la relación: "Así tenemos: amante (Jn. 3:16), amado (Mt. 3:18) y amor (Ro. 5:5)".

*Pericóresis* es una expresión griega que, como la mayoría, pasó al latín; en el verbo[361] equivale literalmente a *venir alrededor de*, o también *bailar alrededor de, moverse alrededor de*. Se usaba para referirse a una danza en la que uno gira en torno a otro, entrelazados de forma que parecían uno. En la traducción al latín se usaron dos expresiones similares: *circumincessio*, que equivale a *circunvalación*, y *circuminsessio*, que es *sentados en un mismo sitio*.

La primera forma, *circumincessio*, fue usada y propuesta por Buenaventura de Bagnoregio (1218-1274) para expresar un mayor dinamismo en las personas de la Trinidad, en el sentido de *moverse y rodearse*; la segunda, *circuminsessio*, es preferida por Tomás de Aquino para presentar la existencia de unas en otras. Fue Juan Damasceno el primero en usar el término *pericóresis* para explicar la unidad y trinidad de Dios, enseñando que las personas divinas se contienen totalmente una en la otra.

---

[361] Griego: περιχωρέω.

En la aplicación a las personas de la Trinidad se le da el sentido de que una persona contiene a las otras dos, en sentido estático, o que cada una de las personas está en las otras dos en sentido activo. Por consiguiente, el adjetivo *pericorético* designa el carácter de comunión que rige entre las personas divinas.

La palabra pasó al campo de la teología cristiana para expresar el grado de unión entre las personas de la Trinidad, el *esse in* de las personas entre sí; implica el modo en que el Padre es en el Hijo y el Hijo en el Padre; el Padre es el Espíritu Santo, y así sucesivamente.

Esto determina que en Dios hay un solo ser, una sola substancia o esencia, y una misma naturaleza divina.

La pericóresis encuentra el mayor fundamento en el evangelio según Juan, donde las afirmaciones de la relación entre el Padre y el Hijo presentan la individualidad de personas, pero en la inmanencia en la que el Padre es en el Hijo y viceversa. De este modo escribe el apóstol Juan: "De cierto, de cierto os digo: No puede el Hijo hacer nada por sí mismo, sino lo que ve hacer al Padre; porque todo lo que el Padre hace, también lo hace el Hijo igualmente"[362] (Jn. 5:19). En esta explicación, el obrar del Hijo se manifiesta como dependiendo constitutivamente del Padre. Sin embargo, los poderes del Hijo para realizar la misión que le había sido encomendada son los propios de Dios que se manifiestan delante de los hombres, uno de los cuales es dar vida. Pero esa manifestación de Jesús constituye un alegato en la primera parte, puesto que no presenta testimonio alguno sino el suyo, para convertirse en un claro testimonio de testigos distintos a su propia palabra.

El operar del Hijo está vinculado a lo que ve hacer al Padre. La afirmación de Jesús es precisa y, para algunos, difícil de entender. No se trata de una mera imitación de lo que ve hacer que Él reproduce. Afirma que no puede hacer nada de sí mismo. La afirmación es de una imposibilidad radical. En una primera manifestación, la naturaleza humana de Jesús estaba totalmente sometida a la voluntad de Dios (Jn. 4:34; 8:29; He. 10:7). Pero en cuanto a su naturaleza divina, en cuanto a Dios, no estaba sometida a la voluntad del Padre, sino que era concordante en todo con ella, siendo una misma. El Hijo actúa como ve actuar al Padre. Este ver equivale a entender. La identidad

---

[362] Texto griego: Ἀπεκρίνατο οὖν ὁ Ἰησοῦς καὶ ἔλεγεν αὐτοῖς· ἀμὴν ἀμὴν λέγω ὑμῖν, οὐ δύναται ὁ Υἱὸς ποιεῖν ἀφ' ἑαυτοῦ οὐδὲν ἐὰν μή τι βλέπῃ τὸν Πατέρα ποιοῦντα· ἃ γὰρ ἂν ἐκεῖνος ποιῇ, ταῦτα καὶ ὁ Υἱὸς ὁμοίως ποιεῖ.

del Hijo con el Padre es determinante; el Hijo es la luz de Dios que viene a este mundo (Jn. 1:9), pero esa luz que alumbra a todo hombre no es otra cosa que el resplandor de la gloria del Padre y la imagen misma de su sustancia (Jn. 1:9; 8:12; 12:46; He. 1:3). Luego el Hijo no ilumina de sí mismo, sino que transmite la luz del Padre, su impronta y gloria divinas. Este obrar del Hijo según ve obrar al Padre se constituye en necesidad reveladora, puesto que, como Verbo o Logos, viene con la misión de revelar al Padre (Jn. 1:18), haciendo de Él la exégesis absoluta de lo que es y hace, hasta el punto de que pueda decir: "El que me ha visto a mí, ha visto al Padre" (Jn. 14:9). Las palabras que Jesús dice son el obrar del Padre que mora en Él (Jn. 14:10). Significa, remontándose a los orígenes, que cuando se lee en el acto creador *sea* y surge a la existencia lo que no era, la voz es la del Verbo, que expresa absoluta e infinitamente la mente del Padre. En la relación paterno-filial dentro del seno trinitario, el Hijo no puede ignorar nada de lo que el Padre sabe y hace, puesto que "nadie conoce al Padre, sino el Hijo, y aquel a quien el Hijo quiera revelarlo" (Mt. 11:27; Lc. 10:22).

La procedencia y eterna generación del Hijo es inmanente, nunca transeúnte, puesto que no concluye, sino que eternamente se produce, de manera que, si concluyese la acción generadora, que no es nunca de origen o inicio, sino de procedencia vital, el Padre podría comunicar lo que es a otro hijo, cosa imposible cuando la generación principia y se extingue en el Verbo. Siendo la personalización del Verbo por vía de la mente, de manera que puede expresar hasta el más íntimo pensamiento del Padre, que necesita del Verbo para esa expresión, el Hijo, revelador exhaustivo del Padre, no puede hacer nada de sí mismo, porque dejaría de manifestar el pensamiento único de Dios; así, pues, el Hijo no puede hacer sino lo que ve hacer al Padre, no por falta de poder, sino por comunión de esencia y naturaleza. Esto es un eco de lo que Juan escribió en el prólogo; el Unigénito del Padre está vuelto hacia el seno del Padre y revela todo cuanto el Padre es y hace. El Hijo, además, es el único mediador entre Dios y los hombres; por tanto, por medio de Él obra el Padre en favor de los hombres.

Si el Hijo hace lo que ve hacer al Padre, luego las obras omnipotentes del Padre son hechas por el Hijo, de manera que, si la omnipotencia es potestativa y privativa de Dios, el Hijo tiene necesariamente que ser Dios, de otro modo no podría hacer las mismas obras que hace el Padre. Cuando Jesús dice que no puede hacer nada de sí mismo, afirma la identidad de naturaleza con el Padre, que genera obras y operaciones conforme a lo que es propio de ella. Debe entenderse bien que no se trata de una imitación o de reproducir lo que está viendo hacer al Padre, sino que significa que el Hijo es todo del Padre, que la vida suya le ha sido comunicada por el Padre, y que toda su sustancia y poder es de aquel que eternamente le engendra. Pero la afirmación de Jesús es todavía más determinante; Él no hace unas obras y el Padre otras, sino que, en virtud de la identidad de vida propia en el seno trinitario, el Hijo hace lo mismo que hace el Padre, ya que este obra por el Hijo. De manera que las obras del Padre y del Hijo son inseparables. La idea de subordinación, que ya se consideró antes, no se sustenta en las palabras de Jesús, puesto que la generación del Hijo es coeterna con el Padre; de otro modo, el engendrador no precedió al tiempo del engendrado para que este sea menor que aquel. Siendo ambos eternos e inmutables, no hay variación en ninguno de ellos, de modo que el Padre eterno engendró a un Hijo eterno, que es como Él.

De este modo se lee también en el evangelio: "¿No crees que yo soy en el Padre, y el Padre en mí? Las palabras que yo os hablo, no las hablo por mi propia cuenta, sino que el Padre que mora en mí, él hace las obras. Creedme que yo soy en el Padre, y el Padre en mí; de otra manera, creedme por las mismas obras"[363] (Jn. 14:10-11). La primera cláusula del versículo encierra una profunda verdad formulada a modo de pregunta, y que tiene que ver con la inmanencia del Padre en el Hijo y viceversa. Esta relación de subsistencia de las personas divinas en el ser divino está claramente expresada. No es lugar ni tan siquiera para una aproximación en este sentido: "¿Crees que el Padre es en mí y yo en el Padre?". El Señor apela a la fe personal en cuanto a esa relación inmanente. En ella la primera premisa es que el Padre es en mí. Más que estar, el verbo habla de morada. El Padre está morando, íntimamente ligado al Verbo, por comunicación de vida y por ser el engendrador suyo.

La relación paterno-filial de Cristo con el Padre está presente a lo largo de todo el evangelio. En el inicio del texto (Jn. 1:1) se dice que el Verbo estaba en relación viva y continua con el Padre, dirigido hacia Él, en plena e infinita comunión, en un fluir infinito de corriente continua de vida divina con el Padre. El progreso de Juan presenta a Jesús como "el Unigénito Hijo que está en el seno del Padre" (Jn.

---

[363] Texto griego: οὐ πιστευεις ὅτι ἐγὼ ἐν τῷ Πατρὶ καὶ ὁ Πατὴρ ἐν ἐμοι ἐστιν τὰ ῥηματα ἃ ἐγὼ λεγω ὑμῖν ἀπ' ἐμαυτοῦ οὐ λαλῶ, ὁ δὲ Πατὴρ ἐν ἐμοὶ μενων ποιεῖ τὰ ἔργα αὐτοῦ. πιστευετε μοι ὅτι ἐγὼ ἐν τῷ Πατρὶ καὶ ὁ Πατὴρ ἐν ἐμοι· εἰ δὲ μη, διὰ τὰ ἔργα αὐτὰ πιστευετε.

1:18), donde se aprecia el estado eterno de quien eternamente es engendrado del Padre. Ahora Juan, trasladando las palabras de Jesús, hace mención a la inmanencia mutua del Padre y del Hijo. La entrega total y mutua del Padre al Hijo y del Hijo al Padre, sin dejar esa misma relación con la tercera persona divina, establece la constitución personal de las dos, la del Padre y la del Hijo, mediante una relación subsistente, que no es otra cosa que una relación sustantiva del uno hacia el otro. Esta relación *ad intra*, esto es, en el ser divino, en la unidad del seno trinitario, se manifiesta también en las obras que Jesús realizó en unidad indisoluble con el Padre, no solo en su ministerio terrenal, sino en la misma creación (Jn. 1:3), manifestando la inmanencia en la expresión *ad extra*, en la proyección de Dios al exterior. Siendo que el Padre, en esta relación con el Hijo, busca glorificarlo (Jn. 12:28-29), conduce a Él a los pecadores para salvación (Jn. 6:44). La mutua relación lleva a que el Hijo glorifique al Padre (Jn. 17:4), haciendo siempre lo que le agrada (Jn. 8:29), haciendo del ejercicio de acatamiento a esa voluntad la razón de su vida (Jn. 4:34). En tal sentido, Jesús manifiesta en el plano de su humanidad lo que es propio en el seno de la deidad, vivir del Padre como Palabra personal que el Padre expresa. La inmanencia del Padre y del Hijo lo es por necesidad generativa, ya que la generación del Hijo es un acto inmanente, así permanece en el seno del Padre que lo engendra (Jn. 1:18); porque por razón de participación en la vida divina, el Hijo es tan eterno como el Padre. Siendo el Padre principio sin principio, inicia la procesión de la persona del Hijo, engendrándole y, con Él, espira el Espíritu Santo. Así todo cuanto tiene el Padre lo tiene también el Hijo, porque al engendrarlo el Padre le comunica todo lo que se encierra en la deidad. La realidad entre la generación transeúnte, propia del ser humano, y la inmanente, únicamente posible en Dios, tiene que ser bien entendida. Que el Verbo sea engendrado del Padre no supone que sea creado por Él. Pero el Padre no dice que engendró al Hijo y acabó ese proceso, sino que lo engendra, en sentido continuado, porque el engendrar del Padre es eterno, que no es una sucesión de tiempo, sino un infinito ahora que dura eternamente. Cuando el escritor a los Hebreos dice, usando las palabras del Salmo, "Mi Hijo eres tú, yo te he engendrado hoy" (He. 1:5), está señalando una relación inmanente de entrega total del Padre al Hijo, como se aprecia en la prioridad del *Tú* delante del *Yo*. La primera persona se personifica como Padre al entregarse al Hijo para engendrarlo. Del hecho eterno dice: "Te he engendrado", que expresa una acción completa, el Hijo es engendrado desde la eternidad. Además, el presente temporal hoy expresa la continuidad eterna del acto generativo. Es el eterno presente exclusivo de Dios, como Jesús, refiriéndose a Abraham, dice "antes que Abraham fuese, yo soy" (Jn. 8:58). Solo Dios puede estar en el eterno e inconmovible Yo Soy.

La inmanencia se manifiesta también en el obrar del Hijo que, porque el Padre mora en Él, hace las obras del Padre. No es que Jesús sea un mero instrumento del Padre, pero como no habla nada por su cuenta, es decir, independientemente del hablar del Padre, así tampoco hace nada por su cuenta más que lo que concuerda con el obrar del Padre. Porque el Hijo es el revelador del Padre; las obras que hace son obras del Padre. Porque el pensamiento del Hijo es idéntico al del Padre, la acción del Hijo es la acción del Padre, y el obrar de aquel es el obrar de este. El amor de entrega es mutuo entre el Padre y el Hijo, son uno (Jn. 10:30) no solo en la realidad de la unidad en el ser divino, sino en el obrar conjunto. El envío y la misión del Hijo en nombre del Padre no distancia al Hijo del Padre, sino que manifiesta la inmanencia mutua entre ambos, siendo el Padre en el Hijo y el Hijo en el Padre. Jesús enseña que hay dos razones para creer en la inmanencia: porque mis palabras son palabras del Padre, y mis obras son obras del Padre.

El Señor hace un llamamiento a la fe. Hay cosas que no comprenderían en la dimensión necesaria. La idea de Dios que existe en tres personas, no estaba en la teología que les había sido enseñada. Tendrían que meditar en ello. El Espíritu Santo, que vendría, luego de la partida de Jesús, cumpliría la misión de enseñarles y conducirlos a toda verdad. Pero ahora, lo que pide Cristo es que ellos crean que el Padre y Él son uno, y asuman por fe, si no es por comprensión intelectual en aquel momento, la inmanencia divina. Como decía Hilario de Poitiers:

> Está Jesús en el Padre, y el Padre está en Jesús, no por conjunción de dos naturalezas distintas, ni por la fuerza de absorción de una capacidad mayor, sino por el nacimiento de un viviente de una naturaleza viviente, por cuanto de Dios no puede nacer más que Dios. Por lo mismo, Jesús es Dios de Dios, con igual naturaleza que el Padre. Él está en el Padre porque tiene idéntica naturaleza y está naciendo de Dios desde toda la eternidad; y el Padre está en él por igual razón, porque le engendra eternamente.[364]

---

[364] Hilario de Poitiers, 1986, p. 262.

Jesús da dos motivos para que crean en la igualdad suya con el Padre. Primeramente, su palabra. Nunca había hablado más que la verdad. Él les había dicho que pasarían el cielo y la tierra antes de que no se cumpliese una sola de sus palabras (Mt. 24:35; Mr. 13:35; Lc. 21:33). En segundo lugar, si no creían en sus palabras, las obras, los milagros que había hecho confirmaban su unidad y relación con el Padre. Aquellas obras habían pasado, es decir, habían sido hechas antes, pero daban testimonio fehaciente de lo que les decía: que el Padre y Él son uno.

*Procesión y relación*

Las personas divinas se distinguen realmente entre sí por las mutuas relaciones, sobre la base de las cuales se constituyen como personas. De ahí que se deba hablar de procedencia en esta relación.

En la enseñanza bíblica se aprecian procesiones divinas, de ahí que el Hijo procede del Padre y el Espíritu Santo, a diferencia del Hijo, que procede del Padre y del Hijo. Esto exige entender también que en Dios hay tres personas distintas en una misma naturaleza: el Padre, el Hijo y el Espíritu Santo. En Dios hay, pues, dos procesiones inmanentes distintas, lo que genera una notoria dificultad cognoscitiva. Si en una persona existen dos acciones inmanentes, la de conocer y la de amar, sin las que no es posible la naturaleza intelectual, en Dios se manifiestan ambas acciones en grado infinito. Se abren dos vías inmanentes: la mental, que se personaliza en el Verbo, y la del amor, que es propia de la voluntad.

En relación con las procesiones divinas, la primera, esto es la procesión del Verbo, es también generación; de ahí que reciba los nombres de Hijo y de Unigénito. Esta procedencia se produce por vía intelectiva, esto es, Dios se conoce a sí mismo y es entendido por Él; el modo expresivo de ese entendimiento es el Verbo de Dios. Como el conocimiento de Dios en sí mismo es eterno, el Verbo que lo expresa es también coeterno. De ahí que el Padre y el Hijo no sen dos dioses, sino un solo Dios verdadero. Es necesario entender que el Verbo divino es necesariamente engendrado en Dios, en virtud de su origen y procedencia; de ahí la expresión bíblica: "Tú eres mi Hijo, yo te he engendrado hoy" (Sal. 2:7; Hch. 13:33; He. 1:5; 5:5).

En cuanto a la procesión del Espíritu Santo, se distingue de la primera en que no están presentes el aspecto filial ni el intelectual. Al Espíritu no se le llama Hijo, ni se le llama Verbo, sino que se le llama Espíritu Santo, amor, Paráclito, don, etc. Tampoco se dice de Él que sea engendrado, sino simplemente se habla de procedencia. Esto supone una dificultad añadida, hasta el punto que Agustín de Hipona, luego de intensa reflexión sobre la procedencia del Espíritu, hizo esta confesión: "No sé, no alcanzo a comprender esto, es totalmente superior a mi capacidad"[365]. El Espíritu Santo, de la misma substancia o esencia del Padre y del Hijo no está vinculado a engendramiento inmanente, sino que es espirado, como expresión de amor infinito en la relación trinitaria; de ahí que sea espirado tanto del Padre como del Hijo. Dicho de otro modo, el Padre y el Hijo existen en una estrecha y vinculante experiencia de amor, del cual procede el Espíritu Santo, no en relación de semejanza, sino como Espíritu y nexo amoroso e infinito de los dos.

Esta diferenciación en las procedencias se ha expresado en símbolos de fe como el de Atanasio: "Al Padre nadie lo hizo: ni lo creó, ni lo engendró. El Hijo es solo del Padre: no hecho, ni creado, sino engendrado. El Espíritu Santo es del Padre y del Hijo: no hecho ni engendrado, sino procedente de ellos".

En el Concilio I de Toledo (a. 400) está la siguiente declaración: "Es, pues, ingénito el Padre, engendrado el Hijo, no engendrado el Espíritu Santo, sino que procede del Padre y del Hijo"[366].

El Hijo procede del origen paterno y el Espíritu procede del Padre y del Hijo. La procedencia es una acción espiritual que ni multiplica la esencia divina, ni le añade nada: tan solo se genera un modo distinto de subsistencia en relación con los otros, sin origen, puesto que estas relaciones y procedencias son eternas, de tal manera que el Hijo subsiste como engendrado al respecto del Padre que lo engendra, mientras que el Espíritu Santo subsiste como expirado al respecto del Padre y del Hijo que lo espiran.

Ahora bien, que el engendrar del Padre no se produzca en el Hijo que es engendrado no quiere decir que el Padre tenga algo que el Hijo no tenga, ya que la potencialidad alcanza tanto al Padre que engendra como al Hijo que es engendrado. Engendrar y ser engendrado señala tan solo las relaciones *ad intra* en el ser divino. Todas las relaciones opuestas en Dios son elementos de comunicación, pero en modo alguno lo son de división. Es decir, en el Padre, en el Hijo y en el Espíritu Santo hay una sola esencia, de manera que la potencia no se divide por la acción de engendrar y de ser engendrado, o de espirar y ser espirado, porque en Dios lo absoluto no se divide por la relación.

---

[365] Agustín de Hipona, *Cont. Max.*, 2, c.14, n. I.
[366] Concilio I de Toledo. Denzinger, 19.

Estas consideraciones nos permiten entender la función de la esencia divina en referencia a las procesiones y las relaciones. De manera que de las relaciones de origen se pasa a las cuatro relaciones de personificación: paternidad, filiación, espiración activa del Padre y del Hijo, y espiración pasiva del Espíritu Santo. Así que la procesión de origen hace que el Padre se dé eternamente en relación con el Hijo engendrado; que la procesión de origen hace que el Hijo sea el recepto del darse eternamente del Padre; que la procesión de origen hace que el Padre y el Hijo al comunicarse se expresen en relación de amor que les une eterna e íntimamente; la posesión de origen hace que el Espíritu Santo exista eternamente como don y como amor, expresado al respecto del Padre y del Hijo que le espiran y a los que está unido en la más infinita y eterna unidad.

### Distinción entre personas divinas

La distinción existente entre ser y persona, que incluye las infinitas relaciones entre las tres, se pone de manifiesto en el ser divino. La Biblia enseña las deidad de cada una de las tres personas divinas, como se ha considerado en capítulos anteriores. Por tanto, las tres están a la par en igualdad por comunión en la esencia divina. Tanto la segunda como la tercera persona están en igualdad esencial con la primera.

En los párrafos anteriores se consideró que, aunque las personas divinas son distintas e individuales en el ser divino, se establecen en un determinado orden a causa de las propiedades personales, que son paternidad, naturaleza no engendrada[367]; filiación[368], que reviste la condición de Hijo, por tanto naturaleza engendrada; procedencia[369], que reviste la condición de procedencia.

La diferenciación entre las personas divinas es que una es Padre; la otra, Hijo; y la tercera, Espíritu. Siendo Dios único, cada una de estas características personales es eterna. La esencia divina es extensiva a cada persona, Padre, Hijo y Espíritu, poseyéndola plenamente. De tal manera que las tres propiedades personales —la paternidad, la filiación y la procedencia— son los modos de eterna existencia *ad intra* en el ser divino, que es Trinidad, y de relaciones que son, por tanto, eternas e inmanentes. Concluye esto en que las procesiones en Dios producen la condición trinitaria y las relaciones inmanentes.

---

[367] Griego: άγεννησια.
[368] Griego: γεννησις.
[369] Griego: εκπορευσις.

Trinidad y unicidad están plenamente ligadas en Dios, existentes en el ser divino, y la Trinidad se manifiesta en la unicidad, existiendo en ella. Pero no es posible entender la Trinidad sin aceptar que las personas que no difieren en esencia son distintas entre sí, siendo hipóstasis o subsistencias, vinculadas existencial y relacionalmente de un modo absoluto, de manera que su existencia individual concuerda absolutamente con sus relaciones interpersonales, que son inmanentes. El Padre es solo y eternamente Padre; el Hijo es solo y eternamente Hijo; el Espíritu es solo y eternamente Espíritu. Pero también el Padre es Dios como Padre; el Hijo es Dios como Hijo; el Espíritu Santo es Dios como Espíritu Santo. Puesto que Dios es uno, las tres personas divinas participan, sin división, en la única y sola naturaleza divina. Por esta causa, solo hay un Dios: Padre, Hijo y Espíritu Santo.

**La persona del Padre**

El título Padre en relación con Dios exige necesariamente, la existencia de un Hijo. Por consiguiente, el concepto Padre está ligado al de principio. Nuestro concepto de esa palabra denota primer instante de algo, también causa, origen de algo; sin embargo, la acepción principio no puede aplicarse a las personas divinas que son eternas y no tienen principio. Hablar del Padre como principiador exige hablar del Hijo como principiado, lo que establecería el comienzo de alguien que no existía, o por lo menos, no existía como tal. Aún más, si el Padre es principio del Hijo, este se convierte necesariamente en criatura del Padre, derivando en, como mínimo, una deidad rebajada, no idéntica a la del que le es principio. Por otro lado, principio conlleva la idea de prioridad; es el primero entre otros, cosa imposible en el ser divino en el que no hay anterior ni posterior. En teología, el término principio ha de tomarse como aquello de lo que procede algo; así que, si el Hijo procede del Padre, aquel de que procede es principio.

    Se discutió en la teología griega y latina si era correcto decir que el Padre es principio y que el Hijo y el Espíritu son principiados. Los latinos usaron con cierta reserva esto porque conlleva determinar si con la palabra Padre puede definir a una persona; pero es necesario entender que este nombre es realmente una expresión metafórica, que da comprensión de una razón de ser, entendiendo que el nombre significa aquello por lo que la persona se distingue de todas las demás. Por tanto, lo que distingue al Padre de las otras dos personas es la paternidad.

    Escribía Tomás de Aquino:

> Ahora bien, conforme a lo que hemos dicho, no cabe duda que en Dios Padre y en Dios Hijo se realiza plenamente el concepto de paternidad y filiación, porque el Padre y el Hijo tienen una misma naturaleza y una misma gloria. En cambio, en las criaturas la filiación con respecto a Dios no se halla según toda su perfección ya que una es la naturaleza del Criador y otra la de la criatura; sino en virtud de alguna semejanza, que cuanto más perfecta sea, tanto más de cerca se aproxima al verdadero concepto de filiación...
>
> Así, pues, no cabe duda que la paternidad se dice de Dios antes y con más propiedad cuando significa relación de persona a persona que cuando incluye relación de Dios a las criaturas.[370]

A Dios se le puede llamar Padre en sentido de que origina algo, como Job dice sobre la lluvia, llamando Padre de ella a Dios (Job 38:28). En otros lugares se usa el título Padre para referirse a quien creó un pueblo y lo hizo suyo (Dt. 32:6). Incluso se habla de Dios como Padre en sentido de ser quien adopta al creyente en Cristo y lo hace su hijo (Jn. 1:12), y como tal, su heredero (Ro. 8:17), haciendo que nos gloriemos en la esperanza propia de los hijos de Dios (Ro. 8:16).

En efecto, la primera persona divina, Dios el Padre, se presenta como único progenitor tanto de los hijos adoptados en el Hijo como en relación con su Hijo Unigénito que, por la adopción de hijos en Él, viene a ser primogénito entre muchos hermanos (Ro. 8:29). En el seno de la Trinidad, el que engendra es solo el Padre, sin necesidad de otra persona progenitora, como ocurre en el orden humano. Esa es la razón por la que en la Biblia se presenta a Dios con referencias paternales y maternales (Sal. 27:10; Is. 49:15; 66:13). Con todo, el termino Padre, masculino, está presente continuamente y sin excepción para referirse a Dios, lo que en nuestra cultura poscristiana es cuestionado y vinculado a posiciones machistas. Sobre esto hay un interesante párrafo del Dr. Lacueva:

> Por otra parte, hay quienes se rebelan —especialmente entre jóvenes— contra lo que consideran un concepto machista de Dios y preguntan: ¿Acaso tiene Dios sexo? ¿Por qué se habla de Él en género masculino? Cierto es que Dios, siendo Espíritu, no tiene sexo; por eso, puede comportarse como Padre y Madre a la vez; pero hay razones muy poderosas para aplicarle el

---

[370] Tomás de Aquino, 1957, 1, q 33, a 3.

género masculino; 1) Porque la Biblia, antes que se formasen las mitologías, griega, romana, etc. (con sus dioses y diosas), aplican a Dios adjetivos masculinos; por ejemplo, le apellida *'ton'* = bueno, no *"tovah"* buena (Sal. 145:9, de David ¡1000 años a. C.! 2) En mi opinión, la razón más poderosa, aparte de haber sido el varón quien fue creado primero, es que la hembra (heb. *'neqebah*) tiene, ya en Gn. 1:27, un tinte etimológico de receptividad, por lo que Dios aparece como Marido (v. Is. 54:5) de Israel, así como Cristo lo es de la Iglesia (Ef. 5:23-32, comp. con 2 Co. 11:2), por lo que tanto Israel como la Iglesia aparecen en femenino a lo largo de toda la Biblia. Como matiz curioso, podemos añadir que el término hebreo para varón (lit. macho) en Gn. 1:27 es *zakhar*, del verbo *zahâr* = acordarse, lo cual adquiere una profunda resonancia en los numerosos pasajes en que tal verbo se predica de Dios (en forma de realidad —¡qué consuelo!) y de los varones humanos (en forma de precepto —¡qué responsabilidad!)[371].

Ya que las tres personas divinas son el único Dios verdadero es necesario determinar las características causales por las que la primera persona se personaliza como Padre, que describe su personalización en el seno de la Trinidad. Sin embargo, aunque la paternidad está vinculada con el engendrar un hijo, imprescindible en el mundo de los hombres, no lo es en el plano de la deidad, de manera que la personificación de la primera persona es por paternidad.

El Padre, como lo especifica la Biblia, y corroboró la creencia de la Iglesia desde el principio, es principio sin principio. El concepto *principio* no tiene que ver con origen de algo que por alguna acción tiene un comienzo de existencia, ya que la acepción principio no puede aplicarse a las personas divinas que son eternas y no tienen inicio de vida ni de personalidad. El Padre, en la relación *ad intra*, da origen en el sentido de procedencia a dos personas divinas, mientras que él no es originado, es decir, no procede de ninguna otra persona ni ha sido engendrado[372]. Esto no es para para producir un contraste con otros seres, sino que se trata de una relación *ad intra*. Por esa razón, para afirmarnos en la verdadera razón teológica para definir la personificación de la primera persona, es necesario atender a dos palabras del texto griego; la primera tiene que ver con *engendrar*[373], o *producir*,

---

[371] Lacueva, 1983, p. 78.
[372] Griego: ἀγγεννησια.
[373] Griego: γεννητό (en sentido de engendrar, producir).

vinculada con la raíz de *nacer*[374], *originar, iniciar descendencia*. La otra palabra denota *engendrar, crear*[375], derivada del verbo *llegar a ser*[376], *comenzar a existir*.

En contraste con los seres creados, Dios es no engendrado, no creado[377], porque ninguna de ellas es temporal; por tanto, no tuvieron un principio en el tiempo, en sentido de engendrar o producir[378], pero solo al Padre se le puede aplicar el término sin engendrar[379]. Para el Hijo se debe usar el término engendrado[380], entendiendo siempre que no fue creado en el tiempo, sino que se genera desde el ser del Padre eternamente. La Patrística hace notar que el no engendrar o no engendrado tiene que ver con la persona y no con el ser divino. El ser divino es el mismo para cada una de las tres personas; el engendrar, proceder, indica una relación dentro del ser divino, como ya se ha considerado.

Por esta causa, el término Padre es más conveniente a la primera persona que el de no engendrado; los dos términos no son idénticos. El Padre es eternamente Padre, el Hijo es generado desde el Padre eternamente. El título Padre es el calificativo de relación *ad intra*, que precisa con mayor propiedad la primera persona divina, incluso con más precisión que el término Dios, que es común y propio de las tres.

El título o nombre Padre describe una propiedad personal de la primera persona divina, en el sentido pleno del título. La paternidad general de Dios, en relación con los creyentes, es la consecuencia de su misma paternidad aplicada (Ef. 3:14-15).

Es necesario entender que la eternidad del Padre lleva aparejada la eternidad del Hijo, ya que no puede haber padre sin que haya hijo. Siendo el Hijo también Dios, necesariamente tiene que ser eterno, puesto que, si no lo fuera, tampoco lo sería el Padre. La generación eterna del Hijo denota la relación existente entre la primera y la segunda persona divina.

El Padre lo es en toda la dimensión, extensión y plenitud de su ser personal, porque la base personalizadora que lo determina constitutivamente como Padre, esto es, como persona distinta, es que en el eterno presente de la deidad, sin cambio, ni sucesión, ni principio ni fin de la eternidad divina, engendra un Hijo, la segunda persona de la

---

[374] Griego: γέννα.
[375] Griego: γενετός.
[376] Griego: γίγνομαι.
[377] Griego: αγενετός.
[378] Griego: αγεννητός.
[379] Griego: ἀγγεννησια.
[380] Griego: γεννητός.

deidad, al que comunica todo lo que el Padre es y tiene. De ahí que el Hijo diga: "Todo lo que tiene el Padre es mío[381]" (Jn. 16:15). Al ser eternamente engendrado, la vida del Padre está en el Hijo, y la del Hijo en el Padre, por lo que cuanto tiene el Padre lo tiene el Hijo. De ahí que el Hijo no puede hacer sino lo que ve al Padre (Jn. 5:19), y el Espíritu solo dice lo que oye al Padre y al Hijo (Jn. 14:13). La mutua inmanencia y la comunión de vida en el ser divino hacen que esta sea necesariamente la relación entre las personas divinas. Ahora bien, si lo que el Espíritu toma del Hijo para comunicarlo es también del Padre, por cuanto todas las cosas del Padre son del Hijo, luego el Espíritu al tomar del Hijo, toma necesariamente del Padre, porque ambos son uno (Jn. 10:30). Por esa razón, Jesús puede decir lo que dice por la unión vital con el Padre. Es imposible separar lo que el Espíritu va a decir de Cristo de lo que dice del Padre, porque es imposible hacer una distinción a este nivel. Sin duda, el manantial de la verdad y de la sabiduría proceden del Padre, que es fuente del Espíritu, pero al mismo tiempo también del Hijo, porque tiene todo lo del Padre, como dice Jesús: "Todo lo del Padre es mío". De manera que, si el Espíritu va a instruir a los cristianos en la verdad que es Cristo, no cabe duda de que es también la verdad del Padre, puesto que todo lo que el Padre es, hace y tiene es revelado por el Hijo que lo revela a Él mismo (Jn. 1:18). Se entiende que todo cuanto el Padre es y tiene lo comunica al Hijo, salvo el ser Padre, que es aquello que lo distingue como persona divina. De este modo, el Hijo, en cuanto persona, es total y perfectamente Hijo, como es también total y perfectamente Dios; de igual manera, el Padre como persona es total y perfectamente Padre, como es también total y perfectamente Dios. Lo contrario haría imposible que el Padre fuese una persona infinita porque no todo estaría incluido en la paternidad y, del mismo modo, en la deidad, así tampoco el Hijo sería persona infinita porque en alguna dimensión no sería Hijo, con lo que quedaría imperfecto como Dios el Hijo.

Además, la procedencia es importante en esto, ya que el Padre envía al Hijo (Jn. 3:16) y también al Espíritu (Jn. 14:26; Hch. 2:33); sin embargo, no se dice en ningún lugar que el Padre sea enviado. Si la relación interpersonal *ad intra* es esta, la misma relación se produce *ad extra*, por lo que se pone de manifiesto que el Padre no procede de otra persona.

El Padre, como progenitor único, agota su función engendradora en el hecho de engendrar al Hijo. La consecuencia es definitiva,

---

[381] Texto griego: πάντα ὅσα ἔχει ὁ Πατήρ ἐμά ἐστιν.

por lo que el Hijo es el resultado exhaustivo de la eterna generación del Padre. Si no fuese absoluto y definitivo el engendrar del Padre y el ser engendrado del Hijo, ni el Padre, ni el Hijo serían Dios por cuanto no serían perfectos, sino incompletos en su ser personal. Siendo Padre que engendra y solo puede engendrar al Hijo, necesariamente este solo puede ser Unigénito (Jn. 1:14, 18; 3:16, 18; 1 Jn. 4:9). Si pudiese haber más de un Hijo en la Trinidad, ninguno de ellos sería el resultado exhaustivo de la generación del Padre, de modo que ninguno sería infinito y, por tanto, ninguno sería Dios.

El sentido del término[382] traducido como Unigénito (cf. Jn. 1:14, 18; 3:16, 18; 1 Jn. 4:9) es literalmente el único de esta clase; al emplearla en relación con el Padre y el Hijo indica algo definitivo en la relación paterno-filial, en la que solo existe un Hijo, que es único también por su propia condición, manifestando que no solo era Hijo del Padre, sino que procede de Él en su existencia personal, pero nunca independiente, puesto que la generación del Hijo no es transeúnte, sino inmanente[383].

El apóstol Juan enseña que la gloria que se descubre en Jesús, como Verbo encarnado, es la que corresponde a quien es Unigénito del Padre; de otro modo, es la que corresponde a quien viene del Padre (Jn. 1:14). La idea es que la gloria procede del Padre, como enseña Juan, que así lo hace notar (Jn. 5:44; 17:22, 24). Sin embargo, del Unigénito se dice que ha salido del Padre (Jn. 3:15-17; 1 Jn. 4:9), y que también está en el Padre (Jn. 1:18). La condición de Unigénito como Hijo de Dios es absolutamente distinta de la condición de hijos por adopción en el Hijo, cuya relación paterno-filial va ligada a la preposición *de*[384] (cf. 1 Jn. 2:29; 3:9; 4:7; 5:1, 4, 18), que distingue la relación del Padre con el Unigénito Hijo, procedente y salido del Padre. La filiación del enviado del Padre, como Hijo de Dios, es radicalmente distinta de la nuestra; de ahí que Jesús nunca se coloca en el mismo plano de los demás en esta relación (Jn. 20:17). El Verbo Unigénito lo es por filiación eterna. A Jesús, como hombre, le corresponde el título de Hijo de Dios en sentido propio por dicha filiación. Además, si el Unigénito manifiesta la gloria de Dios en Él, quiere decir que da la medida exhaustiva de esa gloria, que al ser manifestada por el Unigénito, es independiente de la encarnación. Como Unigénito, viene al mundo de los hombres para, por su obra, hacerlos

---

[382] Griego: μονογενής.
[383] Véase mi libro *Cristología*.
[384] Griego: εκ.

hijos de Dios a quienes creen y constituirse para ellos en esa nueva relación como primogénito entre muchos hermanos (Ro. 8:29). Es de este modo que se entiende el envío, ya que como Unigénito viene del Padre al mundo porque es Unigénito en el seno del Padre (Jn. 1:18); de manera que Dios entrega a quien es el único de esa condición con Él (Jn. 3:16); lo envía al mundo (1 Jn. 4:9); a la gloria suya, que no es temporal, sino eterna, la tiene desde antes de la creación (Jn. 17:5). Al Dios que envía se le llama Padre (Jn. 5:36-37; 6:44), y al que es enviado, Hijo (Jn. 3:16 ss.; 5:23; 1 Jn. 4:9 ss., 14), así que, como Verbo y vida que estaban en el Padre (Jn. 1:1; 1 Jn. 1:2), se han dejado ver en el Hijo.

Es también necesario reiterar que el concepto Padre-Hijo no es comparable con la relación paterno-filial humana, ya que el hijo humano es efecto de la procreación, es decir, el resultado del proceso causa-efecto, pero en Dios es diferente porque no existe este proceso, sino el de principio-fin. En la relación de procreación humana ni el padre ni el hijo se constituyen personas por esa relación. Sin embargo, sí ocurre de este modo en el ser divino. En la generación humana, el hijo sale de sus progenitores y comienza una existencia individual distinta de la de sus padres, que se mantiene y persiste independientemente de que ellos vivan o no; a esto se llama generación transeúnte. Pero la generación divina es inmanente, por cuanto el Padre está enteramente en el Hijo y el Hijo en el Padre, es decir, en el seno del Padre (Jn. 1:18; 14:10). Esa es la causa por la que ambos, Padre e Hijo, son eternos, y el hecho de que este sea engendrado no supone principio de existencia, sino vinculación personal en el acto eterno de la generación del Padre. Juan llama aquí a Jesús *el Unigénito del Padre*. Como Logos hace visible en su humanidad la admirable gloria de la deidad.

A causa de ser el acto generativo del Padre una comunicación total, una entrega absoluta y perfecta al Hijo, la primera persona divina se constituye por esa relación subsistente hacia otro como Padre; esto es, es una persona divina por su relación con el Hijo. Por esa causa se lee: "Mi Hijo eres tú, yo te he engendrado hoy" (Sal. 2:7). Esta relación de Padre a Hijo no da a la primera persona superioridad alguna sobre la segunda. La enseñanza es que el Padre es, en esa condición, personal al hecho de engendrar al Hijo, y la personificación del Hijo al hecho de haber sido engendrado del Padre. No hay, pues, ninguna inferioridad ni subordinación —ni *ad intra* ni *ad extra*— en la Trinidad, sino relación e interdependencia entre las personas divinas, ya que el Padre no puede existir como Padre sin el Hijo, y este tampoco sin el Padre.

El eterno engendrar del Padre no tiene analogía humana que lo haga comprensible por elevación de la comparación. El engendrar del hombre es la causa que engendra, y el efecto, el ser engendrado. En Dios no hay esta relación, sino la de principio a término. El principio es el hecho de engendrar; el término es el engendrado; tanto el primero como el segundo agotan la acción definitivamente.

Una segunda dificultad consiste en el modo de engendrar. En el hombre es una acción corporal, esto es, se engendra por medio del cuerpo, lo que podría llamarse procreación orgánica, a través de la cual se origina un nuevo ser que antes no existía; por esa razón se establece entre el que engendra y el engendrado una relación paterno-filial que nace y se extingue en el tiempo. El principio que es la causa ocurre y se extingue en el momento de engendrar; el término, que es el efecto, se produce en el momento de ser engendrado, extinguiéndose toda relación en ese sentido para mantener la paterno-filial, en la que el engendrado vive independientemente de quien lo engendró. Pero en este acontecer en la deidad, la generación tiene una vía distinta, ya que, a diferencia de los humanos, el Padre que engendra y el Hijo engendrado se constituyen en personas como resultado de dicha relación.

¿Qué analogía puede encontrarse que permita una comprensión de este misterio? En relación con esta analogía, se trasladan dos párrafos del Dr. Lacueva:

> Sin embargo, existe en la parte espiritual del ser humano un cierto tipo de generación, por el que podemos aproximarnos —por analogía— al concepto de lo que es la generación espiritual en el seno de la deidad. Esta generación espiritual nuestra se produce en la mente cuando formamos un "concepto" (=concebido) de algo. Cada concepto nuestro es como un "feto" mental que espera al momento de ser "expresado" para "ser dado a luz". En este proceso, el padre viene a ser el "objeto" (de latín *obiectum* = *lo que está ahí, frente a mí*); la madre es nuestra mente que lo percibe y se apercibe de él; y de ese encuentro entre representación mental del objeto y de la mente que lo acoge, resulta nuestro concepto, semejante al padre en su contenido seminal, y semejante a la madre —la mente— en su forma.
>
> Pero —y aquí se muestra la indigencia propia de la analogía— nuestro concepto, para ser enteramente hijo nuestro, habría menester de ser un concepto puro de nosotros mismos, sin la intrusión de ningún objeto exterior, pero un concepto tal

estaría vacío de contenido, como una pantalla sin filme. Por eso, el "pienso, luego existo" de Descartes, que dio origen al idealismo filosófico, es un principio falto de verdadero contenido práctico, pues únicamente nos ofrece el fenómeno puro de nuestra conciencia psíquica, en la que solo aparece el hecho ineludible de nuestra existencia como sujeto pensante, pero ese pensar también se da en la región irreal de nuestros sueños. Hegel sacó las últimas consecuencias del famoso "método cartesiano" al convertir en idea absoluta todo cuanto existe, incluyendo a Dios.[385]

La analogía permite una comprensión de lo que puede ser una generación espiritual, pero no satisface las demandas para comprender la generación divina. Nuestros hijos mentales (las ideas, los pensamientos, las reflexiones, las conclusiones, etc.) son solamente actos vitales, carecen de vida propia, mientras que la generación del Hijo, por la que la primera persona de la deidad se personifica como Padre, es una realidad hipostática *ad intra*; siendo Dios se convierte en infinita y, de ella, las dos hipóstasis participantes se constituyen en personas divinas: la primera recibe el título de Padre y la segunda, de Hijo.

Se ha dicho antes que la doctrina de la Trinidad toma cuerpo en la cristología al enfrentarse a la afirmación de Jesucristo: "Yo y el Padre somos uno" (Jn. 10:30). Esto trajo controversias radicales promovidas por quienes, como los arrianos, negaban la igualdad entre las personas divinas y, especialmente, entre el Padre y el Hijo. Una de ellas se substancia en responder a la pregunta: ¿Terminó la función generadora de la primera persona al engendrar al Hijo? ¿En caso contrario, acabó de engendrarlo? Una respuesta positiva termina con la condición de Padre para la primera persona y la de Hijo para la segunda, porque no sería un acto completo; por tanto, el Hijo no podría ser consustancial con el Padre, por lo que la realidad del Hijo sería necesariamente la de un dios menor que, como siguen afirmando los arrianos modernos, sería la primera criatura del Padre, instrumento en su mano para crear todas las cosas.

La generación eterna del Hijo tiene que ser entendida desde la inmanencia. Este tema se trata más extensamente en cristología[386], a la que remitimos al lector. La generación divina —entre el Padre y el Hijo— tiene que distinguirse radicalmente de la generación humana, que es transeúnte. En esta, el engendrar un hijo es una acción que

---

[385] Lacueva, 1983, p. 81.
[386] Ver *Cristología*, de esta misma *Teología sistemática*.

concluye en el instante de efectuarla; en tal sentido, un padre humano puede engendrar cuantos hijos pudiera concebir, ya que cada uno de ellos inicia su condición de engendrado en el momento justo en que se produce, extinguiéndose toda relación con el padre en este sentido, ya que la acción de engendrar se agota en el engendrado. Pero puesto que el hecho de engendrar al Hijo constituye en persona al Padre, tal acción ha de permanecer eternamente, puesto que no se trata de una relación de paternidad, sino la constitución de una persona. Por esa razón, es inmanente y no transeúnte, ya que el Hijo permanece en el seno del Padre (Jn. 1:18), y Él mismo como hombre dice a los hombres: "¿No crees que yo soy en el Padre, y el Padre en mí?"[387] (Jn. 14:10). La relación paterno-filial de Cristo con el Padre está presente a lo largo de todo el evangelio. En el inicio del texto (Jn. 1:1) se dice que el Verbo estaba en relación viva y continua con el Padre. Dirigido hacia Él, en plena e infinita comunión, en un fluir infinito de corriente continua de vida divina con el Padre. En el progreso de la verdad, Juan presenta a Jesús como "el Unigénito Hijo, que está en el seno del Padre" (Jn. 1:18), donde se aprecia el estado eterno de quien eternamente es engendrado del Padre. Ahora Juan, trasladando las palabras de Jesús, hace mención a la inmanencia mutua del Padre y del Hijo. La entrega total y mutua del Padre al Hijo y del Hijo al Padre, sin dejar esa misma relación con la tercera persona divina, establece la constitución personal de las dos, la del Padre y la del Hijo, mediante una relación subsistente, que no es otra cosa que una relación sustantiva, del uno hacia el otro. Esta relación *ad intra*, en la unidad del seno trinitario, se manifiesta también en las obras que Jesús realizó en unidad indisoluble con el Padre, no solo en su ministerio terrenal, sino en la misma creación (Jn. 1:3), manifestando la inmanencia en la expresión *ad extra*, en la proyección de Dios al exterior. Siendo que el Padre, en esta relación con el Hijo, busca glorificarlo (Jn. 12:28-29), conduce a Él los pecadores para salvación (Jn. 6:44). La mutua relación lleva a que el Hijo glorifique al Padre (Jn. 17:4), haciendo siempre lo que le agrada (Jn. 8:29), por lo que el ejercicio de acatamiento a esa voluntad es la razón de su vida (Jn. 4:34). En tal sentido, Jesús manifiesta en el plano de su humanidad lo que es propio en el seno de la deidad, vivir del Padre, como Palabra personal que el Padre expresa. La inmanencia del Padre y del Hijo lo es por necesidad generativa, ya que la generación del Hijo es —como se ha dicho— un acto

---

[387] Texto griego: οὐ πιστευεις ὅτι ἐγὼ ἐν τῷ Πατρὶ καὶ ὁ Πατὴρ ἐν ἐμοι ἐστιν.

inmanente porque permanece en el seno del Padre que lo engendra (Jn. 1:18); y por razón de participación en la vida divina, el Hijo es tan eterno como el Padre. Siendo el Padre principio sin principio, inicia la procesión de la persona del Hijo, engendrándole y, con Él, espira el Espíritu Santo. Así todo cuanto tiene el Padre lo tiene también el Hijo porque, al engendrarlo, el Padre le comunica todo lo que se encierra en la deidad. De ahí que la distinción entre la generación transeúnte, propia del ser humano, y la inmanente, únicamente posible en Dios, tiene que ser bien entendida. Que el Verbo sea engendrado del Padre no supone que sea creado por Él. Pero el Padre no dice que engendró al Hijo y acabó ese proceso, sino que lo engendra, en sentido continuado, porque el engendrar del Padre es eterno, que no es una sucesión de tiempo, sino un infinito ahora que dura siempre. Cuando el escritor a los Hebreos dice, usando las palabras del Salmo: "Mi Hijo eres tú, yo te he engendrado hoy" (He. 1:5), está señalando una relación inmanente de entrega total del Padre al Hijo, como se aprecia en la prioridad del Tú delante del Yo. La primera persona se personifica como Padre al entregarse al Hijo para engendrarlo. Del hecho eterno dice: "Te he engendrado", que expresa una acción completa; el Hijo es engendrado desde la eternidad. Además, el presente temporal *hoy* expresa la continuidad eterna del acto generativo. Es el eterno presente exclusivo y excluyente de Dios; como Jesús que, refiriéndose a Abraham, dice "antes que Abraham fuese, yo soy" (Jn. 8:58). Solo Dios puede estar en el eterno e inconmovible yo soy.

    Una dificultad añadida en lo referente al concepto persona, en relación con el Padre, está en el hecho de que lo absoluto y lo relativo subsisten igualmente en Dios. El ser Padre y el ser Hijo son posiciones radicalmente distintas, sobre todo cuando —como se ha dicho antes— no constituyen un estado, sino que ambos, por la razón de paternidad y filiación, se constituyen como personas. En la relación inmanente de las personas en el ser divino, la primera y la segunda se distinguen por ser principio y término de una relación personal subsistente, ya que no es la naturaleza divina la que engendra, sino que solo el Padre lo hace y solo el Hijo es engendrado, por cuya operación el que como Padre tiene vida en sí mismo, así también ha dado al Hijo tener vida en sí mismo (Jn. 5:26). No dice el texto del evangelio que el Padre da vida al Hijo, sino que le da "tener vida en sí mismo", como fuente misma de vida (Jn. 1:4), porque es Dios en igualdad consustancial con el Padre. Por todo esto, el nombre Padre es totalmente relacional, porque lo es en relación con el Hijo. La paternidad no es algo que llega o sobreviene al Padre, sino que lo constituye en persona del Padre.

Un aspecto que conviene mencionar es la condición de ingénito[388] no engendrado, que corresponde solo al Padre. Igualmente ocurre con el Espíritu Santo, no engendrado, procedente del Padre. En teología propia y Trinidad, el lenguaje aplica ingénito al Padre, significado que además de ser solo Él no engendrado, tampoco procede de ninguna otra persona; en base a esto, solo el Padre es ingénito. Los nombres divinos relativos a las personas son de dos tipos: absolutos, que designan la esencia divina, y relativos, que distinguen a cada persona. Por consiguiente, cuando se llama ingénita a la primera persona, se hace referencia a la persona y no a la esencia. Por esa razón, el Padre no entrega al hijo su condición de ingénito, pero le entrega su aseidad.

Darse al Hijo y darle tener vida en sí mismo enseña que la relación interpersonal en Dios hace que cada persona divina sea absolutamente para otro —*ad alium*—; por consiguiente, la subsistencia personal es darse al otro, lo que produce en la relación *ad extra* la donación máxima que Dios pudo hacer al dar a su Hijo, y este, al darse a sí mismo, para la redención del pecador perdido.

Resumiendo lo dicho en relación con la persona del Padre, Él es principio sin principio, la vida que Dios tiene en sí mismo. Esta vida está en las tres personas. La misma vida del Padre está presente en cada una de las otras dos, que son también el único Dios verdadero y, por consiguiente, consustanciales con Él.

## La persona del Hijo

La constitución del Hijo como persona procede de la eterna generación del Padre, que le comunica su misma vida y todo cuanto es y tiene, salvo el hecho de ser Padre. El estudio del Hijo como persona divina se hace en extensión en el apartado de la teología sistemática dedicado a la cristología, adonde remitimos al lector[389], ocupando aquí un breve espacio para una sucinta referencia al modo en que la segunda persona se constituye como Hijo.

La generación del Hijo, como se ha considerado antes, es espiritual; de ahí que se trató como la mejor analogía comprensiva, lo que es pensamiento y expresión. Por esa razón, uno de los epítetos que se asignan a la segunda persona es el de Verbo[390], ya que del mismo

---

[388] Griego: ἀγέννητος.
[389] Ver *Cristología*, de esta misma *Teología sistemática*.
[390] Griego: Λόγος.

modo en que el pensamiento se objetiva en palabras, Dios expresa todo su ser en el Verbo. La generación es consustancial con el expresarse de la mente eterna del Padre, que siendo eterna tiene necesariamente que manifestarse en una palabra eterna, y por ser infinito, ha de ser también infinita. Lo que es eterno e infinito no puede sino ser Dios. Este decir de la mente divina, que engendra al Verbo, también le concedió "el tener vida en sí mismo" (Jn. 5:26).

Siendo Verbo, es también Hijo, engendrado eternamente por el Padre, increado, de la misma substancia del Padre, como lo expresa el Símbolo de Nicea. Es, pues, generado del ser del Padre eternamente, en su naturaleza generativa. Por esa razón, contrariamente a la enseñanza arriana, el Hijo no surgió en algún momento de la creación, aunque antecediera a todo cuando vino a la existencia. Si así fuera, se privaría de paternidad al Padre y no sería persona divina, privándole de la eternidad de su condición de Padre.

Es necesario entender la personalización como Hijo de la segunda persona, haciendo una aproximación a sus dos títulos que lo exigen y que se consideran seguidamente.

## *El Verbo*

El término *Verbo, Palabra*, está siempre en los escritos del apóstol Juan (cf. Jn. 1:1, 14; 1 Jn. 1:1; Ap. 19:13). Expresa siempre un sentido personal. ¿Es un título netamente cristiano? La evidencia es otra, ya que los antecedentes se encuentran en el Antiguo Testamento. Así lo señala el salmista: "Por la palabra de Jehová fueron hechos los cielos, y todo el ejército de ellos por el aliento de su boca" (Sal. 33:6). Como el Verbo encarnado, la Palabra fue enviada por Dios para socorrer a su pueblo (Sal. 107:20; 147:15). La palabra del Padre permanece eternamente en los cielos y necesariamente tiene que ser personalizada (Sal. 119:89). En una lectura desprejuiciada de Proverbios, se aprecia la Palabra preexistente, y también como persona, puesto que acompaña a Dios (Pr. 8:22-31). Todos los textos trinitarios del Antiguo Testamento se comprenden a la luz de la doctrina del Nuevo Testamento.

En griego, el término traducido por *Verbo* es de la raíz de *hablar, decir, pronunciar una palabra*[391]. En el griego antiguo, el nombre se usaba para referirse a explicar, contar, razonar; de ella derivan otras como epílogo, literalmente después de lo escrito. Se usó también para definir la razón inmanente.

---

[391] Griego: Λέγω.

En el sentido bíblico-teológico, Verbo no es una mera expresión, sino la realidad expresada. Por consiguiente, connota un mensaje, que en el Hijo es un mensaje de vida, y siempre de realidades vivas; por esa razón, la Palabra de Dios, el Verbo escrito, es viva y eficaz (He. 4:12). Este aspecto está plenamente desarrollado en el Salmo 119, donde el Verbo escrito es elemento de limpieza (v. 9); de vida (v. 25); de sustento (v. 28); fidedigna porque es Palabra de verdad (vv. 42-43); de consuelo (v. 50); de luz para iluminar el camino (v. 105); digna de esperanza (v. 114); etc. En este Verbo, el Padre expresa, pronuncia, dice, todo cuanto es, tiene y hace, siendo por ello la expresión exhaustiva del Padre.

Desarrollado este aspecto, escribe el Dr. Lacueva:

> Para mejor entender esto, bueno será hacer notar que el verbo "expresar" es el frecuentativo de "exprimir". Al expresarnos, exprimimos nuestra mente a fin de formar un "logos" que defina nuestro concepto. Las expresiones siguen así el nivel y la medida de los conceptos; por ejemplo, para expresarse con claridad, hay que pensar con claridad. Donde no hay "jugo" no se puede exprimir. Así que una mente seca tendrá poco que expresar, pero una mente "jugosa" tendrá una expresión rica en contenido conceptual. Ahora bien, el "Logos" personal del Padre es divino, infinito, exhaustivo. Siguiendo el símil del jugo, podemos decir que, al exprimir el Padre su divina inteligencia para expresar en su Verbo su propio ser, la Palabra expresada corresponde totalmente a la mente del Padre que la expresó; y una persona infinita, con una mente infinita y siempre en acto, concibe y expresa un Verbo tan infinito y eterno como la persona que lo pronuncia.[392]

Este Verbo, literalmente *el Verbo*, con artículo determinado (Jn. 1:1), expresa la condición única de aquel a quién se llama de ese modo. Este nombre le pertenece eternamente. Es el título que corresponde al mediador único y divino en el proceso de la acción de la deidad, tanto en la creación como en la revelación y la comunicación de la vida divina. El Verbo trascendente se hace visible en Jesucristo. La condición de Verbo, como proyección hacia fuera de la expresión divina establece la conexión entre la deidad inaccesible y el mundo de los hombres. El Verbo manifestado y encarnado en Cristo se convierte en principio de intelección de toda la realidad y de toda la historia

---

[392] Lacueva, 1983, p. 85.

anterior, a la vez que es elemento integrante de todas las verdades limitadas, ya que Él es la única verdad absoluta. Por eso, como Verbo, es el principio de toda inteligibilidad, el motor de toda búsqueda de verdad y de justicia, y el recapitulador de todo. Todas las porciones fragmentarias de la verdad encuentran su plenitud en el Verbo. Esa generación del Verbo eterno en el seno trinitario obedece a una procesión de amor en el interior de Dios. Es necesario entender que Él expresa, no solo lo que es la persona en sí, sino la mente suprema del ser divino, en todas sus facetas y dimensiones. El Verbo es la palabra absoluta con la que Dios habla (He. 1:1-3). Pero, es también la revelación de Dios hecho carne (Jn. 1:14). En esta forma se expresa la absoluta palabra por la que Dios actúa, se revela, comunica, relaciona y salva. Es el discurso absoluto, pleno y definitivo que se da a los hombres por medio del Hijo (He. 1:2).

El apóstol Juan afirma en la introducción al evangelio: "En el principio era el Verbo"[393]. Todo esto en la completa totalidad de la Palabra de Dios está comprendido, pero en forma absoluta en el Logos al que Juan se refiere en este primer versículo. Jesús es el Verbo personal del Padre. En la Palabra viva y activa, el Padre expresa su interior, es decir, todo cuanto es, tiene y hace; por tanto, el Verbo es la expresión exhaustiva del Padre. Esto tiene una consecuencia conclusiva: para expresar algo hay que tener una mente rica en contenido conceptual. De modo que, si el Verbo personal del Padre es divino, como el Padre, según enseña Juan en el texto, es, por tanto, infinito y exhaustivo, capaz de expresar en la dimensión plena y absoluta el pensamiento, la posesión y la acción del Padre, siendo la Palabra que expresa todo lo que corresponde a la mente del Padre que la expresó. Esto tiene una gran importancia teológica porque una persona infinita como el Padre, con una mente infinita en acción continua, concibe y expresa un Verbo tan infinito y eterno como Él mismo que lo pronuncia. Esto demanda la existencia única de un solo Verbo, puesto que, si pudiese haber más, o el Padre tuviese más de uno, ninguno de ellos expresaría con perfección la esencia, mente y propósitos del Padre. Por esa causa, es el único revelador adecuado para Él. Este Verbo es el que, al hacerse hombre (Jn. 1:14), traduce al Padre al lenguaje humano, expresándolo en plenitud y haciendo la correcta exégesis de Él (Jn. 1:18); por tanto, es la única verdad personal del Padre (Jn. 14:6). A causa de esto, solo Jesús, el Verbo encarnado, tiene "las palabras de Dios" (Jn. 3:34), que son "palabras de vida eterna" (Jn. 6:68).

---

[393] Texto griego:'Εν ἀρχῇ ἦν ὁ Λόγος.

Jesús, como Verbo eterno, nos da la revelación definitiva y final del Padre. Esa es también la causa por la que todas las promesas de Dios son en Jesús, sí y amén (2 Co. 1:19-20). Por ser el único Verbo en revelación de Dios, no solo es sí y amén, como garante de las promesas de Dios, sino todavía más: Jesús es Dios en estado de amén, puesto que tiene una sola palabra, y "Él permanece fiel; Él no puede negarse a sí mismo" (2 Ti. 2:13). El Logos divino como única y definitiva Palabra de Dios "permanece para siempre" (cf. Is. 40:6-8; Dn. 6:26; He. 4:12; 1 P. 1:23-25). La mente del Padre está siempre activa; por tanto, eternamente está expresando el Logos revelador de su pensamiento, todo lo existente, pasado, presente y futuro.

Genera esto una dificultad teológica: si solo la primera persona divina es la que expresa el Logos, las otras dos están en silencio. En ningún modo, puesto que muy al principio la Biblia presenta una deliberación *ad intra*, esto es, en la intimidad de la trina deidad (Gn. 1:26). Pero solo el Padre al pronunciar su Logos genera, sin principio de vida, por vía de generación mental, a la segunda persona divina, en la que se personifica la mente del Padre. Ahora bien, la expresión de la mente del Padre es exhaustiva, es decir, agota en Él su plenitud mental y da procedencia al Verbo, que es consustancial con Él mismo. Por eso el Verbo no puede engendrar otro Verbo, porque recibe una mente que ya agotó su expresión personal.

Otro aspecto al que debe prestársele atención al entrar en esta verdad que Juan expresa es que podría pensarse que, si el Logos es expresado por el Padre, depende de Él en su existencia propia, puesto que solo hay Verbo cuando alguien lo pronuncia. Esto conduciría a una dependencia y subordinación de la segunda al respecto de la primera persona. Debe afirmarse que no hay dependencia alguna o subordinación del Verbo al respecto del Padre que lo pronuncia, porque si la Palabra subsiste del Padre que la pronuncia, el Padre, aunque no vive de la Palabra, sí vive de pronunciarla. De otro modo, lo que constituye al Padre como persona divina, esto es, como Dios Padre, es el acto vital y eterno de expresar su Verbo, pero ni el Verbo puede vivir sin el Padre que lo engendra, ni el Padre puede vivir sin pronunciar el Logos que lo manifiesta. La subordinación en cuanto a deidad no existe, puesto que las personas divinas son inmanentes.

El apóstol Juan dice: "El Verbo era con Dios"[394]. Esta cláusula es posicional, expresando la situación del Verbo en relación con el

---

[394] Texto griego: καὶ ὁ Λόγος ἦν πρὸς τὸν Θεόν.

Padre. Debe notarse el uso del artículo determinado *el*[395], que precede al sustantivo Verbo. Se trata del único Verbo divino. En este hemistiquio, Juan pretende hacer notar una distinción entre el Verbo y el Padre. La traducción "el Verbo era con Dios" expresa muy limitadamente lo que el escritor pretende dar a entender. La preposición *con*[396] tiene aquí un sentido de orientación o dirección, cuyo significado adquiriría una mayor precisión si se utilizara la preposición *cabe*, que si bien está en desuso significa *cerca de, junto a*; por tanto, el sentido es que el Verbo estaba *frente a frente* con el Padre. Lo que Juan quiere dar a entender es que el Verbo estaba en una proximidad interna, íntima de persona a persona, en su vida *ad intra*. Generalmente en el griego clásico es difícil encontrar esta preposición con acusativo en sentido de *en presencia de*, pero en el griego helenístico y en la koiné es uno de los usos habituales. Más preciso es entender el sentido de la frase como que el Logos estaba en una determinada relación con Dios. La idea de compañía previa a la creación está contemplada en el evangelio cuando Jesús habla al Padre sobre la gloria que tuvo con Él antes de que el mundo existiese (Jn. 17:5). Pero también puede hablarse de relación. Un poco más adelante, Juan hará referencia a una determinada posición y orientación del Verbo, literalmente *hacia* el Padre (Jn. 1:18). La relación entre el Verbo y el Padre comprende todos estos aspectos y muchos otros, ya que debe considerarse que la relación entre las personas divinas descansa también en la comunión entre ellas.

El apóstol Juan está introduciendo aquí un concepto novedoso de la teología cristiana: la vida divina en el ser divino o, dicho de otro modo, en el seno trinitario, es común a las personas divinas. De ahí que el paso siguiente a la eterna existencia del Verbo sea la consideración de vinculación con el Padre, expresada en una forma sencilla: "El Verbo era con Dios". Es decir, el que eternamente existe como Verbo debe su personificación a la relación con el Padre. Dios no es una persona, sino un ser. Por tanto, las personas divinas no son individuos de la especie divina, ya que entonces serían dioses, por muy relacionados que estuviesen, pero la revelación bíblica da a entender que las personas divinas son un solo Dios. Esto implica que el Padre y el Verbo no se distinguen por al absoluto (*ad se*), como pudieran ser esencia, cualidades, actividades, etc., sino solo por la respectiva relación entre ellas que las constituye al oponerse (*ad alium*) respectivamente como principio

---

[395] Griego: ὁ.
[396] Griego: πρὸς.

y término de la procesión que las establece como personas. Por esta relación, el Padre se distingue realmente del Verbo, siendo este el término de la generación de la que es principio el Padre. De igual modo, el Hijo se distingue del Padre porque la filiación que lo constituye como persona lo pone junto con el Padre, o frente a Él, en una distinción personal. Quiere decir esto que ser principio o término de una procesión *ad intra* distingue a las personas divinas entre sí. Pero como el ser divino es infinito, así también la distinción personal lo es. El Padre se constituye como persona que se distingue de la del Hijo ya que, en Él, ser Padre se identifica también con ser Dios. Es Padre divino porque es Dios que engendra eternamente. A su vez, el Hijo es totalmente Hijo porque su existencia como persona divina está ligada al hecho de ser eternamente engendrado por el Padre, que es el término generativo.

El sentido teológico de la verdad expresada por Juan en esta frase es muy elevado. En la identificación de Dios como Padre y del Verbo como Hijo relaciona a las dos personas divinas con la esencia divina que les es común a ambas, por lo que el Padre no puede serlo sin ser Dios, y del mismo modo el Hijo. Por consiguiente, se aprecia un aspecto de totalidad integradora en cada persona divina, junto con el aspecto de distinción o identificación absoluta. El Padre y el Verbo no pueden ser comparables a la relación e identificación humana, puesto que en Dios no cabe composición, estando por encima de todos los géneros y especies que determinan la vida creada. Por esa razón, la suprema trascendencia es la trascendencia divina.

El apóstol Juan habla de la unidad vinculante en la Santísima Trinidad, a la vez que se mantiene la distinción personal de cada una de las personas divinas. Esta vinculación de vida aparece claramente en el versículo, en la afirmación que se considera: "El Verbo era con Dios". De otro modo, el Verbo no podría ser Dios si no estuviese en la intimidad participativa de la vida divina. Pero, tampoco podría ser persona sin la relación de procedencia del Padre, ya que el Padre vive como persona de decir la Palabra (el Verbo) y el Verbo vive del Padre que lo expresa y, expresándolo, lo engendra. Debe entenderse claramente que el verbo *engendrar* en este sentido no tiene que ver con origen, sino con procedencia y relación. Por todo esto, el apóstol podrá decir en otro de sus escritos: "Todo aquel que niega al Hijo, tampoco tiene al Padre" (1 Jn. 2:23). Si no hay el Verbo, tampoco puede haber el Padre que lo expresa; por tanto, la existencia de uno está ligada a la del otro.

Concluyendo: desde la verdad expresada en el enunciado de Juan, se entiende que, en el seno trinitario, el Dios uno que subsiste en tres personas distintas —aunque aquí, por interés del escritor, se hace referencia a dos de esas subsistencias, la del Padre y la del Verbo, que son distintos como relaciones opuestas—, no son el mismo, pero sí son lo mismo: son distintas personas, pero son el mismo y único Dios. Es necesario entender que la persona divina, tanto la del Padre como la del Verbo, connotan relaciones correspondientes a cada una de ellas, que no surgen por decisión libre, sino necesaria. Juan dice "el Verbo era con Dios"; por tanto, esa relación de comunión no es opcional, sino real y vital, en la que el uno no puede existir sin el otro. De otra forma, el Verbo está con Dios en sentido de relación, junto a Dios, como está en la mente una palabra. A causa de esta unidad de naturaleza todo el Padre está en el Verbo y todo el Verbo está en el Padre. Ninguno de los dos está fuera del otro porque ninguno precede a otro en eternidad, ni lo excede en grandeza, ni lo supera en potestad.

*Objeciones*

En este punto surge alguna objeción. Una de ellas es el nombre Verbo, que puede entenderse en sentido metafórico, de donde el título no podría aplicarse a una persona; esto es, Verbo no se dice de Dios en sentido personal, ya que más bien tiene relación esencial. Esto generó una controversia en el campo de la escolástica. En gran medida, la mayor defensa de esta tesis está en el campo del arrianismo, en su deseo de negar la consubstancialidad del Hijo con el Padre. Aunque Verbo es la expresión reveladora de la mente que lo genera, en el caso del Verbo de Dios no es solo una manifestación del que lo dice, sino como una revelación de lo que es el que la dice, conformándose externamente a cuanto es el dicente, que siendo invisible no puede conocerse sino por los actos que lo revelan. Estos se expresan, no por el Verbo, sino en el Verbo, que dice: "El que me ha visto a mí, ha visto al Padre" (Jn. 14:9). Aunque en alguna ocasión el término pueda usarse metafóricamente para referirse a Dios, no cabe duda de que se personifica individualmente con un Yo propio, unas acciones propias y una voluntad propia, lo que pone de manifiesto que el nombre Verbo corresponde a una persona.

En un sentido semejante, se objeta que, si el Verbo es expresado por el Padre, depende del Padre en su propia existencia, ya que solo hay verbo si alguien lo pronuncia. Es verdad que solo el Padre dice el Verbo, pero al pronunciar su Verbo, es principio que genera por la vida mental otra persona divina. Siendo absoluta y exhaustiva la mente divina, el Padre agota su producto mental y engendra un Hijo; igual, esto es, consustancial al Padre.

Insisten algunos en que, si el Verbo es expresado por el Padre, su existencia propia depende del Padre, puesto que solo hay verbo cuando alguien lo pronuncia. Sin embargo, no existe ninguna dependencia del Verbo al respecto del Padre que lo pronuncia y que al pronunciarlo lo engendra porque el Verbo vive del Padre que lo pronuncia, y aunque el Padre no vive del Verbo, sí vive de pronunciarlo. Lo que constituye al Padre como persona divina es el acto de expresar su Verbo, de engendrar al Hijo, de manera que, si el Hijo no puede tener existencia personal sin ser engendrado del Padre, el Padre no puede tenerla sin engendrar al Hijo. Como persona divina, el Verbo y el Padre son inmanentes (cf. Jn. 1:1, 18; 14:10), de manera que "todo aquel que niega al Hijo, tampoco tiene al Padre. El que confiesa al Hijo, tiene también al Padre" (1 Jn. 2:23).

## *El Hijo*

Sin entrar aquí en temas propios de la cristología, debe hacerse una aproximación al significado del título *Hijo*, referido a la segunda persona de la deidad. Para una mayor extensión de este tema, se remite al lector al volumen de *Cristología*[397].

El desarrollo del concepto Logos como nombre de la persona divina arrastra la consecuencia de relación paterno-filial, ya que el Verbo procede del Padre y es eternamente pronunciado por Él. La personalización de la segunda persona tiene que ver con engendrar en una eterna acción engendradora en la que no existe una relación objeto-causa, sino principio-fin. En este sentido, la primera persona de la Trinidad se caracteriza por ser engendrador, por generación espiritual, y si se quiere, por generación mental, de un Hijo que es la segunda persona de la deidad. Esta generación es eterna como expresión infinita de la verdad del Padre en un Verbo.

En la generación orgánica, la generación es necesariamente transeúnte —como se ha considerado en referencia al Verbo— porque el hijo sale de los padres para vivir su propia vida independiente de ellos, porque no solo tiene su propia naturaleza, sino que es persona independiente de ellos. El engendrar orgánico es transitorio por ser una relación causa-efecto, pero el efecto sigue existiendo luego de haber cesado la causa; de este modo un hijo engendrado sigue

---

[397] Ver *Cristología*, cap. 3 y 5, de esta misma *Teología sistemática*.

existiendo, aunque el padre deje de existir y, una vez nacido, puede sobrevivir a la muerte de su madre.

El engendrar en el plano de la deidad, la generación del Hijo es siempre inmanente, porque el Hijo engendrado permanece en el seno del Padre. Así lo expresa el apóstol Juan: "... el unigénito Hijo, que está en el seno del Padre..."[398] (Jn. 1:18). Es una referencia directa a la relación del Verbo con el Padre, considerada desde el punto de vista de la deidad. Hablar del seno del Padre es hablar de relación, comunión e identidad. El Padre engendra eternamente un Hijo, pero engendrarlo no supone finalizar la acción generadora, puesto que se convertiría lo inmanente en transeúnte y significaría que el Hijo pudiera existir sin la relación vivencial con el Padre, lo mismo que el Padre podría personalizarse sin relación directa con el Hijo. Pero, ni el Hijo puede vivir sin el Padre, ni el Padre sin el Hijo. Así que, engendrado por el Padre, encarnado por el Espíritu en María, siendo hombre que puede verse, tocarse y observarse, no deja de ser Dios, de modo que, estando presente con su humanidad en la tierra, está en el seno del Padre, puesto que la generación no deja de ser. Estando en la vinculación de intimidad divina, el Padre ha dado al Hijo tener vida en sí mismo (Jn. 5:26); esto no quiere decir que le dé vida, sino que le da tener vida, como fuente misma de vida al ser tan Dios como el Padre. Anteriormente se consideró ya esto, de modo que solo cabe recordar que la generación divina es una acción inmanente, por cuanto el Hijo no sale del Padre, sino que queda dentro del mismo. El Padre entero está en el Hijo al engendrarlo con su mente personal infinita, y el Hijo entero está dentro del Padre como concepto personal exhaustivo de la mente paterna. Juan utiliza aquí la forma del presente *Él está*[399], que indica una acción permanente y continuada. Nunca deja de estar en el seno del Padre. La expresión seno se usa para referirse a intimidad e igualdad (cf. Nm. 11:12; Dt. 28:54-56; 2 S. 12:3; Lc. 16:22). Algunos críticos piensan que *el que está*, referido a la presencia del Verbo encarnado en el seno del Padre, debiera cambiarse por un presente histórico, que sería un pasado, de modo que diría el texto: *el que estaba en el seno del Padre*. La única razón de este cambio es clara: desacreditar la presencia terrenal como hombre, al tiempo que la presencia como Dios en la eterna comunión de la deidad. Sin embargo, el mismo Juan aclara lo que quiso decir aquí, puesto que más adelante se lee: "Nadie subió al cielo, sino el que descendió del cielo; el Hijo del Hombre, que está

---

[398] Texto griego: ὁ ὢν εἰς τὸν κόλπον τοῦ πατρὸς.
[399] Griego: ὁ ὢν.

en el cielo" (Jn. 3:13). El concepto de intimidad es importante, puesto que estando en los secretos más íntimos de Dios, puede comunicarlos.

La generación eterna del Hijo no impide ni dificulta el hecho de constituirse en persona, pero el sentido de eternidad no es una relación infinita de tiempo, sino un infinito ahora que dura eternamente. Este hecho generador hace que el Hijo sea eternamente perfecto. Es la expresión del texto: "Mi Hijo eres tú, yo te he engendrado hoy" (He. 1:5). En él se aprecia una relación de entrega total del Padre al Hijo, puesto que el *tú* antecede al *yo*. De facto, el texto revela que el Padre existe como persona porque se entrega al Hijo al engendrarlo. La forma verbal "he engendrado" expresa una acción completa, ya que está en perfecto de indicativo, lo que quiere decir que está perfectamente engendrado desde la eternidad, pero unido al adverbio de tiempo hoy, da a entender que el acto generativo por el que el Hijo se constituye en persona no cesa, sino que expresa la condición eterna del acto generativo.

El título *Hijo* está bien atestiguado en el Nuevo Testamento, aportando un título que permite entender la relación interpersonal en el seno trinitario (cf. Jn. 1:1, 14, 17, 18). En varios lugares se le da a la segunda persona divina el título *Hijo de Dios* (cf. Mr. 1:1). Pero ese mismo nombre se usa en el testimonio que el Padre da del Verbo encarnado en el bautismo (Mr. 1:11). El grito de los endemoniados se refiere a Jesús como el Hijo de Dios (Mr. 3:11; 5:7). Nuevamente el término en la transfiguración de Jesús (Mr. 9:7), en la pregunta del sumo sacerdote (Mr. 14:61) y en la confesión del centurión en la crucifixión (Mr. 15:39). En la anunciación, el ángel dijo a María que quien iba a nacer de ella sería llamado Hijo de Dios (Lc. 1:35).

El apóstol Pablo usa el título en muchos lugares (cf. Ro. 1:4; 2 Co. 1:19; Gá. 2:20; Ef. 4:13). Con él expresa la relación de envío del Padre, que no retuvo a su Hijo (Ro. 8:32), sino que lo envió en misión redentora (Ro. 8:3; Gá. 4:4). El Hijo es el objeto de amor supremo del Padre (Col. 1:13).

Este proceder de la segunda persona divina se pone de manifiesto en el ver lo que hace el Padre. Así recoge el apóstol Juan las palabras de Jesús: "Respondió entonces Jesús, y les dijo: De cierto, de cierto os digo: No puede el Hijo hacer nada por sí mismo, sino lo que ve hacer al Padre; porque todo lo que el Padre hace, también lo hace el Hijo igualmente"[400] (Jn. 5:19). El operar del Hijo está vinculado a lo

---

[400] Texto griego:' Ἀπεκρίνατο οὖν ὁ' Ἰησοῦς καὶ ἔλεγεν αὐτοῖς· ἀμὴν ἀμὴν λέγω ὑμῖν, οὐ δύναται ὁ Ὑιὸς ποιεῖν ἀφ' ἑαυτοῦ οὐδὲν ἐὰν μή τι βλέπῃ τὸν Πατέρα ποιοῦντα· ἃ γὰρ ἂν ἐκεῖνος ποιῇ, ταῦτα καὶ ὁ Ὑιὸς ὁμοίως ποιεῖ.

que ve hacer al Padre. La afirmación de Jesús es precisa y, para algunos, difícil de entender. No se trata de una mera imitación de lo que ve hacer, que Él reproduce. Afirma que no puede hacer nada de sí mismo. Esta expresión es de una imposibilidad radical. En una primera manifestación, la naturaleza humana de Jesús estaba totalmente sometida a la voluntad de Dios (Jn. 4:34; 8:29; He. 10:7). Pero, en cuanto a su naturaleza divina, en cuanto a Dios, no estaba sometida a la voluntad del Padre, sino que era concordante en todo con ella, siendo una misma. El Hijo actúa como ve actuar al Padre. Este ver equivale a entender. La identidad del Hijo con el Padre es determinante, el Hijo es la luz de Dios que viene a este mundo (Jn. 1:9), pero esa luz que alumbra a todo hombre no es otra cosa que el resplandor de la gloria del Padre y la imagen misma de su sustancia (Jn. 1:9; 8:12; 12:46; He. 1:3). Luego, el Hijo no ilumina de sí mismo, sino que transmite la luz del Padre, su impronta y gloria divinas. Este obrar del Hijo según ve obrar al Padre se constituye en necesidad reveladora, puesto que, como Verbo o Logos, viene con la misión de revelar al Padre (Jn. 1:18), haciendo de Él la exégesis absoluta de lo que es y hace, hasta el punto de que pueda decir: "El que me ha visto a mí ha visto al Padre" (Jn. 14:9). Las palabras que Jesús dice son el obrar del Padre que mora en Él (Jn. 14:10). Significa, remontándose a los orígenes, que cuando se lee en el acto creador *sea* y surge a la existencia lo que no era, la voz es la del Verbo, que expresa absoluta e infinitamente la mente del Padre. En la relación paterno-filial dentro del seno trinitario, el Hijo no puede ignorar nada de lo que el Padre sabe y hace, puesto que "nadie conoce al Padre, sino el Hijo, y aquel a quien el Hijo quiera revelarlo" (Mt. 11:27; Lc. 10:22).

Siendo la personalización del Verbo por vía de la mente, de manera que puede expresar hasta el más íntimo pensamiento del Padre, el Hijo, revelador exhaustivo del Padre, no puede hacer nada de sí mismo porque dejaría de manifestar el pensamiento único de Dios; así, pues, el Hijo no puede hacer sino lo que ve hacer al Padre, no por falta de poder, sino por comunión de esencia y naturaleza. Esto es un eco de lo que Juan escribió en el prólogo: el Unigénito del Padre está vuelto hacia el seno del Padre y revela todo cuanto el Padre es y hace. El Hijo, además, es el único mediador entre Dios y los hombres, por tanto, por medio de Él, obra el Padre en favor de los hombres.

Si el Hijo hace lo que ve hacer al Padre, luego las obras omnipotentes del Padre son hechas por el Hijo, de manera que, si la omnipotencia es potestativa y privativa de Dios, el Hijo tiene necesariamente que ser Dios, de otro modo no podría hacer las mismas obras que hace el Padre; pero solo si es a la vez persona, puede Él hacer las obras. Cuando Jesús dice que no puede hacer nada de sí mismo, afirma la identidad consubstancial con el Padre, que genera obras y operaciones conforme a lo que es propio de ella. Debe entenderse bien que no se trata de una imitación o de un reproducir lo que está viendo hacer al Padre, sino que significa que el Hijo es todo del Padre, que la vida suya le ha sido comunicada por el Padre, y que toda su substancia y poder es de aquel que eternamente le engendra. Pero la afirmación de Jesús es todavía más determinante: Él no hace unas obras y el Padre otras, sino que, en virtud de la identidad de vida propia en el seno trinitario, el Hijo hace lo mismo que hace el Padre, ya que este obra por el Hijo. De manera que las obras del Padre y del Hijo son inseparables. La idea de subordinación, que ya se consideró antes, no se sustenta en las palabras de Jesús, puesto que la generación del Hijo es coeterna con el Padre; de otro modo, el engendrador no precedió al tiempo del engendrado para que este sea menor que aquel. Siendo ambos eternos e inmutables, no hay variación en ninguno de ellos, de modo que el Padre eterno engendró a un Hijo eterno, que es como Él.

El Hijo ve en sí mismo toda la actividad del Padre porque también es su imagen, y ese actuar se produce por efecto de la relación que lo constituye en persona divina, engendrada por la mente del Padre. De ahí que el Padre no juzga a nadie, sino que "dio todo juicio al Hijo" (Jn. 5:22). No es que la operación judicial, la obra de juzgar, no esté en la competencia del Padre, sino que el Hijo, también Verbo, expresa la absoluta e infinita verdad del Padre, por la que el Hijo es juicio personal del Padre.

### *Imagen del Dios invisible*

¿Puede usarse "imagen del Dios invisible" como nombre de la segunda persona divina? Es preciso analizar el texto en que aparece esa expresión. "Él es la imagen del Dios invisible, el principio de toda creación[401]" (Col. 1:15). Como primer predicado de Cristo aparece el de *imagen invisible*. El concepto de imagen expresa la idea de semejanza reveladora, de modo que la imagen es la revelación visible de aquello que representa. En este sentido, considera a Cristo en un doble aspecto de revelación, como imagen: a) En relación con Dios Padre,

---

[401] Texto griego: ὅς ἐστιν εἰκὼν τοῦ Θεοῦ τοῦ ἀοράτου, πρωτότοκος πάσης κτίσεως.

al decir que es "imagen del Dios invisible"; b) En relación con el cosmos, en cuanto que Él es "primogénito de toda creación".

Sin lugar a duda, el sujeto de la oración es el Verbo encarnado, Jesucristo. A este da el apóstol el título de imagen del Dios invisible. El hombre ha sido creado a "imagen" de Dios (Gn. 1:26-27; 1 Co. 11:7). Sin embargo, no se enseña en ningún lugar que sea imagen de Dios, sino que ha sido creado teniendo delante como modelo la imagen de Dios, esto es, fue creado de conformidad con las condiciones morales y de gobierno que son propias de las personas divinas. La diferencia substancial entre la imagen de Dios en el hombre y la imagen de Dios en el Hijo es que el hombre nunca será Dios, pero el Hijo es Dios. Sólo Dios puede manifestar y exhibir la imagen divina. Pero, ¿cómo Dios puede ser la imagen de Dios? Solo cuando esa imagen sea también persona, y persona divina. La idea que Pablo expresa es la de manifestar en Él todos los aspectos que dimanan de Dios y que le son propios.

La primera dificultad que conlleva el que el Hijo —sin duda encarnado en las palabras del apóstol— sea la "imagen del Dios invisible", es que ¿acaso puede un hombre, aunque concebido de forma única por obra del Espíritu, que tiene todas las propiedades y componentes del hombre, expresar la infinita grandeza del Dios invisible en su "cuerpo de carne"? Sin embargo, Pablo enseña que la imagen del Dios invisible se exhibe por Cristo y en Él. Tal dimensión solo es posible en la medida en que Jesús es el Hijo Unigénito del Padre (Jn. 1:14). Por tanto, para que la imagen de Dios pueda ser expresada en el Hijo, es necesario entender que, entre la primera y la segunda persona de la deidad, existe una vinculación paterno-filial, de modo que el Padre puede decir que el Verbo es su Hijo amado en quien se complace o tiene contentamiento (Mr. 1:11). Cuando el apóstol habla de imagen en relación con el Hijo, está considerando una imagen igual en todo a la perfección de Dios Padre; la razón para ello la dará más adelante, cuando enseñe que en Cristo "habita corporalmente toda la plenitud de la deidad" (Col. 2:9). Esa imagen es de tal dimensión que no solo expresa visiblemente la realidad que manifiesta, sino que la iguala, esto es, la imagen del Dios invisible se hace idéntica a la realidad esencial que expresa, ya que, como el Señor dice, "el que me ha visto a mí, ha visto al Padre" (Jn. 14:9) y también "yo y el Padre uno somos" (Jn. 10:30).

Entender esa realidad expresiva que hace visible al Invisible requiere recordar brevemente la relación paterno-filial referida a Jesucristo. El Padre engendra eternamente al Hijo. No supone esto un tiempo sin existencia de la segunda persona, y tampoco una generación de origen, sino de procedencia. El hecho de que el Padre no sea enviado y que las otras dos personas, el Hijo y el Espíritu, lo sean, enseña que las dos personas divinas proceden de la primera. El Padre en toda la extensión de su ser es Padre, y la base personalizadora como tal es que en el eterno presente *ad intra* en el seno trinitario engendra un Hijo, comunicándole con ello todo lo que Él mismo es y tiene (Jn. 16:15). Ese total ser, dar y tener, es el compartir absoluto del Padre y del Hijo en virtud de la generación en el seno del Padre. Así, pues, de la misma manera que el Padre, en cuanto persona, es total y únicamente Padre, como total y plenamente Dios, así también, en cuanto persona, el Hijo es únicamente Hijo, como total y plenamente Dios. Es preciso entender que el Padre, como Padre único, agota su función generadora en el Hijo, así que, de la misma manera el Hijo, como procedente de la generación del Padre, es expresión exhaustiva de Él. Esa es la razón por la que el Padre tiene un Hijo que necesariamente ha de ser Unigénito (Jn. 1:14, 18; 3:16, 18; 1 Jn. 4:9), porque no puede haber más que un Padre y un Hijo en el seno de la deidad, puesto de que lo contrario, especialmente si hubiese la posibilidad de que el Padre pudiera engendrar más hijos, ninguno de ellos sería la exhaustiva generación del Padre, no sería infinito y no podría ser la imagen del Dios invisible. De la misma manera, el Padre no sería tal por cuanto su acción generadora se convertiría en un acto limitado dentro de su seno. El acto generativo del Padre, que constituye la procedencia del Hijo, es una comunicación total y una entrega completa al Hijo; el Padre se constituye como tal por una relación subsistente hacia otro. La personificación de la primera persona como Padre es la consecuencia de su relación con el Hijo. De este modo, puede decir: "Mi hijo eres tú; yo te he engendrado hoy" (Sal. 2:7). No hubo nunca en el seno trinitario la ausencia del Hijo porque nunca hubo tampoco ausencia de Padre y este solo puede existir si existe un Hijo; de otro modo, solo puede haber un Padre eterno si también hay un Hijo eterno.

Como se ha dicho antes, la imagen de Dios en el Hijo es posible porque la eterna generación, que conlleva la procedencia, no es un proceso de causa y efecto, como ocurre en la generación humana, sino un proceso de principio a término, puesto que el Hijo sigue estando en el seno del Padre (Jn. 1:18; 14:10). La generación de la segunda persona ocurre por vía mental, ya que el engendrado es el Logos, Palabra eterna, de Dios. Esta Palabra encarnada, puede expresar todo cuanto el Padre es y piensa, de modo que el Hijo está en el Padre y el Padre en el Hijo. Aquel para expresarlo y este para comunicarlo. De otro modo, el Hijo es la "imagen del Dios invisible" porque el Logos es la expresión exhaustiva del Padre.

El término imagen no es una manifestación aproximada, como ocurre con una fotografía o una estatua, sino que al ser engendrado el Logos por vía mental, como Verbo expresado por el Padre, no puede sino manifestar al Padre con absoluta fidelidad en virtud de su procesión de Él y como término absoluto del principio que es el Padre. Por esta razón, el Hijo no puede ser sino la imagen perfectísima del Padre, y por esa razón, le corresponde el título de imagen de Dios. Sobre esto escribía Gregorio Nacianceno:

> Se le llama imagen porque es consubstancial y porque, en cuanto tal, procede del Padre, sin que el Padre proceda de Él. La naturaleza de una imagen consiste, en efecto, en ser una imitación del arquetipo del que se dice imagen. Con todo, aquí hay algo más; pues, en este caso, tenemos la imagen inmóvil de un ser que se mueve; pero en el caso del Hijo tenemos la imagen de un ser vivo, una imagen que tiene más semejanza con su modelo que la tenía Set con Adán y la que tiene cualquier ser engendrado con su progenitor; tal es, en efecto, la naturaleza de los seres simples, que no puede ser semejante en un sentido y no serlo en otro, sino que debe ser perfecta representación de un ser perfecto.[402]

Ahora bien, el apóstol dice que es la imagen del Dios invisible. Este es un término que expresa una cualidad que conviene a la esencia divina espiritual y trascendente. Surge una simple pregunta reflexiva: ¿Cómo puede tener imagen lo que es invisible? Sin embargo, el mismo apóstol enseña que las cosas invisibles de Dios se hacen manifiestas por medio de la naturaleza, de modo que el hombre percibe aquello que no es posible percibir de perfecciones invisibles por sí mismas (Ro. 1:20). La Biblia enseña la invisibilidad de la primera persona divina: "Por tanto, al rey de los siglos, inmortal, invisible, al único y sabio Dios, sea honor y gloria por los siglos de los siglos. Amén" (1 Ti. 1:17). "El único que tiene inmortalidad, que habita en luz inaccesible; a quien ninguno de los hombres ha visto ni puede ver" (1 Ti. 6:16). El admirable e infinito Dios revela todas las perfecciones en el Hijo, de modo que este hace visible al Invisible, ya que, como Verbo, no desconoce nada del Padre, puesto que se substancia en la eterna Palabra que lo expresa y determina. El Hijo hace visible al Invisible.

---

[402] Gregorio Nacianceno, *Discurso teológico*, 30, 20.

En esta profunda verdad contenida en el título *imagen del Dios invisible* se advierte que, si Dios no es revelado en el Verbo, y este no se hubiese encarnado, nunca podríamos conocerle. La revelación de Dios en Cristo, o si se prefiere, la del Padre en el Verbo, que es también Hijo, es posible porque el Padre infinito se manifiesta plenamente en el Hijo, adoptando voluntariamente nuestra limitación para que los limitados podamos comprender al infinito.

Ha de tenerse presente que la imagen del Dios invisible es posible por la consustancialidad entre el Padre y el Hijo, que en virtud de la eterna generación mental —porque es Verbo— es la imagen perfectísima, infinita, exhaustiva y total del Padre. El contraste con el hombre es notable: este fue hecho a imagen de Dios, pero en modo alguno es la imagen de Dios.

Agustín de Hipona decía: "¿Qué hay más absurdo que llamar a una cosa imagen de sí misma?"[403]; por consiguiente, imagen se dice de Dios en sentido relativo, de ahí que sea un nombre personal que corresponde a la segunda persona. Sólo el Hijo es imagen del Padre, expresión absoluta de Dios. Al ser el único Verbo expresado por el Padre y en virtud de su procesión del Padre, como término de tal procesión, no puede menos que expresar fielmente a su principio, que es el Padre.

### *Resplandor de la gloria del Padre*

Se nomina al Hijo el "resplandor de la gloria del Padre"; no se trata de nombrar la esencia divina, sino la persona que como tal exhibe y revela la gloria del Padre.

Así se lee: "El cual, siendo el resplandor de su gloria, y la imagen misma de su substancia"[404] (He. 1:3). La gloria divina es objetivamente la misma esencia de Dios. Esa es la gloria formal, que produce admiración en quien la contempla y lo lleva a la adoración (cf. Jn. 1:14; 2:11). Esa gloria de Dios se manifiesta frecuentemente acompañada de luz (Ex. 24:17; Sal. 50:2; 104:2). La gloria esencial de Dios es invisible al hombre, pero se hace visible por medio del Hijo (1 Ti. 6:16). La gloria de Dios se vio en Jesús por medio de las obras divinas que Él mismo hizo (Jn. 1:14; 2:11). Pero también se hace visible, en la *shekinah*, la impronta de la gloria en las manifestaciones del Señor,

---

[403] Agustín de Hipona, *De Trinitate,* I. 7, c.1.
[404] Texto griego: ὃς ὢν ἀπαύγασμα τῆς δόξης καὶ χαρακτὴρ τῆς ὑποστάσεως αὐτοῦ.

como fueron la transfiguración y la revelación hecha a Juan en el Apocalipsis (Mt. 17:2; Mr. 9:3; Lc. 9:29; Ap. 1:12-16). Está vinculada a la luz, de ahí que se relacione al Hijo encarnado con la luz: "Aquella luz verdadera, que alumbra a todo hombre, venía a este mundo" (Jn. 1:9). Cristo es la luz verdadera que puede iluminar a todo hombre, especialmente en el orden salvífico, desde el interior del corazón entenebrecido a causa del pecado (2 Co. 4:6). La vida, procedente de Dios, está relacionada también con la luz, ya que solo Dios es verdadera luz, y solo Él puede dar vida: "En Él estaba la vida, y la vida era la luz de los hombres" (Jn. 1:4). La vida estaba en Él, con sentido locativo y no causal, esto es, no la tuvo por alguna razón o en algún momento, sino que estaba en Él eternamente como fuente de vida. El Verbo tiene la vida en sí como la tiene también el Padre. De ahí que la vida sea también el nombre del Verbo, por cuya razón el sujeto lleva un artículo, refiriéndose a la luz verdadera anunciada por los profetas. Todo el que es iluminado por el Hijo recibe la luz de la vida (Jn. 8:12). Dios es luz (1 Jn. 1:5) y quien participa en su ser, como persona divina, es luz. El Hijo es la luz verdadera que vino a este mundo. En ese sentido, el escritor a los Hebreos afirma que Jesús es "el resplandor de su gloria" referida a la expresión comunicativa al hombre de la gloria de Dios que, como se dice antes, se manifiesta en muchas ocasiones rodeada de luz. De ahí que al Hijo se le llame, en el Concilio de Nicea, "Luz de luz". Debe notarse que la palabra traducida como *resplandor*[405] tiene un sentido pasivo, como reflejo de la luz, es decir, cual imagen que se refleja en un espejo; pero, también tiene un sentido activo, como luz centelleante que pertenece y corresponde solo a Dios. Ese es el que debe aplicarse al texto. La gloria de Dios, manifestada en luz resplandeciente, no es reflejada por el Hijo, sino que está en el Hijo mismo. Si Jesús es resplandor de la gloria de Dios, el resplandor va unido siempre a la luz y procede de ella; por tanto, la luz de gloria produce siempre resplandor, que estando en el Hijo se manifiesta en Él. Si el Hijo procede del Padre y está unido eternamente con Él, el versículo expresa la eterna consustancialidad de las personas divinas, que se aprecia también con el participio de presente *siendo*. El Hijo no llegó a ser la gloria de Dios, lo fue siempre. El escritor de la epístola se está refiriendo

> a un hombre que había vivido y muerto en Palestina hacía unas pocas décadas, pero que sin embargo era el Hijo eterno y la

---

[405] Griego: ἀπαύγασμα.

revelación suprema de Dios. Así como el resplandor del sol llega a esta tierra, así Cristo, la luz gloriosa de Dios, brilla en los corazones de los hombres.[406]

La Escritura afirma que el Hijo es el resplandor de quien habita en luz inaccesible (1 Ti. 6:16), de manera que no es el reflejo, sino la irradiación misma de la luz del Padre. De forma que un rayo de luz sale de la fuente de luz y sin el rayo no se manifestaría la luz, así la luz de Dios sale del Padre y se manifiesta en el Hijo y por medio del Hijo. De otro modo, sin el Hijo no sería posible la luz del Padre. Es evidente que sin el Hijo no hay luz, solo tinieblas.

*Imagen de su sustancia*

El resplandor de la gloria es la consecuencia natural de la personalización de la segunda persona, ya que es "la misma imagen de su substancia", literalmente "la impronta de la realidad esencial de Él", en alusión y referencia a Dios. El escritor pasa de la gloria a la sustancia, como impresión del ser de Dios, lo que exige pasar por la imagen, o la impronta. Dos términos deben tenerse en cuenta aquí, *imagen* y *sustancia*. El sustantivo utilizado por el escritor para *imagen*[407] aparece solo aquí en todo el Nuevo Testamento y es una palabra más precisa, expresiva y enfática que la utilizada en otros lugares para referirse al Hijo como la imagen[408] de Dios (Col. 1:15). La palabra imagen es sinónimo de marca, por tanto, el Hijo es marca de la sustancia del Padre, designando por medio del significado de la palabra, la reproducción fidelísima del Padre, al modo de la huella o impronta que deja un sello. De otro modo, el escritor usa esa palabra para decir que el Hijo es la fiel y absoluta reproducción de la sustancia del Padre. La palabra *sustancia*, procedente del latín *sub-stantia*, expresa lo que hay debajo de las apariencias externas y accidentales, lo que equivale a la esencia misma de Dios. Indica aquí el ser y la naturaleza de Dios. El término griego es muy enfático e intenso, literalmente *hypóstasis*[409], refiriéndose aquí a la realidad del ser. Por tanto, Jesús, como el Hijo, es la fiel estampa del ser inmortal y trascendente de Dios. En ese sentido, es la impronta exacta del ser divino. Quiere decir que el mismo

---

[406] Bruce, Marshall, Millard, Packer & Wiseman, 1991, p. 6.
[407] Griego: χαρακτὴρ.
[408] Griego: εἰκών.
[409] Griego: ὑποστάσεως.

ser íntimo de Dios está grabado como en un sello en el Hijo, a causa y en razón de ser también Dios y tener la existencia como una de las tres hipóstasis del ser divino. En el Hijo se manifiestan absoluta y claramente todos los atributos y perfecciones de la deidad. Debe entenderse que el término *hypóstasis* ha de ser considerado como triple en Dios, en razón de cada una de las tres personas divinas, mientras que el término *esencia* es una sola, por cuanto las tres personas participan en ella. Quiere decir esto que cualquier peculiaridad que pertenezca al Padre en relación con la esencia es manifestada en Cristo, a quien corresponde tenerla también, de modo que quien conoce a Cristo, conoce al Padre (Jn. 14:9). El Hijo es la imagen exacta de Dios (Col. 2:9).

## La persona del Espíritu Santo

Del mismo modo que se ha hecho previamente a la consideración del Hijo como persona divina, es necesario hacerlo también en relación con la tercera persona divina, Dios el Espíritu Santo, en el sentido de que se dedica un volumen de la *Teología sistemática* para el estudio de su persona, remitiendo al lector a dicho texto, quedando aquí una reflexión sobre la condición de persona divina.

Cabe trasladar aquí, a modo de introducción, un artículo de fe considerado como *Credo en el Espíritu Santo,* en el que se lee de este modo:

> Nadie conoce lo íntimo de Dios, sino el Espíritu de Dios (1 Co. 2:11). Pues bien, su Espíritu que lo revela nos hace conocer a Cristo, su Verbo, su Palabra viva, pero no se revela a sí mismo. El que "habló por los profetas" nos hace oír la Palabra del Padre. Pero a Él no le oímos. No le conocemos sino en la obra mediante la cual nos revela al Verbo y nos dispone a recibir al Verbo en la fe. El Espíritu de verdad que nos "desvela" a Cristo "no habla de sí mismo" (Jn. 16:13). Un ocultamiento tan discreto, propiamente divino, explica por qué "el mundo no puede recibirle, porque no le ve ni le conoce", mientras que los que creen en Cristo le conocen porque Él mora en ellos (Jn. 14:17).[410]

---

[410] CIC, 687.

## Deidad

La Escritura enseña que el Espíritu Santo es Dios, no engendrado sino espirado[411], palabra que indica soplar como el viento. La relación con el Padre y el Hijo es de procedencia o procesión[412]. Mientras que el Hijo procede del Padre por vía de la mente, ya que es Verbo, el Espíritu procede del Padre y del Hijo por la vía afectiva, como personalización del amor mutuo entre el Padre y el Hijo. En tal sentido, mientras el Verbo es la expresión exhaustiva de la verdad de Dios, el Espíritu es la impresión infinita del amor de Dios. De ahí que, cuando está presente en el creyente, derrama el amor de Dios en la intimidad del cristiano (Ro. 5:5).

Como ocurre con la doctrina de la Trinidad, también lo relativo al Espíritu Santo, en cuanto Dios y en cuanto persona divina, surge del problema cristológico que tuvo que definir la verdad de la vinculación eterna entre el Padre y el Hijo hasta el punto de encontrar resolutiva y definitiva la expresión de Cristo: "Yo y el Padre somos uno". Esta vinculación en el seno trinitario, alcanza al Espíritu Santo por relación *ad intra*, que se manifestó *ad extra*. Esto conduce a entender que no hay comunión posible con el Padre y con el Hijo sino es en el Espíritu, por lo que necesariamente tiene que ser persona y tiene que ser Dios. Dicho de otro modo, solo si el Espíritu es Dios puede impartirnos al Padre y al Hijo, por lo que tiene que ser también Dios.

La deidad del Espíritu Santo se estudia en neumatología[413]. Pero en las fórmulas trinitarias del Nuevo Testamento aparece vinculado a las otras dos personas divinas (cf. Mt. 28:19; 2 Co. 13:14). Además, está presente en el templo de Dios, formado por cada creyente (1 Co. 3:16; 6:19). A Él se le da el nombre divino de Señor[414] (2 Co. 3:17). La cláusula en el texto griego es determinante, puesto que tanto Señor como Espíritu van precedidos de artículo determinado[415], donde literalmente dice: *Y el Señor el Espíritu*. Esto permite afirmar la deidad del Espíritu Santo.

El Espíritu Santo es Dios. En el Antiguo Testamento se habla del Espíritu como de Jehová; es Jehová quien unge al profeta (Is. 61:1). En el Nuevo Testamento, Pedro acusa a Ananías de haber mentido al Espíritu Santo, afirmando que lo que había hecho era mentir a

---

[411] Griego: πνοή.
[412] Griego: ἐκτορευσις.
[413] Volumen IV de esta *Teología sistemática*.
[414] Griego: Κύριος.
[415] Texto griego: ὁ δὲ Κύριος τὸ Πνεῦμα ἐστιν.

Dios (Hch. 5:3, 4). De ese mismo modo puede entenderse en el versículo que se está comentando, donde Pablo afirma que el Espíritu es el Señor, título que traduce habitualmente el nombre de Jehová en el Antiguo Testamento.

El texto de Pablo afirma que el Señor es el Espíritu, siéndolo en una forma distintiva, sin olvidar que las tres personas, como hipóstasis en el ser divino, son también Espíritu (Jn 4:24). Sin embargo, la tercera persona es Espíritu y a la semejanza de un viento huracanado sacude y arrastra cuanto se opone a su paso (Hch. 2:2). La vinculación ineludible del Padre y del Hijo al contemplar el amor absoluto y el bien infinito produce la espiración activa, cuyo término es Santo, por cuya razón la santidad, que es atributo esencial de la trina deidad, se torna en epíteto personal del Espíritu en el seno trinitario, y establece en ello la base para que el Espíritu Santo sea el agente santificador *ad extra*. Esto trae otra reflexión trinitaria, al percatarse que el Espíritu Santo es término personificado del amor *ad intra* del Padre y del Hijo. De manera que, como el Logos, Verbo, es la expresión exhaustiva de la mente del Padre, así el Espíritu es la impresión exhaustiva del amor del Padre y del Hijo. Ese amor brota eternamente del seno de la deidad, ya que siendo Dios amor, no puede vivir sin amar. De ese modo, el Espíritu Santo viene a ser el Paráclito, la persona que amorosamente atrae, ayuda, consuela, defiende, vivifica y acompaña.

*Persona*

Al Espíritu Santo se lo asocia con el Padre y con el Hijo siendo consustancial con ellos; por tanto, en igualdad de esencia y naturaleza, siendo una Hipóstasis en el ser divino. Es necesario entender que al Espíritu Santo se lo asocia con el Padre y con el Hijo, en igualdad de ser, posición y perfecciones. La santísima tercera persona divina no es el poder o la fuerza de Dios, como los modernos arrianos pretenden hacer creer en su afán de negar la Trinidad. Tampoco es un viento procedente de Dios, aunque Jesús lo compare con él para expresar la libertad del que ha nacido del Espíritu (Jn. 3:6 ss.). Es una persona distinta del Padre y del Hijo, ya que procede de ambos (Jn. 15:26). En soberanía divina reparte los dones como Él quiere (1 Co. 12:11), lo que solo una persona puede realizar en un acto de la voluntad. Con todo, es una persona distinta del Padre, porque procede de Él, y también del Hijo, por la misma causa, siendo enviado por Él (Jn. 15:26). Por esa causa, el Padre no es enviado, puesto que no procede de otra persona; por el contrario, Él envía al Hijo y también al Espíritu, que procede de ambos. La distinción entre las persona divinas es la oposición mutua de relaciones, ya que lo que es absoluto o infinito, es común a las tres. De ahí la personificación de las dos primeras personas en las respectivas relaciones de paternidad y de filiación. Así también la espiración activa, que es común al Padre y al Hijo, se constituye en oposición relacional frente al Espíritu Santo. El término oposición aquí no tiene que ver con las personas, sino con las relaciones, de modo que a la relación paterna corresponde, en el otro lado, de ahí oposición, la relación filial, y del mismo modo a la relación de la espiración activa del Padre y del Hijo corresponde del otro lado la persona del Espíritu con sus operaciones.

Ya en el a. 325, en el Concilio Niceno-Constantinopolitano, se acepta como dogma de fe la personalidad y deidad del Espíritu Santo, como se dice en una de sus declaraciones: "Creo en el Espíritu Santo, Señor y dador de vida, que procede del Padre y del Hijo, con el Padre y el Hijo recibe una misma adoración y gloria, y que habló por los profetas"[416].

La procedencia del Padre y del Hijo está atestiguada en el Nuevo Testamento: "Pero cuando venga el Consolador, a quien yo os enviaré del Padre, el Espíritu de verdad, el cual procede del Padre, él dará testimonio acerca de mí" (Jn. 15:26). La frase que debe ser destacada es la que afirma "el cual procede del Padre"[417], en la que Jesús dice que el envío del Espíritu, como don del Padre, lo es por la primera persona porque procede de ella. Pero también se afirma que procede del Hijo. La relación vinculante del Espíritu con Cristo se hace evidente en el Nuevo Testamento por los nombres que se le aplican, como Espíritu de Jesús (Hch. 16:7)[418] y Espíritu de Cristo (Ro. 8:9), indicando que procede tanto del Padre como del Hijo, ya que la procedencia expresa el término de una relación cuyo principio es la otra persona. Ha de entenderse claramente que el envío *ad extra* solo es posible si existe antes una relación *ad intra*.

En el desarrollo de esta verdad doctrinal se puso de manifiesto que el Hijo procede solo del Padre, pero el Espíritu Santo procede tanto del Padre como del Hijo, como afirmaron otros Padres de la Iglesia, como Agustín de Hipona[419]. El Espíritu procede tanto del

---

[416] Credo Niceno-Constantinopolitano.
[417] Texto griego: ὃ παρὰ τοῦ Πατρὸς ἐκπορεύεται.
[418] RVR.
[419] Agustín de Hipona, *De Trinitate*, XV, 26.

Padre como del Hijo, dado por ambos, pero no nacido de ellos[420]. La constitución de la persona del Espíritu Santo es por el modo de voluntad, no por el de generación, como es en relación con el Hijo, esto es espiración de amor que se personifica.

El Espíritu Santo es persona distinta al Padre y al Hijo en razón de su procedencia del Padre (Jn. 15:26) y del Hijo, procedencia afirmada en otros lugares del Nuevo Testamento por los títulos que se usan para hablar del Espíritu: *Espíritu del Señor* (2 Co. 3:17); *Espíritu de Jesús* (Hch. 16:7); *Espíritu de Cristo* (Ro. 8:9). Es evidente que el envío *ad extra* es la prolongación de la procesión *ad intra*. Por esa causa, el Padre no es enviado, porque no procede de ninguna de las otras dos personas divinas, pero el Espíritu Santo es enviado del Padre y del Hijo, porque procede de ambos. Si no procediese también del Hijo, no se distinguiría de Él porque la distinción personal en el seno trinitario es la oposición mutua de relaciones que las distingue entre sí, porque en cuanto a consustancialidad, es real en cada una de ellas.

Este envío del Espíritu procede necesariamente del Padre y del Hijo, por cuanto es un mismo principio, ya que todo lo que es del Padre es también del Hijo (Jn. 16:13-15), excepto —como se ha dicho ya— la condición de paternidad y de filiación. Por consiguiente, como la constitución como persona del Espíritu Santo es por la vía afectiva, la espiración activa es tanto del Padre como del Hijo, y ambos se constituyen en oposición relacional frente al Espíritu Santo.

El Espíritu Santo es tratado siempre como persona, con capacidades personales para investigar y revelar (1 Co. 2:10-12). Se le llama Consolador, Abogado, Confortador (Jn. 14:26; 15:26; 16:7). Solo una persona puede venir al lado de uno. El Espíritu es persona porque posee atributos personales, como intelecto (Is. 11:2; Jn. 14:26; 15:26; Ef. 1:17); sensibilidad (Ef. 4:30). Al mismo tiempo, se le atribuyen obras personales: oye (Jn. 16:13); escudriña (1 Co. 2:10-11); habla (Hch. 8:29; 13:2; 16:6-7); enseña (Jn. 14:26); juzga (Hch. 15:28); convence de pecado (Jn. 16:18); ejerce voluntad (1 Co. 12:8-11); escoge y envía (Hch. 13:2; 20:28); guía (Ro. 8:14); intercede (Ro. 8:27). Por tanto, debe llegarse a la conclusión de que el Espíritu Santo es una persona divina.

### *Filioque*

Entre los teólogos de Oriente y los de Occidente fue desarrollándose una diferencia. Los de Oriente enseñan que el Espíritu procede del

---

[420] Agustín de Hipona: *ut datus, non ut natus*. Ibíd., V. 14.

Padre, por medio del Hijo, pero niegan que proceda de ambos y que del Padre y del Hijo recibe su existencia personal. En el desarrollo de la doctrina, en Occidente se aceptó definitivamente la procedencia del Padre y del Hijo, con lo que se estableció el llamado *filioque*, expresión latina que significa *y del Hijo*. En ese sentido, Juan Damasceno (675-749) enseñaba que el Espíritu es también el Espíritu del Hijo, por ser este quien lo revela y comunica, pero en cuanto a procedencia, es solo del Padre, por medio del Hijo, si bien no aceptaba que el Espíritu surgiera del Hijo y procediera de Él en el mismo sentido en que el Hijo procede del Padre[421]. Esta posición es, en cierto modo, una aceptación del subordinacionismo. Es evidente que la Iglesia oriental considera a las tres personas consustanciales y en plena igualdad dentro de la Trinidad; esa igualdad se otorga tanto al Hijo como al Espíritu, partiendo solo del Padre. Entienden que el Padre es la razón y el origen de la deidad, revelándose en las otras dos personas, de manera que el Hijo revela e imparte el conocimiento de Dios mientras el Espíritu permite la vinculación y el disfrute personal de ese conocimiento. En cierto modo, existe una identidad y una independencia, ya que el Hijo y el Espíritu llevan a los creyentes al Padre por vías distintas.

*Filioque* es una fórmula teológica tanto en sentido teológico como en el posicional de la doctrina, lo que indica la procesión del Espíritu Santo tanto del Padre como del Hijo, participando ambos en la espiración que lo personaliza.

A la luz de la Biblia, la doble procesión del Espíritu Santo del Padre y del Hijo está claramente atestiguada. En los primeros siglos del cristianismo no hubo demasiado conflicto con esta doctrina. Tan solo a principios del s. IV, Macedonio, patriarca de Constantinopla, negaba la deidad del Espíritu Santo. Sus seguidores recibieron el nombre de macedonianos o pneumatomacos. Esta herejía fue condenada por el concilio local de Alejandría (a. 362). Enseñaban que la persona del Espíritu Santo deriva solo del Hijo por creación.

La oposición a la doble procedencia del Espíritu, del Padre y del Hijo, no se discutía en los primeros siglos. Es en el s. VII que se sustancia más, de modo que el monotelismo se presentó en una cuestión de cristología y no de Trinidad, pero que derivó en el uso del término *filioque* en relación con la procedencia del Espíritu Santo. La controversia sobre la doble procesión del Espíritu Santo se suscitó en el sínodo de Gentilly, próximo a París (a. 767). Así siguió hasta el s. IX, en que un monje griego del monasterio de San Sabas acusó de herejía a los monjes del monte Olivos por haber introducido

---

[421] Juan Damasceno, *La fe ortodoxa*, I, 8, 12.

el *filioque* en el Credo. Fue Focio quien inició el gran cisma entre Oriente y Occidente en cuanto a la procesión del Espíritu Santo tanto del Padre como del Hijo, negándose a la inserción del *filioque* en el Credo Apostólico. Progresó esta oposición hasta más allá de la mitad del s. XI y trajo la escisión en esto entre la Iglesia de Oriente y la de Occidente. La doble procesión del Espíritu se estableció como dogma de fe en el Cuarto Concilio de Letrán (a. 1215), en el Segundo Concilio de Lyon (a. 1274) y en el Concilio de Florencia (a. 1438-1445), afirmando que esta verdad está apoyada por la Escritura, en la que, por inspiración divina, los hagiógrafos llaman al Espíritu Santo *el Espíritu del Hijo* (Gá. 4:6), *Espíritu de Cristo* (Ro. 8:9), *Espíritu de Jesucristo* (Fil. 1:19), del mismo modo que le llaman *Espíritu del Padre* (Mt. 10:20) y *Espíritu de Dios* (1 Co. 2:11). Es evidente que sitúan al Espíritu Santo en la misma relación tanto con el Hijo como con el Padre.

Por otro lado, la Biblia enseña que el Hijo envía al Espíritu Santo (Lc. 24:49; Jn. 15:26; 16:7; 20:22; Hch. 2:33; Tit. 3:6), de igual modo como el Padre envía al Hijo, porque procede de Él (Gá. 4:4), y como el Padre envía al Espíritu Santo, por la misma razón (Jn. 14:26). Esto no significa inferioridad alguna del enviado por quien lo envía, sino que revela la procesión de la persona enviada de la que envía. Si el Hijo envía, luego el Espíritu procede del Hijo, del mismo modo que siendo enviado por el Padre, procede del Padre.

## Nombres y títulos del Espíritu Santo

### Espíritu Santo

Dios es Espíritu (Jn. 4:24); literalmente se lee "Espíritu el Dios"[422]. En la frase se aprecia que Dios es un ser incorpóreo porque es Espíritu y siéndolo es también Espíritu infinito, por lo que ningún lugar en el universo lo puede abarcar. La tercera persona de la deidad, es Espíritu en un sentido especial, como el Señor dijo a Nicodemo: "De cierto, de cierto te digo, que el que no naciere de agua y del Espíritu, no puede entrar en el reino de Dios. Lo que es nacido de la carne, carne es; y lo que es nacido del Espíritu, espíritu es" (Jn. 3:5-6). Anteriormente se había referido al nuevo nacimiento como nacer de arriba (Jn. 3:3),

---

[422] Griego: Πνεῦμα ὁ Θεός.

donde el adverbio, traducido por RV60 como *de nuevo*[423], tiene un amplio significado: *nuevamente, de nuevo, de arriba, desde el principio, desde antes, en otro tiempo*; en el texto citado antes se traslada como *de agua y del Espíritu*, ese viento huracanado citado en la descripción de la venida del Espíritu (Hch. 2:2); de modo que como el viento arrastra a cuanto se opone a su paso, también el Espíritu Santo es como ese huracán divino que nace cuando el Padre y el Hijo contemplan en el Verbo el bien absoluto, que es Dios, manifiestan su amor común, que es la manifestación de la santidad moral de Dios, por lo que el final de esa espiración activa es Santo por antonomasia, atributo esencial de la Trinidad, que como tal se constituye persona *ad intra* en el Espíritu Santo, que es quien santifica *ad extra*.

En cierto modo, el nombre *Espíritu Santo* afirma la procedencia de este de las dos personas, de ahí que de Dios se dice que es Espíritu (Jn. 4:24) y del Hijo que es Santo (Lc. 1:35). Es Espíritu, procedente del Padre, y es Santo, al proceder del Hijo.

Se ha cuestionado si Espíritu Santo es un nombre que corresponde a una persona divina, ya que Espíritu Santo se aplica en alguna ocasión al Padre: "El Espíritu del Señor está sobre mí" (Lc. 4:18); otras veces hace referencia al Hijo: "Pero si yo por el Espíritu de Dios echo fuera los demonios, ciertamente ha llegado a vosotros el reino de Dios" (Mt. 12:28), en referencia personal, *si yo*; en alguna ocasión hace referencia al Espíritu Santo: "Derramaré mi Espíritu sobre toda carne" (Hch. 2:17). De manera que, si se aplica a las tres personas, no puede ser propio para designar a una de ellas. Por otro lado, los nombres dados a las personas divinas son nombres de relación, y Espíritu Santo no lo es. Se añade también que los nombres de las dos primeras personas divinas son evidentemente propios, puesto que *Hijo* define una relación, y *Verbo*, una función propia de una persona, pero del Espíritu se dice que es Espíritu de Dios, Espíritu de Jesús, pero no se menciona como personal, como ocurre con el espíritu de Elías que reposó sobre Eliseo.

A esto contesta Tomás de Aquino:

> Como las procesiones divinas son dos, una de ellas, la que es por modo de amor, no tiene nombre propio, según hemos dicho, por lo cual las relaciones derivadas de esta procesión son innominadas, de donde resulta que la persona procedente de este modo tampoco tiene nombre propio. Sin embargo, así como el

---

[423] Griego: ἄνωθεν.

uso acomodó ciertos nombres a significar dichas relaciones, ya que las llamamos "procesión" y "espiración", nombres que por su propio significado más bien parecen designar actos nocionales que relaciones, así también para significar la persona que procede por modo de amor, se acomodó, basándose en el lenguaje de la Escritura, este nombre: Espíritu Santo.[424]

*Espíritu de vuestro Padre*

Es uno de los títulos que se asignan al Espíritu Santo: "Porque no sois vosotros los que habláis, sino el Espíritu de vuestro Padre que habla en vosotros" (Mt. 10:20). Es un título o nombre que expresa relación y procedencia. La función del Espíritu en la persecución y comparecencia de los cristianos ante tribunales a causa de su fe, es poner en ellos las palabras adecuadas para cada circunstancia. Es interesante otra evidencia en este proceso que solo es posible si se trata de una persona individual: Dios llama, Dios envía, Dios permite y Dios defiende. Enviados por Cristo, son perseguidos a causa de Cristo y defendidos por Él. El Espíritu Santo actúa en ellos asumiendo su defensa. El título enseña que la persona de Dios, el Espíritu Santo, procede del Padre, de ahí la vinculación: "Espíritu de vuestro Padre".

*Espíritu de Dios*

En el mismo evangelio según Mateo está esta referencia al título indicado: "Pero si yo por el Espíritu de Dios echo fuera los demonios, ciertamente ha llegado a vosotros el reino de Dios" (Mt. 12:28). El *si* que usa Jesús no es un *si* condicional, sino una afirmación absoluta, que equivale a decir "como quiera que yo...". El título vuelve a expresar relación y procedencia. Jesús hacía señales mesiánicas por el Espíritu Santo; sin embargo, no era asunto de instrumentalidad, es decir, que el Espíritu manejaba a un Jesús solo hombre, que era instrumento de la deidad. Jesús es Dios, el Verbo eterno manifestado en carne, el Emanuel, Dios con nosotros. Sin embargo, a causa de su condición como Mesías-rey, sujeta su humanidad en cuanto a las señales mesiánicas al poder del Espíritu, porque así estaba determinado. Cristo hablaba del poder actuante de la tercera persona divina que, como enviado del Padre, recibe el título de Espíritu de Dios.

---

[424] Tomás de Aquino, 1957, 1, q. 36, a. 1.

*Espíritu del Señor*

La procedencia de la segunda persona se hace evidente en el texto que sigue: "El Espíritu del Señor está sobre mí" (Lc. 4:18). Jesús desde el bautismo fue ungido (Lc. 3:22) para llevar a cabo la tarea que le fue encomendada al ser enviado desde el cielo a la tierra. Esta es sin duda la referencia profética que se cumplió en Él. La unción del Espíritu es como el reconocimiento para la labor mesiánica. La procedencia del Espíritu está vinculada nuevamente al Padre. Dios lo había ungido de Espíritu Santo y de poder. Los profetas tenían la asistencia del Espíritu de Dios, que les comunicaba el mensaje y los impulsaba para darlo a conocer, pero Jesús tenía el Espíritu reposando siempre sobre Él y sin medida.

*Espíritu de verdad*

Así dijo el Señor a sus discípulos: "El Espíritu de verdad, el cual el mundo no puede recibir, porque no le ve, ni le conoce; pero vosotros le conocéis, porque mora con vosotros, y estará en vosotros" (Jn. 14:17). Poco antes les había dicho que Él era la verdad (Jn. 14:6), ahora se refiere al Espíritu de la verdad. Es decir, como Dios, es verdadero y no hay engaño en Él (1 Ts. 1:9), pero la misión que tendrá es la de guiar al creyente a toda verdad (Jn. 16:13). En ese sentido, tiene que ver con revelar plenamente a Cristo, que es la verdad; al ser el Espíritu de Cristo (Ro. 8:9), conduce a la verdad por cuanto "tomará de lo mío y os lo hará saber" (Jn. 16:14). Sin duda alguna, el título tiene necesariamente que ser personal, es decir, propio de una persona, ya que en el mismo texto Jesús les dice "mora con vosotros, y estará en vosotros"[425]. El mundo no podía conocer al Espíritu, pero los creyentes sí, puesto que moraba con ellos, es decir, estaba a su lado. Pero en un tiempo próximo se produciría un cambio y es que quien estaba al lado, luego estaría en ellos. El Espíritu Santo no solo es el compañero, sino la persona divina residente en el *naos* de Dios que somos cada uno de los salvos. Es el residente divino en cada creyente, que es el nuevo santuario de Dios (1 Co. 6:19).

*Espíritu de vida*

Así escribe el apóstol Pablo: "Porque la ley del Espíritu de vida en Cristo Jesús me ha librado de la ley del pecado y de la muerte" (Ro.

---

[425] Texto griego: παρ' ὑμῖν μενει καὶ ἐν ὑμῖν ἔσται.

8:2). Esta ley del Espíritu, porque es del Espíritu de vida, comunica vida porque Él es vida y puede comunicarla. El contraste con la ley del pecado es evidente: mientras la del Espíritu es vida, la segunda es muerte (Ro. 7:5). Siendo Dios Espíritu de vida, su ley es el factor gobernante y omnipotente que actúa en el cristiano y produce orden, poder y fruto para vida (Ro. 6:23; Gá. 5:16). El pecado imponía su ley al pecador no creyente, y aun al creyente que quiere vencer por sí mismo. Es el Espíritu Santo que comunica la vida nueva y victoriosa del resucitado como espíritu vivificante a todo aquel que está en Él, (1 Co. 15:45); por esa causa se usa el título Espíritu de vida.

*Espíritu de adopción*

Otro de los títulos personales que el apóstol Pablo asigna al Espíritu Santo: "Pues no habéis recibido el espíritu de esclavitud para estar otra vez en temor, sino que habéis recibido el Espíritu de adopción, por el cual clamamos: ¡Abba, Padre!" (Ro. 8:15). Es por medio del Espíritu que somos adoptados como hijos en la familia de Dios, donde la admirable gracia de Dios vincula consigo al pecador. Al entrar en la condición de hijo, el espíritu de esclavitud desaparece para pasar al disfrute de la certeza que el Espíritu de adopción comunica directamente al espíritu del creyente. Esta adopción confiere al creyente todos los derechos y privilegios de esa condición. El Espíritu reproduce en cada uno de los hijos de Dios el carácter de Cristo, desapareciendo el temor porque ya el creyente es hijo, en lugar de enemigo, y ya no hay condenación para él, sino esperanza. La expresión de esa relación se especifica en el nombre que el Espíritu de adopción comunica al espíritu del creyente para que clame a Dios con el profundo respeto que merece, pero también con la familiaridad de un hijo: *Abba*.

*Señor*

De la pluma del apóstol Pablo aparece este título: "Porque el Señor es el Espíritu"[426] (2 Co. 3:17). Literalmente "Y el Señor el Espíritu es". Los dos títulos, Señor y Espíritu, van precedidos del artículo determinado que les confiere condición de único: es el Señor, el único Señor, y es el Espíritu, el único Espíritu. Aquí se llama al Espíritu Señor, palabra que traduce el término *Dios* en el Antiguo Testamento. Como se ha considerado antes, el ser divino es uno y trino. Cada una de las tres personas divinas son el único Dios verdadero. Las tres tienen los

---

[426] Texto griego: ὁ δὲ Κύριος τὸ Πνωεῦμα ἐστιν.

mismos atributos y, por consiguiente, participan de la esencia y naturaleza divinas; de otro modo, las tres son consustanciales. La frase del versículo debe considerarse como una afirmación directa de la deidad del Espíritu Santo. Esto es consecuente con el entorno textual más próximo, en el que el apóstol está desarrollando aspectos que tienen que ver con el nuevo nacimiento, la regeneración. Quien regenera es el Espíritu Santo, pero esta tercera persona divina no es meramente una manifestación de la omnipotencia del Padre, ni de la salvación llevada a cabo por el Hijo, sino que expresa la realidad divina de la tercera persona, que, como Dios verdadero, realiza el programa trinitario de salvación en aquella parte o aspecto que le es propio en ella. En ese sentido, Pablo llama Dios, Señor, al Espíritu, señalando con ello la deidad de la tercera persona divina. Realmente está afirmando que el Espíritu es Dios, y, por tanto, el Señor.

*Espíritu de su Hijo*

Una nueva referencia de relación y procedencia, en esta ocasión, con la segunda persona de la deidad: "Y por cuanto sois hijos, Dios envió a vuestros corazones el Espíritu de su Hijo, el cual clama: ¡Abba, Padre!" (Gá. 4:6). Al ser adoptados como hijos, son dotados del Espíritu del Hijo. A Cristo se le dio el Espíritu sin medida (Jn. 3:34; Mt. 12:18; Lc. 4:1, 18; Hch. 10:38). El Espíritu del Hijo reproduce al Hijo en el creyente; de este modo, en la operación transformadora y regeneradora del Espíritu, hace trascendente al Hijo en la vida de cada creyente. La presencia del Espíritu es evidencia de filiación. Dicho de otra forma, la misión del Hijo concede al creyente los derechos de filiación, y la misión del Espíritu es facultarlo para que los pueda usar. Mediante el envío del Hijo, Dios nos concede la condición de hijos, pero el carácter o las formas propias del Hijo son posibles solo por la acción del Espíritu que es enviado. Esta es la razón del epíteto: Espíritu de su Hijo.

*Espíritu de Jesucristo*

Escribiendo a los Filipenses, el apóstol dice: "Porque sé que por vuestra oración y la suministración del Espíritu de Jesucristo..." (Fil. 1:19). Dos motivos de esperanza para su liberación de la prisión en que estaba retenido: a) La oración de los creyentes intercediendo ante Dios por él. b) La suministración del Espíritu de Jesucristo, referencia al Espíritu Santo. El apóstol descansaba en la provisión del Espíritu. El mismo que sostuvo a Jesús en el plano de su humanidad, en su ministerio y pruebas, lo haría también con Pablo. El Espíritu de Jesucristo hace trascendentes en el creyente todos los recursos y el poder del Señor (Mt. 28:20; Fil. 2:1-11). El apóstol dice en la misma epístola a los Filipenses que a pesar de su situación: "Todo lo puedo en Cristo que me fortalece" (Fil. 4:13). La suministración del Espíritu era necesaria para el juicio al que había sido sometido ante el tribunal romano; de ahí que, como había actuado conforme a la orientación del Espíritu, tenía la confianza segura de que sería liberado (Mt. 10:19-20). Esta función del Espíritu Santo permite calificarlo como Espíritu de Jesucristo.

*Espíritu que nos fue dado*

Es el apóstol Juan el que da este calificativo al Espíritu Santo: "Y esto sabemos que él permanece en nosotros, por el Espíritu que nos ha dado" (1 Jn. 3:24b). La presencia del Espíritu es prueba de comunión con Dios (Ro. 8:9). La presencia del Espíritu certifica la presencia de Dios en su templo espiritual, que es el creyente (Ef. 2:22). El Espíritu reproduce el carácter de Cristo y el fruto de Dios en el creyente (Gá. 5:22-23). El Espíritu mantiene e impulsa la profesión de la fe cristiana de que el Hijo de Dios ha venido en carne (1 Jn. 4:2). El Espíritu Santo nos fue dado, es el don supremo de Dios que, enviado del Padre y del Hijo, viene a la experiencia de vida cristiana, haciendo morada en cada creyente para reproducir en él a Cristo y hacer posible el testimonio eficaz de Jesús ante el mundo. Como don de Dios, se presenta en el Nuevo Testamento (cf. Jn. 4:1; Lc. 11:13; Hch. 8:20). El Espíritu Santo es el don por excelencia porque personaliza el amor en la donación mutua entre el Padre y el Hijo. Es el don supremo que Dios hace de sí mismo a los hombres. Esta donación del Espíritu está vinculada a su procedencia *ad intra*. Así escribía Hilario de Poitiers:

> El Espíritu Santo dice relación al Padre y al Hijo, pues es Espíritu del Padre y del Hijo. Pero la relación no aparece en el nombre (Espíritu Santo), sino que se manifiesta cuando se le llama Don de Dios. Y es Don del Padre y del Hijo... cuando decimos don del dador y dador del don, expresamos una relación muta y formal. Luego el Espíritu Santo es como una inefable comunicación del Padre y del Hijo... Y para expresar el nombre esta conveniencia y mutua comunicación se llama, al Espíritu Santo, Don de ambos.[427]

---

[427] Hilario de Poitiers, *La Trinidad*, II, 1.

Nadie que no tenga al Espíritu es cristiano "porque si alguno no tiene el Espíritu de Cristo, no es de Él" (Ro. 8:9).

*Don de Dios*

Enlazado con lo considerado antes, el Espíritu que nos fue dado, hay referencias bíblicas a este singular calificativo —"si conocieras el don de Dios, y quien es el que te dice: Dame de beber; tú le pedirías, y él te daría agua viva" (Jn. 4:10)—, el calificativo aparece en otros lugares (cf. Hch. 2:38; 8:20; 10:45). Dios se da como Trinidad, especialmente mediante el regalo de su Hijo (cf. Jn. 3:16; Ro. 8:32; 2 Co. 9:15) y el don personal del Espíritu. El apóstol Juan aclara el sentido de este don, enseñando que el don por excelencia es el Espíritu Santo.

El Espíritu Santo, como se ha considerado, se constituye como persona como manifestación infinita del infinito amor *ad intra* del Padre y del Hijo, emanación, espiración del corazón divino que nos es dado; mediante la persona divina del Espíritu Santo, el don supremo de Dios, el amor divino se derrama en el corazón del cristiano para que pueda ejercer un amor desinteresado y de entrega, como es el de Dios (Ro. 5:5). Este amor nocional de Dios se personaliza en el Espíritu Santo como expresión del amor del Padre y del Hijo. De manera que, si el Verbo es la *expresión* exhaustiva de Dios, el Espíritu es la *impresión* del corazón divino, la eterna vinculación de amor entre el Padre y el Hijo. De ahí que si el Verbo procede de la vía mental del Padre, el Espíritu procede del amor del Padre y del Hijo.

Siendo el don de Dios, la personalización del amor, es también la de comunión entre el Padre y el Hijo, por cuya causa lo que tiene que ver con unión y comunión, al proceder del Espíritu, hace necesaria su presencia. Por esa razón, el Espíritu establece la comunión en el creyente, tanto en relación vertical con Dios como en la horizontal con los hermanos, realizando así la unidad de la Iglesia (Jn. 17:21-23; Ef. 4:3-4).

El Espíritu Santo es el don por el que Dios libremente se comunica, es decir, se da a los hombres, y en Él se substancian las relaciones existentes entre la Trinidad inmanente y la Trinidad económica. El Espíritu Santo es el nexo de unión entre ambos conceptos, ya que no es posible hablar del Espíritu separándolo de los dones que Él soberanamente da a los creyentes para hacerlos más semejantes a Cristo y para el desarrollo de su cuerpo espiritual que es la Iglesia.

*Espíritu eterno*

En la epístola a los Hebreos se le da este título: "¿Cuánto más la sangre de Cristo, el cual mediante el Espíritu eterno se ofreció a sí mismo sin mancha a Dios, limpiará vuestras conciencias de obras muertas para que sirváis al Dios vivo?" (He. 9:14). No cabe duda de que quien se ofreció es Jesucristo (Jn. 10:11, 15, 17, 18). Tras la entrega está el cumplimiento de la profecía del siervo que ofrece su vida en expiación por muchos (Is. 53:11). Pero esta ofrenda de entrega se hace "mediante el Espíritu eterno". Algunos entienden que se trata del propio espíritu personal de Cristo que, como persona divina, también es eterno. Pero la expresión *Espíritu eterno* está sin artículo en el texto griego[428], lo que permite entender que se está refiriendo al Espíritu Santo. Él condujo toda la acción mesiánica de Jesucristo, tal como había sido profetizado: "He aquí mi siervo, yo le sostendré; mi escogido, en quien mi alma tiene contentamiento; he puesto sobre Él mi Espíritu; Él traerá justicia a las naciones" (Is. 42:1). Esta acción del Espíritu en relación con Jesús no solo se produjo en su nacimiento y ministerio, sino que incluso se hizo presente en su muerte. El adjetivo calificativo *eterno* solo puede predicarse de quien es Dios, de ahí que sea una confirmación más de la personalidad y deidad de Dios, el Espíritu Santo.

*Espíritu Santo de la promesa*

Otra de las formas de referirse a la tercera persona divina: "En él también vosotros, habiendo oído la palabra de verdad, el Evangelio de vuestra salvación, y habiendo creído en él, fuisteis sellados con el Espíritu Santo de la promesa" (Ef. 1:13). En el momento de creer y recibir la salvación, Dios sella a los creyentes con el Espíritu Santo. El sello es con el Espíritu. Este dativo instrumental identifica el sello con el Espíritu Santo, que es comunicado a todos los fieles. Hay que destacar en el texto la posición del calificativo *Santo* que aparece en el texto griego al final de toda la oración[429], literalmente: "Fuisteis sellados con el Espíritu de la promesa el Santo". Es un adjetivo articular que marca la condición única de santidad que corresponde como Dios al Espíritu. Esta colocación del adjetivo, que es sustantivado como segundo término del nombre de la tercera persona divina, precisa la condición de santidad que es comunicada también por Él mismo a cada creyente. Esta santidad, como separación para Dios, no es esfuerzo natural del hombre, sino operación poderosa de la gracia. Al Espíritu Santo que sella al creyente se le califica aquí como "de

---

[428] Griego: Πνεύματο αἰωνίου.
[429] Griego: ἐσφραγίσθητε τῷ Πνεύματι τῆς ἐπαγγελίας τῷ Ἁγίῳ.

la promesa", que no es el Espíritu prometido, sino el que garantiza y hace posibles todas las promesas en Cristo Jesús, uniendo al cristiano con el Señor.

*El Espíritu*

Posiblemente el título más sencillo para referirse a la tercera persona divina. Lo utiliza el apóstol Juan refiriéndose en el evangelio a palabras que había dicho Jesús: "Esto dijo del Espíritu que habían de recibir los que creyesen en él; pues aún no había venido el Espíritu Santo, porque Jesús no había sido aún glorificado" (Jn. 7:39). Sin duda, el Espíritu con artículo determinado no puede sino referirse al único Espíritu de esa condición, que es eternamente Dios. Hablar del Espíritu de este modo es una referencia concreta a la realidad de la persona de Dios el Espíritu. Calificativo propio, como se ha considerado ya, de la tercera persona divina, y aparece vinculado con las otras en el triple nombre de la deidad en el Nuevo Testamento. Las tres personas divinas son el único Dios verdadero; de otro modo, cada uno de los tres benditos es Dios. El título *el Espíritu* es la designación que le corresponde como persona divina.

*El Consolador, Paráclito*

El Señor Jesucristo dijo a los suyos: "Yo rogaré al Padre, y os dará otro Consolador, para que esté con vosotros para siempre" (Jn. 14:16); y también: "Pero cuando venga el Consolador, a quien yo os enviaré del Padre, el Espíritu de verdad, el cual procede del Padre, él dará testimonio acerca de mí" (Jn. 15:26). Jesús iba al Padre y ya no estaría en el mundo, pero no significaba que no hubiese presencia y testimonio suyo, puesto que esa sería una de las misiones del Consolador, a quien llama nuevamente "el Espíritu de verdad". El título es válido para designar al Espíritu Santo, apreciándose nuevamente como persona distinta a la del Padre y a la del Hijo. Nótese que Jesús se refiere al Consolador, y dice que lo envía y que también procede del Padre. Por tanto, el Espíritu es enviado del Padre y del Hijo. El Espíritu con el calificativo de la verdad, y artículo determinado, es la referencia al Consolador, tercera persona de la Santísima Trinidad. La palabra *Consolador* en el texto griego tiene literalmente el sentido de alguien que es llamado para que venga al lado. El significado primario de la palabra griega es *asistente jurídico, abogado*. Sobre esto, escribe Barret:

> Para entender el significado de παρκλητος en el evangelio según Juan, lo mejor será fijarse en el uso que hace el Nuevo Testamento de παρακαλεῖν y términos emparentados Se detecta un doble sentido: a) El verbo παρακαλεῖν, y el sustantivo παράκλησις se refieren a la predicación profética cristiana (y a esa misma predicación transmitida en las cartas apostólicas), por ejemplo, Hch. 2:40; 1 Co. 14:3. Eso corresponde al uso corriente en griego, en el que παρακαλεῖν significa exhortar. b) Pero los dos términos se emplean también en otro sentido que, al parecer, no se funda en el griego clásico, sino que más bien depende de la Biblia hebrea, y hace referencia a la consolación, en particular, a la consolación que, según las expectativas, tendrá lugar en la época mesiánica. Este sentido es frecuente en el Antiguo Testamento (por ejemplo, en Is. 40:1), aparece también en el Nuevo Testamento (por ejemplo, en Mt. 5:4; Lc. 2:25), y tiene paralelos en la literatura rabínica, como denominación del Mesías. Los dos sentidos, aunque diferentes, están íntimamente relacionados; de hecho, la función principal de la παράκλησις (exhortación profética) es guiar a los hombres a una aceptación de la παράκλησις (consolación y salvación mesiánica) que ya se ha manifestado en la obra de Jesús. Cf. 1 Co. 14:24, 31.[430]

En el contexto, es llamado para que ayude en una situación de dificultad grande, bien sea amonestando, ayudando, alentando, consolando, instruyendo, trayendo a la memoria, iluminando los ojos espirituales, ayudando en los sufrimientos, conduciendo la oración y dando poder en el testimonio. El título Consolador aparece solo cinco veces en el Nuevo Testamento y todas ellas en escritos de Juan, de las que cuatro están en el evangelio (cf. Jn. 14:16, 26; 15:26; 16:7); la quinta está en una de sus epístolas (1 Jn. 2:1). En esta última se aplica a Cristo en sentido de abogado junto al Padre. La doble bendición del creyente es que tiene dos abogados. Uno está junto al Padre, el Señor Jesucristo, cuya misión es nuestra defensa de los ataques perversos de Satanás, el acusador de los hermanos (Ap. 12:10, cf. Zac. 3:1). El otro Consolador está a nuestro lado para defendernos de los peligros que acechan y pueden hacernos caer en la senda del testimonio (cf. 1 Jn. 3:24b; 4:4b). Cuando Jesús estaba en la tierra, se encargaba de guardar a los discípulos (Jn. 17:12), pero al salir del mundo para regresar al Padre, les envía otro Consolador.

---

[430] Kingsley Barret, 2003. p. 702.

Este Consolador, el Espíritu Santo, no iba a regresar al Padre en algún momento, como el caso de Jesús, sino que se quedaría con ellos, esto es, con los creyentes para siempre. En primer lugar, con los discípulos, y en segundo con todos los creyentes que vendrían a la experiencia de fe por la predicación de ellos. Siendo una persona divina, tiene las perfecciones tanto de la esencia como de la naturaleza divina. Por consiguiente, siendo Dios, es omnipresente, pudiendo estar en todos los creyentes, distantes en el tiempo y en el espacio, siempre. Por medio de Él y en Él, Jesús cumple su promesa de estar con los suyos todos los días hasta el fin del mundo (Mt. 28:20). Ni un instante el creyente está desposeído del Espíritu.

Las palabras de Jesús constituyen una manifestación de la Trinidad. En ellas está un yo, que habla a un tú y que se refiere a otro. Por consiguiente, se está hablando de tres personas distintas. No está refiriéndose Jesús al Consolador, el Espíritu, como una fuerza divina, sino como una persona divina que es enviada del Padre y del Hijo.

# CAPÍTULO X
# INMANENCIA TRINITARIA

**Introducción**

Dios es Espíritu infinito; por consiguiente, no puede ser comprendido en algún lugar porque lo excede en todo. Quiere decir que Dios está en todas partes, en el sentido de que nada escapa a su presencia y nada escapa a su control. Por esa razón, la Biblia enseña que no hay templo que pueda contenerlo. Así lo reconocía Salomón cuando, en la dedicación del templo que había construido como casa de Dios, dijo: "Mas ¿es verdad que Dios habitará con el hombre en la tierra? He aquí, los cielos y los cielos de los cielos no te pueden contener; ¿cuánto menos esta casa que he edificado?" (2 Cr. 6:18). La respuesta es una imposibilidad, pero al mismo tiempo una realidad; Dios puede habitar con los hombres y, es más, puede habitar en los hombres debido a la inmanencia que le permite estar totalmente en todos los lugares, llenando individualmente cada uno de ellos y estando plenamente en el lugar en que desee manifestarse.

Sin duda, esto no tiene posibilidad de una respuesta científica y lógica que satisfaga la explicación de la presencia de Dios, especialmente por la contradicción que supone hablar de infinidad y de limitación y, mucho más, hablar de infinito contenido en limitación. La filosofía no tiene respuesta y la metafísica tiene serias dificultades para explicarlo. Pero Dios se ha revelado a sí mismo, y la Escritura afirma como verdad que la Trinidad Santísima puede estar plenamente en cada persona que ha creído en Él.

Cuando se trata de asentar al infinito, de comprenderlo en un lugar, sea de un ser o de cualquier otra cosa creada, es necesario entender que el ser divino es su substancia o esencia, y todos sus atributos son la expresión que exterioriza esa realidad. Aunque es verdad que a lo que es infinito no puede asignársele límite alguno, por cuanto es infinito, esto conlleva necesariamente y potencialmente a lo que tiene que ver con Dios. Sin embargo, no puede asociarse necesariamente infinito con ilimitable. Ser infinito es, en sentido antónimo, lo opuesto a limitable, pero de lo que es infinito tanto como de lo que es limitable no siempre se puede predicar ese concepto negativo afirmando un *no se puede*, sino que debemos, especialmente en cuanto a Dios, predicar un concepto positivo, es decir, Dios infinito puede limitarse sin mengua alguna de su infinitud, ya que, aunque el infinito no es capaz de aumento, no es necesariamente el todo. En él está comprendida toda la individualidad. Dios es infinito en su ser en el sentido de que no se puede asignar límite alguno a sus perfecciones, está presente en todas partes y actúa en todo sin límite alguno. Pero eso no significa que no pueda estar íntegramente en un lugar y, especialmente, en su ser comprado por Él al precio de redención.

Aunque el Dios infinito no puede concretarse en un templo hecho por mano de hombre, no cabe duda de que su presencia estuvo en los santuarios que su pueblo levantó: en el tabernáculo del testimonio, desde cuyo Lugar Santísimo Dios manifestaba su gloria y presencia, y desde el santuario en que hablaba con Moisés (Ex. 33:9) y donde su gloria llenó la tienda (Ex. 40:34). Así ocurrió también con el templo levantado por Salomón cuando el arca del pacto fue llevada al santuario, la presencia de Dios en él se manifestó por la gloria que llenó el edificio (2 Cr. 5:13b-14).

En la presente dispensación, el santuario de Dios es cada persona salva por gracia mediante la fe. El apóstol enseña que el creyente es "templo de Dios" (1 Co. 3:16), y la Iglesia, como cuerpo de salvos en Cristo, es el santuario de Dios (1 Co. 6:19). De ahí la solemne advertencia que el apóstol Pablo dice sobre quien actúe intentando destruir el templo de Dios: será él destruido (1 Co. 3:17).

La presencia divina en el creyente compromete la presencia trinitaria. No hay independencia entre las personas divinas, sino individualidad, y la inmanencia del diálogo *ad intra*, se manifiesta *ad extra*; de otro modo, la presencia de una persona conlleva la presencia de la Trinidad. Esta será la reflexión de lo que sigue.

**La presencia trina en el santuario**

El proyecto divino es sustituir el santuario físico por el santuario espiritual. Deja un edificio hecho por manos humanas para establecer su presencia en el templo que Él mismo levanta. No se trata de un santuario al que Dios acuda y establezca en él su presencia, sino que vincula el santuario a sí mismo mediante la formación de un cuerpo en Cristo: "Porque por solo Espíritu fuimos todos bautizados para formar un solo cuerpo, sean judíos o griegos, sean esclavos o libres; y a todos se nos dio a beber de un mismo Espíritu"[431] (1 Co. 12:13; RVR). El

---

[431] Texto griego: καὶ γὰρ ἐν ἑνὶ Πνεύματι ἡμεῖς πάντες εἰς ἓν σῶμα ἐβαπτίσθημεν, εἴτε Ἰουδαῖοι εἴτε Ἕλληνες εἴτε δοῦλοι εἴτε ἐλεύθεροι, καὶ πάντες ἓν Πνεῦμα ἐποτίσθημεν.

modo de la unidad en el santuario de Dios es el resultado de la acción del bautismo del Espíritu Santo. La Iglesia es una porque cada creyente es bautizado, esto es, sumergido en Cristo para la formación del cuerpo, un oficio novedoso del Espíritu en esta dispensación. Es una acción diferente a lo ocurrido en Pentecostés (Hch. 2:4). En aquel día, el agente bautizador es Cristo, que sumergió a todos los creyentes en el Espíritu, como cumplimiento de la promesa hecha a los apóstoles. Los congregados en el lugar donde se manifestó el bautismo con el Espíritu eran todos creyentes. El Espíritu Santo tomó entonces posesión del nuevo templo de Dios, que es la Iglesia, como colectividad, y de cada creyente en la individualidad personal (1 Co. 3:16; 6:19; Ef. 2:21-22).

El bautismo del Espíritu en Cristo está íntimamente vinculado con la regeneración, ya que implica un cambio de posición. El creyente es introducido en una nueva esfera; bautizado equivale semánticamente a sumergido. En este caso puede expresarse mejor como bautizado hacia el cuerpo de Cristo, introducido en él, para formar esa nueva unidad espiritual. Esta identificación es imprescindible para recibir la vida eterna, puesto que en Él estaba la vida (Jn. 1:4), y esta es comunicada a cada creyente en razón de la unión vital con Cristo (1 P. 2:4-5). Por esta vinculación, la comunión con Dios se restaura, produciéndose la participación en la divina naturaleza (2 P. 1:4).

Es necesario apreciar que el objetivo del bautismo por el Espíritu es la formación de un cuerpo. Esta es una característica propia de la dispensación de la iglesia, que no fue posible antes de Pentecostés, puesto que no había sido enviado el Espíritu para residir en los salvos ni había sido revelado el misterio de la formación de un cuerpo de todos los creyentes en Cristo. Esto se manifiesta en la presente dispensación (Mt. 16:18). El Señor habló de esta obra del Espíritu al final de su ministerio terrenal, antes de su ascensión, como algo futuro y nuevo (Hch. 1:8). Por esta obra del Espíritu cada creyente es puesto en el Cuerpo de Cristo y viene a ser parte de lo que el apóstol llama literalmente *el Cristo*, refiriéndose a la unidad corporativa, de quien los creyentes son miembros y Él, cabeza. La Iglesia tal como se manifiesta en el Nuevo Testamento no podría existir sin la obra del bautismo del Espíritu puesto que se trata de la formación de un cuerpo en Cristo (Col. 1:18).

### *La presencia de Dios en el santuario*

El libro de Hechos relata el acontecimiento que tuvo lugar en el día de Pentecostés, donde el grupo de creyentes que formaron inicialmente la iglesia estaban reunidos juntos, cuando se produjo el cumplimiento de la promesa de Jesucristo, enviándoles el Espíritu Santo. El relato es preciso: "Y de repente vino del cielo un estruendo como de un viento recio que soplaba el cual llenó toda la casa donde estaban sentados" (Hch. 2:2). El sonido impetuoso fue oído, no solo por los congregados en el interior de la casa, sino por la gente que estaba en Jerusalén. Fue una acción repentina: el anuncio del envío del Espíritu se produjo sin más advertencia. De la misma manera que el Padre envió a su Hijo al mundo cuando "vino el cumplimiento del tiempo" (Gá. 4:4), así también el Padre y el Hijo enviaron al Espíritu en el tiempo que Dios había determinado para ello. Es interesante que cuando Dios actuó en una determinada manera en relación con los hombres, lo hizo notar. Así, cuando entregó la Ley en el monte a Moisés, dando con ello comienzo a la antigua dispensación, los que estaban presentes "vieron truenos y relámpagos, y espesa nube sobre el monte, y sonido de bocina muy fuerte" (Ex. 19:16). Dios hacía notar que algo nuevo comenzaba y que su presencia estaba en aquel lugar. El tiempo de la nueva época había llegado y desde el cielo Dios hacía notar su presencia en el nuevo *naos*. El sonido que se produjo desde el cielo era como el de un viento, tal vez un viento huracanado. No se trataba de un viento real que se producía como un tornado repentino, sino que lo que se produjo fue el ruido propio de un viento recio. Jesús había dicho a Nicodemo que los hombres pueden sentir el efecto del viento, tanto su acción como su sonido, pero no pueden verlo; de igual modo ocurre con la presencia del Espíritu Santo, produce efectos, pero como espíritu es invisible a los hombres. Nada mejor para llamar la atención del cumplimiento de la promesa relativa al descenso del Espíritu que el sonido de un viento violento. El sonido venía del cielo, por tanto, se trataba de un acontecimiento divino y sobrenatural.

Sigue el relato: "Y se les aparecieron lenguas repartidas, como de fuego, asentándose sobre cada uno de ellos" (Hch. 2:3). Por la autoridad de Jesucristo, el Espíritu desciende para tomar posesión del nuevo santuario de Dios, que es la Iglesia; por tanto, todo creyente está bajo la bendita influencia del Espíritu que, de acuerdo con el estricto significado de la palabra bautismo, alcanza a todos los creyentes que quedan bajo el Santo Espíritu de Dios. Este bendito bautismo sería también en fuego. El propio acontecimiento de Pentecostés, con el descenso del Espíritu Santo sobre la iglesia, armoniza plenamente con las lenguas como de fuego, repartidas sobre cada uno de los presentes. Es cierto que el fuego simboliza muchas veces la ira de Dios derramada sobre el pecado, pero no es menos cierto que en muchas ocasiones tiene que ver con purificación e iluminación. El simbolismo del fuego está ligado a la representación del Espíritu de Dios. El fuego es señal de la presencia de Dios, como cuando se apareció a Moisés en llama de fuego (Ex. 3:2). En esa misma forma, el fuego fue señal de aprobación divina, como en la construcción del tabernáculo (Lv. 9:24) o en el sacrificio de Elías en el Carmelo (1 R. 18:38). O señal de protección divina, como ocurrió con la conducción de Israel (Ex. 13:21), utilizada también en la promesa genérica para el pueblo de Dios (Zac. 2:5). El fuego es también figura de la acción correctora de Dios actuando en disciplina, como en el caso de la acción escudriñadora de Cristo sobre las siete iglesias (Ap. 1:14), y en la prueba de la fe cristiana (1 P. 1:7). La Biblia califica a Dios como "fuego consumidor" (He. 12:29). Como símbolo del Espíritu Santo, aparece en las siete lámparas que ardían delante del trono (Ap. 4:5). El fuego tiene también el sentido de iluminación, como una antorcha brillando en la oscuridad. El descenso del Espíritu Santo iluminaría entonces y siempre, desde aquella ocasión, las mentes y el corazón de los seguidores de Jesús de un modo sin precedente alguno (1 Jn. 2:20). La fuerza del fuego animaría ya desde entonces con el calor divino las voluntades de los cristianos (Hch. 4:13, 19, 20, 33).

Las lenguas, figura del fuego celestial que desciende con la persona del Espíritu Santo, hacen visible la presencia de quien, al ser Espíritu, es invisible a los ojos de los hombres, y al reposar sobre cada uno de ellos, pone de manifiesto que su bendita presencia no es solo para algunos, sino para todos los cristianos. Mas tarde, el apóstol Pablo enseñaría que quien no haya recibido el Espíritu de Cristo, esto es, el Espíritu enviado por Cristo, y que reproduce a Cristo en la vida de los cristianos, no es de Él (Ro. 8:9). A todos se les sumerge en el Espíritu y se colocan bajo su influencia. La venida del Espíritu Santo se hizo apreciar mediante el sonido como de un viento recio, y la visión de lenguas como de fuego que descansaron sobre los reunidos.

El viento y el fuego eran los elementos que solían acompañar a las teofanías, esto es, las manifestaciones visibles de la presencia de Dios (cf. Ex. 3:2; 24:17; 2 S. 5:24; 1 R. 19:11; Ez. 1:13). En esta manifestación visible de viento y fuego, los reunidos en la casa entendieron que Dios les había visitado, a la vez que había sido cumplida la promesa del envío del Espíritu Santo. La presencia de la tercera persona divina, Dios, el Espíritu Santo, se hacía visible por medio de ruido y llamas de fuego esparcidas que descansaban sobre cada uno. Sólo la segunda persona divina, el Hijo de Dios, se ha manifestado visiblemente desde el principio de la humanidad en forma corporal humana, ya que en el tiempo tomaría esa misma naturaleza para entrar en relación con los hombres y entrar en su mundo. La primera persona divina, el Padre, es invisible; nadie le ha visto ni puede ver jamás (1 Ti. 6:16); se hace visible en el Hijo que hace visible al Invisible (Jn. 14:9). El Espíritu Santo se hace manifiesto en formas corporales, pero no en forma humana, bien sea como paloma (Jn. 1:32), o bien como en este caso, mediante la forma de llama de fuego.

Lucas cierra el relato con estas palabras: "Y fueron todos llenos del Espíritu Santo..." (Hch. 2:4). El Espíritu Santo no solo desciende para cumplir la promesa del Señor, sino que lo hace para tomar posesión de su nuevo templo. Como Dios había llenado con su presencia los santuarios terrenales, ahora lo hacía con el nuevo. Un santuario espiritual edificado por Él; por esa razón manifestó su presencia en su nuevo templo, tomando posesión de él desde el interior de cada creyente. El Espíritu llenó completamente a cada uno de los reunidos en el lugar donde se encontraban al descender del cielo en el día de Pentecostés. Dios en Espíritu mora ya en los creyentes desde aquel día.

Desde el descenso del Espíritu, tomó a su divino cargo la vinculación unitaria de cada creyente en Cristo (Ef. 2:20-22). Exige, pues, la consecución de la unidad de todos los cristianos en Cristo, y de los unos con los otros. Debe notarse que la unidad de ese cuerpo es obra del Espíritu y no del hombre. De ahí que se establezca a modo de mandamiento la solicitud que el creyente debe manifestar en conservar la unidad, que ya ha sido hecha por el Espíritu (Ef. 4:3). Esta admirable operación hace posible la realidad de una sola Iglesia, la que Cristo ha determinado edificar.

Mediante la presencia del Espíritu en la Iglesia y en cada creyente, comienza lo que podemos llamar *el oficio residente*. Antes de Pentecostés, el Espíritu Santo estaba con los creyentes (Jn. 14:17); después de Pentecostés está en cada creyente (Jn. 14:17; 1 Co. 3:16-17; 6:19-20). Los creyentes, como se está reiterando, somos ahora el santuario de Dios (1 Co. 3:16). El término templo, que se utiliza en el Nuevo Testamento para referirse a los cristianos, indica el lugar donde Dios reside, su santuario en la tierra. El edificio que Dios está levantando tiene por fin ser su templo. Esta función residente del Espíritu convierte a cada cristiano en morada de Dios; de ahí la expresión del apóstol Pablo: "El Espíritu que mora en vosotros" (1 Co. 3:16b), lo que confiere una dimensión gloriosa a la Iglesia en la presencia de Dios en ella. La presencia del Espíritu garantiza también la de las otras dos personas divinas en la Iglesia. Dicho de otro modo, el Dios trino y uno está presente en el santuario que es cada creyente y en la Iglesia como conjunto de ellos.

## La inmanencia trinitaria en el creyente

Hablar de inmanencia trinitaria es tratar de un misterio de gracia, cuya ejecución descansa en la operación divina mediante la cual el Verbo es enviado al mundo para hacer posible la redención y unir a todos los hombres que aceptan el plan de Dios y creen en Jesús como su salvador personal. La tercera persona divina es enviada al cristiano para unirnos con Cristo y de esa forma unirnos con Dios. Por consiguiente, la inhabitación trinitaria es la comunión del salvo con las tres personas divinas, que por ser comunión es también vinculación en relación presencial de Dios en el hombre y del hombre en Dios.

Así lo expresa el Dr. Mateo-Seco:

> La inhabitación trinitaria es una relación de presencia entre las tres divinas personas y el hombre en un diálogo de conocimiento y de amor por el que Dios habita en el hombre, o dicho con mayor precisión, el hombre es poseído por Dios hasta el punto de que Dios le hace habitar en sí mismo. La presencia de inhabitación es una relación que, como toda relación, incluye no solo dos términos que se relacionan entre sí —las personas divinas y el hombre—, sino también el fundamento o razón por la que esos términos se relacionan.[432]

La inhabitación de las tres personas divinas en el creyente está firmemente atestiguada en el Nuevo Testamento, y de forma puntual se considera más adelante. No solo hay referencia bíblica para la primera y segunda personas (Jn. 14:23), sino que abunda mayormente para la tercera persona, que sería —conforme a la promesa de Jesús— enviado a los cristianos (Jn. 15:26; 16:7); de forma puntual y precisa, se enseña que el envío del Espíritu Santo tiene como destino el corazón, en sentido de parte íntima y vital del creyente, lo que indica la presencia en todo aquel que cree en Jesucristo (Gá. 4:6). El amor de Dios está sin limitación en el corazón del cristiano porque fue derramado en él, por el Espíritu Santo que nos fue dado (Ro. 5:5). El apóstol Pablo afirma que el "Espíritu mora en vosotros" (1 Co. 3:16). Con precisión dice también que "el Espíritu de aquel que levantó de los

---

[432] Mateo-Seco, 1998. p. 725.

muertos a Jesús habita en vosotros" (Ro. 8:11). Estando presente una persona divina, están las otras dos por inmanencia entre ellas. Por tanto, la inhabitación trinitaria, es una doctrina bíblica.

La inmanencia trinitaria se pone de manifiesto primero en la proximidad trinitaria, ya que el Espíritu Santo, Espíritu de Dios, desciende sobre la Virgen en la concepción del Verbo, donde se hace manifiesta la presencia trinitaria: "El Espíritu Santo vendrá sobre ti, y el poder del Altísimo te cubrirá con su sombra; por lo cual también lo santo que va a nacer será llamado Hijo de Dios" (Lc. 1:35). No puede estar desligado el que envía del enviado, ni el que procede de la procedencia: el Espíritu Santo presente en la concepción como operante de ella, el Verbo que se encarna por concepción virginal y el Hijo, lo santo que nacería. La acción soteriológica está ligada a la presencia de las tres personas divinas. Esta proximidad trinitaria se convertirá en presencia trinitaria con el descenso del Espíritu Santo que habita en cada creyente.

No es posible dejar de entender que la preparación para la inmanencia tiene que ver con la presencia del santuario divino que es Jesús mismo. El Verbo se hizo carne "y habitó entre nosotros" (Jn. 1:14). La inmanencia trinitaria alcanza la máxima expresión aquí, ya que el Verbo encarnado es la tienda, el tabernáculo de Dios con los hombres, en quien está presente toda la gloria de la deidad, en quien se encuentra la plenitud de la deidad (Col. 2:9). Estando Cristo presente, por la misma inmanencia divina, están presentes las otras dos personas y la Trinidad se revela, expresa y manifiesta en Jesús, que es Dios-hombre y es Emanuel, Dios con los hombres. Posteriormente al tiempo pascual, por la resurrección, se hace Espíritu vivificante y, por su presencia en los suyos, convierte a cada uno de ellos en residencia divina, santuario de Dios en Espíritu, donde la Trinidad Santísima no solo se ha acercado, sino que se ha hecho presente en el hombre. Este, y la iglesia como cuerpo vinculante de creyentes en Cristo, es "la plenitud de aquel que todo lo llena en todo" (Ef. 1:23). Cada cristiano pertenece al cuerpo y todos ellos unidos a la cabeza, que es Cristo, forman el cuerpo de Cristo. Si en la cabeza está presente la plenitud de la deidad, el cuerpo es el lugar donde está presente Dios. No es que la Iglesia o el creyente se divinicen, sino que son receptores en gracia de la inmanencia trinitaria. Por esa misma razón, el apóstol Pablo dice que la Iglesia es la "plenitud de aquel que todo lo llena en todo". El término *plenitud*[433] es muy extenso en griego,

---

[433] Griego: πλήρωμα.

pero en general, y de forma especial en Efesios y Colosenses, se usa en el sentido de *pleroma* divino (Ef. 3:19; Col. 2:9), por tanto, es la plenitud por excelencia, sublime e insuperable. Es el lugar donde se manifiesta la plenitud de Dios. Esa dimensión se relaciona con la medida de la plenitud de Cristo (Ef. 4:13), que en el texto griego aparece como un genitivo; por tanto, la medida de la plenitud de Cristo, entendiendo aquí la unidad de todos los creyentes como cuerpo y de Cristo como cabeza. Pero todavía algo más: "Aquel que todo lo llena en todos" debe leerse literalmente como "los todos en todo llena", donde la inhabitación trinitaria se hace evidente; de otro modo: "Ser llenado en la plenitud por medio de la plenitud". Debe entenderse que la Iglesia no es la plenitud de Dios, sino es espacio donde se asienta la plenitud de Dios, que Él ha abierto en su cuerpo, que es la Iglesia. Dios presente, trino y uno, en su santuario.

La conclusión de esto se puede expresar así: a) Dios trino está presente, es decir inhabita el creyente y la Iglesia; b) Por consiguiente las tres personas divinas están en el creyente; c) La presencia trinitaria está vinculada al creyente por la obra del Espíritu Santo.

Esta profunda verdad está expresada en la Patrística, pero en modo especial en un párrafo de Agustín de Hipona, en el que se lee:

> El amor que viene de Dios y es Dios es propiamente el Espíritu Santo, por el que se difunde en nuestros corazones la caridad de Dios, por la cual nos inhabita toda la Trinidad. Por esta causa el Espíritu Santo, aun siendo Dios, es llamado Don de Dios con toda propiedad. ¿Y qué puede ser este Don, sino amor que nos conduce a Dios y sin el cual ningún don de Dios conduce a Dios.[434]

No cabe duda de que cuando se habla de inhabitación de la Trinidad, se expresa un concepto propio del misterio revelado por Dios en el Nuevo Testamento a través de sus apóstoles. Dios por inhabitación hace presente al Padre, al Hijo y al Espíritu Santo, lo que supone que el creyente es puesto en relación íntima con las tres personas divinas;

---

[434] Agustín de Hipona, *De Trinitate*, XV, 18, 32. El texto latino tiene una notable fuerza: *"Dilectio igitur quae ex Deo est et Deus est, proprie Spiritus Sanctus est, per quem diffunditur in cordibus nostris Deis charitas, per quam nos tota inhabitat Trinitas. Quocirca rectissime Spiritus Sanctus, cunm sit Deus, vocatur etiam Donum Dei. Quod Donum proprie quid nisi charitas intelligenda est, quae perducit ad Deum, et sine quua quodlibet alium donum Dei non perducit ad Deum?"*.

pero esa relación tiene la peculiaridad de la individualidad personal, de manera que, de cada una de ellas, conforme a su trabajo tanto *ad extra* como *ad intra*, se comunican y lo comunican al cristiano.

Por el hecho de estar el Hijo presente en el creyente y el creyente en el Hijo, es posible la adopción en Él de cada cristiano para ser hecho hijo de Dios (Jn. 1:12). Esto tiene una consecuencia en la relación con el Padre y el Espíritu en Cristo, que será considerada en el capítulo sobre la espiritualidad trinitaria, apuntando aquí solamente el hecho que se deriva de la inhabitación. El ser hechos hijos en el Hijo requiere que seamos unidos vitalmente al Hijo, operación que solo es posible por la obra del Espíritu Santo, que comporta necesariamente una relación filial y esencial con el Padre. Nuevamente irrumpe la cristología, ya que la presencia de las personas divinas es posible por la relación filial con el Hijo. De ahí que el amor con que el Hijo ama al Padre nos sea derramado por el Espíritu Santo que nos es dado (Ro. 5:5), y que la comunión con el Padre obedezca al hecho de estar en el Hijo.

Porque Dios es infinito, puede estar y de hecho está en todas partes, pero en cuanto a inhabitación, lo está de forma especial, porque la criatura inhabitada es participante de la naturaleza divina por vinculación y relación con Dios (2 P. 1:4). La presencia de Dios no es un modo de expresión dinámico, sino una realidad substancial. No es la gracia del Verbo que llena al hombre, sino el Verbo mismo; no es el amor del Padre que llena al hombre, sino el Padre mismo; no es comunión del Espíritu que llena al hombre, sino el Espíritu mismo.

La presencia trinitaria en el creyente es el propósito divino que se producirá en el programa de Dios para los siglos venideros. En la creación o, si se prefiere, recreación de lo existente, tendrá lugar la aparición de cielos y tierra nuevos. El decreto divino determina una situación de pleno sometimiento a Dios de todas las cosas. La rebeldía contra Él, manifestada en el tiempo actual, concluirá definitivamente: "Y cuando todas las cosas le estén sometidas, entonces también el Hijo mismo se someterá al que le sometió a él todas las cosas, para que Dios sea todo en todos"[435] (1 Co. 15:28). El reino de los cielos o el reino de Dios será definitivamente restaurado. En el momento presente parece que el programa de Dios para sujetar las cosas todas a sí mismo no se está cumpliendo (He. 2:8). Sin embargo, la permisividad

---

[435] Texto griego: ὅταν δὲ ὑποταγῇ αὐτῷ τὰ πάντα, τότε καὶ αὐτὸς ὁ Υἱὸς ὑποταγήσεται τῷ ὑποτάξαντι αὐτῷ τὰ πάντα, ἵνα ᾖ ὁ Θεὸς τὰ πάντα ἐν πᾶσιν.

divina nada afecta a la soberanía determinante de Dios. El decreto divino, como se consideró en el versículo anterior, está establecido y tendrá cumplimiento absoluto en la nueva creación de Dios. No hay nada ni nadie que pueda hacer fracasar su voluntad. La victoria final se alcanza cuando todas las cosas, eliminado también todo poder contrario o toda oposición a Dios, se sujeten al Hijo, quien habrá terminado la misión mediadora que le había sido encomendada para hacer posible lo que Dios había determinado.

Entonces el mismo Hijo se sujetará también al Padre. Esto resulta un tanto difícil de entender si no se tiene en cuenta la condición divino-humana de Jesucristo. El Verbo eterno manifestado en carne sujetará su misma humanidad al Padre porque habrá terminado ya toda obra encomendada en la restauración mediadora de todo cuanto existe al control definitivo de Dios (1 Ti. 2:5). La función mediadora para salvación y restauración habrá cumplido total y definitivamente el objetivo previsto por Dios. Esto no supone que el Hijo deje de reinar, porque su reino es eterno (Lc. 1:33), ya que si dejase de reinar, esto sería contrario al propósito divino (Is. 9:6-7; Dn. 7:14). El Hijo aquí no debe ser considerado en el plano de la deidad, sino como mediador que, al estilo de un general victorioso, regresa habiendo ejecutado la campaña que se le había encomendado y haciéndolo en plenitud y victoria. En la misma comisión divina se estableció la victoria del mediador, es decir, ya estaba ordenada en el propósito de Dios. Alcanzada la culminación de lo que se le había encomendado, entrega el poder al Padre, de quien Él también participa, así como el Espíritu, porque Dios es un ser que existe eternamente en tres personas. La obra se termina, pero el reinado permanece eternamente, porque así permanece Dios. En la nueva creación y reino eterno, el Hijo reinará eternamente porque así ha sido establecido por Dios (Ap. 22:3).

Sobre la perpetuidad de la mediación ontológica de Jesús, refutando la posición de cese de la humanidad en el Verbo encarnado, entendiendo que fue asumida por un tiempo, escribe el Dr. Lacueva:

> Estamos de acuerdo en que, por toda la eternidad, no será necesaria la mediación funcional de Cristo, cuando la obra de la salvación haya arribado a su consumación definitiva, pero es del todo inadmisible la idea de que, por ello, cese la mediación ontológica de Cristo como el Dios-hombre, despojándose Jesús de su naturaleza humana, ya que la unión hipostática es perpetua e indisoluble. Sin la humanidad de Jesucristo, no es posible la visión de Dios (v. Jn. 14:9, a la luz de 1 Ti. 6:16), desaparece entonces el Cielo como ciudad de luz beatífica (Ap.

21:23; "y el Cordero es su lumbrera", comp. con Is. 60:19), y se descoyunta el reino eterno de Dios, puesto que el "río de agua viva" de la Jerusalén Celestial (cuya fuente es el Espíritu Santo, comp. con Jn. 7:39) sale "del trono de Dios (el Padre) Y DEL CORDERO" (Ap. 22:1). Que el epíteto Cordero designa a Cristo en su humanidad asumida al encarnarse el Verbo no necesita demostración, pues solo en cuanto hombre pudo asemejarse a un cordero, por su mansedumbre en ser llevado al matadero (Is. 53:7).[436]

Cabe preguntarse: ¿Cómo puede el Hijo ser igual al Padre y a la vez estar sujeto a Él? Nuevamente el gran misterio de la unión hipostática lo hace posible. En su condición divina, es igual al Padre, pero es en su naturaleza humana que puede estar sujeto a Él. No es este un tratado de cristología, por lo que no cabe sino una breve aproximación para hacer inteligible la verdad a cualquier lector. Habitualmente el título *Hijo* se usa para referirse a la deidad, de manera que el Padre engendra eternamente al Hijo que está en su seno. En este sentido, el título designa un término de naturaleza y no de función. Eternamente es Dios el Hijo. Sin embargo, a causa de la unión hipostática, existe la comunicación de propiedades, de modo que puede designarse para una naturaleza las propiedades de la otra, siempre que se haga atendiendo a la única persona que hay en Jesucristo. Así, a modo de ejemplo, puede llamársele Dios cuando lo que se considera corresponde a su humanidad; de este modo, al que muere se le califica como Hijo de Dios, autor de la vida, Señor de gloria. No puede afirmarse aquello que no es posible en relación con su persona, así no se puede decir que Dios muere, pero debe afirmarse que quien moría era Dios. De este modo se atribuyen perfecciones únicamente divinas a su naturaleza humana y condiciones humanas a su naturaleza divina. Quien es hombre reclama para Él la misma fe que para Dios porque es Dios (Jn. 14:1). Por eso mismo, debe tenerse sumo cuidado en la expresión de estas relaciones concurrentes en la persona divino-humana de Jesucristo. No se puede afirmar, a la luz de este versículo, que la naturaleza humana del Hijo de Dios está en todas partes, ni que su naturaleza divina padeció y murió. Del mismo modo, la frase del versículo no puede aplicarse para establecer que Jesucristo sea inferior al Padre por la entrega que le hace del reino restaurado; por tanto, el término Hijo aquí no debe entenderse como una referencia a la naturaleza

---

[436] Lacueva, 1983, p. 120.

divina del Señor. Cristo, como Dios, conoce todas las cosas, pero Él mismo dijo que del día de su venida nadie sabía, ni los ángeles ni el Hijo, sino solamente el Padre (Mr. 13:32).

Todavía hay una dificultad en esta última oración: "Dios sea todo en todos". ¿Debe considerarse como final o como consecutiva? Es necesario comprender el sentido del dativo en la oración, que serían aquí todas las cosas, de otro modo, Dios estaría en todo el universo, en todas las cosas, como debe entenderse un dativo neutro plural, siendo mayoritariamente la aceptación del adjetivo como nominativo y atributo del sujeto en la oración, que es Dios. Pero es necesario precisar que no tiene el sentido que para los filósofos sería panteísta de identificación de Dios con todas las cosas en el universo, sino que se trata de una identificación moral. Dios es todo en el universo cuando el universo le está sometido a Él. Pero en ningún modo puede entenderse esto como que el universo entero será una cosa con Dios, de modo que Él será todo y todo será Dios.

Pero también puede ser considerado el adjetivo articular *todo* como un acusativo adverbial, que equivaldría a *totalmente*. En este sentido determinaría que Dios está plenamente en todo el universo puesto que nada habría ya fuera de Él, en razón del trabajo mediador de Cristo que lo hizo posible; dicho de otro modo, nada habría en la nueva creación fuera, o al margen de Dios. Así escribe sobre esta utilización del adjetivo el profesor Juan Leal:

> Hoy día, siguiendo la línea que Pablo desarrolla en este capítulo, hay muchas cosas que no son de Dios en el mundo; el pecado, la muerte, la debilidad... Cuando llegue el reino del Padre, con la victoria de Cristo, desaparecerá el pecado, la muerte, la enfermedad, la pobreza... El mundo se transformará en luz, en verdad, en santidad, en vida, en caridad, en lo que es Dios.[437]

Cuando el apóstol habla de que Dios será todo en todos o todo en todas las cosas, ambas son verdad, está señalando a una etapa final y definitiva del reino de los cielos, ya que todo está sometido y sujeto a Dios y la restauración universal con ausencia total del pecado permite la presencia divina en santidad, justicia y soberanía. Entonces la mediación del Hijo cesará definitivamente porque la obra de restauración

---

[437] Leal, 1965, p. 462.

de todo a Dios se habrá terminado y Dios reinará en soberanía, sobre todo, donde existirá solamente santidad y orden.

Una nueva creación servirá de base al propósito divino de poder relacionarse en plena comunión con el hombre que fue creado para tener esta relación especial con Dios. En esos cielos nuevos y tierra nueva será el asiento de la nueva humanidad, salvada y regenerada por la obra establecida en la soberanía de Dios.

La presencia inmanente de Dios trino y uno en el creyente es una de las verdades necesarias en la economía divina, ya que, si el salvo es santuario, la presencia de Dios en su santuario se hace necesaria. La inhabitación permanente de la Trinidad en el creyente surge, como todo el contenido de la doctrina de la Trinidad, como consecuencia de la cristología. Los apóstoles se encontraron con la inmanencia en el creyente y con la presencia del Padre y del Hijo en ella. Así escribe Juan: "Respondió Jesús y le dijo: El que me ama, guardará mi palabra; y mi Padre le amará, e iremos a él, y haremos morada con él"[438] (Jn. 14:23; RVR). La expresión del verdadero amor consiste en la obediencia a las palabras, en este sentido, las enseñanzas de Jesús. Él estableció para los nuevos creyentes que se les enseñase a guardar todas las cosas que les había dicho (Mt. 28:20). Como escribía el Dr. Lacueva: "El amor es la raíz de la que brota el fruto de la obediencia; no se ama por obediencia, sino que se obedece por amor"[439].

Por esa razón, Cristo insiste en que quien le ama verdaderamente, guarda su palabra. La bendición de la obediencia está en la manifestación del amor que el Padre tiene para el que obedece. Ya se ha hecho notar antes que el amor de Dios no se alcanza por la obediencia, pero Dios muestra su amor en la vida del que le obedece. Jesús había dicho que el Padre le amaba porque Él hacía siempre lo que le agradaba; por tanto, si alguien obedece lo que el Hijo manda en su palabra, será también amado por el Padre.

La promesa de Jesús dice literalmente: "Y vendremos y morada con él haremos". Jesús desvela la presencia trinitaria en el creyente. La preposición *con*[440] en dativo equivale a *junto a*, pero también se usa para referirse a la misma persona; este es el caso aquí, donde debe leerse como *vendremos a él*. El creyente se convierte en templo de

---

[438] Texto griego: ἀπεκριθη Ἰησοῦς καὶ εἶπεν αὐτῷ· ἐαν τις ἀγαπᾷ με τὸν λογον μου τηρησει, καὶ ὁ Πατηρ μου ἀγαπησει αὐτὸν καὶ πρὸς αὐτὸν ἐλευσομεθα καὶ μονὴν παρ' αὐτῷ ποιησομεθα.
[439] En Henry, 1989, p. 374.
[440] Griego: παρά.

Dios donde las tres personas divinas hacen morada. Esto tiene una dimensión que supera nuestra comprensión. El trabajo *ad intra* se manifiesta donde la Trinidad está. Por tanto, esa acción de las tres personas divinas viene a realizarse en la intimidad del creyente. Una de las operaciones *ad intra* está relacionada con la unidad esencial de las personas en el ser divino. A esto apelará Jesús en la oración que se comentará más adelante, donde pide al Padre que, para la unidad de la iglesia, se manifieste en cada creyente la presencia divina, con lo que la unidad divina servirá para la realización de la unidad de la Iglesia. El creyente es convertido en morada de Dios donde habita, en sentido de *residir*, *morar*, la santísima Trinidad. No en forma ocasional o temporal, sino en la casa-residencia, el *naos* dentro del santuario, la expresión real de lo que era el Lugar Santísimo en el tabernáculo y el templo. Jesús dice que las personas divinas harán morada con el creyente. Este sustantivo tiene la misma raíz que el verbo *permanecer, quedarse, vivir, habitar, residir*[441], que implica permanencia en un lugar, pero además, en el contexto la permanencia, trae aparejada una relación de amor con el que se comparte morada o, si se prefiere mejor, con la misma morada, que es el creyente. Al amor hacia el creyente que guarda los mandamientos del Señor se une la comunión presencial de las personas divinas en él. El resultado es la experiencia vivencial de la participación, unión comunicativa, comunión con la naturaleza divina (2 P. 1:4). Tal relación genera una verdadera espiritualidad trinitaria, en la que el creyente piensa, desea, actúa, ama a semejanza de Dios, pero, todavía más, las características personales de cada una de las personas residentes se reproducen por comunión personal en Él.

La distinción entre estar y morar es evidente. La primera expresa una ubicación, que puede cambiar en algún momento. La segunda, morar, denota la idea de residir o de permanencia definitiva. Por esa razón, cuando Jesucristo dice a los suyos "permaneced en mí" (Jn. 15:4), el verbo está en aoristo de imperativo en voz activa, lo que implica un sentido de urgencia, como si dijese no os separéis de mí, porque de lo contrario no tendrían vida. No se trata de que la permanencia sea por propia voluntad del que está en Cristo, sino como experiencia de un hecho ocurrido definitivamente que permanece en el tiempo. El contexto del capítulo no se refiere a la unión con Cristo para salvación, sino para llevar fruto. La traducción precisa del texto

---

[441] Griego: μένω.

griego es: "Todo pámpano, *en mí*, que no lleva fruto"; indica la comunión con Cristo que se necesita para llevar fruto.

Si Dios está presente trinitariamente en el creyente, se puede hablar de participación en la naturaleza divina, como escribe el apóstol Pedro al referirse a las promesas y llamamiento de Dios: "Por medio de las cuales nos ha dado preciosas y grandísimas promesas, para que por ellas llegaseis a ser participantes de la naturaleza divina"[442] (2 P. 1:4). Por esa admirable manifestación de la gracia, Dios ha dado al hombre preciosas y grandísimas promesas. Estas promesas son preciosas o valiosas, pero también grandísimas, usando aquí el adjetivo en superlativo. La grandiosidad de esas promesas no tiene parangón en el conocimiento humano. Son las bendiciones prometidas para el que cree, comenzando por la vida eterna (Jn. 3:16) y siguiendo por las multiformes manifestaciones de lo que el creyente alcanza por la obra salvadora. Dios nos ha prometido hacernos sus hijos (Jn. 1:12), llevándolo a término en Cristo mismo, quien nos adopta como tales en la familia de Dios (Gá. 4:5). Una vida transformada por la regeneración cambia la situación de la antigua manera de vivir en el pecado por la presencia del Espíritu en el creyente (Ro. 8:9, 13, 14). De igual manera nos ha prometido y nos ha dado el Espíritu Santo (Jn. 14:16, 17; Hch. 2:23; Ef. 1:13), y la promesa de conducirnos en el tránsito de la vida (Jn. 16:13). Nos ha prometido su presencia (Jn. 14:18; Mt. 28:20). Algunas de estas grandísimas promesas tendrán su cumplimiento más adelante, cuando sea recogida la Iglesia para estar eternamente con Jesús (Jn. 14:1-4). Estas promesas tienen fiel cumplimiento porque todas las promesas de Dios son en Él sí y en Él amén (2 Co. 1:20). Junto con la esperanza de gloria, la de la recompensa eterna (1 Ti. 4:8; Stg. 1:12). Son sin duda preciosas, pero también son grandísimas sus promesas.

La dimensión de la grandeza de lo que Dios ha dado alcanza cotas tan sublimes como la de venir a ser hechos participantes de la divina naturaleza. Pedro usa aquí el adjetivo declinado *divina*[443], unido a naturaleza[444] para expresar que hemos sido hechos comunicantes, participantes, o si se prefiere, que tenemos comunión con o en la divina naturaleza. Esto es capital para entender, entre otras cosas, la dotación de vida eterna. La vida eterna es privativa y potestativa de

---

[442] Texto griego: δι' ὧν τὰ τίμια καὶ μέγιστα ἡμῖν ἐπαγγέλματα δεδώρηται, ἵνα διὰ τούτων γένησθε θείας κοινωνοί.
[443] Griego: θείας.
[444] Griego: φύσεως.

Dios, puesto que solo Él es eterno. De ahí que ningún ser creado tenga en sí mismo vida eterna. Sin embargo, Jesús promete dar vida eterna a cuantos crean en Él, lo que supone que en alguna medida o de alguna manera, el creyente venga a tener comunión o a participar de la vida de Dios. Esta operación de la gracia conduce a situaciones excepcionales para el que cree, puesto que quien cree en Cristo es engendrado de Dios (Jn. 1:13) y es renacido de simiente incorruptible (1 P. 1:23). Este nuevo nacimiento supone, en cierto modo, una participación en la divina naturaleza, siendo hijos de Dios por la fe en Cristo (Gá. 3:26; 4:6, 7). Con todo, esto no lleva a resolver el sentido pleno de esta participación. La vida de Dios es compartida por los creyentes por medio de Cristo y del Espíritu que vive en ellos (Ro. 8:9; Gá. 2:20). Sin duda, la mutua inmanencia de Dios y del creyente podría bastar para explicar esta comunión íntima con la vida divina, del cristiano con Dios en Cristo (cf. 1 Jn. 1:3, 6).

Dios es un ser con dos aspectos de vida que, inalterablemente unidas, permiten conocer lo que es la vida de Dios y como tal la vida eterna. Por un lado está lo que técnicamente se llama *esencia*[445], que tiene múltiples acepciones, entre las que están substancia, ser, realidad, existencia, vida; las dos primeras se usan para referirse a la realidad esencial de Dios. Siendo de este modo, esa esencia divina no puede ser compartida por ningún ser porque es privativa y potestativa de Dios mismo. Se suele vincular con los atributos incomunicables que solo Dios posee, como la omnipotencia, la omnisciencia, omnipresencia, que nadie más que Él puede tener. De otro modo, compartir la esencia de Dios sería poseer los atributos esenciales que hacen de Dios el ser absoluto, totalmente otro, que sería también asociarse —que es uno de los sentidos de la palabra participar— con perfecciones tales como eternidad, infinitud, lo que hace a Dios ser lo que únicamente es. Por otro lado, está la naturaleza[446]; esta es eterna, puesto que Dios no tiene principio, y se expresa mediante lo que se llaman atributos comunicables, que existen en Dios en grado infinito y son comunicados al hombre creyente en grado limitado. De modo que Dios es amor infinito, pero ese amor divino se ha derramado en el corazón regenerado por el Espíritu Santo (Ro. 5:5); Él es justicia infinita, pero al cristiano se le demanda ser justo. Esta experiencia en la vida divina, en la que somos exhortados a vivir —"Por lo tanto, sed imitadores de Dios, como hijos amados" (Ef. 5:1)—, es posible en cuanto la vida

---

[445] Griego: οὐσία.
[446] Griego: φύσισ.

de Dios participativa en su naturaleza viene a ser experiencia de todo aquel que está en Cristo. Así que quien tiene a Cristo tiene la vida eterna porque Cristo es Dios, en unidad con el Padre y el Espíritu.

Si bien la comunión en la divina naturaleza se alcanza en Cristo, es evidente que esa comunión o participación es necesariamente con las tres personas divinas, puesto que la vida de Dios es común a las tres.

La manifestación suprema de Dios tiene lugar en Cristo (cf. Jn. 1:14, 18; 5:17-19; 10:38; 14:9-11; 17:21-26; 1 Ti. 3:16; He. 1:2-4; 1 Jn. 4:2, 9-16). Todo cuanto es de Dios se manifiesta en Cristo y por Él, ya que ahora y por la eternidad no puede haber otra expresión de la gloria de Dios si no es por medio de Cristo: "La ciudad no tiene necesidad de sol ni de luna que brillen en ella; porque la gloria de Dios la ilumina, y el Cordero es su lumbrera" (Ap. 21:23). Por esa razón, quien está en comunión con Cristo está en comunión con Dios; es más, quien tiene a Cristo, tiene a Dios, lo que pone de manifiesto que la presencia de una persona —permítase decirlo— arrastra la presencia de las otras tres, puesto que Dios no es una persona, sino un ser en el que subsisten eternamente tres personas. Al tener comunión con Cristo, la tenemos con el Dios trino, por una razón que la Biblia aclara con precisión: "En él habita corporalmente toda la plenitud de la deidad" (Col. 2:9). La plenitud divina en Jesucristo se manifiesta con el pleno beneplácito del Padre sin que esto suponga una causa originadora por la que la deidad se manifieste en Cristo, sin cuya causa no ocurriría. La plenitud divina está en Cristo como corresponde a la persona divino-humana del Verbo eterno de Dios manifestado en carne. No es posible desvincular aspectos de relación en el seno trinitario si queremos entender la dimensión de la verdad que Pablo expresa. Además de Hijo, la segunda persona divina es también Logos, que expresa exhaustiva y plenamente al Padre. Sobre esa base se entiende que en Jesucristo habite corporalmente toda la plenitud de la deidad. En contraste con el conocimiento progresivo de los gnósticos que avanzaba paso a paso hasta el pleroma del conocimiento, en Jesucristo existe infinita y totalmente la plenitud, no del hombre ni de su ciencia, sino de Dios mismo. El Verbo eterno encarnado en María se hizo hombre y habitó entre los hombres (Jn. 1:14). Ese verbo *habitar* implica una acción presencial o una manifestación visible en el mundo; la idea es la de una tienda de campaña asentada en el mundo dentro de la cual se manifiesta Dios mismo en toda su gloria. Jesús es el tabernáculo de Dios entre los hombres. En el reservado del tabernáculo de la antigua dispensación se manifestaba la presencia gloriosa de Dios, cuya dimensión, tanto de gloria como de santidad, hacía imposible que los hombres, incluyendo los sacerdotes, accedieran a su presencia, salvo una vez por año portando la sangre del sacrificio expiatorio. Ahora bien, Dios viene en Jesucristo como encuentro de gracia, velando la *shekinah* de su gloria bajo el manto austero del siervo, que era su humanidad. Pero, todos cuantos estuvieron cerca de Él pudieron apreciar la gloria de la deidad fluyendo en acciones sobrenaturales que la manifestaban expresivamente por medio de su naturaleza humana. Es verdad, que en Jesucristo hombre hay limitación, pero es voluntaria a fin de llevar a cabo la misión encomendada en la forma de un siervo obediente hasta la muerte y muerte de cruz (Fil. 2:8). El hecho de que el Nuevo Testamento utilice títulos divinos para referirse a Cristo, tales como Señor y Salvador, que corresponden exclusivamente a Dios en el Antiguo, permite que el título divino se aplique también a Jesucristo, sobre cuya base el apóstol Pablo establece aquí la verdad de la presencia absoluta de la deidad en Él, diciendo en la epístola a los Colosenses que "Él es la imagen de Dios" (Col. 1:15). Tales verdades exigen la confesión de la deidad de Jesús. Una simple aproximación a los títulos antes señalados permite entender que, como Señor, es Dios soberano, presente en su creación para traerla a la existencia, para sustentarla y para dominar sobre ella, tanto la material inanimada como la material viva, y también sobre la inmaterial, en sentido de espíritus angelicales creados por Él. Ante esa autoridad se dobla toda rodilla en cielos, tierra y submundo (bajo la tierra). Ángeles, hombres, demonios, vivos y muertos están sujetos a su autoridad y señorío. Reconocerle como Logos implica deidad que expresa para el conocimiento de los hombres cuanto les es necesario en relación con Dios. Sólo la mente infinita de Dios puede ser expresada en el Logos divino. Pero la sintonía y perfecta armonía en el ser divino, entre las dos primeras personas divinas, se pone de manifiesto en el título Hijo de Dios, que es oportuno y propio para Jesucristo. El hecho de ser Hijo nos conduce a entender mejor el texto del apóstol, puesto que siéndolo, y siendo el revelador del Invisible, no podría realizarlo a no ser que en Él habite corporalmente la plenitud de la deidad. Jesucristo es Dios que se revela y por tanto tiene en Él la plenitud de aquello que va a revelar. El Señor Jesucristo manifiesta su procedencia eterna del Padre, de su esencia, pero no de su voluntad. De ahí que comparte vida, conciencia y potestad del Padre. De ahí que la plenitud de la gloria de Dios, infinita y eterna, es también la misma plenitud y gloria de Jesús. Siendo Hijo de Dios, su filiación se produce por generación eterna en un compartir de la misma vida. No se trata de que la plenitud de la deidad se invistiera en un hombre nacido de mujer, aunque fuese milagrosamente, sino que es divino eternamente y se constituye hombre sin dejar de ser Dios; por eso, en esa humanidad la plenitud de la deidad persiste, se expresa y es definitivamente revelada por Él y en Él. Estas admirables verdades expresadas tan sintéticamente aquí pertenecen al estudio de la cristología, de ahí que deba ponerse punto a la reflexión en este sentido, que conduce inexorablemente a la confesión del apóstol Pablo: "En Él habita corporalmente toda la plenitud de la deidad". El verbo *habitar* implica estar presente, por tanto, si en Él habita la plenitud de la deidad, esto equivale a confesar que está presente en nuestro Señor Jesucristo. Cuando Pablo califica la inhabitación de la deidad en Cristo como corporal, no se está refiriendo exclusivamente a la realidad de su humanidad, sino en el sentido de real y verdadera. Esto se opone a la falsa enseñanza de una mera apariencia de deidad.

Dicho de otro modo, en Cristo mora, como en su propio hogar, no alguna expresión de la deidad, sino toda la esencia de la misma. La absoluta dimensión, la plenitud esencial del ser divino, está en Cristo. No hay nada de la esencia misma de Dios que no esté en Jesús. Pablo utiliza aquí literalmente el término *deidad*[447], que denota la totalidad absoluta de la esencia y naturaleza divinas. Es un concepto más amplio que el del sustantivo *divinidad*[448], que se refiere a alguna cualidad o perfección divina (Ro. 1:20). Pablo afirma que Cristo es Dios mismo, con toda la esencia de la deidad morando en Él (Jn. 14:9-11; 2 Co. 4:6; He. 1:3). Los atributos incomunicables que manifiestan la esencia divina están en Jesús y le son propios. No es la deidad implantada en Él, sino que Él es Dios mismo manifestado en carne. Como dice el Dr. Lacueva: "Jesús es la traducción exacta de Dios al lenguaje humano en carne viva"[449]. La conclusión es que, donde está el Hijo de Dios, está Dios mismo en tres personas.

La realidad de la morada de la Trinidad en nosotros está contenida en las palabras del texto antes citado: "Vendremos... y haremos morada con Él". La dimensión de esta presencia inmanente tiene consecuencias propias de tal situación, ya que sus operaciones *ad intra* — como se ha dicho ya— se producen en nosotros. Dios el Padre expresa su Palabra eterna e infinita, que es el Verbo, el Hijo, y ambos espiran, dentro de nosotros, el Espíritu Santo.

---

[447] Griego: θεότης.
[448] Griego: θειότης.
[449] Lacueva, 1983, p. 123.

Sobre esta grandeza, explicada en forma sencilla mediante un ejemplo, escribe el Dr. Lacueva:

> Podríamos poner la siguiente ilustración, que nos servirá para mejor captar el sentido de morada del trino Dios en el creyente: Cuando una persona, cualquiera que sea el oficio que desempeñe, viene a residir en un lugar, quizá salga fuera de la casa para un trabajo exterior, pero vive, ejerce sus funciones vitales y familiares, en su hogar. Si, pues, el creyente es el hogar, la mansión, del trino Dios, las tres adorables personas de la deidad han de realizar dentro del creyente sus funciones vitales, con las procesiones que dan origen a las relaciones por las que las personas divinas se constituyen; y, como quiera que esa morada implica una comunión vital, íntima, con el creyente, ello nos lleva ineludiblemente a la conclusión de que el cristiano participa, de algún modo en la *perikhóresis* intratrinitaria.[450]

Dios ha venido a morar en su santuario espiritual, que Él mismo determinó y construye; de ahí la enorme dimensión e importancia que supone la presencia inmanente de la Santísima Trinidad en cada cristiano y en la Iglesia como conjunto de miembros en el cuerpo.

Si el Verbo hace visible y expresa la gloria de Dios en su templo, es mediante el Espíritu Santo que vienen a nosotros el Padre y el Hijo, porque en unidad de esencia y de dinámica de vida son inseparables del Espíritu. En el seno trinitario, el Espíritu es el vínculo de unión en amor del Padre y del Hijo; también es la persona que une a los creyentes con la Trinidad (Jn. 16:13-15; 2 Co. 13:14). Si toda la vinculación con Dios es expresión de la participación en la divina naturaleza, el Espíritu es la fuente de agua viva, eterna, que está en nosotros (Jn. 4:10; 7:37-39; Ap. 22:1).

Una manifestación de la inmanencia se aprecia en las palabras del apóstol Juan: "Porque la vida fue manifestada, y la hemos visto, y testificamos, y os anunciamos la vida eterna, la cual estaba con el Padre, y se nos manifestó"[451] (1 Jn. 1:2). Juan afirma que esa vida que es eterna se manifestó. No cabe duda de que esa manifestación de la vida eterna no es posible sin la manifestación del Verbo de vida

---

[450] Ibíd., p. 125.
[451] Texto griego: καὶ ἡ ζωὴ ἐφανερώθη, καὶ ἑωράκαμεν καὶ μαρτυ–ροῦμεν καὶ ἀπαγγέλλομεν ὑμῖν τὴν ζωὴν τὴν αἰώνιον ἥτις ἦν πρὸς τὸν Πατέρα καὶ ἐφανερώθη ἡμῖν.

en quien está (Jn. 1:4). La Palabra de vida con la que concluye el versículo anterior es el mensaje de Jesucristo, pero para recibir en él la seguridad de la vida eterna, el mensajero también se hizo carne, como Juan enseña en el prólogo del evangelio (Jn. 1:14). Jesucristo, la Palabra encarnada, declara lo sublime de Dios con toda autoridad, de manera que no solo revela a Dios, sino también su voluntad, dando testimonio al hombre de lo que Él ha visto y oído en la presencia del Padre (Jn. 8:38). Ahora bien, no solo tiene Jesús palabras de vida, sino que Él es la vida eterna, poseedor de ella (Jn. 1:4; 11:25; 14:6), otorgándola en gracia a quienes creen, como el dador de la vida.

El grupo a quien Juan hace referencia con el uso del pronombre personal en plural *nosotros* ha visto la vida manifestada. Esta vida estaba en Cristo que, como Verbo de vida, la hizo posible desde la creación y la da como promesa de la proclamación del Evangelio. De manera que, desde toda la eternidad hasta el presente y el futuro, la vida que se manifiesta estaba en el Verbo, que fue oído, visto, palpado y contemplado en este mundo. Debe tenerse en cuenta que la vida no fue puesta en el Verbo, sino que el Verbo era en sí mismo la vida. Por consiguiente, al ver al Verbo vieron también la vida.

Sobre la base de la manifestación de la vida que ellos vieron, se convierten en testigos acerca del Verbo de vida. Esta vida que aparece y de la que testifican comienza a hacerse presente entre los hombres desde el momento de la encarnación. De esa vida encarnada que han visto, dan testimonio ante los hombres. Es interesante notar que Juan usa un pasado para referirse a lo que vieron en relación con Jesucristo y un presente para el ministerio testimonial, esto es: lo que vimos, ahora testificamos. El apóstol no solo ha visto la vida, sino que proclama este testimonio a los hombres. El mensaje de Juan tiene que ver con la proclamación de la vida eterna. En este sentido, cabe también preguntarse a qué se está refiriendo con el término. Pudiera pensarse que estaba anunciando la vida eterna que Jesús prometió a cuantos creen en Él, como dirá al final de la epístola: "Y este es el testimonio: que Dios nos ha dado vida eterna; y esta vida está en su Hijo. El que tiene al Hijo, tiene la vida; el que no tiene al Hijo de Dios no tiene la vida" (1 Jn. 5:11-12). De otro modo en el evangelio: "Para que todo aquel que en Él cree, no se pierda, mas tenga vida eterna" (Jn. 3:15); por eso, "el que cree en el Hijo tiene vida eterna" (Jn. 3:36). Sin embargo, no puede proclamarse la vida eterna sin vincularla a quien la tiene en sí mismo, el Verbo de vida. Una proclamación del Evangelio que no sea Cristo-céntrica no tiene base alguna eficaz para salvación. De manera que el testimonio de la vida eterna para quien cree está vinculado íntimamente a depositar la fe en el Verbo de vida.

No es posible para Juan desvincular al Verbo de su condición preexistente en el seno trinitario. La afirmación es precisa: la vida eterna estaba con el Padre. Es una forma idéntica a la que aparece en el evangelio (Jn. 1:1). La preposición traducida como *con*[452] literalmente es *cabe*, en desuso, y equivale a *cerca de, junto a*, en una posición de comunión en frontalidad; el Padre y el Hijo estaban frente a frente en un vínculo de amor y relación eterna en el ser divino. Se está refiriendo a la posición eterna del Verbo, en la que se puntualiza la comunión, relación y consustancialidad con el Padre. El eterno engendrar del Padre que se personaliza en el Hijo, sin término de generación, tiene la consecuencia propia de que cuanto está en el Padre, está también en el Hijo, al ser una generación inmanente y no transeúnte, lo que hace que el Verbo tenga vida en sí mismo (Jn. 5:26). No existe causa ni persona que origine al Verbo, que es eterno y, por tanto, sin origen, pero la verdad —siempre difícil de entender— es que el Padre lo engendra hoy (He. 1:5). En ese texto sigue presente el hoy eterno de Dios, sin origen y término en la Trinidad. La vida eterna, vida divina, es comunicada al Verbo por el Padre (Jn. 5:26; 6:57). Debe tenerse presente que, aunque la vida biológica de hombre comenzó en Cristo por la encarnación, la vida divina está presente en la persona del Verbo, donde la naturaleza humana de Jesús subsiste en dos hipóstasis de naturaleza: la divina, que eternamente le corresponde porque es Dios, y la humana, asumida en la temporalidad de las criaturas, inseparable ya definitivamente de su persona. Es interesante que cuando Juan se refiere a la vida de Dios utiliza el término ζωή, mientras que cuando lo hace para la vida humana de Jesús, usa ψυχή, que tiene que ver con la vida que puede ser entregada a la muerte (cf. Jn. 10:11, 15); esa misma palabra la usa para hablar de la vida de los hombres (Jn. 12:25). En este versículo, el apóstol usa el término que le es habitual para referirse a la vida de Dios. Esta vida divina y eterna se manifestó en Jesucristo. De otro modo, el Verbo eterno, Hijo de Dios, al tomar nuestra propia naturaleza haciéndose carne, pone de manifiesto el misterio de la verdadera vida, que solo existe en Dios.

La vida eterna tiene aquí, como se está considerando, un sentido personal, que es identificable o, si se prefiere, equivalente al Verbo de vida, ya que el Hijo es el "verdadero Dios y la vida eterna" (1 Jn. 5:20). Al afirmar que estaba con el Padre, en sentido de estar junto

---

[452] Griego: πρὸς.

a Él, confirma el sentido personal que adquiere aquí. La preposición *con* en acusativo, en los dos casos, permite construir un paralelismo entre ambas expresiones, poniendo de relieve la comunión activa en el seno de la Santísima Trinidad, expresada en una relación entre las personas divinas. La locución relativa *la que estaba*[453] (1 Jn. 1:2) pone una mayor puntualización al sentido personal, que debe entenderse como la vida, en cuanto portador de ella y único mediador, que estaba junto al Padre, como persona divina, en la unidad divina. La preposición *con*, de movimiento, con un verbo de estado hace alusión a la corriente continua de vida y a la inmanencia entre el Padre y el Hijo, pero al usar la misma estructura gramatical para referirse al creyente, tanto en relación con Dios como con los hermanos (cf. 1 Jn. 1:3, 6, 7; 2:6), alude a la participación en la inmanencia *ad intra*, lo que técnicamente se llama —como ya se ha considerado— la *circumincesión* de las personas divinas en su vida *ad intra*.

La presencia de Dios en el creyente se aprecia en varias formas de relación. Teniendo en cuenta que el Padre ha enviado al Hijo (cf. Jn. 3:16, 17; 10:36; 17:3; Gá. 4:4), y también ha enviado al Espíritu, como también lo envía el Hijo (cf. Jn. 14:26; 15:26), esta es la causa por la que se hace mención a la morada de ambos en el creyente, y de los creyentes en Cristo y en el Espíritu. Por esa causa, estar en Cristo es estar también en el Espíritu, y andar en Cristo (Col. 2:6) es andar en el Espíritu (Gá. 5:16).

**La vida eterna**

Como consecuencia de la vinculación con Cristo, el salvo tiene, según su promesa, vida eterna. Se ha considerado algo sobre lo que es la vida eterna en párrafos anteriores; ahora se hará para cerrar la aproximación a la presencia trinitaria en el creyente, que conduce a la experiencia real y personal del don de la vida eterna.

El término vida, en castellano, traduce en esa sola expresión los tres conceptos que se dan en el griego; por transliteración: *bíos*[454], para denotar lo que pertenece a la vida natural; *zoé*[455], relativo al ser viviente, la vida en antítesis de la muerte; y *psykhe*[456], que se traduce como *alma* o *vida* y tiene que ver con la parte vital íntima del ser. En

---

[453] Griego: ἥτις ἦν.
[454] Griego: βίος.
[455] Griego: ζωή.
[456] Griego: ψυχή.

la primera acepción, *bíos* hace referencia a la vida visible del ser, la forma propia de vivir de una persona; de ahí que la palabra biografía tenga que ver con la descripción de la historia, la forma de vida de un individuo. Esa vida es observable visiblemente, y se refiere a los actos que ha producido una persona; en ningún modo se trata de la vida íntima del sujeto, esa que ningún otro puede penetrar, de modo que tan solo al intuirla pueda referirse a ella, sin posibilidad de afirmar o negar algo con fundamento porque lo que motiva la vida e impulsa las acciones solo se produce en el yo personal. La acepción *psykhe* denota en ocasiones *persona* como ente vivo, pero si no es esto, entonces se refiere a la vida propia de la persona conectada a lo instintivo.

A la vida *zoé* se le puede asignar el sentido de vida interior. La Palabra nos permite tomar este elemento para vincularlo con la residencia de la vida eterna en el creyente, la vida interior en la que Dios se hace trinitariamente presente. En ese sentido, se hizo ya mención cuando se trató de la inmanencia de las tres personas divinas, residentes en el santuario espiritual que es el creyente. La vida eterna es residente en el Hijo, como lo es consustancial al Padre y al Espíritu; por esa razón se dice hablando del Verbo encarnado que "en él estaba la vida" (Jn. 1:4). Esta vida puede ser física o biológica, en sentido de que lo que existe es una creación real y fue hecha por el Verbo, en el Verbo y para el Verbo. De otro modo, se trata de la vida divina ampliamente participada, donde esa vida va a ser también luz. Esa creación sería vida y luz, en el sentido de que serían revelación directa a los hombres de la existencia y omnipotencia de Dios (Ro. 1:19-22). De ahí que la luz que les llega los conduce al Salvador, el Verbo encarnado introducido en la esfera de los hombres para realizar la obra redentora que permite a estos un encuentro con Dios en vida, recibiendo por fe la vida eterna, posesión exclusiva de Dios (Jn. 3:16). Sin embargo, debe tenerse en cuenta que la noción de vida y de luz en el evangelio pertenece a la esfera de lo divino y nunca de lo creado. Juan tendría que transferir la posición del Verbo en el seno trinitario a la de agente comunicador de vida y luz a todo lo creado, cosa que no está en el pensamiento de Juan.

Determinar el sujeto de la cláusula es evidentemente necesario. Aunque parezca abrupto el cambio, no lo es si se aplica la expresión "en Él estaba la vida" al mismo sujeto que nuclea el tramo que Juan trata desde el inicio del evangelio, donde presenta la deidad del Verbo, posicionándolo como antecedente a todo, y como antecedente causal de la creación. Lo sitúa en vinculación con Dios como unido al Padre para concluir con la frase que afirma definitivamente que el Verbo es Dios. Ahora, sin ruptura alguna con la vida, va a introducir otro aspecto que corresponde esencialmente a la deidad, que es la vida. Por consiguiente, no se refiere todavía al Verbo encarnado, sino a la eternidad del Verbo de la que está tratando desde el comienzo. La cláusula "en él estaba la vida" tiene como sujeto al Verbo y no a la creación. La vida no estaba en lo que fue traído a la existencia, aunque ciertamente se manifestaba en ello, sino que sigue contemplándose en el Creador, en quien eternamente estaba. Esta expresión significa que, desde toda la eternidad hasta el presente y el futuro, la vida residía en el Verbo. Juan dice literalmente "la vida en Él era". No solo como vida residente, sino como vida personal e inmanente. No es que la vida fue puesta en el Verbo, que se convierte en dador y administrador de ella, sino que el Verbo era en sí mismo vida.

"En Él"[457] debe ser considerado en sentido locativo y no causal. Cuando Juan quiere expresarlo de la segunda manera usa la preposición que equivale a *por medio de*[458]. Por tanto, debe entenderse que está refiriéndose a la vida que hay en el Verbo. Esto se confirma también con la forma verbal era o *estaba*[459], del verbo *ser*[460], que al utilizar el imperfecto, indica una permanencia continua; en este caso, la vida del Verbo existía en Él eternamente. La vida identifica también la luz que es el Verbo. Cuando Juan habla de la vida de las criaturas utiliza otra forma verbal que puede traducirse como *llegar a ser*. Mientras que la vida de las criaturas, que incluye a los ángeles, llegó a ser para cada uno de ellos por soberanía divina, la del Verbo nunca llegó a ser, puesto que no tiene principio. Él, junto con las otras dos personas, participan o comunican eternamente de la vida del ser divino como hipóstasis personales en Él. Por esa razón, más adelante dirá que el Verbo tiene vida como la tiene también el Padre (Jn. 5:26). Juan da la misma fuerza expresiva en relación con la vida del Verbo, como antes lo hizo al respecto de la eternidad de la relación *ad intra*, esto es, en el seno trinitario; por eso dijo "el Verbo era con Dios", porque también "el Verbo era Dios". Nótese que en la construcción de las dos frases aparece el verbo griego, de la misma manera que en este versículo, en todos los casos en imperfecto de eternidad y duración, como corresponde exclusivamente a todo lo que es divino. Juan dice que lo que era en el verbo es vida, escrita sin artículo determinado,

---

[457] Griego: ἐν αὐτω.
[458] Griego: διά.
[459] Griego: ἦν.
[460] Griego: εἰμί.

a modo de predicado, atendiendo con ello a la vida en su esencia y plenitud infinitas.

Obsérvese algo más: la "vida era"[461], es decir, en el Verbo era no solo como asiento vital, sino como esencia en sí mismo. El Verbo no solamente tiene vida, sino que es vida, esto es, la vida y el Verbo son inseparables. Algunos piensan aquí en la encarnación del Verbo, donde la naturaleza humana tiene vida. Pero, aunque la vida biológica como hombre comenzó en la concepción, la vida divina está en la persona del Verbo, donde la humanidad de Jesús subsiste en dos hipóstasis de naturaleza: la divina que eternamente le corresponde porque es Dios y la humana asumida en la temporalidad de las criaturas, inseparable ya definitivamente de su persona. Sin embargo, conviene hacer una salvedad importante en el evangelio. Al referirse a Dios, Juan usa el término ζωή, mientras que cuando habla de la vida humana de Jesucristo usa ψυχή, que tiene que ver con la vida que puede ser entregada a muerte (Jn. 10:11, 15); esa misma palabra usa para hablar de la vida de los hombres (Jn. 12:25). Conforme al relato de la creación, la vida insuflada por el Espíritu en la nariz inerte de la selección divina del polvo de la tierra comunicó vida al hombre que fue desde ahí un alma que vive. Pero en nada podía compararse a la vida divina, eterna, que corresponde a la deidad. La vida eterna que solo Dios tiene no es esta, sino la vida que se determina por la palabra ζωή, vida que aquí (sin artículo) hace referencia a la infinita, plena, eterna vida del Verbo que le es propia porque es Dios. Juan dice que esa vida que estaba también en el Padre se les manifestó, sin duda alguna en el Verbo encarnado que estuvo con ellos (1 Jn. 1:2). Así lo entiende y así lo enseña: "Y este es el testimonio: que Dios nos ha dado vida eterna; y esta vida está en su Hijo" (1 Jn. 5:11). No cabe duda alguna de que, en el pensamiento de Juan, la vida de la que escribe en el texto es la que pertenece y corresponde al Verbo. Desde el inicio mismo, el evangelio se abre ya a la perspectiva soteriológica para la que fue escrito (Jn. 20:31) porque el Verbo que tiene vida eterna la comunica a quien le tiene a Él: "El que tiene al Hijo, tiene la vida; el que no tiene al Hijo de Dios no tiene la vida" (1 Jn. 5:12).

La vida eterna que está en el Verbo, la vida divina, le es comunicada por el Padre en total plenitud (Jn. 5:26; 6:57). Si ya se sobreentendía que la vida de Dios está en el Verbo por cuanto es una persona divina, ahora se reitera la verdad de que la vida está en Él como fuente y principio causal de vida para el que cree. Jesús lo promete, como

---

[461] Griego: ζωὴ ἦν.

queda registrado en el evangelio: "Y yo les doy vida eterna; y no perecerán jamás, ni nadie las arrebatará de mi mano" (Jn. 10:28). Es necesario dar aquí el sentido que este término *vida* en relación con Cristo tendrá en todo el resto del evangelio. Es preciso entender también que, aunque la vida de Dios es absolutamente espiritual y no hay nada físico en ella, es desde ella que toda vida viene a la experiencia vital sobre el ser al que se le comunica. La vida biológica, humana y angélica es resultante de la acción vital de aquel que no solo tiene vida, sino que es vida en Él mismo, ya que las tres personas divinas son el YHVH revelado (Éx. 3:14).

La vida eterna comporta varios aspectos, mencionados por el apóstol Pedro (1 P. 1:3-5). Es una herencia, que se alcanza por derecho de adopción al hacernos hijos de Dios en el Hijo eterno. Siendo eterna, tiene que ser necesariamente incorruptible, en el sentido de que no se puede perder. Es además incontaminada, porque no se puede deteriorar. También inmarcesible, ya que nada la puede alterar. Esa herencia está reservada personalmente para los que creen y está custodiada en los cielos. Todos los calificativos dados a la herencia son posibles porque se trata de vida eterna, que no es alterable porque existe en un eterno presente sin modificación ni alteración alguna. El Dr. Lacueva hace una definición personal de lo que es la vida eterna: "Es la satisfacción completa, en actividad perfecta, de todas las facultades de nuestro ser entero (v. 1 Ts. 5:23), en comunión con el trino Dios sin temor de pérdida, cambio ni deterioro"[462].

En Cristo, Dios nos da herencia de vida eterna para que no solo vivamos, sino que sea una vida de gozo perfecto, paz absoluta, comunión definitiva; dicho de otro modo, vivir y ser felices (cf. Mt. 11:28; 13:16; 25:21, 23; Lc. 2:10; 10:23; Jn. 6:35-38; 10:9-11; 11:25-26; 13:17; 14:27; 15:11; 16:20-24, 33; 17:24-26; Ro. 8:17-39; Ef. 3:17-19; 5:25-27; Fil. 1:21; Col. 1:24; 3:1-4; Ap. 3:20: 14:13; 19:9; etc.); escogidos en Cristo, Dios nos ha dado vida en Él, con toda la posesión de sus riquezas de gracia en gloria (Ef. 1:4-14).

Al concluir este apartado sobre la Trinidad, es necesario entender que toda la teología cristiana se sustenta en la confesión de la Santísima Trinidad, que nunca fue asunto metafísico, sino dogmático. La fe cristiana descansa en la verdad de la confesión sobre la Trinidad de Dios, un único Dios verdadero en el que subsisten eternamente tres hipóstasis divinas: la persona del Padre, la del Hijo y la del Espíritu Santo. No se trata de conceptos teológicos, aunque sin duda los

---

[462] Lacueva, 1983, p. 130.

comprende, sino de experiencia vital en el cristiano, que sin derecho personal alguno, desposeído de toda gracia en sí mismo, sin la santidad que Dios demanda para una relación personal, viene a ser convertido en Cristo para constituirse, no por él, sino por Dios, en templo de Dios en Espíritu, santuario de la Santísimo Trinidad que viene a residir en él. Es el contenido básico de la nueva dispensación, el resultado experimental del Nuevo Pacto, en donde Dios se compromete con el hombre: "Os daré un corazón nuevo, y pondré un espíritu nuevo dentro de vosotros; y quitaré de vuestra carne el corazón de piedra, y os daré un corazón de carne. Y pondré dentro de vosotros mi Espíritu, y haré que andéis en mis estatutos, y guardéis mis ordenanzas, y las pongáis por obra" (Ez. 36:26-27). Este pacto nuevo se realiza en la experiencia del hombre por la operación de Dios actuando, no desde fuera adentro, sino desde dentro afuera en una obra de regeneración. La presencia del Espíritu Santo hace posible la unidad de todos los creyentes con Dios y unos con otros.

Esta operación divina de inhabitación es el resultado de la gracia que nos es dada en Jesucristo. El amor de Dios se sustenta o, si se prefiere mejor, se expresa y revela sobre dos grandes elementos: la misericordia y la gracia. Misericordia es el amor de Dios en extensión, esto es, Dios ama siempre, no importa cuál sea la situación ni el condicionante personal. Él afirma que no es un amor surgido en la temporalidad, sino eterno: "Con amor eterno te he amado; por tanto, te prolongué mi misericordia" (Jer. 31:3). La misericordia divina se hace nueva cada día en la experiencia de los suyos: "La misericordia de YHVH nunca se termina, sus compasiones nunca se acaban, nuevas son cada mañana. ¡Cuán grande es tu fidelidad!" (Lam. 3:22-23; BT). Mis miserias mueven continuamente el corazón de Dios, pasándolas por Él para ser propicio a mí haciéndome superar mis miserias para coronarme de favores y misericordias (Sal. 103:4).

Así escribe Jürgen Moltmann:

> Cuando el ser amado se encuentra en estado miserable, el amor cobra la figura de la misericordia; pero el amor es anterior a esta figura de la misericordia hacia el amado. La miseria del ser amado constituye solo la ocasión (*ocasio*), no la causa del amor. La miseria mueve al amor a salvar al miserable, pero la pasión interior y el interés del amor tiene la precedencia. Por eso el amor no puede dejar de amar una vez remediado el estado de miseria del ser amado. Finalmente, el amor, no puede contentarse con superar el pecado. Sólo alcanza su meta después de superar las condiciones que hacen posible el pecado.

El amor no solo quiere superar la muerte del ser amado, sino también su mortalidad, para estar con él eternamente y tenerle consigo para siempre.[463]

La gracia es el otro soporte del amor divino, es el amor en descenso; donde hay manifestación de la gracia, hay descenso de Dios hacia el hombre porque la gracia es la autodonación de Dios hacia el hombre pecador. Ese descenso en evidente en la gracia: "Y aquel Verbo fue hecho carne, y habitó entre nosotros" (Jn. 1:14). También: "Porque ya conocéis la gracia de nuestro Señor Jesucristo, que por amor a vosotros se hizo pobre, siendo rico, para que vosotros fueseis enriquecidos con su pobreza" (2 Co. 8:9). La gracia se exterioriza en el decreto y se hace real en la eternidad. Como el amor de Dios es también inmenso, infinito, por tanto solo un receptor infinito puede contener en sí el raudal de la gracia. Es la segunda persona divina en quien se deposita la gracia para salvación, de manera que, al descender el Verbo a la condición de hombre, la "gracia y la verdad vinieron por medio de Jesucristo" (Jn. 1:17). Es de esa "plenitud que todos hemos recibido y gracia sobre gracia" (Jn. 1:16). La gracia y la misericordia no están lejos del creyente, están en él mismo porque Dios no puede dejar de manifestarla, puesto que Él es amor.

El Padre, en respuesta a la oración del Hijo, hace que todos los que acuden a Cristo y aceptan por la fe su obra de gracia vengan a ser uno en unidad corporativa y uno en vinculación divina, como Jesús pide en la oración al Padre: "Para que todos sean uno, como tú, oh Padre, en mí, y yo en ti, que también ellos sean uno en nosotros" (Jn. 17:21); y aún insiste: "Yo les he dado la gloria que me diste para que sean uno, así como nosotros somos uno. Yo en ellos, y tú en mí, para que sean perfectos en unidad, para que el mundo crea que tú me enviaste" (Jn. 17:22-23; RVR). Dios en ellos y ellos en Dios. Entran en unidad con el Hijo mediante la obra del Espíritu y esa comunión comprende también al Padre por inmanencia personal con el Hijo.

Guardemos un profundo silencio porque la dimensión de la gracia que hace presente a Dios en la intimidad del hombre salvo por gracia supera en todo la capacidad de comprensión de la criatura.

---

[463] Moltmann, 1986, p. 132.

# CAPÍTULO XI
# PRESENCIA TRINITARIA

**Introducción**

El término de la acción trinitaria en relación con el hombre y de forma especial con el creyente se cierra con la mayor dimensión, que humanamente supera cualquier posible imaginación, consistente en la inhabitación de Dios trino y uno en el hombre. No solo Dios, en Cristo y por Él, hace partícipe al cristiano de la naturaleza divina (2 P. 1:4), sino que viene a la vivencia presencial en cada uno de ellos. No solo está presente en el *naós* humano, sino que las funciones *ad intra* vienen a realizarse en el lugar donde Dios está, en este caso concreto, en cada creyente.

Determina esto que, si bien Dios es infinito, está también plenamente en cada persona que ha comprado al precio infinito de la vida del Hijo encarnado, por cuya razón Dios trino, al desarrollar sus operaciones trinitarias, comunica estas, por su presencia, a cada redimido que necesariamente tiene que reflejar esa realidad en la influencia espiritual que produce en cada uno. De otro modo, las peculiaridades de cada persona divina se hacen visibles en la espiritualidad del cristiano. Esto forma parte de la experiencia de comunión con Dios.

En el capítulo anterior se hizo una aproximación a la inmanencia trinitaria, en la que cada persona divina está vinculada a las otras, no solo por la comunión de vida o la consubstancialidad de cada una con la misma razón de existencia en el ser divino, sino por inmanencia; el Padre está en el Hijo y el Hijo en el Padre, y en ambos se hace presente el Espíritu Santo. Esta inmanencia se extiende al hombre que ha sido vinculado a Dios, en Dios mismo, puesto que cada cristiano es bautizado por el Espíritu Santo en Cristo y viene a formar parte como miembro del cuerpo cuya cabeza es el Señor. La posesión divina que hace del hombre es suprema, puesto que no solo lo acerca a él como hijo adoptado en el Hijo, sino que es poseído por Dios hasta el punto de que Dios habita en él (Jn. 17:23), pero también lo hace habitar en sí mismo (Jn. 17:21). Sin embargo, hay una consecuencia de la inmanencia trinitaria en el hombre. De este modo escribe el Dr. Mateo-Seco: "La presencia de inhabitación es una relación que, como toda relación, incluye no solo dos términos que se relacionan entre sí —las personas divinas y el hombre—, sino también el fundamento o razón por la que esos términos se relacionan"[464].

---

[464] Mateo-Seco, 1998, p. 725.

Si es difícil comprender para el hombre el misterio trinitario, mucho más complejo resulta entenderlo en la vinculación con el mismo, puesto que cada persona divina debe generar una determinada acción o provocar una orientación en la vida cristiana. Lo que cada una de ellas es en el operar trinitario *ad extra*, manifiesto en la criatura en que está presente, es también la operación *ad intra* en el seno trinitario que ocurre eternamente en el ser divino y que necesariamente tiene lugar en quien está en Dios y Dios en él.

Debe añadirse a esto la dificultad que plantea la tradición de la teología tomista, que considera a Dios desde un concepto estático, de modo que Él afecta a todo, pero en sí mismo no es afectado por nada, tan solo por la relación de razón.

Desde esta perspectiva, Dios se convierte en algo inamovible y todas sus perfecciones, comunicables e incomunicables, son tan solo modos expresivos que surgen en la intelectualidad humana de las manifestaciones de la esencia divina, que son una misma cosa en la simplicidad de Dios, hierática e impasible del ser absoluto, con lo que se reduce a Dios a tan solo inmutabilidad y perfección infinita.

El hecho de que Dios sea inmutable no supone inmovilidad absoluta; dicho de otro modo, que los eventos propios de los seres inteligentes, ángeles u hombres, lo dejen impasible sin modificación alguna. Como dice el Dr. Lacueva: "Debemos comparar la esencia divina a un océano sin fondo en continuo oleaje, más bien que a un lago quieto y cristalino"[465].

De ahí la *perikhóresis* o *circumincesión*, la continua actividad que vincula a las tres personas divinas; esto manifiesta la reacción continua de Dios ante el proceder de sus criaturas. Es cierto que Dios es inmutable, nada le altera ni desvía de sus propósitos; por eso Samuel advirtió a Saúl: "Por eso el que es la gloria de Israel no mentirá, ni se arrepentirá, porque no es hombre para que se arrepienta" (1 S. 15:29; RVR), pero esa impasibilidad de Dios en sentido de imperturbable no le impide reaccionar al mismo problema generado por Saúl, como dice el profeta: "Pero Jehová se había arrepentido de haber puesto a Saúl por rey sobre Israel" (1 S. 15:35; RVR). Lo que Dios determina permanece inalterable porque Él ni cambia ni puede cambiar (Stg. 1:17); de ese modo determinó que fuese ungido rey, pero la segunda cita expresa la reacción de Dios ante la conducta del rey, algo proveniente del exterior que conduce a la natural disposición nueva de Dios.

De este modo escribe el Dr. Lacueva:

---

[465] Lacueva, 1983, p. 148.

> Es cierto que Dios vive en su eternidad y no experimenta los cambios ni las vicisitudes de lo temporal, pero al haberse comprometido en la Historia de la Salvación, todo lo que ocurre en el tiempo entra, al menos tangencialmente, en su eternidad, de forma que con una modalidad que escapa a nuestra inteligencia, el Dios eterno "sufre" los avatares temporales de los suyos (v. Jue. 10:16; Is. 63:9). Si hemos de admitir en Dios un *éthos* (su santidad supereminente, Is. 6:3), ¿cómo no vamos a admitir en Él un *parathos*? ¿Es que puede darse un verdadero *éthos* sin un sentimiento capaz de reaccionar? El que dijo "quien me ha visto a mí, ha visto al Padre" (Jn. 14:9) reflejaba, tanto en su inmenso amor como en su justísima ira, el *páthos* de Dios.[466]

Todas estas particularidades divinas, que están vinculadas y relacionadas con Dios, se trasladan al lugar en que la presencia divina es real, es decir, el lugar donde Dios se hace inmanente en la criatura. La singularidad de Dios es de tal dimensión que excede la cognoscibilidad del hombre. Ya que el tiempo del ser creado no puede afectar a la eternidad de Dios, de otro modo, Dios es eterno con el hombre o sin el hombre. ¿Cómo, pues, la criatura donde Dios trino y uno se hace presente puede ser proyección y hacer visible la vida tri-personal del ser divino y en qué medida puede experimentar y ser condicionada por las actividades *ad intra* de la deidad? La dificultad es notoria; por eso, sin pretender en modo alguno resolverla, esto no impide una aproximación a los elementos bíblicos que la determinan en lo que sigue.

**Presencia trinitaria en el creyente**

La verdad de la inmanencia trinitaria está en las palabras de Cristo como consecuencia de la pregunta que le formuló Judas (no el Iscariote): "Respondió Jesús y le dijo: El que me ama, guardará mi palabra; y mi Padre le amará, e iremos a él, y haremos morada con él"[467] (Jn. 14:23; RVR). Más que responder a la pregunta de Judas, Jesús toma nuevamente la palabra, que es una de las acepciones del verbo en este lugar[468]. Escuchó las palabras y la pregunta, pero no respondió directamente a ella, sino que siguió con lo que estaba

---

[466] Ibíd., p. 148.
[467] Texto griego: ἀπεκριθη Ἰησοῦς καὶ εἶπεν αὐτῷ· ἐαν τις ἀγαπᾷ με τὸν λογον μου τηρησει, καὶ ὁ Πατηρ μου ἀγαπησει αὐτὸν καὶ πρὸς αὐτὸν ἐλευσομεθα καὶ μονὴν παρ' αὐτῷ ποιησομεθα.
[468] Griego: ἀποκρίνομαι.

hablándoles cuando fue interrumpido. Dios no contesta curiosidades del hombre, pero continúa enseñando las lecciones divinas. La expresión del verdadero amor consiste en la obediencia a las palabras, en este sentido, a las enseñanzas de Jesús. Él estableció para los nuevos creyentes que se les enseñase a guardar todas las cosas que les había dicho (Mt. 28:20). Por esa razón, Cristo insiste en que quien le ama verdaderamente guarda su palabra. La bendición de la obediencia está en la manifestación del amor que el Padre tiene para el que obedece. Ya se ha hecho notar antes que el amor de Dios no se alcanza por la obediencia, pero Dios muestra su amor en la vida del que le obedece. Jesús había dicho que el Padre le amaba porque Él hacía siempre lo que le agradaba; por tanto, si alguien obedece lo que el Hijo manda en su palabra, este será también amado por el Padre.

Jesús desvela la presencia trinitaria en el creyente. La preposición en dativo equivale a *junto a*[469], pero también se usa para referirse a la misma persona; este es el caso aquí, donde debe leerse como *iremos* o *vendremos a él*. El creyente se convierte en templo de Dios donde las tres personas divinas hacen morada. Esto tiene una dimensión que no seremos capaces de entender, ya que el trabajo intratrinitario se manifiesta donde la Trinidad está. Por tanto, esa acción de las tres personas divinas viene a realizarse en la intimidad del creyente. Una de las operaciones *ad intra* está relacionada con la unidad esencial de las personas en el ser divino. A esto apelará Jesús en la oración que se comentará más adelante, donde pide al Padre que, para la unidad de la Iglesia, se manifieste en cada creyente la presencia divina, con lo que la unidad *ad intra* servirá para la realización de la unidad de la Iglesia. El creyente es convertido en morada de Dios, donde habita —en sentido de residir, morar— la Santísima Trinidad. No en forma ocasional o temporal, sino en la casa-residencia, el *naos* dentro del santuario, la expresión real de lo que era el Lugar Santísimo en el tabernáculo y en el templo. Jesús dice que las personas divinas harán morada con el creyente. Este sustantivo tiene la misma raíz que el verbo *permanecer, quedarse, vivir, habitar*[470], que implica permanencia en un lugar; pero, además, en el contexto la permanencia trae aparejada una relación de amor con el que se comparte morada o, si se prefiere mejor, con la misma morada, que es el creyente. Al amor hacia el creyente que guarda los mandamientos del Señor se une la comunión presencial de las personas divinas en él. El resultado es la experiencia vivencial de la

---

[469] Griego: παρά.
[470] Griego: μένω.

participación, unión comunicativa, comunión con la naturaleza divina (2 P. 1:4). Tal relación genera una verdadera espiritualidad trinitaria, en la que el creyente piensa, desea, actúa, ama a semejanza de Dios, pero, todavía más, las características personales de cada una de las personas residentes se reproducen por comunión personal en él. Así, si el trabajo intratrinitario del Padre es engendrar eternamente al Hijo, generará en el creyente el deseo de que Cristo sea dado a conocer a todos los hombres, por lo que en él se establece una fuerza orientativa hacia la evangelización del mundo. Del mismo modo, la actividad intratrinitaria del Hijo es expresar infinita y definitivamente el pensamiento del Padre, por lo que generará en el creyente la necesidad de comunicar el verdadero mensaje que expresa al Padre, tal como es la actividad del Verbo (Jn. 1:18; 3:34; 7:17; 8:38; 12:50; 14:12, 24b; comp. con Jer. 20:9). Así también la presencia del Espíritu, expresión intratrinitaria del amor entre el Padre y el Hijo, se manifestará impulsando al creyente en esa misma dirección, conduciéndolo también a efectuar el trabajo *ad extra* del Espíritu que, como su nombre indica, es el Consolador, así que el creyente ha de serlo también si está en comunión plena con el Espíritu (2 Co. 1:3-7).

El otro pasaje también contiene palabras de Jesús:

> Para que todos sean uno; como tú, oh Padre, en mí, y yo en ti, que también ellos sean uno en nosotros; para que el mundo crea que tú me enviaste. La gloria que me diste, yo les he dado, para que sean uno, así como nosotros somos uno. Yo en ellos, y tú en mí, para que sean perfectos en unidad, para que el mundo conozca que tú me enviaste, y que los has amado a ellos como también a mí me has amado.[471] (Jn. 17:21-23; RVR)

Cristo ora por la unidad ontológica de la formación de un cuerpo en Cristo. La extensión de la unidad comprende a todos los cristianos. Antes oró por la de los apóstoles (Jn. 17:11), ahora lo hace por la de todos los que han de creer en el tiempo por la palabra de ellos. Este es el programa y propósito de Dios para la Iglesia, en respuesta a la petición del Hijo. El Señor tiene el deseo de congregar a todos los

---

[471] Texto griego: ἵνα πάντες ἓν ὦσιν, καθὼς σύ, Πάτερ, ἐν ἐμοὶ κἀγὼ ἐν σοί, ἵνα καὶ αὐτοὶ ἐν ἡμῖν ὦσιν, ἵνα ὁ κόσμος πιστεύῃ ὅτι σύ με ἀπέστειλας. κἀγὼ τὴν δόξαν ἣν δέδωκας μοι δέδωκα αὐτοῖς, ἵνα ὦσιν ἓν καθὼς ἡμεῖς ἕν· ἐγὼ ἐν αὐτοῖς καὶ σὺ ἐν ἐμοί, ἵνα ὦσιν τετελειωμένοι εἰς ἕν, ἵνα γινώσκῃ ὁ κόσμος ὅτι σύ με ἀπέστειλας καὶ ἠγάπησας αὐτοὺς καθὼς ἐμὲ ἠγάπησας.

salvos en uno (Jn. 11:52). Cristo pide al Padre por la unidad absoluta e indivisible de la Iglesia, expresando la base unitaria para ella: "Que sean uno en nosotros". Consiste en el posicionamiento de la Iglesia en Cristo y, puesto que este está en el Padre, la Iglesia será una en Dios. Esta unidad está basada en la inhabitación de los creyentes en el Dios trino y uno. Nótese que no solo están en Cristo, sino en nosotros, esto es en el Padre y en el Hijo. Esta unidad es posible mediante la acción del Espíritu Santo que bautiza a cada miembro del cuerpo, a cada creyente en Cristo vinculándolo a Él (1 Co. 12:13) y viniendo a formar parte del único cuerpo cuya cabeza es el Señor (Ef. 1:22). La unión con el Hijo implica la unión con el Padre (1 Jn. 1:3). Vivir la vida eterna, que es la vida de Dios, es ya ser uno, porque "no hay judío ni griego; no hay esclavo ni libre; no hay varón ni mujer; porque todos vosotros sois uno en Cristo Jesús" (Gá. 3:28).

Jesús indica cuál es la unidad que pide para la Iglesia: como tú, oh Padre, en mí y yo en ti. La referencia a la inmanencia entre las personas divinas es evidente. Jesús está refiriéndose a la consubstancialidad en perfecta compatibilidad con la distinción de personas. Tal vez llame la atención el hecho de que en esta inmanencia divina no se mencione al Espíritu Santo. La presencia de la tercera persona está en razón de que la personificación de ella es la expresión del amor personal entre el Padre y el Hijo; por tanto, siempre que las dos primeras estén presentes, lo está también la tercera. Sin embargo, la bendición trinitaria por excelencia habla de la comunión del Espíritu Santo, junto con el amor del Padre y la gracia del Hijo (2 Co. 13:14). La unidad divina permanece eternamente porque no es posible la comunión de vida en la independencia de personas, sino en la individualidad que se mantiene en la consubstanciación. Esta unión y comunión *ad intra* es el modelo de unidad que Jesús pide para la Iglesia.

Para que exista una verdadera unidad, a la semejanza de la unidad trinitaria, Jesús pide la inmanencia divina en ellos, es decir, que cada uno de los creyentes esté en Dios y Dios estará también en cada uno de ellos. Nótese que no pide para que ellos sean uno *como* nosotros, sino para que sean uno *en* nosotros. Jesús enseñó que los creyentes, en el simbolismo de las ovejas, están en su mano y que también lo están en la mano del Padre (Jn. 10:28-29). La inmanencia divina en el creyente estará presente en las palabras de Jesús un poco más adelante. Cristo no está pidiendo para la Iglesia una unidad religiosa, nacional, social o de cualquier otra naturaleza, está pidiendo una unidad absoluta, indestructible, como la que existe en el seno de la deidad. Esta unidad es el resultado de la operación vinculante de cada creyente en

Cristo por obra del Espíritu Santo que la hace posible (Ef. 4:3). La tercera persona une vitalmente a cada creyente en Cristo, haciendo no solo real, sino también imperecedera la unidad de la Iglesia. La unidad de los cristianos es obrada por el Espíritu Santo, que también la conserva inquebrantablemente. Por tanto, no se trata de una actividad humana, sino de una obra divina. Dios el Espíritu Santo hace la unidad mediante la unión vital de todos los creyentes en Cristo, bautizándolos en o hacia la formación de un cuerpo en Él (1 Co. 12:13). Esa unidad es algo definitivamente realizado por el Espíritu; de ahí que se la nombre bajo la expresión de unidad del Espíritu. La única manera de mantener esa unidad en la experiencia de vida de los creyentes y de la Iglesia está en el poder del mismo Espíritu que la hace posible. La tercera persona divina crea y conserva la unidad. La unidad de la Iglesia no es asunto de unanimidad, en la que los creyentes pierden su identidad individual y la alteridad permanece, sino una semejante o comparable a la unidad divina. El Hijo está eternamente en el Padre y el Padre lo está también en el Hijo. De este modo, es el Padre el que hace las obras que hace el Hijo (Jn. 14:10) porque mora en Él. Pero también el Hijo está en el Padre, en la consubstancialidad divina, actuando como Dios en amor tanto en la creación y sustentación de lo creado como en la redención de lo perdido. El Padre y el Hijo son uno, pero a la vez son distintos, como personas individuales, pero jamás independientes, puesto que ninguna puede vivir fuera de la unidad trinitaria que tiene en común la vida. Lo que Jesús está diciendo posee una profundidad grande. Los creyentes tienen que ser uno en el Padre y en el Hijo. Sin duda son distintos de Dios; no es una deificación de la Iglesia, pero permaneciendo en Él, son ciertamente el cuerpo en el que Dios realiza su actividad (Jn. 14:12).

La razón para esta petición está también establecida en las palabras de Jesús: "Para que el mundo crea que tú me enviaste". La unidad trae como consecuencia un mismo mensaje de salvación. No son pensamientos divergentes o propuestas religiosas, sino una unanimidad plena en el contenido y propósito de la misión que Cristo les asigna. Es una unidad en la transmisión de la Palabra y de la fe. Jesús es el Verbo que revela al Padre a causa de la mutua inmanencia, así la unidad de la Iglesia tiene que manifestar esa realidad de estar en Dios. No descansa en hechos históricos, ni se debe a organización, ni está unida por dogmas. No cabe duda de que la transmisión del mensaje al mundo necesita organización y bases de fe, pero ni lo uno ni lo otro pueden garantizar la unidad de la proclamación que le ha sido encomendada. Esto supera en todo a la división denominacional de la Iglesia; aunque separados entre sí, los grupos de la Iglesia siguen teniendo el mismo mensaje que llevar al mundo, por el que los perdidos pueden creer. Son precisamente las instituciones y los dogmas los que fracturan, en cierta medida, el mensaje de la fe, al añadir a estos propuestas humanas. Pero, aunque se llame como se llame quien predique la Palabra, la unidad del mensaje en la unidad de los mensajeros se mantendrá mientras se conserve unida la base de la fe que se ha entregado para ser comunicada (2 Ti. 2:2). Además, la unidad de la Iglesia solo es posible por operación sobrenatural de Dios. Esta vinculación del creyente con Dios traslada a la Iglesia la comisión eternamente establecida para la salvación del mundo en el sentido de que el Padre envió al Hijo para revelar el amor del Padre al mundo porque ambos viven en el infinito y eterno amor mutuo. Cristo envía a la Iglesia para que, en la unidad de los creyentes y en el amor que los relaciona entre sí (Jn. 13:35), el mundo vea reflejada la relación de vida del Hijo y del Padre en la comunión de amor eterno. Esto se convierte en un desafío de vida al mundo para que decida entre creer o rechazar la demanda a la fe. De esta forma escribe Hendriksen:

> Cuando los creyentes muestran en su vida que han estado con el Señor, sus acciones y actitudes, que hablan más fuerte que las palabras, apuntarán hacia Cristo como la fuente de su fortaleza moral y espiritual. Así pues, los de afuera, que antes despreciaban a Cristo, comenzarán a pensar favorablemente de él. Cuando el Espíritu Santo produce en su corazón esta nueva forma de pensar, estos hombres, que hasta ese momento pertenecían al mundo, creerán que los maravillosos relatos tocantes al carácter y a la misión de Jesucristo son realmente verdaderos. El mundo creerá entonces "que tú me enviaste".[472]

No puede dejar de prestarse atención a la unidad de la Iglesia para tomarla, como el apóstol Pablo dice, con toda solicitud y conservarla en el vínculo de la paz.

En ese encuentro en oración de Jesús con el Padre, afirma haber dado a los creyentes "la gloria que me diste". La dificultad principal del versículo está en determinar a qué gloria se refiere Jesús. Especialmente referido al sentido del verbo *dar*[473]. Una de las acepciones tiene que ver con *revelar, manifestar*; en ese sentido, Jesús estaría diciendo que la gloria que Él tenía, como Hijo del Padre, Dios

---

[472] Hendriksen, 1981, p. 637.
[473] Griego: δίδωμι.

manifestado en carne, la había revelado o manifestado a los discípulos; de otro modo, las perfecciones divinas que le son propias como Dios. Otra tiene que ver con comunicar, en el sentido de hacer partícipes. En esta segunda, concordaría plenamente con lo que el apóstol Pedro dice: que los cristianos somos hechos participantes de la naturaleza divina (2 P. 1:4). Ambas son posibles. Esta segunda concordaría también con la parábola de la vid verdadera, en la que, injertados los creyentes como pámpanos en ella, pueden dar un fruto para gloria de Dios.

Acaso pudiera entenderse también como que el glorioso Señor, ascendido a los cielos, está sentado a la diestra de Dios; así, por unión vital con Él, la Iglesia está posicionalmente sentada en los lugares celestiales, participando no por identidad gloriosa, sino por situación de la gloria de Cristo.

Hendriksen, considerando el pasaje de Jn. 17, entiende que la gloria a la que se refiere aquí Jesús es la presencia de Él en los creyentes:

> Cuando los creyentes están en Cristo (cf. "que también ellos sean uno en nosotros", versículo 21), entonces Cristo está en ellos. Esta es la gloria de ellos. Con la frase "la gloria que me diste", Jesús se refiere al hecho de que el Padre se manifestó a sí mismo en el Hijo ("tú en mí", versículo 21). Con las palabras "yo les he dado", que él (o sea, Jesús) se manifestó a sí mismo en la vida de los creyentes. El poder decir "solo Cristo vive siempre en nosotros" es la gloria de ellos.[474]

Otra interpretación es la de León Morris:

> Jesús dice que la gloria que el Padre le dio se la ha dado a sus seguidores. Es decir, del mismo modo que para Él la gloria verdadera está en la humildad y el servicio que le llevaron a la cruz, la gloria que los discípulos deben buscar es ser humildes y servir, les cueste lo que les cueste.[475]

Todas estas y otras interpretaciones pueden ser válidas, incluso todas ellas en algún aspecto. Sin embargo, el contexto inmediato se orienta a la inmanencia de las personas divinas, ya que el Hijo ha recibido del Padre la gloria personal porque la infinita y gloriosa dimensión de la

---

[474] Hendriksen, 1981, p. 638.
[475] León Morris, 2005, Vol. II, p. 362.

primera persona se refleja y revela en la segunda y en sus obras. Así también la gloria de Cristo, que refleja la del Padre, se revela en los cristianos, no solo por su presencia en ellos, sino por la presencia y acción del Espíritu Santo que, reproduciendo a Jesucristo, reproduce también la gloria de Dios. Esto implica que la presencia de Cristo se manifestará también en los dones que el Espíritu conferirá a cada creyente, y en el fruto que muestra la imagen del Hijo. La presencia del Espíritu permitirá a los creyentes llevar el mensaje del Evangelio de la gloria de Dios. Eso exhibe la gloria de Dios como enviados suyos a un mundo en tinieblas para que vayamos y hagamos discípulos, seguidores de Jesús. La gloria del Verbo que impactó a Juan consistía en la plenitud que se manifestaba en Él de la gracia y de la verdad (Jn. 1:14), que vinieron por medio de Jesucristo (Jn. 1:17); por eso de su plenitud tomamos todos y gracia sobre gracia (Jn. 1:16). De modo que la gloria de Dios que se manifestó Cristo nos fue concedida a nosotros por la presencia suya en nuestra vida. La gran gloria del Espíritu que fue dada al Hijo sin medida es también dada a los que son suyos (Jn. 7:39). Pero no debe dejarse a un lado la última frase de esta cláusula. Jesús les ha dado su gloria "para que sean uno, así como nosotros somos uno". La gloria de la unidad de la Iglesia se hace posible por la gloria dada, consistente tanto en la presencia del Padre y del Hijo en los creyentes como del Espíritu Santo que hace posible esa unidad. Jesús remarca que la unidad que desea para el nuevo pueblo de Dios, resultante de la obra redentora, es una semejante a la existente en el seno trinitario. No se conforma con menos, no es posible menos, porque en esa unidad y sus consecuencias está el gran testimonio ante el mundo.

Sigue orando Jesús: "Yo en ellos, y tú en mí, para que sean perfectos en unidad", literalmente, para que sean perfeccionados en unidad. La unidad de la Iglesia, por la que Jesús ruega al Padre, descansa en la inmanencia divina en el creyente y por ende en la Iglesia como cuerpo. Es decir, Jesús pide al Padre el traslado de la relación *ad intra* a la experiencia de vida de los creyentes, en un definitivo *yo en ellos y tú en mí*. No cabe duda de que las palabras de Jesús revisten un aspecto fundamental de espiritualidad trinitaria. Esta doctrina requería reflexión por quienes la escucharon de boca de Jesús y vino a ser motivo de estudio a lo largo del tiempo, siendo todavía hoy una cuestión de investigación bíblica.

La presencia divina en el creyente es una verdad que trasciende el tiempo y tiene proyección escatológica, como enseña el apóstol Pablo cuando dice que "Dios será todo en todos" (1 Co. 15:28). Es el desarrollo del pensamiento de Jesús: "El que me ama, mi palabra guardará; y mi Padre le amará, y vendremos a él, y haremos morada con él" (Jn. 14:23). Como se dijo antes, el verbo morar, implica una residencia permanente, no una visita o una estancia transitoria. Eso conlleva implícita la idea de comunión por permanencia. La comunión es una experiencia que debe ser vivida por el creyente, pero la unión vital con Cristo no está sujeta a experiencias personales, ya que nadie tiene parte activa en el hecho en sí de la salvación, salvo lo que tiene que ver con el ejercicio de la fe, que es responsabilidad del hombre. Es decir, nadie puede nacerse de nuevo a sí mismo ni resucitarse. Sin embargo, la morada del Dios trino en el creyente tiene que hacerse sensible para disfrutar de la experiencia que produce la vida trinitaria o, mejor, de la vida *ad intra* en nosotros. Esta presencia produce el gozo del que Jesús ha hablado antes, en pedido al Padre (Jn. 15:11), siendo aplicada y reproducida en nosotros por el Espíritu residente (Gá. 5:22). Es necesario entender bien que la relación completa con el Dios trino tiene lugar por posición en Cristo (Jn. 1:14, 18; 5:17-19; 10:38; 14:9-11; 17:21-26). La misma eterna gloria que Jesús prometió a los suyos (Jn. 14:1-4) no podría ser como manifestación de la presencia trinitaria sin que sea manifestada en Cristo, "porque la gloria de Dios la ilumina, y el Cordero es su lumbrera" (Ap. 21:23). De modo que, teniendo la unión y comunión con Cristo, la tenemos también con Dios en tres personas. Cristo arrastra en sí mismo hacia el creyente la Trinidad Santísima, puesto que en Él "habita corporalmente toda la plenitud de la deidad" (Col. 2:9). Es en Él y por Él que participamos en la divina naturaleza (2 P. 1:4), para lo cual nacemos de arriba (Jn. 1:12-13; 3:3-5). Cristo traduce a Dios para el hombre (Jn. 1:18). Viendo a Cristo, vemos a Dios.

Lo más asombroso de lo que Jesús pide al Padre consiste en la presencia suya en Cristo y la de Él en el creyente, por lo que Dios viene a hacer morada en él, lo que supone una permanencia de la Trinidad divina en el cristiano y en la Iglesia como conjunto de cristianos. Eso significa que las funciones *ad intra* se desarrollan en la intimidad del creyente: "Vendremos... y haremos morada con él" (Jn. 14:23). Para expresarlo de forma sencilla: Dios el Padre expresa dentro del cristiano su Verbo, eterno e infinito, que es el Hijo, y ambos, el Padre y el Hijo, alientan al Espíritu Santo dentro de nosotros. Este concepto no es fácilmente comprensible, pero si se piensa en una persona que tiene una forma de vida y viene a residir en una casa, aunque saldrá de ella para el trabajo cotidiano, regresará a la casa y, en ella, llevará a cabo sus funciones vitales, como comer, descansar, etc. De ese modo, al ser el creyente lugar donde las personas divinas vienen a morar, realizarán en esa morada las funciones vitales, con las procesiones que dan origen a las relaciones por las que las personas divinas se constituyen. Ya que esas relaciones implican una comunión vital e íntima con el creyente, la unidad trinitaria se traslada a la experiencia de vida de cada uno, por lo que la unidad de los cristianos se produce en razón de la unidad de las personas divinas en ellos.

Esto hace que la unidad de los cristianos sea perfecta, como expresa el uso del verbo completar, cumplir, llevar a término, perfeccionar, llevar a la perfección[476]. Es decir, por la presencia divina en el cristiano, la unidad que Jesús pide será perfecta, completa, absoluta. En la presencia de Jesucristo no puede faltar nada porque estamos completos en Él (Col. 2:10).

El párrafo seleccionado de la oración de Jesús se cierra con estas palabras: "Para que el mundo crea que tú me enviaste, y que los has amado a ellos como también a mí me has amado". El mundo conocerá o comprenderá que realmente, por esa maravillosa acción de la gracia en la formación de un pueblo y de un cuerpo en Cristo, quien es también su fundamento y cabeza, que es Cristo, ha sido enviado realmente del Padre. Los judíos negaban que Jesús fuese el enviado de Dios, especialmente en la etapa final del ministerio, ya que al principio fariseos como Nicodemo comprendían por las señales que hacía que era el enviado por Dios (Jn. 3:2). El mayor prodigio para el mundo es ver la unidad de la Iglesia como un pueblo donde las diferencias sociales, raciales o intelectuales han desaparecido. Donde los judíos y los gentiles dejan de ser dos pueblos para pasar a ser, no un nuevo pueblo, sino un nuevo hombre (Ef. 2:15). La presencia trinitaria trae aparejadas las bases unitarias sobre las que la Iglesia se edifica, de modo que junto con el Espíritu están la unidad de un cuerpo y la única y misma esperanza; con el Señor está también la misma fe y el mismo bautismo; con el Padre, la soberanía, trascendencia e inmanencia de Dios (Ef. 4:4-6). Esto hará que las vidas de los creyentes sean transformadas y brillen con la luz de Dios en un mundo en tinieblas, lo que es testimonio real de la salvación hecha en Jesús, el enviado del Padre. El testimonio de la unidad manifestará al mundo que Jesús es el enviado, puesto que solo en Él están unidas, por el poder del Espíritu, personas tan diferentes, con distintas capacidades, formas de vida, culturas, etc., en una unidad imposible para el mundo.

---

[476] Distintas acepciones del verbo τελειόω.

Finalmente, otra consecuencia de la presencia trinitaria en el creyente es que el mundo alcanzará a conocer que Dios ama a los creyentes como ama al Hijo. Consecuencia natural de la posición de Cristo en los creyentes. En vinculación personal e identificación con Él, el amor hacia la cabeza se extiende también a los miembros del cuerpo. La frase de Jesús es impactante: "Los has amado a ellos como también a mí me has amado". En cualquier circunstancia y ocasión, el amor del Padre está invariablemente orientado al creyente, y no hay nada ni nadie que pueda separarlos de ese amor "que es en Cristo Jesús Señor nuestro" (Ro. 8:39). El amor de Dios es invariable para la Iglesia a pesar de sus fracasos porque invariable es para el Hijo, y Él está presente en los creyentes, conforme a lo que ruega al Padre.

**Introducción a la acción trinitaria**

Sin duda, la presencia trinitaria en el creyente tiene necesariamente que producir consecuencias por las operaciones *ad intra* que se manifiestan en el Dios trino y uno. Ya se han considerado antes algunas peculiaridades de las tres personas. La dinámica de vida divina se manifiesta en el actuar del Padre, donde la circulación de la esencia, diríase, la comunicación de la vida divina, tiene su fundamento, sin que esto suponga en modo alguno principio temporal o histórico de vida en la segunda y tercera personas divinas. El Padre es, por tanto, energía comunicativa que proyecta en entrega total a las otras dos. Es el Padre quien dice la Palabra, por cuya razón, cuando se escribe, es "viva y eficaz" (He. 4:12). Sin duda la realización del Logos escrito es una operación del Espíritu Santo (2 P. 1:21; 2 Ti. 3:16), pero debe distinguirse en esto la conducción divina para inspiración e inerrancia y la vitalización, es decir, lo que la energiza, ya que la palabra en el texto griego tiene esta connotación. La energía divina está en la acción del Padre. No supone esto menoscabo alguno para la tarea del Espíritu, como no lo supone tampoco en la creación del mundo, donde la energía creacional procede del Padre, la voz de autoridad del Verbo y la operación ejecutoria es del Espíritu.

La operación divina *ad extra* produce efectos de vida, de ahí que se nos exhorte a permanecer "asidos de la Palabra de vida" (Fil. 2:16). Esta palabra energizante o tal vez mejor dotada de energía es vital para la vida de santificación de quien ha venido a ser templo de Dios y morada trinitaria. No cabe duda de que la Palabra escrita es la fuente de orientación para el camino vivo de la santificación, como enseña Santiago: "Por lo cual, desechando toda inmundicia y abundancia de malicia, recibid con mansedumbre la palabra implantada, la cual puede salvar vuestras almas" (Stg. 1:21). La Palabra fue implantada en el creyente en el acto de la regeneración, pero esa semilla divina sembrada en el buen campo debe germinar y enraizarse en el creyente de tal manera que forme parte de la misma vida de cada cristiano. Esa Palabra viva hará la obra completa para la que fue enviada por Dios. Esa Palabra actuó en el nuevo nacimiento como mensaje de vida en el Evangelio que ha sido anunciado (1 P. 1:23-25). Esa Palabra que se siembra en el corazón, porque es viva, salva al hombre (Stg. 1:21). Sin duda que quien salva al hombre es Cristo, el único Salvador establecido por Dios (Hch. 4:12), pero Dios usa la Palabra como instrumento para llevar al hombre al Salvador en el mensaje de salvación escrito en ella. La Palabra que inicialmente conduce a salvación prosigue su acción en la vida de santificación, que es el segundo nivel en el proceso de salvación, como experiencia de salvación en el tiempo terrenal del salvo. Los liberales afirman que el sentido de vida en la Palabra es de una teología posterior al tiempo apostólico; sin embargo, Esteban, en su defensa ante el Sanedrín, alude a la Palabra viva de Dios cuando dice: "Este es aquel Moisés que estuvo en la congregación en el desierto con el ángel que le hablaba en el monte Sinaí, y con nuestros padres, y que recibió palabras de vida que darnos" (Hch. 7:38). Quiere decir que ya los antiguos entendían que las palabras de Dios en los escritos bíblicos eran palabras de vida. Al tener la vida de Dios comunicada en el soplo inspirador (2 Ti. 3:16), y al ser la vida de Dios eterna, la Palabra "vive y permanece para siempre" (1 P. 1:23). Esto comporta que la Escritura sea atemporal porque es la palabra eterna que se oye en cualquier momento de la temporalidad humana, mientras que ella sigue siendo el eterno presente del mensaje de Dios.

Sin embargo, en esta introducción a la acción de cada una de las personas divinas en el creyente, debemos prestar atención a lo que procede del Padre, fuente de la energía divina. En vinculación con ella, escribe el apóstol Pablo: "Porque Dios es quien obra en vosotros tanto el querer como el hacer, para su beneplácito"[477] (Fil. 2:13; LBLA). La demanda de una vida de santificación conforme a la voluntad de Dios requiere una dotación sobrenatural de poder para llevarla a cabo. Si la justificación es por gracia mediante la fe, la santificación ocurre de la misma manera. Santidad es vivir a Cristo en el poder del Espíritu. La salvación es de Dios (Sal. 3:8; Jon. 2:9); por tanto, la santificación,

---

[477] Texto griego: Θεὸς γάρ ἐστιν ὁ ἐνεργῶν ἐν ὑμῖν καὶ τὸ θέλειν καὶ τὸ ἐνεργεῖν ὑπὲρ τῆς εὐδοκίας.

como parte de la salvación, es también de Él. En todo cuanto tiene que ver con el proceso salvador, Dios toma la iniciativa. La Biblia es precisa: "La salvación es de Jehová" (Sal. 3:8; Jon. 2:9).

Para poder vivir en santificación, Dios comienza produciendo en el creyente el deseo para ese compromiso de vida, necesario contra los deseos de la vieja naturaleza que está todavía en el cristiano. Pero, aunque el deseo es fundamental para generar las acciones, no logra alcanzar el objetivo de la santificación si Dios no provee también de la potencialidad para hacerlo, lo que aquí señala el apóstol como *el hacer*. Es un hacer contranatura porque las obras que señalan el camino de la santificación han sido preparadas por Dios de antemano para que sean el estilo de vida del cristiano (Ef. 2:10). Esa forma de vida que se manifiesta en un determinado obrar no es otra cosa que la reproducción por el Espíritu de la vida de Jesús, que anduvo haciendo bienes (Hch. 10:38). La vida de santidad es vivir a Jesús en el poder del Espíritu (Gá. 5:16), de modo que "si vivimos por el Espíritu, andemos también por el Espíritu" (Gá. 5:25). Es de destacar que el verbo ἐνεργέω expresa la idea de recurso de energía, es decir, Dios, que da el deseo, energiza para llevarlo a cabo.

Dios energiza el deseo y el poder para llevarlo a cabo. En el texto está claramente escrito el verbo *activar, energizar, producir*[478]. La causa por la que Dios genera su energía en el creyente obedece a su buena voluntad, literalmente *en pro de su buena voluntad*. El buen obrar del cristiano en su vida de santificación glorifica a Dios (Mt. 5:16; 1 P. 2:12). El cristiano no vive en santificación para ser salvo, sino porque lo es. Dios hará todo esto porque acabará la obra que empezó en el creyente (Fil. 1:6), obrando el querer y el consumar.

En el versículo se aprecia la manifestación de Dios, que sin artículo debe vincularse al Padre, donde se manifiesta su personalidad: Dios es; la energía divina: el que produce; la inmanencia de Dios: el que en vosotros; la fuerza moral de Dios, que obra el querer; su eficiencia, que obra el hacer; y la soberanía de Dios por su buena voluntad[479].

En un párrafo de extraordinaria precisión, ejemplo también de síntesis teológica, refiriéndose a la segunda persona, Dios el Hijo, inmanente junto con la primera y tercera en el creyente, como

---

[478] En el texto griego, ἐνεργῶν, caso nominativo masculino singular del participio de presente en voz activa del verbo ἐνεργέω, *activar, energizar, producir*; aquí, *produce*.

[479] Sintetizado por Meyer, 1988, p. 101-107.

preparación para lo que seguirá sobre las consecuencias de la presencia de cada una de ellas, y usando el ejemplo de la electricidad como ilustración de la acción divina, escribe el Dr. Lacueva:

> La misma electricidad, conducida por un hilo de cobre, al encontrar en una lámpara una resistencia metálica, la pone incandescente y se convierte así en luz, con lo cual es figura del Hijo, la luz del mundo (Jn. 1:4, 9; 3:19; 8:12; 9:5; 12:35, 46; Ef. 5:14; 2 Ts. 2:8; He. 1:3; 2 P. 1:19; Ap. 2:28; 22:16). Él es la Palabra personal del Padre. Por eso, Palabra y Luz van de la mano (por ej., Sal. 119:105), ya que la palabra de la verdad es luz para nuestra mente y para nuestro corazón (Ef. 1:18), de la misma manera que la luz material nos permite ver con claridad las cosas. De ahí que el nacido de Dios (Jn. 1:13), que es nacido de arriba (Jn. 3:3, 5), es el único que puede ver el reino de Dios; pero téngase en cuenta que, para poder ver, es preciso estar vivo. Por eso, la acción del Padre que nos engendra precede lógicamente a la acción del Hijo que nos ilumina. El Hijo, el "Kyrios" de 1 Co. 12:5, es el que nos ministra (haciéndose de menos, Mt. 20:28; Jn. 1:14; Flp. 2:6-7) la vida mediante la luz de la verdad que nos hace libres (Jn. 8:32), puesto que el error y la ignorancia son las puertas que conducen a toda esclavitud. El Verbo nos hace la exégesis del Padre (Jn. 1:18) y, por medio de Él, el Padre nos dice su palabra definitiva, final (2 Co. 1:20; He. 1:1-2). También por medio de Él se hizo todo (Jn. 1:3; Col. 1:16; Heb. 1:2), y por medio de Él se repara todo en la obra de la cruz (2 Co. 5:19, 21), ya que las cosas se reparan por las mismas causas que las produjeron. Así hacemos con toda maquinaria que se descompone: la llevamos a la fábrica o factoría de donde salió.[480]

Cada una de las tres personas divinas aporta a la experiencia del creyente sus peculiaridades; de ahí que el amor, vía que constituye como persona al Espíritu Santo, no solo activa emociones o direcciones, sino que produce en fuego santo en el lugar donde está presente. El fervor en el creyente está plenamente vinculado al amor, que es expresión infinita del amor ferviente del Padre hacia el Hijo y respuesta en entrega del Hijo al Padre. El infinito amor de Dios se hace presente en toda la dimensión que sea necesaria en el cristiano; de ahí que el apóstol diga que "el amor de Dios ha sido derramado en nuestros corazones por medio del Espíritu Santo que nos fue dado" (Ro. 5:5).

---

[480] Lacueva, 1983, p. 143.

La gracia de Dios en salvación, que hace posible la presencia trinitaria en el cristiano, es la expresión personal del amor divino, que no detiene la ejecución justa de la demanda del pecado, sino que la cancela en su Hijo, en un acto de amor hacia quienes no teníamos ningún derecho de ser amados. El amor divino realiza su acción salvadora en la muerte de Jesús. La realidad de ese amor es experiencia cristiana motivada por la presencia de la tercera persona de la deidad. El amor de Dios es infinito y glorioso, y ese amor lo ha volcado, derramado, por medio del Espíritu Santo, amor personificado en Él, que derrama una de las perfecciones comunicables de Dios, propia de su divina naturaleza, ya que Dios es amor (1 Jn. 4:8, 16). El ser divino en las tres personas es amor, por tanto, el amor de Dios está en la vida comunicable de la tercera persona de la deidad con su presencia en el creyente, comunicándole lo que le es propio en lo que se personaliza, que es el amor; esto permitirá al cristiano vivir el distintivo esencial que lo caracteriza como tal, que es el amor (Jn. 13:35). La provisión de amor no es pobre, sino abundantísima para satisfacer sobradamente al creyente.

**Participación del creyente en el misterio trinitario**

Ya que realmente la Trinidad está en todo aquel que cree y por ende hace de este el templo de Dios en espíritu, tiene que proyectarse en cada uno de ellos la vida *ad intra*, propia de cada una de las tres personas divinas. Ahora bien, ¿es posible para quien Dios está en relación inmanente, participar, en alguna medida o, si se prefiere, compartir de algún modo estas operaciones de la vida *ad intra*? Sin duda, el tema es sumamente complejo y requiere un estudio especial para tratarlo, pero baste hacer una simple aproximación para asentar las bases que luego el lector puede investigar.

La relación que el Antiguo Testamento presenta de YHVH con su pueblo Israel, así como la de Jesucristo con la iglesia, se presenta como una relación matrimonial. En tal sentido, y siempre en la figura bíblica, Dios es marido y su pueblo esposa, como se reitera en múltiples pasajes (cf. Is. 54:5; 62:5). Por esa causa, la vinculación con la idolatría adquiría el sentido de adulterio o de fornicación (cf. 2 Cr. 21:13; Jer. 6:8; Os. 6:10). Del mismo modo, en el Nuevo Testamento la relación Cristo-Iglesia se presenta como unión matrimonial (cf. 2 Co. 11:2; Ef. 5:23-25; Ap. 19:7). Es interesante apreciar que el apóstol Pablo, al escribir el penúltimo capítulo de la epístola a los Efesios, hace una clara alusión al ejemplo del matrimonio; para presentar una comparación que haga entendible su mensaje, lo sitúa en el plano de la experiencia matrimonial: "Grande es este misterio; mas yo digo esto respecto de Cristo y de la Iglesia"[481] (Ef. 5:32). El versículo presenta un resumen compendiado a modo de conclusión de la parénesis anterior, reorientando nuevamente hacia lo que es el tema fundamental en la carta, relacionado con el misterio de Cristo. Las relaciones del matrimonio son ejemplo visible de lo que es un gran misterio revelado: la relación de Cristo con la Iglesia, comprensible mejor desde la perspectiva práctica de la vida matrimonial. Un largo hilo conductor en relación con la enseñanza general sobre las relaciones Cristo-Iglesia se aprecian claramente en el capítulo: la Iglesia es el cuerpo de Cristo (v. 23); quien la amó y se entregó por ella (v. 25b); la santificó (v. 5:26); la purificó para presentársela a sí mismo gloriosa (v. 27); como prefigurado en Adán, se une con su esposa, que es la Iglesia (v. 31); en esa relación matrimonial, Cristo nutre y cuida a su esposa como a su propia carne (vv. 29b, 30); la esposa salvada está unida y sujeta a Él en obediencia (v. 24). Todo esto constituye parte del misterio revelado a nosotros, oculto en Dios desde la eternidad.

El misterio que es grande no tiene que ver con el matrimonio en sí, sino con lo que Dios ha revelado en los últimos tiempos sobre la relación de Cristo y de la Iglesia, que el apóstol ha venido tratando a lo largo de la epístola. Cristo y la iglesia forman una unidad como el hombre y su esposa forman una sola carne. Este misterio, como todo lo que tiene que ver con la Iglesia, estuvo reservado por Dios hasta que Él mismo lo reveló a sus siervos, los apóstoles y profetas (Ef. 3:5). El misterio no está en la unión del hombre y de la mujer, conocida desde el principio de la historia, sino en la vinculación entre Cristo y su esposa, formada por judíos y gentiles en Él (Ef. 3:6). El misterio es un hecho escatológico y mesiánico que Dios mantiene en sí y que va revelando gradualmente a sus escogidos. El gran misterio es la unión de Cristo y de la Iglesia, descrito en los términos que se refieren al matrimonio en Génesis (Gn. 2:24). Este misterio estuvo escondido por los siglos, pero ahora ha sido revelado para nosotros. La doctrina fundamental tiene que ver con la unión de Cristo y la Iglesia, que es aplicada a las relaciones naturales dentro del matrimonio cristiano. Por tanto, este alcanza una dimensión nueva en el plano de lo sobrenatural como expresión visible del misterio de la unidad de Cristo y de la Iglesia.

---

[481] Texto griego: τὸ μυστήριον τοῦτο μέγα ἐστίν· ἐγὼ δὲ λέγω εἰς Χριστὸν καὶ εἰς τὴν ἐκκλησίαν.

La idea que se desprende, entre otras, de la relación de Cristo y la Iglesia tiene que ser trasladada a la de Él con cada creyente, ya que la Iglesia es el cuerpo cuya cabeza es Cristo; por consiguiente, la relación colectiva está también en la individualidad que la compone.

En la etimología del verbo *conocer*[482], en el uso del Nuevo Testamento, se aprecia proyectado un aspecto importante del equivalente en el Antiguo Testamento, que designa una relación personal entre lo que se conoce y el que lo conoce, que en cualquier caso denota intimidad. Por esa razón, el término se valida para una relación sexual (Mt. 1:25; Lc. 1:34); por eso el apóstol usa la relación matrimonial como elemento comparativo para referirse a la relación de Cristo con la Iglesia. La idea de vinculación íntima está presente en el significado del verbo en el Nuevo Testamento, de ahí que la vida eterna sea el conocimiento íntimo y personal con el Padre y con el Hijo (Jn. 17:3). Esa es también la causa por la que Cristo dirá a quienes afirmaban falsamente conocerlo en esa relación: "Nunca os conocí" (Mt. 7:23), equivalente a *nunca he tenido nada que ver con vosotros*. Ese es el alcance de la frase de Pedro cuando negó a Jesús: "No conozco a ese hombre" (Mr. 14:71), que equivale a decir *no tengo nada que ver con Él*. Siguiendo el ejemplo de la relación matrimonial, en el pasaje de Efesios, la intimidad va en dos direcciones: del marido a la mujer y de esta al marido.

Estas relaciones son interesantes para comparativamente conocer relaciones entre la Trinidad y el creyente, y entre este y aquella. Sobre todo, es necesario entender que "Dios es amor" (1 Jn. 4:8, 16), de manera que la relación vital con Él no puede ser otra que el amor. Dios ha derramado en nosotros su amor perfecto por medio de la tercera persona de la deidad, que se constituye persona por la vía del amor; con ese amor, la relación del creyente con la Trinidad se produce en un recíproco amar que conduce necesariamente a la obediencia. Dicho de otro modo, amamos no por obediencia, sino que obedecemos por amor. Esa es la evidencia de la inmanencia de Dios en el creyente, porque "si alguno ama a Dios, ha sido conocido por Él"[483] (1 Co. 8:3). En este versículo, la idea es sencilla y reiterativa: sin amor no hay verdadero conocimiento, pero con amor hay pleno conocimiento. La lógica del pensamiento espera que la segunda parte de la cláusula se expresara de otro modo, algo así como *el que ama conoce a Dios*; sin embargo, el apóstol va a hacer una afirmación

---

[482] Griego: γινώσκω.
[483] Texto griego: εἰ δέ τις ἀγαπᾷ τὸν Θεόν, οὗτος ἔγνωσται ὑπ' αὐτοῦ.

distinta. Amar y conocer son dos verbos básicos en la doctrina bíblica de la relación del creyente con Dios. Juntos expresan la evidencia real del nuevo nacimiento.

Pablo afirma que quien ama a Dios "es conocido por Él". Sólo los que son conocidos por Dios son los salvos y son sus hijos, siendo redimidos y regenerados (Sal. 1:6; Am. 3:2; Ro. 8:29; 11:2; Gá. 4:9). Esto no implica que sean perfectos espiritualmente hablando, ya que lamentablemente las muchas faltas ponen de manifiesto la imperfección espiritual. La realidad es que el mensaje de salvación había llegado a ellos y, en una respuesta de fe al llamamiento celestial, entraron en un conocimiento vivencial de Dios. Como se dijo antes, el verbo conocer expresa muchas veces la idea de intimidad, esto es, los que estaban lejos de Dios vinieron a la intimidad con Él. El conocimiento, de esta manera, conduce necesariamente a la manifestación de amor del creyente a Dios, libre de la esclavitud espiritual en que antes estaba en el mundo. El creyente es liberado de esa situación para que pueda servir a Dios en libertad, amándole, cuando antes le aborrecía (Ro. 6:18).

Esto tiene también un componente soteriológico, ya que conocer a Dios es la consecuencia de haber sido conocidos por Él. La iniciativa de salvación corresponde y proviene de Dios, quien manifiesta un conocimiento afectivo para los suyos (Ro. 8:29). Los llamados por Dios son también los que Él conoció de antemano. Por Él fueron llamados a salvación según su designio porque los había conocido antes. El conocer de Dios no es un mero saber anticipado sobre la respuesta humana que se daría a su llamado, sino que descansa en un conocimiento previo, vinculado al propósito para salvación. Dios habla así de su profeta Jeremías: "Antes de que te formase en el vientre te conocí, y antes que nacieses te santifiqué, te di por profeta a las naciones" (Jer. 1:5). Un ejemplo del sentido bíblico de este pre-conocimiento divino se aprecia en relación con Israel: "A vosotros solamente he conocido de todas las familias de la tierra" (Am. 3:2). Dios conoce a todos los hombres, conocía también todos los pecados de su pueblo, denunciándolos por medio del profeta (Am 1:2-2:16), pero solo conoció a Israel de una manera especial y determinada. Algunos entienden el pre-conocimiento divino como si se tratase de una visión anticipada que, como Dios, tenía de aquellos que iban a creer y de quienes no lo harían; por tanto, sobre la base de esa fe pre-vista por Dios, Él escoge para salvación a aquellos que sabía que creerían al mensaje del Evangelio. De otro modo, Dios se convierte en un mero adivino seguro de las acciones de los hombres y con ello establece la elección de quienes aceptarían su propuesta de salvación. Sin embargo, todo el campo de la salvación, incluida la fe, es de procedencia y se otorga como un don divino (Ef. 2:8-9). Por eso el apóstol dice en otro lugar: "Según nos escogió en Él antes de la fundación del mundo" (Ef. 1:4). El término lleva implícito el sentido de un afecto positivo que elige y ama eternamente a los que son salvos. La seguridad de salvación consiste en ser conocidos por Dios como suyos (Jn. 10:14; 2 Ti. 2:19). Algunos pretenden conocer a Dios, pero no son conocidos por Él y se pierden (Mt. 7:23).

No se trata de un conocimiento religioso; los que son conocedores, quienes poseen sabiduría, aquellos que saben intelectualmente quién es Dios deben preguntarse si ellos son verdaderamente conocidos por Él. Una comunión íntima se establece entre el creyente y Dios, y esta comunión verdadera es la causa del auténtico conocimiento, tanto del hombre para con Dios como de Él en relación con el hombre. Solo estos pueden atribuirse el conocimiento verdadero de Dios.

Es de notar que existe aquí una doble vertiente que relaciona la experiencia *ad intra* en la participación también del creyente que está en Dios. Por tanto, lo que supone una relación interpersonal en la deidad manifestada por el amor mutuo entre las personas divinas, que se dan una a la otra en expresión de amor infinito, así también se da el creyente a Dios participando en la relación de amor divino.

La relación de intimidad matrimonial, que es una referencia para entender la relación del creyente con Dios, es utilizada por el apóstol Pablo para enseñar la unidad con Él. De manera que escribe así: "¿O no sabéis que el que se une con una ramera, es un solo cuerpo con ella? Porque dice: Los dos vendrán a ser una sola carne. Pero el que se une al Señor, es un solo espíritu con él" (1 Co. 6:16-17; RVR). Esta segunda parte tiene una importancia capital[484]. Nótese la relación: el que se une a una ramera es un solo cuerpo con ella… el que se une al Señor, es un solo espíritu con Él. El apóstol usa el mismo verbo para referirse a la unión con una prostituta y a la unión con Cristo. La connotación del verbo tiene el sentido de unirse, pegarse a algo o a alguien. La inmanencia divina en el cristiano hace que este tenga el mismo principio de vida espiritual que tiene el Señor. Es la consecuencia de la presencia trinitaria. Es del Espíritu que tomamos todos (Jn. 1:16). Por este medio es traído el creyente a una vida en común con

---

[484] Pero el que se une al Señor, es un solo espíritu con él. Texto griego: ὁ δὲ κολλώμενος τῷ Κυρίῳ ἓν πνεῦμά ἐστιν.

Dios (Jn. 17:21, 23; Ro. 8:9-10; 1 Co. 12:13; Ef. 4:4; 5:30). La unidad espiritual con Cristo es bendición al formar una unidad plena con Él, ya que es el resultado de la inmanencia, porque Dios es Espíritu (Jn. 4:24); al venir Dios a morar en el creyente se produce esta vinculación (Jn. 14:23).

Debe tenerse presente que Dios no es un ser unipersonal, sino tripersonal; por consiguiente, la unión del creyente con Dios y la de Dios con el creyente, donde hace morada en él, tiene necesariamente que reflejar la tri-personalidad de Dios. Esta vinculación hace necesario que el cristiano tome parte, en alguna medida y de algún modo, en las funciones *ad intra* del Dios trino y uno. La relación es, como se ha dicho antes, una relación de amor mutuo porque esa es la permanencia en Dios y la de Dios en el creyente: "Dios es amor; y "el que permanece en amor, permanece en Dios, y Dios en él" (1 Jn. 4:16). Los creyentes son la esfera en que opera el amor de Dios. Ese amor se experimenta porque Dios lo comunica al cristiano por la acción del Espíritu residente (Ro. 5:5). No solo es un amor histórico que se manifiesta para con nosotros en salvación, sino experimental en cada circunstancia, lo que evidencia la condición de hijos. El apóstol no está diciendo que nosotros depositamos la fe en el amor, sino que creemos en el amor que Dios muestra para con nosotros. No podemos dejar de prestar atención al hecho de que el amor de Dios se mostró en el envío de su Hijo para ser el Salvador del mundo; en ese sentido, el amor de Dios está expresado en el Hijo. Cuando depositamos la fe en el Salvador, el Hijo de Dios, estamos creyendo en el amor que Dios nos manifestó. El tema de permanecer del creyente vuelve a mencionarse; en este caso, se trata de permanecer en el amor.

Esto es una referencia al que ama continuamente, es decir, el que vive amando, como reproducción en él del carácter del Padre que ama eternamente porque es amor. Se trata de esa misma clase de amor manifestada en cada creyente que verdaderamente, permaneciendo en Dios, permanece en el amor de Dios. El verdadero cristiano no ama ocasionalmente, ni selectivamente, sino que vive amando a todos porque es el único modo que corresponde a su nueva vida, en la experiencia de la participación en la divina naturaleza (2 P. 1:4). Puede amar continuamente a todos en razón de la permanente comunicación del amor divino en él, que fructifica para Dios y se hace visible a los hombres (Gá. 5:22). Es, en conclusión, la consecuencia de la vinculación con la segunda persona divina, que encarnada, muestra el amor, ya que "como había amado a los suyos que estaban en el mundo, los amó hasta el fin" (Jn. 13:1).

El apóstol reitera la segunda evidencia de la mutua inmanencia y comunión, basada en el amor. Si Dios es amor, su presencia no puede manifestarse sino en el amor, no en el del hombre, sino en el eterno de Dios, de modo que permanecer en el amor es permanecer en Dios y Dios en el que cree. Se ha considerado que la mente humana asimila la idea del amor desde la evidencia externa hacia la interna, pero en este caso el afecto manifiesta la realidad de un corazón transformado que ama. La inmanencia de Dios en el creyente conduce a este en dirección hacia los que son objeto del amor de Dios. Pero también el mundo en general es destinatario del amor divino (Jn. 3:16). El creyente que está en Dios ama a los que son objeto del amor de Dios, poniendo su corazón en ellos como un verdadero tesoro, ya que, como el Señor dijo, "donde esté vuestro tesoro allí estará también vuestro corazón" (Mt. 6:21). La conclusión es sencilla: "Vivir una vida llena de amor es vivir lleno de Dios"[485].

Así resume el Dr. Lacueva esta relación con la Trinidad y sus funciones *ad intra*:

> Se exige del cristiano una actitud de rendida correspondencia, por lo que la trina deidad —cada una de las personas— ejercerá en el creyente sus funciones intratrinitarias de dos formas: a) recibiendo, de tal manera que el creyente sea término de una acción trinitaria de la persona respectiva de la deidad; b) imitando, en correspondencia con la acción trinitaria de la que él mismo es "consorte".[486]

Llegados a este punto, que podría extenderse mucho más, debemos pasar a considerar las funciones trinitarias que cada una de las personas divinas desarrolla en el creyente, que es su templo.

### Función trinitaria del Padre en el creyente

El Padre se constituye persona divina por su relación con el Hijo, a quien engendra eternamente (Sal. 2:7; He. 1:7; 5:5). Por consiguiente, la acción del Padre en el creyente es el reflejo de la relación personal hacia el Hijo, que es Jesús, el Verbo encarnado. Al pronunciar su eterna, infinita y definitiva Palabra, se manifiesta el Verbo, que es la Palabra absoluta y divina (Jn. 1:1). En la relación trinitaria, el Padre

---

[485] Biblia de Estudio Ryrie, 1996, p. 1768.
[486] Lacueva, 1983, p. 152.

conoce al Hijo y, del mismo modo, Dios pronuncia su Palabra hacia nosotros, al conocernos, como se enseña: "Según nos escogió en Él antes de la fundación del mundo, para que fuésemos santos y sin mancha delante de Él en amor... para alabanza de la gloria de su gracia, con la cual nos hizo aceptos en el Amado" (Ef. 1:4, 6; RVR). Dios nos llamó por nuestro nombre, no solo en el tiempo de la Iglesia, sino también antes (cf. Jer. 1:5). El llamamiento que alcanza al hombre es del Padre (cf. Ro. 1:6; 8:28, 30; 1 Co. 1:9; 7:17; Gá. 1:6, 15; 5:13; Ef. 1:18; 4:1, 4; 1 Ts. 2:12; 4:7; 2 Ts. 2:14; 1 P. 2:9, 21; 5:10). Como consecuencia de que la operación salvadora tiene relación con las tres personas divinas, del mismo modo que el Padre da testimonio acerca de la segunda persona diciendo "este es mi Hijo amado" (Mt. 3:17; Mr. 1:11; 9:7; Lc. 3:22; 9:35), por ser el Hijo Unigénito, así los creyentes son hechos hijos del Padre por adopción en el Hijo (Jn. 1:12). Estos hijos del Padre "no son engendrados de sangre, ni de voluntad de carne, ni de voluntad de varón, sino de Dios"[487] (Jn. 1:13). Es importante la lectura en plural que habla del nacimiento de muchos, no de uno solo, esto es, de los que creen y que por haber creído son hechos hijos de Dios. Los creyentes no vienen a serlo por un nacimiento generado por el hombre, ya que ni la sangre, ni la carne, ni la voluntad del hombre hacen posible el nuevo nacimiento.

El apóstol Juan enseña que los hijos de Dios, a quienes el Padre les ha dado la autoridad o facultad de serlo por creer en Cristo, no deben su origen a sangre, forma expresiva semítica para referirse a la ascendencia física, y en general a lo que tiene que ver con la naturaleza propia del hombre. Tampoco vienen de la voluntad de carne, en alusión al deseo de relación íntima del hombre y de la mujer; insiste que tampoco nacen de nuevo por voluntad de varón, el instinto procreativo del hombre o de la mujer, aunque en tiempos de Juan se consideraba que el hombre era el que actuaba para la procreación, mientras que la mujer era el recipiente en el que el hombre colocaba la semilla procreadora. Lo que Juan quiere decir aquí es que los creyentes no deben su nacimiento a causas físicas o biológicas, sino que nacen de Dios. El apóstol hace notar que el nuevo nacimiento es exclusivamente divino; el hombre ni hace algo, ni puede hacerlo, tan solo puede responder con fe creyendo en Cristo. Con todo, debe entenderse también que la fe, como la gracia y cualquier elemento necesario en la salvación, proceden de Dios y son dados por Él (Ef. 2:8-9). La precisión del texto es

---

[487] Texto griego: οἳ οὐκ ἐξ αἱμάτων οὐδὲ ἐκ θελήματος σαρκὸς οὐδὲ ἐκ θελήματος ἀνδρὸς ἀλλ' ἐκ Θεοῦ ἐγεννήθησαν.

evidente: no por sangre, no por impulso de la carne, no por deseo de varón. La Biblia enseña continuamente que la salvación y (con ella) el nuevo nacimiento son de Dios (cf. Sal. 3:8; Jon. 2:9).

Esta misma verdad es considerada también por el apóstol Pedro: "Habiendo nacido de nuevo, no de simiente corruptible, sino de incorruptible, por medio de la palabra de Dios que vive y permanece para siempre"[488] (1 P. 1:23; RVR). El creyente ha sido reengendrado, engendrado de nuevo, o como se traduce en otras versiones, renacido, que es el resultado final del engendramiento. El nuevo nacimiento es una operación divina; ninguna persona coopera o hace algo para nacer de nuevo, simplemente, al creer en Jesucristo en obediencia el mensaje del Evangelio, el Espíritu lo regenera, creándolo de nuevo en Cristo Jesús.

El nuevo nacimiento es de procedencia divina. Por esa razón el apóstol afirma que no es de simiente corruptible, esto es, de procedencia terrenal y humana. El engendramiento natural y el nacimiento humano conducen a un final físico mediante la muerte; el espiritual es definitivamente para vida, y una vida inextinguible porque es vida eterna. La corrupción con todo cuanto comporta no puede entrar en la esfera de la vida eterna porque esta se encuentra plenamente fuera de ella. De manera que, como en el orden natural, toda generación comienza con una semilla corruptible, en el espiritual se inicia con una incorruptible.

Este nuevo nacimiento se produce por la palabra de Dios que, como corresponde al que la origina, vive y permanece. Es preciso tener en cuenta que la salvación es el resultado de un acto de la soberanía de Dios en el libre ejercicio de su propósito, es decir, una acción consumada plenamente por el deseo y la voluntad divina. El creyente es engendrado de Dios. En la salvación, nada tiene que ver la acción humana. La salvación es un acto de absoluta y libre soberanía de Dios, establecido, como se ha considerado previamente, desde antes de la creación del hombre y, por tanto, antecedente a su caída: "Quien nos salvó y llamó con llamamiento santo, no conforme a nuestras obras, sino según el propósito suyo y la gracia que nos fue dada en Cristo Jesús antes de los tiempos de los siglos" (2 Ti. 1:9). El nuevo nacimiento para el que cree se produce tan solo por la acción de la voluntad salvadora de Dios. Él nos dio vida de una manera absolutamente gratuita e inmerecida. Todo ello, sin eliminar la responsabilidad humana

---

[488] Texto griego: ἀναγεγεννημένοι οὐκ ἐκ σπορᾶς φθαρτῆς ἀλλὰ ἀφθάρτου διὰ λόγου ζῶντος Θεοῦ καὶ μένοντος.

en cuanto tiene que ver con condenación. Pedro está haciendo notar que Dios nos engendró. El modo verbal define una acción concluida definitivamente para todos los creyentes. No fuimos nosotros los que actuamos en alguna medida para alcanzar el nuevo nacimiento y la regeneración. No fuimos nosotros quienes escogimos a Dios, sino que fue Él quien lo hizo con nosotros, liberándonos de la muerte y dándonos vida nueva en Cristo Jesús.

El medio que escogió para producir el nuevo nacimiento fue la palabra que vive y permanece. La interpretación de esta frase es clara en las palabras del apóstol Pablo: "En Él también vosotros, habiendo oído la Palabra de verdad, el Evangelio de vuestra salvación, y habiendo creído en él, fuisteis sellados con el Espíritu Santo de la promesa" (Ef. 1:13). El apóstol Pedro se refiere a la Palabra, calificándola de que vive, puesto que por el aliento divino es viva y eficaz (He. 4:12). Esta palabra viva y permanente está vinculada con el Evangelio que proclama el mensaje de salvación. Quiere decir que el mensaje del Evangelio expresa la promesa de vida que, por medio de la Palabra, se ofrece al que oye. Aunque promete dar vida eterna, esta misma Palabra de Dios produce el resultado admirable de salvación, puesto que el Evangelio "es poder de Dios para salvación" (Ro. 1:16-17). La salvación se produce a causa de la respuesta en fe al llamado del Evangelio, de ahí que se le llame "Evangelio de vuestra salvación". Este mensaje conduce a la fe que viene "por el oír, y el oír, por la palabra de Dios" (Ro. 10:17). El método ordinario que Dios usa para la salvación es el mensaje del Evangelio (Ro. 1:16-17; 1 Co. 4:15; Ef. 1:13). La salvación del pecado es un regalo divino, que descansa en la gracia y cuyo medio instrumental para recibirla es la fe (Ef. 2:8-9). Se ha notado antes que la operación regeneradora en el nuevo nacimiento es obra del Espíritu Santo (Jn. 3:3, 5, 6). Dios usa la Palabra viva y que permanece (Mt. 5:17-18; 24:35) para hacer llegar al hombre el mensaje de salvación.

Esta relación con el Padre es definitiva porque la creación o recreación se produce en el Hijo, de modo que como ocurre en la eterna generación de la segunda persona, "yo te he engendrado hoy" (Sal. 2:7), acción permanente y eterna; así también en quien es Palabra, Verbo eterno, somos engendrados los creyentes, acción semejante, pero en la limitación propia de la criatura, que perdura eternamente, manteniendo en nosotros la condición de hijos.

La acción del Padre produce, necesariamente, una reacción en el creyente. En tal sentido de pronunciar la Palabra en la relación de hijos se alcanza un doble aspecto: 1) En engendrar por medio del

Evangelio, como dice el apóstol Pablo: "Porque aunque tengáis diez mil ayos en Cristo, no tendréis muchos padres; pues en Cristo Jesús yo os engendré por medio del Evangelio"[489] (1 Co. 4:15). En una forma hiperbólica numeral, dice que acaso pudieran tener diez mil ayos. El término que usa aquí es literalmente el de *pedagogos*[490], esto es, aquellos que se encargan de la enseñanza de niños. El término griego se usaba también para referirse a los esclavos que tenían a su cargo la educación de un hijo, a quienes se califica de ayos, o tal vez mejor, tutores. A estos se les encomendaba la misión de enseñar y educar a los hijos de una familia hasta que llegaran a la mayoría de edad. La hipérbole del apóstol presenta un pequeño número de alumnos asistido por miles de maestros. Los creyentes en Corinto tenían, sin duda, algunos con dones de maestros y pastores, además de los maestros itinerantes que visitaban la iglesia de cuando en cuando. Pero ningún ayo era el padre de los que estaban bajo la tutela de su enseñanza; de otro modo, el ayo no era el padre. Aquellos podían tener muchos maestros, pero pocos padres.

El apóstol era el padre espiritual de los corintios, y en una notoria afirmación dice: "En Cristo Jesús yo os engendré". Él había sido el instrumento en la mano de Dios para el nuevo nacimiento de ellos. El nuevo nacimiento se produce en Cristo Jesús mediante la unión vital que hace el Espíritu en Cristo con cada uno de los que creen (1 Co. 12:13). Cristo comunica vida nueva a cada creyente, haciendo de él una nueva criatura (2 Co. 5:17). Pablo hizo algo más que predicarles el Evangelio: los había plantado (1 Co. 3:6) y fundamentado (1 Co. 3:10). Por dieciocho meses trabajó en la ciudad y plantó la iglesia (Hch. 18:11).

Este nuevo nacimiento en Cristo Jesús se produce por medio del Evangelio que les predicó. Es el mensaje que el apóstol recibió de Cristo mismo (Gá. 1:11). Los perdidos son renacidos cuando creen al Evangelio. Por esa razón, Santiago escribe: "Él de su voluntad, nos hizo nacer por la palabra de verdad" (Stg. 1:18). La salvación es un acto de absoluta y libre soberanía de Dios, producido antes de la creación del hombre y, por tanto, antes de su caída, como el apóstol Pablo enseña: "Quien nos salvó y llamó con llamamiento santo, no conforme a nuestras obras, sino según el propósito suyo y la gracia que

---

[489] Texto griego: ἐὰν γὰρ μυρίους παιδαγωγοὺς ἔχητε ἐν Χριστῷ ἀλλ' οὐ πολλοὺς πατέρας· ἐν γὰρ Χριστῷ Ἰησοῦ διὰ τοῦ εὐαγγελίου ἐγὼ ὑμᾶς.

[490] Griego: παιδαγωγός.

nos fue dada en Cristo Jesús antes de los tiempos de los siglos" (2 Ti. 1:9). El nuevo nacimiento, para el que cree, se produce por la acción de la voluntad salvadora de Dios. Él nos dio vida de una manera absolutamente gratuita e inmerecida (todo ello sin eliminar la responsabilidad humana en todo lo que tiene que ver con condenación). La acción de engendrar al creyente en Cristo es un acto concluido definitivamente para todos los que han creído. No es el hombre que actúa de algún modo para alcanzar el nuevo nacimiento y la regeneración. No fuimos nosotros quienes escogimos a Dios, sino que fue Él quien lo hizo con nosotros, liberándonos de la muerte y dándonos vida nueva en Jesucristo. El método escogido para producir el nuevo nacimiento fue el mensaje del Evangelio, como enseña el apóstol: "En él también vosotros, habiendo oído la Palabra de verdad, el Evangelio de vuestra salvación, y habiendo creído en Él, fuisteis sellados con el Espíritu Santo de la promesa" (Ef. 1:13). A este mensaje de salvación llama Pablo, en la epístola a los Corintios, la "palabra de la cruz" (1 Co. 1:18). Quiere decir que el mensaje del Evangelio expresa la verdad, en el que la verdad, que es Cristo mismo (Jn. 14:6), dice su palabra llamando a los hombres a salvación (Mt. 11:28). Aunque se trata de un mensaje procedente de Dios, no se trata tanto de enseñar doctrinas, sino de la Verdad, en mayúsculas, que es revelar a Cristo; por eso dice que llegaron a la condición de hijos engendrados en Jesucristo "por medio del Evangelio", porque "el Evangelio es poder de Dios para salvación" (Ro. 1:16-17). Este nuevo nacimiento, la regeneración, el engendrar al creyente en Cristo, se produjo porque en el Evangelio se proclamó la verdad y los oyentes, recibiéndola, depositaron su fe en el Salvador anunciado en él o por medio de él. Este mensaje conduce a la fe que viene "por el oír y el oír por la palabra de Dios" (Ro. 10:17; 1 Co. 4:15; Ef. 1:13; 1P. 1:23). La operación regeneradora en el nuevo nacimiento es obra del Espíritu Santo (Jn. 3:3, 5, 6). En la salvación opera el Dios trino (1 P. 1:2). Dios usa su Palabra para hacer llegar al hombre el mensaje de salvación; en el caso de los corintios, el mensaje del Evangelio que les predicó el apóstol.

El creyente en la imitación del Padre pronuncia la palabra de salvación que trae como consecuencia la regeneración de todo el que cree y el Padre pronuncia sobre ellos la palabra de adopción mediante la cual alcanzan la condición de hijos, en semejanza de la generación eterna del Verbo, que es engendrado del Padre al pronunciar la Palabra por la que la segunda persona se constituye como Hijo.

Todavía más, el mismo apóstol Pablo escribe: "Hijitos míos, por quienes vuelvo a sufrir dolores de parto, hasta que Cristo sea formado en vosotros"[491] (Gá. 4:19). En la angustia de la situación que estaban atravesando los creyentes influenciados por los judaizantes, a punto de regresar a la ley para la justificación y santificación, Pablo utiliza una elocuente figura, la de una madre que está dando a luz a un hijo. Antes se consideró la figura que él presenta de sí mismo como padre; aquí el corazón de Pablo está sufriendo dolores una segunda vez. La angustia de la primera fue para el nacimiento de aquellas iglesias (Hch. 13-14). Como escribe Lacueva: "Al dirigirse a estos hermanos de Galacia, se compara a sí mismo a una madre que, al verse defraudada en su esperanza de tener un hijo normal y bien formado, desearía volverlo a su seno maternal hasta que adquiriese la forma de hijo normal, sin defectos que avergüenzan"[492].

En otro lugar se comparó también a una nodriza que atiende a sus propios hijos, a quienes mima porque los alumbró (1 Ts. 2:7). Pero aquí está en el dolor que estaba produciéndole la situación de los creyentes. El apóstol que, como se indica antes, se siente padre de los creyentes (cf. 1 Co. 4:15; 2 Co 6:13; 1 Ts. 2:11), también se siente madre de las comunidades que han sido formadas por ellos.

La razón de esos dolores de parto por ellos persiste hasta que, como testifica, "Cristo sea formado en vosotros". Si Cristo era formado en ellos, ellos adoptarían la forma de Cristo. Este es el programa que el Padre determinó para cada creyente: "Porque a los que antes conoció, también los predestinó para que fuesen hechos conformes a la imagen de su Hijo" (Ro. 8:29). Pablo no usa el verbo conformar, sino un adjetivo[493], que significa conforme; es decir, Dios ha determinado que los creyentes adquieran la forma, la imagen, de Jesucristo. Entender esto escapa también de la comprensión humana. Se enseña que Jesucristo es la imagen de Dios, en quien se manifiesta la esencia divina (2 Co. 4:4, 6; Col. 1:15; He. 1:3), esto es, la irradiación de su gloria y la expresión de su esencia. En Cristo, que es imagen de Dios, hemos sido puestos los creyentes, no solo en posición, sino también en comunión de vida. Esto implica ya una transformación esencial en una naturaleza compatible y amoldable a la divina, en la que participamos (2 P. 1:4). El llamamiento de Dios a salvación adquiere indefectiblemente esta orientación: "Fiel es Dios, por el cual fuisteis llamados a la comunión con su Hijo Jesucristo nuestro Señor" (1 Co. 1:9). La

---

[491] Texto griego: Τέκνα μου, οὓς πάλιν ὠδίνω μέχρις οὗ μορφωθῇ Χριστὸς ἐν ὑμῖν.
[492] Lacueva, 1983, p. 101.
[493] Griego: σύμμορφος.

transformación a la imagen del Hijo permite al cristiano reflejar en el mundo en tinieblas la gloria de Dios en una transformación progresiva que opera el Espíritu Santo en cada cristiano: "Por tanto, nosotros todos, mirando a cara descubierta como en un espejo la gloria del Señor, somos transformados de gloria en gloria en la misma imagen, como por el Espíritu del Señor" (2 Co. 3:18). Este Santo Espíritu es el obrero divino que transforma al creyente día a día conformándolo a la imagen de Jesús, el Hijo de Dios. La imagen de Dios deteriorada en el hombre por el pecado, es restaurada en Cristo, imagen perfecta y absoluta de Dios. Sin duda la imagen en el tiempo de la santificación, el presente estadio de salvación antes de la glorificación, tiene que ver principalmente con expresar visiblemente la condición moral de nuestro Señor, reproducida en el creyente por el Espíritu Santo (Gá. 5:22-25). La transformación es progresiva (Ro. 12:2; Ef. 4:32-5:2; Fil. 3:10; Col. 3:10). El propósito que establece la predestinación de los llamados, es decir, de los salvos, alcanzará el objetivo final en la glorificación, donde Dios transfigurará el cuerpo de los creyentes para que se conformen al cuerpo de gloria de Jesucristo (Fil. 3:21), de manera que "así como hemos traído la imagen del terrenal, traeremos también la imagen del celestial" (1 Co. 15:49).

La presencia del Padre en el creyente conduce a este a pronunciar la Palabra, engendrando en los que son alcanzados por el Evangelio y creen, en algún modo, al Verbo Salvador en la intimidad espiritual, en el corazón de los que reciben el mensaje de salvación.

Es interesante un párrafo del Dr. Lacueva sobre este aspecto:

> Del mismo modo que Dios el Padre no puede menos que engendrar al Verbo, de expresarlo eternamente, porque, de lo contrario dejaría de existir como Padre y como Dios, así también el predicador del Evangelio y, de algún modo, a todo creyente como "testigo de Cristo" (Hch. 1:8), "le va la vida" en ello. Dice Pablo: "Me siento constreñido a hacerlo; y ¡ay de mí si no anuncio el Evangelio!" (1 Co. 9:16). Cuando se posee (se come, v. Ez. 2:8-3:3; Ap. 10:8-11) el mensaje y se siente el fuego del Espíritu en el corazón, la imitación del Padre (en unión con la luz del Hijo y el calor del Espíritu) en la proclamación del Evangelio es ineludible. Esto es lo que hizo exclamar a Jeremías: "Y si digo: No haré mención de Él (YHVH), ni hablaré más en su nombre; entonces hay en mi corazón como un fuego ardiente metido en mis huesos; me fatigo en tratar de contenerlo, PERO NO PUEDO" (Jer. 20:9).[494]

---

[494] Lacueva, 1983, p. 154.

El Padre, juntamente con el Hijo, es el espirador del Espíritu Santo, ya que ambos lo espiran como manifestación eterna del amor mutuo. Esta operación *ad intra* se produce en nosotros por la inmanencia del Padre y del Hijo. De ahí que el Espíritu no puede estar fuera de la presencia de las dos personas divinas; por tanto, el que es espirado por el Padre y el Hijo es derramado en el corazón de cada creyente (cf. Jn. 4:10, 14; 7:38-39; 16:7, 15; Hch. 2:33; Ro. 5:5). En la medida en que el amor divino actúe en la vida del creyente conduciéndolo a amar a todos, cada cristiano está espirando también al Espíritu como lo hace el Padre, estableciendo todas las acciones en el fundamento del amor. Así lo advierte el apóstol Pablo, al afirmar que si tengo todos los dones y capacidades, pero no tengo amor, todo el ministerio es nulo:

> Si yo hablase lenguas humanas y angélicas, y no tengo amor, vengo a ser como metal que resuena, o címbalo que retiñe. Y si tuviese profecía, y entendiese todos los misterios y toda ciencia, y si tuviese toda la fe, de tal manera que trasladase los montes, y no tengo amor, nada soy. Y si repartiese todos mis bienes para dar de comer a los pobres, y si entregase mi cuerpo para ser quemando, y no tengo amor, de nada me sirve. (1 Co. 13:1-3)

Quien vive bajo la influencia que la presencia de la primera persona divina produce en él está en la operación intratrinitaria, por la que el Padre —junto con el Hijo— espira al Espíritu y en él se establece la procesión de la tercera persona divina. De este modo, la presencia del Padre produce tanto el eterno decir de la Palabra, que es el Verbo, como la espiración de amor, que es el Espíritu Santo. En la operación *ad intra* de engendrar al Verbo, el Padre lo hace de su propia substancia. La Palabra expresada es el fruto exhaustivo de la mente del Padre, lo que permite la comunicación total al Hijo, y en esa comunicación, la esencia divina queda íntegra en el Padre, sin límite alguno, puesto que lo que distingue a las personas divinas no es algo inherente a la esencia, sino a lo pertinente al aspecto de la relación o de la procedencia (Jn. 1:1). No solo está el efecto de la presencia del Padre en el creyente, sino que lo está también el de las otras dos, que se consideran a continuación.

### Función trinitaria del Hijo en el creyente

En la Trinidad Santísima, el Hijo, como Verbo eterno, se distingue de las otras dos personas en el hecho de ser Palabra personal del Padre, lo que hace que pueda y sea el verdadero revelador del Padre. La invisibilidad de la primera persona queda resuelta por la segunda, de manera que la operación *ad intra* se traslada a la expresión *ad extra*, orientada hacia el conocimiento del Padre, que es una obra necesaria soteriológicamente hablando puesto que el conocimiento del Padre es elemento esencial para tener la vida eterna (Jn. 17:3). El Verbo hace que podamos conocer a Dios, como se enseña: "A Dios nadie le vio jamás; el unigénito Hijo, que está en el seno del Padre, él le ha dado a conocer"[495] (Jn. 1:18). La Biblia enseña la invisibilidad del Padre. En el Antiguo Testamento se afirma que a Dios no se lo puede ver, ni nadie lo vio (Dt. 4:12); es más, se presenta envuelto en nubes y oscuridad (Sal. 97:2), en sentido figurado de algo que no permite verlo. Jesús enseño también esto: "También el Padre que me envió ha dado testimonio de mí. Nunca habéis oído su voz, ni habéis visto su aspecto" (Jn. 5:37). Por otro lado, no es solo que nadie lo haya visto, sino que nadie seguiría con vida si lo viese: "Dijo más: No podrás ver mi rostro; porque no me verá hombre, y vivirá" (Ex. 33:20). De ahí que Manoa, el padre de Sansón, al ver al Ángel de Jehová ascendiendo en la llama del altar, dijo a su mujer: "Ciertamente moriremos, porque a Dios hemos visto" (Jue. 13:22). Ocurre lo mismo con Isaías, quien al recibir la visión celestial de Dios en el trono recibiendo la adoración de los serafines, dice: "¡Ay de mí! Que soy muerto; porque siendo hombre inmundo de labios, y habitando en medio de pueblo que tiene labios inmundos, han visto mis ojos al rey, Jehová de los ejércitos" (Is. 6:5). Es fácil entender que el pecador temblase delante de la visión divina, o incluso de la posibilidad de verla, porque la sentencia por el pecado que Dios había establecido es la muerte. Nadie podría estar delante de Dios en su condición de pecador porque solo el absolutamente santo podría hacerlo (Sal. 24:3 ss.). En el Nuevo Testamento sigue la misma enseñanza. El apóstol Pablo enseña que Cristo es "la imagen del Dios invisible" (Col. 1:15). En otro lugar dirá también: "Por tanto, al rey de los siglos, inmortal, invisible..." (1 Ti. 1:17); todavía con más precisión: "El único que tiene inmortalidad, que habita en luz inaccesible; a quien ninguno de los hombres ha visto ni puede ver..." (1 Ti. 6:16). La invisibilidad del Padre es evidente por cuanto se trata de una persona que es espíritu; así lo afirmaría Jesús a la mujer samaritana: "Dios es Espíritu" (Jn. 4:24). El ojo humano no puede ver el espíritu; por tanto, no puede ver a Dios en su condición divina. Jesús dijo que nadie ha visto al Padre, sino el Verbo, que vino

---

[495] Texto griego: Θεὸν οὐδεὶς ἑώρακεν πώποτε· μονογενὴς Θεὸς ὁ ὢν εἰς τὸν κόλπον τοῦ Πατρὸς ἐκεῖνος ἐξηγήσατο.

de Dios (Jn. 6:46). De otro modo, la naturaleza divina es inaccesible al ojo humano, pero lo que el hombre no puede ver, lo puede hacer visible aquel que, siendo Dios, está en la comunión del ser divino. No solo lo puede ver, sino que lo puede revelar, puesto que es el Logos, el Verbo eterno.

Dios se hace visible en el Verbo, o si se prefiere mejor, el Verbo hace visible al invisible. El hemistiquio tiene alguna dificultad en definir la expresión que salió de Juan. Hay algunas variantes de lectura que pueden apreciarse en el apartado de crítica textual del versículo, pero fundamentalmente se reducen a dos: a) El Unigénito Hijo; b) El Unigénito Dios. Esta segunda, que es la más firme, equivale a Dios, el Hijo Unigénito. Cuenta con el apoyo de los principales códices[496], así como de Ireneo, Clemente, Orígenes, etc. Además, muy probablemente Juan quiere cerrar este párrafo con la misma idea con que lo inició. El Verbo es Dios, había dicho antes (Jn. 1:1); ahora vuelve a reiterar que el Unigénito es también Dios, que como Verbo, puede revelar todo lo que Dios es. Hablar del Unigénito Dios es referirse a la eternidad del Verbo, y con ella a la filiación en el seno trinitario. Ningún otro tipo de filiación podría corresponder a esta, al tiempo que es irreconciliable con la realidad de la deidad del Hijo de Dios.

Es sorprendente la oposición que los críticos han hecho de esta manifestación del texto, en la que se lee Unigénito Dios, como escribe Raymond E. Brown:

> Esta lectura resulta sospechosa por presuponer un alto grado de evolución teológica; sin embargo, no se explicaría por la polémica antiarriana, ya que los arrianos no tenían inconveniente en atribuir a Jesús este título. Algunos objetan lo extraña que resulta la afirmación y la implicación de que solo Dios puede revelar a Dios.[497]

El apóstol Juan hace una referencia directa a la relación del Verbo con el Padre, considerada desde el punto de vista de la deidad. Hablar del seno del Padre es hablar de relación, comunión e identidad. El Padre engendra eternamente un Hijo, pero el engendrarlo no supone finalizar la acción generadora, puesto que se convertiría lo inmanente en transeúnte y haría que el Hijo pudiera existir sin la relación vivencial con el Padre, lo mismo que el Padre podría personalizarse sin

---

[496] Ver más arriba aparato de crítica textual.
[497] Brown, 1979, p. 190.

relación directa con el Hijo. Pero ni el Hijo puede vivir sin el Padre, ni el Padre sin el Hijo. Así que, engendrado por el Padre, encarnado por el Espíritu en María, siendo hombre que puede verse, tocarse y observarse, no deja de ser Dios, de modo que, estando presente con su humanidad en la tierra, está en el seno del Padre puesto que la generación no deja de ser. Estando en la vinculación de intimidad divina, el Padre ha dado al Hijo tener vida en sí mismo (Jn. 5:26); esto no quiere decir que le dé vida, sino que le da tener vida, como fuente misma de vida, al ser tan Dios como el Padre. Anteriormente se consideró ya esto, de modo que solo cabe recordar que la generación divina es una acción inmanente, por cuanto el Hijo no sale del Padre, sino que queda dentro del mismo. El Padre entero está en el Hijo, al engendrarlo con su mente personal infinita, y el Hijo entero está dentro del Padre, como concepto personal exhaustivo de la mente paterna. Juan utiliza la forma del presente *Él está*[498], que indica una acción permanente y continuada. Nunca deja de estar en el seno del Padre. La expresión *seno* se usa para referirse a intimidad e igualdad (cf. Nm. 11:12; Dt. 28:54-56; 2 S. 12:3; Lc. 16:22). Algunos críticos piensan que *el que está*, referido a la presencia del Verbo encarnado en el seno del Padre, debería cambiarse por un presente histórico, que sería un pasado, de modo que diría: *el que estaba en el seno del Padre*. La única razón de este cambio es desacreditar la presencia terrenal como hombre, al tiempo que la presencia como Dios en la eterna comunión de la deidad. Sin embargo, el mismo Juan aclara lo que quiso decir aquí, puesto que más adelante se lee: "Nadie subió al cielo, sino el que descendió del cielo; el Hijo del Hombre que está en el cielo" (Jn. 3:13). El concepto de intimidad es importante, puesto que estando en los secretos más íntimos de Dios, puede comunicarlos.

Con la precisión cristológica propia del apóstol Juan, cierra el texto que se considera con una manifestación que podría decirse lógica: este dio a conocer. De este verbo se deriva la raíz de la palabra castellana *exégesis*, que es dar el significado de algo. Lo que Juan está diciendo es que el Dios invisible se hace visible por medio del Verbo. De otra manera, aunque nadie ha visto a Dios jamás en su esencia divina, el Verbo encarnado que está junto al Padre y en su seno lleva a los hombres al seno del Padre para que puedan verlo y con ello conocerlo en la intimidad por la mediación del Hijo. De otro modo, el Verbo que se hizo carne y vino junto a los hombres ha llevado a estos junto a Dios.

---

[498] Griego: ὁ ὤν.

Lo que está enseñando Juan es el trabajo revelador del Verbo en relación con el Padre. Dios se ha revelado a lo largo del tiempo por medio de los escritos bíblicos, confeccionados por los profetas escogidos por Él a lo largo del tiempo (He. 1:1). Todos ellos han dado testimonio escrito de Dios y le han hecho cognoscible al hombre por la lectura de la revelación. Sin embargo, el discurso supremo de Dios, por el cual nada más puede ser revelado de Él, es dado en el Hijo. Después de los tiempos en que Dios habló por los profetas, llega el actual, en el que los hombres pueden ver a Dios y oír su voz directamente expresada por el Verbo. Terminado el ministerio profético de la antigua dispensación, Dios habla en estos tiempos, los postreros días, por medio del Hijo que envió al mundo para hacerse hombre. La misión salvadora para la que Jesucristo es enviado se complementa o, si se prefiere mejor, tiene también la misión reveladora de Dios. En el tiempo de la ejecución de la salvación en la obra de la cruz son los creyentes y los hombres en general a quienes Dios habla definitiva y plenamente. Es el mensaje divino por excelencia a quienes alcanzaron los fines de los siglos (1 Co. 10:11).

Por consiguiente, el mensajero revelador de Dios es también mensaje en sí mismo y recibe aquí un nombre: Unigénito Dios, o si se prefiere Dios Unigénito, título idéntico a decir Dios el Hijo. Los profetas hablaron anunciando al Hijo. Cuando vino el cumplimiento del tiempo, la profecía se cumplió dando paso a la realidad presencial del Hijo de Dios entre los hombres (Jn. 1:14; Gá. 4:4). El mensaje progresivo de la revelación alcanza la cota suprema en el Hijo. Es necesario entender bien el texto, en el sentido de que Dios no solo habló por medio del Hijo, sino que habló definitivamente en el Hijo mismo. En el texto griego no va precedido de artículo, ni de pronombre personal o posesivo en primera persona, por lo que el autor está haciendo una afirmación notoriamente única en todo el Nuevo Testamento: que el discurso revelador de Dios se llama *Hijo* (He. 1:2). El mensaje absoluto de Dios se expresó por medio de un hombre, que es Jesús, que es también el Verbo encarnado. Pero no se pronuncia por medio de palabras solamente, sino que se manifiesta en la Palabra que vino a los hombres mediante la encarnación del Hijo de Dios, quien, al ser Verbo, expresa absoluta, plena y totalmente a Dios. La misión del Hijo es hacer la exégesis de Dios a los hombres. Esa revelación es tan completa que Jesús hace visible a los ojos de la criatura al Invisible que nadie puede ver jamás (1 Ti. 6:16). Los portavoces anteriores de Dios fueron los siervos de Dios, sus profetas, pero, para la proclamación definitiva de su mensaje revelador, envió a su Unigénito. La revelación plena de Dios es posible porque Jesucristo, el Verbo encarnado, es tan Dios como el Padre. Si la revelación fue en Hijo, alcanza dos modos; por un lado, el instrumental: la revelación se hace por medio del Hijo; por el otro, el local, ya que en Cristo habita corporal y sustancialmente toda la plenitud de la deidad (Col. 2:9). Esa es la razón por la que Jesús pudo decir a Felipe: "El que me ha visto a mí, ha visto al Padre" (Jn. 14:9). El Padre es inalcanzable al conocimiento del hombre, pero la voluntad de Cristo es revelarlo en el lenguaje propio y comprensible de los humanos y en la experiencia de relación que solo puede ser llevada a cabo por quien es, además de Dios, también hombre perfecto. De ahí que esa acción mediadora sea posible en Jesucristo hombre (1 Ti. 2:5).

El Señor se manifiesta a los hombres en la intimidad con el Padre en la unidad divina. La sabiduría del Hijo de Dios, como Verbo eterno, es tal que solo Él conoce perfectamente al Padre. Sólo el Hijo que está en el seno del Padre puede alcanzar el conocimiento supremo de los secretos divinos, tanto los que en misterio se revelen a los hombres como los que eternamente permanezcan en el secreto de Dios. Jesucristo es el Verbo con el que Dios expresa lo que es, piensa, siente, desea y se propone (Jn. 1:1-2, 18; 14:9; Col. 2:9; He. 1:2-3). Todo lo que Dios puede revelar de sí mismo está encerrado en el Logos, Verbo personal del Padre, ya que en este Verbo el Padre expresa su interior, es decir, todo cuanto es, tiene y hace. Jesucristo, como Verbo encarnado es la expresión exhaustiva del Padre. Ya se ha considerado en el apartado de cristología que expresar es un verbo frecuentativo de exprimir. Al expresarnos exprimimos nuestra mente a fin de formar un logos que defina nuestro concepto. Cristo, el Logos personal de Dios, es por tanto divino, infinito y exhaustivo, único revelador adecuado para el Padre que lo pronuncia. Por ello, este Verbo, al hacerse hombre (Jn. 1:4), traduce a Dios al lenguaje de los hombres, y es insustituible como revelador a causa de ser la única verdad personal del Padre (Jn. 14:9). Como expresión exhaustiva del Padre, la mente divina agota en Él su producto mental, de modo que, al pronunciar su Logos, da lugar por vía de generación a la segunda persona divina. No supone esto en modo alguno una existencia desde la no existencia. Es decir, el hecho de que el Padre pronuncie la Palabra eterna, que es el Hijo, no significa que dé origen a la persona, que es eterna como el Padre y el Espíritu, esto es, sin principio. Pero no cabe duda de que si el Logos, Palabra, vive en el que la expresa, así también el que la expresa, esto es, el Padre, vive al decirla. Ambas personas divinas establecen una relación en el seno de la deidad, de modo que lo que constituye al Padre es el acto vital de expresar su Verbo, de ahí que no pueda ser Padre sin el Hijo, ni tampoco el Hijo, como Verbo, puede vivir sin el Padre. De ahí que "todo aquel que niega al Hijo, tampoco tiene al Padre. El que confiesa al Hijo, tiene también al Padre" (1 Jn. 2:23). Por tanto, esa relación expresada por Cristo tiene que ver con la mutua inmanencia entre las dos personas divinas.

Cuando Jesús afirma que solo hay conocimiento completo del Padre en el Hijo y del Hijo en el Padre, está presentando la verdad de la autocomunicación definitiva e irrevocable de Dios en Cristo, en solidaridad con el destino final de los pecadores. La relación de Dios con Jesús en el tiempo histórico de los hombres es una relación de entrega, en la medida en que Dios puede entregarse y otorgarse a los hombres; no parte de la historia humana, sino que la antecede en todo, es decir, no se inicia en el tiempo ni está condicionada por la obra de salvación, sino que pertenece al ser mismo de Dios. El Verbo encarnado es la manifestación temporal de la proximidad de Dios al hombre, determinada en el plan de redención antes de que el hombre fuera. De ahí que Jesús entienda, y así lo exprese, su presencia entre los hombres como el enviado de Dios. Hasta tal punto es un hecho la eterna vinculación intratrinitaria que Jesús afirma que Él y el Padre son uno (Jn. 10:30). La preexistencia de Cristo que se hace realidad entre los hombres y que viene con la misión de revelar al Padre tiene una finalidad soteriológica. De ahí que las referencias bíblicas al envío del Hijo por el Padre vayan acompañadas de la preposición *para*, que indica propósito (Jn. 3:16; Ro. 8:3-4; Gá. 4:4; 1 Jn. 4:9). En último extremo, la obra del Hijo tiene que ver con el aspecto salvífico por el que se otorga al pecador creyente la condición de hijo de Dios, considerada antes (Jn. 1:12). A Dios nadie le vio jamás, pero es el Unigénito que está en el seno del Padre el que lo da a conocer. En Jesucristo es Dios quien se da y se manifiesta, introduciéndose literalmente en el campo de su creación mediante la humanidad. El propósito de Jesucristo es revelar a Dios, de modo que las personas lo conozcan, no en la intelectualidad, sino en la comunión de vida para que puedan tener vida y vida eterna (Jn. 17:3). Todos cuantos quieran adquirir este admirable conocimiento deben acudir al único que puede revelarlo, que es el Hijo, en quien resplandece "la luz del conocimiento de Dios en la faz de Jesucristo" (2 Co. 4:6).

En esa condición divino-humana, el Hijo expresa la igualdad, unidad y permanencia con el Padre: "Yo soy en el Padre, y el Padre en mí" (Jn. 14:11); "yo y el Padre uno somos" (Jn. 10:30); "mi palabra no es mía sino del Padre que me envió" (Jn. 14:24). Esa es la razón por la que el que viene del cielo da testimonio de lo que ha visto y oído (Jn. 3:31-32). Es en el Hijo que Dios se revela en plenitud absoluta. Él fue enviado por el Padre al mundo para superar la situación de ignorancia de los hombres en relación con Dios, para, por medio de la revelación por y en Él, superar la situación del pecado mediante la redención. Lo que Jesús hacía revelaba el ser y el hacer de Dios, es en Él y por Él que podemos llegar a conocer la naturaleza de Dios y sus intenciones para con los hombres.

Además, si "Dios es luz" (1 Jn. 1:5), la expresión *ad extra* de esta manifestación *ad intra* se resuelve en Jesucristo, que afirma de sí mismo: "Yo soy la luz del mundo, el que me sigue no andará en tinieblas"[499] (Jn. 8:12). Las palabras de Jesús comienzan con un determinante *Yo soy*[500], en el que Jesús se presenta como la luz del mundo, quien disipa las tinieblas en la vida del que le sigue. El evangelio presentó a Jesús como la luz que viene a este mundo y alumbra a todo hombre (Jn. 1:9), pero ya anteriormente dice que en Él estaba la vida y que esa vida era la luz de los hombres (Jn. 1:4). Aquí se ofrece la dimensión de la relación entre el Verbo y el Padre, de modo que aquel es, como Palabra, el agente del Padre actuando en la creación y guardando una relación cosmológica con los hombres y con el mundo. El Verbo es el revelador del Padre en una actividad inmanente, guardando una relación epistemológica con los hombres por esa condición (Jn. 1:18). La equiparación de la luz es la vida. Ambas cosas, luz y vida, concurren en el Verbo encarnado. Jesús es la luz porque en Él resplandecen con la infinita dimensión de Dios encarnado las perfecciones o atributos divinos. Es luz por cuanto en Él se manifiesta la plenitud de la deidad (Col. 2:9). En todo el Antiguo Testamento se hace referencia a la luz, vinculada al Mesías (Is. 9:1-2; 42:6; 49:6; 60:3; Mal. 4:2). De Él se anuncia que será también "luz a los gentiles" (Lc. 2:32). Esa luz de Dios disipa las tinieblas, que son las normales y propias del mundo, que vive de espaldas a la luz divina porque ama sus obras que son malas, en un estado de rebeldía contra Él. La luz, por tanto, tiene que ver con la restauración de un estado de oscuridad, y es el ministerio soteriológico de Cristo en su obra salvadora y vivificadora. El término *mundo* tiene que ver aquí con los hombres, que a causa del pecado viven en tinieblas y están entenebrecidos. A estos, Jesús se hace luz iluminadora, no solo desde el exterior, sino (algo

---

[499] Texto griego: ἐγώ εἰμι τὸ φῶς τοῦ κόσμου· ὁ ἀκολουθῶν ἐμοὶ οὐ μὴ περιπατήσῃ ἐν τῇ σκοτίᾳ, ἀλλ' ἕξει τὸ φῶς τῆς ζωῆς.
[500] Griego: ἐγώ εἰμι.

más importante) desde el interior, ya que "Dios, que mandó que de las tinieblas resplandeciese la luz, es el que resplandeció en nuestros corazones, para iluminación del conocimiento de la gloria de Dios en la faz de Jesucristo" (2 Co. 4:6).

Como dice Hendriksen:

> Jesús es la luz del mundo; es decir, al ignorante le anuncia sabiduría; al impuro, santidad; a los tristes, gozo. Además, a todos los que por la gracia soberana son atraídos (Jn. 6:44) a la luz y siguen su dirección, no solamente proclama estas bendiciones, sino que de hecho las imparte.[501]

Uno de los aspectos que comunica al creyente la presencia de la segunda persona de la deidad es la de la luz. Hasta tal punto se aprecia esta vinculación que quien está en el Verbo y el Verbo en él se convierte en luz que hace visible la de Dios: "Vosotros sois la luz del mundo" (Mt. 5:14). Su mensaje no solo es un mensaje de iluminación, sino luminoso, porque en él hace visible la faz del Padre. El transitar cristiano transcurre en un camino iluminado permanentemente, es más, el mismo camino es luz porque quien expresa esa condición de Dios es en sí mismo camino y luz; de ahí que nunca nadie en quien el Hijo esté presente carece de luz. La bendición es aún mayor, ya que quien sigue a Cristo no andará en tinieblas, sino que, al recibirlo a Él, siendo implantado en la vida por el Espíritu Santo, la luz de Dios se asienta también en el que cree, convirtiéndolo en luz del mundo, no por él mismo, sino por medio de Jesucristo, que vive en él. Por eso la afirmación de Jesús: tendrá la luz de la vida. Esa es la razón fundamental de la enseñanza del Sermón del monte, donde afirma que sus seguidores son la luz del mundo. La vida en la luz está relacionada con una transformación del pecador mediante la regeneración que vincula su vida con la bondad, la justicia y la verdad (Ef. 5:8-9). En ese sentido, en quien está el Verbo y quien está en Él se convierte en un luminar en el mundo, resplandeciendo en las tinieblas con la luz de Dios (Fil. 2:15). Cuando se habla de brillar, de lucir como un luminar, una lumbrera, en un mundo en tinieblas, se está diciendo lo mismo que vivir a Cristo (Gá. 2:20; Fil. 1:21). Solo es luminosa la vida de aquel en quien el Verbo se hace vida y luz por su presencia vivencial. El Señor es la única y verdadera luz. Por eso el salmista dice que "el Señor es mi luz y mi salvación" (Sal. 27:1), para decir también que en

---

[501] Hendriksen, 1981, p. 306.

Él "veremos la luz" (Sal. 36:9). La luz para el camino del seguimiento a Cristo procede de Dios, a quien se dirige la súplica: "Envía tu luz y tu verdad; estas me guiarán; me conducirán a tu santo monte, y a tus moradas" (Sal. 43:3). Mientras que el mundo desorientado es conducido por sendas que concluyen en muerte, el creyente alumbrado por Dios es conducido por Él mismo, que es también su alegría y su gozo (Sal. 43:4). La irrupción del Verbo encarnado en el mundo de los hombres hizo resplandecer la luz de Dios como la aurora naciente del día de salvación, para dar luz a los que estaban en tinieblas y alumbrar el camino de paz. El creyente que no es luz en sí mismo, lo es en el Señor. La acción salvadora de Dios hace posible esta transformación. Por esa razón el apóstol Pablo, al referirse a los cristianos dice: "En otro tiempo erais tinieblas, más ahora sois luz en el Señor" (Ef. 5:8). Quien permanece en comunión con Cristo, quien vive la luz de Dios en Cristo en su propia vida, es luz a los demás (Mt. 5:14). Andar en luz, brillar, ser luz, es poder señalar el rumbo al que vive en tinieblas, lo que es el cumplimiento fiel de la comisión que Cristo dio a los creyentes de hacerlo visible a Él delante de los hombres (Hch. 1:8).

Debe entenderse que, en la vida *ad intra*, el Verbo se personifica por el hecho de ser eternamente Palabra pronunciada por el Padre, quien a su vez se personaliza como tal, y vive como Padre de decir su Verbo. Además, Jesús dijo a los que lo acompañaban que su alimento, su razón de ser, es hacer la voluntad del que le envió (Jn. 4:34); por esa razón, al ser expresión infinita y exhaustiva del Padre, no puede hacer sino lo que ve hacer al Padre (Jn. 5:19). El Verbo es el resplandor de la gloria del Padre (He. 1:3), de modo que esa gloria que tiene eternamente (Jn. 17:5) es dada en el Verbo a quien es su templo (Jn. 17:22). Esto permite que la vida del creyente glorifique a Dios y exprese esa gloria ante el mundo.

Dos párrafos de Eric Sauer aclaran este concepto:

> Cada uno de nuestros prójimos debe ser comparado a un espejo. Refleja aquello ante lo cual se halla situado. Cada acto hostil por nuestra parte causa una sombra en la cara del otro, aunque sea momentánea; cada acto cariñoso es un destello de luz, un resplandor que se reflejará en tu propio corazón...
> Nuestra búsqueda de paz y santidad nos permite al mismo tiempo servir a los otros. Aquí también son claras las relaciones en el texto bíblico: "Seguid la paz con todos, y la santidad... Mirad bien, no sea que alguno se rezague y no llegue a alcanzar la gracia de Dios" (He. 12:14, 15). Sólo el que se esfuerza en pos de la santidad, que trata de vivir en armonía

con su prójimo, tiene la autoridad y capacidad de servir a los otros. Sólo el servicio hecho con esta actitud en la mente tiene la posibilidad de dar fruto.[502]

Es la consecuencia de lo que hace el Hijo en el creyente lo que produce el fruto y conduce a la manifestación visible de su presencia en el cristiano, haciendo la voluntad del Padre.

La presencia del Hijo conduce a reflejar la gloria del Padre en imitación del Verbo. En esto se cumple la predestinación establecida para el creyente: "Porque a los que antes conoció, también los predestinó para que fuesen hechos conformes a la imagen de su Hijo, para que él sea el primogénito entre muchos hermanos"[503] (Ro. 8:29). Los llamados por Dios, son también los que Él conoció de antemano. El previo conocimiento está vinculado al propósito para salvación. Es un proceso bien determinado, que se hace evidente en una lectura desprejuiciada del pasaje de Efesios 1:4-12, como se aprecia: "Nos escogió en Él" (v. 4); "habiéndonos predestinado" (v. 5); "según el puro afecto de su voluntad" (v. 5); "el misterio de su voluntad, según su beneplácito, el cual se había propuesto en sí mismo" (v. 9); "habiendo sido predestinados conforme al propósito del que hace todas las cosas según el designio de su voluntad" (v. 11); todo ello con un determinado objetivo "para que fuésemos santos y sin mancha delante de Él" (v. 4). A los llamados y conocidos, en soberanía, Dios les determina o establece un destino: "También los predestinó". La predestinación está ligada a quienes conoció de antemano, es decir, a los creyentes. El verbo usado aquí[504] tiene el sentido de establecer un destino anticipadamente, literalmente poner un cerco alrededor de los salvos, estableciendo unos límites para ellos de los que no pueden salir. Sin embargo, es necesario apreciar que cada vez que sale el verbo en el Nuevo Testamento se refiere a creyentes (Ro. 8:29, 30; 1 Co. 2:7; Ef. 1:5, 11). La bendición está en saber que los salvos tenemos un destino establecido por Dios que inexorablemente será cumplido porque corresponde a su propósito y está en su decreto.

El destino establecido para los salvos es que sean "hechos conformes a la imagen de su Hijo". Sorprende que Pablo no usa el verbo

---

[502] Sauer, 1980, p. 110.
[503] Texto griego: ὅτι οὓς προέγνω, καὶ προώρισεν συμμόρφους τῆς εἰκόνος τοῦ Υἱοῦ αὐτοῦ, εἰς τὸ εἶναι αὐτὸν πρωτότοκον ἐν πολλοῖς ἀδελφοῖς.
[504] Griego: προορίζω.

conformar, sino un adjetivo[505] que significa conforme; es decir, Dios ha determinado que los creyentes adquieran la forma, la imagen, de Jesucristo. Entender esto escapa también de la comprensión humana. Se enseña que Jesucristo es la imagen de Dios, en quien se manifiesta la esencia divina (2 Co. 4:4, 6; Col. 1:15; He. 1:3), esto es, la irradiación de su gloria y la expresión de su esencia. En Cristo, que es imagen de Dios, hemos sido puestos los creyentes, no solo en posición, sino también en comunión de vida. Esto implica ya una transformación esencial en una naturaleza compatible y amoldable a la divina, en la que participamos (2 P. 1:4). El llamamiento de Dios a salvación adquiere indefectiblemente esta orientación: "Fiel es Dios, por el cual fuisteis llamados a la comunión con su Hijo Jesucristo nuestro Señor" (1 Co. 1:9). La transformación a la imagen del Hijo permite al cristiano reflejar en el mundo en tinieblas la gloria de Dios; es una transformación progresiva que opera el Espíritu Santo en cada cristiano: "Por tanto, nosotros todos, mirando a cara descubierta como en un espejo la gloria del Señor, somos transformados de gloria en gloria en la misma imagen, como por el Espíritu del Señor" (2 Co. 3:18). La imagen de Dios, deteriorada en el hombre por el pecado, es restaurada en Cristo, imagen perfecta y absoluta de Dios. Sin duda, la imagen en el tiempo de la santificación, el presente estadio de salvación antes de la glorificación, tiene que ver principalmente con expresar visiblemente la condición moral de nuestro Señor. El propósito que establece la predestinación de los llamados, es decir, de los salvos, alcanzará el objetivo final en la glorificación, donde Dios transfigurará el cuerpo de los creyentes para que se conformen al cuerpo de gloria de Jesucristo (Fil. 3:21), de manera que "así como hemos traído la imagen del terrenal, traeremos también la imagen del celestial" (1 Co. 15:49).

Ser conformados a la imagen de Cristo tiene también un propósito: "Para que Él sea el primogénito entre muchos hermanos". La cláusula final del versículo es una frase de infinitivo, literalmente *para ser el primogénito*. La predestinación divina para los llamados tiene como objeto que Cristo, como Hijo de Dios, se convierta en primogénito de la familia divina de hijos adoptados. Esa es la razón por la que los cristianos deben ser conformados a su imagen. Cristo introduce a los hijos de Dios adoptados en Él en su misma gloria, convirtiéndonos en coherederos de Dios. La inmanencia del Hijo permite que en la resurrección y glorificación participemos de su gloria

---

[505] Griego: συμμόρφος.

(Ro. 8:17-18). Él es el primogénito entre muchos hermanos, lo que indica el gran número de personas alcanzadas por la gracia salvífica e incorporados en adopción de hijos a la familia de Dios, que encabeza el que eternamente es el Unigénito del Padre, quien es también el primogénito dentro de su familia. Los miembros de esta familia de Dios deben manifestar la relación espiritual con el Padre, amoldándose para tomar la forma del Hijo que lo revela absolutamente, de modo que la relación paterno-filial de los hijos adoptados se haga visible ahora y más tarde eternamente en la glorificación (1 P. 1:15-16). El Señor Jesús es el primer miembro de este numeroso grupo de hijos de Dios, a quienes llamó sus hermanos y a los que comunica lo que Él es en la relación trinitaria (He. 2:11), para que ahora y perpetuamente podamos reflejar la gloria del Padre.

Esta presencia del Hijo produce necesariamente el deseo de glorificar al Padre, tal como hizo el Hijo, en una entrega sin reservas. Él se entregó al Padre para hacer en todo su voluntad (He. 10:5 ss.) para también llevarnos a nosotros al Padre (Gá. 4:5).

¿Acaso puede un hombre llegar a la imitación del Padre en la dimensión de hacerlo visible —por supuesto, en la limitación de la criatura— y manifestar su gloria? No es posible desde la única existencia de la deidad, pero lo es desde la condición de hombre a la que la segunda persona divina llega por encarnación, ya que es el primogénito entre muchos hermanos, manifestado en el misterio de la gracia divina (He. 2:11-18). La gloriosa posición del Señor resucitado, ascendido a la majestad, entronizado a la derecha del Padre, es la que posicionalmente ya tenemos en Él (Ro. 6:4-11; Ef. 2:6), compartiendo lo que le es propio y haciéndonos herederos de Dios y coherederos con Él (Ro. 8:17). Herederos de la herencia que corresponde al Hijo como heredero de todo, una herencia que no mengua en modo alguno porque se trata de comunión en Él.

La presencia del Hijo, que es luz que ilumina todo (Sal. 19:4), es la luz eterna, ya que "en Él estaba la vida, y la vida era la luz de los hombres. La luz en las tinieblas resplandece, y las tinieblas no prevalecieron contra ella" (Jn. 1:4-5). "Aquella luz verdadera, que alumbra a todo hombre, venía a este mundo" (Jn. 1:9). "Yo la luz he venido al mundo, para que todo aquel que cree en mí no permanezca en tinieblas" (Jn. 12:46). El Hijo de Dios impulsa al creyente a ser luz en medio de las tinieblas del mundo. Esta luz que tiene que ver con la gloria de Dios está vinculada también a la proclamación del Evangelio: "En los cuales el dios de este siglo cegó el entendimiento de los incrédulos, para que no les resplandezca la luz del Evangelio de la gloria de Cristo, el cual es la imagen de Dios" (2 Co. 4:4). La presencia del Hijo conduce a que se proclame al mundo, no algo, sino "todo el consejo de Dios" (Hch. 20:27). La luz de Dios, irradiación de la gloria del Padre, está en el Hijo; este se traslada al creyente y la lleva consigo a la intimidad del redimido; la luz, mensaje de gracia, se anuncia en el Evangelio que pone de manifiesto la gloria de Cristo, por lo que, en el anuncio pleno del Evangelio, brilla también la luz del Hijo.

La luz de Dios es puesta en nosotros por Dios mismo, que "enciende nuestra lámpara" (Sal. 18:28). De manera que siendo el Hijo la luz del mundo, el cristiano lo es también, no solo por imitación, sino por presencia de la segunda persona divina, que produce en el creyente la dimensión de la luz que le es propia en el ser divino. La luz resplandeció en las tinieblas para los rectos (Sal. 112:4). La luz, como una semilla plantada para que crezca, es puesta en el campo que es el justo: "Luz está sembrada para el justo" (Sal. 97:11); por esa misma causa, a medida que se experimenta la acción de la luz, que se comunica por presencia e inmanencia, la luz del creyente aumenta, convirtiendo su camino en luminoso, como el del Verbo encarnado: "Mas la senda de los justos es como la luz de la aurora, que va en aumento hasta que el día es perfecto" (Pr. 4:18).

Una gran bendición es ser iluminado e iluminar a otros, resplandeciendo como consecuencia del resplandor divino que hay en quien es templo de Dios en Espíritu.

En otro aspecto, el Hijo de Dios se anonadó a sí mismo hasta hacerse hombre para poder humillarse hasta la muerte y muerte de cruz (Fil. 2:6-8). La entrega del Hijo al Padre tiene que ver con la plena dependencia que se manifiesta desde su naturaleza humana, mediante la cual puede el Verbo llegar a la humillación. Esto sería imposible en el único plano de la deidad, pero no solo es posible, sino deseable desde el de su humanidad. El Padre energiza al creyente para la operación de reproducir la vida divina en él. Es, sin duda, una relación trinitaria, ya que, aunque la energía procede del Padre, se manifiesta por el Espíritu y se realiza por medio del Hijo. Así, el fruto que Dios desea es del Espíritu, pero Jesús advierte que "separados de Él nada podemos hacer" (Jn. 15:5). En todo se detecta la inmanencia de las tres personas divinas, de modo que, donde está involucrada una de ellas, están presentes las otras dos. La energía que necesitamos para vivir la vida cristiana procede del Padre, pero se hace posible por medio del Hijo y se aplica en el poder del Espíritu (Ef. 4:15-16).

La provisión de energía para la vida cristiana descansa en la gracia provisora. De este modo testifica el apóstol Pablo sobre esta experiencia diaria en su vida y ministerio, reconociendo la acción de Dios en él, de modo que era un instrumento usado por el Señor para hacer su obra: "... no yo, sino la gracia de Dios conmigo" (1 Co. 15:10). La preposición *con*[506] expresa el sentido de *en unión con*, ya que no usa la que tiene sentido de compañía, que sería *con*[507], en este caso, en unión con Dios. La energía para la acción la recibe no cerca de Dios, sino en Dios, que está en él. De otro modo, Pablo toma de la gracia la provisión de recursos para todo su trabajo. El apóstol testifica que su poder no proviene de su esfuerzo personal, sino de la gracia de Dios. Nótese que no dice "yo con la gracia", sino al revés, "la gracia conmigo". La gracia lo convierte en un instrumento poderoso en la mano de Dios, y no al revés. "La gracia poderosa de Dios era como la despensa inagotable de la que él sacaba constantemente fuerzas para proseguir su trabajo"[508]. El texto no puede tomarse, en modo alguno, como referente a su salvación, sino como expresión de su ministerio. Es de apreciar que habla de trabajo y de deseo personal para hacerlo, pero el albedrío humano no coopera absolutamente en la obra de salvación, que es solo de Dios (Sal. 3:8; Jon. 2:9). Sin embargo, en el ministerio, la voluntad del hombre es potenciada por la gracia divina, ya que "Dios es el que en vosotros produce así el querer como el hacer, por su buena voluntad" (Fil. 2:13). No cabe duda de que el apóstol cooperó con la gracia; pero esa cooperación fue debida a la gracia que actuaba en él; por esa razón dice con firmeza: "No yo, sino la gracia de Dios".

La potencialidad necesaria en el creyente está en la presencia divina en él; de ahí que el apóstol Pablo, encarcelado, esperando sentencia, es capaz de afirmar: "Todo lo puedo en Cristo que me fortalece"; más literalmente, *para todo tengo fuerzas en el que me da el poder*. Nuevamente, una relación trinitaria en el creyente; la potencia o el poder[509] procede del Espíritu, pero este poder es el resultado de comunicar la energía del Padre, y todo ello en la esfera de la gracia que vino con el Verbo encarnado.

Consecuentemente, como el Hijo se sujetó al Padre, así también el creyente, ya que "no puede el Hijo hacer nada por sí mismo, sino

---

[506] Griego: σύν.
[507] Griego: μετά.
[508] Lacueva en Henry, 1989, p. 469.
[509] Griego: δύναμις.

lo que ve hacer al Padre, porque todo lo que el Padre hace, también lo hace el Hijo igualmente"[510] (Jn. 5:19). El operar del Hijo está vinculado a lo que ve hacer al Padre. La afirmación de Jesús es precisa y, para algunos, difícil de entender. No se trata de una mera imitación de lo que ve hacer que Él reproduce. Afirma que no puede hacer nada de sí mismo. La afirmación es de una imposibilidad radical. En una primera manifestación, la naturaleza humana de Jesús estaba totalmente sometida a la voluntad de Dios (Jn. 4:34; 8:29; He. 10:7). Pero, en cuanto a su naturaleza divina, en cuanto Dios, no estaba sometida a la voluntad del Padre, sino que era concordante en todo con ella, siendo una misma. El Hijo actúa como ve actuar al Padre. Este ver equivale a entender. La identidad del Hijo con el Padre es determinante; el Hijo es la luz de Dios que viene a este mundo (Jn. 1:9), pero esa luz que alumbra a todo hombre no es otra cosa que el resplandor de la gloria del Padre y la imagen misma de su sustancia (Jn. 1:9; 8:12; 12:46; He. 1:3). Luego el Hijo no ilumina de sí mismo, sino que transmite la luz del Padre, su impronta y gloria divinas. Este obrar del Hijo según ve obrar al Padre se constituye en necesidad reveladora, puesto que, como Verbo o Logos, viene con la misión de revelar al Padre (Jn. 1:18), haciendo de Él la exégesis absoluta de lo que es y hace, hasta el punto de que pueda decir: "El que me ha visto a mí ha visto al Padre" (Jn. 14:9). Las palabras que Jesús dice son el obrar del Padre que mora en Él (Jn. 14:10). Significa, remontándose a los orígenes, que cuando se lee en el acto creador *sea* y surge a la existencia lo que no era, la voz es la del Verbo, que expresa absoluta e infinitamente la mente del Padre. En la relación paterno-filial dentro del seno trinitario, el Hijo no puede ignorar nada de lo que el Padre sabe y hace, puesto que nadie conoce al Padre, sino el Hijo, y aquel a quien el Hijo quiera revelarlo (Mt. 11:27; Lc. 10:22).

Si el Hijo hace lo que ve hacer al Padre, luego las obras omnipotentes del Padre son hechas por el Hijo, de manera que, si la omnipotencia es potestativa y privativa de Dios, el Hijo tiene necesariamente que ser Dios; de otro modo, no podría hacer las mismas obras que hace el Padre. Cuando Jesús dice que no puede hacer nada de sí mismo, afirma la identidad de naturaleza con el Padre, que genera obras y operaciones conforme a lo que es propio de ella. Debe entenderse bien que no se trata de una imitación o de un reproducir lo que está viendo

---

[510] Texto griego: οὐ δύναται ὁ Υἱὸς ποιεῖν ἀφ' ἑαυτοῦ οὐδὲν ἐὰν μή τι βλέπῃ τὸν Πατέρα ποιοῦντα· ἃ γὰρ ἂν ἐκεῖνος ποιῇ, ταῦτα καὶ ὁ Υἱὸς ὁμοίως ποιεῖ.

hacer al Padre, sino que significa que el Hijo es todo del Padre, que la vida suya le ha sido comunicada por el Padre y que toda su sustancia y poder es de aquel que eternamente lo engendra. Pero la afirmación de Jesús es todavía más determinante; Él no hace unas obras y el Padre otras, sino que, en virtud de la identidad de vida propia en el seno trinitario, el Hijo hace lo mismo que hace el Padre, ya que este obra por el Hijo, de manera que las obras del Padre y del Hijo son inseparables. La idea de subordinación, que ya se consideró antes, no se sustenta en las palabras de Jesús, puesto que la generación del Hijo es coeterna con el Padre; de otro modo, el engendrador no precedió al tiempo del engendrado para que este sea menor que aquel. Siendo ambos eternos e inmutables, no hay variación en ninguno de ellos, de modo que el Padre eterno engendró a un Hijo eterno, que es como Él.

Cuando el Hijo está presente en el creyente, las obras de Dios le son propias: "Creedme que yo soy en el Padre, y el Padre en mí; de otra manera, creedme por las mismas obras. De cierto, de cierto os digo: El que en mí cree, las obras que yo hago, él las hará también; y aún mayores hará, porque yo voy al Padre" (Jn. 14:11-12). No en el sentido de que pueda hacer cuanto la voluntad personal del creyente desee, sino lo que el Padre hace en el Hijo y este opera en el creyente.

Exige esto una relación vivencial, en la que el Hijo hace y el creyente manifiesta, pero al dar de Dios corresponde el aceptar y entregarse del creyente en una acción de fe que se somete a la voluntad de Dios. El creyente anda en Cristo; "por tanto, de la manera que habéis recibido al Señor Jesucristo, andad en él; arraigados y sobreedificados en él, y confirmados en la fe" (Col. 2:6-7). Esa es la razón por la que se puede afirmar sin reserva que "todo es posible para Dios" (Mt. 19:26). Sin embargo, la *dinamis* divina es la que "produce en nosotros así el querer como el hacer, por su buena voluntad" (Fil. 2:13), generando en nosotros el deseo para obrar y la capacidad para hacerlo. Aunque todo es de Dios, su poder, su fuerza y su gracia, la operación humana no hace del hombre un mero instrumento divino, sino que es participante en el proceso y en la actividad. Por esa razón, el hombre no es un ser inerte —es decir, sin actuación voluntaria y positiva— a lo que Dios da; de ahí que el apóstol Pedro diga que si la piedad, el afecto fraternal y el amor están en nosotros y abundan "no os dejarán estar ociosos ni sin fruto en cuanto al conocimiento de nuestro Señor Jesucristo" (2 P. 1:8). La santidad, que es una de las perfecciones o atributos divinos, no se impone simplemente al creyente, sino que la presencia trinitaria en él lo conduce al deseo y a la acción de ser santo; de ahí la exhortación del apóstol Pablo: "Así que, amados, puesto que tenemos tales promesas, limpiémonos de toda contaminación de carne y de espíritu, perfeccionando la santidad en el temor de Dios" (2 Co. 7:1). El Espíritu nos capacita a santidad, la responsabilidad de la acción es del que vive en el Espíritu, porque el Espíritu vive en él, ya que "si por el Espíritu hacéis morir las obras de la carne, viviréis" (Ro. 8:13).

Por la presencia del Logos en nosotros podemos usar su discurso de vida y de verdad para que, en el poder del Espíritu, se pueda presentar defensa de nuestra esperanza, negada por el mundo y por los que son del mundo, haciéndolo bajo la acción del Espíritu porque la defensa de la esperanza ha de hacerse con humildad y mansedumbre (1 P. 3:15), que son manifestaciones del fruto del Espíritu en nosotros (Gá. 5:23).

**Función trinitaria del Espíritu Santo en el creyente**

En el tratamiento de estas funciones trinitarias se hace necesario recordar que toda función *ad intra* se hace *ad extra*, reflejándose en el creyente, porque no puede detenerse la función *ad intra* que se opera donde la Trinidad esté presente.

El Espíritu Santo asume las funciones representativas del Verbo, es decir, es el vicario de Cristo en la tierra y el que produce la dinámica de vida cristiana, llamada también espiritualidad de aquel en quien está presente la Trinidad y, por tanto, el Espíritu Santo.

Como se ha indicado para la función trinitaria de las otras dos personas divinas, no se entra aquí en el contenido personal de Espíritu que se estudia en la neumatología, a donde se dirige al lector para complementar lo relacionado con el Espíritu Santo.

El Espíritu Santo se personaliza por vía del amor, en contraste con el Verbo, que sigue la vía del intelecto. Siendo, por tanto, la expresión infinita del amor entre el Padre y el Hijo, ambos son, como se ha considerado, los que espiran al Espíritu Santo, que procede tanto del Padre como del Hijo. Como el Verbo es eternamente engendrado por el Padre y como todo cuanto el Padre es y tiene, salvo el ser Padre, lo ha dado al Hijo, con esa donación personal está presente también en el Verbo el Espíritu Santo. Es necesario tener presente que las procesiones *ad intra* se realizan también en el creyente como lugar donde la Trinidad está presente. Lo que la tercera persona hace en el creyente con su presencia se manifiesta en lo que sus propios identificativos dan de ella.

La primera percepción está vinculada con su propia condición, que es Espíritu, de ahí que forma parte del nombre propio de esa persona. Es el Espíritu Santo el autor del nuevo nacimiento, condición indispensable para entrar en el reino; así lo enseña Jesucristo en su diálogo con Nicodemo:

> De cierto, de cierto, te digo, que el que no naciere de agua y del Espíritu no puede entrar en el reino de Dios. Lo que es nacido de la carne, carne es; y lo que es nacido del Espíritu, espíritu es. No te maravilles de que te dije: Os es necesario nacer de nuevo; el viento sopla de donde quiere, y oyes su sonido; mas ni sabes de dónde viene, ni a dónde va; así es todo aquel que es nacido del Espíritu. (Jn. 3:5-8)

El nuevo nacimiento es una obra de renovación plena y dotación de una condición espiritual nueva, operada por el Espíritu Santo en todo aquel que cree: "Nos salvó, no por obras de justicia que nosotros hubiéramos hecho, sino por su misericordia, por el lavamiento de la regeneración y por la renovación en el Espíritu Santo" (Tit. 3:5). Ya que era imposible la salvación por nuestra justicia, el apóstol enseña que Dios nos salvó por su misericordia. La misericordia es la orientación del amor hacia el miserable para resolver su miseria. Es pasar la miseria por el corazón. Dios, en manifestación infinita de amor, se mueve a misericordia por la condición en que se encuentra el pecador. La paga del pecado, que es muerte, condena a eterna perdición a todos los hombres, puesto que todos son pecadores. Esa situación miserable es atendida por Dios para alcanzar a salvación a quienes por derecho no tienen posibilidad de ser asistidos por Él. Debe entenderse que el plan de salvación no se produjo por la condición del hombre, sino por la soberanía de Dios que lo estableció antes de la creación (2 Ti. 1:9; 1 P. 1:18-20).

El medio que Dios utilizó para salvarnos fue el lavamiento de la regeneración y la renovación por el Espíritu Santo. Ambas cosas van unidas y deberían considerarse como dos aspectos de una sola obra. Ninguna obra física, o ninguna ordenanza puede explicar este lavamiento de regeneración. No se trata del bautismo de agua, sino de la aplicación de la obra redentora del Hijo de Dios a cada pecador que cree, es decir, no es un bautismo físico, sino uno espiritual. Mediante esta obra del Espíritu, el cristiano es santificado o purificado para Dios. La antigua dispensación tenía tipos de esto en los muchos lavamientos rituales para purificación del pecado. Todo esto concluye con el bautismo del Espíritu, que vincula al pecador que cree con Cristo mismo, dándole la vida eterna y el perdón de pecados, pero, a la vez, lo introduce, lo sumerge en Cristo para la formación de un cuerpo en Él (1 Co. 12:13). La obra justificadora de la cruz es aplicada a cada creyente y le son borrados todos los pecados. El lavamiento espiritual permite la purificación, como el apóstol Juan dice, porque han lavado sus ropas en la sangre del Cordero (Ap. 7:14), expresando el sentido de pureza por la aplicación de la obra expiatoria de Cristo (1 P. 1:2). Los vestidos, espiritualmente hablando, del no regenerado están sucios por contaminación con el pecado, pero por el lavamiento el creyente ha sido dotado de vestidos blancos, ya que está revestido de Cristo (Ro. 13:14). Por esa causa, los vestidos están emblanquecidos al haber desaparecido ya las manchas de la corrupción por la acción limpiadora de la obra de la cruz. La limpieza se alcanza en "la sangre del Cordero" —aunque a la preposición griega *en* sería mejor usarla en el sentido de *por*, es decir, no los emblanquecieron por el hecho de lavarlos en la sangre, sino por la acción limpiadora de ella—. La expresión del lenguaje figurado describe el acto de fe por el que se aplica la sangre de Cristo y se describe la regeneración del que cree. El lavamiento de los vestidos como señal de purificación aparece ya en el Antiguo Testamento: "Y Jehová dijo a Moisés: Ve al pueblo, y santifícalos hoy y mañana; y laven sus vestidos" (Ex. 19:10, 14). Es la misma enseñanza del Nuevo Testamento, en palabras del apóstol Juan: "Si confesamos nuestros pecados, Él es fiel y justo para perdonar nuestros pecados, y limpiarnos de toda maldad" (1 Jn. 1:9). De la misma manera enseña el escritor a los Hebreos: "¿Cuánto más la sangre de Cristo, el cual mediante el Espíritu eterno se ofreció a sí mismo sin mancha a Dios, limpiará vuestras conciencias de obras muertas para que sirváis al Dios vivo?" (He. 9:14). De forma directamente referida a la salvación enseña el apóstol Pedro: "Elegidos según la presciencia de Dios Padre en santificación del Espíritu, para obedecer y ser rociados con la sangre de Jesucristo: Gracia y paz os sean multiplicadas" (1 P. 1:2). La sangre de Cristo es aplicada al que cree para limpieza, purificación y redención. El perdón de pecados se alcanza por la fe en aquel que murió en la cruz. Es un contingente de redimidos por la sangre de Jesucristo; por tanto, una multitud de creyentes que están en la presencia de Dios procedentes de la gran tribulación.

Con el lavamiento, formando parte de la obra salvadora de Dios, está la regeneración que aquí se aplica a personas. Esta regeneración es equivalente al nuevo nacimiento[511]. La regeneración es

---

[511] Es el sentido de la palabra griega παλιγγενεσίας.

una necesidad para llevar a cabo el programa y el propósito de la salvación. De ahí las palabras transcritas antes de la conversación de Jesús con Nicodemo: para acceder al reino era necesario que naciese de nuevo, es decir, que fuese regenerado (Jn. 3:6). La imposibilidad de estar en la presencia de Dios, gozar de una relación directa con Él, es imposible en la condición del hombre natural, ya que el pecador con su pecado no puede estar en comunión con el Dios santísimo (Sal. 24:3-4). Además, el no regenerado no puede vivir en obediencia a la voluntad de Dios por su propia condición e incapacidad. Igualmente es imposible que tengan vida eterna quienes están muertos en delitos y pecados. Por otro lado, la regeneración es necesaria para capacitar al hombre a fin de que pueda ser templo de Dios en Espíritu (1 Co. 3:16). La promesa de Dios para el salvo es que tenga vida eterna (Jn. 3:16). La vida eterna es la vida de Dios, sin principio ni fin. Esa vida está en el Hijo (Jn. 1:4). Cristo afirma que Él es la vida (Jn. 14:6). Él mismo dijo que su misión, por la que vino al mundo, era dar vida al pecador (Jn. 10:10). Mediante la regeneración del Espíritu, Cristo es implantado en el creyente (Col. 1:27). La regeneración produce una resurrección espiritual (Ef. 2:1, 4, 5, 6). Esta operación es posible por la acción vinculante que el Espíritu hace en el pecador creyente, uniéndolo vitalmente al Salvador. La regeneración dota de una nueva forma de vida, teniendo comunión con Cristo y siendo partícipe de la naturaleza divina (2 P. 1:4). Esta nueva forma de vida está detallada por el apóstol Pablo (Ro. 6:3-4). El que ha sido bautizado en Cristo entra en una nueva posición en Cristo. Por esa posición, la relación de esclavitud con el pecado ha sido cortada, recibiendo plena libertad y siendo dotado para llevar a efecto la vida de santificación. Esa identificación con Cristo opera un poder libertador sobre el yo (Gá. 2:20); sobre la carne (Gá. 5:24); y sobre el mundo (Gá. 6:14). Cristo comunica vida a la nueva humanidad en Él como "espíritu vivificante" (1 Co. 15:45). Finalmente, la regeneración dota al creyente de un corazón nuevo, templo donde Dios reside en el creyente y donde el Espíritu lo capacita para la obediencia a los mandamientos de Dios (Ez. 11:19; 36:26-27).

En el texto de la epístola a Tito, el apóstol se refiere también a la renovación. Mientras que la regeneración es un acto instantáneo, la renovación, que es esencialmente el proceso de santificación, es una actividad que dura toda la vida del creyente. La renovación es una operación en la que Dios capacita y el hombre actúa conforme a esa capacidad. Mientras que para la regeneración no se exige nada del hombre, para la renovación es necesaria la rendición incondicional del hombre a Dios. La santificación, que es también la renovación, es la operación que el Espíritu Santo hace en el cristiano, mediante la cual lo liberta del poder del pecado, renueva su orientación a imagen de Cristo y lo capacita para el buen obrar, produciendo en él tanto el querer como el hacer por su buena voluntad (Fil. 2:13). Esto le permite progresar día a día, conformándose a la imagen de Cristo (Col. 3:10), que es el propósito del Padre para sus hijos (Ro. 8:29).

La obra de renovación se vincula al Espíritu Santo, que opera en cada creyente para conducirlo en la dirección que Dios ha determinado para el santo, esto es, para quien ha separado del mundo para sí. El estado perfecto solo se alcanzará en la glorificación (Ef. 5:26-27). La santificación es la expresión de la voluntad de Dios para el creyente (1 Ts. 4:3). La vida santa exige la separación del pecado (2 Ti. 2:21). Dios demanda a su pueblo que salga de la corrupción del mundo y se aparte de ese sistema (2 Co. 6:17). La santificación práctica demanda una entrega incondicional a Dios (Ro. 12:1) para un modo de conducta consonante con el llamamiento celestial (Ef. 4:1). La orientación del creyente es también celestial (Col. 3:1). La expresión de vida santa comprende todos los aspectos de vida del creyente, los que se han considerado anteriormente. La santificación es obra del Espíritu Santo, que santifica al creyente para Dios. La salvación, que comprende también la santificación, es posible por la obra del Espíritu (2 Ts. 2:13; 1 P. 1:2). La obra de Dios mediante la santificación por el Espíritu y la responsabilidad del hombre en el ejercicio de la fe son igualmente necesarias en la salvación. Los gentiles son ofrenda agradable a Dios por la obra santificadora del Espíritu (Ro. 15:16). Sin la ayuda del Espíritu es imposible una vida victoriosa para el cristiano (Gá. 5:16). La vida de santificación consiste en manifestar un carácter divino, que solo es posible para quien está sometido al Espíritu Santo (Gá. 5:22-23). Esto es posible por la residencia de la tercera persona divina en el creyente. Cualquier esfuerzo del creyente para conseguir la renovación por sí mismo será un fracaso porque solo es posible por la acción del Espíritu (Zac. 4:6).

En la salvación, el Espíritu Santo se compara o es semejante al viento divino que arrastra a todos hacia Cristo, ya que el Señor dijo que "ninguno puede venir a mí, si el Padre que me envió no le trajere" (Jn. 6:44). La atracción con que el pecador es llevado al Salvador tiene un notable componente del amor personalizado en el Espíritu Santo. Es Él quien convence de pecado (Jn. 16:8) y pone ante el perdido la necesidad de acudir al Salvador, mostrándole siempre la grandeza de su amor. Sobre esta atracción escribía Agustín de Hipona:

No vayas a creer que eres atraído a pesar tuyo. Al alma le atrae el amor... ¿Cómo puedo yo creer voluntariamente si soy atraído? Digo yo: es poco decir que eres atraído voluntariamente; eres atraído también con mucho agrado y placer. ¿Qué es ser atraído por el placer? Pon tus delicias en el Señor y él te dará lo que pide tu corazón. Hay un apetito en el corazón al que le sabe dulcísimo este pan celestial. Si, pues, el poeta pudo decir: "Cada uno va en pos de su afición", no con necesidad, sino con placer; no con violencia, sino con delectación, ¿con cuánta más razón se debe decir que es atraído a Cristo el hombre cuyo deleite es la verdad, y la felicidad, y la justicia, y la vida sempiterna, todo lo cual es Cristo? Los sentidos tienen sus delectaciones, ¿y el alma no tendrá las suyas?... Dame un corazón amante, y sentirá lo que digo; dame un corazón que desee y que tenga hambre; dame un corazón que se mire como desterrado, y que tenga sed, y que suspire por la fuente de la patria eterna; dame un corazón así, y este se dará perfecta cuenta de lo que estoy diciendo.[512]

Antes que un caído pueda entrar al reino de Dios y pasar a ser un habitante del cielo, Dios tiene que obrar una transformación en él. La transformación es tal que solo puede compararse con un "nuevo nacimiento". Las palabras de Jesucristo a Nicodemo no fueron dirigidas a un hombre de baja condición moral, sino a un líder del pueblo de Israel. La imposibilidad de la presencia de Dios en un hombre solo es posible en una transformación radical de lo que naturalmente es, puesto que Dios solo está en la santidad (Sal. 24:3-4). La imposibilidad del hombre no regenerado para vivir en obediencia a la voluntad de Dios es comparable con la necesidad de dar vida a quienes están muertos en delitos y pecados. En esta operación del Espíritu, la promesa de vida eterna de Dios para el salvo se hace posible (Jn. 3:16). Cristo afirma que Él es la vida (Jn. 14:6) y el apóstol enseña que la vida está en el Hijo (Jn. 1:4). El Hijo vino para hacer posible que el pecador pueda tener vida eterna (Jn. 10:10). ¿En qué medida en todo esto está la acción del Espíritu? Mediante la regeneración, Cristo es implantado en el creyente (Col. 1:27). Esta identificación con Cristo permite al creyente tener vida eterna, siendo dicha identificación la operación del Espíritu en el bautismo que une a cada creyente con el Salvador (1 Co. 12:13). El Espíritu Santo vinculando al creyente con

---

[512] Agustín de Hipona, *Tratados sobre el Ev. de Juan*, 26, 4-6.

Dios, permite a cada uno de ellos participar de la naturaleza divina (2 P. 1:4).

El Espíritu Santo produce en el cristiano una nueva forma de vida. Esa es la enseñanza del apóstol Pablo en la epístola a los Romanos (Ro. 6:3-4). El creyente ha sido bautizado en Cristo Jesús y entra en una nueva posición en Cristo. Antes de esa posición tuvo que producirse la liberación del pecado mediante la identificación con el Salvador. Por consiguiente, el que cree es puesto en una relación personal con la muerte de Cristo, por la cual la relación de esclavitud del pecado fue cortada y recibe poder para una vida fuera de esa esfera. Esa identificación con la muerte de Cristo produce un poder liberador: sobre el yo (Gá. 2:20), sobre la carne (Gá. 5:24) y sobre el mundo (Gá. 6:14). La liberación del poder del pecado se produce para todos los que están en Cristo, de manera que no hay excusa para vivir una vida santa.

Sobre la atracción que el Espíritu genera en el corazón regenerado escribe el Dr. Lacueva:

> Efectivamente, el Espíritu aplica la energía del Padre y la luz del Hijo mediante la presentación del bien que estimula la motivación y calienta el corazón, poniéndolo en marcha hacia el tesoro que nos atrae como un imán (Mt. 6:21). El Espíritu ilumina los ojos del corazón (Ef. 1:18), imparte la gracia (1 Co. 15:10, a la luz de Ef. 4:7) y nos da el poder. De ahí que, al descender visiblemente el día de Pentecostés, se manifestase en la forma de un "viento recio" que hizo temblar el edificio (Hch. 2:2). La atracción provocada por el Espíritu Santo hace que el creyente se deleite en la observancia de los mandamientos de Dios más que en la miel (v. Sal. 19:7-10; 119:14-16, 77, 103, 111-112, 167). Pero el amor genuino a Dios y a su Ley es imposible, a menos que el Espíritu ensanche el corazón (Sal. 139:32. v. Ez. 36:26-27 —con el Espíritu, viene "un corazón nuevo"—; v. tamb. 2 Co. 6:11-12; 12:5). Is. 40:7, por su parte, nos lo presenta como una fuerza invasora.[513]

El Espíritu está no tanto para ser definido, sino para ser vivido; de ahí que esté en disposición para que el creyente viva en su plenitud. Por ese medio y acción, la tercera persona produce en el creyente el fruto de Dios, que conlleva una vida de testimonio consonante con el propósito de Dios (Gá. 5:22-23). El regenerado no solo vive como templo

---

[513] Lacueva, 1979, p. 166.

del Espíritu, sino que vive por el Espíritu: "Si vivimos por el Espíritu, andemos también por el Espíritu" (Gá. 5:25). La vía de la orientación está, no en la experiencia, sino en la revelación, es decir, no en el pensamiento humano, sino en la Palabra, pero la verdadera comprensión de la Escritura está vinculada a la iluminación del Espíritu que, por ser Dios en unidad trina, conoce la intimidad y la dimensión del pensamiento de Dios y comunica estas verdades al hombre en la revelación.

Otro aspecto en la relación de la presencia del Espíritu tiene que ver con el amor. La tercera persona divina se constituye persona por la vía del amor. Es por esa razón que el amor de Dios, con el que el cristiano tiene que amar, no importa cuál sea el objeto del amor, se manifiesta no por donación del amor, sino de quien lo produce, que es el Espíritu Santo. De este modo lo enseña el apóstol Pablo: "El amor de Dios ha sido derramado en nuestros corazones por el Espíritu Santo que nos fue dado"[514] (Ro. 5:5).

La esperanza descansa en la gracia y esta no es otra cosa que el amor de Dios que desciende a la necesidad de la criatura. Es necesario entender que Dios es esencialmente gracia. El sentido de gracia se distancia notablemente de la comprensión que los judíos tenían de ella y también de la de los romanos. Ambos consideraban que la gracia era simplemente la acción mediante la que Dios detenía la ejecución de su justicia punitiva sobre el acreedor de su ira. La realidad de la gracia es otra muy diferente; es la expresión personal del amor divino, que no detiene la ejecución justa de la demanda del pecado, sino que la cancela en su Hijo en un acto de amor hacia quienes no teníamos ningún derecho de ser amados. El amor divino realiza su acción salvadora en la muerte de Jesús. La realidad de ese amor es experiencia cristiana, por cuanto su admirable, infinito y glorioso amor lo ha volcado, derramado, por medio de su Espíritu en el corazón creyente. "Dios es amor", dice el apóstol Juan (1 Jn. 4:8, 16). El amor es uno de los atributos comunicables de la deidad. El ser divino en las tres personas es amor; por tanto, el amor de Dios está en la vida comunicable de la tercera persona de la deidad que, con su presencia en el cristiano, le comunica el amor de Dios en plenitud. De ahí que se use el verbo *derramar* para expresar la acción por la cual el cristiano queda saturado del amor de Dios a fin de que pueda vivir el distintivo esencial que lo caracteriza como cristiano, que es el amor (Jn. 13:35). La provisión de amor no es pobre, sino abundantísima, para satisfacer

---

[514] Texto griego: ὅτι ἡ ἀγάπη τοῦ Θεοῦ ἐκκέχυται ἐν ταῖς καρδίαις ἡμῶν διὰ Πνεύματος Ἁγίου τοῦ δοθέντος ἡμῖν.

sobradamente al creyente. Ahora bien, en relación con la esperanza que no avergüenza, el amor es lo que le da sentido y firmeza, ya que Dios ha dado todo cuanto tenía por nosotros y a nosotros, puesto que nos ha dado a su Hijo (Ro. 8:32), de modo que, si nos dio al Hijo, nos dio también con Él todas las cosas y, esencialmente, la vida eterna, que se expresa en la esperanza. Por tanto, el amor de Dios da consistencia y firmeza a una esperanza que no avergüenza.

El Espíritu que derrama el amor de Dios en el corazón creyente es también quien garantiza la esperanza, como el apóstol enseña escribiendo a los Efesios: "Habiendo creído en Él, fuisteis sellados con el Espíritu Santo de la promesa, que es las arras de nuestra herencia hasta la redención de la posesión adquirida, para alabanza de su gloria" (Ef. 1:13b-14). Hay un momento en la experiencia del cristiano en el que la incredulidad deja paso a la fe. Pero es necesario entender que la fe que se sustenta en la palabra de verdad se deposita en el Salvador: "Habiendo creído en Él". Dios no manda llevar a los hombres a la salvación, sino al Salvador. Este mensaje que proclama la persona y la obra de Jesucristo es lo que Pablo llama "la palabra de la cruz" (1 Co. 1:18), que es locura para los que se están perdiendo, pero es poder de Dios para salvación a quienes creen. En el momento de creer y recibir la salvación, Dios sella a los creyentes con el Espíritu Santo. El sello del Espíritu implica que el creyente pertenece a la familia de Dios y que es suyo, comprado al precio de la sangre de Jesucristo (1 Co. 3:23); por tanto, ha dejado de pertenecer al mundo y a la esclavitud del pecado, también al yo personal, para ser propiedad de Dios, que lo ha comprado. El sello como pertenencia a Dios de los salvos garantiza la protección eterna que Él pone sobre ellos; por tanto, "no perecerán jamás" (Jn. 10:28-30). El sello es con el Espíritu. Este dativo instrumental identifica el sello con el Espíritu Santo, que es comunicado a todos los fieles. Es muy interesante apreciar que el calificativo Santo, referido al Espíritu, está colocado al final de la oración y establecido con artículo, es decir, es un adjetivo articular que enfatiza la condición única de santidad que corresponde como Dios al Espíritu. Esta colocación del adjetivo que es sustantivado como segundo término del nombre de la tercera persona divina enfatiza la condición de santidad que es comunicada también por Él mismo a cada creyente. Esta santidad, como separación para Dios, no es esfuerzo natural del hombre, sino operación poderosa de la gracia. El Espíritu Santo que sella al creyente, se le califica aquí como "de la promesa", que no es el Espíritu prometido, sino el que garantiza y hace posibles todas las promesas en Cristo Jesús, uniendo al cristiano con el Señor. La seguridad de la herencia que el creyente tiene en Cristo, está garantizada por Dios mismo quien, según el apóstol Pedro, la reserva para nosotros en los cielos (1 P. 1:4), pero, al mismo tiempo el creyente que tiene la garantía de la herencia, tiene también la certeza o seguridad del disfrute de la herencia al ser, el creyente mismo, guardado "por el poder de Dios mediante la fe, para alcanzar la salvación que está preparada para ser manifestada en el tiempo postrero" (1 P. 1:5). En referencia al Espíritu Santo con que el creyente es sellado como posesión de Dios, se enseña que el mismo Espíritu que sella es también las arras de nuestra herencia. El sustantivo arras es una palabra que probablemente tenga origen fenicio y expresa la idea de un anticipo para garantizar una compra, generalmente una cantidad de dinero dada por adelantado. En ese sentido, la idea es que cuando Dios da su Espíritu al creyente en el nuevo nacimiento se obliga a cumplir todas las promesas hechas y darle el total de las bendiciones que comprende la salvación.

El Espíritu Santo presente en el cristiano comunica al espíritu personal la certeza de ser hijo de Dios (Ro. 8:16) en un diálogo íntimo entre el Espíritu eterno y el espíritu del regenerado. Esta condición genera una segura esperanza, que no es en modo alguno hipotética y mucho menos religiosa, sino consecuente con la comunión con Dios en Cristo Jesús. Tal es la certeza que genera la esperanza en medio del sufrimiento (Ro. 8:17). La esperanza de la gloria no es una posibilidad, sino una absoluta certeza porque está ya reservada para nosotros en los cielos (1 P. 1:4).

Una última reflexión en el versículo. Lo que se ha derramado en el creyente no es el amor *a* Dios, sino el amor *de* Dios. El dativo es claro en el texto. Dios ha derramado su amor en el creyente. Algunos, como Agustín, consideraban el amor dado como la disposición para que el hombre, que nunca antes amó a Dios, sino que fue enemigo suyo en malas obras, pudiera en adelante amarlo. Esto también es cierto, puesto que el amor con que el creyente ama a Dios es el *agape* divino, derramado en el corazón humano por la presencia y acción del Espíritu. Pero la diferencia es notoria porque no solo ese amor permite amar a Dios, sino que al darnos Dios su mismo amor, nos permite disfrutar de un elemento más, en el que somos hechos partícipes de la naturaleza divina (2 P. 1:4). En virtud del amor derramado, la esperanza no defrauda. Es el amor que espera, no solo en la dimensión de eternidad, sino en la temporalidad. Es el amor que "todo lo sufre, todo lo cree, todo lo espera, todo lo soporta" (1 Co. 13:7). Es la virtud que hace visible a Cristo en la vida cristiana.

La experiencia personal del amor de Dios es posible en la medida en que se viva en la plenitud del Espíritu. Ese amor controla la vida; de otro modo, controla el corazón y con él la vida cotidiana del creyente. Las lenguas de fuego en Pentecostés no se posaron sobre la boca de los discípulos, sino sobre sus cabezas (Hch. 2:3), indicando que Dios controlaba el núcleo de las decisiones que se realizan con la mente y orientaba la forma de ver las cosas de acuerdo con Dios y no con los hombres. La presencia del Espíritu y su acción en la vida del creyente en quien está presente conducen a una manifestación notoriamente trinitaria. La energía del Padre, la luz del Verbo y el amor ferviente del Espíritu están siempre en perfecto equilibrio en la medida en que el creyente está controlado por el Espíritu Santo.

El Espíritu Santo es conductor de vida, puesto la Biblia le da este calificativo: Espíritu de vida (Ro. 8:6). El Espíritu tiene una ley, la Ley del Espíritu, que es el factor gobernante y omnipotente que actúa en la vida del creyente y que produce orden, poder y fruto para vida (Ro. 6:23; Gá. 5:16). El pecado imponía su ley al pecador no creyente, y aun al creyente que quiere vencer por sí mismo. Es el Espíritu Santo quien comunica la vida nueva del resucitado como espíritu vivificante a todo aquel que está en Él (1 Co. 15:45). La acción del Espíritu comporta una notable bendición, definida con concreción: "Me ha librado". Esto es, me ha librado de otra ley, la del pecado y de la muerte, que es una ley esclavizante que controla y sujeta al pecador llevándolo cautivo a practicar el pecado (Ro. 7:23). La angustiosa situación de incapacidad que el esfuerzo humano, aun con la mejor intención, procura y no alcanza, descrito tan gráficamente en el capítulo anterior, revierte aquí en una vida de victoria, no por la fuerza humana, sino por el poder del Espíritu Santo.

El creyente continúa con su vieja y caída naturaleza, el "pecado que mora en mí", que Satanás utiliza para activar las concupiscencias del hombre y conducirlo al fracaso espiritual. El retrato del creyente queda completado ahora. Por un lado, como humano, está limitado, vinculado con la vieja y pecaminosa naturaleza, de modo que no puede llevar una vida de absoluta santidad sin pecar. Esto no solo en el tiempo actual, sino siempre (Jer. 17:9; Mt. 6:12; 1 Jn. 1:8, 10). El pecado produce tristeza espiritual a quien desea, por su nueva naturaleza, vivir agradando y obedeciendo a Dios en la esfera de la santidad. Pero, aunque por un lado es esclavo del pecado, por otro es verdaderamente libre, porque el pecado no conseguirá ya una victoria absoluta sobre él. No puede impedir que viva para la gloria de Dios, sirviéndolo, amándolo y buscando cada vez más ser semejante a

Cristo conforme al propósito del Padre (Ro. 8:29). No logrará alcanzar aquí la perfección, pero prosigue al blanco. No dejará de sentir tristeza a causa de las caídas que pueda experimentar, pero ni eso le privará del gozo de saber que ya no hay condenación para él. El cristiano es una persona verdaderamente libre (Gá. 5:1).

Esta posición victoriosa está *en* Cristo. La vida de poder está en la vinculación con Cristo. Él fue dotado, por la resurrección, de todo el poder en cielos y tierra (Mt. 28:18; Ef. 2:9). En Cristo, unido a Él, y vinculado con él, el creyente está en terreno de victoria. La vida de santificación se hace posible por el poder del Espíritu, quien da victoria sobre la carne (Gá. 5:17-18).

Además, al Espíritu se lo vincula con la verdad, que siendo de una persona divina, es verdad absoluta e infinita. Así se define al Espíritu: "El Espíritu de verdad" (Jn. 14:17; 15:26). Poco antes Jesús había dicho a los suyos que Él era la verdad (Jn. 14:6); ahora se refiere del mismo modo al Espíritu, llamándole Espíritu de la verdad. Es decir, como Dios, es verdadero y no hay engaño en Él (1 Ts. 1:9), pero la misión que tendrá es la de guiar al creyente a toda verdad (Jn. 16:13). En ese sentido, tiene que ver con revelar plenamente a Cristo, que es la verdad, al ser el Espíritu de Cristo (Ro. 8:9). Conduce a la verdad, por cuanto "tomará de lo mío y os lo hará saber" (Jn. 16:14).

El apóstol Pablo, escribiendo a los romanos, dice: "Mas vosotros no vivís según la carne, sino según el Espíritu, si es que el Espíritu de Dios mora en vosotros. Y si alguno no tiene el Espíritu de Cristo, no es de él" (Ro. 8:9). Este versículo tiene una notoria importancia en relación con el Espíritu. Se alude a Él en tres modos. Primeramente, se habla del Espíritu; la referencia se expresa mediante un dativo de relación, vinculando la vida del creyente con el Espíritu. Es una referencia concreta a la realidad de la persona de Dios, el Espíritu. Es, por tanto, una de las tres personas divinas, y aparece vinculado a ellas en el triple nombre de la deidad en el Nuevo Testamento (Mt. 28:19). Dios existe en su ser divino en tres personas distintas, pero vitalmente unidas en el seno trinitario. Es la comunidad del Padre, el Hijo y el Espíritu en una misma deidad. Cada uno de los tres benditos es Dios verdadero. Ninguna de las personas divinas es una misma persona, sino un mismo ser, siendo individuales como personas y absolutamente distintas unas de las otras. No se trata —como el teilhardismo propone— de Dios como persona colectiva, en la que conocemos ahora tres, pero pueden ser más. Dios nunca ha sido ni será persona, sino ser, en el que subsisten eternamente tres personas, cuyos nombres forman el nombre de Dios: el Padre, el Hijo y el Espíritu. Por esa causa existe una notable interrelación en el seno trinitario, donde el Hijo hace lo que ve hacer al Padre (Jn. 5:19); el Padre juzga por medio del Hijo (Jn. 5:22); el Hijo procede del Padre, que le comunica cuanto tiene y hace (Jn. 5:26; 6:57). El Espíritu, con el calificativo de la verdad y artículo determinado, es la referencia al Consolador, tercera persona de la Santísima Trinidad. Por tanto, como Dios, no ha sido creado, pero es enviado o procede del Padre y del Hijo, es decir, es enviado por ellos. Siendo Dios, es también persona, esto es, una persona divina. Como persona, tiene capacidad para investigar y revelar (1 Co. 2:10-12), según se ha considerado anteriormente. Aquí Jesús lo llama como en otros lugares *el Consolador*, que hace referencia a quien viene al lado en misión de aliento. Aquí se lo llama también *Espíritu de la verdad*, porque solo Dios es verdad y solo Él puede determinar sin equivocaciones lo que es verdad y lo que no lo es. En el próximo libro se hará referencia a alguna operación del Espíritu en la aplicación de la salvación, donde se considerarán algunos aspectos más de la persona divina del Espíritu Santo.

Jesús dice que el Espíritu de verdad será enviado del Padre. Por esa razón, en el texto antes citado de Romanos, se le llama también Espíritu de Dios, por la relación con Dios en la Trinidad, especialmente en lo que se refiere a procedencia: ser enviado del Padre. Este Espíritu hace morada en el creyente desde el momento en que cree, tomando posesión de lo que cada salvo es para Dios, un santuario espiritual; de ahí que el apóstol Pablo diga que el Espíritu de Dios mora en vosotros. La señal de ser cristiano es la inhabitación del Espíritu en cada creyente, produciendo su fruto, entre cuyas manifestaciones está el amor, del que Jesús dice que es la señal de identificación de sus discípulos (Jn. 13:35) y cuya manifestación y práctica establece como mandamiento (Jn. 13:34). La tercera persona divina será residente, luego de ser enviado del Padre, en cada creyente; lo santifica para una vida en la esfera del testimonio y de la obediencia que Jesús demanda de sus discípulos. El Espíritu es el gran don de Dios a todos los creyentes sin excepción (Jn. 7:37-39) mediante el envío del Padre y del Hijo, cuya presencia llena y satura el santuario de Dios del amor divino operado por Él (Ro. 5:5). El creyente puede vivir sin la plenitud del Espíritu, pero no puede ser creyente sin el Espíritu. Jesús dice que enviará el Espíritu desde el Padre, o procedente del Padre. El título que la Escritura le da, Espíritu de Cristo, vincula a la tercera persona con la segunda. Jesús dice a los suyos que Él lo enviará; luego, también es enviado por el Hijo, juntamente con el Padre.

Un tercer calificativo que se da al Espíritu Santo es el de Espíritu de santidad. Así aparece en la epístola a los Romanos, donde se lee: "El cual fue declarado Hijo de Dios con poder, según el Espíritu de Santidad" (Ro. 1:4). La acción relativa a la proclamación del Hijo de Dios en poder, que es el tema del contexto inmediato, se aplica al Espíritu de santidad. Esta expresión es un *hápax legómenon*. Habitualmente se utiliza Espíritu Santo, o la forma absoluta, el Espíritu. El sustantivo *santidad*[515] se usa habitualmente en párrafos exhortativos para referirse a la santidad demandada a los creyentes; vinculado al Espíritu, expresa su acción sobre y en el cristiano para conducirlo y capacitarlo a la santidad (2 Co. 7:1; 1 Ts. 3:13). ¿En qué sentido y de qué forma debe entenderse esto? Una postura interpretativa es vincular esto con el Espíritu Santo. Así lo entiende Hendriksen:

> Ahora Ro. 1:4 nos informa que esta manifestación de la investidura de poder de Cristo se llevó a cabo por medio del "Espíritu de santidad". No se debe identificar a este "Espíritu de santidad" con el elemento espiritual de la naturaleza humana de Cristo en contraste con su elemento físico, o con su naturaleza divina en contraste con su naturaleza humana, sino con el Espíritu Santo, la tercera persona de la divina Trinidad.
>
> Pero, aunque la tercera persona es diferente de la segunda, ambos, el Espíritu Santo y Cristo, están relacionados de la manera más íntima. El Dr. H. Bavink dice:
>
> "Por cierto, el Espíritu de santidad ya moraba en Cristo antes de su resurrección; de hecho, desde el momento mismo de su concepción, ya que Él fue concebido del Espíritu Santo (Lc. 1:35), fue lleno del Espíritu Santo (Lc. 4:1), le recibió sin medida (Jn. 3:34)... Pero esta gloria que Cristo poseía internamente no podía revelarse exteriormente. Él era carne, y debido a la debilidad de la carne Él fue matado en la cruz (2 Co. 13:4). Pero en la muerte Él puso de lado esta debilidad y cortó toda conexión con el pecado y la muerte. Dios, quien por amor a nosotros entregó a la muerte a su propio Hijo, también lo resucitó de entre los muertos, y lo hizo a través de su Espíritu, quien, como Espíritu de santidad, mora en Cristo y en todos los creyentes (Ro. 8:11). Él lo resucitó para que de ese momento en adelante Él ya no viviese en la debilidad de la carne, sino en el poder del Espíritu".
>
> Fue debido a este gran poder que el exaltado Salvador divino-humano desde su trono celestial derramó el Espíritu

---

[515] Griego: ἁγιωσύνη.

sobre su iglesia, impartiendo fuerza, convicción, valor e iluminación a los que previamente habían sido muy débiles. Fue también esta energía la que los capacitó para lograr conversiones de a miles, de manera tal que aun según el testimonio de los enemigos "el mundo estaba siendo trastornado" (Hch. 17:6). Además, fue como resultado del ejercicio de esta poderosa influencia que la barrera entre judío y gentil, un muro tan formidable que debe haber parecido imposible de quitar, fue efectivamente destruido. Y fue debido a esta fuerza que el glorioso Evangelio del Salvador resucitado y exaltado comenzó a penetrar cada esfera de la vida y continúa haciéndolo hoy.

La obra de impartir vida le es atribuida generalmente al Espíritu Santo: "Envías tu Espíritu, son creados, y renuevas la faz de la tierra" (Sal. 104:30).

Pues bien, si la obra de impartir vida se le atribuye al Espíritu Santo, ¿no es lógico que aquí en Ro. 1:4 se le atribuya también a Él la renovación de la vida, la resurrección de Cristo?[516]

No parece haber dificultad gramatical para aceptar esta interpretación. Sin embargo, la relación del Espíritu Santo con Jesús en la tierra, durante su ministerio y ya desde su encarnación, no debe compararse con la del glorioso Señor ascendido a los cielos y entronizado a la diestra de Dios. Por la resurrección, Jesús es declarado "Hijo de Dios con poder", y es su poder personal, que corresponde a la segunda persona divina, el que se manifiesta también en su humanidad glorificada. Debe entenderse con toda claridad que, desde el momento de la concepción virginal, dos naturalezas, la divina y la humana, subsisten, sin mezcla ni confusión, en la persona divina del Hijo de Dios, suspendiéndose, en relación con la humana, el estado de humillación para expresarse ahora y para siempre el de exaltación. Sin embargo, no dice el Apóstol que se trata del Espíritu Santo, sino del Espíritu de santidad, es decir, el Espíritu que tiene la capacidad de separar. Esto corresponde al mismo espíritu personal del Cristo resucitado que, por esa causa, sobre la base de ser declarado Hijo de Dios, tiene en su naturaleza resucitada la capacidad de comunicar vida porque tiene vida en Él mismo (Jn. 1:3). Este Jesús resucitado es "Espíritu vivificante" (1 Co. 15:45). Cristo, el hombre perfecto, tiene poder para comunicar vida. A esa vida que tiene en Él mismo la comunica a quien quiere (Jn. 5:21, 26; 6:57; 11:25, 26). Él es Espíritu vivificante en el

---

[516] Hendriksen, 1984, p. 54 ss.

sentido de capacidad vivificante para los que están en Él haciéndolos uno en Él. Tales personas son santificadas en Cristo a causa de su propio Espíritu de santidad. Él es Santísimo porque es Dios y santifica en Él a quienes son santos, no por condición, sino por posición. Se trata, pues, de entender aquí el Espíritu de santidad como el espíritu personal de Cristo, que es absoluta, infinita y eternamente santo. Eso permite entender que según la carne era Hijo de David, pero según el Espíritu de santidad es proclamado Hijo de Dios con poder.

Los tres calificativos vinculan al Espíritu trinitariamente, ya que *vida* corresponde al Padre, *verdad* al Hijo y *santidad* al Espíritu; están presentes las tres personas divinas, con sus distintivos que los identifican como personas operando en distintos modos, pero siendo en todo el único Dios verdadero.

El Espíritu Santo se manifiesta también como don. Es el don supremo que trae la vida divina por unión con el Hijo y, por tanto, con la Trinidad divina. Esa es la razón por la que Jesús dice a la samaritana: "Si conocieras el don de Dios, y quién es el que te dice: Dame de beber..." (Jn. 4:10). Lo primero que debía conocer era el don de Dios. No cabe duda de que está refiriéndose primariamente al don de Dios que tenía delante de sí, aunque ignoraba que fuese Él. Sin duda es el don mencionado a Nicodemo (Jn. 3:16), el regalo inefable de la gracia (2 Co. 9:15). Es un regalo de naturaleza gratuita porque es don. La vida eterna que Dios regala al que cree está en el Señor mismo; aunque aquella mujer ignorase quién era, lo tenía ante ella. Había venido a su encuentro, aunque aparentemente fuese ella la que vino adonde Él estaba. Para ella, Jesús era simplemente un judío, sin discernir que era el Salvador del mundo. Dios estaba regalándole a su Hijo, a quien había enviado al mundo para hacer posible la redención del hombre. El don era Jesús, a quien el Padre había preparado a favor de aquella mujer. La petición de agua que le había hecho el Señor posiblemente la incomodó algo; ignoraba la bendición que traería el hecho de que esa petición iniciase el diálogo que la llevaría a la vida eterna. El contraste del relato es evidente: una samaritana y ante ella un judío sediento porque no tenía medios para satisfacer su sed (mientras ella era una mujer autosuficiente para remediar su necesidad). Todo ello es lo que el subjetivismo humano produce, cuando la realidad era todo lo contrario. Pero no es menos cierto que el don que Dios da, junto con el Salvador, es el del Espíritu Santo, que hace posible la donación de la salvación mediante la convicción de pecado, la unión vital con Cristo y la regeneración espiritual. Cristo lo enviaría junto con el Padre luego de la obra de la cruz y la ascensión a los cielos.

La confirmación del Espíritu como don está también en las palabras de Jesús:

> En el último y gran día de la fiesta, Jesús se puso en pie y alzó la voz, diciendo: Si alguno tiene sed, venga a mí y beba. El que cree en mí, como dice la Escritura, de su interior correrán ríos de agua viva. Esto dijo del Espíritu que habían de recibir los que creyesen en él; pues aún no había venido el Espíritu Santo, porque Jesús no había sido aún glorificado. (Jn. 7:37-39)

La necesidad de precisar la correcta puntuación de los dos versículos se aprecia más intensamente en este, puesto que la frase inicial puede ligarse a lo que antecede para expresar "venga a mí y beba el que cree *en mí*"; la otra opción es mantener esta primera expresión como parte integrante de la oración, en el sentido de que el que cree en mí, de su interior, etc. Ambas posiciones son correctas. Nadie bebe del agua de vida si no cree, pero tampoco nadie tiene la presencia de la vida eterna en él, sin creer en Cristo. La relación tal vez más lógica sería puntuar los dos textos de este modo: *el que tiene sed, que venga a mí, y beba el que cree en mí*. Del modo que el beber corresponde a satisfacer al que tiene sed, mientras que el venir a mí tiene que ver con creer.

Jesús también dijo: "El que cree en mí, como dice la Escritura, de su interior correrán ríos de agua viva". ¿En qué lugar de la Escritura se dice esto? Directamente en ninguno, pero lo que no ofrece duda es la determinación del sujeto de quien es la fuente de agua viva, que es el creyente. La profecía presenta al justo como fuente de agua perenne cuando dice que "será como huerto de riego, y como manantial de aguas" (Is. 58:11). La vida eterna es el resultado de la vinculación con Cristo en una operación del Espíritu Santo. Esta agua viva que salta en el interior del creyente está relacionada con esta acción en el versículo siguiente.

Jesús dice que del interior del creyente saldrán ríos de agua viva. La palabra que usa Juan, traducida como interior[517] significa literalmente vientre, pero en sentido figurado se usaba para referirse a la intimidad del hombre, a sus sentimientos y afectos en general, lo que está en su interior (que solo él conoce) y que se ve externamente en los efectos que produce. Aquí de su vientre, o de su seno, o incluso de su interior; es lo mismo que decir que de él correrán ríos de agua viva. Esto produce una cierta reticencia al considerar cómo pueden

---

[517] Griego: κοιλίας.

salir del creyente ríos de agua viva. Sin duda el fluir abundante de la vida eterna es de Cristo. Pero el que cree en Cristo pasa a disfrutar de su presencia vital, ya que para el creyente, el vivir es Cristo (Fil. 1:21). La vida nueva recibida por la fe en Jesús es un dejar de vivir el yo humano para comenzar la experiencia de lo que realmente es vivir a Cristo (Gá. 2:20). Por tanto, si Cristo ha sido implantado en el que cree, Él mismo produce la novedad de vida, que permite el fluir abundante de la vida eterna. De otro modo, si Cristo es el manantial de agua de vida, hace surgir la infinita abundancia de su raudal en donde esté, en este caso, en el mismo creyente. El cristiano es, por vivir a Cristo, instrumento para llevar el mensaje del agua de vida a todos los sedientos en la proclamación del Evangelio. No son agentes de salvación, pero proclaman la salvación e invitan a los perdidos a creer en Cristo. La responsabilidad y el privilegio de predicar el Evangelio es extensible a todo el que ha creído en Cristo.

El apóstol Juan introduce, luego de las palabras de Jesús, un comentario personal que identifica el modo en que puede efectuarse lo que el Señor dijo antes. La fuente de agua viva nace y fluye en el creyente por la operación del Espíritu. El termino Espíritu[518], sin artículo, hace referencia tanto a la persona como a las obras de la tercera persona divina. No se trata de determinar a qué se refiere aquí, puesto que las obras no pueden existir sin la persona, y esta se manifiesta por las obras. Pero es necesario entender que, de los tres grandes temas trinitarios del evangelio, la persona del Padre es tratada en el principio y luego en la relación con la segunda persona, la del Hijo, que también está presente desde los primeros momentos del escrito; es además el núcleo del evangelio. El tercer gran tema trinitario tiene que ver con la persona y obra del Espíritu, que también ocupa muchos párrafos en el evangelio. El tema, como todo tema trinitario, es complejo y escapa en muchas ocasiones de la capacidad cognoscitiva del hombre. La mente limitada nunca puede abarcar lo ilimitado, aunque las verdades sobre la infinita grandeza de Dios sean comprensibles para la mente del hombre. Juan introduce un comentario para dar a entender que la operación de llenura expansiva que Jesús mencionó tiene que ser producida por el Espíritu Santo.

La verdad expresada es la presencia del Espíritu en el creyente. No es posible la salvación sin la acción del Espíritu. Esta es una de las verdades fundamentales de la soteriología y de la neumatología. Jesús anticipa aquí el ministerio residente del Espíritu, que está presente en

---

[518] Griego: Πνεύματος.

el creyente junto con las otras dos personas de la Trinidad. La diferencia fundamental entre la antigua y la nueva dispensación es que antes de Pentecostés estaba con los creyentes (Jn. 14:17) y está en cada creyente (1 Co. 3:16, 17; 6:19, 20), por lo que cada uno es convertido en santuario de Dios (1 Co. 3:16), donde reside como persona divina el Espíritu Santo, que da condición de santuario al creyente. El apóstol Pablo afirma que "el Espíritu de Dios mora en vosotros", lo que confiere una condición excepcional a cada creyente, con la presencia de Dios en Él. No debe olvidarse que las tres personas divinas vienen a la intimidad y moran con el que cree, pero la persona a la que se vincula como residente es el Espíritu Santo, quien toma posesión del templo de Dios, que es el cristiano, llenándolo de la gloria de Jesús al producir en él la imagen del Hijo.

Frente a quienes enseñan que la presencia del Espíritu en el creyente se produce tiempo después de haber creído, la Palabra afirma que quien no tiene al Espíritu de Cristo, no es de Él (Ro. 8:9). Es necesario reiterar, como asunto fundamental al estudiar el tema del Espíritu como don, que el uso del término Espíritu sin artículo debe entenderse primordialmente como referencia a la persona divina del Espíritu Santo. Es una de las tres personas divinas y aparece vinculado a ellas, como se ha considerado antes. El Dios de la Biblia existe en su ser divino en tres personas distintas, pero vitalmente unidas en el seno trinitario, como se ha considerado. Como tal, el Espíritu Santo tiene capacidades personales, de manera que se le llama el Consolador (Jn. 14:26), como quien viene al lado en misión de aliento, conducción y ayuda. Por cuanto es persona, se le atribuyen acciones personales, de modo que de Él se dice que oye (Jn. 16:13) y convence de pecado (Jn. 16:8). Esta operación de redargüir al mundo de pecado es posible solo en la medida que sea operada por Dios mismo (Jn. 16:7-11). De igual modo, es operación divina la apertura del entendimiento hacia las Escrituras (Jn. 16:13), lo que hace comprensible la revelación de Dios. En el orden de la salvación, la regeneración, como antes explicó Jesús a Nicodemo, es obra del Espíritu Santo (Jn. 3:5, 6, 8). En esta relación trinitaria, al Espíritu se le llama también Espíritu de Dios (Ro. 8:9), llamado de este modo al ser enviado del Padre (Jn. 15:26). El Espíritu hace morada en el creyente desde el momento en que cree. La señal de ser cristiano está en la inhabitación del Espíritu. En esa intimidad, el *Pneuma* divino se aproxima al *pneuma* humano en diálogo testimonial, haciéndole notar que es hijo de Dios y toma a su cargo la función de este, para orientarlo, conducirlo y ayudarlo en la consecución de la vida de santificación, teniendo siempre en cuenta que esto no supone la anulación de la personalidad humana. Dicho de otro modo, el Espíritu no desconecta la mismidad. Esto queda claramente manifestado, puesto que no introduce al creyente en la pasividad, sino en la actividad, ya que cada uno de los que creen son llamados a andar en el Espíritu y no en la carne. En materia de salvación, los elementos necesarios para ser salvos son el resultado de la acción del Espíritu en el pecador. La convicción de pecado (Jn. 16:8), la regeneración de la fe salvífica y la regeneración espiritual (Jn. 3:3, 5) no surgen del hombre, ni pueden proceder de él, sino que son dotación del Espíritu en la capacitación del pecador hacia la salvación. La comunicación de la vida eterna es resultado de la acción del Espíritu en todo aquel que cree. La promesa para el salvo es que tenga vida eterna (Jn. 3:16), que necesariamente ha de ser vida de Dios, puesto que eterno es aquello atemporal, esto es, que no tiene principio ni fin, que existe fuera del tiempo. Esta es la vida del Hijo (Jn. 1:4). Él mismo dice que es la vida (Jn. 14:6) y vino al mundo para que el pecador pueda tener vida eterna (Jn. 10:10). Mediante la regeneración del Espíritu, Cristo es implantado en el creyente (Col. 1:27). En esta identificación personal con el Hijo de Dios, el creyente experimenta, disfruta y posee la vida eterna, realizada en él mediante la presencia personal de las personas divinas, que vienen a hacer morada en él (Jn. 14:23). El creyente, como se dijo antes, queda convertido en templo de Dios en el Espíritu, siendo inhabitado por las personas divinas, en cuyo santuario se hace presente el Espíritu de Dios. Todo cristiano tiene el Espíritu Santo, que habita en todos, inclusive en los carnales (1 Co. 3:3; 6:19). El creyente puede vivir sin la plenitud del Espíritu, pero no puede ser creyente sin el Espíritu. Esta es la segunda aplicación al término Espíritu en el versículo.

En tercer lugar, el Espíritu está vinculado con Cristo; es llamado Espíritu de Cristo (Ro. 8:9). La enseñanza apostólica hace hincapié en el hecho de que si alguien no tiene el Espíritu de Cristo, no puede ser de Él. La misión reveladora en los creyentes que comunica lo que, siendo de Cristo, debe ser conocido por ellos, es una operación del Espíritu Santo (Jn. 16:14). Por otro lado, la santificación del cristiano tiene que ver con la reproducción del carácter moral de Jesús en él, que no es otra cosa que el fruto del Espíritu (Gá. 5:22-23). Cristo llama a los sedientos a acudir a Él y satisfacerse con el agua de vida que solo Él puede dar. Juan dice que esta fuente inagotable es una referencia al Espíritu Santo. Luego, la recepción del Espíritu se produce necesariamente en el momento de la conversión. No se trata de experiencias posteriores para recibir primero la salvación y luego el Espíritu. Si alguien no tiene, esto es, no ha recibido el Espíritu, no es salvo. Ya se ha dicho que no es posible la salvación sin la regeneración, y esta no es posible sin la acción del Espíritu.

Los textos seleccionados del evangelio según Juan concluyen afirmando que el Espíritu Santo sería dado a los creyentes después de que Jesús fuese glorificado. El concepto no se refiere exclusivamente a la ascensión, sino que comprende también la obra de la cruz y el proceso de la Pasión desde la entrada en la ciudad de Jerusalén, cabalgando sobre un asno (Jn. 12:15, 23; 13:31). No cabe duda de que la muerte en la cruz es la antesala de Pentecostés. De modo que Juan se refiere a ella como algo glorioso y no como algo ignominioso. La misma idea está en Pablo (Gá. 6:14). Ambos ven como necesaria la muerte de Jesús, que incluirá luego su ascensión a los cielos, como la puerta que abre la presencia y la obra del Espíritu Santo en esta dispensación. No podía haber ministerio del Espíritu mientras Jesús estuviese cumpliendo el suyo en la tierra (Jn. 16:7). Cuando la tarea del Siervo se cumplió, entonces fue dado el Espíritu (Jn. 20:22).

Como don, el Espíritu Santo es el regalo del Padre y del Hijo. Ese don viene a nosotros por venir también las otras dos personas divinas (Jn. 14:17, 23, 26). Ninguna de las tres personas de la Trinidad puede existir ni actuar separada o, tal vez mejor, de forma independiente de las otras. El Espíritu Santo es el lazo de unión entre la primera y la segunda persona divina; así también, la vinculación entre creyentes y de estos con Dios son operaciones del Espíritu Santo. Como escribía Ireneo de Lyon:

> Aquellos que reciben y llevan en sí al Espíritu Santo son conducidos a la Palabra, es decir, al Hijo. A su vez, el Hijo los conduce al Padre, y el Padre los hace partícipes de lo imperecedero. Por tanto, sin el Espíritu no es posible ver la Palabra de Dios, y sin el Hijo nadie puede llegar al Padre. Pues el conocimiento del Padre es el Hijo. Pero el conocimiento del Hijo de Dios se logra por el Espíritu Santo.[519]

La obra del Espíritu Santo en el creyente puede sintetizarse en los siguientes puntos:

*Regeneración.* Una verdad expresada por Cristo mismo (Jn. 3:5). La acción divina de la tercera persona exige la obediencia del cristiano, ya que puede ser contristado y apagado. El Santo Espíritu

---

[519] Ireneo de Lyon, *Demostración de la enseñanza apostólica*, 1, 1, 6 ss.

opera en vinculación trinitaria: "Pero cuando venga el Espíritu de verdad, él os guiará a toda la verdad; porque no hablará por su propia cuenta, sino que hablará todo lo que oyere" (Jn. 16:13). La misión del Espíritu es guiar, conducir a toda verdad. La idea es la de alguien que camina delante abriendo senda y marcando el camino que conoce a la perfección. Esta conducción orienta a toda la verdad, esto es, a aquello que Jesús dijo que les había enseñado y a lo que no enseñó porque no tenían capacidad de comprensión y no podrían soportar. El Espíritu capacitaría a los apóstoles y profetas para escribir la verdad que debía ser enseñada también a otros (2 Ti. 2:2). Es la enseñanza del Maestro que paulatinamente va guiando al discípulo, introduciéndolo en un conocimiento cada vez más profundo. Este magisterio del Espíritu no se agota con los apóstoles, sino que continuará, mientras la Iglesia esté en el mundo, conduciendo a los creyentes a toda la verdad (Jn. 7:39). El Espíritu derrama luz sobre las verdades que Jesús había enseñado, ampliando la comprensión de ellas y orientando a los apóstoles y profetas en el primer tiempo, y a los pastores y maestros en el decurso histórico, para que descubran las verdades desarrolladas desde el pensamiento de Jesús y vinculadas a Él. No solo haciendo más comprensible la Palabra, sino aplicándola a la vida de quienes la leen.

La conducción a toda verdad va acompañada de una acción del Espíritu que no habla por sí mismo, sino que habla lo que oye. La expresión relativa al Espíritu es muy semejante a lo que Jesús dijo antes de sí mismo: "De cierto, de cierto os digo: No puede el Hijo hacer nada por sí mismo, sino lo que ve hacer al Padre; porque todo lo que el Padre hace, también lo hace el Hijo igualmente" (Jn. 5:19). La diferencia entre el hacer y el oír apenas tiene importancia y corresponde a la vía de procedencia de las personas divinas. La primera persona, el Hijo, procede del Padre por la vía mental o intelectual, ya que es el Verbo que expresa exhaustivamente al Padre, de ahí que le corresponda ver mentalmente. El Espíritu procede del Padre por la vía del amor, lo que viene mejor con la relación de oír, en lugar de hacer. Este testimonio del Espíritu hace posible la escritura del Nuevo Testamento, donde se asientan las verdades de nuestra fe. No cabe la menor duda de que el testimonio de la Escritura concuerda absolutamente con el del Espíritu, por cuanto procede de Él. El autor divino de la Palabra es el Espíritu (2 Ti. 3:16; 2 P. 1:21). Ahora bien, la verdad absoluta concuerda plenamente con el Padre y el Hijo; por tanto, el Espíritu no habla por sí mismo, sino en mutua concordancia con las otras dos personas divinas, ya que los tres subsisten en el ser divino, como Dios verdadero. Esto trae una consecuencia de gran importancia: el Espíritu no va a revelar nada que no esté en y conforme a la Palabra. Todas esas ideas que supuestamente vienen del Espíritu y suelen presentarse como "me dijo el Espíritu", pero sin concordancia absoluta con la Palabra, son meras indicaciones humanas y muchas veces mentiras conscientes para engañar a otros en una falsificación impía.

Durante el ministerio, especialmente en los últimos meses, Jesús estuvo anunciando a los discípulos las cosas que venían. Con todo detalle les habló de los acontecimientos que iban a tener lugar en Jerusalén, de su muerte y de su resurrección. Ahora quedaban muchas otras cosas que vendrían en el futuro, tanto inmediato como distante. En todo cuanto tiene que ver con lo que viene en el tiempo de la Iglesia, la revelación del Espíritu sería una constante; es más, aplicándolo genéricamente, el Espíritu pondrá delante el camino por el que se debe avanzar. El Espíritu Santo comunicó a los apóstoles la escatología bíblica, los eventos que tendrán lugar hasta el final definitivo de toda esta creación y la aparición de cielos nuevos y tierra nueva. No es respuesta a la curiosidad, sino perspectiva divina de la historia. Al Mesías se lo designa en la profecía como el que ha de venir; por tanto, las cosas venideras están íntimamente relacionadas con el Señor. La segunda venida, la profecía sobre el tiempo previo a ella, la proyección definitiva de la manifestación final del reino de Dios o reino de los cielos llenan amplios espacios del Nuevo Testamento, sin olvidar un libro enteramente destinado a la panorámica de los tiempos futuros: el Apocalipsis. Esta revelación no tiene que ver solo con el futuro lejano, sino que el Espíritu revelaría también, por medio de los profetas, las cosas que iban a venir desde el tiempo del inicio de la Iglesia. Valgan como ejemplo las profecías de Agabo sobre Pablo, las revelaciones a Pablo sobre su futuro inmediato, la advertencia a Pedro del envío de los siervos de Cornelio, etc. Pero debe tenerse en cuenta que todas estas manifestaciones sobre eventos del futuro han sido trasladadas a los escritos bíblicos del Nuevo Testamento, de modo que el Espíritu deja de revelarlos porque lo que había de anunciar, en ese sentido, ha sido ya hecho y no puede añadirse nada más a la profecía ya cerrada.

*Formación de un cuerpo.* La Iglesia es la expresión corporal de todos los creyentes, cuya cabeza es Cristo. Se ha dicho antes que esa realidad espiritual ocurre como consecuencia del bautismo que el Espíritu hace de cada cristiano en Cristo (1 Co. 12:13). Es cierto que la plenitud del Espíritu se produce reiteradamente en la experiencia de vida cristiana, pero no así el bautismo, que ocurre una sola vez en la conversión del salvo. La plenitud hace posible la espiritualidad del creyente, cuya mayor dimensión se alcanza en la medida en que viva en el Espíritu o, como dice el texto, ande en el Espíritu (Gá. 5:16).

*Sello.* El apóstol Pablo enseña que, cuando el hombre cree en Cristo, una de las operaciones del Espíritu es sellarlo. Con una precisión idiomática grande, escribe: "En él también vosotros, habiendo oído la palabra de verdad, el Evangelio de vuestra salvación, y habiendo creído en él, fuisteis sellados con el Espíritu Santo de la promesa"[520] (Ef. 1:13). Es sumamente interesante el uso de los dos aoristos en el texto, donde literalmente se lee que al creer o creyendo fuisteis sellados. El mensaje del Evangelio conduce al oyente a la salvación porque es el Evangelio de vuestra salvación. El haber escuchado[521] expresa la idea de oír con disposición de obediencia o de aceptación del mensaje, es decir, dar oídos al mensaje. Ese oír el mensaje del Evangelio con esta disposición conduce a preguntar, como los oyentes del primer mensaje del Evangelio en Pentecostés, "¿Qué haremos?" (Hch. 2:37); el hecho de prestar atención y depositar su fe en el Salvador proclamado en el mensaje trajo como consecuencia la incorporación a la Iglesia de los que oyeron, porque siendo salvos habían sido puestos en Cristo. Está refiriéndose, por tanto, al mensaje de salvación proclamado en el Evangelio (Col. 1:5). Creer para salvación no significa solamente la aceptación mental del mensaje proclamado en el Evangelio como "palabra de verdad", sino la entrega incondicional y sin reservas al Salvador en un acto de disposición íntima que, conducido por el Espíritu Santo, depone el yo del pecador para aceptar el tú de Dios, que es Cristo, con lo que en adelante puede decir: "Ya no vivo yo, sino que vive Cristo en mí" (Gá. 2:20). La fe salvífica como don de Dios se ejerce por el pecador capacitado por el Espíritu y se convierte en una actividad humana en el momento de ejercerla. Esa fe que salva no surge en el hombre por condición propia o esfuerzo personal, sino que es una dotación de la gracia. Debe tenerse muy presente que la aceptación del Salvador es un acto de obediencia al llamado del Evangelio y que este no es una invitación suplicante de Dios, sino un mandamiento establecido con la autoridad soberana del Salvador; por tanto, quien desprecia el llamamiento a

---

[520] Texto griego: Ἐν ᾧ καὶ ὑμεῖ ἀκούσαντε τὸν λόγον τῇ ἀληθεία, τὸ εὐαγγέλιον τῇ σωτηρία ὑμῶν, ἐν ᾧ καὶ πιστεύσαντε ἐσφραγίσθητε τῷ Πνεύματι τῇ ἐπαγγελία τῷ Ἁγίῳ.
[521] Griego: ἀκούω.

salvación no está rechazando una invitación, sino quebrantando un mandamiento, por lo que se pierde eternamente (Jn. 3:36). La obediencia en el hombre no regenerado es imposible por su propia condición de desobediencia, a la que ha sido introducido por la caída en el pecado. La salvación es dejar el estado de desobediencia para entrar en el de obediencia, como expresa el apóstol Pedro: "Elegidos según la presciencia de Dios Padre en santificación del Espíritu, para obedecer y ser rociados con la sangre de Jesucristo" (1 P. 1:2). En el versículo no está el verbo obedecer, sino el sustantivo obediencia; se enseña que el Espíritu Santo capacita al pecador que vive en la esfera de la desobediencia santificándolo, es decir, separándolo de esa condición para que pueda obedecer al llamado de Dios a salvación y recibir el perdón de sus pecados mediante la aplicación de la sangre de Jesucristo. La fe para salvación no se ejerce creyendo con la mente —aunque contiene un elemento de conocimiento intelectual—, sino con el corazón, lo que implica la entrega incondicional de la vida al Salvador (Ro. 10:10).

En el momento de creer y recibir la salvación, Dios sella a los creyentes con el Espíritu Santo. El concepto de *sellar* tiene dos posibles interpretaciones. Por un lado, el sentido de estigmatizar, es decir, poner una marca, como se hacía con los esclavos mediante un metal caliente sobre alguna parte de su cuerpo, de modo que la señal manifestaba la propiedad que el dueño poseía sobre él. En caso de ciertos servicios religiosos, que marcaban también a los que estaban sujetos a ellos, la marca de la divinidad impresa a fuego en la piel indicaba que aquellos eran siervos del dios y estaban bajo su protección. Por otro lado, está lo que es más obvio en la interpretación del versículo, algo que está tomado del sentido propio del Antiguo Testamento, que se consideraba como sello escatológico de protección y propiedad, como ocurre en la referencia profética en la que se manda a un ángel para que selle en sus frentes a los jerosolimitanos que no participaron en los pecados del pueblo (Ez. 9:4); estos serían liberados de la ira sobre los pecadores (Ez. 9:6). En ese sentido, el sello del Espíritu Santo garantiza la pertenencia a Dios de la persona sellada y garantiza para él la seguridad de salvación.

Los pasos de salvación considerados aquí son: primeramente, oír; en segundo lugar, creer; y en tercer lugar, ser sellado con el Espíritu. Los verbos están en aoristo, lo que indica una sincronización y unos hechos consumados definitivamente. Al oír con ánimo de obedecer, se cree y Dios sella con el Espíritu. Por tanto, la recepción del Espíritu que sella, no es algo posterior, sino integrante con el momento de la salvación. En un pasaje donde se enfatiza la soberanía de Dios y su eterna voluntad, se destaca también la responsabilidad humana en el hecho de creer. El sello del Espíritu implica que el creyente pertenece a la familia de Dios y que es suyo, comprado al precio de la sangre de Jesucristo (1 Co. 3:23); por tanto, ha dejado de pertenecer al mundo y a la esclavitud del pecado, y también al yo personal, para ser propiedad de Dios que lo ha comprado. El sello como pertenencia a Dios de los salvos garantiza para ellos la protección eterna que Él pone sobre los salvos; por tanto "no perecerán jamás" (Jn. 10:28-30).

El sello es *con* el Espíritu. Este dativo instrumental identifica el sello con el Espíritu Santo, que es comunicado a todos los fieles. Es muy interesante apreciar que el calificativo Santo, referido al Espíritu, está colocado al final de la oración y es establecido con artículo, es decir, es un adjetivo articular que enfatiza la condición única de santidad que corresponde como Dios al Espíritu. Esta colocación del adjetivo, que es sustantivado como segundo término del nombre de la tercera persona divina, enfatiza la condición de santidad que es comunicada también por Él mismo a cada creyente. Esta santidad, como separación para Dios, no es esfuerzo natural del hombre, sino operación poderosa de la gracia. Al Espíritu Santo que sella al creyente se lo califica aquí como "de la promesa", que no es el Espíritu prometido, sino el que garantiza y hace posibles todas las promesas en Cristo Jesús, uniendo al cristiano con el Señor.

Escribe F. Lacueva:

> El Padre es la "mano" (en este contexto) que sella; en esta mano el sello indica "protección" (v. Ap. 7:3 ss., comp. con Mt. 27:66). El Hijo es la "imagen" sellada, la marcha hecha en nosotros, y con respecto a Jesucristo, indica "propiedad" (v. Cant. 8:6). Y el Espíritu Santo es el "sello" mismo o cuño y, como tal, indica "garantía o certificado" (Ro. 8:11; Ef. 4:30b). Certificamos cartas, paquetes, etc. para estar seguros de que llegarán a su destino. Certificamos documentos como garantía de solvencia o autoridad. Cuando el Espíritu Santo nos sella, nos da "solvencia" como hijos de Dios (Ro. 8:16-17) y "seguridad" de que llegaremos a la resurrección gloriosa (Ro. 8:11).[522]

*Santificación.* El Espíritu Santo es la persona divina que santifica al creyente. Esta operación está en la mano de la tercera persona divina, puesto que su característica personal descansa en el amor infinito y

---

[522] Lacueva, 1979, p. 174.

eterno del Padre y del Hijo por medio del cual tienden hacia el bien absoluto en la infinidad en que Dios se mueve. Sólo Dios puede santificar, puesto que el término tiene que ver con separar algo y dedicarlo a sí mismo. El alcance de esa separación es notable, puesto que nos "saca del poder de las tinieblas y nos traslada al reino de su amado Hijo" (Col. 1:13). El amor infinito y eterno orienta esta acción de Dios, consagrándonos no solo para su servicio, sino para su morada y, con ella, para la comunión íntima con Él (1 Co. 3:16; 6:19; 2 Co. 6:16; Ef. 2:21; 4:12, 16; 1 P. 2:5). Esto no limita en absoluto la responsabilidad personal de cada creyente, que debe "ocuparse con temor y temblor" de su santificación personal, parafraseando el texto de Pablo (Fil. 2:12); sin embargo, el esfuerzo es posible por la provisión que Dios mismo hace para llevarlo a cabo (Fil. 2:13).

La verdadera consagración se manifiesta en una entrega sacrificial de la vida a Dios: "Hermanos, os ruego por las misericordias de Dios que presentéis vuestros cuerpos en sacrificio vivo, santo agradable a Dios, que es vuestro culto racional" (Ro. 12:1). La vida consagrada obedece por amor. La entrega se hace gozosa y voluntariamente ante la dimensión del amor que Dios mostró hacia nosotros. En cualquier momento de la salvación no hay independencia de acción en una determinada persona divina, desvinculada del resto, lo que ocurre en el campo de la santificación. Como resumen de esto se trasladan unos párrafos de Charles Ryrie:

> Generalmente, quienes hablan de la vida victoriosa enfatizan o la obra de Cristo que mora en el creyente para santificación, o el ministerio del Espíritu Santo. En verdad, las Escrituras nos enseñan que todas las personas de la divinidad tienen un ministerio a este respecto. En la ilustración de la vid y los pámpanos, nuestro Señor declara que el Padre es el labrador que limpia y quita los pámpanos que no llevan fruto para que la vid lleve más fruto (Juan 15:2). Es el Padre a quien Jesús dirige su oración: "Santifícalos en tu verdad; tu palabra es verdad" (Juan 17:17). También el apóstol Pablo pedía que "el mismo Dios de paz os santifique por completo" (1 Tes. 5:23).
> También el Hijo desarrolla un papel principal en la santificación del creyente. Es Cristo quien habita en el creyente y por su poder el cristiano está capacitado para vivir una vida que agrade a Dios (Gál. 2:20). El propósito del Señor es "santificar y limpiar" la iglesia para poder presentarla sin mancha en el día de su aparición (Ef. 5:26, 27; cf. Col. 1:22). La muerte del Señor es la base de nuestra santificación posicional (Heb.

13:12; cf. 10:10) y el mismo Señor viene designado en esa epístola como el agente de la santificación progresiva (Heb. 2:11; tanto el participio como el verbo están ambos en tiempo presente en el griego, indicando una acción continuada).

Y, sin embargo, para ser fiel al énfasis de la Escritura debemos observar que la obra del Espíritu Santo tiene prominencia en el proceso de santificación. El fin de la santificación es la conformidad a la imagen de Cristo, y es el Espíritu quien nos transforma de gloria en gloria en la misma imagen (2 Cor. 3:18). Por el poder del Espíritu Santo "hacemos morir las obras de la carne" (Rom. 8:13). El Espíritu Santo es el Espíritu de sabiduría y de revelación en el conocimiento de Cristo (Ef. 1:17). El amor de Dios ha sido derramado en nuestros corazones por el Espíritu (Rom. 5:5). Y desde luego, la mejor descripción de una semejanza a Cristo se encuentra en la lista del fruto del Espíritu (Gál. 5:22, 23). El trabajo claro que realiza el Espíritu Santo dentro de cada creyente opera en la vida de modo efectivo y continuo para que cada uno pueda ser lleno de la plenitud de Dios y obre dignamente, según el llamamiento con que hemos sido llamados.[523]

Cada una de las tres personas divinas participa y actúa en la obra de santificación puesto que, como se dijo antes, es una de las etapas de la salvación. Cada una actúa conforme a lo que asume en este sentido, poniendo la impronta personal en cada acción, de modo que la voluntad del Padre es la santificación del creyente (1 Ts. 4:3), el Hijo se santificó a sí mismo para que por su obra redentora podamos ser santos (Jn. 10:36; 17:19) y, por su parte, el Espíritu Santo aplica la obra del Padre y del Hijo en la santificación del creyente (1 P. 1:2).

*Plenitud.* Dios, el Espíritu Santo, llena al creyente; por eso escribe el apóstol Pablo: "No os embriaguéis con vino, en lo cual hay disolución; antes bien sed llenos del Espíritu"[524] (Ef. 5:18). El apóstol introduce la verdad de una vida en la plenitud del Espíritu mediante un contraste notable: una persona llena de vino o llena del Espíritu. La idea fundamental está en el control de algo sobre alguien, o mejor, de alguien sobre alguien. Una persona embriagada, literalmente llena de vino, está controlada por el alcohol y no es dueña de sus propias acciones. El creyente lleno del Espíritu es controlado y dirigido plenamente por Él. Las acciones bajo la guía del Espíritu no son actos fuera

---

[523] Ryrie, 1974, p. 67 ss.
[524] Texto griego: καὶ μὴ μεθύσκεσθε οἴνῳ, ἐν ᾧ ἐστιν ἀσωτία, ἀλλὰ πληροῦσθε ἐν Πνεύματι.

del control del creyente, sino actividades plenamente comprendidas por él y hechas bajo el impulso del Espíritu. La primera cuestión es determinar si Pablo establece uno o dos mandamientos, es decir, si lo que pretende es contraponer la embriaguez como control de alguien por el vino para referirse a la consecuencia que produce la plenitud del Espíritu ejerciendo control sobre el que está lleno de Él, o más bien se trata de aprobar lo que produce la vida cristiana, aprovechando para denunciar una acción propia de quienes viven en las tinieblas y practican las acciones pecaminosas propias de ellas. Ambas cosas son posibles aquí. Debe recordarse que el problema de ingerir vino en exceso y la plenitud del Espíritu son contrastes que se producían en algunos creyentes de las iglesias del tiempo de Pablo. El apóstol tenía presente una situación en la que eran posibles ambas cosas: embriagarse o llenarse del Espíritu. En el contexto eclesial de entonces había reuniones que se llamaban ágapes, en las que "cada uno se adelanta a tomar su propia cena; y uno tiene hambre, y otro se embriaga" (1 Co. 11:21). En aquellas reuniones no había amistad ni comunión cristiana al no esperarse unos a otros para iniciar juntos la comida fraternal (1 Co. 11:33). Las divisiones se aprecian en el egoísmo de comer cada uno "su propia cena", la que habían traído cada uno para sí, sin compartir con quienes no tenían y quedaban con hambre —hermanos pobres, tal vez esclavos, que no podían traer nada y que, cuando llegaban, ya habían terminado de cenar los que habían traído abundancia de provisiones, mientras ellos quedaban hambrientos—. Habían convertido en una mera apariencia de comunión lo que era todo lo contrario. Pero había quienes comían y bebían en exceso. Sin duda lo que se está prohibiendo es el abuso del vino, pero no el uso (1 Ti. 5:23). El mandamiento de Pablo es claro: "No os embriaguéis con vino, en lo cual hay disolución". La razón para no embriagarse es que se trata de una acción disoluta, propia de las tinieblas, pero absolutamente impropia para un hijo de luz. Es más, quien está incurso en una situación de embriaguez como algo habitual, no debe estar en la comunión de la iglesia: "Mas bien os escribí que no os juntéis con ninguno que, llamándose hermano, fuere… borracho… con el tal ni aún comáis" (1 Co. 5:11).

Ahora bien, el objetivo del apóstol no es denunciar o prohibir la ebriedad, sino avanzar a lo que es la plenitud absoluta conforme a la voluntad de Dios para la vida cristiana. La ebriedad, como modo de disolución, es una de las características propias de la vida de los que están en tinieblas. La vida para aquellos se desarrollaba en una esfera de vicio y corrupción, entre cuyas prácticas estaba el embriagarse.

El apóstol está desarrollando una enseñanza sobre la gloriosa vida en Cristo bajo el poder del Espíritu, no como alternativa a la vieja y corrupta vida de los gentiles, sino como expresión única del ser cristiano. Para una mayor comprensión de lo que quiere decir, establece la similitud entre ambos estilos de vida, contrastando la esfera de control ejercida sobre el hombre, bien por el vino o bien por el Espíritu. El apóstol introduce desde aquí algunas de las manifestaciones que son posibles solo en la conducción del Espíritu, que ponen de manifiesto en forma visible el contraste que no solo hace diferente la vida en el Espíritu de la que actúa en la vieja naturaleza, sino que pone de manifiesto que la vida cristiana es contraria, por principio de vida, a la propia del no regenerado. Esto lo va a mostrar por medio de un contraste que se establece entre lo que supone para un hombre estar embriagado o, como traducen otros, lleno de vino, y el estar lleno del Espíritu.

Con todo, hace una afirmación manifiesta en relación con el pecado de la embriaguez. Pablo dice que el exceso en el vino que conduce a ebriedad es una manifestación pecaminosa de disolución o desenfreno[525]. Es interesante apreciar que esta palabra es la misma que Lucas usa para referirse al estado espiritual al que llegó el hijo pródigo que vivió perdidamente (Lc. 15:13). El apóstol está enfatizando, por contraste, una vida ordenada, sabia, que redime el tiempo, a la que apeló antes (Ef. 5:15-16). El énfasis en la vida en el Espíritu no es de negativismo, como si fuera una vida en la que no se puede hacer cosas, sino que es una vida positiva en la que se alcanza la verdadera libertad: una vida no controlada por pasiones y vicios, sino libremente establecida en conformidad con la voluntad de Dios.

A la prohibición de no vivir en disolución bajo el control del alcohol, sigue el mandamiento positivo en relación con el Espíritu: "Sed llenos del Espíritu", o también "dejaos llenar por el Espíritu". Debe apreciarse en primer lugar que no se trata de una opción de vida, sino de un mandamiento que debe ser obedecido. El verbo aparece en imperativo[526], lo que enseña que la plenitud del Espíritu es posible; si no fuera así, el mandamiento carecería de sentido.

Un error común es entender que la plenitud del Espíritu está vinculada con la manifestación de dones especiales, yo diría "espectaculares": dones carismáticos (como algunos los llaman), referidos especialmente a sanidades, milagros y lenguas (1 Co. 12:9, 10), todos los cuales no están operativos hoy en la dimensión en que estaban en

---

[525] Griego: ἀσωτία.
[526] Griego: πληροῦσθε.

tiempos apostólicos. La plenitud del Espíritu no presupone una mayor abundancia de dones en el creyente. Primeramente porque los dones son dados soberanamente y no en razón de méritos personales (1 Co. 12:11). En segundo lugar porque la espiritualidad o carnalidad no están en relación con los dones otorgados. Sirva de ejemplo la iglesia en Corinto, donde todos tenían abundancia de dones y Pablo los llama carnales (1 Co. 3:1, 4). La plenitud del Espíritu no es su venida, es decir, un nuevo descenso, porque tal descenso ha tenido lugar una sola vez para siempre en relación con la Iglesia y los creyentes (Hch. 2:2-4). Sin el descenso del Espíritu no sería posible la Iglesia porque no podría haber un cuerpo en Cristo (1 Co. 12:13). El creyente no debe pedir, bien en oración o en el canto, que venga el Espíritu, porque ya vino. La plenitud del Espíritu tampoco es el bautismo del Espíritu Santo. Esa fue una acción divina hecha una sola vez en la vida del cristiano (1 Co. 12:13); por tanto, no hay repetición del bautismo. De igual manera, la plenitud del Espíritu no es la morada del Espíritu. El Espíritu mora en todo creyente desde el día que creyó (1 Co. 3:16; 6:19). Quien no tiene el Espíritu de Cristo no es salvo (Ro. 8:9). Los apóstatas no tienen el Espíritu; por tanto, se vuelven atrás (Jud. 19). El Espíritu no se retira jamás del creyente una vez que ha venido a él y ha hecho morada en él (Jn. 14:16). Ningún pecado que el creyente pueda cometer acarrea la pérdida del Espíritu Santo. Si eso pudiera ocurrir, se podría perder la salvación. Algunos textos de la carta a los Hebreos son usados incorrectamente para enseñar la posibilidad de la pérdida de salvación (cf. He. 2:1-4; 6:4-8; 10:26-31). Finalmente, la plenitud del Espíritu no es el sello del Espíritu. Este aspecto se consideró antes.

    La plenitud del Espíritu es la acción que ejerce en aquel que no la impide ni la limita; de otro modo, es el hecho de ser controlado total y absolutamente por el Espíritu. El Espíritu viene a controlar plenamente al creyente, tomando posesión absoluta de todo cuanto es, conduciéndolo conforme a su voluntad y produciendo en él su fruto sin limitaciones. Una característica notable es la reiteración de esta manifestación. La plenitud ocurre varias veces en la experiencia cristiana, de modo que quienes fueron llenados del Espíritu lo son nuevamente en otras ocasiones (Hch. 2:4; 4:31). Esta es una de las grandes bendiciones, ya que si no fuera repetible, el creyente, a causa de la vieja naturaleza y del pecado que se comete en mayor o menor dimensión, no estaría lleno por mucho tiempo. La plenitud del Espíritu puede o no ser acompañada de manifestaciones externas de gozo y alabanza, pero en ocasiones la plenitud se manifiesta en la admirable paz y tranquilidad que produce la presencia de Dios en el creyente. Entender que deben manifestarse acciones espectaculares como consecuencia de la plenitud es someter la voluntad operativa de Dios a la voluntad del hombre. La plenitud es la forma propia que Dios establece para la vida cristiana y no debiera ser una excepción, sino la condición natural de la nueva vida en Cristo. Impedir la acción del Espíritu, que es igual a impedir la plenitud, es pecado, por cuanto se trata de quebrantar el mandamiento de "sed llenos".

Las condiciones para ser llenos del Espíritu comienzan por "no apagar" el Espíritu (1 Ts. 5:19). Allí el verbo está también en modo imperativo y significa: "Dejad ya de apagar al Espíritu". Apagar es resistirle, es decir, todo lo contrario a una vida rendida totalmente a Él (Ro. 12:1). Una segunda condición es "no contristar al Espíritu" (Ef. 4:30), algo que se consideró en su lugar, recordando simplemente que el Espíritu se contrista cuando hay pecado sin confesar. A las dos condiciones negativas sigue una positiva: "Andad en el Espíritu" (Gá. 5:16). Ese andar significa una vida de plena dependencia de Dios en perfecta sujeción al Espíritu. Esto es imprescindible, ya que las demandas de la vida cristiana son superiores a las fuerzas del creyente. Este entregarse sin condiciones ni limitaciones al control del Espíritu es imprescindible también para la victoria sobre la carne (Gá. 5:16).

Debido a que el texto, especialmente esta segunda parte, ha causado y causa cierto conflicto en la interpretación que algunos le dan, conviene hacer una aproximación más extensa. En algunos pasajes del Antiguo Testamento e incluso en los evangelios se hace referencia a personas que fueron llenas del Espíritu para cumplir alguna misión especial. Tal fue el caso de Bezaleel, de quien se dice que fue llenado del Espíritu para darle capacidades excepcionales a fin de que pudiera trabajar en la construcción de elementos del mobiliario del tabernáculo (Ex. 31:3). Igualmente se dice de Juan el Bautista que sería lleno del Espíritu desde el vientre de su madre, lo que sin duda le permitiría llevar a cabo el ministerio profético para el que había sido llamado (Lc. 1:17). Lo mismo ocurre con Elisabet, que al ser llena del Espíritu exclamó a gran voz verdades relativas al Mesías, gestado ya —en su humanidad— en el vientre de la Virgen María (Lc. 1:41). Lo mismo se dice de Zacarías, padre de Juan el Bautista, que fue lleno del Espíritu para que profetizase (Lc. 1:77). En todos estos casos y otros que podrían citarse, las personas fueron llenas con el Espíritu para ser capaces de llevar a cabo un determinado ministerio o una determinada función.

Una segunda forma de utilización de concepto de ser llenos del Espíritu tiene relación con el descenso del Espíritu en el día de

Pentecostés (Hch. 2:4). En aquella ocasión, los que fueron llenos del Espíritu comenzaron a hablar en lenguas en un acontecimiento único; es la única vez que se dice que las dos cosas ocurrieron en el mismo momento. En aquella ocasión, el apóstol Pedro "lleno del Espíritu" contestó a las insinuaciones de las gentes que no entendían qué estaba ocurriendo y pronunció el primer gran mensaje del Evangelio en la historia de la Iglesia. Pero quien había sido lleno del Espíritu en el día del descenso de este en Pentecostés, un tiempo después vuelve a serlo para responder al sumo sacerdote (Hch. 4:8). En esta ocasión se cumple, posiblemente por primera vez en la experiencia de los creyentes, la advertencia de Cristo de que no se inquietasen ni preparasen para responder en un tribunal cuando fuesen acusados porque el Espíritu Santo les daría lo que debían decir (Mr. 13:11). Sin embargo, debe entenderse que, aunque el recurso potencial del Espíritu se manifiesta en ocasiones para llevar a cabo una determinada misión, la plenitud del Espíritu debiera ser lo natural y propio en la vida de cada creyente. En ese sentido, se dice que Bernabé era un hombre lleno del Espíritu (Hch. 11:24) y que los creyentes en medio de los conflictos y dificultades estaban llenos del Espíritu (Hch. 13:52). De este modo se puede entender un poco mejor lo que el apóstol establece en el mandamiento "sed llenos del Espíritu", indicando con ello una acción continuada, como establece el verbo en tiempo presente, en sentido de "sed continuamente llenos del Espíritu". Es necesaria aquí una observación más: el Espíritu Santo no es una fuerza o un caudal de poder que puede llenar a una persona en la medida en que esta se despoja de lo que impide la plenitud. El Espíritu Santo es una persona divina, la tercera persona de la Santísima Trinidad. Por tanto, ser llenos del Espíritu es permitir que esa persona ocupe en autoridad y acceda en ella a cada una de las partes de nuestra persona, ocupándola y usándola conforme a su voluntad. Estar llenos del Espíritu equivale a estar posesionado plenamente por Él. Quiere decir esto que el propósito de Dios en relación a la plenitud es que ocurra como cosa propia y natural de quienes viven reconociendo la autoridad de su persona y se entregan incondicionalmente a Él. Es muy necesario recordar que el creyente ha sido comprado por precio y ya no es de él, que su cuerpo es templo del Espíritu Santo y, por tanto, su vida le pertenece a Dios (1 Co. 6:19). Es solo en la plenitud del Espíritu que podrán llevarse a cabo las demandas y el testimonio que se establecerá en los siguientes versículos. La vida en la esfera de la santificación se lleva a cabo porque Dios, que mora por su Espíritu en nosotros, produce "el querer y el hacer, por su buena voluntad" (Fil. 2:13).

La plenitud del Espíritu o la llenura, como sinónimo, es una experiencia consciente; es decir, el creyente dispone su vida para que se produzca o actúa contrariamente impidiéndola (cf. Ro. 8:14; Gá. 5:16), mientras que en otras manifestaciones, como es el caso del bautismo, está al margen y ocurre sin su acción (1 Co. 12:13).

La presencia en plenitud del Espíritu Santo producirá un efecto divino en la vida espiritual del cristiano, que se hará evidente en el amor y en la obediencia, ya que hemos sido comprados para servir (Ro. 6:18, 19, 22). El servicio conlleva la experiencia de la verdadera libertad; el creyente es libre del pecado para servir. Así lo expresa el Dr. Lacueva: "La verdadera libertad, pues, la libertad del Espíritu, es la facultad de escoger, sin coacción externa ni perturbación psíquica, los mejores medios para objetivos honestos y útiles"[527].

El creyente, dotado de la presencia del Espíritu, reproduce visiblemente las perfecciones que este le comunica. De manera que, si el Espíritu es ejecutor, es decir, quien pone en acción las determinaciones divinas, como ocurrió, a modo de ejemplo, en la creación (Gn. 1:2), así el creyente puede actuar conforme a Dios mediante la energía procedente del Padre, el mensaje que procede del Verbo y el amor generado por el Espíritu. Esto permite cumplir el mandamiento de Jesús: "Esto os mando, que os améis" (Jn. 15:17). El amor orientado hacia los hermanos permitirá realizar una tarea espiritual, como es la restauración del que ha caído, corrigiendo al débil y enseñando a todos (Gá. 6:1-2). Como una forma de manifestar el amor está la oración que intercede por los hermanos (Ro. 8:16). En este campo se manifestará también —en la medida en que el Espíritu esté en plenitud— en un ministerio de aliento, exhortación y consolación con los hermanos, ya que el Espíritu Santo es el Consolador enviado del Padre y del Hijo.

Por otro lado, siendo Santo, el Espíritu, conducirá a una experiencia de vida semejante a la de Jesús, produciendo en cada uno los distintos aspectos del único fruto del Espíritu (Gá. 5:22-23). Es la evidencia de la realidad de la presencia y acción del Espíritu Santo morando en el creyente, que configura su carácter cristiano; esas manifestaciones del fruto del Espíritu son la forma visible del carácter de Cristo, de manera que el creyente espiritual mostrará en

---

[527] Lacueva, 1979, p. 179.

él amor, gozo, paz, paciencia, benignidad, bondad, fe, mansedumbre y templanza.

En su condición de vicario de Cristo, el Espíritu proyectará y prolongará en cada creyente la obra de Jesús en la tierra. Jesús vino a buscar a los perdidos para salvarlos, haciéndolos sus seguidores; así lo establece como mandamiento para el cristiano: "Id, y haced discípulos a todas las naciones, bautizándolos en el nombre del Padre, y del Hijo, y del Espíritu Santo, enseñándoles que guarden todas las cosas que os he mandado" (Mt. 28:19-20). En esto se proyecta en el cristiano el obrar del Hijo (cf. Jn. 14:12; 17:18; 20:21; Hch. 1:1-8; Col. 1:24).

El Espíritu Santo, residente e inmanente en el cristiano, producirá en el creyente un espíritu de obediencia, ya que Él, en el seno de la Trinidad, actúa por el oír; en ese sentido, en imitación de la tercera persona, oirá a Dios por su Palabra con disposición de obediencia porque ama a Dios, lo que origina una profunda espiritualidad (Sal. 119:159). Para eso somos elegidos (1 P. 1:2, 14, 22).

La vida de santificación del cristiano es uno de los aspectos vinculados directamente con la persona y la obra del Espíritu Santo. Merece ser considerado esto con mucha mayor amplitud que la que puede cubrirse en este trabajo, dando lugar a un importante apartado de la doctrina bíblica sobre la que descansa la ética cristiana; sin embargo, no deben dejar de mencionarse, en toda consideración sobre la obra del Espíritu, los aspectos que pudieran definirse como destacables y que se han mencionado antes.

La doctrina sobre la santificación, operación consecuente con la presencia trinitaria en el creyente, es mucho más amplia de lo que pudiera parecer en el estudio de la Escritura, de modo que exige detenerse en todas las citas donde aparece alguna referencia. La doctrina de la santificación está definida y delimitada en el conjunto de la doctrina bíblica, dentro del propósito de Dios; por tanto, ha de ser considerada al mismo nivel que el resto de las doctrinas bíblicas. Dar mayor lugar a esta en menoscabo de otras es una incorrecta forma de conocer y aceptar la Escritura. Sin duda, la santificación ha servido en ocasiones para justificar extremismos que nada tienen que ver con el propósito de Dios. Esto exige un esmerado cuidado, prestando atención al contexto general de la misma en la Biblia. Por otro lado, en el campo de quienes enfatizan las experiencias espirituales del creyente, la acción del Espíritu en la generación de la verdadera espiritualidad queda vinculada con manifestaciones subjetivas, sin apreciar que solo uno de los tres aspectos de la santificación puede relacionarse con la experiencia personal.

Finalmente, el contenido de la presencia e inmanencia trinitaria en el creyente es muy amplio y excede en todo a la breve aproximación hecha en lo que antecede.

SOLI DEO GLORIA

# BIBLIOGRAFÍA

**Evangélicos y afines**

Adams, J. (2000). *Salmo 119*. Editorial Portavoz.
Barnes, A. (1951). *Notes on the New Testament, Explanatory and Practical*. Baker Book House.
Barth, K. (2012). *Carta a los Romanos*. Biblioteca de Autores Cristianos.
Berkhof, L. (1949). *Teología sistemática*. Eerdmans.
Calvino, J. (1968a). *Institución de la religión cristiana*. FELiRe.
Carson, D. A. & Moo, D. (2008). *Una introducción al Nuevo Testamento*. Editorial Clie.
Chafer, L. S. (1974). *Teología sistemática*. Publicaciones españolas.
Cullmann, O. (1965). *Cristología del Nuevo Testamento*. Methopress.
Erickson, M. (2008). *Teología sistemática*. Editorial Clie.
Farrar, F. W. (1886). *History of interpretation: eight lectures preached before the University of Oxford in the year MDCCCLXXXV on the foundation of the late Rev. John Bampton*. Macmillan.
Fasold, J. (2016). *Con precisión*. Edición del autor.
Finney, C. (2010). *Teología sistemática*. Peniel.
Fountain, T. (1977). *Claves de interpretación bíblica*. Casa Bautista.
Geisler, N. (2002). *Systematic Theology*. Bethany House.
Greshake, G. (2001). *El Dios uno y trino. Una teología de la Trinidad*. Herder.
Guthrie, D. (1961). *New Testament Introduction*. S.P.C.K.
Harrison, E. (1980). *Introducción al Nuevo Testamento*. Iglesia Cristiana Reformada.
Hendriksen, W. (1981). *Comentario al Nuevo Testamento. El evangelio según San Juan*. Libros Desafío.
Hendriksen, W. (1984). *Comentario al Nuevo Testamento. Romanos*. Libros Desafío.
Henry, M. (1989). *Comentario exegético devocional a toda la Biblia*. Editorial Clie.
Hodge, C. (1991). *Teología sistemática*. Editorial Clie.
Jeremias, J. (1980). *Teología del Nuevo Testamento*. Sígueme.
Kingsley Barret, C. K. (2003). *El evangelio según san Juan*. Ed. Cristiandad.
Lacueva, F. (1970-1971). Notas de extensión para la materia Teología propia. Seminario Evangélico de Vigo.

Lacueva, F. (1974). *Un Dios en tres personas.* Editorial Clie.
Lacueva, F. (1979). *La persona y la obra de Jesucristo.* Editorial Clie.
Lacueva, F. (1983). *Espiritualidad trinitaria.* Editorial Clie.
Ladd, G. (2002). *Teología del Nuevo Testamento.* Editorial Clie.
Lightfoot, J. B. (1990). *Los Padres Apostólicos.* Editorial Clie.
Lloyd-Jones, M. (2000). *Dios el Padre, Dios el Hijo.* Editorial Peregrino.
Lloyd-Jones, M. (2001). *Dios el Espíritu Santo.* Editorial Peregrino.
MacArthur, J. (2015). *Comentario MacArthur del Nuevo Testamento.* Editorial Portavoz.
MacDonald, W. (1995). *Comentario al Nuevo Testamento.* Editorial Clie.
Martínez, J. M. (1984). *Hermenéutica bíblica.* Editorial Clie.
Meyer, F. B. (1988). *El camino hacia el Lugar Santísimo. Exposiciones de la Epístola a los Hebreos.* Editorial Clie.
Moltmann, J. (1977). *El Dios crucificado.* Sígueme.
Moltmann, J. (1986). *Trinidad y reino de Dios. La doctrina sobre Dios.* Sígueme.
Morris, L. (2003). *Jesús es el Cristo. Estudios sobre la teología de Juan.* Editorial Clie.
Morris, L. (2005). *El evangelio según Juan.* 2 Vol. Editorial Clie.
Packer, J. I. (1985). *Conociendo a Dios.* Editorial Clie.
Pentecost, J. D. (1981a). *A Harmony of the Words and Works of Jesus Christ.* Zondervan.
Pentecost, J. D. (1981b). *The Words and Works of the Life of Christ.* Zondervan.
Pérez Millos, S. (1994). *Comentario exegético al texto griego del Nuevo Testamento.* 19 Vol. Editorial Clie.
Pérez Millos, S. (1995). *Síntesis de nuestra fe: estudios de doctrina bíblica.* Editorial Clie.
Pink, A. W. (1964). *Atributos de Dios.* El estandarte de la verdad.
Pink, A. W. (1978). *La soberanía de Dios.* El estandarte de la verdad.
Robertson, A. T. (1985). *Imágenes verbales en el Nuevo Testamento.* Editorial Clie.
Ropero, A. (2015). *Homilética bíblica. Naturaleza y análisis de la predicación.* Editorial Clie.
Ryle, J. C. (1987). *Expository Thoughts on John* (I-III). Banner of Truth.
Sauer, E. (1980). *En la palestra de la fe. Un llamamiento a la vida consagrada.* Editorial Clie.
Scroggie, W. G. (1948). *A Guide to the Gospels.* Kregel Publications.

Seeberg, R. (1968). *Historia de las doctrinas*. Casa Bautista de Publicaciones.
Spurgeon, C. H. (2020). *El tesoro de David.* Editorial Clie.
Stein, R. H. (2006). *Jesús, el Mesías. Un estudio de la vida de Cristo.* Editorial Clie.
Stott, J. (2005). *Creer es también pensar.* Certeza Argentina.
Strong, A. H. (1907). *Systematic Theology.* American Baptist Publication Society.
Tellería Larrañaga, J. M. (2011). *El método en teología.* Editorial Mundo Bíblico.
Tellería, J. M. (2014). *La interpretación del Nuevo Testamento a lo largo de la historia.* Editorial Mundo Bíblico.
Vaughan, C. J. (1886). *Lessons of the Cross and Pasion. Words from the Cross. The Reign of Sin. The Lord's Prayer.* Macmillan and Co.
Wuest, K. S. (1970). *Wuest's Word Studies fron the Greek New Testament.* Eerdmans.

**Patrística**

Agustín de Hipona. (1950). *La Trinidad.* Biblioteca de Autores Cristianos.
Agustín de Hipona. (1966). *Enarraciones sobre los Salmos. Obras de San Agustín*, Tomo XIX. Biblioteca de Autores Cristianos.
Agustín de Hipona. (1971). *Obras generales.* Biblioteca de Autores Cristianos.
Agustín de Hipona. (1980). *Confesiones.* Biblioteca de Autores Cristianos.
Agustín de Hipona. (1985). *Escritos apologéticos.* Biblioteca de Autores Cristianos.
Agustín de Hipona, *Principios de filosofía.*
Agustín de Hipona, *Sermones.*
Agustín de Hipona, *Tratados sobre el evangelio de Juan.*
Anselmo de Canterbury, *Proslogion.*
Gregorio Nacianceno, *Discurso teológico.*
Hilario de Poitiers. (1986). *La Trinidad.* Biblioteca de Autores Cristianos.
Ireneo de Lyon. (1985). *Teología.* Biblioteca de Autores Cristianos.
Juan Crisóstomo, *Homilías sobre la segunda carta a los Corintios.*
Juan Damasceno, *La fe ortodoxa.*
Padres de la Iglesia. (2002). *La Biblia comentada por los Padres de la Iglesia.* Ciudad Nueva.

## Católicos y otras procedencias

Auer, J. (1990). *Jesucristo, Salvador del mundo*. Herder.
Barré, H. (1965). *Trinité que j'adore... : perspectives théologiques*. P. Lethielleux.
Brown, R. (1979). *El evangelio según Juan*. Ed. Cristiandad.
Brown, R. (2001). *Introducción a la cristología del Nuevo Testamento*. Sígueme.
Caba Rubio, J. (2007). *Cristo ora al Padre. Estudio exegético-teológico de Jn. 17*. Biblioteca de Autores Cristianos.
Cicerón, *De la naturaleza de los dioses*.
Cordovilla, Á. (2012). *El misterio del Dios trinitario*. Biblioteca de Autores Cristianos.
D'Holbach, P. H. T. (1772). *Good Sense Without God*. Stewart & Co.
Denzinger, H. & Hunerman, P. (2002). *El magisterio de la Iglesia*. Herder.
Descartes, *El tratado del hombre*.
Espínola, J. P. S. (2019). Panteísmo. *Enciclopedia de Humanidades*. https://humanidades.com/panteismo/#ixzz7aKXBXfDF
Fannon, P. (1970). *La faz cambiante de la teología*. Sal Terrae.
Fitzmyer, J. A. (2005). *El evangelio según Lucas* (I-IV). Ed. Cristiandad.
Fortes, B. (1983). *Jesús de Nazaret, historia de Dios, Dios de la historia. Ensayo de una cristología como historia*. Ediciones paulinas.
García Cordero, M. (1967). *El libro de los Salmos*. La Editorial Católica.
García Marqués, A. (2021). Ousía: su significado y traducción. En *Pensamiento*, Vol. 77, n. 293, pp. 171-194.
Gnilka, J. (2005). *El evangelio según San Marcos (I-II)*. Sígueme.
González de Cardedal, O. (1966). *Misterio trinitario y existencia humana*. Ediciones Rialp.
González de Cardedal, O. (1978). *Jesús de Nazaret. Aproximación a la cristología*. Biblioteca de Autores Cristianos.
González de Cardedal, O. (2001). *Cristología*. Biblioteca de Autores Cristianos.
González de Cardedal, O. (2004). *Dios*. Sígueme.
González de Cardedal, O. (2012). *El rostro de Cristo*. Encuentro.
Jeal, J.; Páramo, S. & Alonso Díaz, J. (1973). *La Sagrada Escritura; texto y comentario por profesores de la Compañía de Jesús. Evangelios* (1). Biblioteca de Autores Cristianos.
Juan de la Cruz, *Subida del monte Carmelo*.
Kasper, W. (1994). *El Dios de Jesucristo*. Sígueme.
Latourelle, R. (1997). *Milagros de Jesús y teología del milagro*. Sígueme.

Leal, J. (1965). 1 Corintios. En *La Sagrada Escritura. Nuevo Testamento*. Vol. II. Biblioteca de Autores Cristianos.
Leal, J. (1973). *Nuevo Testamento. Evangelios*. Vol. II. Biblioteca de Autores Cristianos.
León-Dufour, X. (1993). *Lectura del evangelio de Juan* (I, II, III). Sígueme.
Mateo-Seco, L. (1998). *Dios uno y trino*. Ediciones Universidad de Navarra.
Nagel, E. (1959). *The Religious Philosophies of Mankind*. Sheridan House.
Nicolau, M. (1961). *La Sagrada Escritura: carta a los Hebreos*. La Editorial Católica.
Pastor-Ramos, F. (2010). *Para mí el vivir es Cristo. Teología de san Pablo*. Editorial Verbo Divino.
Pikaza, X. (2015). *Trinidad. Itinerario de Dios al hombre*. Sígueme.
Platón, *La república*.
Ramírez, S. (1975). *Introducción a Tomás de Aquino*. Biblioteca de Autores Cristianos.
Ricardo de san Víctor, *De Trinitate*.
Roloff, J. (1977). *Neues Testament*. Neukirchener Verlag Neukirchen.
Rovira Belloso, J. M. (1986). *La humanidad de Dios. Aproximación a la esencia del cristianismo*. Secretariado Trinitario.
Schenke, L. (1990). *Die Urgemeinde. Geschichtliche un theologische Entwicklung*. Kohlhammer.
Schierse, F. J. (1983). *Cristología*. Herder.
Spinoza, B. *Ética*.
Tomás de Aquino. (1957). *Suma Teológica*. Biblioteca de Autores Cristianos.
Turrado, L. (1975). *Biblia comentada. Epístolas paulinas*. Vol. VIb. Biblioteca de Autores Cristianos.
Tuya, M. (1977). *Biblia comentada: Evangelios* (I, II). Biblioteca de Autores Cristianos.
Vidal, S. (1982). *La resurrección de Jesús en las cartas de Pablo. Análisis de las tradiciones*. Sígueme.

**Diccionarios y manuales técnicos**

Asociación de Editores del Catecismo. (1996). *Catecismo de la Iglesia católica*. Asociación de Editores del Catecismo.
Balz, H. & Schneider, G. (1998). *Diccionario exegético del Nuevo Testamento*. Sígueme.

Bruce, F. F.; Marshall, I.; Millard, A.; Packer, J. & Wiseman, D. (1991). *Nuevo Diccionario Bíblico*. Editorial Certeza.
Chantraine, Pierre. (1968). *Chantrailne Dictionnaire Etymologique Grec*. Klincksieck.
Haag, H. (1981). *Diccionario de la Biblia*. Herder.
Harrison, E. F. (1985). *Diccionario de Teología*. TELL.
Ropero Berzosa, A. (2013). *Gran diccionario enciclopédico de la Biblia*. Editorial Clie.
Silva, M. (2014). *New International Dictionary of New Testament Theology and Exegesis* (I-V). Zondervan Academic.
Stegenga, J. & Tuggy, A. E. (1975). *Concordancia analítica greco-española del Nuevo Testamento*. Editorial Libertador.
Vine, W. (1984). *Diccionario expositivo de palabras del Nuevo Testamento*. Grupo Nelson.
Yarza, S. (1972). *Diccionario griego español*. Sopena.
Young, R. (1977). *Analytical Concordance to the Holy Bible*. Lutterworth Press.

**Textos bíblicos**

(1958). *Sagrada Biblia*. Juan Straubinger. La prensa católica.
(1966). *Biblia anotada*. Cyrus Ingerson Scofield. Spanish Publications.
(1975). *Biblia de Jerusalén*. Bilbao.
(1975). *Sagrada Biblia*. Cantera-Iglesias. Biblioteca de Autores Cristianos.
(1984). *Nuevo Testamento interlineal*. Francisco Lacueva (Ed.). Editorial CLIE.
(1992). *A Biblia*. Vigo.
(1996). *Biblia anotada*. Charles Ryrie. Grand Rapids.
(1989). *Santa Biblia*. Reina Valera Actualizada. Editorial Mundo Hispano.
(1999). *Biblia textual*. Sociedad Bíblica Iberoamericana.
(2000). *Biblia de las Américas*. Anaheim.
(2005). *Santa Biblia. Nueva Versión Internacional*. Bíblica, Inc.
(2010). *Sagrada Biblia*. Conferencia Episcopal Española.
(2018). *Biblia de Estudio RVR*. HarperCollins Christian Publishing.

**Textos griegos**

(1977). *Nuevo Testamento Trilingüe*. Bover-O'Callaghan.
(1979). *Septuaginta*. Deustche Biblgesellschaft.

(2003). *A Reader's Greek New Testament*. Goodrich, R. & Lukaszewki, A. Zondervan.
(2012). *Novum Testamentum Graece*. Nestle-Aland. 28ª Edición. Deutsche Biblelgesellschaft.